U1075257

北京信息化年鉴2012

北京市经济和信息化委员会 编

電子工業出版社
Publishing House of Electronics Industry
http://www.phei.com.cn

内 容 简 介

《北京信息化年鉴 2012》由北京市经济和信息化委员会组织编写，委托北京信息化协会承办。自 2010 年开始逐年编纂，连续出版，是记录北京信息化建设的资料性、专业性的工具书。

未经许可，不得以任何方式复制或抄袭本书之部分或全部内容。
版权所有，侵权必究。

图书在版编目（CIP）数据

北京信息化年鉴 2012 / 北京市经济和信息化委员会编. —北京：电子工业出版社，2012.12
ISBN 978-7-121-19268-5

Ⅰ. ①北… Ⅱ. ①北… Ⅲ. ①信息工作－北京市－2012－年鉴 Ⅳ. ①G203-54

中国版本图书馆 CIP 数据核字（2012）第 303979 号

策划编辑：甘霖来
责任编辑：李新社
印　　刷：北京画中画印刷有限公司
装　　订：北京画中画印刷有限公司
出版发行：电子工业出版社
　　　　　北京市海淀区万寿路 173 信箱　　邮编：100036
开　　本：889×1194　1/16　印张：31.25　字数：896 千字　彩插：8
印　　次：2012 年 12 月第 1 次印刷
定　　价：280.00 元

凡所购买电子工业出版社图书有缺损问题，请向购买书店调换。若书店售缺，请与本社发行部联系，联系及邮购电话：（010）88254888。

质量投诉请发邮件至 zlts@phei.com.cn，盗版侵权举报请发邮件到 dbqq@phei.com.cn。

服务热线：（010）88258888。

▲ 2012年1月9日，2012年北京市经济和信息化工作会议

▼ 2011年8月10日，北京市经济和信息化委员会党组书记李平出席系统内2011年上半年经济形势分析会

▲ 2011年8月10日，经信系统2011年上半年经济形势分析会

▼ 2011年4月9日，北京市经济和信息化委员会副主任梁胜听取中关村科学城第三批项目单位汇报

▲ 2011年9月21日，北京市经济和信息化委员会副主任熊梦到二十一世纪空间技术应用股份有限公司调研

▼ 2011年11月25日，北京市经济和信息化委员会副主任姜贵平会见越南信息通信部代表团

▲ 智慧城市高层论坛

▼ 2011年4月27日，北京市移动电子政务应用专题培训会

▲ 2011年11月22日，市人大常委会机关信息资源目录培训会召开

▼ 2011年1月1号，在北京市司法局劳教系统零点行动报告主会场于泓源局长向市领导和部领导报告情况

▲ 2011年9月2日，市高院与市检察院、司法部燕城监狱等召开减刑、假释案件远程视频庭审工作会议

▼ 2011年11月15日，民警在数字发证机系统内输入回执单条码后，发证柜自动找到该证件，并作出提示

▲ 2011年5月10日，北京市监狱管理局应急中心技术研讨会

▼ 2011年9月19日，北京市财政局召开金财工程应用支撑平台区县推广电视电话会

▲2011年4月2日，第十二届中小学师生电脑作品评选活动

▼2011年11月23日，北京市园林绿化局信息系统安全等级定级评审会

▲ 2011年7月15日，无线电管理知识进校园讲座

▼ 2011年5月27日，创意科技助力数字博物馆巡回展

▲ 2011年1月10日，西城区五卡合一社区服务平台正式上线

▼ 2011年11月29日，北京市石景山区人民政府、中国移动北京公司无线石景山应用示范工程开通仪式

▲2011年9月8日，房山区经信委举行“房山经济信息港”启动仪式

▼ 2011年2月22日，通州区信息化村，宽带小区验收会

▲ 2011年9月16日，怀柔区经济和信息化委员会在滨湖公园举办怀柔区无线电管理宣传咨询日活动

▼ 2011年4月8日，密云县经济和信息化委员会镇村企业信息化培训

▲ 2011年4月14日，中关村国家自主创新示范区企业家顾问委员会召开了2011年度第一次全体委员会议

▼ 2011年8月25日，歌华有线高清交互数字电视平台中的“颐和园”栏目正式上线

▲ 2011年8月25日，北京农行举行异地灾难恢复演练

▼ 2011年6月22日，中国移动红色阅读 无线绽放——“读经典 感悟人生”
大型红色阅读活动暨《建党伟业》新书首发

序

2011 年是“十二五”开局之年，北京市发布了 “十二五”时期城市信息化及重大信息基础设施建设规划，首次提出建设“智慧北京”的战略目标，指出要按照“人文北京、科技北京、绿色北京”重大战略构想，以建设中国特色世界城市为目标，把北京打造成为全球资源配置的信息枢纽、国家创新驱动的网络引擎、城市运行顺畅的智能典范、文化传承永续的智慧摇篮，实现“数字北京”向“智慧北京”的全面跃升。

2011 年，北京市从推广应用和支撑体系两个方面谋划全局，经过多年的持续努力，已初步建成涵盖经济发展、城市管理、科技文化、社会服务、党政事务等各个领域的核心业务信息系统，推进了智能交通、网格化管理、基层信息采集、信息资源共享等城市信息化示范应用。信息化发展的政策环境得到了进一步完善，支撑经济社会发展的作用也日趋明显。

《北京信息化年鉴 2012》对 2011 年北京信息化建设情况进行了客观记录，是一部具有资料性、专业性的工具书。年鉴编写工作得到国家和北京市信息化专家咨询委员会、北京市地方志编纂委员会等众多单位和专家的支持，北京市政府各部门，以及相关事业单位、行业协会和众多企业为年鉴的编写提供了丰富的资料，在此表示感谢。由于时间和水平所限，采编收录内容难免疏漏，恳请读者批评指正。

编者

《北京信息化年鉴》编纂委员会

顾　问

苟仲文

主　任

李　平　　靳　伟

副主任

梁　胜	熊　梦	姜贵平	张国栋	李　洪
王学军	万新恒	童腾飞	樊　健	毛东军
刘京辉	杨旭明	邹　彤	张兰青	陈志峰
汪进军	王颖光	陆恭超	阎冠和	

委　员

（以姓氏笔画排序）

王进孝	王金福	王　粤	王　婴	王爱民
王建新	王晓路	王　臻	王　鑫	冉照华
付志峰	付　强	孙自广	孙　瑛	朱　黎
刘子建	刘士忠	刘存华	刘　伟	刘连刚
刘军萍	刘　强	李元涛	李　军	李国庆
李静松	李　巍	陈应兵	陈　杰	陈　伟
陈　铁	吴神赋	吴钢华	宋顺杰	况　旭
张凤华	张　伟	张国华	张英杰	张晓芸
周怀明	倪　东	侯康超	高凤荣	高　峰
段　红	赵友森	唐建国	陶水龙	唱　艳
绳立成	强　健	程拴牢	温海宁	廖国华
戴　辉	魏　力			

《北京信息化年鉴》编辑部

主　　编　熊　梦

副 主 编　唐建国　张世民　段　红

（以姓氏笔画排序）

特邀专家　陆首群　华平澜　尹春华

特约编审　李　巍　陈小男　张宇航　陆恭超　林绍福
姜广智　郭钧岐　贾　力　彭雪海　潘　锋

编　　审　王　韬　印小可　白婷婷　孙　静　江　欣
吴　蔚　张觉心　杨彩云　贺薇宇　蔡国勇

组稿人员　丁颖磊　马　达　马俊峰　马慧翔　万　烁　文丰平
巴玺丁　巨冉冉　尹　岷　尹玲利　王光辉　王远哲
王宏伟　王利君　王　昊　王　昉　王秋丹　王　亮
王　晓　王晓栋　王雪梅　王晶晶　王璐璐　王　巍
石　帅　石　锐　石　强　史　明　史　森　史爱东
田博庚　田鹤鸣　田伟杰　朱　江　朱文君　朱立民
白　鹤　孙国萍　孙　健　孙笑然　孙　磊　任向群
任　旭　吴可嘉　吴　缨　吴　巍　汪亢亢　邢　璐
迟　燕　刘会霞　刘　莉　刘　莎　刘晋波　刘润军
刘　琪　刘　静　刘　蕊　刘钰祺　刘　霞　李小龙
李正宇　李书亮　李　佳　李建林　李建丽　李佳璇
李保国　李晓波　李寅超　李　斌　李　新　李　臻
齐　宁　齐　城　余　胜　杜　菲　杜　静　陆　超
陈　晨　陈子龙　陈　成　陈　华　陈秋怡　陈宪睦
陈海宁　陈　喆　陈　薇　言　芳　张小娟　张文武
张　兰　张世红　张玉娟　张孝军　张克峰　张秀莉
张铭轩　张俊峰　张　第　张　璐　张　毅　张　豫
张　磊　张薇薇　林　通　林晓京　郑立勇　郑　丽
郑　峰　郑　攀　杨中营　杨　帆　杨怀亮　杨宝权
杨　洁　杨　薇　肖金科　何　宇　姚宇江　姚　炜
郁　红　周　丹　周　帆　周　圆　郭青彦　郭　芳

郭默宁	高文飞	高　雄	姜　冰	姜芳露	金　京
庞　峥	顾晓辉	赵任方	赵丽君	赵　明	赵爱华
赵　聪	胡家庆	徐媛媛	施亚妮	洪文渊	洪国辉
郝峥嵘	党　云	费明洁	崔艳艳	崔燕楠	秦　蕾
章艳峰	徐祖哲	曹培琦	黄广平	黄　兆	裘孔明
温立文	傅燕丽	谢俊奇	谢　婧	谢　骞	黎维军
谭小清	谭　鹏	蔡晋昌	董伊辉	廖国华	滕　莉
魏　梓	薄　铮				

编辑说明

一、《北京信息化年鉴2012》是记述北京市信息化领域的资料性、专业性工具书，由北京市经济和信息化委员会组织编写，北京信息化协会承办。

二、本年鉴以邓小平理论和“三个代表”重要思想、科学发展观为指导，遵循实事求是的原则，科学、客观地反映实际情况。

三、本年鉴全面系统地记述2011年度北京市信息化领域发展变化的基本情况和发生的大事、要事、新事及有影响的新建设、新成就、新进展、新经验。为各级领导决策提供参考依据，为各行各业提供有价值的资料，为各方面人士了解北京信息化建设情况提供信息。

四、本年鉴采用文章和条目两种体裁，以条目体为主，设有特载、专文、2011年大事记、信息基础设施、信息产业、信息安全、政务领域信息化、经济领域信息化、社会领域信息化、信息化环境、区县信息化、北京信息化工作领导体系及附录13个一级栏目。

五、选进本年鉴的文章和条目，由相关供稿单位负责撰写部分内容，由编辑部收集整理。

六、本年鉴主要反映2011年1月1日至2011年12月31日期间的情况。

七、本年鉴从2012年6月开始编辑，时间仓促，不周之处请读者及时指正。

目　录

特　载

专　文

2011年大事记

信息基础设施

信息产业

信息安全

政务领域信息化

经济领域信息化

社会领域信息化

信息化环境

区县信息化

北京市信息化工作领导体系

附　录

北京信息化年鉴

特载

在 2012 年北京市经济和信息化工作会议上的讲话提纲

（副市长苟仲文　2012 年 1 月 9 日）

同志们：

今天我们在这里召开一年一度的全市经济和信息化工作会议，主要是贯彻落实中央和本市一系列会议精神，回顾总结过去，部署今年各项工作。在过去的一年里，全市经济和信息化战线的同志们，克服各种困难，积极开拓进取，各项工作都取得了优异成绩，为全市经济平稳较快发展做出了积极贡献。借此机会，我代表市政府向全市经济和信息化战线上的同志们表示衷心的感谢！

刚才，靳伟同志代表北京市经济和信息化委员会作了工作报告，总结了去年工作，分析了当前形势，提出了 2012 年工作安排，我都同意。下面，我讲几点意见：

一、统一思想，坚定信心，切实增强做好今年经济信息化工作的责任感、紧迫感

今年是实施“十二五”规划承上启下的重要一年，还要迎来党的十八大的胜利召开，所以做好今年的工作至关重要。中央经济工作会议确定了今年经济工作的大政方针，市委十届十次全会确定了今年北京市经济社会发展的总体思路、目标任务和重大举措，我们一定要认真学习、全面贯彻，坚定不移地把思想和行动统一到中央和市委对经济形势的判断上来，统一到对 2012 年经济工作的决策部署上来，扎扎实实地做好各项工作，确保实现 2012 年经济信息化发展各项目标任务。

去年，北京市采取了一系列主动调控的政策措施，对包括经济信息化系统在内的各行业发展客观上都带来一定影响和压力，在这种情况下，经济信息化战线的同志们，克服各种困难，顶住了压力，确保了工业经济平稳快速发展，成绩的取得确实来之不易。但是，话又说回来，我们绝不能把主动调控和所受的客观影响，当作我们自我安慰的理由。如果我们清醒认识一下当前形势，我们就再也不敢乐观了，因为今年的形势依然复杂严峻，从世界看，当前世界经济增长放缓，国际金融市场剧烈震荡，经济复苏的不稳定性、不确定性上升，各类风险明显增多。从国内看，经济增长下行压力和物价上涨压力并存，长期矛盾和短期问题交织，结构性因素与周期性因素互联，

使今年国内宏观经济平稳运行面临不少复杂情况。从北京市看，工业经济和信息化发展的基础还不稳固，资源环境约束与保持经济增长的矛盾更加突出，现代高端制造业比重在全国增速同比下降，部分企业甚至经营困难，全市工业经济稳增长、调结构、转方式的任务更重、压力更大。所以，我们一定要充分认识面临的复杂环境和挑战，保持清醒头脑，切实增强忧患意识和大局意识，切实增强责任感和紧迫感，敏锐分析和把握经济运行中出现的新情况新、问题，加强预研、预判、预测，把困难估计得更充分一些，把措施考虑得更周全一些，把工作做得更扎实一些，积极应对各种困难和挑战。

二、统筹兼顾，稳中求进，着力把握和解决好首都经济信息化发展中的重大问题

胡锦涛总书记在中央经济工作会议上指出：做好2012年经济工作，要“牢牢把握发展实体经济这一坚实基础，牢牢把握加快改革创新这一强大动力”。刘淇书记在市委十届十次全会也明确提出，做好稳中求进，重点要在“求进”上奋力拼搏，取得成效。我们要结合实际，认真贯彻落实。

一是要在推进实体经济发展上“求进”。大力发展实体经济，既是创造就业岗位、改善人民生活、实现首都经济持续发展和社会稳定的有效途径，也是应对外部冲击、增强自我发展能力的重要举措。在发展实体经济方面，市委市政府的认识是一致的，态度是坚定的，措施是有力的。但是，客观地讲，目前北京实体经济的发展水平，与北京世界城市建设所要求的产业承载和带动能力相比，还远远不相适应，所以，积极支持实体经济发展，是我们坚定不移的目标任务。当前，在继续推进重点产业、重点企业发展的同时，我们要特别关注和扶持小型微型企业发展，加大对符合国家产业和环保政策、符合首都市情的科技创新型和能够吸纳就业的服务型等实体经济的支持力度，引导和帮助小型微型企业稳健经营、增强盈利能力和发展后劲。要推进各类市场要素、特别是人才和资金更多地向实体领域聚集，制定和完善促进实体经济发展的政策措施和体制机制，不断健全和改善服务体系，放宽市场准入，拓展投资空间，为实体经济创造良好条件，增强实体经济的吸引力和竞争力。

二是要在推进高端产业发展上“求进”。北京要始终坚持高端产业发展定位，要把发展实体经济与转方式、调结构紧密结合起来，加快产业优化升级，大力发展战略性新兴产业，加大传统产业技术改造，推进高端产业发展。我们提出“做强二产”，这一个“强”字，就集中体现了北京发展实体经济的目标要求，就是说，我们不仅要保有一定的规模发展，更要着重质量效益的提升。北京发展二产，必须紧紧抓住高端产业引领不放松，着力加强核心技术研发，加强示范应用和市场开拓，加强市场体系培育。我们不仅要抓好重大项目这个“点”，也要抓好产业链这条“线”，更要抓好产业体系这个“面”，坚持高端引领，加强体系配套，“点、线、面”有机结合，提升产品和产业的竞争力，形成支柱性产业体系。当前，要大力支持新一代移动通信技术、新能源汽车的研发和产业化，推进高端装备产业基地建设，实施生物医药产业跨越式发展工程，支持跨国公

司大型企业在京发展，发展二、三产相融合的实体经济业态，加快培育新兴产业集群，切实提升首都现代制造业的发展水平。

三是要在推进企业自主创新上“求进”。坚持创新驱动，加大创新成果产业化力度，积极推进中关村国家自主创新示范区建设，努力发挥首都工业在技术创新和成果转化方面的引领作用，不断推出体现“北京创造”的新品牌、新产品。大力支持企业自主创新，鼓励企业参与国家各类科技专项和计划，支持建立国家级和市级企业技术中心。依托“中关村科学城”、“未来科技城”和各类科技资源，探索科技成果转化的新机制、新模式，加快产学研对接，加快推进产业技术研究院建设。探索建立中小企业发展基金，充分发挥中小企业创投引导基金在企业自主创新方面的带动作用，下大力气破解中小企业融资困局。建立健全中小企业社会化服务体系，努力培育一批“专、特、精、新”的小巨人企业。

四是要在推进节能减排上“求进”。这几年北京市工业节能减排工作取得了一定成绩，在全国处于领先水平，这里与我们一直坚持“三高”企业退出，推进清洁生产，加强能耗管理等一系列的措施分不开，当然，其中也不排除有首钢搬迁调整对降低节能减排基数的贡献。但是随着首钢搬迁调整完成，随着“三高”企业的陆续不断退出，工业企业节能降耗的空间已经大大压缩，这就好比一个边际效益递减的问题，节能减排的空间越来越小，压力越来越大。接下来，我们要完成国家下达的“十二五”时期目标任务，就要把重点转移到以内涵促降上来，在继续做好“三高”企业退出的同时，进一步强化对耗能耗水和污染排放重点单位的管理，全面推进清洁生产，努力实现源头和全过程控制。要积极探索推广循环经济典型模式，深入推进国家生态工业示范园区建设，大力发展新能源及节能服务业，加快资源再生利用产业化。这些任务都非常艰巨，需要大家再接再厉，不断继续努力。

三、加强领导，狠抓落实，为圆满完成今年各项任务提供保证

今年的工作十分艰巨繁重，各区县、开发区、各控股公司要加强统筹协调，心往一处想，劲往一处使，齐心合力抓好各项工作的落实。要把握好稳中求进的工作总基调，加强经济运行调度，确保经济平稳较快发展；要狠抓高端引领，加快经济结构转型升级；要狠抓创新驱动，推动经济发展方式转变；要狠抓政府服务，积极营造经济和信息化发展的良好环境。经信委系统各级领导干部要始终牢记肩负的神圣职责，要以新的视野、新的思路、新的举措谋划和推进全年的经济和信息化工作，努力在应对严峻形势中闯新路，在破解发展难题上施良策，在解决复杂矛盾上想办法，稳中求进，以进促稳，推动全市经济和信息化各项工作不断创新发展。

新春佳节将至，我代表市政府，提前向大家拜个早年，祝大家在新的一年里身体健康，生活愉快，合家欢乐！

谢谢大家！

坚定信心　锐意进取
推动全市经济和信息化工作实现新突破

——2012年北京市经济和信息化工作报告

（2012年1月9日　靳　伟）

同志们：

这次全市经济和信息化工作会议的主要任务是，认真贯彻党的十七届六中全会、中央经济工作会议、全国工业和信息化工作会议、市委十届十次全会等重要会议精神，总结2011年工作，分析当前形势，部署2012年重点任务，动员全系统干部职工坚定信心，锐意进取，全力以赴做好各项工作。下面，我代表北京市经济和信息化委员会做工作报告。

一、2011年经济和信息化工作

去年，面对国内外形势复杂严峻、本市主动调控的经济环境，全市经济和信息化战线在市委市政府的正确领导下，坚持主题主线，深度调整产业结构，积极推进高端产业发展，大力培育战略性新兴产业，着力提高发展的质量和效益，努力实现工业和软件信息服务业平稳增长，推动经济由政策刺激向自主增长有序转变，实现“十二五”良好开局。

（一）奋发有为，努力实现工业经济平稳增长

狠抓经济运行调度。针对下半年复杂形势对工业生产经营的影响，市委市政府及时研究部署，深入企业调研，出台了促进工业平稳发展的11条具体措施，分解落实责任，强化重点企业服务，阻滞了年中以来工业增速下滑的势头。各区县、开发区和企业积极行动，狠抓落实，顺义、昌平等区县出台了保增长配套政策，北汽集团、北京三一等企业及时调整产品结构实现较快增长。面对首钢涉钢产业停产、限车、限房等主动调控措施带来的影响，1—11月，规模以上工业增加值同比增长7.1%，其中高技术制造业和现代制造业增加值同比增长11.4%，生物医药、装备、汽车呈现高速增长势头，软件和信息服务业增加值同比增长19%。

帮扶企业拓展市场。发挥企业帮扶机制作用，积极推进上下游企业产业链对接。分别组织北京三一与市轨道交通、市政路桥，首钢与北车集团、金风科技、北京现代等签订相关战略合作协议，其中北京三一首台盾构机将在北京市地铁工程中率先应用；北京现代加大了对首钢冷轧板的采购力度，全年达到 10 万吨。积极支持汽车企业参与老旧车淘汰更新、新能源汽车示范运营和政府公务车采购，其中推动新增纯电动汽车 1100 辆示范应用；采购北汽福田 1029 辆大型公交车，新增产值近 10 亿元。

推动重点项目投产。京东方 8.5 代线 6 月底顺利投产，实现了从 1.8 英寸到 55 英寸全系列主流液晶面板的国产化，改写了我国大尺寸液晶屏完全依赖进口的历史；数字电视产业园各项配套建设进展顺利，预计今年新增产值 160 亿元。北京奔驰全年产销汽车 9.3 万辆，实现产值 300 亿元；新 GLK 车型于 12 月成功下线，产品不断丰富；德国境外的首个发动机工厂在京奠基，标志着汽车合资企业核心技术领域的重大突破。

（二）抢抓机遇，大力培育发展战略性新兴产业

加大产业扶持力度。编制高端装备、航空航天、新材料等战略性新兴产业发展规划，深入研究在京发展的路径和规律。组建中关村科学城工作组，编制《中关村科学城发展规划》，对 8 大战略性新兴产业的 42 个细分领域，进行产业链的详细梳理并制定相应的产业促进方案，发布 170 项科技成果。积极争取国家科技 01-04 重大专项、重大科技成果转化、云计算、物联网等资金 36 亿元，对战略性新兴产业 175 个项目进行了支持。实施了“祥云工程”、4G（TD-LTE）规模技术试验、“感知北京”等重大产业创新发展和应用示范工程。

推进科技成果转化。科技重大专项实施成效显著，中芯国际 65 纳米集成电路制造工艺实现量产；中航工业集团完成了飞机核心制造装备——自动化电磁铆接设备的研发，标志着国内初步形成了飞机自动化装配系统研制能力；创毅讯联公司研发的全国首枚 4G 基带处理芯片进入市场。41 家企业通过第十四批市级企业技术中心认定，神州泰岳、双鹭药业通过了国家级企业技术中心认定，江河幕墙被工信部认定为“技术创新示范企业”。企业自主创新成果不断涌现，华锐风电自主研发电网友好型 6 兆瓦风力发电机组成功下线，标志着我国风电技术进入国际先进行列；碧水源公司研发的“高低交互式增强型膜生物反应器”产品性能处于国际领先水平。推动国家地理信息科技产业园、高端制造业基地、通用航空产业基地、中移动国际信息港等一批新产业聚集。

加大高端项目投资。深化与央企战略合作，发挥重大工业项目落地统筹协调机制作用，加大重大项目统筹资金的支持力度。1—11 月，全市完成工业固定资产投资 660.8 亿元，同比增长 54%，工业实际利用外资 7.6 亿美元，同比增长 15.2%。推进燕房合作和石化新材料产业基地项目建设，双酚 A、聚碳酸酯等项目已进入调试生产阶段。新兴际华在丰台建设应急救援科技产业园，总投资 42 亿元，达产后将实现年销售收入 200 亿元。北汽股份自主品牌乘用车基地总投资 50 亿元，达产后将实现年销售收入 190 亿元。

（三）多措并举，加快推进产业转型升级

积极开展技术改造。发布企业技术改造指导意见及行业技改目录，突出支持重点，利用国家和本市10.4亿元资金引导支持一批企业开展技术改造，技改工作的针对性、有效性和影响力明显提升。各区县、各工业控股公司狠抓技改项目，调整产业和产品结构，取得明显效果。如昌平组织重大技改项目81项，项目涉及投资41亿元，达产后可增加产值147亿元；电控集团宇航级器件、化工集团特种橡胶产品在新一代运载火箭、神舟飞船上得到较好应用。

深入推进节能减排。重点推进45家“三高”企业退出，完成北新建材公司搬迁。积极开展企业清洁生产，30家企业通过清洁生产审核、验收。开展节能节水技术推广应用。亦庄开发区推广屋顶太阳能光伏发电示范应用，已建成企业自发自用发电项目装机容量达7.32兆瓦，在建项目容量达8.7兆瓦。推动工业领域合同能源管理项目实施，石景山、密云取得较好示范成效。盈创等企业积极开展资源再生利用，取得较好的经济和社会效益。1—11月，万元工业增加值能耗同比下降20.7%，为全市万元GDP能耗下降做出重要贡献。

大力推动兼并重组。贯彻落实国家关于推进企业兼并重组的政策意见，一批大中型龙头企业抓住机遇，加快产业转型升级。首钢集团通过兼并重组规模效益不断扩大，成为北京市率先进入世界500强的国企，位列第325位。北汽集团加强优势资源的整合力度，全年实现销售汽车155万辆，同比增长3.3个百分点，高于全国平均水平0.8个百分点，收入和利润水平稳居行业第四，主要指标已跨入行业第一梯队。金隅、神州数码等企业通过兼并重组实现了资源整合，提高了行业竞争力。

（四）强化服务，积极营造中小企业发展的良好环境

着重完善政策体系。积极履行主管部门职责，把中小企业工作摆在重要位置抓实抓细。成立了北京市促进中小企业发展领导小组，成员由30个相关委办局组成。出台了北京市关于促进中小企业发展的实施意见，确定了22项促进中小企业发展的重点任务。建立《北京市中小企业促进条例》地方立法工作机制，完成征求意见稿。针对下半年中小企业出现的突出困难和问题，社会广泛关注，我们多次组织专题调研，研究提出促进中小企业发展的一系列政策措施建议，推动出台了扶持小微企业发展的财税等政策措施。

持续创新融资服务。推动北京市中小企业公共服务平台建设，完善市区两级中小企业投融资服务体系。组织22场中小企业融资培训会，千余家中小企业、45个行业协会参加了培训。争取国家和本市中小企业专项资金4.4亿元，支持中小企业技术改造，发展新兴产业。“中小企业投融资服务平台”服务能力进一步加强，共发行集合融资产品34期，融资14.34亿元；通过代偿资金为企业提供融资支持20亿元；分四批参股成立17家创业投资公司，对58家中小企业进行了股权投资，中小企业创新融资工作得到国家有关部门的充分认可。

（五）会聚优势，大力推进软件和信息服务业发展

力推产业领先发展。积极落实国务院 4 号文精神，确定 237 家“四个一批”企业给予重点支持。北京市有 30 家企业入围工信部组织的 2011 年软件业务收入前百家企业评选。新认定软件企业 826 家，新登记软件产品 2770 个。加强与北京银行、中国进出口银行的战略合作，创新实现了软件产品的质押融资，受到企业欢迎。全国第一家“北京软件和信息服务交易所”于上半年注册成立。14 家软件企业登陆资本市场，北京市软件和信息服务业企业累计上市 103 家，形成了代表中国软件和信息服务业发展水平的北京板块。

深入实施祥云工程。北京市“国家云计算服务创新发展试点示范”工作进展顺利，5 个重点项目成为国家示范项目。100 多家企业参与祥云工程，初步形成完整的云计算产业链。启动建设百度公有云、用友中小企业云、金山百 G 云、中金云平台存储等十大示范性公共云服务平台。发布了天地超云服务器、云操作系统等几十款云产品。建设亦庄和中关村云基地，成为国内领先的集应用示范、研发和产业于一体的云计算基地，完成了云计算产业在全市的合理布局。

（六）创新应用，务实推进信息化建设

顶层设计智慧北京。从推广应用和支撑体系两个方面规划全局，科学制定“智慧北京”行动纲要，围绕城市智能运行、市民数字生活、企业网络运营和政府整合服务提出 8 个方面的行动计划。制定并发布《北京市“十二五”时期城市信息化及重大信息基础设施建设规划》，从智能化经济转型、网格化社会管理、精细化城市运行、数字化文化传承以及宽带化基础设施提升等方面明确了任务和行动路径。

巩固提升基础设施。积极贯彻刘淇书记关于“建设全国最好、世界领先的无线城市”的指示要求，开展以 3G 和无线局域网（WLAN）模式为主的无线城市建设。新建 3G 基站 2244 个、无线局域网接入点 8.2 万个，3G 用户达到 514 万户，其中 TD 用户达到 206 万户。支持三大电信运营商在西单、王府井、奥林匹克公园等六个重点区域开通公益性无线宽带服务，向市民提供为期 3 年的免费上网服务。在国内率先利用 4G 网络技术建设政务物联数据专网。

不断深化应用示范。推进智能交通、网格化管理、基层信息采集、信息资源共享等城市信息化示范应用。开展首批移动政务应用试点，“首都之窗”连续五年在全国省级政府网站评比中排名第一。推出“市民主页”，接入 108 项政府公共服务。开通“信用北京网”，开展中小企业信用体系试点，建设食品企业诚信信息公共服务平台。在海淀、西城等区县开展远程医疗和智慧社区综合应用试点，在平谷、大兴等区县开展农村信息化应用试点。支持一批企业开展两化融合和电子商务试点示范。加强信息安全保障体系建设，组织开展全市信息安全检查，全力做好建党 90 周年信息安全保障工作。

此外，我们先后编制完成了“十二五”时期工业、中小企业等 14 项发展规划。参与起草制定《首都中长期企业经营管理人才发展规划》，加快推进“北京海外人才聚集工程”的实施，引进高

端人才38人，组织完成第十四届工业和信息化职业技能竞赛。认真做好国防科工各项工作，为神舟八号、天宫一号等重大项目提供服务保障。扎实做好对口西藏、新疆、内蒙古、青海等省市的产业援助工作。

回顾一年来的风雨历程，2011年是北京市坚决贯彻中央的决策部署，率先转变发展方式，深度调整产业结构的一年。成绩的取得来之不易，其经验弥足珍贵，其质量不比寻常，其意义利在长远，是市委市政府坚强领导、科学决策的结果，是各部门、各区县大力支持、通力协作的结果，是全系统全体干部职工迎难而上、奋力拼搏的结果。在此，我代表北京市经济和信息化委员会，向辛勤工作在经济和信息化战线上的同志们、向所有关心支持首都经济和信息化发展的各界朋友们，表示崇高的敬意和衷心的感谢！

同时，我们也清醒地认识到自身的不足，一是如何做强首都实体经济，强化工业对经济社会发展的支撑作用，认识还不够深刻，能力还有待提升；二是提高对外开放水平，加强重大项目招商引资，提高项目落地效率，工作力度还有待加强；三是进一步激发企业创新活力，提高科技成果转化，工作方式还需要创新；四是对于把握复杂多变的国内外经济形势，我们的能力和经验还存在诸多不适应。对这些问题要深入研究，认真加以解决。

二、面临的形势

今年是实施“十二五”规划承上启下的一年。中央经济工作会对国内外经济形势做出了深刻分析与科学判断，市委十届十次全会对北京市的经济工作进行了决策和部署，我们要牢牢把握“稳中求进”的总基调，将扩大内需作为战略基点、发展实体经济作为坚实基础，大力践行“北京精神”，全力推进科技创新和文化创新“双轮驱动”，深刻认识北京市经济和信息化发展所面临的挑战和机遇。

从国内外形势上看，一是国际经济短期难以明显好转。受外部需求不足、国际经济复苏乏力、发达国家失业率居高不下、国际贸易保护主义增强、新兴国家市场竞争加剧等影响，工业发展面临的国际环境更趋严峻。二是国内工业增长下行风险加大。去年我国工业增速逐季放缓，出口增速持续下降。制约内需的因素也在增加，带动力强的汽车、住房消费延续低速增长态势，新兴产业市场需求有待培育，市场短期内难以形成新的消费热点。今年工业经济增速有可能进一步回落。三是围绕信息技术发展的竞争日趋激烈。信息技术迅猛发展，互联网新业态、新服务、新模式不断创新，信息服务业发展面临新的竞争格局，企业加快转型升级的要求十分迫切。以移动互联网和智能终端为代表的新业务发展，带来的网络与信息安全问题日益突出。

从北京市看，去年工业增速回落，很大程度上是主动调控的结果，但市场变化对工业经济运行的影响必须引起我们高度重视。首都经济社会发展中一些长期积累的结构性矛盾依然存在，进一步扩内需存在较大制约，经济和信息化发展遇到一定困难。一是企业生产经营面临较大压力。资金面短期内难有较大改观，原材料成本、人工成本、融资成本、土地成本、能源成本总体呈现不断攀升态势，将多重挤压企业利润空间。二是深度调整产业结构的难度进一步加大。企业自主创新能力弱，核心竞争力有待提升，部分产品处于产业价值链的中低端，具有自主知识产权的核心技术和知名品牌较少。战略性新兴产业的培育需要一个过程，高端制造业规模和竞争力还亟待提高。三是资源环境和发展的矛盾依然突出。北京市面临着环保与节能减排压力不断加大、能源资源约束刚性增强、劳动力要素供给压力增大等多种影响，经济发展将长期处于“硬约束、紧运行”状态。

同时，我们要看到有利条件，国内外形势的变化没有改变我国经济发展的基本面，首都发展仍处于重要的战略机遇期。第一，国际金融危机让全球都重新认识到实体经济的重要性，工业是社会物质财富的主要创造部门，是国民经济发展的基石，是最重要的实体经济部门。国家和北京市都高度重视发展实体经济，政策、人才、技术和资金等资源将进一步倾斜。随着形势的变化和需要，国家和北京市将随时出台支持工业发展的相关政策。第二，为增加就业、改善民生、扩大消费，必须保持一定的经济增速，国家和北京市都把扩大内需作为应对国际复杂环境、促进经济增长的主要着力点。我们要紧紧抓住中央经济工作会议上确定的重大项目进入集中建设阶段，特别是战略性新兴产业配套政策陆续出台的重要机遇，力争脱颖而出。第三，经过 2008 年国际金融危机的磨炼，北京市企业抵御风险、拓展市场、创新发展能力明显增强。首都聚集了科技、教育、人才、金融等丰富的资源，中关村“1+6”系列政策优势明显，一批中央在京重大项目落地实施，结构优化的积极效应不断积累，为今后的发展奠定了较好的基础。第四，今年党的十八大召开，将极大激发北京市经济和信息化系统推动科学发展、加快产业转型升级的积极性，为首都经济又好又快发展提供强大动力。

总的来讲，我们既要看到诸多有利条件，坚定发展的信心，更要充分估计形势的复杂性和严峻性，切实增强机遇意识、忧患意识和大局意识、首善意识，做好应对各种困难和挑战的工作准备，牢牢把握工作主动权，着力解决发展中的突出矛盾和问题。

三、2012 年主要工作任务

今年全市经济和信息化工作的总体要求是：**全面贯彻党的十七届六中全会、中央经济工作会和市委十届十次全会精神，坚持主题主线，践行北京精神，着力抓好经济运行，提高工业对首都经济增长的支撑作用；着力抓好实体经济，加快产业结构的优化升级；着力抓好创新驱动，推动经济发展方式的深刻转变；着力抓好智慧引领，深化城市信息化的整合融合；着力抓好企业服务，促进产业发展环境的持续改善，坚定信心，锐意进取，推动全市经济和信息化工作实现新突破。**

2012 年主要预期目标是：力争规模以上工业增加值增速达到 8.5%左右；软件和信息服务业实现营业收入同比增长 17%左右；万元工业增加值能耗、水耗在去年基础上进一步下降，为全市节能减排工作做出积极贡献；信息化总水平继续保持全国领先，“智慧北京”建设稳步推进。

今年要重点抓好五个方面的工作任务。

（一）着力抓好经济运行，提高工业对首都经济增长的支撑作用，努力在“稳增长”上取得新成绩

做好经济运行调度。深入分析工业发展和运行趋势变化，密切关注热点和难点问题，及时采取应对措施。跟踪各产业、各区县经济运行动态，完善经济运行监测平台，做好预警、监测和服务保障，落实保增长奖励措施。做好企业帮扶，加强分类指导，在重点企业实行“一企一策”。各区县和重点企业要按照全市下达的分解指标，建立健全稳定经济增长的目标责任制，保证预期目标任务的完成。

突出抓好扩大内需。高度关注“十二五”规划国家重点工程建设进度，紧紧抓住北京轨道交通、南水北调配套工程、保障性住房、老旧小区节能改造等重大项目机遇。继续落实老旧汽车更新、节能家电等促进消费政策，做好太阳能应用、智能微网建设、新能源汽车试点示范等相关工作。推动汽车、电子、装备等产业加强合作，支持企业开展产业链上下游配套合作，提升首都制造业集群的整体竞争力。依托京交会、京港洽谈会等平台，加大产品和服务的市场推介力度，帮助企业开拓市场。

加快高端项目建设。明确目标，落实责任，重点抓好数字电视、石化新材料、移动硅谷、通用航空等产业园建设，加快推进中国北车、中芯国际扩产、现代三工厂、长安汽车、三一制造中心等重点项目建成投产，协调推动京东方 8.5 代线、北京奔驰 GLK 等项目达产满产。全力推进 95 个项目实现年度投产，争取实现新增工业产值 500 亿元左右。

（二）着力抓好实体经济发展，加快产业结构的优化升级，在“调结构”上取得新进展

加大项目招商引资。认真落实市委市政府提出的“要在进一步提高对外开放水平上求进”的明确要求，完善重大项目引进评价和落地机制，以重大项目招商为突破，提升推动科学发展的工作能力。提高对外开放水平，核心是要在创造环境、注重招商、引进高端、加强考核上下工夫。要着眼世界产业发展前沿，努力寻找新的增长点、新的发展领域。要重点围绕世界 500 强、重点行业前 5 强和高成长企业，下大力气抓好具有潜力的大规模集成电路制造装备、汽车、城市轨道装备等产业的招商引资工作，强化首都产业集群竞争力。要落实好与中央单位签订的框架协议，大力支持央企、跨国公司和民营企业在京发展。要以重大项目建设带动产业结构优化升级，推进 81 个新项目开工，争取全年工业重点产业固定资产投资实现 20%增长。

积极培育新兴产业。全力抓好“十二五”规划的实施，推动战略性新兴产业专项规划尽快颁布，继续建设中关村科学城特色产业园和产业技术研究院。通过三网融合、重大装备首台套采购、新能源汽车试点运营等应用示范工程，加快战略性新兴产业市场培育。围绕 42 个细分领域实施方案，将政策、资金向重点行业倾斜，在电子制造领域重点培育集成电路、平板显示、LED、智能手机和数字电视等；在装备领域，重点培育智能电网、储能设备、环保装备和高档仪控系统等；

在汽车领域，重点培育汽车电子、新能源汽车及核心配件。在生物医药、新材料、新能源、航空航天和节能环保领域力争形成一批重点项目。

优化产业空间布局。推进产业结构深度调整与落实区县功能定位相结合，要积极实施产业基地公共服务能力提升工程。按照国家级开发区标准，制定新的园区准入标准，推动园区环境改造和产业升级。科学安排战略性新兴产业发展空间，做好中关村科学城高新技术企业总部和研发基地布局，推进新首钢高端产业综合服务区的高端制造业项目建设。推动顺义天竺空港、怀柔雁栖两个市级开发区升级为国家级开发区。支持亦庄开发区建设国家生态工业示范园区。加快镇村产业结构升级。加强首都经济圈建设，深化区域产业协作，继续做好对西藏、新疆等地区的产业援助工作。

（三）着力抓好创新驱动，推动经济发展方式的深刻转变，在“转方式”上取得新成效

推进企业自主创新。发挥中关村国家自主创新示范区的引领作用，加强关键核心技术和共性技术攻关，以“核高基”、集成电路装备、宽带无线移动通信、高档数控机床等科技重大专项为依托，充分发挥行业龙头和科研院所的作用，力争在装备制造、信息网络、高端软件、关键材料等领域取得新的突破。贯彻实施技术创新推进计划，争取承担新一代航空发动机专项。完善军民两用技术双向转化的机制和平台，强化军民融合创新。继续支持科研机构和企业建设产业技术研究院，力争更多优秀科技成果实现产业化。开展企业技术中心认定和评估，支持以企业为主体的创新体系建设。

加大技术改造力度。进一步完善政策措施，将改造与发展战略性新兴产业有机结合，在政策和资金上加大支持力度，运用先进适用技术和高新技术改造提升传统产业，围绕工信部确定的节能与新能源汽车产业化、装备工业基础能力提升、新型绿色环保建材等重点行业 9 个专题，实施一批技改重点项目，并抓好项目后评价工作。支持企业改造提升研发设计、实验验证、检验检测等基础设施和条件。

支持企业内涵降耗。贯彻落实北京市清洁空气行动计划，深化工业污染治理。推进水泥、石化等行业结构调整，继续鼓励引导“三高”企业退出。出台工业企业节能制度规范、软件和信息服务业节能减排指导意见。进一步完善产业能耗水耗标准体系，提高用能用水效率准入标准，严格落实固定资产投资项目节能评估和审查制度。鼓励企业研发节能节水新技术、新工艺、新装备和新产品，推进信息技术和手段在节能节水中的应用。加强重点用能企业能耗管理，推进企业能源管理中心建设。

打造北京创造品牌。组织实施质量品牌建设年活动，开展企业质量标杆评比，健全品牌培育评价机制，促进产品质量持续提升。探索制造业和文化产业协同发展，提升北京工业产品的品牌文化内涵。加强传统工艺美术的传承和保护，大力发展工业领域的文化创意产业。引导企业加快产品开发和品种创新，加强品牌宣传，塑造工业产品“北京创造”新形象。支持医药、汽车、都

市等行业一批具有自主知识产权和品牌的企业做大做强。有重点、有步骤地鼓励企业“走出去”开拓境外资源，建设生产基地、营销网络和研发机构，开拓新兴市场，扩大境外投资合作。

（四）着力抓好智慧引领，深化城市信息化的整合融合，在“促和谐”上取得新跨越

提升信息基础设施。落实“宽带中国”战略，实施宽带上网提速工程，推进光纤入户普及20兆带宽。加快3G网络和无线局域网络建设，扩大4G网络试点规模，打造无线城市。建设北京市政务物联数据专网、物联网应用支撑平台和政务云基础硬件设施。推动四大基础数据库向云计算模式升级。推进物联网、云计算领域信息安全基础设施建设。

深化智能融合应用。推广网格化社会服务管理试点，推进一卡多用，扩充“市民主页”的服务事项，深入开展“信用北京”工程，建设食品安全追溯信息平台、电子病历共享数据中心，提高民生服务水平。加快网上政务服务大厅升级改造，开展网上全流程办理业务试点，促进服务向基层延伸。实施应急物联网工程，推动实有人口数据库和流动人口管理平台建设，完善交通智能管理和服务功能，确保城市安全运行。实施两化融合深度行活动，扩大两化融合试点示范，支持企业打造“数字化工厂”，建设电子商务示范园区。

加快创建软件名城。深入实施“祥云工程”行动计划，推广云计算示范应用，开展十大信息服务运营平台建设。围绕移动互联网、三网融合、导航位置服务、下一代互联网、工业软件等新兴领域，形成专项计划和行动方案。推进政务信息资源向社会开放，促进信息服务业发展。支持软件和信息服务交易所创新市场交易模式和品种。推进软件和信息服务业企业与工业企业开展信息技术应用对接。制定出台软件出口促进工作方案，重点推动软件企业近岸市场出口。

加强网络信息安全。贯彻落实国家网络与信息安全协调小组会议精神，深入研究新技术新业务带来的信息安全风险，修订《北京市公共服务网络与信息安全管理规定》。完善信息安全应急体系，加强信息技术服务外包、工业控制系统的安全管理。强化无线电频率管理，加大非法设置使用无线电台站的监测和查处力度。做好党的十八大等重要活动的信息网络安全保障工作。

（五）着力抓好企业服务，促进产业发展环境的持续改善，在“优环境”上取得新变化

激发中小企业活力。以支持创新型、创业型中小企业特别是小微型企业发展为重点，积极实施中小企业服务年活动。高度关注国务院最近正在研究制定的“进一步扶持中小企业健康发展的若干意见”，加快推进北京市中小企业地方立法。积极贯彻国家关于政府采购促进中小企业发展的政策措施，通过预留预算、价格优惠和联合体投标等方式，畅通中小企业参与政府采购活动的环节。构建市区两级协同的综合服务体系，建设认定一批公共服务平台、小型微型企业创业基地。加强市区两级中小企业投融资服务平台建设，扩大集合信托、集合票据、集合债券和股权融资的

规模，发挥中小企业创业投资引导基金作用，缓解中小企业融资难题。鼓励大型龙头企业带动中小微型企业协同发展。

强化政策保障力度。研究制定“做强二产”和促进工业可持续发展的长效机制，特别是促进工业增长、加快招商引资、重大项目落地、产业协作配套、工业开发区升级改造等政策措施。发挥部市会商机制的作用，进一步争取国家相关政策、资金、项目等资源向北京市倾斜，尤其是相关部门围绕战略性新兴产业设立的专项资金。加强国防科技工业行业监督管理，继续做好军工重大项目的服务和保障。充分发挥行业协会桥梁与纽带的重要作用，做好企业服务工作。

凝聚高端人才队伍。以企业高层次人才的培养、引进和使用为重点，创新人才体制机制，重点打造企业经营管理人才、科技研发创新人才和高技能人才三支高素质队伍。积极利用中关村人才特区建设的政策优势，用良好的事业环境吸引海内外高端人才资源，服务首都经济和信息化建设。

全市经济和信息化战线要进一步转变工作作风，创新工作方式，推进依法行政，不断提高服务水平和办事效率。要加强机关党的建设，积极推进反腐倡廉，做到风清气正，打造和谐机关和学习型组织，不断提高干部队伍的能力素质。要继续狠抓基础性工作，深入基层调研，关心企业冷暖，对热点、难点和前瞻性问题加强研究。临近年关，各区县、开发区和企业要高度重视安全生产，认真落实工信部和本市关于加强安全生产的有关工作要求和部署，提高安全生产意识，加强工作指导，防止和杜绝安全事故发生。

同志们，做好今年的经济和信息化工作，事关大局，事关长远。让我们在市委市政府的坚强领导下，增强机遇意识和忧患意识，坚定信心，锐意进取，推动全市经济和信息化工作实现新突破，为建设“三个北京”和世界城市，做出新的更大贡献，以优异成绩向党的十八大献礼！

专文

中关村国家自主创新示范区现代服务业试点扶持资金管理办法

第一章　总则

第一条　依据《中华人民共和国预算法》、《中华人民共和国预算法实施条例》、《财政部 发展改革委 商务部 科技部关于批复中关村现代服务业试点方案的通知》（财建函〔2011〕32 号）、《中关村国家自主创新示范区现代服务业综合试点协议》等法律法规、文件规定，特制定本办法。

第二条　为贯彻落实党中央、国务院、市委市政府有关加快发展现代服务业指示精神，加快首都经济发展方式转变和结构调整，专门设立中关村国家自主创新示范区现代服务业试点扶持资金（以下简称试点扶持资金），用于支持推动中关村现代服务业试点工作，促进现代服务产业高端化发展、聚集并发挥辐射作用，探索加快服务业发展新模式。

第三条　试点扶持资金来源：一是中央财政安排的中关村现代服务业试点扶持资金；二是北京市财政预算安排的中关村现代服务业发展地方配套资金。

第四条　试点扶持资金规模：北京市财政局会同有关部门按要求编制年度项目支持计划和资金预算呈报财政部。北京市地方配套扶持资金不低于同期中央财政投入规模。

第五条　试点扶持资金按照“集中财力、统一安排、统一管理”的原则进行管理。

第六条　试点扶持资金使用按照“公开、公平、公正”的原则，突出重点、专款专用、讲求实效。

第二章　工作机制

第七条　成立中关村国家自主创新示范区现代服务业试点工作领导小组（以下简称“试点工作领导小组”），由北京市相关主管市领导担任组长、执行组长。试点工作领导小组下设办公室，由市财政局、中关村管委会、市发改委、市科委、市商务委、北京市经济和信息化委员会、市统计局作为成员单位，办公室设在北京市财政局，负责日常管理工作。

第八条　试点工作领导小组办公室（以下简称“领导小组办公室”）负责组织协调市财政局、中关村管委会、市发改委、市商务委、市科委、北京市经济和信息化委员会等主管部门，负责组织发布项目申报指南、项目公开征集、项目评审论证、政府扶持项目公示、对已扶持项目监管等项目管理相关工作。

第三章　项目管理

第九条　项目采取公开征集方式组织，由领导小组办公室在首都之窗开设试点项目申报管理平台，每年滚动公布年度项目申报指南和目录。

第十条　对公开征集的项目，由中关村管委会、市发改委、市商务委、市科委、北京市经济和信息化委员会等主管部门进行项目初审。对符合试点扶持资金支持范围、条件的项目，主管部门初审通过后，通知项目申报单位报送项目申报资料，主管部门汇总签署意见后统一报送领导小组办公室。

领导小组办公室负责委托中介机构或组织专家对项目进行评审论证，评审通过的项目纳入滚动储备项目库。

第十一条　领导小组办公室从滚动储备项目库中筛选项目，提出政府扶持项目、资金额度、支持方式的初步意见，报试点工作领导小组批准。

第十二条　试点领导小组批准同意扶持的项目，由领导小组办公室将政府扶持项目相关资料，经市财政局转呈财政部，财政部会同有关部门结合项目评审情况予以审核确认。

第十三条　经财政部等中央部委审核确认后，由领导小组办公室将政府拟扶持项目通过“首都之窗”对社会进行公示（公示期为 7 日），公示后由市财政局办理资金拨付手续。

第十四条　市财政局将项目资金预算下达至项目主管部门，由项目主管部门做好资金拨付、项目组织实施、项目竣工验收、项目绩效评价等项目监督管理工作。

第十五条　试点扶持资金管理中发生的工作性经费、政策研究、政策宣传推广，项目公示与公告、中介项目评审、项目库管理等相关费用以及领导小组办公室日常工作经费可从试点扶持资金列支，原则上不超过年度试点扶持资金总额的 2.5%，最高上限为 1000 万元。

第四章　资金支持重点

第十六条　试点扶持资金支持重点

（一）培育基于信息技术的新兴服务业。加强网络融合技术攻关，围绕生活服务领域，构建一批数字生活服务运营平台，开展应用聚合开放服务平台运营示范；推进科技与文化产业融合，加快发展数字文化创意产业等新兴消费服务业；继续支持发展软件服务业；加强新技术与新模式的集成研究，促进物联网、智慧架构、云计算、网络身份认证等技术研发、应用模式创新和示范应用，积极发展基于新技术的新兴服务业态，将中关村建设成为基于信息技术的国际新兴研发和产业化中心，支撑战略性新兴服务业快速发展。

（二）改造提升电子商务和现代物流业。加强电子商务和现代物流技术攻关，加强技术集成创新与模式创新，提升系统研发、金融支付、信用保障、物流仓储、现代运营管理及人才培训等电子商务支撑环节的技术服务水平；扩大电子商务模式应用覆盖领域，支持电子商务云服务、移动电子商务应用、社区电子商务示范及发展、培育网络支付、供应链金融、电子商务公共服务平台、电子商务安全认证等新型现代服务业。大力发展现代物流业，提高物流专业化、社会化、规模化水平，推进现代物流业结构升级和发展壮大。

（三）大力发展科技服务业。培育转制科研院所研发服务业，发展软件、生物医药等研发服务外包服务业，推动国家级产业化基地聚集研发服务资源；做优做强工业设计服务业，建设中国设计交易市场，实施设计提升产业工程，打造“红星奖”国际设计奖项品牌；加快发展科技成果转移转化服务，培育检验检测新兴业态，发展科技咨询业，完善科技孵化体系，建设中国技术交易市场，促进技术转移体系不断完善，推动国际技术转移。

（四）培育实施节能环保产业。大力发展以合同能源管理为主要模式的节能服务业，提升节能服务公司的技术集成和运营能力，培育壮大一批综合性节能服务公司。落实合同能源管理财政奖励政策，创新商业模式，集中实施一批合同能源管理项目。支持企业开展联盟合作，推动产业链上下游协同发展，在京建设一批高端示范项目，实现规模化、品牌化、网络化发展。以中关村科学城为技术辐射源，创新突破一批关键技术。支持鼓励金融机构根据节能环保产业发展的融资需求特点，加强对节能环保的金融创新支持。

（五）财政部等中央部委规定支持的其他试点项目：

试点扶持资金年度支持重点，以正式发布的年度项目申报指南为准。

第十七条　以下各类项目给予优先扶持

（一）通过使用关键技术或创新商业模式能够引领或提升服务业现代化的示范项目；

（二）现代服务业发展中的特色明显、发展基础好、影响力大、显示度高、社会经济效益良好的龙头项目或重大项目；

（三）能够有效整合中央与地方、国有与民营、政府与社会投资等各类资源，形成合力且对产业促进提升起到关键作用的项目。

（四）本资金已扶持项目，承建单位管理严格规范、原项目实施进展顺利、绩效特别突出的，在承建单位组织实施持续分期建设项目时（项目建设内容应与前期申报的建设内容不同），或组织实施试点范围内其他建设项目时，对符合条件的项目试点资金可优先进行扶持。

第五章　资金支持方式和额度

第十八条　资金支持方式包括财政补助、股权投资、贷款贴息、以奖代补等，扶持项目原则上只采用一种支持方式，具备条件的项目优先采用股权投资方式支持。

公共服务平台建设项目和品牌提升、人才培养和市场开拓项目，优先采用财政补助方式扶持。

新兴产业培育及优势产业提升或示范项目，技术创新和应用模式、运营模式、商业模式创新项目，优先采用股权投资或贷款贴息方式扶持。

按计划组织实施并实现增长目标的重点项目和节能环保产业项目，原则上采用以奖代补方式予以扶持。

融资平台项目及融资创新服务项目，优先采用股权投资方式扶持。

第十九条　试点扶持资金支持额度

采取股权投资方式的，对项目支持最高额度原则上不超过 5000 万元；采取以奖代补方式的，对项目支持最高额度原则上不超过 2000 万元；采取财政补助方式的，对项目支持最高额度原则上不超过 1000 万元；采取贷款贴息方式的，按照不超过当期银行贷款基准利率、贴息年限最长不超过两年计算给予贴息，对项目支持最高额度原则上不超过 1000 万元。

重大项目，经试点领导小组批准同意后，项目支持额度可以上浮。

第二十条　财务处理

以财政补助、以奖代补或贷款贴息方式支持的项目，企业收到拨款时计入“营业外收入”科目。政府股权代持机构收到股权投资资金时做“其他应付款”账务处理。

项目承担单位为事业单位或其他特殊扶持项目，项目承担单位应按国家统一的财务会计制度规定处理。

第六章　试点扶持资金申报条件

第二十一条　项目申报单位须在中关村国家自主创新示范区（包括海淀园、丰台园、昌平园、电子城、亦庄园、德胜园、石景山园、雍和园、通州园、大兴生物医药产业基地以及市政府根据国务院批准划定的其他区域）内注册，具有独立法人资格和健全的财务管理制度，会计核算规范，财务状况良好，无违规违法经营记录，从事现代服务业的企事业单位、中介组织、联盟团体。

由多个单位共同组织实施的项目，项目牵头实施单位应符合本条上述相关规定。

第二十二条　申报项目符合第四章规定的支持范围，具备较好的市场潜力和可行性，能产生较好的经济效益和社会效益。

第二十三条　项目单位在申报项目时，需提供项目申报书、项目支出预算明细表、项目可行性报告等相关资料。有自筹经费来源的，需提供出资证明及其他相关财务资料。申报材料的内容必须真实、准确、完整。

第二十四条　有下列情形之一的，不得参加项目申报：

（一）在享受各级政府财政资助中有严重违约行为的；

（二）未按规定进行工商年检或者税务申报的；

（三）因涉嫌违法行为正在被有关部门调查或侦查的；

（四）参加项目申报前两年内，在经营活动中有重大违法记录的；

（五）正在进行有可能影响该单位正常经营活动的重大诉讼或者仲裁的；

（六）其主要财产因债务纠纷已被人民法院采取保全措施的；

（七）同一项目在试点期间内已获得本专项资金支持的项目，或已获得中央、市级政府其他扶持资金的。

第二十五条　项目申报单位负责项目的具体实施，并按照国家和北京市预算、财务管理制度的有关规定严格项目资金管理，接受国家及市级有关部门的监督检查和审计。

第七章　监督检查和绩效评价

第二十六条　市财政局负责试点扶持资金的预算管理、项目库管理、资金拨付和试点扶持资金使用监督检查工作。

市财政局会同政府相关部门定期对试点扶持资金资助项目的执行情况以及资金使用情况进行专项检查，并对重点项目组织实施绩效考评工作。

第二十七条　试点扶持资金支持项目实行项目奖惩和黑名单制度。相关单位不按规定使用财政资金或未按要求推进工作，特别是虚报、冒领、截留、挪用、挤占试点扶持资金的，市财政局将按照《财政违法行为处罚处分条例》等相关法律法规进行处理处罚，停止资金拨付并保留追回资金的权利，同时将违法单位列入项目黑名单，取消申报资格。

项目因故中止（不可抗力因素、国家有关法律法规政策发生变动等情形除外），市财政将收回全部或部分试点扶持资金。

第八章　附则

第二十八条　本办法由北京市财政局负责解释。

第二十九条　本办法自发布之日起 30 日后施行。

二〇一一年十一月二日

关于中关村国家自主创新示范区建设人才特区的若干意见

为贯彻落实《国家中长期人才发展规划纲要（2010—2020 年）》和全国人才工作会议精神，创新人才发展体制机制，加快建设人才强国，中央人才工作协调小组、北京市决定在中关村国家自主创新示范区（下称“中关村示范区”）全面建设人才特区，现提出以下意见。

一、深刻认识建设人才特区的重大战略意义

人才资源是第一资源。在我国改革发展的关键阶段，大力推动人才发展体制机制改革与政策创新，提高人才资源的开发利用水平，对于深入贯彻落实科学发展观、促进经济社会又好又快发展，具有重大而深远的意义。借鉴改革开放初期建设经济特区的经验，探索建设人才特区，是构筑我国人才发展战略高地、形成我国人才竞争比较优势、加快建设人才强国的战略选择。

建设人才特区，就是要在特定区域实行特殊政策、特殊机制、特事特办，率先在经济社会发展全局中确立人才优先发展战略布局，构建与国际接轨、与社会主义市场经济体制相适应、有利于科学发展的人才体制机制。要通过建设人才特区，大量聚集拔尖领军人才，促进各类人才的全面发展，依靠人才智力优势，提升自主创新能力，促进新兴产业发展，不断形成新的科学发展优势。

中关村示范区具有建设人才特区的坚实基础和独特优势。经过二十多年的发展建设，中关村示范区在海内外具有一定影响力，聚集了大量高层次人才创新创业，人才发展的辐射效应强。国务院批复中关村示范区实施一系列先行先试的政策，为进一步促进人才发展创造了有利条件。中关村示范区地处高校、科研院所和高科技企业密集地区，科研资源十分丰富，高新技术产业发达，人才开拓事业的空间大、平台宽广。要抓住机遇、解放思想，借助优势、开拓创新，加快把中关村示范区建设成为具有全球影响力、体现中国特色的人才特区。

二、建设人才特区的总体目标

从 2011 年到 2015 年，面向以海外高层次人才为代表的国家发展所特需的各类人才，建设“人才智力高度密集、体制机制真正创新、科技创新高度活跃、新兴产业高速发展”的中国特色人才特区。

（一）人才智力高度密集。海外高层次人才及团队大量聚集，涌现出一大批达到国际领先水平、由“海归”人才领衔的科研和创业团队，区域人力资本和科技创新对经济增长的贡献率达到世界领先水平。

（二）体制机制真正创新。率先确立人才优先发展战略布局，实施一系列特殊的科研、创业、产业发展、财税金融、人才管理与服务政策，创建与具有全球影响力的科技创新中心相适应的创新创业机制。

（三）科技创新高度活跃。构建能充分发挥高层次人才业务专长，有利于抢占国际前沿技术阵地的自主创新体系，加强原始创新、集成创新和引进消化吸收再创新，引领世界一流水平、替代进口技术的科技创新成果大量涌现，区域专利授权总量特别是发明专利授权量大幅度增加。

（四）新兴产业高速发展。在关键核心技术领域实现重点突破，在若干重要领域掌握一批核心技术，造就一批具有国际竞争力的企业，成为国家战略性新兴产业策源地，引领产业结构的调整，显著提升经济发展效益。

三、建设人才特区的主要任务

（一）大力聚集拔尖领军人才与科技创新要素

引进高层次人才与高端智力。深入实施“千人计划”、“北京海外人才聚集工程”（下称“海聚工程”）和“中关村高端领军人才聚集工程”（下称“高聚工程”），加快引进站在国际科技与产业发展前沿的“海归”人才，促进各类高层次人才的高密度聚集。推行人才实名制推荐制度，在全球范围内引进和聚集拔尖领军人才，优先支持高层次人才领衔国家和北京市科技重大专项。坚持引才与引智并举，聘请国际一流的科学家、工程技术专家和企业家，指导或参与科技学术研究、重大项目建设。

引入国际科技创新要素。全面活跃人才特区的创新创业氛围，支持高校、科研院所、企业跨国跨地区开展学术交流和项目共建，设立联合研发基地，推动境内外人才联合培养。加强国际技术转移，鼓励海外高层次人才带尖端技术、项目入区，在中关村示范区开展深化研究或成果转化。吸引创新型跨国企业总部进驻人才特区，支持各类国际学术文化交流活动在人才特区举办。力争通过引进一批优秀人才，带回一批高科技专利，造就一批高端项目，带动产业的跨越式发展。

（二）搭建高层次人才的自主创新平台

建设国际一流的科研平台。总结北京生命科学研究所的建设经验，推动低碳技术、信息技术、生物医药、新材料等领域的研究机构不断提高学术水平，力争达到国际一流标准。统筹在京中央单位、非公有制经济组织的科技资源，加快“未来科技城”人才创新创业基地、中国机械工业集团中央研究院、联想集团研究院、中关村航天科技创新园、中关村航空科技园等一批重点研发和转化机构建设。在相关基础研究领域和重大应用技术领域，以需求为导向、以项目为载体，推动前沿实验室、科学家工作室和高科技企业建设，大力开展前沿技术研究和自主创新活动。支持企业与高校、科研院所联合协作，共建共享，推动相关工程研究中心、重点实验室、工程实验室、企业技术中心建设。

创建具有发展活力的科研学术环境。建立现代科研院所制度，扩大科研机构的用人自主权和科研经费使用自主权，建立以学术和创新绩效为主导的资源配置和学术发展模式，健全科研成果质量、人才队伍建设以及管理运行机制等方面的综合评价体系。推行聘用制度和岗位管理制度，支持科研人员自主选题、自主聘任科研团队、按照规定自主使用研究经费。鼓励高层次人才根据科研工作需要，在企业、高校、科研院所之间合理流动，支持其在科研成果转化中取得合法收益。选择若干个处于前沿科技领域、科研人才资源丰富的高校、科研院所，试点实行新的科研机制。

发挥中关村开放实验室、国家工程实验室、大学科技园等产业技术转移平台的支撑作用，鼓励高校、央属院所的科研团队带项目整体转化。

（三）建设高层次人才的创业支持体系

建设全新的创业孵化机制。改革现有大学科技园、留学人员创业园、科技企业孵化器的运行机制，建立从创业项目植入到转化发展的全过程服务体系，安排专门区域，为“海归”人才创业和推广新产品提供空间。新建若干海外学人科学园，探索多种形式的科研成果孵化模式。统筹考虑现有科研布局和科技资源情况，推动创意实验室建设，配设科研设备、实验助手等，为国内外各类尖端项目的深化研究提供服务平台。高层次人才创办的企业在京建设总部、研发中心和产业化基地，可根据项目研发生产的需求，代建实验室、生产厂房等基础设施，以租赁方式供企业使用，北京市给予一定的租金补贴，企业可适时回购。

健全与国际接轨的创业金融服务体系。大力引进和聚集各类投资机构，推动天使投资者、股权投资机构和股权投资管理公司在人才特区发展。健全完善吸引境内外风险投资的工作体系，着力加强对各类国际资本的开发利用。建立健全以股权投资为核心，投保贷联动、分阶段连续支持的新机制，形成政府资金与社会资金、股权融资与债权融资、直接融资与间接融资有机结合的科技金融合作体系。建立创业企业改制、代办股份转让、在境内外上市的扶持体系。完善中关村示范区非上市公司股份报价转让试点制度，稳步推进国家高新区非上市股份公司公开转让工作，构建企业改制上市培育工作体系。推动银行信贷专营机构和小额信贷机构的设立和发展，加快金融产品和服务的创新。

（四）创建具有国际水平的产业环境

建设“中关村科学城”高端研发技术服务创新聚集区。优化中关村示范区的规划布局，将中关村大街、知春路、学院路区域作为人才特区发展的重点区域，激活创新资源，加速科技成果的研发转化。在总结推广清华科技园成功经验的基础上，以企业为主体，推动高校、科研机构、企业联合协作，开展产业技术研究。突出重点产业领域，以节能环保、新一代信息技术、生物、高端装备制造、新能源、新材料和新能源汽车等战略性新兴产业领域为重点，打造若干产学研用相结合的创新产业平台。全面推进“中关村科学城”建设，以中关村大街为核心打造“中关村生命科学与新材料高端要素聚集发展区”，以知春路为核心打造“中关村航空航天技术聚集发展区”，以学院路为核心打造“中关村信息网络技术聚集发展区”，力争到2015年推动区域形成万亿元以上的产值规模。

促进新兴产业高速发展。统筹中关村示范区产业定位和发展空间，加快南北高端产业聚集区的发展，形成一批具有自主创新能力和国际影响力的产业集群。依托中关村示范区各分园区的特色产业，大力加强生物医药、高端装备制造、新材料、信息与软件服务、国防科技、文化创意等产业基地建设。坚持“需求拉动、军民融合”，创新理念与工作模式，在战略性新兴产业领域，布局一批新的重大产业项目。

以人才引领产业发展。全面增强产业发展对高层次人才的吸附效应，促进高层次人才集群式发展。鼓励海外高层次人才领军产业技术联盟建设，创制技术标准、攻关共性关键技术，抢占产业价值链条的高端。北京市设立“高层次人才创新创业基金”，以政府直接投资、出资入股、人才奖励等方式，吸纳社会资金投入，支持高层次人才科研成果的产业化。深入实施“十百千工程”，按照“一企一策”的扶持办法，加速培育一批上规模、能带动新兴产业发展的企业。

（五）完善高层次人才发展的服务体系

创新人才发展体制机制。集成“千人计划”、“海聚工程”和“高聚工程”的政策资源，加大对高层次人才发展的扶持力度。建立健全以品德、能力、贡献、业绩为导向的人才评价体系，完善人才评价机制。完善股权激励机制，进一步形成有利于人才创新创业的分配制度和激励机制。健全完善人才吸引、培养、使用、流动和激励机制，发展人才的公共服务体系。加快建设中关村知识产权制度示范园区，加强知识产权行政与司法保护，支持企业开展品牌培育和自律活动。吸引聚集一批国内外知名的人才中介机构，健全专业化、国际化的人才市场服务体系。

优化“海归”人才的发展环境。成立专门的服务机构，研究制定特殊办法，在担任领导职务、承担科技重大项目、申请科技扶持资金、参与国家标准制订、参加院士评选、申报政府奖励等方面，为“海归”人才提供良好条件。建立海外高层次人才的档案制度，制定日常联系服务办法，建立跟踪服务和沟通反馈机制，解决他们工作和生活中的困难。在企业注册、创业融资等方面，为“海归”人才提供有针对性的服务。配套建设双语幼儿园和国际学校，提供便利的公共配套服务设施，营造和谐宜居、环境优美的人才创业、工作和生活环境。

四、支持人才特区建设的政策

为支持人才特区建设，实行以下 13 项特殊政策。入选“千人计划”、“海聚工程”和“高聚工程”的中关村高层次人才，可享受相应待遇。

（一）重大项目布局。根据《国家中长期科学和技术发展规划纲要（2006—2020 年）》和《国民经济与社会发展第十二个五年规划纲要》，在人才特区布局和优先支持一批国家科技重大专项、重大科技基础设施、战略性新兴产业重大工程和项目。

（二）境外股权和返程投资。推动投资便利化，简化人才特区企业员工直接持有境外关联公司股权以及离岸公司在人才特区进行返程投资的有关审批手续，研究相关支持措施。

（三）结汇。进一步改进人才特区外商投资企业管理，简化外汇资本金结汇手续。

（四）科技经费使用。承担国家民口科技重大专项的高校、科研院所、企业等单位，可在项目（课题）直接费用扣除设备购置费和基本建设费后，按照一般不超过 13%的比例列支间接经费。

（五）进口税收。人才特区内符合现行政策规定的企业与科研机构，在合理数量范围内进口境内不能生产或性能不能满足需要的科研、教学物品，免征进口关税和进口环节增值税、消费税。高层次留学人员和海外科技专家来华工作，进境合理数量的生活自用物品，按照引进海外高层次人才的现行政策执行。

（六）人才培养。支持人才特区内具有博士和硕士学位授予权的高校、科研机构，聘任其他企业或科研机构具备条件和水平的高层次人才担任研究生兼职导师，联合培养研究生。对人才特区内与企业、科研机构开展联合培养工作的招生单位，在招生计划方面予以适当的支持和倾斜。鼓励研究生到兼职导师所在的企业和科研机构实践、实习。支持人才特区内由高层次人才创办的或与高校、科研机构联办的企业及科研机构，在重点领域设置博士后科研工作站。

（七）兼职。人才特区内高校教师、科研院所研究人员可以创办企业或到企业兼职，开展科研项目转化的研究攻关，享受股权激励政策；在项目转化周期内，个人身份和职称保持不变。企业专业技术人员可以到高校兼职，从事专业教学或开展科研课题研究。

（八）居留和出入境。按照国家有关规定和程序，可为符合条件的外籍高层次人才及其随迁外籍配偶和未满 18 周岁未婚子女办理《外国人永久居留证》。对于尚未获得《外国人永久居留证》的高层次人才及其配偶和未满 18 周岁子女，需多次临时出入境的，为其办理 2 至 5 年有效期的外国人居留许可或多次往返签证。

（九）落户。具有中国国籍的高层次人才，可不受户籍所在地的限制，直接落户北京。对于愿意放弃外国国籍、申请加入或恢复中国国籍的高层次人才，由公安机关根据《中华人民共和国国籍法》的有关规定优先办理入籍手续。

（十）资助。为入选“千人计划”、“海聚工程”等高层次人才提供 100 万元人民币的一次性奖励。为高层次人才创办的企业优先提供融资担保、贷款贴息等支持政策。对承担国家科技重大专项和北京市重大科技成果产业化项目的高层次人才，由北京市政府科技重大专项及产业化项目统筹资金给予支持。

（十一）医疗。人才特区的高层次人才享受医疗照顾人员待遇，由北京市卫生行政部门为其发放医疗证，到指定的医疗机构就医。所需医疗资金通过现行医疗保障制度解决，不足部分由用人单位按照有关规定予以解决。

（十二）住房。北京市采取建设“人才公寓”等措施，为高层次人才提供一万套定向租赁住房。

（十三）配偶安置。高层次人才配偶随迁并愿意在北京市就业的，由北京市相关部门协调推荐就业岗位。

五、建设人才特区的实施步骤

采取“两步走”的方针，将中关村示范区率先建成国家级人才特区。

（一）第一步：2011—2012 年

——初步形成机制新、活力大、成果显著的人才特区政策体系。

——在节能环保、新一代信息技术、生物、高端装备制造、新能源、新材料和新能源汽车等战略性新兴产业领域，在人才特区布局和优先支持一批国家科技重大专项、重大科技基础设施、战略性新兴产业重大工程和项目。

——支持一批高端人才领衔创办一批高科技企业及其研发机构。支持高端人才与高校、研究机构共建研发中心和高科技企业，突破一批关键核心技术。

——高端要素聚集的态势基本形成，天使投资、创业投资和战略机构等股权投资机构集聚发展。

——聚集包括“海归”人才在内的 3 万名左右高层次人才。

（二）第二步：2013—2015 年

——人才优先发展战略布局全面形成，国家级人才特区全面建成，成功探索出具有全国示范意义和推广价值的人才政策体系，初步形成具有全球影响力的人才战略高地。

——自主创新能力、产业竞争力全面提升，初步建成具有全球影响力的中国特色人才特区。

——在节能环保、新一代信息技术、生物、高端装备制造、新能源、新材料和新能源汽车等领域，形成引领自主创新和应用技术发展的支撑体系。

——聚集包括“海归”人才在内的 5 万名左右高层次人才。

——具有自主知识产权的新技术、新标准和新产品不断涌现，自主创新能力和示范作用不断增强。

——人才特区建设经验得到充分总结和不断推广。

六、建立健全领导体制

在中央人才工作协调小组的指导下，由中央组织部牵头，国家发展改革委、教育部、科技部、工业和信息化部、公安部、财政部、人力资源社会保障部、商务部、中国人民银行、海关总署、国家税务总局、中国证监会、国家外国专家局、国家外汇管理局和北京市等参加，共同组成人才特区建设指导委员会，负责人才特区建设的组织领导和统筹协调。北京市具体负责人才特区的建设工作。

中关村国家自主创新示范区并购支持资金管理办法

第一章　总则

第一条　为推动中关村国家自主创新示范区企业通过兼并收购提升持续创新能力和核心竞争力，尽快做强做大一批具有全球影响力的创新型企业，根据《国务院关于同意支持中关村科技园区建设国家自主创新示范区的批复》（国函〔2009〕28 号）、《国务院关于中关村国家自主创新示范区发展规划纲要（2011—2020 年）的批复》（国函〔2011〕12 号），制定本办法。

第二条　中关村国家自主创新示范区并购支持资金（以下简称并购支持资金）从中关村科技园区发展专项资金中列支，并按照年度预算进行安排。

第三条　本办法所指的并购限于公司合并和股权收购两种形式，不包括资产收购。

第二章　支持对象

第四条　并购支持资金重点支持同一行业和产业之间的并购，鼓励企业通过开展横向并购扩大市场份额，形成规模效益，鼓励企业通过开展纵向并购进行产业链的整合。

第五条　符合以下条件之一的中关村高新技术企业可以申请并购支持资金：

（一）中关村在境内外资本市场上市的公司

（二）中关村在代办股份报价转让系统挂牌的公司

（三）中关村“十百千工程”重点培育企业

第三章　支持措施

第六条　中关村管委会对企业并购时发生的法律、财务等中介服务费用，根据并购的类型、并购涉及的交易额给予一定的资助。

国内并购：对并购交易额在人民币 5000 万元（含）以下的交易，资助实际发生费用的 50%，年度资助金额最高不超过人民币 25 万元；对交易额在人民币 5000 万元以上的交易，资助实际发生费用的 60%，年度资助金额不超过人民币 35 万元。

跨境并购：对并购交易额在人民币 5000 万元（含）以下的交易，资助实际发生费用的 60%，年度资助金额最高不超过人民币 35 万元；对交易额在人民币 5000 万元以上的交易，资助实际发生费用的 70%，年度资助金额不超过人民币 50 万元。

每家企业获得的年度资助金额不超过 60 万元。

第七条　中关村管委会对商业银行为企业开展并购发放的一年期以上的并购贷款，按照银行贷款基准利率的 40%给予企业贷款贴息，对单个企业的年度贴息总额不超过 50 万元，每家企业享受贴息的时限不超过三年。

本办法所指的并购贷款是指商业银行依据《商业银行并购贷款风险管理指引》（银监发〔2008〕84 号），向并购方或其子公司发放的，用于支付并购交易价款的贷款。

第四章 申请和受理

第八条 中关村管委会科技金融处负责并购支持资金的受理、审核和拨付。

第九条 企业申请并购中介服务资助资金时，需提交下列材料，并在材料上加盖企业公章：

（一）中介服务支持资金申请表一式两份；

（二）中关村高新技术企业证书复印件；

（三）与中介服务机构签署的协议（合同）复印件；

（四）中介服务收费凭证复印件；

（五）股权变更证明材料。

（六）中关村管委会要求提交的其它材料。

第十条 中介服务资助资金以并购交易实际完成，进行股东变更后予以拨付，企业应在完成股东变更后六个月以内提出资助申请，逾期不予受理。

第十一条 企业申请并购贷款贴息支持资金时，需提交下列材料，并在材料上加盖企业公章：

（一）并购贷款贴息资金申请表一式两份；

（二）中关村高新技术企业证书复印件；

（三）与商业银行签订的贷款合同复印件；

（四）企业并购贷款利息单复印件；

（五）中关村管委会要求提交的其它材料。

第十二条 企业并购贷款贴息资金每年受理一次，具体时间为每年的 9 月 20 日至 10 月 20 日。

第五章 监督与管理

第十三条 中关村管委会财务处、监察处对并购支持资金的使用情况进行定期或不定期的检查。

第十四条 对弄虚作假的企业，将收回已拨付资金，并取消其申请中关村管委会各项支持资金的资格。

第六章 附 则

第十五条 中关村管委会每年组织开展中关村上市公司并购情况调研，发布中关村上市公司年度并购分析报告。

第十六条 中关村管委会研究确定一批中介机构作为合作伙伴，在中关村管委会网站（www.zgc.gov.cn）向社会公开发布，为企业提供并购方面的日常咨询。

第十七条 中关村管委会定期组织召开中关村企业并购培训会，为企业提供并购方面的培训和辅导。

第十八条 本办法由中关村管委会负责解释，此前印发的相关文件与本办法不符的，以本办法为准。

第十九条 本办法自 2011 年 9 月 1 日起实施。

关于落实软件产品增值税政策相关的软件检测机构认可管理办法

为贯彻落实财政部和国家税务总局《关于软件产品增值税政策的通知》(财税〔2011〕100 号)有关规定，做好北京市软件产品的检测工作，便于企业享受国务院《关于进一步鼓励软件和集成电路企业发展的通知》(国发〔2011〕4 号)文件的有关优惠政策，规范相关软件检测机构行为，特制定本办法。

一、本办法适用于在北京市从事为企业享受软件产品增值税政策提供检测证明材料业务的软件检测机构(以下简称“软件检测机构”)。

二、北京市经济和信息化委员会负责对软件检测机构的认可和管理，进行不定期监督检查。经认可的软件检测机构须将机构基本信息报北京市经济和信息化委员会备案，如基本信息发生变更，须进行更新备案。

三、北京市经济和信息化委员会委托第三方机构对提出申请的软件检测机构进行评估，根据评估结果择优认可。每年 1 月份公布当年获得认可的软件检测机构名单。

四、经认可软件检测机构应具备以下条件：

(一)在北京市注册成立的具有法人资格的企事业单位；

(二)按照国家有关认证认可的规定取得中国计量认证(CMA)资质认定；

(三)具有中国合格评定国家认可委员会(CNAS)认可的软件检测能力；

(四)检测机构具备必要的软硬件设备和用例库，具备专业测试工程师队伍；

(五)使用正版软件和测试工具。

(六)北京市经济和信息化委员会要求的其他条件。

五、软件检测机构为企业享受软件产品增值税政策提供检测服务时，应遵循以下规定：

(一)对符合检测条件的软件产品样品，软件检测机构应在受理检测的 5 个工作日内，向委托单位出具统一格式的检测报告；

(二)按月提交当月检测报告的备案材料；

(三)在软件与信息服务业服务企业聚集区或政府指定的服务窗口设置业务接收点；

(四)检测收费应当符合国家有关价格的法律法规的规定，符合行业标准;

(五)承诺对微型软件企业首次开发的软件产品提供免费检测服务，具体办法另行制定。

六、北京市经济和信息化委员会委托北京软件与信息服务业促进中心承担检测报告备案工作，并通过电话和电子邮件等方式接受企业对软件检测机构的投诉。

七、经认可的软件检测机构有下列行为之一的，北京市经济和信息化委员会将暂停该机构的认可资格，限期予以整改，当年累计二次出现下列行为之一的，取消当年认可资格：

（一）未按规定出具统一格式的检测报告；

（二）未按规定对检测报告、检测机构信息及变更进行备案；

（三）未按相关标准和规范进行检测；

（四）收取不合理费用。

八、经认可的软件检测机构有下列行为之一的，一经查实，北京市经济和信息化委员会将直接取消其当年认可资格，且三年内不得再次申请：

（一）转包检测业务；

（二）拒绝接受监督检查，或在监督检查中不配合检查人员工作；

（三）伪造检测数据，出具虚假检测报告；

（四）检测机构存在重大违纪、违规、违法行为；

（五）北京市经济和信息化委员会认为应当取消认可资格的其他情形。

九、本规定自发布之日起实施。

北京市微博客发展管理若干规定

发布单位：北京市人民政府新闻办公室、北京市公安局、北京市通信管理局、北京市互联网信息办公室

发布日期：2011-12-16

北京市人民政府新闻办公室、北京市公安局、北京市通信管理局、北京市互联网信息办公室制定了《北京市微博客发展管理若干规定》，于2011年12月16日公布，并自公布之日起施行。

北京市微博客发展管理若干规定

第一条　为了规范微博客服务的发展管理，维护网络传播秩序，保障信息安全，保护互联网信息服务单位和微博客用户的合法权益，满足公众对互联网信息的需求，促进互联网健康有序发展，根据《中华人民共和国电信条例》、《互联网信息服务管理办法》等法律、法规、规章，结合本市实际情况，制定本规定。

第二条　本市行政区域内的网站开展微博客服务及其微博客用户，应当遵守本规定。

第三条　本市微博客发展管理坚持积极利用、科学发展、依法管理、确保安全的原则，促进微博客的建设、运用，发挥微博客服务社会的积极作用。

第四条　网站开展微博客服务，应当遵守宪法、法律、法规、规章，坚持诚信办网、文明办网，积极传播社会主义核心价值体系，传播社会主义先进文化，为构建社会主义和谐社会服务。

第五条　本市制定微博客服务发展规划，规定开展微博客服务网站的总量、结构和布局。

第六条　本市行政区域内网站开展微博客服务，应当在申请电信业务经营许可或者履行非经营性互联网信息服务备案手续前，依法向市互联网信息内容主管部门提出申请，并经审核同意。

第七条　开展微博客服务的网站，应当遵守有关法律、法规、规章和下列规定：

（一）建立健全微博客信息安全管理制度；

（二）根据微博客用户数量和信息量，确定负责信息安全的机构，配备具有相应专业知识和技能的人员；

（三）落实技术安全防控措施；

（四）建立健全用户信息安全管理制度，保障用户信息安全，严禁泄露用户信息；

（五）建立健全虚假信息揭露制度，及时公布真实信息；

（六）不得向未经电信业务经营许可或者未履行非经营性互联网信息服务备案的网站提供信息接口；

（七）不得制造虚假的微博客用户；

（八）对传播有害信息的用户予以制止、限制，发现构成违反治安管理行为，或者发现涉嫌犯罪的，及时向公安机关报告；

（九）协助、配合有关部门开展管理工作。

第八条　开展微博客服务的网站，应当建立健全信息内容审核制度，对微博客信息内容的制作、复制、发布、传播进行监管。

第九条　任何组织或者个人注册微博客账号，制作、复制、发布、传播信息内容的，应当使用真实身份信息，不得以虚假、冒用的居民身份信息、企业注册信息、组织机构代码信息进行注册。

网站开展微博客服务，应当保证前款规定的注册用户信息真实。

第十条　任何组织或者个人不得违法利用微博客制作、复制、发布、传播含有下列内容的信息：

（一）违反宪法确定的基本原则的；

（二）危害国家安全，泄露国家秘密，颠覆国家政权，破坏国家统一的；

（三）损害国家荣誉和利益的；

（四）煽动民族仇恨、民族歧视，破坏民族团结的；

（五）破坏国家宗教政策，宣扬邪教和封建迷信的；

（六）散布谣言，扰乱社会秩序，破坏社会稳定的；

（七）散布淫秽、色情、赌博、暴力、恐怖或者教唆犯罪的；

（八）侮辱或者诽谤他人，侵害他人合法权益的；

（九）煽动非法集会、结社、游行、示威、聚众扰乱社会秩序的；

（十）以非法民间组织名义活动的；

（十一）含有法律、行政法规禁止的其他内容的。

第十一条　市人民政府新闻管理部门、市公安机关、市通信管理部门、市互联网信息内容主管部门按照各自职责，做好微博客发展管理的相关工作。

第十二条　网络媒体协会、网络行业协会、通信行业协会等行业组织应当建立健全微博客行业自律制度，指导网站建立健全微博客服务规范，并对网站从业人员进行培训教育。

第十三条　对违反本规定的行为，任何组织和个人都可以向市人民政府新闻管理部门、市公安机关、市通信管理部门、市互联网信息内容主管部门举报，接到举报的部门应当及时依法处理。

第十四条　对违反本规定的网站和微博客用户，由市人民政府新闻管理部门、市公安机关、市通信管理部门、市互联网信息内容主管部门按照有关法律、法规、规章进行处理。

第十五条　本规定公布前已开展微博客服务的网站，应当自本规定公布之日起三个月内依照本规定向市互联网信息内容主管部门申办有关手续，并对现有用户进行规范。

第十六条　本规定自公布之日起施行。

2011年大事记

1 月

1 月 6 日　北京市信息技术服务标准验证与应用试点启动暨标准培训会在神州数码报告厅举行。

1 月 6 日和 15 日　《北京市政府部门发布交通出行信息办法（征求意见稿）》起草完成。

1 月 12 日　由神州数码负责实施建设的中国邮政速递物流专业呼叫中心（简称 11183 呼叫中心）系统一期工程通过验收。

1 月 12 日　北京市教育信息化工作表彰大会在中国人民大学明德堂召开。会上授予 216 个集体“北京市教育信息化工作先进单位”称号，授予 380 人“北京市教育信息化工作先进个人”称号。

1 月 13 日　市委巡视组一行专题听取宏观库项目建设情况汇报。

1 月 14 日　北京市经济和信息化委员会计算机信息系统集成资质认证工作办公室与工业和信息化部计算机信息系统集成资质认证工作办公室进行了工作交流。

2 月

2 月 15—16 日　北京市统计局召开 2010 年度北京市统计系统网站工作会议。会议总结了 2010 年全市统计网站建设情况，通报了 2010 年区县网站考评结果和区县网络信息报送情况，并对先进单位和先进个人进行了表彰。

2 月 21 日　北京市政府副秘书长戴卫主持召开“首都城市应急管理物联网示范应用项目”建设座谈会，市发改委、市科委、北京市经济和信息化委员会等 18 个部门参加了会议。

2 月 24—25 日　北京市统计局召开北京市第二次全国 R&D 资源清查资料开发培训会议。会议介绍了全市 R&D 资源清查资料开发方案，对区县业务人员进行了科技统计分析写作和 R&D 清查资料开发程序的培训。

2 月 25 日　《北京市经济和信息化委员会关于规范政务地理空间信息资源共享管理工作的通知》（京经信委发〔2011〕17 号）印发，启动图层共享走访调研、目录更新工作。

3 月

3 月　北京市规模以下工业企业样本单位实现联网直报。自 2011 年 1 季度起，1290 家北京规模以下工业企业样本单位通过“北京统计数据集中采集平台”，实现了规模以下工业统计数据的联网直报。

3 月　神州数码与南京、武汉、深圳、郑州、海南、扬州、佛山、桂林等地签署智慧城市建设战略合作协议，业务覆盖 50 多座城市，通过信息化手段助力中国智慧城市建设。

3 月 1—2 日 北京市统计局召开全市统计信息化暨计算中心工作会议。会议总结了 2010 年全市统计信息化工作，部署了 2011 年统计信息化工作任务，并进行了区县局队计算中心工作经验交流。

3 月 3 日 国务院第六次全国人口普查领导小组办公室副主任率国务院人普办数据处理组，来京听取北京市人口普查数据处理工作汇报。双方还就人口普查数据审核评估情况，涉及共同参与的统计数据处理工作进行了深入交流并达成了共识。

3 月 3 日 北京市统计局基本单位名录库改造项目启动。局队基本单位名录库改造项目组召开项目启动会暨第一次工作例会。会议针对北京名录库系统与国家统计局衔接要求，听取了开发公司关于项目改造方案的汇报，明确了项目管理、各方职责等事项，并就具体内容进行了讨论。

3 月 15 日 北京市统计局召开消费价格统计数据处理平台建设项目总结会。会上介绍了项目进展情况,并进行了平台使用操作演示。

3 月 17—18 日 北京市信息资源管理中心应用服务部为全市委办局和区县法制工作系统约 200 余名公务员集中培训演示公务员门户功能及应用推广情况。

3 月 18 日 北京市信息资源管理中心应用服务部召开西站地区管委会办公业务门户培训会，向西站管委会全委人员培训公务员门户和基于门户云计算平台搭建的西站业务门户。西站管委会主要领导全部出席，参加培训人员共 70 余人。

3 月 24—25 日 北京市信息资源管理中心副主任李军、田鹏前往武汉市国土资源和规划信息中心学习调研其“三维数字地图系统”的建设与应用情况。

3 月 30 日 北京市信息资源管理中心代表北京市经济和信息化委员会向仲文市长、正宇秘书长等市领导汇报了北京市“交通出行信息服务工程”工作方案、《北京市行政机关发布交通出行信息办法（征求意见稿）》。

3 月 31 日 北京市统计局召开北京市统计遥感运行系统开发工作总结会。会议总结了北京统计遥感运行系统开发工作取得的成果，部署了 2011 年统计遥感重点工作。

4月

4 月 北京市统计局被市信息化工作领导小组评为 2010 年度北京市电子政务专项应用突出单位。

4 月 北京市统计局在国家局开展的 2010 年国家统计信息网网络安全考核中被评为优秀单位。

4 月 神州数码参加纽约联合国人口大会，就自主研发的人口管理软件 PADIS 向与会各国代表进行介绍，分享成功经验。这是联合国人口大会第一次推荐中国自主研发的人口软件。

4 月 4 日、5 日 受肯尼亚政府邀请，由北京市经济和信息化委员会朱炎主任带队，组织华为、北京交通大学等企业与高校组成代表团，参观和访问了肯尼亚电子政务办公室、交通部等部门。双方讨论了《中华人民公共和国北京市经济和信息化委员会与肯尼亚共和国电子政务办公室合作框架协议》，确定了合作的领域、内容和工作机制。

4 月 12 日 北京市宏观数据库一期工程软件开发项目（A 包）通过初步验收。召开北京市宏观经济与社会发展基础数据库一期工程软件开发项目（A 包）基础设施建设初步验收会。

4 月 12 日 北京市信息资源管理中心完成了全市 2011 年度彩色数字正射影像图全部制作任务，形成了北京市六环内地区 1：2000 真彩色 6192 幅（360GB）；全市域 1：10000 真彩色 937 幅（200GB）正射影像图成果。

4 月 14 日 北京市信息资源管理中心与综合部共同制定了《地理空间数据资料档案管理岗位设置及操作流程说明》，进一步规范中心内部地理空间数据资料档案管理和分发的制度。

4 月 18—28 日 北京市信息资源管理中心对相关人员（6 人）进行了政务地理空间信息资源共享服务平台软件应用的第三期培训。

4 月 19 日 中小企业云服务平台启动会在用友软件园举行。北京市经济和信息化委员会主任朱炎、副主任梁胜及各区县经济和信息化委员会的领导出席活动。会上朱炎为用友集团授牌。

4 月 20 日 公务员门户人民数据栏目新版正式上线运行。

4 月 21—22 日 “北京市政务地理空间信息资源共享应用培训会”在密云县瑞海姆度假村组织召开。全市共有近 30 个市属委办局、14 个区县和经济开发区的信息化工作人员及其相关合作伙伴的技术人员约 120 人参加了本次会议。

4 月 26 日 北京市统计局召开北京市宏观经济与社会发展基础数据库一期工程项目成果演示会。会上，项目组介绍了宏观库一期工程项目的建设内容、总体业务流程和数据资源情况。承建单位演示了宏观库系统的服务内容和功能。各区县局队就市宏观库如何满足区县政府需求等问题提了意见与建议。

4 月 27 日 北京市统计局应用服务部配合北京市经济和信息化委员会电子政务处组织召开“北京市移动电子政务培训会”，向全市区县、委办局宣贯移动电子政务管理平台及相关标准规范。

4 月 28 日 北京市统计局信息资源管理部承担的市科委软课题研究项目“政务信息资源资产化管理实施策略研究”通过了高新民、赖茂生等专家的验收，专家验收会由市科委科技宣传与软科学处张星主持，北京市经济和信息化委员会副主任俞慈声到会并讲话。

4 月 28 日 北京市统计局召开门户网站整改工作专题会议。会议对网站在信息公开、办事服务、便民服务和政民互动方面存在的问题逐条进行了分析讨论，并提出了初步的整改方案。

5月

5 月 4 日 国务院三网融合工作协调小组办公室联合调研组一行 5 人到歌华有线公司进

行专题调研，市广电局何桂芝、市通管局张晋红及市广电局、市通管局、市发改委、北京市经济和信息化委员会、市财政局有关同志陪同调研。

5 月 6 日 北京市经济和信息化委员会软件处召开北京市信息技术服务标准试点工作推进会。

5 月 10 日 歌华有线公司和中国移动通信集团北京有限公司经过友好协商，签署了战略合作协议，着重从互为产品代理、资源互补、资源共享三个方面展开合作。

5 月 17 日 第二届北京云计算国际高层论坛签约仪式在北京饭店 19 层举行。

5 月 18 日 公务员门户物联网专题上线。在线支撑物联网领导小组办公室、北京市经济和信息化委员会政务处公共服务领域与政务领域物联网建设工作，提供物联知识、政策、技术方案等信息服务。

5 月 18—21 日 北京市统计局参展科博会宣传人口普查数据和农业统计遥感应用，参加了在中国国际展览中心举行的第十四届中国北京科技博览会。

5 月 18 日 第二届北京云计算国际高层论坛在北京饭店 18 层会见厅召开。北京市经济和信息化委员会副主任姜贵平出席会议并讲话。今年，共有 80 多位来自硅谷、台湾、北京的企业家们再次相聚北京，分享企业云计算领域的经验，并为北京“祥云工程”的进一步实施提供咨询意见。

5 月 18 日-20 日 第三届中国云计算大会在国家会议中心隆重举行。大会由中国电子学会主办，中国电子学会云计算专家委员会、中国云计算技术与产业联盟承办，CSDN 网站、《程序员》杂志和电子工业出版社协办。

5 月 27 日 北京市经济和信息化委员会副主任童腾飞主持召开了主任专题会，组织研究资源中心“北京市 2011 年航空摄影与数据处理”专项经费执行计划。

5 月 31 日 由中国互联网协会指导，奇虎科技公司主办的第一届互联网开放大会在北京万达索菲特大饭店举行。北京市经济和信息化委员会副主任姜贵平做了主题发言。

5 月 31 日 中国首台正式投入商用的“云箱模块化数据中心商用发布会”在北京云基地召开。

6 月

6 月 3 日 北京市财政局业务系统技术文档审核项目（一期）成果汇报会在财政局第六会议室召开，财政局局长王婴对审核成果给予了充分肯定，要求按此模式对财政局 89 个信息系统逐一进行审计。

6 月 8 日 市宏观经济与社会发展基础数据库（一期）领导小组办公室召开第四次工作会议。会议听取了项目建设成果的汇报，并对下一阶段工作提出了要求。

6 月 10 日 海军丁一平副司令员主持召开了北京市经济和信息化委员会、中关村管委和 20 家中关村创新型企业参加的调研座谈会，北京市经济和信息化委员会（市国防科工办）和海军信息办在会上签署了关于加强军民融合式发展的战略合作备忘录，副市长刘敬民、市政府副秘书长戴卫出席，北京市经济和信息化委员会主任朱炎、副主任童腾飞参加。

6 月 11 日　市委书记刘淇，市委副书记、市长郭金龙来到中国移动北京公司，就“推进无线城市建设，提升城市科学管理水平”主题进行调研。

6 月 11 日　市政府与中国移动通信集团公司在北京移动公司举行无线城市签约暨“市民主页”。

6 月 14—15 日　北京市统计局召开北京市“农村一套表”试点工作动员及程序培训会。

6 月 14 日　北京 IDC 企业和信息服务业企业与赤峰市项目对接会召开。

6 月 17 日　第二届北京市信息化专家咨询委员会成立大会在市政府六号楼召开，北京市市委副书记、市长、市信息化工作领导小组组长郭金龙，工业和信息化部副部长杨学山，国家信息化专家咨询委员会副主任周宏仁出席会议并讲话，北京市副市长、市信息化工作领导小组副组长苟仲文宣读了专家委委员名单，郭市长为与会委员颁发了聘书，市领导与委员合影留念。大会由市委常委、市委秘书长、市信息化工作领导小组副组长李士祥同志主持。

6 月 20 日　北京市信息资源管理中心应用服务部配合北京市经济和信息化委员会电子政务处组织完成移动电子政务管理平台第三方软件测试工作。

6 月 23 日　“北京市高分辨率卫星影像互联网应用安全论证会”在数字北京大厦 405 会议室召开，国家测绘地理信息局、总参测绘局相关领导和专家出席会议。

6 月 24 日　北京市经济和信息化委员会委员樊健主持召开重点环保企业座谈会，与中环水务、中科通用、首创股份、桑德集团、碧水源等公司负责人座谈企业发展现状、“十二五”发展思路和对北京发展环保产业的有关建议等。全国工商联环境服务商会、北京光机电一体化协会、北京市工业技术开发中心有关负责人参加座谈。

6 月 27 日　京治工办发〔2011〕4 号《关于印发〈北京市工程建设领域项目信息公开和诚信体系建设工作实施方案〉的通知》，从工程建设领域项目信息公开和诚信体系建设长效机制建设的角度，对 2011 年年底前，北京市市工程建设领域项目信息公开和诚信体系建设工作目标、工作任务进行了说明。

6 月 29 日　工程建设领域项目信息公开和诚信体系建设工作部署会在中环办公楼二层新闻发布厅召开，市治理办副主任梁玲、市监察局副局长杨小兵、北京市经济和信息化委员会副主任童腾飞、北京市经济和信息化委员会相关业务处室人员以及 88 个相关单位的负责人员，部署工程建设领域项目信息公开和诚信体系建设方面的工作任务。

6 月 30 日　副市长苟仲文到朝阳区调研物联网基础设施建设及应用情况。副市长苟仲文一行在朝阳区北小河公园观看了公园休闲区域智能交通路感器、图像监控、人流计数、四水联调等物联网应用；乘坐移动指挥车，观看了移动中的视频传输、远程医疗等政务物联数据专网移动应用；到朝阳区东湖街道办事处，参观了社区电梯监控、校园报警等物联网应用；最后，听取了朝阳区关于物联网基础设施试点及智能交通等物联网应用工作汇报。

7月

7月1日 北京市信息资源管理中心政务处召开“北京市经济和信息化委员会移动电子政务培训会暨政务终端交付仪式”,北京市经济和信息化委员会移动政务试点正式上线使用。

7月 北京市经济和信息化委员会支撑应急办完成安全迎讯专题建设。依托共享交换平台、空间地理信息系统、领导决策系统以及相关物联网技术支撑应急办安全迎讯专题,辅助市领导开展科学决策,保障首都安全度汛。

7月1日 北京市国土资源局涉及行政许可和服务事项的审批业务均通过综合监管平台信息系统办理。

7月4日 北京市经济和信息化委员会副主任姜贵平带队对北京市软件与信息服务业企业进行集中调研。副主任姜贵平先后前往北京华胜天成科技股份有限公司、清华大学信息网络工程研究中心的中国下一代互联网示范工程网络运行中心、赛尔网络有限公司、北京百游汇通网络技术有限公司、北京百会纵横科技有限公司和北京国智恒电力管理科技有限公司,详细了解了各企业的发展情况和所属细分领域的产业发展现状并与企业负责人进行了交流。

7月8日 中国最大的IT解决方案与服务供应商东软集团股份有限公司在北京隆重举行公司产业化二十周年回顾暨东软解决方案2011年会。中国电子学会理事长吴基传,中国软件行业协会理事长陈冲、工业和信息化部软件司司长陈伟,东软集团董事长兼首席执行官刘积仁博士,总裁王勇峰,东软北京公司员工代表以及应邀参加会议的客户、合作伙伴、股东、媒体等各界嘉宾2000余人到会。北京市经济和信息化委员会副主任姜贵平出席会议并致辞。

7月12日 市委常委、宣传部长、副市长鲁炜到歌华有线公司视察工作并发表讲话。市政府副秘书长侯玉兰、市委宣传部常务副部长陈启刚、市委宣传部副部长张淼、市广电局局长李春良、市广电局总工程师何桂芝、北京广播电视台书记刘志远、北京广播电视台台长王晓东等领导陪同视察。鲁炜一行参观了歌华有线总前端机房,现场观看了“歌华飞视”服务,基于高清交互数字电视机顶盒开展的多屏融合业务,基于有线网开展的政府、企业、家庭信息化服务和城市管理物联专网等业务演示。歌华有线公司董事长郭章鹏代表公司做了工作汇报。

7月8日 北京市经济和信息化委员会副主任姜贵平带队对北京市信威通信、永新视博等软件与信息服务企业进行调研,了解了各企业的发展情况和所属细分领域的产业发展现状,并与企业负责人进行了交流。

7月28日 “打造祥云后台,服务智慧城市”——北京祥云工程中金云后台启动会议在北京经济技术开发区的中金数据系统有限公司举行。工业和信息化部副部长杨学山、国务院参事曲维枝、北京市副市长苟仲文、北京市经济和信息化委员会副主任姜贵平参加启动会议并发表讲话。中国工程院何德全院士、蔡吉人院士等专家以及企业代表参加了会议。

8月

8 月 北京市统计局被北京市经济和信息化委员会评为“2010 年度北京市电子政务专项应用突出单位”。

8 月 北京市统计局推荐项目在“2010 年信息北京十大应用”评选中获得佳绩。参评的“北京市统计遥感业务运行系统研建”和“北京市能源统计监测信息平台”两个项目，分别获得了“十大应用成果奖”和“入围成果奖”。

8 月 1 日 北京市纪委副书记张厚崑一行到北京市国土资源局就运用信息化手段深入推进行政监察现代化工程开展专题调研。北京市国土资源局党组书记张国玉、局长魏成林、组长周新华和相关处室负责人出席。

8 月 5 日 北京市信息资源管理中心完成《2011—2012 年北京市交通出行信息服务行动计划》和《北京市行政机关发布交通出行信息办法》。

8 月 8 日 歌华有线公司与华为技术有限公司在北京签署“三网融合”战略合作协议。

8 月 24 日 《北京市经济和信息化委员会关于关于政务地理空间信息资源共享管理工作年度绩效考核评分指标征求意见的函》（京经信委函〔2011〕269 号）印发。

8 月 24 日 在第二十届北京国际广播电影电视设备展览会上，歌华有线公司展示了“3D 电视”、“歌华飞视”、“体感游戏”等与百姓生活、政府服务息息相关的各项业务。

8 月 25 日 歌华有线高清交互数字电视平台中的“颐和园”栏目正式上线，开创了国内园林景观通过高清交互数字电视进行实时直播展示的先河。颐和园专栏包括颐和园的文化主题活动、艺术陈设介绍等图文和视频内容。

8 月 26 日 怀柔区举办电子政务全国产化软件应用第五次研讨会暨怀柔区党政办公平台、并联审批系统版本升级签字仪式。

8 月 《财富》（中文版）正式发布了“2011 年最具创新力的中国公司”排行榜。神州数码

8 月 10 日至 12 日 国家《信息技术服务 运行维护 第 1 部分：通用要求》符合性评估会议在神州数码召开。本次评估组由工信部电子技术标准化研究所软件与评估中心的专家组成。神州数码下属公司神州数码系统集成服务有限公司成为国内首家通过此评估的企业。

8 月 31 日 中国地理信息产业协会对北京市统计局经济普查地理信息系统进行现场考察。

8 月 31 日 国家局住户调查办公室主任来北京市统计局调研北京市住户电子记账系统开发运行情况。

9月

9 月 1 日 北京市经济和信息化委员会在数字北京大厦 408 会议室组织召开《北京市城市空间实体透明化管理体系建设规划》征求意见会，周宏仁、王安耕、高新民、周成虎、刘

纪平等信息化咨询委员会专家和市发展改革委、市规划委等 17 个委办局代表参会。

9 月 5 日 神州数码在由中国软件行业协会和南京市人民政府、江苏省经济和信息化委员会主办的第七届中国（南京）国际软件产品和信息服务博览会上，自主研发的“市民卡核心系统”获评“2011 中国年度创新软件产品”。

9 月 13 日 北京市经济和信息化委员会副主任童腾飞接待新加坡资讯通信发展管理局（英文简称 IDA）主席杨颖仪、高级司长许宏哲、副司长洪炳祥、中国区司长李斯勤等一行，资源中心主任彭凯、电子政务处副处长刘旭、首都之窗主任盛景涛等人员陪同。

9 月 15 日 北京市经济和信息化委员会会同市绩效办在中环广场新闻发布厅召开全市 2011 年电子政务绩效考核工作部署会。北京市经济和信息化委员会副主任童腾飞到会并讲话。

9 月 21 日 北京市经济和信息化委员会会同市农委，召集涉农区县信息化主管部门、农委等有关部门相关领导和负责人召开大会，部署 2011 年度“信息化示范村”考核认定工作，并对考核认定指标体系进行了解读和培训。委领导姜毅群同志出席大会。

9 月 全球著名财经杂志《福布斯（Forbes）》公布了“2011 亚太地区最佳上市公司 50 强”名单，中国企业名列前茅，有 23 家公司上榜，神州数码继 2009 年和 2010 年后，在 2011 年连续第三次入选该榜单，在中国上榜的技术类公司中位列第一。

9 月 中关村自主创新示范区展示中心迎来中央政治局常委李长春、北京市委书记刘淇的视察。中关村展示中心信息化网络系统建设由神州数码承建，经过半年多的时间，系统建设完成，支撑了展示中心科技创新的各类方案及设备的应用。同时，神州数码作为中关村重点企业，在中心展示了其在信息化应用领域的创新应用成果。

9 月 2011 第二届全国服务业公众满意度专项调研新闻发布盛典大会”在人民大会堂举行，政府代表、国际组织负责人、国内外企业家代表及业内专家学者等近 400 人出席。神州数码旗下的神州数码信息服务股份有限公司凭借专业服务力赢得行业客户认可，在大会上捧得“金典奖——全国服务业公众满意典范品牌奖”。

10 月

10 月 13 日 北京市第六次全国人口普查地理信息系统项目通过专家验收。

10 月 21 日 北京市统计局召开 2011 年度电子政务绩效考核工作布置会议。会议就北京市统计局电子政务绩效考核工作安排、编写分工等进行了布置，并对考核指标作了说明。

10 月 北京市经济普查地理信息系统被中国地理信息产业协会授予 2011 年中国地理信息产业优秀工程金奖。

10 月 27 日 北京市政务服务中心筹备办与北京市经济和信息化委员会、市监察局、固定资产审批大厅管理办在中环召开了市政务服务中心信息化相关工作讨论会，会议由筹备办副主任蔡明月主持，北京市经济和信息化委员会副主任童腾飞出席会议并讲话。会上各相关单位围绕市政务服务中心信息化建设进行了深入讨论，交流了方案。

10月28日 公务员门户新版正式上线运行。

11月

11月 “北京市统计遥感业务运行系统研建”项目被中国地理信息产业协会评为 2011 年中国地理信息产业优秀工程银奖。

11 月 北京市统计局在全国统计部门 2010—2011 年度统计信息化建设工作评比中获得统计信息化建设综合先进单位。

11 月 北京市统计局被北京市使用正版软件工作联席会议办公室评为“2011 年北京市政府机关软件正版化工作先进集体”。

11月2日 北京市经济和信息化委员会副主任姜贵平赴北京金蝶管理软件有限公司、畅捷通信息技术股份有限公司调研，重点了解中小企业信息化应用推广及服务情况。

11 月 3—5 日 由国家发展和改革委员会、铁道部、交通运输部、海关总署等国家部委及二十余家国家级社团机构支持，中国交通运输协会主办的“第七届中国国际物流节”在宁波举行。神州数码旗下科捷物流有限公司荣膺“2011 中国品牌价值百强物流企业”和“2011 中国物流业最佳雇主企业”两项殊荣。

11 月 5 日 第十四届京台科技论坛“新一代移动通信与物联网创新应用论坛”在中国大饭店六层多功能厅举行。北京市经济和信息化委员会副主任姜贵平出席并致开幕词。

11月5日 第十四届京台科技论坛暨第二届京台云计算产业高峰论坛在国贸大酒店三层群贤厅举行。北京市经济和信息化委员会副主任姜贵平出席并致开幕词。

11月8日 北京市经济和信息化委员会副主任姜贵平对灵通快拍、数码大方等北京市软件与信息服务业企业进行了调研，详细了解了各企业的发展情况和所属细分领域的产业发展现状并与企业负责人进行了交流。

11月8日 歌华有线高清交互数字电视平台“湖光山色门头沟”栏目正式上线。该栏目由门头沟区委、区政府与歌华有线公司共同举办，该系统通过对门头沟区的新闻宣传、旅游资源、招商引资项目、便民服务、办事指南等信息进行宣传发布，是当地政府加强社会管理的一项创新举措。

11月9日 北京市信息资源中心信息资源部负责编制的《政务信息资源再利用及相关产业调查报告》被评为北京市经济和信息化委员会 2010—2011 年度优秀调研成果，并被推荐参评 2010—2011 年度全市优秀调研成果。

11月9日 中国卫星应用产业化高峰论坛暨 2011 年中国嵌入式系统年会在亦庄经济技术开发区博大大厦举行，北京市经济和信息化委员会副主任姜贵平出席并致辞。

11 月 11 日 北京市宏观经济与社会发展基础数据库一期工程项目竣工验收会在北京市统计局举行。与会专家组听取了各方情况汇报后，认为项目建设实现了预定目标，建议该项目通过竣工验收。

11 月 16 日 “2011 中国物联网发展论坛”下午在深圳会展中心召开。工业和信息化部副部长杨学山出席了论坛并讲话。国家发展改革委、教育部、财政部、国家税务总局、中国科学院、深圳市人民政府、无锡市人民政府和国际电信联盟等有关单位领导出席了论坛。北京市经济和信息化委员会副主任姜贵平代表北京市参加了论坛。

11月18日 公务员门户支撑市政府绩效考核办完成2011年政府绩效管理公务员网上评价调查问卷，在门户首页部署上线。

11月18日 朝鲜金日成社会主义青年同盟第一书记李勇哲率队朝鲜青年友好代表团一行100人在团中央书记处书记周长奎等领导的陪同下莅临神州数码上地总部参观考察。

11月21日 神州数码控股有限公司在“中国软件大会·2011年论坛暨第十届中国软件和信息服务十大领军人物、企业、产业园区颁奖盛典”上荣获成就十年·2001—2011年度中国软件和信息服务十大领军企业奖，其旗下的神州数码信息股份有限公司荣获·2010—2011年度中国软件和信息服务十大领军企业奖。

11月23日 北京市国土资源局荣获北京市使用正版软件工作联席会议办公室颁发的“2011年北京市政府机关软件正版化工作先进集体”。

11月29日 北京市经济和信息化委员会2011年度电子政务绩效考核组到北京市统计局检查工作。

12月

12月1日 北京市经济和信息化委员会组织召开北京“十二五”时期物联网产业发展实施方案研讨会。北京市经济和信息化委员会组织相关单位对实施方案征求意见。市科委、中关村管委会、北京市经济和信息化委员会软件与信息服务业处、电子政务与信息资源处、科技标准处、电子信息处、网络安全处、基础设施提升办、中关村物联网产业联盟等同志参加了会议。

12月8日 物联网“十二五”规划正式发布。规划提出了八大主要任务和五大重点工程。

12月9日 北京市在王府井、西单、奥运中心区、燕莎区域、中关村大街、金融街商务区6个人流密集区域开通了公益性无线宽带接入，连续三年面向公众提供免费无线接入服务。

12月12日 北京市委常委、常务副市长吉林带队，市党风廉政建设责任制专项检查第四检查组对北京市国土资源局2011年执行党风廉政建设责任制、推进惩防体系任务完成情况进行了专项检查。

12月12—12月14日 工信部组织召开“信息化创新社会管理和服务经验交流会”，来自全国各省市信息化主管部门的负责同志参加了会议。工信部信息化推进司秦海副司长出席会议并讲话，北京市经济和信息化委员会副主任姜毅群代表北京市经济和信息化委员会致辞，北京市、新疆自治区、广东省、贵阳市做了典型发言。

12月15日 北京市经济和信息化委员会组织召开“北京市地理信息公众服务平台应用培训会”，全市相关委办局、区县部门的代表近百人参会。

12月17日 在北京召开了“中国经济和信息化年会2011论坛”。本次论坛分析了宏观经济对产业发展的影响，研讨了产业转型升级的路径选择，重点剖析了两化融合下新兴产业的走向。

12月27日 由北京市经济和信息化委员

会、中关村管委会、海淀区人民政府联合主办的中关村发展集团联合社会资本投资云计算产业集群签约仪式在中关村软件园举行。会上，中关村发展集团联合深创投等 7 家社会投资机构组成的“资本群”，对云计算产业链关键环节 14 家企业进行“产业群”投资，总额达 2.03 亿元。

12 月 27 日　国家金卡工程第 14 次全国 IC 卡、RFID 及物联网应用工作会在北京万寿庄宾馆召开。国家金卡工程协调领导小组办公室主任张琪主持了会议，国家发改委高薪技术产业司副司长徐建平，与会的还有国家金卡工程协调领导小组各成员单位，相关部委、试点省市主管部门，国家金卡办各工作组，国家金卡工程物联网应用联盟、金卡工程多功能卡应用联盟、金卡工程城市卡运营联盟以及各有关企事业单位的相关人员。

12 月 28 日　“祥云工程”年终交流会暨中关村云计算产业联盟年终总结会召开。北京市经济和信息化委员会副主任姜贵平、北京市经济和信息化委员会副主任阎冠和参加会议。

12 月 31 日　北京市国土资源局荣获北京市信息化工作领导小组颁发的 2011 年度电子政务绩效考核“突出奖”。

信息基础设施

【综述】 2011 年年内，提升计划推进工作办公室认真贯彻落实市政府专题会议精神，紧密结合市政府办公厅转发的 2011 年提升计划工作任务，大力推进北京市“全国最好、世界领先”的无线城市建设，大力提升北京市信息化基础设施建设和信息化应用水平，加快落实市委市政府各项折子任务。认真落实市政府专题会议精神，制定提升计划年度工作任务。全面推进“全国最好、世界领先”的无线城市建设。统一建设政务物联数据专网，协调推进物联网应用取得成效。加大协调力度，基站、宽带、管道等信息化基础设施建设取得显著成果。加强政府资金的引导力度，支持社会投资北京市信息化基础设施建设和试点应用项目。加快信息化标准与政策制定，积极打造良好的信息化基础设施建设环境。加快推进三网融合试点工作建设。

重大规划与工程

【概述】 2011 年年内，提升计划推进工作办公室认真贯彻落实市政府专题会议精神，紧密结合市政府办公厅转发的 2011 年提升计划工作任务，大力推进北京市“全国最好、世界领先”的无线城市建设，大力提升北京市信息化基础设施建设和信息化应用水平，加快落实市委市政府各项折子任务。

（提升计划推进办公室）

信息基础设施规划

【北京信息化基础设施提升计划 2011 年任务分工印发】 2011 年 6 月 11 日，北京市政府办公厅印发了北京信息化基础设施提升计划 2011 年任务分工（京政办函〔2011〕46 号）。任务共包括 7 个大方面 29 个分项，主要围绕启动全国最好、世界领先的无线城市建设、全力推进物联网顶层架构工程建设、大力推进信息化基础设施建设、新技术应用、政策环境建设等各项工作展开。

（提升计划推进办公室）

【《北京市“十二五”时期重大信息化基础设施规划》印发】 2011 年年内，北京市人民政府印发了《北京市“十二五”时期城市信息化及重大信息基础设施建设规划》，明确提出“十二五”时期北京打造“智慧北京”建设夯实基础的宏伟目标，即以建设“世界城市”、“智慧北京”为契机，到 2015 年，建成符合首都功能定位、国内领先、国际一流的信息化基础设施，将北京打造成为全球资源配置的信息枢纽。以高速通畅、无缝覆盖、稳定可靠的信息网络，丰富安全、获取便捷的信息内容，为北京市民提供一流的信息化服务，促进社会生活提升。同时，实现网络、应用、技术和产业的良性互动，推动产业结构调整升级，促进本市经济社会又好又快发展。

（提升计划推进办公室）

【《民用建筑通信及有线广播电视基础设施设计规范》获批】 2011 年年内，由北京市经济和信息化委员会会同市规划委组织制定的地方标准《民用建筑通信及有线广播电视基础设施设计规范》（地方标准编号：DB11/T804-2011）获市质监局批准，并于9月1日实施。该标准在全国率先将移动通信室内外覆盖纳入地方标准范畴，其实施将有力促进本市无线城市的建设发展。由北京市经济和信息化委员会立项与北京市电力公司编制的《通信及有线广播电视基础设施用电规范》已完成初稿。该规范明确了基础设施用电的负荷需求、基础设施内配电设备的配置标准和外电源配置标准等内容，使信息化基础设施的用电需求和供电服务标准化，有利于供需双方达成共识，加快信息化基础设施的建设进度，加强电力保障力度。

（提升计划推进办公室）

【提升计划专项资金落实】 2011年年内，根据第三方预算评审结果和2011年北京信息化基础设施支持项目预算总额，提升计划推进办公室将其中42个项目列为2011年支持项目。2011年提升计划拟支持项目42个，共计拉动社会投资约4亿元，共计支持金额4702万元。其中，信息化基础设施提升类项目9个，物联网应用试点项目9个，电子商务应用试点项目8个，云计算应用试点项目7个，其他信息化应用试点项目6个，新技术、新业务推广应用类项目3个。

（提升计划推进办公室）

【《北京市中小企业公共服务平台网络建设总体方案》编制完成】 2011年年内，北京市经济和信息化委员会根据工业和信息化部办公厅、财政部办公厅有关精神，结合北京市的实际情况，编制完成了《北京市中小企业公共服务平台网络建设总体方案》，目标是结合中小企业实际需求，依托现有机构和资源，巩固服务基础、扩大服务范围、提升服务能力、提高服务质量、优化服务环境，全面构建立体服务网络。

（中小企业处）

信息基础重大工程

【统一建设政务物联数据专网】 2011年年内，提升办在2010年物联网基础设施专网建设试点工作的基础上，协调推进北京市政务物联数据专网统一建设，将该网纳入北京市市电子政务网络。8月，工信部正式批准北京市政务物联数据专网试验使用1447—1467MHz频率。8月19日，该网完成设备采购招标，中兴公司和普天公司中标。11月下旬，试验网完成核心网设备的安装调试和部分基站的信号测试工作。

（提升计划推进办公室）

【路侧停车场物联网管理】 2011年年内，提升办牵头负责北京市路侧停车场物联网管理及朝阳区试点工作，在本市路侧停车场采用加装地磁传感器、牡丹卡电子收费、视频监控的“三位一体”技术管理手段，提高路侧停车场监管能力。该项工作在电子收费平台建设、地磁传感器安装、网关和中继设备安装及取电等方面取得一定进展。

（提升计划推进办公室）

【加快推进三网融合试点工作建设】 2011年4月28日，国务院三网融合工作小组批准北京市三网融合试点实施方案。北京市成为全国第一个获得批准实施三网融合试点的城市。5月31日市三网融合工作协调小组召开会议，全面部署北京市三网融合试点工作。根据三网融合试点任务分工，提升办协调三大电信运营商北京分公司，大力推进光纤到村、老旧小区光纤入楼到户改造、新建小区光纤入户建设和无线城市建设，为试点工作提供坚实的网络基础；协调北京市经济和信息化委员会软件处制定《三网融合带动相关产业发展行动计划》和三网融合相关的产品服务目录。

（提升计划推进办公室）

【国家地理信息科技产业园奠基一周年暨首批企业入园签约仪式】 2011 年 11 月 28 日上午，国家测绘地理信息局与北京市顺义区政府在中国测绘创新基地举行"国家地理信息科技产业园奠基一周年暨首批企业入园签约仪式"。国土资源部副部长、国家测绘地理信息局党组书记、局长徐德明，北京市政府副市长苟仲文，国土资源部党组成员、总规划师胡存智，国家测绘地理信息局副局长王春峰、宋超智，中国工程院院士刘先林、顺义区委书记张延昆、顺义区区长王刚、市国土资源局副局长谢俊奇、中关村管委会委员李翔、北京市经济和信息化委员会副巡视员邹彤出席签约仪式并见证了全程活动。北京市四维图新、高德等 22 家地理信息行业及上下游相关的企业（集团）率先签订了入驻国家地理信息科技产业园的协议，首批签约企业累计涵盖 40 余个单位。整个园区由国测集团投资，中铁建设施工，自 2010 年 11 月 28 日奠基、2011 年 3 月 6 日开工以来，经过 8 个多月紧张的建设施工，一期 80 万平方米主体工程已经封顶。

（软件与信息服务业处）

【北京 · 亦庄云产业园启动新闻发布会】 9 月 27 日，北京 · 亦庄云产业园启动新闻发布会在北京饭店举行。原信息产业部部长吴基传、中国软件行业协会理事长赵小凡、工业和信息化部软件司副司长郭建兵、北京市经济和信息化委员会副主任姜贵平等领导参加启动会议并发表讲话。会上，开发区管委会主任张伯旭对云产业园规划和建设目标做了详细介绍。初期规划占地 3 平方千米，定位于"两中心、一基地、一平台"，最终实现吸引投资超过 500 亿元、年产值或销售收入 2000 亿元以上、吸纳超过 5 万人就业的北京新一代电子信息建设产业增长极。同时包括百度云计算中心、云计算系统设备制造基地项目、云计算研发运营中心项目、KDDI 数据中心项目、北京电信数据中心项目的首批 5 个项目在启动仪式上进行签约，总投资规模达 261 亿元。

（软件与信息服务业处）

【北京超级云计算中心开工建设】 2011 年 11 月 1 日，北京市和中科院战略合作项目——北京超级云计算中心于在北京怀柔区科教产业园区正式开工建设。北京市经济和信息化委员会副主任姜贵平参加会议，并发表讲话。北京超级云计算中心是北京市祥云工程规划的重点基础设施工程之一，主要面向科学计算、文化创意和公共管理领域提供超算服务和 IAAS 服务。启动会上还举办了签约仪式，8 家用户单位成为北京超级云计算中心的首批用户。

（软件与信息服务业处）

信息网络基础设施

【概述】 北京市互联网基础资源发展居于全国领先地位。除域名拥有量外，IPv4 地址数、网站拥有量，均领先于其他省市，位居第一，而域名拥有量仅次于广东省。

（互联网发展报告）

固定通信网络

【基站、宽带、管道等信息化基础设施建设】 2011 年年内，提升办充分发挥“双进入体制”的优势，下发协调建设难点问题 96 项，完成 33 项，2011 年拉动三大运营商落实投资 136.42 亿元；新增 20M 及以上宽带接入用户 191 万户，累计达到 521 万户；新增光纤接入户数 180 万户，累计达到 380 万户；新增基站 4300 多个，累计达到 2.2 万个；按照坚持统一建设、资源共享模式，加快信息管道建设，审批、建设信息管道 1064 沟千米。完成有线电视双向网络改造 92 万户，累计达到 320 万户，实现城六区双向网络基本覆盖；新增高清交互数字电视用户 130 万户，累计达到 260 万用户。三大电信运营商加大自主采购工作力度，优先采购信息通信领域中的自主创新产品。三大电信运营商 2011 年在京采购自主创新产品前三季度已达 5 亿元。

（提升计划推进办公室）

移动通信网络

【开展 TD-LTE 规模技术试验】 2011 年年内，协助中国移动通信集团北京有限公司向工业和信息化部申请在北京开展 TD-LTE 规模技术试验，4 月协助市政府向工信部申请在京开展国家 TD-LTE 规摸技术试验，并上报了总体技术方案。10 月 25 日获工信部批复，在北京市共建设约 80 个基站的演示网络，为北京市建设国内最好的 TD-LTE 试点城市和北京市相关产业发展夺得了先机。

（提升计划推进办公室）

【开展以 3G 和无线局域网（WLAN）模式为主的无线城市建设】 2011 年年内，提升办本着“政府引导，市场化运作”的原则，在政策、统一宣传口径等方面予以电信运营商支持，并帮助他们解决建设中存在的困难。截至 10 月底北京市已新建 3G 基站 1338 个，累计约 2 万个；新建 WLAN 接入点约 8.2 万个，累计约 10.5 万个，已覆盖机场、重点商务区、写字楼、奥运中心区、部分高校等区域。

（提升计划推进办公室）

【公益性无线宽带接入试点】 2011 年年内，支持电信运营商选择部分人流密集的公共区域开展试点，为公众提供公益性无线宽带接入，使市民享受无线城市的便捷网络接入服务。提升办积极与三大电信运营商协商，确定在西单、王府井、奥运中心区、火车站、金融街商务区、燕莎区域、中关村大街等重点区域开展无线宽带接入试点建设；连续三年向公众提供免费无线接入服务；确定了全市统一 SSID 号和 LOGO；并在 2011 年的提升计划支持项目中对各电信运营商的公益性无线接入服务给予一定的资金支持。

（提升计划推进办公室）

【无线宽带专网建设】 2011 年年内，积极支持歌华公司和中电华通公司的无线宽带专网建设，已开通 182 个基站，覆盖四环内大部分区域及石景山、亦庄部分区域，为安监、交通、公安、安全生产等物联网应用的无线视频传输提供支撑。

（提升计划推进办公室）

有线电视网

【有线电视双向网改造成果显著】 2011 年年内，歌华有线公司全力推进高清交互电视推广和三网融合试点工作，大力加强了城区、近郊和远郊区县新建、改造双向网络和其他基础设施建设的力度与进度。截至 2011 年年底，累计完成双向网建设 320 万户，实现了城六区和远郊中心城镇双向网络的基本覆盖。

（丁颖磊）

【有线电视基础网络建设得到加强】 2011 年年内，完成管道建设 1043 沟千米，实现光缆入地 851 沟千米，累计完成光缆入地约 5100 沟千米。年内完成光缆敷设 2167 千米，全市有线电视光缆总长达到 36 000 多千米，电缆总长达到 240 000 多千米。完成 5 处机房购置工作；完成城区 1 个 IDC 机房、9 个二级机房、8 个远郊中心机房的基础整备扩容建设工作；完成 9 个城区机房和 2 个分公司中心机房的搬迁、扩建工作；完成 40 余个机房的动力环境与供配电扩容改造工作，完成 17 个传输机房的基础整备工作，拥有骨干传输机房 40 多个，会聚层级传输机房 200 多个。

（丁颖磊）

【高清交互数字电视系统建设国内领先】 2011 年年内，完成了国内首个基于内容分发网络 CDN 的大型高清交互前端平台建设，视频点播 VOD 系统实现 15 万并发流，可支持超过 300 万的交互电视用户点播；完成了基于密集波分复用 DWDM 系统和路由交换机的视频流传输承载网络建设；完成了支持高清交互业务 40 余个机房的系统集成工作和 IPQAM、CMTS 接入系统建设工作；完成了家庭多媒体智能终端高清交互机顶盒的研发工作。

（丁颖磊）

无线电管理

【概述】 年内，在北京市经济和信息化委员会和工业和信息化部无线电管理局的领导下，市无线电管理局立足首都无线电管理实际，执行无线电管理法规和相关文件要求，做好无线电频率管理、无线电台站管理和空中无线电波秩序管理，保障重大活动的无线电安全，保证了各项工作正常开展和任务的圆满完成。

（李书亮）

无线电频率台站管理

【无线电频率管理】 2011年年内，组织召开市通信管理局应急通信1.8G座谈会、市广电局平谷转播站协调会、歌华有线MMDS频率座谈会等相关会议，做好相关频率协调工作。落实北京市政务物联数据专网TD-LTE频率，推进北京市政务物联数据专网的建设工作。协调审批了首届环北京职业公路自行车赛组委会通信调度频率和北京市电视台实况转播频率、十三陵水库2011年北京铁人三项世界锦标赛北京市电视台实况转播频率、中国网球公开赛组委会通信调度频率、GTI世界超级跑车锦标赛通信调度频率、地铁数字集群调度系统频率、深圳大运会清华大学圣火采集仪式和北京大学火炬接力活动的组织调度频率、世界体育大会和全国文联换届大会等频率事宜，受到有关部门的好评。共受理无线电频率申请27份，无线电呼号申请1份，共完成频率审批55件。

（李书亮）

【无线电台站管理】 2011年年内，继续巩固与华北民航局空管局、北京铁路局、市公安局等部门与单位的管理机制。对北京铁路系统进行无线电管理技术、法规、频率规划及台站填报培训，积极协调处理京沪高速铁路GSMR受干扰事宜，建立了京津冀地区加强保护铁路专用频率的长效机制。实施无线电台站数据月报工作，对所管理的台站数据进行分析和统计分类，按频段对相关错误的台站数据项进行修改。共完成174件设置无线电台的行政审批，补办（换发）业余无线电台执照263件，办理台站年审273家单位。

（李书亮）

【无线电发射设备管理】 2011年年内，办理进口无线电设备核准67件，共计设备11 217台。办理机电审67件，共计设备40 442台。办理无线电设备型号核准初审67件。对北京移动、联通、电信公司的数字蜂窝基站开展了抽检，完成了对16个单位的设台验收，检测设备163台（套）。签订进口设备检测协议13份，涉及无线电发射设备10 482台。检测业余电台857台。

（李书亮）

无线电波秩序管理

【无线电监测】　2011 年年内，认真执行工业和信息化部无线电管理局超短波频谱监测任务要求，对406.000—409.500MHz、821—825MHz、866—870MHz、1400—1427MHz、1427—1525MHz、1900—1920MHz 频段进行专项频谱监测，并对监测数据进行了统计分析。开展对重大活动的无线电监测，完成了“两会”、“清华大学百年校庆”及“深圳大运会圣火采集仪式”、“十一”期间天安门广场重大活动、“环北京职业公路自行车赛”等重要活动的无线电安全保障工作。截至 10 月底，累计监测时间 6198 小时，共向工业和信息化部无线电管理局报送监测频谱统计报告 10 份。共完成 41 个单位，53 个通信网，56 个测试点的电磁环境测试。完成 11 个单位，11 个通信网的技术验收。

（李书亮）

【行政执法】　2011 年年内，组织进行了执法资格的培训和考试。开展防范和打击利用无线电手段进行考试作弊的工作，完成了国家司法考试、国家公务员录用考试、全国硕士研究生入学、全国外语职称、北京市公务员录用、全国成人学位英语、全国会计专业资格、全国普通高校招生等考试的保障任务，共查处作弊案件 13 起，涉案人员 20 名，依法暂扣作弊设备 16 套。参与了西站地区“321”专项整治活动，协调有关单位解决了中国电信中南海地区部分基站受干扰问题。共办结 4 件行政处罚案件，做出警告 1 起，没收设备 20 件，罚款 3000 元。

（李书亮）

【区县工作】　2011 年年内，指导区县开展日常无线电管理工作，总结归纳了国家和各省市开展无线电管理工作的先进经验，整理了无线电管理工作的相关法律和法规依据，编制下发了《区县无线电管理工作手册》，汇编了《区县无线电应急预案模板》，开展了无线电管理工作培训。为各区县无线电管理工作人员制发了 46 个无线电检查证，推动了区县工作的开展。

（李书亮）

【无线电宣传】　2011 年年内，贯彻落实《全国无线电管理宣传纲要（2011—2015 年）》和《2011 年全国无线电管理宣传工作实施方案》的精神，进一步扩大宣传队伍，规范宣传内容，提高宣传质量。一是建立无线电管理宣传工作站，建立了市、区县两级宣传网络。二是建立了包含无线电管理法规、宣传口号等 11 项内容的“北京市无线电管理宣传资料库”，下发给区县无线电管理部门。三是通过多种方式提升无线电宣传的效果。通过向领导报送简报、杂志，借助“2011 年中国无线技术与应用大会”等行业大会进行宣传，向无线电设备销售商家开展定向宣传，通过公交车身广告进行宣传，通过报纸、广播、电视、网络、手机短信等媒体进行宣传，结合日常工作开展宣传等方式进行宣传。共发放宣传材料 1000 余份，举办讲座 10 余次，向在校学生发放《无线电管理基础知识》27 万册。

（李书亮）

无线电技术基础设施建设

【监测技术设施】 2011 年年内，完成了监测网网络带宽扩容改造工作，优化了监测网网络结构，提升了数据传输效能。完成了顺义固定监测分站的设备调试、校准及联网工作，并投入使用。完成了 2 辆移动监测站的车载发电机安装及实际测试工作。完成了昌平、怀柔监测分站预选站址工作，进行了实地勘察，开展了电磁环境测试。

（李书亮）

【检测实验室】 2011 年年内，完成了 2 个政府采购项目和 2 个非政府采购项目中的初验和培训工作，开展了 1 个非政府采购项目的系统集成。

（李书亮）

信息产业

【综述】 **电子信息产业**经济运行特点呈现以下态势：行业运行轨迹呈V型态势，2011年二季度末行业起稳回升。2011年上半年电子制造业产值逐月下降，5月当月完成产值138亿元，达到最低点，下半年电子产业逐月回升明显。出口下降拖累全行业运行指标。1—10月全行业实现销售收入1903.8亿元，累计同比下降4.3%，其中：出口交货值791.1亿元，同比下降13.7%，占全行业比重41.5%。出口比重进一步下降，出口交货值下降拖累全行业经济运行指标下降。产品单价下降过快，产业增产不增收。电子产品年平均降价10%，1-10月，统计局发布电子制造业出厂价格指数为93.1，下降七个百分点，1—10月北京市重点产品中：计算机产量同比增长19%，集成电路产量同比增长16.5%，显示器产量同比下降0.8%，手机产量同比下降3.9%，电子主要产品产量较去年基本持平，但累计产值同比下降7.4%。

（电子信息处）

电子信息制造业

【概况】 北京电子信息制造业当前形势：以苹果为代表的新应用和新商业模式改变了传统行业业态，北京传统优势的移动通信和计算机制造业受到较大冲击，同时也促进了这两大传统产业进行结构调整，为全行业带来新的机遇和挑战；北京全力打造数字电视产业和集成电路产业，调整产业结构为未来产业规模和产业地位的提升打下了基础。

2011年全年北京电子信息制造业主营业收入2485亿元，同比下降3.6%；利润总额104亿元，同比增长34%；出口交货值981亿元，同比下降13.3%；累计完成工业产值2062亿元，同比下降6.2%，增加值增速累计同比增长0.5%；全行业完成固定资产投资222.3亿元，同比增长91.5%，实际利用外资1.2亿美元，同比下降22.5%；从员人员99 659人，同比下降15.44%。

2011年电子制造业重点项目64项，总投资达2000亿元，其中已竣工或阶段性投产项目16项，总投资350亿，在建项目18项，总投资320亿，手续办理阶段项目16项，总投资650亿，前期在谈项目14项，总投资660亿元。64个项目中按产业分类，数字电视产业园项目26项，移动硅谷产业园2个项目，集成电路产业项目6项，LED产业11项，自主创新项目4项，其他项目15项。

（朱江）

【行业运行轨迹呈V形态势】 2011年年内，二季度末行业起稳回升，上半年电子制造业产值逐月下降，5月当月完成产值138亿元，达到最低点，下半年电子产业逐月回升明显。

（电子信息处）

【出口下降拖累全行业运行指标】 2011年年内，全行业实现销售收入1903.8亿元，累计同比下降4.3%，其中：出口交货值791.1亿元，同比下降13.7%，占全行业比重41.5%。出口比重进一步下降，出口交货值下降拖累全行业经济运行指标下降。

（电子信息处）

【产业增产不增收】 2011 年年内，产品单价下降过快，产业增产不增收。电子产品年平均降价 10%，1—10 月，统计局发布电子制造业出厂价格指数为 93.1，下降七个百分点，1-10 月北京市重点产品中：计算机产量同比增长 19%，集成电路产量同比增长 16.5%，显示器产量同比下降 0.8%，手机产量同比下降 3.9%，电子主要产品产量较去年基本持平，但累计产值同比下降 7.4%。

（电子信息处）

【移动通信产业处于转型、调整期】 2011 年年内，移动通信产业占北京电子信息制造业比重达 60%，当前移动通信产业正处于产业升级换代，结构调整的关键期。北京市龙头企业诺基亚、索爱受到较大冲击，尚未完成结构调整，产业整体规模短期内呈下降趋势，并拖累产业链上下游企业出现负增长。

（电子信息处）

【出口面临国际市场需求疲软和人民币升值双重困境】 2011 年 1—10 月，电子行业出口交货值占全行业比重 41.5%（历史高峰期，曾接近 70%）。排名前 25 位的重点企业中以出口贸易为主的 12 家外资企业均不同程度下降。一方面是国外市场需求依旧疲软，另一方面也有人民币升值因素影响，6 月底人民币汇率再创新高，目前基准价为 6.46（2010 年基准价为 6.8），上半年人民币升值因素影响电子产品出口下降两个百分点。

（电子信息处）

【日本地震造成原材料供应不足】 2011 年 3 月份，北京的电子制造业受到严重影响，部分日本上游元器件产品以及集成电路生产所需的原材料供应出现短缺，直接导致索爱、瑞萨、松下普天、首钢日电、村田电子等企业因原材料供应不足，产能大幅下降。三季度原材料供应开始恢复正常水平。

（电子信息处）

【企业运营成本压力上涨】 2011 年年内，制造业企业均反映招工难，招工、用工成本增加，同比上升约 20%左右，下半年国家将出台《社会保险法》，规定企业必须为所有员工缴纳五险，企业用工成本还将进一步增加。此外，原材料、成品油等价格上涨增加企业和运营成本。日本地震主要影响到电子行业的原材料和装备供应，临时选用欧美地区替代品增加了企业采购成本。

（电子信息处）

【重大项目尚处于建设期】 2011 年年内，以京东方和中芯国际为代表的液晶显示产业和集成电路产业是北京市近年来大力支持发展的产业。两家企业的产业规模较小，不具备国际市场定价、竞价的竞争实力，这两个产业项目建设周期长，所需资金巨大，未来对提升北京市电子产业在全球的行业地位有着重要的战略意义，但短期内不会形成巨大的规模贡献，同时由于这两个项目都是核心元器件的加工制造，形成的产值低于终端产品制造。

（电子信息处）

【新业态的出现影响制造业产值】 2011 年年内，二、三产业融合加速制造业服务化趋势，众多传统制造企业减少或放弃制造环节，着力于软件设计及信息服务等领域的发展方向。电子信息制造业产业链分化整合趋势更加清晰，越来越细的产业分工使传统制造业被拆分为多个环节，分为多家企业共同完成。单一产品产值被分拆、稀释。此外，新技术的快速发展，越来越多的硬件产品软件化，多种产品功能高度集成化的趋势使原有产品种类及制造环节相应减少，降低了产值增长的空间。

（电子信息处）

【01 专项进展】 2009—2011 年三年累计基础软件和高端芯片的立项项目 53 项，项目总投资额 54.5 亿元，其中中央财政资金 17.9 亿元，已经到位资金 13.9 亿元。2009 年和 2010 年立项的基础软件项目和课题已基本完成研发及系统建设工作，正全面进入产业化推广阶段。其中，由中软、太极、中科软、航天科技集团等单位分别承担的国产软件重大示范和领域应用平台研发项目，分别在信访、安监、审计、卫生、保险、航天等行业内进行国产化基础软件应用，共产生销售收入 2.4 多亿元，实现利润 3000 多万元。

（科技标准处）

【02 专项进展】 北京市 2008 到 2011 年 02 专项立项的项目共 29 项，占全国总项目数量 31%；项目总投资 111.8 亿元，占全国总项目投资的 34%，其中，中央财政支持 53.4 亿元，已到位资金 46.7 亿元。2011 年在主要目标上取得了阶段性进展。中芯国际“65 纳米低漏电产品工艺”整体研发也已完成，国际主流设计公司已在中芯国际实现小批量量产。通过专项的扶持，北京七星华创公司在创业板成功上市，形成了国家专项资金作为种子资金、引导企业从社会募集资金实现新发展的良性循环。

（科技标准处）

【03 专项进展】 北京市 2009—2011 年三年累计 03 专项立项 149 个项目，项目总投资 57.1 亿元，其中中央财政资金 18.3 亿元，已经到位资金 14.8 亿元。随着项目的持续研发，北京在 TD-LTE 方面的产业集群已经初步形成，产业布局涵盖了芯片、标准、设备、系统等各个产业环节。北京创毅视讯公司研发的全球第一颗 TD-LTE 终端基带芯片已成功进入市场，实现销售收入 2400 万元，新增利润 1100 万元。

（科技标准处）

计算机产业

【产量稳步增长】 2011 年年内，北京计算机产量稳步上升，从 2 月份的产量 143.19 万台至 12 月份的 1384.39 万台，产量增速同比达 11.01%。台式电脑产量占国内比重较大，北京计算机整机产量 1384.39 万台，占全国产量 32 036.7 万台的 4.32%。

（朱江）

【主营业务收入和利润同比持平】 2011 年年内，北京计算机行业主营业务收入达到 786.75 亿元，比上年增加 46 亿元。利润总额 7.36 亿元，比上年减少 0.48 亿元，基本持平。

（朱江）

【出口额及增速同比降低】 2011 年北京计算机整机行业出口同比大幅减少，全年出口交货值不到 1 亿元，12 月份同比增速为–67.6%，产品以内销支撑销售额。

（朱江）

液晶显示产业

【京东方液晶显示屏业务】 2011 年年内，重点企业北京京东方光电有限公司 15’ 以上液晶显示屏全年累计生产 544 万片，同比增速下降 29.81%。京东方光电主营业务收入同比下降

14.92%，利润同比上升 255.19%。

（朱江）

【京东方 8.5 代线第一条生产线投产】 2011 年年内，北京数字电视产业园区内 14 个项目开工建设，7 个项目阶段性投产。总投资 280 亿的龙头项目京东方 8.5 代线第一条生产线于 6 月 29 日点亮投产，9 月底实现 3 万片/月产能阶段性量产。

（朱江）

【京东方 8.5 代线建设进展情况】 2011 年年内，总投资 280 亿的数电园龙头项目京东方 8.5 代线第一条 30K/月生产线于 6 月 29 日点亮投产，9 月底实现阶段性量产，后续设备到位安装中。项目资金累计到位 177.3 亿元，至 10 月完成投资 141 亿元。

（电子信息处）

【冠捷液晶电视、液晶显示器生产基地项目】 2011 年年内，冠捷集团在中关村高新科技园区内投资建设项目总投资 16 亿元人民币，设计产能为 1000 万台液晶电视/年、1000 万台液晶显示器/年。该项目已全面启动建设，2011 年年底建成投产。

（电子信息处）

【康宁玻璃基板项目】 2011 年年内，美国康宁公司在园区内投资建设的项目总投资 8.7 亿美元（折合 56 亿人民币），建设包含 4 个玻璃熔炉和 2 条高速后加工工序的玻璃基板生产线，设计最大生产能力为 216 万片/年（按 8.5 代玻璃基板计，可满足 2 条京东方 8.5 代线玻璃基板需求）。康宁公司目前已全面开始基础建设，已完成投资 10 亿元人民币。

（电子信息处）

【LED 产业项目】 2011 年年内，以申安、朗波尔、同方、彩虹、中科晶电、亿美芯片等为代表的 11 个今年竣工投产的 LED 产业化项目，2011 年贡献工业产值 20 亿元。

（电子信息处）

集成电路产业

【主营业务收入提高】 2011 年全年，集成电路行业主营业务收入稳步上升，主营业务收入 147.73 亿元，同比提高。利润总额 3.49 亿元，同比降低。

（朱江）

【产量增速逐渐降低】 2011 年年内，集成电路制造业产量较平稳，全年产量 31.58 万块。增速由 1 至 2 月的 22.14%，降至 1 至 12 月的 –4.27%，逐渐降低。

（朱江）

【出口交货值增速呈放缓趋势】 2011 年年内，2011 年集成电路行业出口交货值逐月上升，从 1—2 月的 8.87 亿元逐步升至 1—12 月份的 96.68 亿元，高于 2010 年，增速所放缓。

（朱江）

【中芯国际扩产项目】 2011 年年内，一期扩产融资，全年完成固定资产投资 35 亿元，海内外融资工作正在积极推进中，由 12 家银行组成的 6 亿美元银团贷款正在各银行内部审批过程。二期项目环评，项目已通过环保部环评，开始立项及建设筹备。

（电子信息处）

【北京国际微电子论坛召开】 2011 年 11 月 22 日，由北京市经济和信息化委员会主办，北京半导体行业协会承办，AMD 公司特别支持的“2011 北京微电子国际研讨会”在国家会议中心召开。北京市副市长苟仲文、工业和信息化部副部长杨学山出席会议并讲话，来自国家工业和信息化部、科技部、北京市政府等部门的相关领导、中国半导体协会、国际半导体设备及材料协会（SEMI）、美国华美半导体协会、欧洲华人半导体协会的代表，业内知名专家和企业界代表共400余人参加了此次会议。

（电子信息处）

【双高人才奖励工作】 2011 年年内，北京市经济和信息化委员会委托北京半导体行业协会组织 2010 年度北京市集成电路企业高级人才专项奖励申请材料的收集和初审工作。经审核，2010 年符合奖励条件的集成电路企业高级人才共计 1386 人，奖励金额合计 19 307 922 元。

（电子信息处）

【TD-LTE 终端基带芯片入市】 2011 年年内，北京创毅视讯公司研发的全球第一颗 TD-LTE 终端基带芯片成功进入市场，实现销售收入 2400 万元，新增利润 1100 万元。

（科技标准处）

移动通信产业

【移动通信手机产量增速放缓】 2011 年年内，北京市移动通信手机产量达到 25 964.81 万部，占到全国移动通信手机产量比重的 22.93%。从每月生产情况看，产量呈逐月匀速上升态势，同比增速从 2 月份的 10.71%至 12 月份的 –5.19%，其原因是受智能手机的冲击，诺基亚手机产量下降较多，影响手机整体产量。

（朱江）

【出口量增速持续增长】 2011 年年内，北京市全行业手机出口产量达到 19 315.2 万部，同比增长 4.87%，全年出口总量占到全年移动通信手机总产量 25 964.81 万部的 74.39%。虽然手机出口增速从 2 月份 32.49%降至 12 月份的 4.87%，但全年手机出口增速都是正增长。

（朱江）

【主营业务收入及利润略降】 2011 年年内，北京市移动通信企业手机主营业务收入为 959.21 亿元，利润为 26.34 亿元，上年同期主营业务收入为 1177.27 亿元，利润为 29.75 亿元，同比有所下降。

（朱江）

【移动通信产业处于转型调整期】 2011 年年内，移动通信产业占北京电子信息制造业比重达 60%，移动通信产业正处于产业升级换代，结构调整的关键期。北京市龙头企业诺基亚、索爱受到较大冲击，尚未完成结构调整，产业整体规模短期内呈下降趋势，并拖累产业链上下游企业出现负增长。

（电子信息处）

软件和信息服务业

【概述】 2011 年年内，北京软件和信息服务业在复杂多变的国内外经济环境下，继续保持快速增长，产业结构不断完善，战略性新兴领域高速增长，二、三线城市及工业企业的信息化需求促使新的市场不断孕育和拓展，产业发展能力进一步提升，实现了产业“十二五”发展规划的良好开局。

产业增长快速，实现产业规模新跨越。2011年，北京软件和信息服务业继续保持快速发展的态势。初步统计，实现营业收入约3476亿元，同比增长约18%，其中软件产业实现营业收入2946亿元，同比增长19.6%；实现增加值1492.6亿元，同比增长22.9%，占全市GDP的比重为9.3%，比重比去年提高0.3个百分点，在北京市经济中的支柱地位愈加巩固，产业发展各项指标符合年初既定目标。企业景气指数和企业家信心指数居首都国民经济各行业之首。

战略新兴领域蓬勃发展，市场培育呈现新景象。2011年北京市新一代信息技术产业在2010年增速28.9%的基础上，继续保持高速增长的态势，增速将超过30%，移动互联网、云计算等领域增速超过50%，产业整体规模超过850亿元。中国移动OMS、中国联通沃Phone操作系统已进入产业化阶段；小米手机操作系统、点心操作系统等项目获得大额风险投资，并已批量上市；网秦成为国内首家登陆美国纽约交易所的移动互联网安全企业。祥云工程行动计划发布后，多家企业宣布云计算战略，加强国内外市场布局。百度公司的“公共云”策略、用友的“管理软件+云服务”战略、华胜天成的“揽胜行动”、中金数据的“云计算服务”战略等在全国产生广泛的影响。

产业创新能力显著增强，注入产业发展新动力。产业继续保持较高的活跃程度和较高的发展潜力。2011，北京新认定软件企业826家，同比增长2.8%；新登记软件产品2770件，同比增长9.2%。中软、神州数码、民航信息、博雅软件、中科软五家入选2011中国十大创新软件企业。优势科技的手机浏览器已经成为移动互联网重要入口，实现对安卓、苹果等10个主流手机操作系统的全兼容；超图软件发布全球首套64位Service GIS平台软件，实现地理空间信息和非空间信息的全面整合；百度搜索引擎进行重大技术改进，集成了云计算、互动开放平台、智能语义等最新技术成果。产业发展中的新生力量不断注入，新型产品和服务不断涌现。企业龙头效应充分显现，构筑产业发展新力量。一批北京软件和信息服务业重点企业在全国、全球的市场地位明显增强。神州数码、百度两家企业营业收入超过百亿元，7家企业人员规模过万，30家软件企业入选2011年（第十届）中国软件业务收入前百，55家企业获得2010年国家规划布局内重点软件企业。系统集成资质一、二级企业分别达到80家和147家，项目驱动和产品驱动等传统业态正向平台驱动和网络驱动等高端服务业态转型。

产业投融资环境良好，投融资行为活跃。2011年，北京市14家软件和信息服务企业登陆资本市场，上市融资累计159.3亿元，北京市上市软件和信息服务企业达到103家。披露兼并案例28起，涉及金额超过28.6亿元人民币。披露融资案例100起，投资金额超过222亿元人民币。

产业布局进一步优化，形成产业发展新格局。北京软件和信息服务业已形成“一城两园多基地”的产业发展布局，以中关村科学城为核心发展区，定位战略性新兴产业培育和研发创新，发挥中关村国家自主创新示范区核心区的引领和辐射作用。

产业化基地建设稳步推进。以中关村软件园为核心的中关村云基地和以“北京云基地”为核心的亦庄中国云产业园成为北京云计算产业基地，其中中关村云基地建筑面积 1.1 万平方米；亦庄中国云产业园规划面积 3 平方千米。中移动信息港北方基地总建筑面积 130 万平方米，投资 27 亿元，形成移动互联网产业基地。国家地理信息科技产业园、中航信总部、金蝶北方基地，占地面积 1000 亩左右，总投资 70 亿元，形成导航与位置服务产业基地。全市形成聚散合理、分工互补的区域布局，带动了各区县的发展。

2011 年北京市软件和信息服务业企业获得国家各类专项立项支持项目累计达 196 个，总投资 115.9 亿元，中央财政支持 22.95 亿元。国家重大科技专项"核高基"专项北京市有 20 个项目获得支持，总投资 11.8 亿元，国家支持 6.35 亿元；"新一代宽带无线移动通信网"专项北京市 82 个项目获得支持，总投资 26.2 亿元，国家支持 13.06 亿元；物联网专项北京市 9 个项目获得支持，总投资 2.8 亿元，国家支持 1900 万元；云计算专项北京市 5 个项目获得支持，总投资 39.9 亿元，国家支持 2.15 亿元。

软件业

【北京市经济和信息化委员会与 IBM（中国）战略合作备忘录签署】 2011 年 12 月 21 日，北京市经济和信息化委员会副主任靳伟、副主任姜贵平会见了国际商业机器有限公司（IBM）全球副总裁兼全球政府与公众事业部总经理欧曼安女士。北京市经济和信息化委员会与 IBM（中国）战略合作备忘录同日签署。北京市经济和信息化委员会与 IBM 公司多年来保持密切合作关系，本次签署的合作备忘录进一步明确了 IBM 在北京未来投资和发展的总体框架。双方将就共同建设智慧北京、推动以信息产业为龙头的产业升级等方面加强合作。靳伟在会见中指出，IBM 公司具有百年的历史和品牌，其创新能力一直走在世界前列，值得北京企业学习。北京正在下大力气打造智慧城市，欢迎 IBM 积极参与到这一进程中。北京市经济和信息化委员会将为 IBM 这样一流的公司提供一流的服务。希望双方坦诚合作，共同实现双方确定的合作目标。

（软件与信息服务业处）

【2011 第四届 WEBGAME 与 SNS 运营大会召开】 2011 年 12 月 21 日，2011 第四届 WEBGAME 与 SNS 运营大会召开。文化部、工业和信息化部、石景山区委宣传部相关领导出席大会。北京市经济和信息化委员会副主任姜贵平出席大会并致辞。副主任姜贵平在致辞中指出，云计算、物联网、移动互联网等新兴产业的发展和创新技术的应用，给游戏动漫产业的发展注入了新的活力。北京市将进一步深化研究云计算技术与游戏动漫产业的深度融合，加大游戏动漫产业的公共云服务平台的推广力度。北京市拥有全国领先的软件技术及优质的游戏动漫人才资源，具备发展游戏动漫产业的软硬件条件，游戏动漫产业作为文化创意产业的前沿领域，要充分发挥北京市的资源禀赋，充分借鉴国内外先进经验和发展模式，加大技术和商业模式的创新力度，加强产业链衔接，开拓推广渠道，大力挖掘产业发展潜力，为北京市游戏动漫产业发展提供持续增长动力。

（软件与信息服务业处）

【北京市经济和信息化委员会到合众思壮、乐视网调研】 2011 年 12 月 16 日，北京市经济和信息化委员会副主任姜贵平率软件处调研合众思壮、乐视网两个公司，详细了解了企业的发展情况和所属细分领域的产业发展现状，并与企业负责人进行了交流。作为国家北斗系统应用开发的主要参与者和卫星导航业领军企业，合众思壮公司倡导的“位置云”服务体系对促进全球卫星导航产业应用有重大意义。作为云计算在导航产业的应用落地，位置云对促进北京市云计算产业和导航位置服务产业的发展都将起到积极作用。作为第一批三网融合试点地区（城市）IPTV平台建设者中唯一的视频服务企业以及第一家拥有手机电视牌照的民营企业，乐视网公司率先通过与电信企业合作，内容接入广电的播控平台，在移动互联网视频业务实现收益，并首先将三屏互动技术投入实用，其正在打造的乐视云视频服务平台，可为不同类型互联网终端用户提供正版、海量、高清的精彩视频内容。姜主任肯定了两企业在云计算方面的探索，支持企业积极参与北京祥云工程，为促进北京云计算及相关产业发展做出贡献。同时，鼓励企业积极参与到现代服务业试点工作中，并继续加强与上下游企业进行合作，通过试点及合作获得企业发展的更好契机。

（软件与信息服务业处）

【《中国自主知识产权 McWiLL®系统在缅甸推广战略合作协议》签署】 2011年11月11日，应缅甸联邦巩固与发展党邀请，中共中央政治局委员、中共北京市委书记刘淇率中共代表团对缅甸进行友好访问。为落实刘淇书记与缅方达成的合作精神，在北京市经济和信息委员会组织下，北京信威公司与缅方成功签署《中国自主知识产权 McWiLL®系统在缅甸推广战略合作协议》。当地时间11月12日上午，中缅关于“中国自主知识产权 McWiLL®系统在缅甸推广战略合作签约仪式”在缅甸首都内比都隆重举行。北京市人民政府外事办公室主任赵会民、副主任田雁，缅甸中央银行副行长吴内恩、缅国防部、内政部、交通部及内比都市政府官员等应邀出席。签约仪式由北京市经济和信息化委员会委员樊健主持。信威副总裁蒋宁与缅甸电信公司全球通公司（简称：全球通）CEO U Zaw Win代表双方在合作协议上签字。合作协议的成功签署，标志着北京市自主知识产权的通信系统走向国际市场取得了新的突破。合作协议规定：信威向全球通公司提供 McWiLL 技术，帮助其规划建设年产量超百万部的McWiLL终端生产线；此外，信威可以为缅甸国防、警察、金融、交通、能源、水利、应急救灾等行业领域提供全方位的信息通信解决方案和网络建设、运维服务，用中国自主知识产权的McWiLL技术更好地服务于缅甸社会经济建设。

（软件与信息服务业处）

【永新视博与尼泊尔发展公司签署数字电视项目合作协议】 2011年11月7日，在刘淇书记出访尼泊尔期间，北京永新视博数字电视技术有限公司（“永新视博”）与尼泊尔发展公司，在尼泊尔首都加德满都签署数字电视项目合作协议。北京市经济和信息化委员会樊建主持签约仪式，尼泊尔商会、北京贸促会等单位的领导参加签约活动。樊建在签约仪式上说，北京市软件和信息服务业出口面临大好机遇，但是也可能遇到种种挑战和困难。北京市经济和信息化委员会将坚决支持企业走出去，为企业扩展国际市场创造条件。

（软件与信息服务业处）

【中国卫星应用产业化高峰论坛暨2011年中国嵌入式系统年会举行】 2011年11月9日上午，中国卫星应用产业化高峰论坛暨2011年中国嵌入式系统年会在亦庄经济技术开发区博大大厦举行。副主任姜贵平出席并致辞。工业和信息化部信息化推进司副司长董宝青、中国软协理事长陈冲、北京经济技术开发区副主任赵昕昕、倪光南院士、沈绪榜院士等领导和专家出席论坛并作了精彩演讲。姜贵平在致辞中，对北京市嵌入式系统以及北斗导航与位置服务产业结构和产业链进行了介绍，并指出北京市将进一步加强产业规划，建立更为完善的嵌入式系统、导航与位置服务产业链布局，进一步提升上下游产品的配套能力，通过差异化措施，打造培育龙头企业、高成长企业、中小型创新企业和谐共存的企业群。

（软件与信息服务业处）

【2011 年度北京信息网络产业新业态创新企业 30 强榜单发布会召开】 2011 年 10 月 31 日，2011 年度北京信息网络产业新业态创新企业 30 强榜单发布会召开。北京市经济和信息化委员会副主任姜贵平和石景山区副区长李艳出席发布会并致辞，入围企业代表、风险投资机构代表、产业专家等约 100 人参加了会议。本届信息网络产业新业态创新企业遴选活动由北京市经济和信息化委员会和石景山区政府指导、行业协会组织，于今年 7 月正式启动，通过组织风险投资家和业内专家两轮筛选，从近年来活跃的 200 多家企业中选出北京通融通、趣游、小米科技等 30 家业态创新的 IT 企业。本次遴选可以看出，北京市 IT 企业最活跃的领域集中在移动互联网、电子商务、社交网络、云计算和物联网等五个方向。风险投资对北京市创新企业投资热度不减，30 家企业超过一半获得了国内外风险投资。

（软件与信息服务业处）

【北京市经济和信息化委员会领导到百度公司调研】 2011 年 10 月 17 日，北京市经济和信息委员会副主任靳伟、副主任姜贵平一行赴百度公司进行调研。靳伟一行参观了百度产品展示厅和公司情况展示厅，并听取了百度公司对公司发展历程、重大项目、运行情况及最新产品线的汇报。百度副总裁朱光表示，目前互联网产业处在转型期，百度作为一个技术公司，除搜索外，公司在云计算、移动互联网等领域也在广泛布局，公司将发挥数据资源优势，把服务中小企业作为下一步战略重点。百度将在连续保持高速增长的基础上继续扩大在京产业规模，加快落实重大项目，向千亿级的软件和信息服务业企业迈进。靳伟在与百度公司高层座谈时，肯定了百度公司为北京软件和信息服务业发展、为服务中小企业做出的贡献。他特别指出："世界离不开互联网，中国离不开百度"，希望现在已经是巨人的百度公司今后更多地考虑国家责任和社会责任，为中小企业服务是百度回馈社会很好的方式。北京市经济和信息委员会支持百度公司通过中小企业搜索服务为中小企业搭建营销平台，并将做好资源配置，支持百度在京大发展。软件与信息服务业处、中小企业处相关人员陪同调研。

（软件与信息服务业处）

【《北京市软件和信息服务业"十二五"发展规划》发布】 2011 年 10 月 21 日上午，《北京市软件和信息服务业"十二五"发展规划》（以下简称《规划》）由北京市经济和信息化委员会、北京市发展和改革委员会联合发布。北京市经济和信息化委员会副主任姜贵平、软件和信息服务业处处长姜广智、市发改委高技术处副处长林晓峰出席了发布会并回答记者提问。《规划》首次提出了北京打造世界级软件和信息服务业城市的长远目标。根据《规划》，"十二五"期间，北京市将继续扩大北京软件和信息服务业在全国领先优势，进一步增强首都支柱产业地位，培育一批具有全球竞争力的大型企业，成为全球软件和信息服务业创新中心。具体目标是：产业规模在全球知名软件城市中位居前列，总营业收入 6800 亿元，年均增长 19%以上；在首都经济发展中的支柱产业地位更加巩固，产业增加值占地区 GDP 的比重 12%左右；产业结构更加优化，软件服务的比重超过 60%，新兴业务收入比重超过 20%；成为世界最具潜力接包地之一，出口额力争达到 45 亿美元；培育一批具有全球竞争力的大型企业，营业收入过百亿元的企业超过 5 家。

（软件与信息服务业处）

【中国软件产业发展暨企业创新高峰会召开】 2011 年 9 月 5 日，中国软件产业发展暨企业创新高峰会在南京召开。工业和信息化部、江苏省及南京市、中国软件行业协会领导参加会议。大会发布了 2011 年上半年软件产业发展态势、2011 年中国软件和信息服务产业 10 件重大事件，还发布了 2011 中国创新软件企业、创新软件产品。北京中软、神州数码、中航信、博雅软件、中科软 5 家企业获得 2011 中国十大创新软件企业。神州数码市民卡核心系统 V1.0 等 5 项产品获得 2011 中国年度创新软件产品。

（软件与信息服务业处）

【怀柔区举办电子政务全国产化软件应用第五次研讨会暨怀柔区党政办公平台、并联审批系统版本升级签字仪式】 2011 年 8 月 26 日，怀柔区举办电子政务全国产化软件应用第五次研讨会暨怀柔区党政办公平台、并联审批系统版本升级签字仪式。仪式上，怀柔区政府信息中心与北京思普科科技开发有限公司签订《怀柔区党政办公平台和并联审批系统版本升级》协议，北京市经济和信息化委员会软件与信息服务业处和怀柔区经信委等领导同志出席了签字仪式。软件与信息服务业处组织、协调基础软件产品企业参加并支持怀柔区的此次升级改造工作，提供新产品、新技术和全程的技术支持服务。怀柔区党政办公平台和并联审批系统，是在完全基于国产 Linux 服务器操作系统、国产数据库、国产中间件等基础软件的条件下，构建的基于国产软硬件产品的电子政务应用平台，实现了怀柔区网上审批及办公自动化多个核心应用，推进怀柔区电子政务发展，提高了工作人员的办事、办公效率，节省办公资源。

（软件与信息服务业处）

【北京祥云工程中金云后台启动会议举行】 2011 年 7 月 28 日，“打造祥云后台，服务智慧城市”——北京祥云工程中金云后台启动会议在北京经济技术开发区的中金数据系统有限公司举行。工业和信息化部副部长杨学山、国务院参事曲维枝、北京市副市长苟仲文、北京市经济和信息化委员会副主任姜贵平参加启动会议并发表讲话。中国工程院何德全院士、蔡吉人院士等专家以及企业代表参加了会议。北京市副市长苟仲文对“祥云工程”中金云后台的落成表示祝贺，对包括中金数据在内的云计算产业链企业的努力表示感谢。他表示，云后台的建成为北京市服务企业提供了低成本、弹性化的基础设施条件，北京市将在“十二五”期间以“祥云工程”为抓手，坚持创新驱动、需求牵引、平台保障、重点突破的原则，构建云计算公共服务平台体系，加快建成自主、可控、高效发展的云计算产业链和创新体系。工信部杨学山副部长指出，云计算是一个新的模式，一定要充分地重视传承和创新的关系，一方面要在原来的基础上扎实地推进，另一方面又必须要大胆地实践，积极地创新，要探索发展的规律，要总结实践成功的经验。相信“祥云工程”一定能够为智慧北京和世界城市的建设，为转变发展方式，推动北京经济和社会快速高质量的发展做出积极的贡献，也为我们国家云计算的发展提供宝贵的经验。国务院参事曲维枝表示，以云后台的模式推动云计算产业整合发展是一个非常好的尝试。云计算的服务产业，主要还是以需求为导向、以应用促发展，政府可以公共管理和公共服务云服务商起示范作用，同时要尽早启动面向中小企业服务的各种云服务，积极地开展城市的智能交通、智能电网、现代物流、电子商务等。建议北京市在这方面能够率先探索、率先突破，打破现有的体制障碍，创新体制，把分散不同部门、不同地方、不同行业的数据中心、网络提供商、软硬件产品服务商、互联网服务商，把这些重要的要素能够通过云的服务整合起来，形成一个利益相关的密切合作的一个完整的产业链。北京市经济和信息化委员会姜贵平副主任指出，中金云后台是北京祥云工程规划的第一个云后台。它的建成满足了云时代对信息基础资源集约利用的需求，将成为北京祥云工程产业链的核心节点之一。祥云工程实施一年多来，北京市云计算产业链形态已初步形成。已陆续发布了应用端的中小企业云服务平台、面向市民的百 G 云存储平台等九项云服务；在硬件制造上先后发布了超云服务器和云箱等关键产品；在软件开发上北京市企业在云操作系统、云安全管理方面已取得较大突破。下一步北京市将在公共管理、交通管理、金融服务等领域积极探索云计算的深化应用，加快自主云计算产品的研制推广，促进云计算技术和其他新兴领域技术的融合，形成产业链共赢运转模式，力争到“十二五”末实现云计算服务 500 亿产值，带动相关产业营收 2000 亿元。

（软件与信息服务业处）

【金山快盘项目启动】 2011 年 5 月 26 日，北京祥云工程云存储示范应用项目金山快盘项目正式启动。该云存储服务平台项目是北京市落实国家云计算创新服务试点城市建设的又一重大举措。该项目在北京市经济和信息化委员会的指导下由金山公司、北京社区服务公司、赛尔网络等相关单位共同参与建设，北京市市民可通过北京市社区服务中心，免领取首批存储容量 100G 的“快盘”市民卡，市民可通过联网设备上传、访问和下载个人文件。北京市经济和信息化委员会姜贵平副主任出席会议并讲话，姜贵平强调云存储服务要高度重视信息安全，运用先进的技术和可信的机制保护用户数据，建设可信云平台，同时要加强北京市云计算产业链相关企业合作，推出更加丰富的信息服务，将高端技术与百姓普通应用有机结合，加快云计算应用落地。工业和信息化部软件司副司长陈英出席了启动仪式。

（软件与信息服务业处）

【北京市经济和信息化委员会副主任会见黑莓公司总经理】 2011 年 5 月 24 日上午，北京市经济和信息化委员会副主任姜贵平会见黑莓公司刘征宇总经理一行。黑莓公司介绍了以“推送机制”为核心的移动解决方案，提出了与北京市软件开发企业商、系统集成企业的合作意向。姜贵平指示北京市经济和信息化委员会相关处室在软件与信息服务、中小企业服务等领域与黑莓公司开展合作。

（软件与信息服务业处）

【2011 年全国软件业务收入前百家企业名单发布】 2011 年 6 月 23 日，工业和信息化部在江苏省扬州市发布了 2011 年全国软件业务收入前百家企业名单。北京市经济和信息化委员会副主任姜贵平率领北京 30 家入选的企业参加了发布会。会上工业和信息化部副部长杨学山做了重要讲话，他指出，全国软件企业的百强收入不及 IBM 公司一个公司的软件收入，表明做大做强的任务仍然很重，“十二五”期间要下大力气培育 1000 亿元以上规模的企业。北京市企业代表神州数码公司总经理林杨、用友软

件董事长王文京等代表北京企业作经验交流。姜贵平在大会总结阶段做了“深入实施‘四个一批’工程，促进企业做大做强”的大会发言。本届全国百家软件企业共实现软件业务收入3135.47 亿元，与上届百家企业收入总和2456.26 亿元相比，增长 27.65%。北京市入选企业数量位居全国首位，企业软件业务收入总计达到 670 亿元，比上届 30 家入选企业收入增长了 32.9%。北京市水晶石数字科技公司、易程科技等 5 家企业首次入选。

（软件与信息服务业处）

【第九届中国国际软件和信息服务交易会举行】 2011 年 6 月 16—19 日，以“绿色 IT 智能应用”为主题的第九届中国国际软件和信息服务交易会在辽宁省大连市举行。本届软交会由商务部、工业和信息化部、教育部、科学技术部、中国国际贸易促进委员会和辽宁省人民政府共同主办，大连市人民政府和中国服务贸易协会承办，包含“国际合作、自主创新、行业应用、资金对接、人才交流、信誉体系”六大板块，由展览、会议论坛、重要活动三大部分构成，期间举办了 40 多场次的论坛活动，各部分活动围绕着全球 IT 产业的绿色发展趋势、绿色 IT 产业的快速增长，及软件技术的智能化应用和信息服务的升级转型展开。北京市经济和信息化委员会与市商务委联合组织，由中关村软件园公司具体负责组成北京展团，第 7 次参加大连软交会，集中展现了北京软件产业蓬勃发展的整体形象，促进了北京软件企业的国际交流与拓展，展示了“北京创造世界共享”这一鲜明主题。本届北京展团参展企业共计 21 家，有 13 家企业是首次参展，业务涵盖服务外包、基础软件、行业应用、信息安全、通信等领域的软件企业。其中，既有软通动力等园区内上市企业，也有海比科技、科凯工程、铜牛信息、希尔科技、网能经纬等行业内知名企业，还有发展迅猛的行业应用软件企业以及中关村数字内容产业协会和中关村国际孵化软件协会等联盟组织。在 6 月 16 日晚举办的“2010—2011 年度中国软件和信息服务业年度发布盛典”上，中关村软件园凭借着优秀的组织能力和服务能力，当选为 2010—2011 中国软件和信息服务业“年度最佳服务机构奖”。

（软件与信息服务业处）

【2011 年全国软件和信息技术服务业工作座谈会召开】 2011 年 3 月 21 日至 22 日，工业和信息化部在广州市组织召开了 2011 年全国软件和信息技术服务业工作座谈会。工信部副部长杨学山、广东省人民政府副省长佟星、软件司司长陈伟、副司长郭建兵、陈英以及国家发展改革委员会、国家税务总局等单位相关领导及各省、自治区、直辖市、计划单列市副省级省会城市相关负责同志参加了会议。北京市经济和信息化委员会副主任阎冠和同志带领软件和信息服务业处相关同志参加会议并在大会上作了主题发言。会议全面贯彻党的十七届五中全会、中央经济工作会议、全国工业和信息化工作会议精神，回顾了 2010 年软件和信息技术服务业工作及“十一五”期间产业发展成效，总结了 18 号文实施十周年的经验和成绩，贯彻落实《进一步鼓励软件产业和集成电路产业发展的若干政策》（国发〔2011〕4 号），交流了产业发展经验，明确了“十二五”期间发展重点，部署了 2011 年工作任务，研究提出了新形势下做大做强软件和信息技术服务业、未走新兴工业化道路服务、为调结构转方式提供了有力支撑的对策措施，为努力开创软件和信息技术服务业工作新局面打下基础。

（软件与信息服务业处）

【一中心一所三协会产业服务平台】 2011 年

年内，北京市经济和信息化委员会组建北京软件与信息服务业促进中心，正式成立北京软件和信息服务交易所，整合北京通信信息协会、信息化协会、软件行业协会等资源，形成了“一中心一所三协会”的产业服务平台，从政策、市场、资金要素等方面为企业提供全面服务。

（软件与信息服务业处）

【确定 2011 年度“四个一批”工程企业】 2011 年年内，继续组织实施软件和信息服务业“打造一批大集团、聚集一批大总部、做强一批高端企业、培育一批高成长企业”的“四个一批”工程。经过公开征集、专家评审，同时对第一批企业实行动态管理，对未达到企业发展目标的企业进行了调整，确定 2011 年度“四个一批”工程企业 237 家。采取“一企一策”的方式为“四个一批”工程企业服务 150 余次，涵盖解决空间问题、项目申报、人才引进、市场开拓和融资服务等方面。

（软件与信息服务业处）

【用友 NC 通过 53 000 人并发高性能应用压力测试】 截至 2011 年 5 月 10 日，亚太本土最大的管理软件厂商用友软件携手英特尔公司软件与服务团队，基于普通的 PC 服务器集群架构对用友 NC 最新 V5.7 版产品进行了模拟超大型企业集团月末复杂应用处理的并发测试。测试结果显示，用友 NCV5.7 以最大规模超过 5 万次并发数的记录震惊业界。这也是继用友 NCV5.6 在 2010 年 3 月，基于 INTEL 安腾服务器架构，创下最大规模超过 3 万次并发数记录之后，国内管理软件厂商在企业应用软件技术上的又一次重大突破。

（尹玲利）

【用友软件荣膺上交所“2011 年度董事会奖”】 2011 年 12 月 19 日，由上海证券交易所主办，国务院国资委和经济合作与发展组织（OECD）共同支持的“第十届中国公司治理论坛”在上海举行，用友软件股份有限公司以其完善的治理结构和规范运作，荣膺上海证券交易所“2011 年度董事会奖”。

（尹玲利）

互联网信息服务业

【和芯星通在“多模多频高精度 OEM 板”北斗专项测评中夺冠】 2011 年 8 月 24 日，中国第二代卫星导航管理办公室在北斗专项应用推广与产业化招标项目中，组织了“多模多频高精度 OEM 板”的大比评，国内多家拥有高精度 OEM 板独立研发和生产能力的厂家参与了测评。经过严格的实物比测，和芯星通以绝对优势领先夺冠。作为唯一一款基于量产的多模多频基带芯片方案的高精度接收机，和芯星通提供的测试接收机产品北斗和 GPS 信号的处理能力，都在评测中表现出众，得到了来自全国各方面专家的肯定。

（尹玲利）

【和芯星通获“2011 年度卫星导航定位科技进步奖”一等奖】 2011 年 9 月 20 日，在 2011 年卫星导航定位科学技术奖评选中，和芯星通凭借自主创新研发的“多系统多频率高性能导航定位 SoC 芯片”项目喜获“2011 年卫星导航定位科技进步奖（省、部级奖）一等奖”。

（尹玲利）

【“海度百川——金融数据/应用集成解决方案论坛”举办】 2011 年 9 月 26 日，“海度百川——金融数据/应用集成解决方案论坛”在北京金融街威斯汀酒店举办，商务部有关领导、国内外金融专家、行业客户及媒体出席了此次会议。本次论坛由北京瑞友科技股份有限公司与数据文件传输中间件及解决方案提供商世存信息技术（上海）有限公司携手举办，目的在于共同研讨金融行业数据及应用集成解决方案的现状和发展。会上，瑞友和世存公司的技术人员为参会的金融业界专家介绍了海度的功能和基于海度的解决方案。

（尹玲利）

【卫星地面接收设施行业管理工作】 2011 年年内，北京市经济和信息化委员会根据中宣部《关于开展打击非法“网络共享”网站及设备产品专项治理行动的实施意见》的精神和要求，按照北京市打击非法“网络共享”网站及设备产品专项治理行动的部署，开展了卫星地面接收设施管理工作深入开展打击非法“网络共享”专项治理行动，加大了宣传力度，加强了网上监控，加大了查处力度，取得了显著成效。

（电子信息产业处）

新技术应用

【概述】 2011 年年内，北京市以祥云工程为代表，积极开展战略性新兴产业布局，探索了沿产业链推进产业发展的工作模式。确定了北京云计算产业链涉及 101 个环节，重点发展 10 个关键环节，已集聚 100 多家企业。一年来，启动了百度公有云、用友中小企业云、金山百 G 云存储、中金云后台、工业云、华胜中小云、联想商用云存储、360 云服务、智慧园区云、奥鹏学习云等十大示范性公共云服务平台建设，引导云服务模式创新。成功推出了天地超云服务器、云操作系统等几十款云产品。中关村云基地、北京云基地成为集应用示范、研发和产业于一体的产业基地，创造了“基金+基地”的运作模式。北京云基地实现收入 5 亿元。在北京云基地基础上进一步建设占地 3 平方千米的云产业园。落实国家云计算服务创新示范城市试点工作，加强在重大项目、关键技术突破和试点示范等方面的资源整合，国家和市政府支持北京云计算领域项目 30 多个，总投资逾 50 亿元，支持资金近 3 亿元，为产业链关键环节、重点企业发展创造了条件。云计算产业已经成为北京市战略性新兴产业的突破口，北京云计算产业各方面的发展走在了全国前列，成为全球云计算创新、应用、产业化最活跃的城市之一。

在祥云工程取得初步经验的基础上，确定移动互联网、物联网、下一代互联网、三网融合、工业软件和导航位置服务等领域作为新一代信息技术产业发展的重点，推进各领域产业链的梳理。加快实施重大项目，为各产业抢占发展先机，组织实施国家物联网产业发展专项，组建中关村移动互联网联盟和空间信息技术产业联盟，加快推进国家地理信息科技产业园、中移动国际信息港、工业软件示范基地等重大项目，形成了战略性新兴产业欣欣向荣的大好势头。

物联网

【北京市经济和信息化委员会领导到华为公司、腾讯公司和中兴公司进行调研】 2011年11月17日,北京市经济和信息化委员会副主任姜贵平在深圳参加第十三届高交会期间，对华为公司、腾讯公司和中兴公司进行了调研，详细了解了各公司的发展情况，并与企业负责人进行了交流。在华为公司，姜贵平详细了解了华为公司的发展现状及未来发展战略，参观了华为公司的业务展厅及云计算展厅。在详细了解了华为公司云计算相关产品及服务工作开展情况后，姜贵平希望华为公司利用好自身的技术优势，继续加强全球布局，并积极参与到北京祥云工程中来。在腾讯公司，姜贵平详细了解了腾讯公司的业务发展战略，希望腾讯公司充分利用好北京的优势资源，继续加强在北京的业务布局，继续推动公司跨越式发展。在中兴公司，姜贵平详细了解了中兴云计算的解决方案和标识网的相关情况，感谢中兴公司在北京市物联数据专网建设方面给予的支持，希望中兴公司积极参与到北京祥云工程中。

（软件与信息服务业处）

【同方股份、千方集团、华胜天成等公司参加高交会】 2011年11月16—21日，第十三届高交会在深圳会展中心举办。工业和信息化部专门组织了第十三届高交会“物联网技术与应用专题馆”。北京市委市政府高度重视此次展览活动，本届高交会北京物联网专场以“智慧城市 物联世界”为主题，北京市经济和信息化委员会和中关村科技园区管委会全力配合，由中关村物联网产业联盟结合北京市物联网发展情况，借助此次高规格交流平台，具体组织了同方股份、千方集团、华胜天成等十七家物联网相关企业参展，展区总面积208平方米，综合展示物联网技术在智能交通、城市管理、公共服务等领域的应用案例、技术产品和解决方案。北京市经济和信息化委员会副主任姜贵平在参展期间，接受了“搜狐产业新区”、物联中国等媒体的专访，对参展企业进行了推介，并指出“北京发展物联网产业将以‘政府为主导、企业为主体、应用惠民生’为发展产业的主要思路，按照“1+1+N”的总体架构，即1个市应急指挥平台、1个市物联网应用支撑平台、多个由部门和区县建设的物联网应用管理系统和平台，依托政务物联数据专网、无线宽带专网和有线政务网络等各类相关网络，从城市安全运行和应急管理工作迫切需要、领导和公众广泛关注、基础好、见效快的角度出发，实施一批应用工程，全面提升首都城市管理、公共服务的综合水平，为市民生活提供智慧化服务，让城市更智慧，让生活更美好”。由于组织工作出色，北京市经济和信息化委员会和中关村物联网产业联盟获得了工业和信息化部颁发的“第十三届中国国际高新技术成果交易会优秀组织奖”。

（软件与信息服务业处）

【政务物联数据专网统一建设】 2011年年内，提升办在2010年物联网基础设施专网建设试点工作的基础上，协调推进北京市政务物联数据专网统一建设，将该网纳入北京市电子政务网络。8月，工信部正式批准北京市政务物联数据专网试验使用1447—1467MHz频率。8月19日，该网完成设备采购招标，中兴公司和普天公司中标。11 月下旬，试验网完成核心网设备的安装调试和部分基站的信号测试工作。

（提升计划办公室）

【物联网与智慧城市高端论坛落幕】 2011 年 4 月 13 日，北京青联先锋论坛第一期“物联世界 智慧北京”——物联网与智慧城市高端论坛，在北京市朝阳规划艺术馆 3D 剧院成功举办。本次论坛由团市委、北京青联主办，物联网领军企业——北京时代凌宇科技有限公司承办，各委办局、各区县青联以及多家媒体共两百余人出席了该论坛。国家信息中心信息化研究部、北京市经济和信息化委员会、北京市青联、北京时代凌宇科技有限公司相关嘉宾针对物联网宏观背景、北京市智能城市建设及物联网发展思路、物联网与智慧城市解读等内容做了主题发言与互动交流。

（尹玲利）

【北京北信得实科技发展有限公司参加 2011SuperMap GIS 技术大会】 2011 年 9 月 15—17 日，由北京超图软件股份有限公司主办的，国内地理信息产业最富影响力的盛会之一“2011 SuperMap GIS 技术大会”在北京国际会议中心召开，大会以“图启云涌，创新未来”为主题。得到了国家测绘地理信息局、中关村国家自主创新示范区、科技部国家遥感中心、工业与信息化部、水利部、国家气象局、国家统计局等政府机构的大力支持。此次大会是国内地理信息产业创办最早、规模最大的科技盛会之一。有近百位政府领导与行业专家学者、上千名用户单位、数百家合作伙伴、近百家国内外媒体记者及投资界人士，总计近四千名嘉宾共同见证了 SuperMap GIS 技术大会。

（尹玲利）

【开展物联网应用顶层设计】 2011 年年内，北京市信息资源管理中心支撑北京市经济信息化委员会开展物联网应用顶层设计工作，完成《关于在政务和公共服务领域开展物联网应用的指导意见》（北京市经济和信息化委员会函〔2011〕16 号）。

（北京信息资源管理中心）

【应急物联网建设组织】 2011 年年内，支撑北京市经济和信息委员会与应急办等部门按照市领导指示开展应急物联网建设组织工作，完成《北京市城市安全运行和应急管理领域物联网应用建设总体方案》（京政办发〔2011〕14 号文），并由市政府常务会审议通过。

（北京信息资源管理中心）

【完成《物联数据传输格式规范》等征求意见稿】 2011 年年内，根据北京市物联网应用和应急物联网应用需求，完成《物联数据传输格式规范》征求意见稿，完成了《管理对象和感知设备编码规范》等四个标准的征求意见稿并征求意见。

（北京信息资源管理中心）

【完成物联网应用支撑平台原型系统】 2011 年年内，完成了物联网应用支撑平台原型系统，支撑了 2011 年春节期间烟花爆竹综合管理工作和汛期安全迎汛工作，受到了市领导的肯定。

（北京信息资源管理中心）

【完成物联网应用支撑平台项目建设方案】 2011 年年内，完成了北京市物联网应用支撑平台项目建设方案，该方案通过了应急物联网建设领导小组办公室审查、北京市经济和信息委员会技术审查和发改委审查。

（北京信息资源管理中心）

云计算

【安全智能域名云服务正式发布】 2011 年 7 月 26 日，北龙中网（北京）科技有限责任公司（以下简称“中网（knet.cn）”）在北京正式发布面向中高端企业客户的安全智能域名云服务，同时宣布由北京市发改委批准、中网建设的中国首个互联网域名系统工程研究中心正式揭牌。中网域名云服务具有全球智能云服务平台、国家级运营服务体系、便捷集中的数据管理、智能云监控服务、支持下一代互联网技术等特点。发布会上，中网公司还和人民搜索、暴风影音、易车网等知名互联网公司签订了战略合作协议，致力于构建更加安全、稳定、智能的互联网域名基础架构。

（软件与信息服务业处）

【北京·亦庄云产业园启动新闻发布会举行】 2011 年 9 月 27 日，北京·亦庄云产业园启动新闻发布会在北京饭店举行。信息产业部部长吴基传、中国软件行业协会理事长赵小凡、工业和信息化部软件司副司长郭建兵、北京市经济和信息化委员会副主任姜贵平等领导参加启动会议并发表讲话。会上，开发区管委会主任对云产业园规划和建设目标做了详细介绍。百度云计算中心、云计算系统设备制造基地项目、云计算研发运营中心项目、KDDI 数据中心项目、北京电信数据中心项目的首批 5 个项目在启动仪式上进行签约，总投资规模达 261 亿元。

（软件与信息服务业处）

【云计算服务创新发展试点示范工作实施方案获批准】 2011 年年内，北京市云计算服务创新发展试点示范工作实施方案获国家批准，支持北京市资金 2.15 亿元，云计算产业各方面的发展走在了全国前列，成为全球云计算创新、应用、产业化最活跃的城市之一。

（软件与信息服务业处）

【第十四届京台科技论坛暨第二届京台云计算产业高峰论坛举行】 2011 年 11 月 5 日下午，第十四届京台科技论坛暨第二届京台云计算产业高峰论坛在国贸大酒店三层群贤厅举行。北京市经济和信息委员会副主任姜贵平出席并致开幕词。台湾工业技术研究院、台湾云端运算产业协会、中华资讯软体协会副秘书长、中华亚太中小企业合作促进会、中华海峡两岸产业信息化合作促进会会长、台湾电机电子工业同业公会、社团法人台湾智慧建筑协会、纬创资通股份有限公司、中华电信、富堡工业公司、财团法人万华医院等多位台湾嘉宾出席了此次论坛并作了演讲。亦庄开发区管委会副主任赵昕昕在论坛上对亦庄中国云计算产业基地进行了专题推介。京台两地云计算产业自 2010 年以来展开了各项深入的合作，在双方产业协会和联盟的推动下，企业间的合作日渐增多，此次论坛，用友软件（台湾）有限公司和富堡工业股份有限公司、朗德华信（北京）自控技术有限公司和台湾能源技术服务商业同业公会、中关村云计算产业联盟和台湾云端运算产业协会分别签署了战略合作协议。

（软件与信息服务业处）

【中关村云服务平台正式上线】 2011 年 12 月 12 日，国内首个园区云 Community Cloud 服务平台——中关村云服务平台，在由北京云基地和亦庄开发区联合主办的 2011 云世界大会上，举行了正式上线的发布仪式。中关村云服务平台的正式上线运营得到了北京市政府和北京市经济和信息化委员会的大力支持、中关村管委会资金扶持与监督管理、由网通宽带网络有限责任公司承担规划、建设和运营的国内首个运营的园区云服务平台。中关村云服务平台以其面向园区企业实际需求以及开源开放的特征具有明显的示范性、可复制性和对产业链的拉动效应，真正实现了政府政策引导、产业链各环节核心企业参与、龙头企业牵头的高效模式，从而健全了产业创新生态系统，并实现了创制新标准、培育新业态、扶持新领军企业的主要目标，对实现云计算产业与服务业的可持续发展奠定了基础。

（软件与信息服务业处）

【祥云工程"年终交流会暨中关村云计算产业联盟年终总结会召开】 2011年12月28日下午，"祥云工程"年终交流会暨中关村云计算产业联盟年终总结会召开。北京市经济和信息化委员会副主任姜贵平、原北京市经济和信息化委员会副主任阎冠和同志参加会议。会议上，中关村云计算产业联盟对2011年工作进行了总结，2011年"祥云工程"十大项目承担企业进行了经验分享；北京市经济和信息化委员会软件与信息服务业处对祥云工程 2011 年工作进行了总结，并介绍了2012年工作计划。同时，中关村云计算行业规范工作正式启动。

（软件与信息服务业处）

【中关村发展集团联合社会资本投资云计算产业集群签约仪式】 2011年12月27日，由北京市经济和信息化委员会、中关村管委会、海淀区人民政府联合主办的中关村发展集团联合社会资本投资云计算产业集群签约仪式在中关村软件园举行。会上，中关村发展集团联合深创投等7家社会投资机构组成的"资本群"，对云计算产业链关键环节 14 家企业进行"产业群"投资，总额达2.03亿元。这是国内首次以"群对群"投资模式为云计算产业注入资金，推动云计算产业集群在北京快速发展。

（软件与信息服务业处）

【启动示范性公共云服务平台建设】 2011 年年内，启动了百度公有云、用友中小企业云、金山百G云存储、中金云后台、工业云、华胜中小云、联想商用云存储、360 云服务、智慧园区云、奥鹏学习云等十大示范性公共云服务平台建设，引导云服务模式创新。

（软件与信息服务业处）

【2011云世界大会召开】 2011年12月12日，由北京市经济和信息化委员会指导，北京经济技术开发区和云基地共同主办的"2011云世界大会"在北京经济技术开发区高校创意总部拉开帷幕，旨在扩大"中国云产业园"的全球影响力，会聚云计算产业技术创新者、应用实践者、政策制定者和资本推动者的共同力量，打造充满生机与活力的云生态系统。来自微软、英特尔、中国联通、中国移动、中国电信、百度、淘宝、用友软件、金沙江投资、宽带资本等国内外知名企业和云计算行业精英代表，共1500余人参加大会。北京市经济和信息化委员会副主任姜贵平参加了大会相关活动。本次大会主要围绕全球云计算趋势与实践、中国云计算发展现状与未来、中国云计算道路探索与成果、云计算产业政策和资本市场对云计算关注焦点等核心问题，通过云思想、云对话、云学习、云创想、云秀场、云夜话六个主题环节展开讨论。既有针对云计算领域不通话题设置的分论坛，也有对话、体验、展示等活动。

（软件与信息服务业处）

【北京北信得实科技发展有限公司获全国社区服务先进企业】 7月10日，由国家民政部、国家住房和城乡建设部指导，中国社会福利教育基金会、中国房地产业协会、中国福基会社区发展基金、央视网喜乐乐频道、中国房地产业协会、北京社会科学院、北京社区研究基地等共同举办的“2011 中国社区服务先进经验报告会”在北京人民大会堂隆重开幕。报告会得到了相关部门及社会各界的大力支持和积极参与。会上，北京北信得实科技发展有限公司获全国社区服务先进企业，总经理石刚作为嘉宾做题为“医疗智慧服务民生”的主题演讲，介绍北信得实把云计算的信息化技术运用到社区养老保险中，搭建起居民健康、医院机构、政府卫生部门的桥梁。分享了公司服务社区的经验，阐述了公司对社会责任的看法。

（尹玲利）

【北京北信得实科技发展有限公司成为“黑莓联盟计划”成员】 黑莓公司是全球主要的智能手机提供商，尤其北美市场一直占据领导地位，全球已经有近 4000 万用户，中国作为最大的移动终端消费市场是各个商家必争之地。黑莓 11 月，北信得实作为国内健康物联网行业领导者和公共卫生信息化服务商得到了全球著名企业黑莓公司的认可，成为“黑莓联盟计划”（Blackberry Alliance Program）成员。北京北信得实科技发展有限公司以“云计算与物联网前沿信息”为主导，面向医疗卫生领域，设计了专注于慢病管理和社区医疗的区域卫生信息化平台物联网解决方案。该方案通过物联网体检器械收集体检数据，无线传输，专业分析后形成可视化健康评估报告，用户及其亲友、医生可通过手机随时录入、查询、评估和互动。平台也可以自动根据健康评估结果适时的向用户推送膳食、运动、生活起居等健康管理建议。如监测到异常数值，平台还可自动发送信息给用户、亲友和社区医生。

（尹玲利）

【用友软件携手 Atos 成立合资公司】 11 月 8 日，国际 IT 服务巨头 Atos 子公司 ATOS INVESTISSEMENT 10 和亚太地区领先的管理软件解决方案提供商用友软件股份有限公司子公司 UFIDA INTERNATIONAL HOLDINGS, LTD 共同宣布，双方将共同出资组建一家合资公司 YUNANO 来开拓欧洲、中东、非洲以及中国云计算市场，着眼于独立的或者身为大型公司子公司的中型企业。合资公司 YUNANO（音译“云安”）将为欧洲、中东和非洲（EMEA）的企业用户提供创新的云计算服务。本次合作将为用友打开欧洲市场之门，同时用友也将助 Atos 开拓其在中国市场的版图。

（尹玲利）

【趣游副总裁受邀 2011 两岸互联网发展论坛主题演讲】 2011 年 11 月 15 日，2011 两岸互联网发展论坛在京举行。海峡两岸近 400 名业界代表出席盛会，国台办主任助理、中国互联网协会海峡两岸互联网交流委员会主任委员龙明彪出席会议并讲话。本次论坛以“两岸电子商务合作”、“两岸移动互联网发展”、“两岸数字内容及产业孵化”为主题展开交流与探讨。趣游集团 CTO 李威作为数字创新产业的精英代表，在“两岸数字内容及产业孵化”主题论坛上发表演讲《与云计算的结合会使网页游戏更有生命力》，与两岸业者和专家们分享了趣游集团在网络研发平台中对云计算的具体应用，并带来趣游旗下国内自研页游产品成功进驻台湾市场，运营全球的经验之谈。

（尹玲利）

【云计算示范应用深入推进】 2011 年年内，北京市经济和信息化委员会完成北京市电子政务云方案编制工作，拟订了集中采购基础硬件设施推进电子政务集约化建设的工作方案，积极推动区县云计算区域试点，分别在西城、海淀试点开展应用支撑平台、基础设施服务工作，在首都之窗、资源中心推进互联网、政务外网云计算平台建设。

（电子政务及信息资源管理处）

【统筹规划全市政务数据中心和政务云计算平台】 2011年年内，北京市经济和信息化委员会完成协同办公云、网站云试点建设，编制完成北京市电子政务云方案及相关附件初稿。推动区县云计算区域试点，分别在西城、海淀试点开展应用支撑平台、基础设施服务工作。分别在首都之窗、资源中心开展互联网、政务外网云计算平台建设，编制工作方案。

（电子政务及信息资源管理处）

北京信息化年鉴

信息安全

【综述】 2011 年年内，北京市经济和信息化委员会网络安全处指导监督各部门做好信息安全工作，组织开展全市信息安全检查，推动信息安全监管能力全面提升。着重抓好信息安全应急管理工作，为全市信息安全应急管理和应急保障提供重要支撑。进一步夯实信息安全基础性工作。应急保障体系建设得到进一步加强和完善。组织开展了工业控制系统信息安全专项调研，启动了云计算和物联网环境下政务信息安全策略研究。

信息安全管理

【概述】 2011 年内，北京市召开了全市网络与信息安全协调小组第十次会议暨北京市通信保障和信息安全应急指挥部第五次会议，向全市下发了《2011 年北京市网络与信息安全保障工作要点》（京信安协办〔2011〕2 号），对做好 2011 年全市网络与信息安全及应急通信保障工作进行了安排和部署，对全年的工作重点进行了明确。全年内，在等级保护、信息安全培训、互联网集中接入、信息安全监控预警等管理方面取得了显著成效。

（网络安全处）

加强信息安全管理规范

【政府部门办公计算机终端安全配置工作试点】 2011 年年内，为加强政府部门办公用计算机的安全防护，北京市经济和信息化委员会按照工业和信息化部相关文件的要求，在石景山区开展了计算机终端安全配置试点工作，对区政府办公楼范围内的 820 台办公终端实施了统一管理和安全配置。通过试点，积累了政府部门办公用计算机安全配置的经验，为在全市范围内全面开展办公终端安全配置工作奠定了坚实的基础。

（网络安全处）

【建立信息安全培训长效机制】 2011 年年内，北京市经济和信息化委员会建立了信息安全培训机制，定期组织开展面向政府部门的各类信息安全培训。2011 年度共组织包括信息安全持证上岗培训、信息安全交流培训等在内的培训 4 次，覆盖全市 120 多家单位。通过培训，提升了北京市政府部门信息安全管理和技术人员对信息安全政策法规的了解理论知识，增强了实际工作能力，促进了北京市政府部门信息安全保障工作。

（网络安全处）

【组织召开全市网络与信息安全工作会议】 2011 年 1 月 6 日，市网络与信息安全协调小组办公室和市通信保障和信息安全应急指挥部办公室组织召开了由市委宣传部、市国家保密局、市密码管理局、市公安局、市国家安全局等 37 个部委办局、16 区县和经济技术开发区主管领导及三大电信运营企业北京分公司等应急队伍负责同志参加的市网络与信息安全协调小组第十次会议暨北京市通信保障和信息安全应急指挥部第五次会议。会上市委常委、市委秘书长李士祥对做好 2011 年网络与信息安全工作提出了明确要求，会后形成并下发全市的《2011年北京市网络与信息安全保障工作要点》（京信安协办〔2011〕2 号）对做好 2011 年全市网络与信息安全及应急通信保障工作进行了安排和部署，对全年的工作重点进行了明确。北京市经济和信息化委员会网络安全处根据工作部署和要求，结合 2011 年工作安排和本处职责，在总结去年工作的基础上对 2011 年的工作进行了及早安排，制定了工作规划和实施方案，明确了责任分工，为切实做好今年全市网络与信息安全工作打下扎实基础。

（网络安全处）

【组织开展党政机关信息安全员持证上岗工作】 2011 年年内，为切实提高信息安全员工作能力和业务水平，网络安全处从上半年即开始着手北京市信息安全员培训工作。8 月份，邀请市委机要局、市国家保密局、市国家安全局、市公安局等单位的专家，对全市 120 个部门、区县和单位的 260 名信息安全工作人员进行了首批集中培训，并为通过培训考试人员颁发了信息安全员证书。

（网络安全处）

【加快信息安全法规修订步伐】 2011 年北京市经济和信息委员会对 163 号令进行了重新修订，目前已完成修订初稿，正在协助市政府法制办、市网管办等部门增加网络身份管理有关条款。

（网络安全处）

【完成了应急预案修订工作】 2011 年年内，指挥部办公室积极组织和协调成员单位对相关市级专项预案、部门预案和单位预案进行了修订和完善。目前，《北京市网络与信息安全事件应急预案》、《北京市应急通信保障预案（专网）》两个市级专项预案已征求各成员单位意见，正按反馈意见修改中；《北京市 800 兆无线政务网应急预案》、《北京市电子政务网络应急预案》、《北京市无线电管理应急预案》已经完成修订工作；制定了《北京市卫星通信网应急预案》，《北京市电子政务信息安全应急预案》正在制定中，目前已完成征求意见稿。

（网络安全处）

【启动了物联网、云计算环境下电子政务信息安全策略的研究工作】 2011 年年内，北京市经济和信息委员会启动了物联网、云计算环境下电子政务信息安全策略的前期研究工作，以期通过深入的研究来探寻物联网、云计算环境下的电子政务信息安全策略，为做好物联网、云计算环境下北京市电子政务信息安全规划、建设、监管及出台相关规章做好前期工作。

（网络安全处）

【交通行业信息安全建设】 2011 年年内，北京市交通委员会发挥行业主管部门职能，会同公安部门开展交通行业信息安全检查，促进了国家信息安全等级保护制度在交通行业的落实。通过此次交通行业信息安全检查，掌握了各有关单位信息安全建设现状，探讨和研究了今后发展与改进的方向，为更好推进信息安全相关工作奠定了基础。将此项检查列为常态化工作，每年定期开展，以保证电子政务信息安全管理的有效开展。

（社会信息化处）

等级保护

【继续推进信息安全等级保护和分级保护工作】 年内，北京市经济和信息化委员会促进政务信息系统等级保护定级备案和分级保护工作，将信息安全等级保护和分级保护工作纳入本年度的信息安全重点检查事项，并会同市公安局、市国家保密局等部门加强对等级保护和分级保护有关内容的培训。

（网络安全处）

【等级保护工作继续推进】 年内，北京市经济和信息化委员会开展政务信息系统等级保护工作，完成 5 家单位，9 个信息系统的等级测评工作。市公安局推进北京市电信、广电、银行、证券、电力、公共服务、交通、卫生、教育和重要网站的等级保护工作，已累计完成 2000 多个信息系统的定级备案工作。

（网络安全处）

政务网络信任与安全监控预警

【推进政务专网建设为各级党政机关业务开展和应急保障提供支撑】 2011 年年内，一方面加强了对有线政务专网 bot 到期后运维模式的研究，在与市发改委、市财政局、市国资委等部门沟通的基础上，协助网管中心完成了 bot 模式到期后延续运营的各项工作。另一方面，推进电子政务网络的建设。目前网络光缆总规模已达 2700 余千米，形成了集数据、语音、视频等多种传输功能于一体、融合财政、社保、工商、安监等多部门网络业务、覆盖北京市所有区县的光纤宽带政务城域网络系统。截至到目前，网络共承载业务虚拟专网 122 套、各部门信息系统 280 余套，为 687 家市级政务部门和相关企事业单位及近 8000 家区县级政务部门业务办理提供了支撑，满足了全市 10 万公务人员的办公需求。800 兆政务网已建成由 6 套交换机、242 套地面基站、74 套地铁内基站、4 套移动基站和 216 套室内分布系统组成的应急通信网络，目前在网用户 76 853 户。相比去年同期，基站增长 7.1%，在网用户增长 10.8%。800 兆无线政务网已成为北京市各种重大活动应急指挥不可缺少的指挥通信系统。

（网络安全处）

【推进市党政机关互联网集中接入工作】 2011 年年内，按照《北京市行政事业单位互联网集中接入总体方案》和《北京市行政事业单位互联网集中接入实施方案》，在去年试点的基础上积极推进北京市党政机关互联网集中接入工作深入开展。一方面，补充审核了 2011 年新增 14 家单位 16 条链路的带宽需求，涉及带宽 590M；另一方面，对 2012 年申请接入互联网的 291 家单位的 490 条链路带宽需求进行了统一审核，涉及带宽 12.5G。其中拟纳入互联网集中接入项目进行统一管理、统一支付的共计 62 家单位 81 条链路，涉及带宽 1.9G。

（网络安全处）

【政务信息系统安全监控加强】 2011 年年内，北京市经济和信息化委员会完成有线政务网络 33 个会聚节点、25 个重要信息系统单位、6 个政务互联网出口部署安全监控设备，建立安全监控系统。利用技术手段实时监控，监控范围涉及有线政务网络全覆盖、41 个重要信息系统和 6 个政务互联网接口的政务用户，同时实现对全市 98 个政务网站首页完整性、安全性和可用性的检测。全年，共监控到 227 起信息安全事件，其中外围监控 25 起，涉及网页篡改、拒绝服务、网页挂马、僵尸网络、网络攻击、蠕虫病毒、SQL 注入等类型。全年节日及“两会”、市党代会等重要时期，实施敏感时期安全监控任务。全年监控各类攻击报警原始日志累计 5000 万条，系统关联、归并、过滤后共生成报警信息 230 万条，其中高风险报警约 104 万条。通过对频繁攻击事件的分析，预警了信息安全事件的发生，提前做好防护准备，大大降低了安全事件的危害和影响。

（网络安全处）

信息安全服务

【概述】 年内，北京市开展了网络与信息系统安全检查工作，督促各单位认真开展等级保护、安全测评和整改，有效降低了风险，提高了网络与信息系统风险管控能力；配合工信部开展工业控制系统安全专项调研，完善信息安全基础设施建设，强化值守应急和信息报送，妥善处置突发网络与信息安全事件，完成了重大活动、重要节假日和敏感时期各项应急保障任务。

网络与信息安全保障

【组织开展全市网络与信息系统安全检查】 2011 年年内，4—11 月，北京市经济和信息委员会同市机要、公安、安全、保密、广电、市通管等部门，从安全机构设置、安全管理、等级保护、应急管理等 10 个方面、分 3 个阶段对全市党政机关、广电、电信以及社会领域信息系统进行了安全检查。检查采取单位自查与主管部门抽查相结合的方式。在请国家和军队信息安全权威机构对全市约 120 个政务网站、60 个重要政务信息系统以及电子政务专网进行远程技术检测的基础上，又组成 4 个现场检查组对全市三级（含）以上政务信息系统、重要信息系统以及全市 14 家有信息系统运营的专项指挥部的 43 家单位进行现场管理和技术抽查；并在检查中试行“信息安全检查评分指标系统”，进一步优化信息安全检查工作流程，贯彻安全一票否决制。最后对单位自查、远程技术检测、现场检查结果及各单位整改情况进行综合分析后形成报告报市领导。通过组织检查，发现了安全隐患，提出了整改建议，并督促各单位认真开展等级保护、安全测评和整改，有效降低了风险，提高了网络与信息系统风险管控能力。

（网络安全处）

【配合工信部组织开展工业控制系统安全专项调研】 2011 年年内，为及早提出有效的工控系统信息安全保障对策，北京市经济和信息委员会配合工信部信息安全司组织开展了工业控制系统安全专项调研。目前已陪信息安全司到北京现代集团进行了汽车生产控制系统调研，并形成专题报告。

（网络安全处）

【强化值守应急和信息报送工作】 2011 年年内，北京市经济和信息委员会负责应急指挥部办公室具体工作，在做好日常应急工作的基础上，尤其强调重点抓好值守应急和信息报送工作。一年来，指挥部办公室严格按照市应急办要求，坚持实行领导带班和值班员值班制度，每日由 1 名委领导带班，1 名干部和 1 名技术人员值班，值班员 24 小时在岗值守，并保持通信畅通，每天按时向市应急办和指挥部各成员单位报送值班日报。重要大型活动期间或敏感时期值守应急力量进一步加强，并实行每日“零报告”制度，各应急保障队伍 24 小时在岗在位，遇突发事件，迅速启动应急预案，及时妥善处置。指挥部办公室先后投入应急值守力量 1100 余人次，完成应急值班日报 330 份，监控周报 47 份，监控月报 11 份，编印《信息安全情况通报》11 期、专刊 1 期。确保了各种突发事件和“6.23”、“7.29”、“8.26”强降雨等极端天气的成功应对。

（网络安全处）

【突发网络与信息安全事件处置】 2011 年年内，根据事发单位请求或是监控平台发现，市经济和信息化委员会积极协调北京市通信保障和网络与信息安全事件应对工作，按照事件等级及时协调或是报告相关领导指挥调动相关队伍进行处置。共处置政务网络与信息安全事件 201 起，其中包括现场处置网站攻击、信息系统异常、网站挂马、信息泄露、终端病毒事件等 14 起事件。

（网络安全处）

【重大活动、重要节假日和敏感时期各项应急保障任务】 2011 年年内，全市重大活动依然较多，应急通信和信息安全保障任务繁重，协调事项复杂，北京市经济和信息委员会对应急保障工作加强了领导和统筹，周密计划，科学组织，积极协调各成员单位先后完成了全国“两会”、清华百年校庆、北京国际电影季、庆祝建党 90 周年庆祝活动、庆祝中华人民共和国成立 62 周年向人民英雄纪念碑敬献花篮仪式、十七届六中全会等重要大型活动应急通信保障任务；完成了元旦、春节、清明、端午、“五·一”、“十·一”等重大节假日及敏感时期的应急通信保障工作；完成了大兴区旧宫镇火灾、门头沟九龙山庄火灾、崇文门地区政务光缆中断、地税局节点政务外网设备电力供应中断等突发事件处置应急通信保障工作；完成了中央领导植树、市公安局中钢大厦维稳、市公安局首都机场分局重要勤务保障、市公安局朝阳分局燕郊抓捕行动、平谷桃花音乐节等活动 800 兆应急通信保障任务；完成了新疆和田地区卫星地面站的建设工作，协助市应急办开通了市政府与援疆和田指挥部间的视频会议系统、政务网 GC 系统和 voip 语音系统；多次为市公安局信通处地铁应急演练、防汛通信演练、香山公园现场测试演练等提供通信保障、为市民防局密云驻训提供应急通信保障等；完成了每周一次应急视频例会（截至目前共 45 次）的运维保障和 2 个部门应急视频会议线路迁移工作；为 2011 年国家司法考试、环北京职业公路自行车赛等活动提供了应急通信和无线电保障；加强了重大活动和节假日期间政务信息安全监控、预警、安全事件妥善处置、远程及现场设备巡检等工作，为应急工作提供了强力支撑。全年共参与各种重大活动、重要节假日、敏感时期及突发事件现场处置等应急通信保障 23 次、为北京市其他单位应急演练提供通信保障和支撑 10 次，投入保障人员 526 人次、出动保障车辆 87 台次，动用保障设备 81 台，提供 800 兆终端 281 部，保障时长约 1340 余小时；为市应急办、市安监局、武警总队等 15 家单位办理卫星频率申请 110 单次，分配应急卫星频率 1682 兆小时。及时发现并妥善处置信息安全事件 195 起、查处无线电干扰事件 22 起。确保了全市基础信息网络、重要信息系统的安全稳定运行和无线电秩序的良好。

（网络安全处）

【组织开展公交一卡通信息安全事件调查处理工作】 2011 年年内，北京市经济和信息委员会以市网络与信息安全协调小组办公室的名义牵头组织了对市政公交一卡通 IC 卡密码被破解安全事件的调查处理工作。先后多次召集市密码管理局、市公安局、市交通委、市政公交一卡通有限公司（以下简称一卡通公司）等单位开会研究、商讨应对这一安全事件的策略和措施，并就在各自职责范围内如何对一卡通 IC 卡密码被破解带来的风险加强管控达成了一致意见。北京市经济和信息委员会将该事件处置进展情况以专报的形式上报市领导。

（网络安全处）

【信息安全基础设施完善】 2011 年年内，北京市信息安全基础设施进一步完善，应急技术支撑能力进一步增强。完成了市通信保障和信息安全应急指挥平台的建设，上半年组织召开了应急指挥平台项目硬件分系统验收会、软件系统开发征求意见会，待近期完成初验后即可投入试运行。平台的建成和投入使用将大大改善应急指挥部的信息化支撑环境，应急保障能力和水平得到大幅提升。

（网络安全处）

【完成应急指挥部调整和值班室的迁移新址工作】 2011 年年内，北京市经济和信息委员会修改完善了指挥部及办公室的职责，强化了行业单位对本行业、本系统、本领域网络与信息安全事件的预防、应急工作的监督管理职责，有利于北京市网络与信息安全应急管理工作的实施。调整了指挥部成员单位，成员单位数量由 35 个增加到 46 个，并根据各成员单位人员变化、结合预案修订对指挥部成员及联络员进行了适时调整，进一步充实完善了网络与信息安全专家组成员。同时，完成了应急指挥部值班室迁移新址、应急值班电话和传真的更新、新值班人员的上岗培训等工作，实现了新、旧值班室间的无缝衔接。

（网络安全处）

计算机病毒防范

【工信部首次牵头围剿“病毒集团”】 2011 年年内，工信部召集金山、360、瑞星、中国移动、中国联通、中国电信、阿里巴巴和腾讯等企业进行了多次会议，集中讨论打击日渐猖獗的“病毒集团”。这是工信部首次介入互联网病毒治理。据悉，在会议结束后，各安全厂商、电子商务企业和电信运营商已初步达成共识，并开始针对“病毒集团”的现状制定新策略以进行全面围剿。

（北京市经济和信息化委员会）

【2011 年病毒危害】 2011 年年内，由病毒和木马造成的危害，比去年同期有一定上升，受害人数仍然在高位徘徊。目前黑客正在开始通过对大型互联网企业数据库的攻击，来获取以

往不能得到的资料，在此基础上进行钓鱼、诈骗、社会工程学攻击等。瑞星分析表明，目前威胁国内互联网安全的因素主要包括三个方面：病毒和木马等恶意程序、钓鱼诈骗、黑客“拖库”攻击。与2010年相比，由黑客“拖库”因素带来的安全问题显著上升，包括CSDN、天涯在内的一批互联网网站用户数据库被窃取，导致用户隐私大规模被泄漏，这给整个互联网行业带来巨大安全风险。钓鱼诈骗带来的安全问题进一步显现。除了简单的“网页仿冒”钓鱼诈骗之外，2011年出现了多种诈骗方式，例如通过MSN和QQ进行“充值卡诈骗”，利用团购进行“假iPhone诈骗”等，这使得单个受害用户的受损金额与往年相比有很大增长。蓬勃发展的电子商务成为黑客窥测的主要对象，网购、支付、配送、推广、售后等多个环节均遭到黑客有针对性的攻击。瑞星安全专家表示，黑客和病毒攻击越来越有针对性，网购、游戏等特定人群面临较大安全风险，在可预见的时间段内，这个发展趋势仍将保持。

（北京瑞星信息技术有限公司）

信息安全容灾备份

【组织开展电子政务信息安全容灾备份工作】 2011年年初，市信息安全容灾备份中心建成并投入运行。2月12日出台了《北京市信息安全容灾备份中心使用管理规定（试行）》，并建立了网络安全处、网管中心、安全中心容灾备份协同工作机制。4月1日起，信息安全容灾备份中心开始正式面向全市各级党政机关三级以上（含三级）的信息系统和涉密信息系统，提供系统级灾难恢复系统托管、集中式容灾、介质备份、灾难恢复演练等服务和统一的空调、电力等基础运维服务。目前已为市财政局、市发改委、市住房公积金管理中心、市住建委、市民政局、市档案局（馆）等单位提供了介质备份、集中式数据容灾等资源和服务，市残联、法院、检察院、市政市容委等单位的使用申请正在办理中。信息安全容灾备份中心建成并投入使用，使北京市信息安全基础设施建设再上新台阶，信息安全容灾备份能力大幅提升。

（网络安全处）

【市信息安全容灾备份中心业务开展情况】 2011年年内，北京市信息安全容灾备份中心共进驻用户8家，其中开展介质备份业务的6家；开展集中式数据容灾业务的6家；开展灾备系统托管业务的1家，并配合进驻单位开展了数据验证及应急演练工作。涉及的重要信息系统主要包括“北京市经济运行监测调度系统”、“北京市房地产交易权属信息系统”、“北京社会救助平台”、“财政信息资源系统”、“北京市残疾人就业保障金代征代缴信息系统”、“北京市残疾人基础信息管理系统”等。

（网络安全处）

【重要信息系统安全容灾备份】 2011年年内，北京市住房和城乡建设委员会信息中心网络部配合北京信息安全评测中心对其重要信息系统进行异地备份，于每日晚11点将数据备份到灾备中心，后续将对备份数据进行恢复测试。

（社会信息化处）

整治、打击网络犯罪

【打击非法“网络共享”专项治理行动】 2011年年内，北京市经济和信息化委员会根据中宣部《关于开展打击非法“网络共享”网站及设备产品专项治理行动的实施意见》的精神和要求，按照北京市打击非法“网络共享”网站及设备产品专项治理行动的部署，开展了卫星地面接收设施管理工作深入开展打击非法“网络共享”专项治理行动，加大了宣传力度，加强了网上监控，加大了查处力度，取得了显著成效。

（电子信息处）

信息安全技术与产品

【概述】 2011年年内，随着云计算的不断发展和演进，信息安全企业开始了新一轮的战略调整，部分传统硬件安全厂商向云安全转型，与云安全相联系的“云火墙”成为防火墙市场新的卖点，信息安全企业实力逐步增强、产品更具自主创新性并且更加多元化。

（网络安全处）

【绿盟科技推出网站安全监测服务】 2011年年内，绿盟科技首先推出网站安全监测服务，这是一款托管式服务。客户无须安装任何硬件或软件，无须改变目前的网络部署状况，无须专门的人员进行安全设备维护及分析日志。只需将网站域名告知绿盟科技工作人员，获得授权后即可享受7×24小时的远程网站安全监测服务。一旦发现网站存在风险状况，绿盟安全监控团队会第一时间通知客户，并提供专业的安全解决建议。除此之外，经验丰富的绿盟安全专家团队会定期为客户出具周期性的综合评估报告，让客户整体掌握网站的风险状况及安全趋势。

（网络安全处）

【天榕数据防泄密（DLP）】 2011年年内，启明星辰作为国内领先的信息安全厂商，早在几年前就开始进行数据防泄密产品的研发，目前已经推出了审计与加密两种防泄密产品，可以满足不同类型用户的数据防泄密（DLP）需求，非常适合企业解决敏感数据保护的问题。天榕数据防泄密（DLP）系统以“旁观者”的方式观察和记录员工对电脑、文件、软件操作或网络行为，同时服务端通过多种方式（文件签名、敏感词识别与权重分析、正则表达式过滤）识别敏感机密信息。并通过数据汇总与分析，得出人员、文件、安全事件这三个维度的趋势，并通过相应的安全策略定义，对用户的操作进行识别，从而确认泄密风险并采取相应措施进行防范。天榕电子文档安全系统是内核文件实时透明加解密，在操作系统底层对文件进行加解密操作，不影响用户的原有使用习惯。安装天榕电子文档安全系统的用户在使用文件时，用户终端自动将文件实时加解密；文件的接收者必须经过管理中心端的认证，才能够根据许可权限对文件进行操作。

（网络安全处）

【天云科技和网御星云云计算安全领域战略合作】 2011 年年内，天云科技和网御星云就云计算安全领域的紧密合作达成了战略协议。双方将最大限度的融合天云科技在云计算技术领域、相关行业技术解决方案的优势以及网御星云在网络安全、云计算安全领域的技术储备以及政府、军队、金融等行业领域的优势，实现“云计算＋安全”的强强合作，提升双方品牌的知名度和核心竞争力，以期为双方带来更大的市场收益。

（网络安全处）

政务领域信息化

【综述】 2011 年年内，政务门户网站总点击数超过 18 亿次，北京网总点击数达到 1.9 亿次，ebeijing 网总点击数近 6000 万次，均比去年同期有小幅增加。

信息资源开发利用

【概述】 2011 年年内，继续完善市级政务信息资源共享交换平台建设，在小客车指标调控、人口管理等重点应用发挥重要保障作用，积极推动政务物联共性支撑平台的建设。在保障“两会”视频会议应用的基础上，积极推进常态化建设，有效降低行政成本，提高会议效率。依托政务云 OA、市民主页等重点工程建设，推动移动办公、移动政务的试点示范工作。配合市监察局继续推进行政监察现代化工程建设，提供技术支撑，完善保障机制。

政务信息资源公开共享

【保障小客车指标调控工作】 2011 年年内，北京市经济和信息化委员会继续支撑小客车比对信息的交换工作，支撑了交通委近 80 万人次的数据审核。为保证数据交换的准确性、及时性、安全性，开展共享交换主从备份建设工作，已经完成了市交通委、市公安局、市人力社保局、市质监局、市工商局、市国税局等部门的 8 个前置机的双节点安装工作，有力地保障了小客车比对相关工作的稳定运行。

（电子政务及信息资源处）

【人口信息在限购房、案件执行、低保以及住房保障服务方面的共享应用推进】 2011 年年内，北京市经济和信息化委员会与市住房城乡建设委、市人力社保局、市地税局等相关部门共同提出了通过系统自动比对方式实现社会保险（养老保险）或个人所得税缴纳情况验证的新模式，该模式的实施实现了资源的统筹管理和有效复用，提高了工作效率，减轻了窗口工作人员负担，有效避免了假证明文件的出现。支持市高法分批采用小客车审核模式开展信息查询共享工作，与市高法、市公安局共同制定技术方案，推进共享交换的实施工作，查询效率大幅提高。会同市民政务围绕落实《北京市居民经济状况核对办法》，建议实现系统自动比对的技术模式，建立了技术上的长效机制。推动住房保障服务依照小客车审核模式开展业务审核的长效机制建设。

（电子政务及信息资源处）

【完成人口、法人基础信息共享服务】 2011 年年内，北京市信息资源中心推进人口信息安全建设及共享应用，完成了东城区、顺义区、朝阳区等人口信息应用试点工作，取得良好效果。完成法人基础信息共享服务系统升级完善，完成法人库数据分发服务，支撑海淀区、昌平区、市知识产权局、市文物局等多家单位对法人基础信息共享应用。

（北京市信息资源中心）

【完成年度航空摄影、数据更新和共享分发】 2011 年 10 月，北京市信息资源中心完成 2011

年度航空摄影、2010年航空像片数据处理等工作；完成6987条地址数据外业采集工作；完成36个委办局293个政务信息图层、239个公众服务图层的制作与更新工作；完成2011年度政务图层共享目录编制更新。

（北京市信息资源中心）

【完成政务空间信息共享服务平台升级与运维】 2011年年内，北京市信息资源中心完成政务空间信息共享服务平台运维工作，截至10月底，通过接口方式，全市已有44个部门73个业务系统实现了空间信息共享应用，日均访问量超过30万次；完成地理信息公众服务平台运维，支撑各委办局完成30个子网站互联网地图建设工作；此外，还启动了城市空间实体可视化管理系统和面向移动电子政务的手机地图平台等相关系统的建设工作。

（北京市信息资源中心）

【工程建设领域项目信息公开共享】 2011年年内，首都之窗制定发布《北京市工程建设领域项目信息公开和诚信体系建设工作实施方案》、《考核方案》及《专栏建设要求》等文件，编制项目信息目录，发布公开共享专栏，主动公开项目管理信息798条、审批信息2246条、法规文件信息共162条、信用行为记录信息91条、信用评价数据近4万条。

（首都之窗运行管理中心）

【“大信访”工作推进】 2011年年内，首都之窗运行管理中心继续扩大试点范围，与市纠风办合作，将相关工作纳入“政风行风热线”考核，确保顺利推动。继续根据试点情况调整大信访理想模式，提出通过以信件调度中心为突破口构建“全市统一网络化咨询投诉平台”的思路。进一步加快知识库共享，推动信息服务落地。

（首都之窗运行管理中心）

【推进固定资产投资审批大厅信息化建设】 2011年年内，北京信息资源管理中心支撑北京市经济和信息化委员会配合推进固定资产投资审批大厅信息化建设，开展大厅与市发展改革委、市规划委、市住建委、市国土局信息共享试点。

（北京信息资源管理中心）

【推进人口信息案件执行方面的共享应用】 2011年年内，北京市经济和信息化委员会支持市高法分批采用小客车审核模式开展信息查询共享工作，与市高法、市公安局共同制定技术方案，推进共享交换的实施工作，查询效率大幅提高。会同市民政务围绕落实《北京市居民经济状况核对办法》，建议实现系统自动比对的技术模式，建立了技术上的长效机制。

（电子政务及信息资源处）

【开展民政数据共享工作】 2011年年内，市民政局开展数据共享工作，实现婚姻登记数据库、社会救助数据库与国家民政部的对接；实现了民政全数据与顺义区民政局的共享；实现了社会救助数据库与东城、西城、朝阳和海淀区的共享等。

（社会信息化处）

【开展行政审批大厅与网上办事大厅实现互通联动】 2011年年内，北京市住房和城乡建设委员会根据北京市固定资产投资流程共享数据需求，组织业务数据梳理，通过市级共享交换平台实现数据共享，并确保数据每日更新。发改委信息中心已确认成功获取数据且数据可用。目前，现处于对数据进行分析阶段，数据利用过程中存在问题进一步确认。已实现十二项中有七项实现数据共享，其余五项由于系统还在建设中没有产生数据。根据北京市发改委信息中心对于业务数据的具体要求，已经实现将七类业务数据，发布到前置机上，实现业务数据共享工作。

（社会信息化处）

【继续深化工程建设领域专项治理工作】 2011 年年内，北京市住房和城乡建设委员会根据市京信委函〔2011〕259 号文件，与北京市经济和信息化委员会共享建筑市场信息数据。通过前置机将委里的企业资质信息、人员信息、施工许可、合同备案、合同履约、竣工备案以及企业获奖。已于 10 月 30 日通过前置机，数据调通。共享数据表共 17 张，其中企业数据 13 202 条，人员数据 231 641 条，合同数据 80 859 条，合同履约数据 43 520 条，施工许可数据 28 610 条，竣工备案数据 15 315 条。

（社会信息化处）

【打造绿色政务方面】 2011 年年内，北京市经济和信息化委员会继续完善市级政务信息资源共享交换平台建设，在小客车指标调控、人口管理等重点应用发挥重要保障作用，推动政务物联共性支撑平台的建设。在保障“两会”视频会议应用的基础上，积极推进常态化建设，有效降低行政成本，提高会议效率。依托政务云 OA、市民主页等重点工程建设，推动移动办公、移动政务的试点示范工作。配合市监察局继续推进行政监察现代化工程建设，提供技术支撑，完善保障机制。

（电子政务与信息资源处）

【市政市容委数据共享】 2011 年年内，北京市市政市容管理委员会统一数据交换平台，疏通市政市容委数据交换层，梳理市区两级网格平台数据交换流程，汇总网格平台、监测平台、数字市政、地下管线等系统业务数据，综合展现各项数据，并提供数据分析。各项数据汇总、分析、展现更加直观，改变现有北京市经济和信息委员会各业务系统信息孤岛的现状，结束目前 GIS 服务分布散乱、空间数据时效性滞后的局面等问题。

（社会信息化处）

政务信息资源开发利用

【推进政务信息资源资产化管理】 2011 年年内，北京市信息资源中心开展对国外政务信息资源资产化管理政策法规现状进行文献调研，并选取对英国信息资产登记制度、加拿大《信息管理政策》为典型案例进行了深入研究。对国内相关政策进行梳理，并重点对相关研究成果进行分析。在此基础上，完成政务信息资源资产化管理登记表格的设计及试点工作方案，以北京市信息资源管理中心航拍数据等空间数据为例，开展了政务信息资源资产化管理试点工作，完成了试点工作总结。

（北京市信息资源中心）

【推进城市空间实体可视化管理体系建设】 2011 年年内，北京市经济和信息化委员会完成对相关企业、外省市政府部门的调研，了解了三维的技术现状与应用情况。与七八家三维软件公司进行了沟通，完成了公司和三维软件平台的选择。开展了系统的需求分析，并依据各部门提交的图层数据明确了系统展示、分析的相关功能模块。

（北京市信息资源中心）

【完善“公共服务查找中心”功能】 2011 年年内，首都之窗运行管理中心完善“公共服务查找中心”功能，发布“电子公共服务统一管理平台——接口池”，陆续接入交管局、建委、首图、文化局、民政局等部门服务，有效支撑市民主页，为网站群服务集成管理奠定基础。

（首都之窗运行管理中心）

【开展文化宣传领域信息库建设研究】 2011年年内，北京市经济和信息化委员会开展北京市文化宣传领域信息库建设研究，完成《北京市文化宣传领域信息库建设思路》和《北京市文化宣传领域信息库建设总体方案》。

（北京市信息资源管理中心）

【工业和信息服务业运行监测平台工作系统】 2011年年内，北京市经济和信息化委员会初步建立运行数据信息渠道框架和数据库建设。通过和市统计局共建“工业和信息服务业运行监测平台工作系统”，开展经济运行监测已经具备基本的数据基础，工业产值排名前150家重点工业企业数据（包括月度、同期和相对数）、工业37个大类和161个中类产值、出口数据都在每个月 15 日前后及时按行业提供给各相关处室；其他渠道的数据正在完善中。

（经济运行处）

【政务内网综合办公门户具备上线试运行条件】 2011年年内，北京市住房和城乡建设委员会经过上半年的需求调研、确认、开发、部署、测试等工作，建成内网办公门户的公共页面、个性化应用桌面及33个业务系统的统一登录，实现业务办理、日程安排（代管）、政务信息查询、公共存储、工作讨论、法规文件检索及信息发布办公功能。

（社会信息化处）

【北京市交通委员会办公自动化系统升级改造项目】 2011年年内，北京市交通委员会办公自动化系统升级改造项目主要包括升级换代硬件和系统软件；搭建北京市交通委员会系统集中办公平台，包括：门户系统；统一身份认证系统及数字证书应用；委、局（总队）OA 系统；运输局、执法总队下属单位内部 OA；路政局局属单位 OA 系统公文交换平台。北京市交通委员会门户整合 OA 系统、交通行业数据中心、交评系统、交通指数等主要应用系统的内容，搭建了统一的展示平台。制定统一的用户标识规范和机构编码规范，实现用户和机构的统一管理，构建了 214 个组织机构，1400 多个用户。并在此基础上完成用户身份的统一认证、用户权限的访问控制。在 OA 系统中开发了公文管理、会议管理、督察督办、信息管理、信息撰写、政府信息公开；领导日程、值班管理、加班管理、系统管理、档案管理、交办管理、短信管理；即时通信、全文检索、论坛、人力地图等模块，成为北京市交通委员会系统日常办公必不可少的工具。系统组织各类、各级培训 10 余次，与 2010 年 7 月上线试运行。截至 2011 年 11 月，共起草发文 5473 件，办理收文 16 911 件，起草各类信息 2188 件，办理各类督查文件 556 件，市路政局通过公文交换平台下发文件 2711 件，各分局上报文件 872 件。通过 OA 升级改造，建立北京市交通委员会统一身份认证系统和内网门户系统，实现了内网门户、OA 系统、规划内务管理系统的整合，以及与路政局局属单位 OA 等之间的公文、信息交换，初步构建了北京市交通委员会的协同办公平台。

（社会信息化处）

政府门户网站与信息公开

【概述】 2011 年年内，首都之窗运行管理中心加强指导，尽快落实工程建设领域项目信息公开内容持续，加强网站政府公开信息建设，提升政府网站公信力，政府信息公开系统稳定运行，公开数量稳步增长。

（首都之窗运行管理中心）

政府门户网站

【“市民主页”建设】 6 月 11 日“市民主页”一期于正式发布，10 月 15 日发布二期。截至 11 月底，接入 77 项服务，完成朝阳区等 3 个区县专区建设，发展活跃用户 22 万，月均增长率 94%，用户满意度 70.7%，新闻联播、BTV、北京日报等媒体广泛报道。2011 年中国国际信息通信展期间，国务院副总理张德江、通信部部长苗圩听取有关介绍，并给予高度评价。

（电子政务及信息资源处）

【首都之窗稳步发展】 2011 年年内，首都之窗网站保持了稳步发展的总体态势。政务门户网站总点击数超过 18 亿次，北京网总点击数达到 1.9 亿次，ebeijing 网总点击数近 6000 万次，均比去年同期有小幅增加。首都之窗门户网站累计发布各类信息 7 万多条，开展直播访谈 133 场，向中国政府网报送信息 4093 条，数字信息亭更新 4803 条，政府信息公开专栏新增主动公开信息超过 9 万条（其中，支持全市 44 个部门首次向社会公开财政决算和“三公经费”决算和预算信息、32 个部门 2010 年预算执行审计情况信息，受到公众和媒体的积极评价），全市依申请公开政府信息受理 7996 件，向市政府信息公开大厅、首都图书馆和市档案馆正式移送信息 957 条。继续深化“政府信息公开工作管理系统”功能，重点完善依申请公开系统、数据查询统计和政府信息公开专栏展现功能。全面开展网站与专栏数据对接工作，15 家单位已开展或正在进行系统对接工作。健全全市依申请公开分类管理，推动区县及垂管部门使用网络开展依申请工作。

（首都之窗运行管理中心）

【依托“政风行风热线”为网民服务】 2011 年年内，首都之窗“热线”受理群众来信超过 2 万封，办结信件 2 万多封，办结率 105%，满意率 88%，开通手机版，启动“热线”系统改造，突出社会监督、评议员监督等社会参与方式，强化分析功能，深入挖掘信件核心问题，累计报送各类舆情报告 79 篇，多次得到市纪委领导专题批示。

（首都之窗运行管理中心）

【提升政务网站群建设水平】 2011 年年内，首都之窗按照日常考评、网站自评、用户测评、第三方评估、专家考评相结合的方式，通过突出应用效果、基层服务、日常问题整改，基本完成本市政务网站考核评价工作。

（首都之窗运行管理中心）

【完善“首都之窗网站群管理平台”】 2011年年内，首都之窗进一步完善“首都之窗网站群管理平台”，支撑网站群各项业务工作监管；完成邮件系统升级，全年共开通邮箱2 251个；初步完成门户网站无障碍改造；全力配合完成北京市经济和信息化委员会网站改版工作；“两会询问质询系统”常态化工作大部分系统建设工作结束，尚有部分测试工作进行中；向市委信息处报送互联网政务舆情信息，向市政府信息处报送互联网快讯6 100条，报送市长动态信息404条，向人大报送互联网快讯信息7 408条。

（首都之窗运行管理中心）

【北京网新建城市服务】 2011年年内，北京网新建城市服务380个，在新浪、搜狐、腾讯、网易建立微博，加强与网友交流互动，十几万网民将北京网加入收藏夹。

（首都之窗运行管理中心）

【拟定《关于进一步提升北京市政务网站服务能力的意见》】 2011年年内，北京市经济和信息化委员会拟定《关于进一步提升北京市政务网站服务能力的意见》，已报经主管副市长同意，待上市政府会审议后正式印发。《意见》提出了构建网络化政务服务体系和集约化发展的政务网站建设思路，是指导北京市政务网站建设和发展的纲领性文件。

（电子政务及信息资源处）

【北京市民政局“民政”特色政府网站】 2011年年内，北京市民政局从信息公开、网上服务和政民互动三个方面着力打造“民政”特色政府网站。网站改版后丰富信息公开频道的各栏目内容，为了让网民能够更加方便快捷地找到自己需要政府信息，新增了服务承诺、政策解读、执法监督、统计数据等8个栏目，完成了机构概况、规划计划、折子工程等原有栏目。实现了网站与北京市信息公开管理系统的互联互通，减少维护人员工作量。加强网上办事功能，重新收集整理了网上办事服务事项信息，更新了网上办事服务目录，共可提供109项事项服务，服务数量较以往增加了近3倍。提供了三类服务导航方式，即按照服务对象分类导航、利用服务查找中心导航和热点关键字导航从而使网站服务的质量得以提升。增加政府服务机构黄页类栏目——“民政黄页”。民政黄页是为民政业务办理机构及民政相关的服务机构提供的一个信息展示平台。为方便公众查询，目前按照业务领域划分了14类机构，上万个机构信息。同时黄页中的机构信息与北京市政务资源管理中心以接口方式进行联通，将所有机构定位在地图中。

（社会信息化处）

【住建委外网门户网站进入实施阶段】 2011年年内，北京市住房和城乡建设委员会制定升级改版方案。完成了外网门户网站页面设计、内容整合和优化工作；深入整合房地产交易管理网，统一门户及服务；三是优化“买卖租”住房场景服务模式；四是初步整合智能问答和知识库，为实现网上智能问答服务奠定基础。目前，新版门户网站已上线运行。

（社会信息化处）

【政务综合办公内网门户升级改造项目】 2011年年内，北京市住房和城乡建设委员会政务综合办公内网门户是依托政务专网，面向各机关处室、事业单位及区县建委，为业务人员提供信息资源共享和业务协同服务的综合服务门户。9月1日系统正式上线试运行开始，政务中心信息总计22大类42小类，信息量达到6000多条；业务中心三条服务主线，涉及完成单点系统30多个；数据中心完成包括房屋全生命周期、大数据库等的数据统计，完成信息量

100 多条；舆情中心集合了内外网的舆情信息，委内舆情数据量达到 70 多条；学习中心资源总计 10 大类 45 小类，提供了丰富的学习和展示空间，数据量达到 1000 多条；交流中心给委内提供了讨论交流平台，方便了北京市经济和信息委员会学习交流。

（社会信息化处）

【北京市住房和城乡建设委员会网站升级改造项目】 北京市住房和城乡建设委员会门户网始建于 2001 年，是北京市住房和城乡建设委员会向公众提供信息和服务的综合平台。经过几年的不断发展，北京市住房和城乡建设门户网站已从信息发布型政府网站逐步转向集在线服务、政务公开、公众参与于一体的功能服务型政府网站。2011 年完成的工作包括栏目策划、页面设计、采编系统升级、定制模块开发、第三方接口开发五大部分内容，实现内外网信息同步、与民生相关的住房场景服务建设、答疑解惑模块升级等。自 2011 年 1 月 1 日起，截至到 2011 年 10 月 31 日，门户网站累计发布信息 3384 条；自内网综合办公门户同步至外网信息 248 条；受理网民咨询问题 11 266 条，已回复问题 10 748 条；页面访问量为 121 249.720 次。

（社会信息化处）

【以公众需求为中心整合提升网站公共服务水平】 2011 年年内，北京市住房和城乡建设委员会以建立门户网站的统一平台为中心，从网站整体策划设计，功能模块的完善，后台性能的优化三个方面入手，全面改善网站运行效率和用户体验。调整优化网站页面设计及栏目布局；梳理资源，提供人性化住房相关服务；加强直属事业单位网站及系统的整合力度；完善门户网站行政许可、管理和服务事项的办事指南的内容建设；五是优化网站答疑解惑栏目建设，提高回复质量。北京建设网完成升级，于 2011 年 7 月 22 日上线试运行，10 月 14 日组织验收组专家验收。以公众服务为中心，优化调整全站各级栏目页面，将公众关注的热点信息和服务放在页面显著位置，便于用户快捷访问；围绕公众关注的热点及公众实际需求，创新在线服务方式，策划、建设保障性住房在线评估主题服务、存量住宅交易场景服务、房屋登记主题服务和我的住房主题服务；完成房地产交易管理网和拆迁信息网的整合工作，将信息资源整合到门户网站，实现信息公开统一口径、统一出口；网站服务大厅栏目除提供 73 项行政许可、管理事项及服务事项的办事指南，网上申报，表格（样表）下载及结果公示查询等服务外，在各有关单位的积极配合下，新增事项办理流程图 19 项，并提供 30 项事项的办理状态查询和 57 项事项相关文件的浏览服务，提升了网上信息综合服务能力；2011 年已受理网民咨询问题 11 266 条，回复问题计 10 748 条。

（社会信息化处）

【北京市环境保护局政务门户网站改版】 2011 年年内，新版北京市环境保护局政务门户网站改版并正式上线。改版后的网站栏目设置立足于浏览者，网站突出“财政资金”、“政府采购”、“人事任免”、“环境质量”等群众关心的政务信息展示，建立个人在线办事页面和企业在线办事页面，并提供办事指南、表格下载、网上申报、状态查询、结果反馈等全流程服务。年内，政务网站公布的办事事项共 39 项，全部提供了办事指南和表格下载服务，27 项事项提供了在线申报、状态查询、结果反馈服务，4 项事项实现了市区两级系统共用。同时，新增“废弃电器电子产品处理资格审批”和“一类放射性物品启运前备案”两项行政办事事项。此外，网站继续对“环保知识”栏目中的内容进行更新，结合当前社会热议的话题，及时进行了“低碳”知识的宣传普及，引导更多的民众了解环保、支持环保。

（社会信息化处）

政府信息公开

【推动社情民意信息平台建设】 2011年年内，北京市政府网站调查平台——京友网发展注册会员近2万人，全年共发起调查项目325项,，增加民众参与的渠道，逐渐形成了较完备的在线调查体系。

（首都之窗运行管理中心）

【eBeijing 网站为外籍人士服务】 2011年年内，eBeijing网站不断创新服务模式，更好地突出文化交流功能，报道“2011诺贝尔奖获得者北京论坛”、“2011CBD 商务节”、等大型对外交流活动，为外籍用户提供8次互动体验类活动。

（首都之窗运行管理中心）

电子政务运维

【概述】 2011年年内，北京市电子政务主要任务推进，提升政务和公共服务管理水平。加快政策制定，推动物联网发展。推进物联网在应急管理领域的应用，加强物联网专网建设，提供基础网络支撑服务。电子病历系统总体方案出台并完成试点，完成协同办公云、网站云试点建设，编制完成北京市电子政务云方案及相关附件初稿。推动区县云计算区域试点，推进“市民主页”建设及移动电子政务。

电子政务工作推进

【移动电子政务培训会召开】 2011年年内，北京市经济和信息化委员会组织召开全市移动电子政务培训会，向全市各区县、委办局等部门进行管理平台进一步宣贯移动电子政务相关标准规范，分别与市城管执法局、市种子站、市政市容委、市人大、东城区、西城区等委办局沟通移动应用需求调研及迁移对接的前期准备。组织多家单位开展北京市经济和信息委员会移动办公系统建设工作，完成委内政务终端版本升级、移动政务邮箱工作接入工作。

（电子政务及信息资源处）

【完成共享交换平台各项运维服务工作】 截至2011年10月底，北京市信息资源中心共享交换平台年内已完成2.1亿余条数据资源共享交换，较2011年交换量增长43%，累计已达5.8亿余条，有效支撑了全市应急指挥、城市运行、政务物联网等多项重大应用。

（北京市信息资源中心）

【完成公务员门户、领导决策系统运维服务工作】 2011年年内，北京市信息资源中心完成公务员门户改版工作，建成、改版园林绿化局等4个门户专版，完成“庆祝建党90周年”等多个专题、专栏，为全市3万5000余名用户、967名领导决策用户提供服务，日均信息更新维护300余条，2011年公务员门户日均访问量突破10万余次，较2010年增长30%，总点击量超过2600万次；完成公务员门户移动版建设，实现了用户登录及按权限访问；此外，中心还基于公务员门户积极推进云服务工作。

（北京市信息资源中心）

【完成政务信息资源目录运维】 2011年年内，北京市信息资源中心组织编制了绿色出行、基层信息采集、城市地质资源与环境安全保障、固定资产并联审批等4项主题资源目录；完成年度市级政务信息资源目录运维；完成年度委办局及区县的信息资源目录及工具的更新和应用服务任务；形成了政务信息资源资产化管理体系框架，继续开展政府信息资源社会化增值开发利用、面向政府部门及企业的共享信息转换加工等工作，并组织开展基于信息资源目录的部门顶层设计工作。

（北京市信息资源中心）

【完成移动平台运维工作】 2011年年内，北京市信息资源中心开展移动政务管理平台运维工作，完善了各项功能并完成了安全改造；支撑公务员门户移动应用，为全市移动应用系统提供统一入口，保障信息安全；推进各部门移动应用，支撑移动执法等业务开展；支撑市应急办公共安全移动信息平台（一期）系统建设工作，计划年内建成；完成北京市经济和信息委员会移动办公系统建设工作，完成政务终端版本升级和移动政务邮箱接入工作。

（北京市信息资源中心）

【完成年度信息系统基础运维保障工作】 2011年年内，北京市信息资源中心完成各类信息系统的基础运维和安全运维工作，确保了中心各项信息系统安全稳定运行，完成了IDC机房部署，实现了相关业务域的安全加固，完成春节、两会、国庆等重要节假日7×24小时现场保障。

（北京市信息资源中心）

【完成市全球卫星定位综合服务系统年度运维服务】 2011年年内，北京市信息资源中心为市国土局、市农业局等40余个单位提供了24小时不间断的实时数据发布服务，支撑了首都国土规划、基础测绘、工程建设、环境监测等十几个领域的政务应用及业务工作。

（北京市信息资源中心）

【网上办事大厅一期完成】 2011年年内，北京市经济和信息化委员会完成“网上办事大厅”一期建设，实现对50个部门、2000余个办事事项、近万项服务情况的自动监测、全过程监督评价，完善“流动人口”服务，优化“买卖租住房”场景式服务，扩大单点登录范围。

（电子政务及信息资源处）

【推进政务网站建设】 2011年年内，北京市成立由北京市经济和信息化委员会、市监察局、市保密局和市政府信息公开办组成的联合工作组，对全市94家政府网站集中开展了政务网站专项检查工作，其中12个单位进行了实地检查，向市政府提交了北京市贯彻落实情况的报告。该报告已由市政府办公厅正式上报国务院办公厅政府信息公开小组。

（电子政务及信息资源处）

【推进网上办事服务向基层延伸】 2011年年内，以东城区、西城区、海淀区、昌平区为试点，促进基层办事服务规范化和区、街、社区业务协同。东城区开通东城区社区服务网，整合近百个基层服务项目；西城区选取8个街道的81个办事服务项目以及62个社区服务站71个办事服务项目，实现社区办事服务的事项名称、办理程序、办理依据、办理时限“四统一”；海淀区梳理街道、社区的办事目录，分类提供面向街道、社区、服务对象的办事服务；昌平区健全区、镇、村三级综合政务服务平台，实现了村（社区）查询、预约、代办，镇（街道）受理、办理，区（综合行政服务中心）统一监督指导的区镇村三级管理联动、镇村两级业务联动。

（首都之窗运行管理中心）

【《北京市电子政务工作动态》编纂工作】 2011年年内，北京市经济和信息化委员会组织编纂了多期北京市电子政务工作动态，展示了北京市各部门、区县电子政务工作的成绩和重大进展，及时准确地反映了工作中出现的新情况、新问题，为领导决策、指导工作提供依据，受到信息化工作部门的欢迎，取得了良好的沟通交流效果。

（电子政务及信息资源处）

【民政局电子政务建设】 2011年年内，北京市民政局为了进一步规范市民政局电子政务建设工作，对市民政局信息化建设方面原有的规章制度进行了修订，编制电子书，年底召开信息化工作会并下发各有关单位，用于指导规范全市民政部门信息化建设工作。

（北京市民政局）

【住建委运维体系建设初见成效】 2011年年内，北京市住房和城乡建设委员会初步建立委信息化综合运维管理平台，基本实现业务系统运维及日常办公设备维修的电子化、流程化管理；建立网络监控系统及运维服务目录，实时监控机房设备及运维情况；初步建立安全和运维管理体系，涵盖综合管理、技术管理、基础设施、网络安全、运行维护和软件开发等内容。

（北京市住房和城乡建设委员会）

【开展系统升级工作】 2011年年内，北京市住房和城乡建设委员会对预售资金监管系统、存量网签系统、施工许可系统、住房保障系统、应急视频会议系统、房地产市场供应侧监管系统、混凝土质量远程追踪与动态监管信息系统、建材采购备案与建材供应备案系统、节能设计审查备案变更系统、民用节能验收备案系统、质量评价系统等11个系统进行升级改造。

（北京市住房和城乡建设委员会）

【北京市交通委员会电子政务运维】 2011年年内，北京市交通委员会成立电子政务运维管理委员会，由北京市交通委员会委员薛江东担任负责人，委科技处、信息中心、财务处、纪检监察处，以及相关业务处室人员参与，共同对电子政务运维项目进行监督、管理与协调。并要求重点系统运维单位设立协调工作组，保证在项目总体规划，重大问题处理等方面对运维团队工作进行指导及监督，并对用户单位的意见及时作出反馈。自主运维+外包运维混合运维模式。北京市交通委员会在电子政务运维规范基础上，细化运维管理部门人员分工及岗位说明，梳理并完善一批日常运维制度、运维流程，包括应用系统架设流程、应用系统变更流程等，制订《运维外包服务管理办法》,《服务台管理规范》、《北京市北京市交通委员会电子邮件系统管理办法》、《机房管理规程》、《机房设备标识制作及张贴规定》等运维管理制度及规程，通过运维外包合同对外包运维服务实施管理，内容包括响应时间、到达现场事件、最大中断时间、巡检周期、巡检内容等。运维厂商对设备、机房、应用系统定期巡检，并以月报/年报等形式提交报告供甲方检查。设计并使用了日常运维工作表单，如《设备软件安装情况记录表》、《设备入账表》等。根据《信息化资产管理模型规范》制定了北京市交通委员会信息化资产管理规定。个人终端运维。要求维护人员对办公软件、应用软件的安装与使用，计算机及相关设备维修维护管理均填写相应记录表单。要求运维服务单位使用 VPN 对信息系统进行远程运维操作，在 VPN 中规定运维服务单位的访问权限。运维服务单位的日常运维操作均进行记录，并形成定期运维报告。

（北京市交通委员会）

【召开电子政务经验交流会】 2011 年 1 月 10 日，北京市电子政务建设工作经验交流会召开。会议由北京市发展和改革委员会主办、北京北咨信息工程咨询有限公司协办，参会人员涉及全市 56 个委办局和 16 区县。国家发改委高技术司、国家工业信息化部信息化推进司、北京市经济和信息化委员会、市发改委的有关领导以及典型项目单位做了与会发言。本次会议的举办为北京市“十二五”电子政务专项规划的编制及促进北京市电子政务创新发展起到了积极的推动作用。

（北京北咨信息工程有限公司）

政府部门信息化建设

北京保监局

【概述】 中国保险监督管理委员会北京监管局（简称北京保监局）自 2004 年建局以来，始终把信息化建设作为夯实行业基础、提升监管能力、保护消费者权益的重要组成部分。2011 年，北京保监局一方面做好自身的信息化建设工作，为保险监管提供技术支持；另一方面努力做好行业的信息化建设引导和管理工作，推动行业建立了健康险和人身意外伤害保险信息平台，进一步提高全行业的信息化水平，提升行业的管理和服务能力。

（王晓栋）

【健康险信息平台上线运行】 2011 年 4 月 20 日，北京保监局指导北京保险行业协会建立的健康险信息平台正式上线运行。健康险信息平台是集各保险公司健康险承保、保全、理赔等数据收集、信息查询、统计分析、风险管控、快速理赔等多功能为一体的地区行业性综合管理及服务信息系统。健康险信息平台的建成完善了健康险业务管理流程，实现了行业健康险数据的积累和共享，有助于强化承保、理赔风险管理，促进健康险专业化经营，有助于提高行业服务水平，为下一步与“社会保障卡”系统对接，支持构建“一体化”的医疗保障体系。截至 2011 年年底，已有 56 家产、寿险公司向信息平台上传保单 1 万余件，涉及被保险人近百万人次，理赔信息近 15 万人次。

（王晓栋）

【人身意外伤害保险信息服务平台上线运行】 2011 年 10 月 1 日，北京保监局指导北京保险行业协会建立的人身意外伤害保险信息平台正式上线运行。该平台汇集了在京保险公司所有意外险（主险）保单信息，并向投保人、被保险人提供互联网公共查询和承保短信提示服务，使消费者在投保后能够及时获取承保公司、保费等重要信息，进一步督促意外险经营机构严格落实相关监管要求，有效防范假保单、假机构等侵害消费者利益的问题。北京意外险信息平台的上线，对于提升保险行业的社会公信力、推动北京意外险市场健康有序发展发挥了积极作用。截至 2011 年年底，在北京运营意外险的 83 家保险公司都加入了意外险信息平台，共处理保单 260 万件，其中团体险 3.8 万件，个人保险 256 万件，涉及被保险人 385 万人次，累计发送短信 45.7 人次，网站查询量 1.1 人次。

（王晓栋）

【保险业信息系统安全检查开展】 2011 年年内，按照中国保监会的统一部署，北京保监局对辖内某财产险公司进行了信息系统安全检查。重点检查该公司的信息安全组织建设和人员管理、信息安全制度、信息系统安全管控、数据管理和灾备建设以及应急响应体系建设情况，指出存在的问题，提出改进建议。通过检查提高了辖内保险机构的信息安全意识，督促公司进一步加强和完善信息系统安全管理，促使辖内保险业信息安全水平适应风险防范的要求。

（王晓栋）

北京市财政局

【概述】 2011 年年内，北京市财政局认真贯彻落实财政科学化精细化管理理念，深入“一调三抓”工作思路对信息化工作提出的要求，依据年初确立的信息化重点工作任务、折子工程，以“夯实基础工作、推进平台建设、提升运维服务、加强信息安全”为抓手，梳理、完善信息化相关制度，科学化提升信息化基础管理工作；周密部署，制定方案，全力推进金财工程应用支撑平台推广实施，积极探索运维服务整合，不断推进北京市财政信息化工作。

（邢璐）

【开展业务系统专业审计】 2011 年年内，业务系统专业审计是一项深入摸清财政核心业务流程家底的基础工程。北京市财政局信息中心以国家和财政部相关标准为基础，借助北京市信息资源中心的专业力量，对部门预算、集中支付、OA 办公等 28 个核心业务系统的技术文档、数据关系、数据流进行了梳理、验证和审核。其审计成果能够实现对财政核心业务“从组织结构，到工作流程，再到数据流转”的多方位展现，形成了集“结构、流程、数据”三位一体的业务模型，这项工作不仅对系统的运行情况和绩效给出改进意见和建议，还为业务处室的流程梳理及后期系统建设奠定了良好的基础。

（邢璐）

【汇编信息化法律、法规】 2011 年年内，北京市财政局将现行有效的国家及北京市的信息化法律、法规、规范性文件及北京市财政局的相关制度等进行汇编，印刷《信息化法规制度汇编》、《信息安全等级保护法规文件及技术标准汇编》、《北京市财政局信息化管理文件汇编》，人手一本，及时学习，随时运用，有效提升依法依规办事的能力。

（邢璐）

【金财工程应用支撑平台一期建设】 2011 年年内，北京市财政局推进财政部金财工程应用支撑平台建设工作。金财工程应用支撑平台推广实施建设，是 2011 年年内北京市各级财政一把手亲自抓的一项重大任务，北京市财政局平台小组本着“全市一盘棋”的指导思想，对平台一期进行统筹规划，制定实施方案和工作计划，加强对区县平台工作的指导，以西城区、房山区为试点，促进区县平台建设。一是基于平台组件改造开发了指标、拨款、国库集中支付、总会计、外贷等五个业务系统，同时将目前的生产系统的数据按照标准规范接入平台；二是完成了北京市财政系统数据中心的初步建设；三是完成了信息采集与综合查询系统的建设；四是完成了预算单位 CA 与 OA 单点登录的整合；五是建立了市与区县的数据传输安全加密链路，初步实现数据贯通。

（邢璐）

【金财工程应用支撑平台一期建设初步成效】 2011 年年内，金财工程应用支撑平台一期建设取得五个成效：一是实现了底层数据标准化，开发技术规范化；二是运用复式记账的总账体系处理业务事项，形成对一笔业务全过程的控制；三是优化了“一年一库”的部署问题，节省了资源占用和运维管理成本；四是强化了国家信息系统等级保护三级的标准，合理调整了用户角色和权限管理，整合了统一登录问题；五是初步形成了全市财政数据中心架构，可为数据利用和决策分析提供支持。2011 年年底，北京市已基本完成金财工程应用支撑平台一期建设工作，初步实现了市与区县间的数据贯通，提前完成了三级贯通任务。

（邢璐）

【搭建运维总服务台 统一运维服务入口】 2011 年 5 月，根据北京市经济和信息化委员会《北京市电子政务运维管理规范（试行）》（京经信委发〔2011〕16 号）的要求，结合工作实际情况，北京市财政局对原有的 IT 服务热线进行了重构和改建，形成由“集中运维厂商+各系统运维厂商”共同组成的信息化运维总服务台。总服务台下设电话接听组、需求管理调度组、数据统计组和数据分析报告组等四个组：电话接听组改变原来服务热线工作模式，将一、二线运维服务人员工作进行整合，对运维服务事项的处理结果进行跟踪和反馈；需求管理组按照总服务台的管理要求，接受局内处室应用系统需求工作，分析、提出相应解决意见，对厂商进行派工，跟踪厂商解决问题，形成工作日志上报信息中心；数据统计组记录日常特情处理和违规数据，统计日常电话信息，收集和汇总运维统计数据，提交数据分析报告组；数据分析报告组制定服务人员准入和退出机制、行为和工作规范、培训及考试制度，根据运维服务数据进行分析，形成运维服务报告。集中运维厂商总台长负责服务台管理及协调工作，各厂商在台长的统一调度管理下，向各处室和北京市各预算单位提供高效、优质的 IT 服务，统一了运维服务入口。

（邢璐）

【加强运维需求管理】 2011 年年内，北京市财政局通过信息化运维总服务台，加强需求派工管理，优化派工流程，及时、高效响应各预算单位、局属各处室业务应用系统使用过程中的各类运维需求。截至 2011 年 11 月底，总服务台共接听北京财政局局内外业务处室用户来电咨询 6323 起，其中通过电话直接解决用户问题 5409 起，一次性直接解决率高达 85.5%。此外，通过上门服务方式，累计为用户现场解决系统问题 914 起，其中包括各种业务需求 632 起（含前台维护 304 起、后台维护 328 起），有力支撑了财政各项改革及财政业务工作的高效开展。

（邢璐）

【加强网络及信息安全体系建设】 2011年年内，根据国家及北京市政府相关要求，北京市财政局结合信息化工作的实际需要，启动了依托北京市信息安全容灾备份中心，建设北京市财政局数据容灾备份中心工作。完成数据中心机房设备的部署和数据的迁移工作，以及灾备机房设备的安装部署工作，实现了财政业务数据的高可用性、安全性和可靠性，提高了市财政局核心业务系统和数据的抗毁性。同时，北京市财政局为满足财政业务应用系统及用户的不断需求，组织相关运维服务人员分析需求，制定方案，2011年年内共组织实施网络设备调试35起，安全设备调试52起，服务器设备调试110起，机房维护37起，指挥中心组会18起，处理各类故障29起。信息安全是财政业务可靠运行的前提，北京市财政局实施每日两次，每次一小时的安全巡检工作制度，通过防火墙、入侵检测、防病毒、漏洞扫描、上网行为监控等多种设备实施安全监控，对发现的信息安全隐患及时处理，并适时进行系统测试、应急演练，提高安全事件应急处理能力，实现了信息系统和信息安全全年“零事故”，有力支持了财政局信息系统的可靠运行。

（邢璐）

【电子政务检查考评】 2011年年内，按照北京市经济和信息化委员会《关于做好2011年电子政务重点工作的通知》及《关于2011年度电子政务绩效考核工作的通知》要求，北京市财政局积极进行局内任务分解，汇总处室反馈的系统应用情况，编写自查报告和汇报材料，取得了较好的成果。北京市财政局网站本着“统一管理、协同建设、分工负责、资源共享”的管理原则，由局办公室负责网站日常管理，审核重要信息内容，各处室单位承担相关信息和指定栏目信息的组织、收集、整理、审核及发布工作，信息中心负责网站技术保障，确保网站安全运行。

（邢璐）

【提高信息化资金使用效益】 2011年年内，北京市财政局认真学习《北京市电子政务运维规范》，在不增加运维总体经费投入的前提下，提出了改进运维管理机制的方案，打破原有“谁建设、谁运维”的分散维护模式，尝试推进运维工作整合，确立了由运维总包商整体管理、运维监理商全程考核监督，以及应用系统、基础设施、安全服务提供商各自分包组成的“五位一体”的体系化运维模式，以最大限度提高运维工作效率、降低维护成本。在编制2012年信息化运维项目预算中，面对运维工作内容大幅增加的情况，经过对项目整合打包，对原有项目预算做结构性调整，2012年运维项目数量比2011年大幅减少，运维费与2011年相比基本持平。

（邢璐）

北京市城乡经济信息中心

【概述】 2011年是“十二五”规划开局之年，在市农委、市农研中心的正确领导和郊区各区县的大力支持下，北京市农村信息化工作扎实推进，取得了明显的应用效果。结合“221信息平台”巡回宣讲等各项工作的推进，市级相关涉农单位及郊区各区县结合自身情况，制定本单位、本区县的“221信息平台”推广应用和建设方案，认真落实、稳步推进，全面加强应用延伸，积极探索平台应用的新形式、新办法，取得较好效果。

（张秀莉）

【“221 信息平台”宣讲工作成效】 按照北京都市型现代农业“221 行动计划”的总体部署和深入开展“221 信息平台”推广应用工作的要求，在 13 个郊区县开展的“221 信息平台”巡回宣讲活动。2011 年 4 月 19 日，巡回宣讲活动在昌平区正式启动。市农委副主任张贵忠、市城乡经济信息中心主任曹四发等相关单位负责人，13 个郊区县农委主管领导，涉农部门、各乡镇、农业产业化重点龙头企业、农民专业合作社负责人出席了启动仪式。截至 2011 年 6 月底，逐一完成了全部 13 个郊区县的宣讲培训任务，来自郊区县涉农各单位、各乡镇、重点龙头企业和农民专业合作社示范社的信息化工作人员，共 1025 人次参加培训，巡回宣讲活动为推进“221 信息平台”应用工作起到良好效果。另外，按照市农委、市农研中心的要求，借助重要会议的机会，向北京市的相关单位以及外埠部分省市进行“221 信息平台”演示和宣讲，进一步扩大了“221 信息平台”的影响。

（张秀莉）

【“221 信息平台”应用推广工作深入】 2011 年年内，市级相关涉农单位及郊区各区县按照“221 信息平台”应用推广工作要求，结合自身情况，制定本单位、本区县的“221 信息平台”推广应用和建设方案，认真落实、稳步推进，全面加强应用延伸，积极探索平台应用的新形式、新办法。在为领导层提供决策支持的基础上不断向业务领域延伸、向基层群众延伸，向生产管理延伸，从管理、生产、服务等各个领域应用典型不断涌现。一是结合业务需求，将应用向业务领域延伸。市农业局紧紧围绕“221 信息平台”推广应用，统筹推进农业信息化工作，在支撑设施农业管理，辅助土壤肥力改良，加强动物卫生监管，完善农产品市场监测，构建公众服务载体等方面有所突破。围绕北京市土壤资源管理、基本菜田信息管理、畜牧兽医综合信息管理、农产品综合信息服务等四个局核心业务，与“221 信息平台”的应用工作深入结合，取得明显效果。怀柔区紧紧围绕特色产业发展和沟域经济等富民工程以及山区生态、泥石流搬迁等好事实事利民工程，将“221 信息平台”的应用与怀柔山区搬迁工作相结合，以险村险户搬迁管理工作为出发点，在系统平台中设置了不同的统计功能，可以按年份、批次、乡镇、行政村、搬迁方式快速查询所需要的搬迁信息。现在使用系统进行管理，可以快速方便的录入、导出、查询以及统计等操作，实现了办公自动化、无纸化，提高了办公的效率。二是结合实际情况，将应用向基层群众延伸。大兴区结合“221 信息平台”应用，建设安定示范镇，推进“221 信息平台”在基层应用。利用安定镇农业服务中心较好的信息化基础，安装“221 信息平台”应用电子触摸屏 2 台，分别部署市级“221 信息平台”与大兴区农业资源管理决策系统两套系统，并对安定农业综合服务中心工作人员进行培训，农民、合作组织及其他农业工作者可以随时通过触摸屏查询到“221 信息平台”中关于兽药经营企业、动物诊疗单位、农业加工企业、三品基地、农用地综合查询及市场行情等各类信息资源内容，实现为农民提供信息服务。朝阳区结合新型农村社区试点建设和十大民生工程，依托“221 信息平台”，搭建政府管理、公众参与的社区交流平台，深入推进社区便民服务，利用方便快捷的信息网络整合社会服务资源（包括家政服务、综合维修、居家养老、餐饮服务、配送服务等）并提供各类服务信息，实现政府管理、公众参与的社区交流，指导农民生活。三是结合产业发展，将应用向生产管理延伸。昌平区“221 信息平台”以一花三果、沟域经济和休闲产业为重点，在农业龙头企业、农业标准化生产基地推广应用。以天安农业为代表，引入 ERP 理念，通过信息平台的支撑，实现生产全过程的信息化管理，提升了都市型现代农业的管理水平。朝阳区以食品安全为切入点，开发建设了朝阳区农产品质量安全监控追溯系统。建立了集监控、追溯、查询、预警等为一体的覆盖全区的农产品质量安全三级监管追溯网络，按照三级联网和两网传输的规划要求，实现了对生产、加工、流通等环节的农产品质量全程监管。怀柔区为提高茸鹿养殖精准化、数字化管理水平，选择北京绿神茸鹿养殖专业合作社为试点，搭建茸鹿养殖 RFID 管理系统。与“221 信息平台”有机结合，通过物联网等信息技术应用，成功解决了茸鹿养殖管理中的四个难题，使“221 信息平台”在为管理者的决策支持服务的同时，成功实现为生产者的指导服务。

（张秀莉）

【完成北京现代农业物联网应用试点工作】 2011 年年内，按照国家发展物联网和本市“感知北京”示范建设的有关要求，结合建设中国特色世界城市、大力推进“人文北京、科技北京、绿色北京”的战略目标，以北京都市型现代农业“221 信息平台”现有数据和相关功能为依托，完成了“现代农业物联网应用”试点建设。试点建设涉及 8 个郊区县的 11 个农业生产基地，覆盖 30 余种农作物。建设内容主要包括：一是在郊区县选取部分温室大棚，部署温湿度传感器、光照传感器、二氧化碳浓度传感器、视频摄像头等环境监控采集设备，实现对温室大棚的实时监控和管理。二是搭建“北京 221 农业物联网监控平台”，利用模型技术，对 30 余种农作物建立了生长模型，平台将实时采集的数据与农作物生长模型进行对比分析，辅助农业专家远程诊疗，探索提高现代农业生产精细化和科学化管理水平，帮助农户科学管理，增产增收。

（张秀莉）

【北京农经网上线运行】 2011 年 10 月 29 日，北京农经网正式上线运行。北京农经网是市农研中心在互联网上运行的官方网站；是集信息性、服务性、宣传性一体的北京市农村经济门户网站；是集政务公开平台、工作信息平台和服务管理平台于一体的顶级综合信息平台。北京农经网开通政务公开、业务工作、农地流转、乡村旅游、集体资产产权交易、农村专业合作社、新农村建设观察员、村务公开、农村财务人员培训、区县发展、农产品市场、在线互动等 12 个频道，52 个二级栏目、43 个三级栏目和 16 个页面模板，7330 余条信息。网站信息内容比较全面地反映了市农研中心各部门、各区县经管站及农合中心的日常工作开展情况。北京农经网总点击量、总页面浏览量、总访问人数都大大超过旧版市农研中心网站，初步成为广大市民关注的热点涉农网站。

（吴巍）

北京市档案局

【概述】 2011 年年内，在市委、市政府的领导下，在国家档案局的指导下，市档案局（馆）认真贯彻落实《全国档案事业发展“十二五”规划》和《北京市“十二五”时期档案事业发展规划》，立足北京实际，扎实推进档案信息化建设各项工作，全市档案信息化工作取得新的进展。

（杨中营）

【《北京市“十二五”时期档案信息化发展规划》发布】 2011 年 12 月，《北京市“十二五”时期档案信息化发展规划》正式发布。这是北京市第一次系统地制定档案信息化工作的专项规划，属于北京市“十二五”档案事业规划体系的组成部分。《规划》的编制工作得到了市档案局（馆）党组的高度重视和大力支持，历经两年时间，经过深入调研、反复讨论和广泛征求意见并数易其稿而成。《规划》由前言、“十一五”回顾、指导思想、主要目标、主要任务和保障措施等六部分内容组成，在系统地总结“十一五”时期档案信息化工作成绩和经验的基础上，通过准确把握未来档案信息化的发展趋势，明确了北京市“十二五”时期以数字档案馆建设为中心的档案信息化重点任务。

（杨中营）

【北京市数字档案馆建设项目立项工作推进】 2011 年年内，市档案局全力推动数字档案馆建设项目的研究和立项工作，明确了“统筹规划、分步实施、统一建设、分别管理”的建设原则和集约化建设区域性数字档案馆的建设思路。为使数字档案馆建设项目能顺利通过立项，市档案局与市发展改革委就立项事宜进行了深入地沟通和交流，取得了良好效果。2011 年 12 月 10 日，市委常委、秘书长李士祥就北京市数字档案馆建设作出重要批示。根据领导批示，市档案局正式启动北京市数字档案馆建设项目的立项工作。

（杨中营）

【开展有关数字档案馆建设的课题研究活动】 2011 年年内，为使数字档案馆的建设工作具有科学性、先进性和可持续性，市档案局积极筹划相关研究工作，向市科委申报了题为《基于异构系统的电子档案凭证性保障核心技术开发与应用》的北京市科技计划课题，并在国家档案局和市档案局申报了《基于“云计算”的区域性数字档案馆建设研究》课题，上述课题着重研究解决数字档案馆建设中电子档案凭证性保障和云技术的应用等关键问题，研究成果将直接应用于北京市数字档案馆建设项目，为北京市数字档案馆项目的立项和建设提供了重要依据。

（杨中营）

【继续推动农村档案资源共享工作】 2011 年年内，通过制发《关于加强农村档案信息共享工作的通知》，从政策层面继续推动农村档案资源共享工作，全市各涉农区县档案局（馆）加强学习和交流，纷纷开展了各具特色的农村档案资源共享工作。其中，昌平区档案局（馆）结合社会主义新农村示范区创建工作，在原有试点的基础上，全区 17 个镇街、60 多个示范村推广使用北京市农村档案资源共享系统，成为示范区创建工作的一个亮点。

（杨中营）

【推进综合档案馆重要档案异地备份工作】 2011 年年内，开展档案异地备份的调查研究工作，并根据研究成果拟写了《馆藏数字档案信息资源管理办法》和《北京市档案局关于做好重要档案异地备份工作的通知》，完成了《馆藏档案备份策略》与《馆藏数字档案资源备份实施方案》，全面推进全市综合档案馆档案异地备份工作，

（杨中营）

【开展档案数字化工作】 2011 年年内，市档案馆完成馆藏纸质档案数字化 63 150 卷册、4 124 518 页，馆藏照片档案数字化 6 991 张，地

图档案数字化506张，馆藏录音档案数字化300小时，高清录像档案数字化100小时，电影胶片数字化100盘，缩微胶片数字化7 112卷、213 540画幅。

（刘静）

【开展电视新闻采集工作】 2011年年内，完成《新闻联播》、《北京新闻》的采集工作，共采集中央电视台《新闻联播》、北京电视台《北京新闻》19 690分钟，将数据刻录DVD光盘62张，制作北京市重要活动视频专辑180分钟。

（刘静）

【档案复制服务】 2011年年内，市档案馆为内部处室利用提供档案复制件7080张，为外部利用者提供纸质档案数字化4万页，制作档案复制件1504张，制作声像档案录像带29盘。

（刘静）

【深化档案信息资源"一对一"服务】 2011年年内，深化对各委办局的档案信息资源"一对一"服务，新增档案目录数据1.7625万条（涉及19个委办局），维护数据109.9095万条，提供服务3787人次。

（林晓京）

【完成等保3级升级备案】 2011年年内，为提高系统安全防护能力，实现档案数据在市信息容灾备份中心的同城备份，建设档案信息灾备体系，市档案局积极与北京市经济和信息化委员会沟通，规划设计升级方案，完成档案管理系统从等保2级到等保3级的升级备案工作。

（林晓京）

【档案数据集中】 2011年年内，开展馆藏数字档案集中工作。检验光盘9298张，数据集中5585张，约11T。实现从管理传统档案向管理数字档案的转变，从手工管理向信息系统管理的转变，从处室节点到权限节点、实行一体化运行方式的转变。为今后电子档案接收、数字档案馆建设和档案备份工作奠定了基础。

（林晓京）

【OA内网平台管理】 2011年年内，发布《每日信息》消息935条。增设"信息安全"专栏，每月编写《信息安全小结》，通报局（馆）信息安全情况。搭建"党务公开"子站，制作多媒体文件1134个。升级邮件与即时通信软件，使内部信息传输性能提升。

（林晓京）

【门户网站管理】 2011年年内，档案信息网发布消息506条。办理首都之窗工作单、读者来信、网上预约等共计88次。制作《北京党史图志》、《辛亥革命与北京》和《档案馆日》专题展览3个。与"首都之窗"、"人民搜索"开展网上合作，相互链接专题栏目。网站全年页面浏览量4 441 640页、访问次数529 768次。

（林晓京）

【实现资产动态管理】 2011年年内，通过IT运维支撑工具建立信息化资产模型，实现了资产的动态管理。

（林晓京）

北京市地质矿产勘查开发局

【概述】 北京市地质矿产勘查开发局是市政府直属的事业单位，主要从事区域地质、矿产地质和水文、工程、环境地质勘查工作，包括8个基层单位。2011年市地勘局在北京市政府的领导下，在北京市经济和信息化委员会的技术支持与指导下，以利用项目支撑信息化建设，信息化为业务服务为宗旨，进一步完善了网络基础设施建设、修改完善了“地勘局办公业务综合管理系统”、建设了“北京城市地质安全保障服务系统”和“北京岩溶水资源信息系统”、整理 10 个专业 43 个不同的图层，并将其放入北京市政务地理空间信息共享平台。

（李小龙）

【北京城市地质安全保障服务系统建设】 2011 年年内，针对北京市能源和战略性资源紧缺的严峻形势及自然灾害动态性、隐蔽性、突发性及非正常活动性等特点，市地勘局依据《北京市“十一五”时期地质勘查发展规划》提出“两项工程,一个系统”,即重要战略资源保障工程、城市地质安全保障工程，建设北京城市地质安全保障服务系统。北京城市地质安全保障服务系统主要整合城市地质资源，初步建成北京市地质专业数据中心，并建立良性更新机制。搭建城市地质安全保障服务系统总体框架：实现“地下水环境监测网”和“地面沉降监测网”两个监测网的数据接入、处理和分析，构成完整的“地下水环境分析系统”和“地面沉降分析系统”；建设地勘业务跨专业、跨系统的“地质安全综合分析系统”和“地质安全数据管理与服务系统”；通过“北京市政务信息资源共享交换体系”和市级各委办局进行数据交换与共享，建设与“国土资源部”、“中国地调局”等国家相关部委进行数据交换与共享接口。

（李小龙）

【北京岩溶水资源信息系统】 2011 年年内，“北京岩溶水信息系统建设”是北京岩溶水资源勘查评价工程项目中 15 个专题之一。其目的是为了建立空间信息系统，完成对“北京岩溶水资源勘查评价工程”中所产生的数据进行管理和分析。系统建设包括数据管理及服务系统和岩溶水资源分析系统。实现对北京市岩溶水资源管理的信息化，使岩溶水资源信息的收集、整理、录入、存储、分析能够快速、准确、便捷地实现，大大提高岩溶水资源开发利用管理工作的效率,有效地为管理决策提供信息支持，从而实现北京岩溶水资源的信息化管理。

（李小龙）

【公路高边坡地质灾害监测系统建设】 2011 年年内，公路高边坡地质灾害监测系统建设为极端天气条件下保持道路交通畅通物联网应用示范工程（第五标段）。该系统主要建设目标是物联网技术在极端天气条件下为道路交通保畅以及城市安全应急管理服务。项目主要内容对密云琉辛路及延庆京银路不稳定边坡进行崩塌勘查及崩塌基础信息采集、崩塌监测方案设计、崩塌监测设备及系统开发软硬件工程建设及崩塌监测预警系统开发。

（李小龙）

【北京市政务地理空间信息共享平台】 2011 年年内，市地堪局经过多年的基础地质工作，生产不同专业的地质资料信息，有元数据及数据两类，服务于政务地理空间信息资源共享。根据北京市政务资源管理中心提供的资料需求目录,共包含 10 个专业 43 个不同的图层。2011 年主要完成了：元数据的生产，根据北京市政务资源中心提供的元数据编写要求进行 10 个专业 43 个不同图层的元数据生产；数据的生产，对北京市政务地理空间信息共享平台已确定需求的 43 个图层进行加工处理，主要包括图层的光栅形式修改和图层属性的填写、挂接；融入式政务共享平台，将生产完成的元数据与数据放入政务共享平台，为政务决策部门提供服务。

（李小龙）

北京市高级人民法院

【概述】 年内，北京市高级人民法院信息技术处根据院党组“精心组织、科学整合、高度融合、精细管理”工作要求，运用“顶层设计”的理念，对全市法院审判业务、队伍建设、行政管理等数据进行整合，将信息聚合成为立体运行模式的“信息球”。以服务当事人诉讼、服务法官工作、服务审判管理、服务领导决策为核心，以建立审判质量管理、审判效率控制、审判绩效考核体系为重点，以最高法院案件质量评估 31 项指标体系为依据，以全市三级 21 个法院、400 多个审判业务庭室、8400 人、430 多万案件为基础数据，从绩效、案件、时间和人员四个维度，通过逻辑运算形成了 60 万组数据分析图表。由此实现了透过信息了解业务总体态势，透过数据分析公正廉洁执法情况，透过内容了解案件审理质效；使隐性知识显性化，分散数据知识化，动态的信息图形化；交融的信息系统化；从多层级、多维度，为北京法院审判管理、队伍管理、行政管理等工作提供高层次、多视角、实用、便捷的信息内容服务。“信息球”模式得到了市高院党组、北京市经济和信息委员会和工信部领导的充分肯定。

北京法院对电子政务运行管理机制再创新，得到国家行政学院电子政务专家委员会高度肯定，作为迈向新阶段的地方电子政务，将北京高院电子政务运行机制编入《中国电子政务蓝皮书》中国电子政务发展报告（2011）推进机制篇。“电子政务运行机制创新——北京市高级人民法院电子政务建设与发展实践”，荣获北京大学数字中国研究院 2011 年度“为新基金项目创新奖”。

【全市法院信息化系统运维工作培训会】 6 月 8 日至 10 日，市高级法院信息技术处举办了 2011 年信息化系统运维工作培训会。自全市三级法院的网络工程师和市高级法院各业务庭、处的信息化工作骨干共 70 余人参加了此次培训。市高级法院信息技术处处长王岚生在培训前做了动员，并就如何创新信息化运维管理机制，促进信息与业务深度融合做了专题讲解。培训会还邀请了最高法院司装局科技管理处处长王德进就人民法院信息化建设有关问题做了具体介绍。为了保证此次培训工作能够取得成效，针对目前法院信息化工作面临的新形势与新任务，以及信息化运维工作出现的新情况、新问题和新特点，高院信息技术处精心组织了《运维信息服务标准》、《审判系统重点更新培训》、《网络病毒防护》、《远程庭审系统及视频会议系统》、《信访立案窗口视频监督设备》等专题讲座，使与会者进一步了解到北京法院信息化系统的新功能、新技术和新的运维工作要领。此次培训中，针对“信息化与业务融合工作中遇到的困难和主要问题”专门抽出半天时间进行了分组讨论。深入的交流和讨论，使大家在思想上进一步提高了对信息化与审判业务“深度融合”重要性的认识，明确了信息化工作的思路和发展方向；进一步树立了科学技术为审判工作大局服务的基本理念，明确了信息化为审判业务提供新方法、新机制、新思路的工作任务；进一步确立了信息系统运维工作的改革目标是实现“创新管理机制，促进业务融合”。

（施亚妮）

【市高院召开全市法院信息化领域廉政教育视频会议】 2011 年 6 月 24 日下午，为贯彻落实全市法院队伍建设暨反腐倡廉工作会议的精神，进一步加强廉洁自律工作意识，防止信息化建设领域职务犯罪行为发生，根据《北京市高级人民法院预防渎职侵权违法犯罪专项教育活动方案》的部署，市高院信息技术处组织召开了北京法院信息化领域加强党纪、政纪、国法教育活动视频报告会。市高院信息技术处全体、信息化建设和运维公司负责人、运维工程师共 74 人在高院主会场参加报告会；全市各法院主管信息化工作主任、网络工程师，以及参与北京法院信息化建设和运维公司负责人、全体信息化运维工程师约 200 人在各自分会场出席会议。市高院刑二庭法官张淑萍在会上为大家作了题为《铸牢思想防线，守住心理底线，管好后方红线》的专题报告，报告通过 7 大类 27 个经典案例，对以权谋私、滥用职权、玩忽职守、违反保密原则和执业操守等犯罪形式进行了剖析。报告结束后，市高院信息技术处处长王岚生针对北京法院信息化领域如何防范廉政风险、做好信息安全工作作了讲话。

（施亚妮）

【北京法院（西片）促进信息化与审判业务融合工作交流会】 2011 年 7 月 8 日下午，为贯彻落实市高级法院院长池强在全市法院 2011 年年中工作会议上关于“推进信息化建设，努力与审判工作深度融合”的重要指示，市高院信息技术处与一中院办公室联合召开了“北京法院（西片）促进信息化与审判业务融合工作交流会”。市高院信息技术处处长王岚生在安排下半年信息化工作时指出，聚合审判业务信息、人事资源信息、共享交换信息三大类资源，为建立审判质量管理、审判效率控制、审判绩效考评三个体系提供准确、可靠的信息服务；为审判运行平稳有序；审判资源配置均衡；审判流程严格规范；审判质量稳步提高；审判责任具体明确等工作提供便捷、高效的信息服务是信息化工作的重点。今后市高院信息技术处在创新信息化管理机制，促进信息与业务深度融合方面，将进一步与全市法院共同进行探索和实践。深入中院、基层法院调研审判业务需求，倾听工作建议，将成为市高院信息技术处今后的工作要点。全体信息化工作人员要以建立审判质量管理体系、审判效率控制体系、审判绩效考评体系三个体系为抓手，做好信息化功能整合和信息服务工作。

（施亚妮）

【北京法院（东片）促进信息化与审判业务融合工作交流会】 2011 年 7 月 12 日上午，市高院信息技术处与二中院办公室联合召开了“北京法院（东片）促进信息化与审判业务融合工作交流会”。根据市高院党组的工作要求，市高院信息技术处处长王岚生对下半年法院信息化发展工作进行了部署。信息技术处要着力做好以下六个方面的工作：一是以建立审判质量管理体系、审判效率控制体系、审判绩效考评体系三个体系为抓手，全面梳理全市法院 110 个系统和 40 个平台软件功能，运用顶层设计理念，全面整合信息资源，着手实施北京法院“信息球”计划。二是聚合审判业务信息、人事资源信息、共享交换信息三类资源，从“人”、“事”、“时”、“绩”四个维度，提供具有逻辑关联的动态服务“信息球”。为审判运行平稳有序；审判资源配置均衡；审判流程严格规范；审判质量稳步提高；审判责任具体明确等工作提供便捷、高效的信息服务。三是融合审判和人事两库数据资源，以审判数据库为基础，重点研究解决人事数据与审判数据资源共享问题，重点考虑两库信息互为应用问题。四是构建北京法院数据安全交换平台，利用政务外网信息资源，逐步建立与最高法院、公安部身份证查询中心、人民银行、市住建委、市国土局、市工商局、市民政局、市质监局、市财政局、北京市经济和信息化委员会、市检察院等部门的双向数据安全交换机制；建立基础信息资源库，为全市三级法院审判业务提供准确、便捷的外部信息综合服务。五是完善北京法院内部网络身份认证系统建设工作，更新人员信息，进行系统测试，扩大使用范围，确保信息安全。六是加强业务需求调研工作，深入高院各部门、中院、基层法院调研审判业务需求，倾听工作建议，鼓励自主研发适用业务需求的实用软件，推广先进成果，促进信息与业务的不断融合。

（施亚妮）

【北京法院远程视频法庭试运行新闻发布会】 2011年8月31日，市高级法院召开"北京法院远程视频法庭试运行工作新闻发布会"，市高级法院副院长贺荣出席会议并作了讲话。发布会现场直播了市第二中级法院举行的远程视频观摩庭，中央电视台、北京电视台等几十家媒体在发布会现场观摩了庭审，并首次通过远程视频方式采访了该院法官。整个远程视频观摩庭规范、流畅，展示了该院法官良好的庭审驾驭能力，参加新闻发布会的媒体对庭审给予了高度评价。

（施亚妮）

【市高院与市检察院、司法部燕城监狱等召开减刑、假释案件远程视频庭审工作会议】 2011年9月2日，市高级法院、市检察院、司法部燕城监狱、最高人民检察院驻燕城监狱检察室在燕城监狱召开了"减刑假释案件远程视频庭审工作会议"。市高级法院副院长于建伟，市检察院副检察长伦朝平，司法部监狱管理局副局长、燕城监狱监狱长张金桑和最高人民检察院驻燕城监狱检察室副主任高虎出席会议并共同签署了《关于对部分减刑假释案件进行远程视频庭审试点工作会议纪要》。本次会议根据市高级法院的意见，对各单位在视频庭审中的职责、庭审程序等内容进行磋商，达成一致，并决定在视频庭审系统中引入电子签名技术实现庭审笔录的即时传送、确认，解决了原来远程审理点和审判法庭之间通过传真确认和人工传递笔录的不便，进一步提升了远程视频庭审这一创新举措的科技含量和便捷程度。为进一步贯彻宽严相济的刑事政策，落实最高人民法院关于公开减刑、假释案件审理程序的相关制度，推动法院信息化建设，市高级法院将继续会同监狱和检察机关就远程视频庭审工作共同调研会商，力求尽快出台相应的适用原则和程序规范，完善该项工作的运行机制。在此基础上，市高院将在全市范围内推动减刑、假释案件的远程视频审理工作。

（施亚妮）

【市高院召开全市法院信息安全教育暨签署安全保密协议视频会议】 2011年9月7日上午，为贯彻落实市领导和上级信息主管部门的对信息安全工作的要求，市高院召开全市法院信息安全教育暨签署安全保密协议视频会议。市高级法院党组副书记、副院长贺荣出席会议并作了题为《全面加强信息安全管理工作，为审判工作提供安全可靠的信息服务》的讲话。信息技术处处长王岚生就贯彻落实副院长贺荣讲话要求进行了具体工作部署，进一步明确了全市法院网络与信息安全保障工作任务。会议邀请了解放军总参三部科技成果交流中心主任、高级工程师刘向东同志，通过国际国内典型信息安全案例讲解了当前信息安全形势和安全防御措施，为大家作了形象生动的信息安全教育讲座。贺荣在讲话中指出：召开全市法院信息安全会议，是贯彻落实市领导和上级信息主管部门对信息安全工作的要求，这既是北京法院信息化发展的需要，也是国内外信息安全形势的需要。当前，信息安全问题越来越突出，越来越迫切，越来越重要。为此，贺荣副院长提出了三点要求：一是要充分认识网络与信息安全保障工作的重要性，要将当前的网络信息安全保障工作，作为一项严峻的政治任务来对待，对网络与信息安全保障工作的重要性必须保持清醒的认识，层层分解安全任务、层层落实安全责任，切实提高全市法院的信息安全意识和信息安全的管控能力；二是要采取有效措施进一步提高信息安全管理能力，开展网络与信息安全风险教育、切实做好信息安全保护工作、完善、落实信息安全和信息保密管理制度；三是要明确安全责任，落实信息统一归口管理、实行持证上岗制度要求，进一步提高全市法院信息安全保障能力。会上，市高院信息技术处与承担高院运维工作的公司签署了《信息安全保密协议》;各运维公司与全体运维工程师签署了《保密承诺书》。

（施亚妮）

【最高法院执行局领导到北京市法院执行信息查询中心进行调研】　2011 年 3 月 2 日下午，最高法院执行局副局长张根大及信息室主任吴宪光等一行 5 人莅临北京市法院执行信息查询中心进行调研。张根大及吴宪光等一行先到查询中心作实地考察，并听取了查询中心的基本情况介绍，而后进行了座谈。座谈会上，市高院执行局局长助理政玉英就北京市法院执行信息查询中心的成立背景、建设历程、职能分工、查询范围、下一步工作设想等情况进行了详细汇报。并就查询中心的建立对执行工作的推动作用，查询中心建设过程中存在的问题，以及今后使用过程中可能出现的问题及对信息建设的建议和意见等，与会人员进行了深入研讨。最后，张根大及吴宪光充分肯定了北京市高院在执行联动机制的建设、构建社会诚信体系等工作方面所做出的积极努力和取得的成果，并希望北京市高院继续努力、积极探索，争取在改革创新执行工作新机制方面取得更大的成绩。同时表示，最高法院也将会就信息化建设进行研究和探索，力争为全国法院执行工作的推进发挥作用。

（施亚妮）

【市财政局行政政法处领导到市高级法院调研】　2011 年 3 月 29 日下午，北京市财政局行政政法处处长王亚煌、副处长石磊、财政局信息中心主任鞠英等一行到市高级法院对信息化运维管理工作进行调研。市高院司法行政处处长谭宝民、信息技术处处长王岚生等陪同参观并进行座谈。王岚生对市高级法院信息化运维管理体系进行了详细汇报。听完汇报，王亚煌谈了三点感受：市高院提出的“信息化运维是服务，是提供信息产品”，这个理念非常好；市高院信息化建设和运维管理的水平很高，确实实现了“深度融合，精细管理”的工作目标；市高院信息化运维管理机制非常好，非常规范。市财政局领导对市高院的信息化工作给予了充分的肯定和赞扬，并表示将在今后的工作中给予更多的支持。此次市财政局领导的来访进一步增进了市高院和市财政局之间的相互理解，对不断促进和提升全市法院信息化与审判业务深度融合将起到积极的推动作用。

（施亚妮）

【国家民委司局级领导干部电子政务与政务公开专题培训班学员到市高院参观交流】　2011 年 3 月 30 日，国家民委司局级领导干部电子政务与政务公开专题培训班学员 24 人到市高级法院参观交流。市高院信息技术处副处长佘贵清陪同到访的培训班学员参观了市高级法院信息中心机房和刑事审判中法庭，并就市高级法院信息化建设、电子政务等方面的工作开展情况为学员们作了详细的讲解。

（施亚妮）

【市高级法院成立“北京市法院信息化发展专家指导委员会】 2011年年内，经市高级法院党组批准，决定成立“北京市法院信息化发展专家指导委员会”。专家委员会设专家十一名由下列人员组成。顾问：杨学山（国家工业和信息化部副部长）、主任：高新民（国家信息化专家咨询委员会副主任、中国互联网协会常务副理事长，原国家信息中心主任、副主任：郭纪胜（最高人民法院行装局副局长）、副主任：童腾飞（北京市经济和信息化委员会副主任）、

委员：田静（中国科学院高新技术局局长、博导）、张永安（北京工业大学教授博士生导师）、王德进（最高人民法院科技管理处处长）、孙福辉（最高人民法院信息技术处处长）、刘海峰（北京市信息安全测评中心副主任）、胡建南（北京市财政投资评审中心副主任）、孙强（ITGov中国IT治理研究中心主任）。成立信息化发展专家指导委员会，旨在发挥专家智囊团积极作用，正确把握北京法院信息化发展方向，增强决策的科学化和前瞻性，推动北京法院信息化健康发展，在项目规划和建设过程中起到保驾护航的积极作用，保障北京法院信息化工作可持续发展。专家委员会设秘书处，负责组织安排专家工作，秘书长由王德进兼任；下设办公室负责日常事务工作，办公室设在市高级法院技术处。专家委员会根据北京市法院信息化发展情况和审判业务工作需要，定期召开阶段性工作会议。

（施亚妮）

【市高级法院与司法部燕城监狱合作利用远程视频方式审理减刑案件】 2011年5月31日上午，市高级法院审监庭采用远程视频庭审的方式，对司法部燕城监狱提请的一起服刑罪犯的减刑案件公开开庭进行了审理。这是北京法院首次公开开庭审理减刑案件，也是首次采用远程视频方式在法院外设置视频法庭审理刑事案件。最高法院审判监督庭庭长宫鸣，行装局局长张印奎；最高人民检察院监所检察厅厅长袁其国；市高级法院党组副书记、副院长贺荣，副院长于建伟与司法部监狱管理局副局长、燕城监狱监狱长张金桑，司法部监狱管理局巡视员李豫黔，市检察院副检察长伦朝平等领导分别在市高级法院的法庭和司法部燕城监狱远程审理点内旁听了案件的审理。旁听的领导对远程视频审理的方式和北京市法院系统的信息化建设给予高度评价和充分肯定，部分领导在庭审后参观了市高院审判信息管理中心。市高级法院近年来已在部分法院开展民商案件远程视频庭审工作，这次又与司法部燕城监狱合作，共同开展了“远程视频审理减刑、假释案件”的试点工作。远程视频审理减刑、假释案件开庭时，刑罚执行机关代表、检察员及被提请减刑、假释的罪犯不需要到法院，可以就近在监狱内的“远程视频法庭”参加全部庭审活动。法院的法庭和监狱内设置的远程视频法庭均设置有旁听席，方便社会公众和服刑人员及其家属旁听案件的审理。

（施亚妮）

【香港特区廉政公署“廉政大使”交流团来市高院访问】 2011年6月29日上午，根据中央纪委监察部的安排，以严厚蕴主任为团长的香港特区廉政公署“廉政大使”交流团一行35人到市高级法院参观访问。客人们参观了高级法院审委会会议室、信息中心和中法庭，并观看了法庭证据展示系统的演示。交流团成员对高院信息化建设留下深刻印象。

（施亚妮）

【台湾中华法学会大陆参访团到市高级法院访问】 2011年8月26日下午，应中国法官协会邀请，台湾中华法学会会员黄国忠（台湾高等法院审判长）率台高等法院及地方法院法官一行九人到市高级法院访问。该团此次来访，系经中央台湾工作办公室建议，最高法院批准并首次以中国法官协会名义邀请台湾地区法院法官以台湾中华法学会名义组团来访。市高院副院长王振清首先应台方要求介绍了台湾民事判决在大陆执行的情况，大陆法院审理期限的规定，陪审员制度以及二中院知识产权庭创新的三人技术组——五人合议庭审理模式，随后双方比较了两岸的民事保全程序及先行给付裁判情况。双方围绕台方提出的议题展开了热烈的讨论，通过座谈，双方加深了了解，增进了感情。代表团还参观了市高院信息管理中心、审委会及数字化法庭，详细了解了北京法院法学资料及案件信息检索系统，台湾法官对北京法院高度信息化建设由衷赞叹。

（施亚妮）

【市高院信息技术处应邀在2011中国电子政务论坛作主旨演讲】 2011年9月23日上午，应国家行政学院电子政务研究中心邀请，市高院信息技术处王岚生处长以“深度融合，精细管理——电子政务运行机制的最佳实践”为题，在国家行政学院召开的2011中国电子政务论坛作主旨演讲。主题为“推动电子政务、提升社会管理和公共服务能力”的2011年中国电子政务论坛，9月22日至23日在国家行政学院举行。来自中央和国家机关、地方政府、地方行政学院、有关科研单位和企业负责信息化工作的400多位代表参加了论坛。国家行政学院副院长洪毅、国家信息中心常务副主任杜平、工业和信息化部副部长杨学山作了主题报告。国务院办公厅电子政务办公室、国家发改委高技术司、工信部信息化推进司、监察部信息中心等30多位领导和专家学者就推进电子政务、提升公共管理和服务能力、十二五国家电子政务建设的总体思路、新技术背景下的电子政务建设、电子政务推进机制、中国电子政务最佳实践、电子政务与政府信息公开等议题进行了专题研讨和案例介绍。王岚生报告了北京法院通过信息化建立审判质量管理、审判效率控制、审判绩效考评体系和运用电子政务服务审判工作的情况，以“深度融合，精细管理-电子政务运行机制的最佳实践”为题，报告了北京市高级人民法院电子政务运维管理工作实践。演讲得到与会领导和专家学者的高度评价和肯定。

（施亚妮）

【波黑司法部代表团来市高院参观】 2011年9月26日下午，根据最高法院安排，波黑司法部秘书长哈里·拉齐齐一行三人到市高级法院参观。此次波黑司法部代表团受外交部邀请来京参加中国与波黑引渡条约和民事司法协助条约谈判。该代表团对中国法院信息化建设表示浓厚兴趣，最高人民法院安排该代表团到市高级法院参观。代表团参观了市高级法院审委会会议室、信息中心、第二法庭，并饶有兴致地观看了法庭证据展示系统的演示，对市高院信息化建设留下深刻印象。

（施亚妮）

【国家行政学院组织兰州市领导干部到市高院学习电子政务运维管理】 2011年9月27日下午，由国家行政学院举办的兰州市2011年领导干部电子政务专题研修班学员约50人，在国家行政学院电子政务研究中心副主任杜振山带领下，到市高级法院学习考察电子政务运维与管理工作，学员为兰州市委、市政府委、办、局主管电子政务工作的领导。国家行政学院电子政务研究中心副主任杜振山对北京法院电子政务运维管理工作给予了高度评价。兰州市委副秘书长、办公厅主任刘怀君在听取汇报后讲到：北京市高级法院的电子政务建设能够依据自己的工作实际，按照信息化发展的趋势，超前谋划，在电子政务建设方面做到了“思路清、目标远、起点高、实用强”，使北京市高级法院的电子政务建设不仅在司法系统，而且在党政机关电子政务建设方面，走在了全国的前列。可以用二十四个字来概括：“以人为本，服务民生；科学管理，提高效率；注重实效，体现公平。”

（施亚妮）

【德国萨克森—安哈尔特州司法部团到市高级法院访问】 2011 年 9 月 29 日上午根据最高法院安排，德国萨克森-安哈尔特州司法部人事处萨博斯基女士和德国国际合作机构中德法律合作项目处伊芙琳博士于到市高级法院访问。应德方要求市高院干部处处长李旭辉首先介绍了北京市法院法官录用及管理的情况，市高院教培处处长吴久宏介绍了北京市法官及预备法官的培训情况，随后双方围绕法官管理和培训的议题展开了热烈的交流，通过座谈双方加深了了解。吴久宏还陪同客人参观了市高院信息管理中心及数字化法庭，德国客人对北京法院高度信息化建设由衷赞叹，认为此次对高级法院的访问获得了很有价值的信息并留下深刻美好的印象。

（施亚妮）

【市网络与信息安全协调小组到市高级法院检查信息安全管理工作】 2011 年 11 月 1 日上午，市委机要局局长许博春率领市机要局、北京市经济和信息化委员会、市保密局、市公安局、市安全局等一行 8 人，到市高级法院检查信息安全管理工作。许博春对市高级法院信息安全工作给予了充分肯定，一是领导重视，体制、机制健全。市高级法院党组高度重视信息安全管理工作，专门成立了信息安全管理中心，制定了相关安全管理规定，责任清晰，分工明确，对全市法院网络与信息安全起到了安全保障作用；二是规划到位，制度健全。市高级法院从全市法院的视角，科学规划北京法院网络与信息安全工作，从建设、应用到运维管理有一套先进的安全管控平台，对保障信息安全起到了应有的作用；三是加强沟通，再上台阶。检查小组认为市高级法院信息化建设应用与运维管理水平很高，希望进一步加强单位间横向业务沟通，将建设与管理经验为大家共享，同时，在信息安全管理方面，市网络与信息安全协调小组也将一如既往地支持法院工作，共同将信息安全管理工作做得更好。

（施亚妮）

【最高法院行装局领导听取“信息球”工作汇报】 2011 年 11 月 7 日下午，最高人民法院司法行政装备管理局局长张印奎、副局长吴少军、科技处处长王德进、信息处处长孙福辉，研究室统计处处长覃丹等一行 8 人，到市高级法院听取北京法院“信息球”项目建设情况汇报。张印奎在听取汇报后，充分肯定了北京法院信息化建设的成绩。

（施亚妮）

【北京市经济和信息化委员会电子政务绩效考核组到市高级法院检查电子政务工作】 2011 年 11 月 24 日下午，北京市经济和信息化委员会电子政务处处长、绩效考核工作组长潘锋、原北京市经济和信息化委员会副主任、电子政务绩效考核专家组组长俞慈声一行来到北京市高级法院，对北京法院 2011 年度电子政务工作绩效进行了检查。市高院信息技术处处长王岚生率信息技术处相关人员与北京市经济和信息化委员会领导进行了工作座谈。北京市经济和信息化委员会领导在听取汇报后充分肯定了北京法院信息化工作绩效成果。专家组组长俞慈声说，北京法院信息化建设又向前寻找到了新目标，“信息球”抓准了关键问题进行创新和提高。检查组组长潘锋说，北京法院信息化进行了精细化运维管理，是电子政务运维服务外包的典范。希望北京法院进一步加强信息共享工作，梳理和总结在信息化运维服务外包方面的经验,并将这些经验分享给其他兄弟单位借鉴。

（施亚妮）

【北京市委、市政府信息中心主任到市高级法院进行调研】 2011 年 12 月 8 日上午，北京市委、市政府信息中心主任黄泽刚一行 5 人到市高级法院对信息化运维管理工作进行调研。信息技术处处长王岚生、运维管理科科长袁岩松陪同参观并进行座谈。听完汇报，黄泽刚主任谈了三点感受：一是北京高院的信息化运维管理机制非常好，工作严谨、管理精细、水平很高；二是通过科学管理，真正发挥了信息化服务审判业务的职能作用，各项工作科学规范；三是成功经验值得市委、市政府信息中心认真学习借鉴。

（施亚妮）

【市高院邀请市住建委、工商局、公安局就信息资源共享进行座谈】 2011 年 12 月 22 日、27 日、28 日，市高级法院信息技术处分别邀请市住建委房屋登记管理处、法制处、建筑市场处、城研中心、信息中心、登记中心部门领导；市工商行政管理局法制处、企业监督处、外商处、登记注册处、信息中心、合同处、企业信用监督管理处、企业信用监督管理处、企业信用监督管理处、企业信用监督管理处部门领导；市公安局情报信息中心、法制办、出入境管理处、交管局科信处、情报信息中心等部门领导分别来到市高院就信息资源共享工作进行了座谈。通过座谈,信息技术处与上述单位就 2012 年双方信息资源共享工作达成共识。2011 年以来，“加强信息共享工作，丰富涉诉信息查询的内容，充分利用法院外部信息为全市法院立案、审判、执行工作提供及时、全面、高效、准确的信息服务”是信息技术处的工作目标。今年已获取 90 万条北京市党政机关、企业、组织、法人机构代码和全国 13 亿身份证信息,为三级法院提供信息服务；与市公安局情报信息中心合作，获取到全市 1270 万常住人口、1200 万暂住人口、全市 604 万公民车辆信息，为了确保信息的安全，对这类信息与审判管理系统进行了数据融合，实现了涉案信息自动查询比对结果直接反馈查询法官本人的功能，没有案号不能查询，取代了人工代查询方式，从源头上保证了信息安全。

（施亚妮）

北京市国税局

【概述】 2011 年年内，北京市国家税务局围绕“规范一线，发展两翼”税收工作思路，全面落实国家税务总局“金税三期”实施规划，结合税收管理实际，制定了《北京市国家税务局信息化建设中期规划》,以服从、服务于税收征管专业化为目的，加大软件开发力度，深化数据利用，巩固系统运维与信息安全，开创了信息化建设的新格局。

【制定广域网专线建设方案】 2011 年年内，完成北京市国家税务局金税三期广域网线路建设方案的制定工作。将北京市国家税务局与各区、县（地区）国家税务局现有的联通备份线路全部改造成 MSTP10M 线路（原来为 SDH10M 或 2M），并为所有单线路办税服务厅及税务所建设新的备份线路，同时对原有双线路的办税服务厅及税务所线路类型进行调整。

（北京市国税局）

【加强应用系统运行维护管理】 2011 年年内，北京市国家税务局已推广应用系统 64 个，其中，国家税务总局统一推广系统 32 个，市国税局自行开发系统 32 个。主要覆盖税收管理、行政管理、决策支持及数据利用四个方面的业务，并从税务专网和互联网分别为税务管理人员和纳税人提供相关服务，包括监控系统运行，解决系统各类故障、进行各类系统备份等。2011 年，北京市国家税务局运维支撑平台共受理 7700 余份提交单，调整银行代码 400 余个，数据查询需求 178 次。全年解决防伪税控系统、出口退税相关系统、税控收款机系统、货运发票系统、协查管理系统、核查系统等系统的运行维护问题 500 余个，车购税问题 500 余项，售付汇问题处理 90 余次，处理增值税等系统《重大问题审批单》20 余份，为各区、县（地区）国家税务局发行金税卡 182 块。

（北京市国税局）

【完成人事管理系统上线】 2011 年年内，完成中国税务人事管理系统 V2.0 系统上线工作，包括应用培训测试、教学环境搭建、正式环境部署以及历史数据迁移等。同时，完成辅助工作系统开发，以编制外挂方式实现与综合征管系统的有效衔接，并完成相关应用程序的编制。

（北京市国税局）

【完成邮件管理系统切换】 2011 年年内，实施完成北京市国家税务局邮件系统切换工作。依据新邮件系统特点，完成域名及邮件的全新设计，并实现全市邮件的集中统一管理。根据税务人员分布，新建邮件及帐户设置 3600 余个，并建立全市统一的电子通信录。该系统已实现对原有邮件系统的完全替代。

（北京市国税局）

【加强数据质量管理与设备日常维护】 2011 年年内，加大数据质量管理考核力度，将考核指标由原来的 11 项增加为 59 项，发现问题数据 18 000 余项，问题数据修改率达 99.85%。维修办公设备 2112 次，其中硬件维修 484 次，软件维修 1173 次，网络维修 455 次。同时根据工作需要，及时搭建计算机及网络环境。

（北京市国税局）

【强化信息安全防护体系】 2011 年年内，加强病毒防范工作，内网防病毒软件安装部署率始终保持在 99.5%以上，桌面管理系统注册率达 99.5%。北京市国家税务局信息安全防护体系各类系统设备已达 50 余台套，完成了包括防火墙、入侵检测系统、瑞星防病毒系统、桌面管理系统、安全审计系统等运行维护工作。同时，根据业务需求及时修改各类安全策略 200 余项，在保证业务工作正常开展的同时做好安全保障工作。

（北京市国税局）

【加强信息安全风险评估】 2011 年年内，积极开展信息安全风险评估管理，对信息系统资产进行全面清理，规范信息化管理规章制度及工作流程，并对信息系统进行技术分析和监测评估，完成整改工作。加强信息安全宣传教育，通过宣传栏等多种形式普及信息安全相关知识，介绍信息安全防护系统的实现技术和信息安全防护操作技巧，并购置信息安全手册发至全市国税系统，宣传覆盖率达到 80%以上。

（北京市国税局）

【部署安全防护系统】 2011 年年内，为各区、县（地区）国家税务局部署防火墙系统，应用在北京市国家税务局与各区、县（地区）国家税务局备份广域网线路上，完善市局与区、县局之间访问控制体系。实施税务系统网络与信息安全三期防护体系建设项目，按照国家税务总局统一工作部署，在北京市国家税务局机关部署信息安全防护体系三期建设项目、内网网络准入系统、互联网上网行为管理系统、安全基线产品检测系统、数据库审计系统、web 安全漏洞扫描系统及桌面管理系统升级等。

（北京市国税局）

【改造市局办公楼局域网应用环境】 2011 年年内，按照税务系统网络与信息安全三期防护体系建设项目要求，对北京市国家税务局机关内、外网局域网交换机进行全面更换，共更换交换机 20 台。同时完成各区、县（地区）国家税务局机关局域网虚网（VLAN）划分工作。

（北京市国税局）

【规范网络管理系统（NNM 平台）】 2011 年年内，在北京市国家税务局系统范围内对市、区两级网络管理系统（NNM 平台）进行规范，实现了网络系统展现、故障自动报警、流量全时采集和重要设备负载状态检查等多项功能。

（北京市国税局）

【完成网上服务平台建设】 2011 年年内，实施网上服务平台建设项目，完成网络、服务器及安全设备配合方案设计工作，依据实际情况引入服务器虚拟化、证书前置卸载、SSL 通道加速等先进技术，并在项目建设后期，完成系统综合测试及系统平台切换工作。

（北京市国税局）

【加强基础设施管理】 2011 年年内，对各类基础设施进行深度巡检共计 210 台次，排除各类设备硬件故障 45 次，解决软件问题 52 次。部署各类计算和存储环境 128 台次。确保基础网路环境运行稳定，无事故。

（北京市国税局）

【实施南机房改造工程】 2011 年年内，完成北京市国家税务局南机房改造工程的强电改造、综合布线、消防系统改造、安保系统升级、环境监控系统升级、防雷系统改造等多个项目。改造完成后，北京市国家税务局机房可实现南、北机房按业务功能分区统一管理，24 小时无间断监控，环境监控自动报警等功能。

（北京市国税局）

【建设新型综合数据应用平台】 2011 年年内，完成北京国税新型综合数据应用平台建设，以内部数据和外部数据为数据源，以数据仓库为承载，以第三方工具对数据的抽取、加载、转换为手段，以元数据管理、数据规范、安全标准、业务标准为保证，实现对数据的采集、存储、加工和推送，提高数据综合利用水平及涉税事项网上交互式办公能力。

（北京市国税局）

【开发信息化稽查管理系统】 2011 年年内，立项开发信息化稽查管理系统，通过对接评估集中选案、明晰标准规范检查、日志监控限时办理、实时统计多维反馈，实现一级稽查“市级集中选案、统筹安排检查、系统动态监控、多维评价反馈”的管理模式。

（北京市国税局）

【推广专用加解密服务器】 2011 年年内，采用专用加解密服务器替换各区、县（地区）国家税务局纳税申报大厅原有报税认证金税卡，承载网上认证和网上报税加解密工作，保证金税工程网上认证和网上抄报税加解密工作稳定运行，并为“一窗通办”和“同城办税”业务做好技术准备。

（北京市国税局）

【开发北京国税互联网门户网站】 2011 年年

内，搭建以服务纳税人为核心的北京国税互联网门户网站，拓展办税服务功能，建立纳税人办税服务平台，加强税企互动交流，提供多元化网上交互式办税服务。

（北京市国税局）

【搭建网络化开票平台】 2011 年年内，规范集贸市场发票开具和管理，搭建网络化开票平台，实时监控全市 600 余个集贸市场的代开发票情况及征收过程，改变原系统“单机版软件加采用物理介质进行数据交换”的应用模式，实现”即时开票、网络传输、实时监管”的新型管理模式，加大对个体工商户和机动车销售企业税源监管力度。

（北京市国税局）

北京市国土资源局

【概述】 2011 年年内，北京市国土资源局围绕“两整治一改革”专项行动等中心工作，按照“深化应用抓突破，开创‘十二五’新局面”的工作原则，推进国土资源综合监管平台和“一张图”数据库建设和应用，取得了多方面进展。健全信息化领导和管理机制，强化信息化工作“五统一”原则；自 7 月 1 日起，北京市国土资源局系统所有行政许可和行政服务事项的审批业务都必须通过综合监管平台办理，其业务数据统计汇总均在综合监管平台上完成；建立健全数据汇交更新机制，确立国土资源“一张图”数据的权威性和现势性；提出“十二五”信息化建设“321”发展战略，逐步实现数据精准化、业务联动化、监管全程化、决策科学化和服务集群化。北京市国土资源局荣获北京市信息化工作领导小组颁发的 2011 年度电子政务绩效考核“突出奖”，北京市使用正版软件工作联席会议办公室颁发的“2011 年北京市政府机关软件正版化工作先进集体”。

（谢俊奇　尹岷）

【北京市国土资源局强化信息化总体统筹工作】 2011 年年内，为切实发挥信息化工作对业务管理工作的引导、支撑和服务作用，北京市国土资源局通过调整信息化领导小组、发布信息化制度、研究信息化“十二五”规划等手段强化信息化总体统筹工作。完成新一届局信息化工作领导小组调整，领导小组组长由北京市国土资源局局长魏成林担任，领导小组成员均为机关各处室、直属事业单位和各区县分局的“一把手”，明确领导小组下设信息化工作办公室，常设在信息中心，统一负责全局系统信息化管理工作；印发《北京市国土资源局信息化工作管理暂行办法》、《北京市国土资源数据管理办法》、《北京市国土资源局网站群管理办法》等办法，完善了信息化工作管理、网络与信息安全工作管理、网站群管理、数据管理等方面的体制机制；编制完成《北京市国土资源信息化“十二五”发展规划》，提出了“321”发展战略和全面实现国土资源管理信息化的“五化”目标。“321”发展战略即动态掌控土地资源、矿产资源和地质环境三类资源状况，完善资源监管和智能服务两大技术支撑体系，构建一个国土资源管理决策大平台；“五化”即数据精准化、业务联动化、监管全程化、决策科学化和服务集群化。

（张克锋　李建林）

【北京市国土资源综合监管平台建设及深化应用】 2011 年 7 月 1 日起，按照北京市国土资源局“从 2011 年 7 月 1 日起，全局系统所有涉及行政许可和行政服务事项的审批业务都要通过市局综合监管平台信息系统办理，否则不予办结和对外发送；相关业务数据统计汇总同时基于市局综合监管平台信息系统完成，否则不予上报。”的要求，北京市国土资源局综合监管平台实现了市局与 17 个区（县）分局所有行政许可和服务类事项的网上联合审批和电子报件，达到全业务、全流程数据闭合，系统至今累计办理业务 3 万余件，2011 年业务量约 5500 件。同年 4 月，通过《北京市国土资源数据管理办法》的正式实施，规范了数据生产、汇交、保管、利用等工作，市局汇交数据量 11T，涵盖影像、基础地形、土地、地质矿产、规划、行政审批、执法专题数据等九大类，500 余个图层，实现了“带图作业、以图管地、以图管矿，以图防灾”的图数一体化综合审批，提升了国土资源管理的精细化水平。

（黎维军　谢骞）

【北京市国土资源局网站群建设取得显著进展】 2011 年年内，按照“网站群集约化建设，提供一站式服务”的原则，北京市国土资源局印发实施《北京市国土资源局政府网站群管理办法》，建立了栏目主持人制度，形成了以 1 个主站为中心，25 个分站为支撑的国土资源统一网站集群，实现了统一硬件、统一部署、统一维护和统一管理，降低了各分局分散建设网站的各方面投入，促进了网站管理工作的节约与集约，为公众提供了一站式服务奠定了坚实基础。2011 年，网站群主动公开信息共计 8854 条，其中市局主站公开信息 3506 条，各分站公开信息 5348 条。

（石帅　王晨）

北京市公安局

【概况】 2011 年年内，北京市公安局在市局党委的坚强领导下，统筹全局推动科技信息化工作的发展，圆满完成了各项工作任务，有力支撑了市局中心工作的顺利开展。开展市局信息化顶层设计工作，为全局信息化建设在理论、功能和结构一致的框架下有序实施打下坚实基础。统筹协调、有效开展首都科技创安工作，大力提高社会治安管控能力。统筹制定 2012 年科技项目建设计划，为 2012 年科技建设的有序开展提供保障。以市局科委为平台，扎实有效的开展科技工程项目管理各项工作，全面提升科技项目管理工作水平。创新工作模式，统筹管理市局重大科技项目，有力推动市局科技信息化建设的整体发展。以科研工作为引擎，带动首都公安科技工作的可持续发展，科研成果获奖等级和数量在全国各省厅中位于首位。以服务公安中心工作为目标，以推动公安实战应用为重点，大力推进公安科技成果推广应用工作，最大限度的发挥公安科技成果的强警增效作用。立足全警，突出实战，创新培训形式，组织完成公安信息化应用技能训练工作。强力推进标准化建设，以标准的制定和宣贯为基础努力提高规范化水平。统筹协调，积极参与，配合公安部、北京市经济和信息化委员会等相关部门完成了大量工作。

（刘蕊）

【科技项目申报立项验收】 2011 年年内，北京市公安局科技处组织完成市局 2011 年度科技及信息化建设申报计划项目的申报评审工作，向北京市经济和信息化委员会申报项目60项，获得正式批复30余项，向市发改委申报项目1项，获得正式批复1项；组织完成了“市局文件交换系统更换设备项目”、“法庭毒物分析公安部重点实验室建设项目”等10余个2010年度计划科技工程项目和“市局执法办案平台”、“情报信息综合应用平台”等10余2011年度计划科技工程项目的立项工作。

（陆超）

【开展视频警务专项督察考核】 2011年年内，北京市公安局科技处会同警务督察总队、巡特警总队等单位组成检查组，对16个区（县）分局、4个市局直属分局（不含清河分局）的视频警务工作进行了现场督察，检查了视频监控系统建设、社会单位视频监控资源整合工作推进情况、视频监控系统运维情况、视频巡控队伍组建等方面的情况；对全市涉及“两会”勤务路线及代表住地的视频巡控民警是否到位进行了检查，经检查，全市涉及“两会”路线、代表住地及维稳重点地区的派出所和分局的视频巡控队伍基本到位，能够保证24小时对重点部位、场所进行监控；对涉及首都中心区的(县)局的200余个视频监控平台及各区（县）交管支大队监控平台贯彻落实“6·16”会议情况、视频巡控队伍组建情况、视频巡控工作规范执行等方面的情况进行了检查。

（刘蕊）

【科学技术委员会工作情况】 2011年年内，北京市公安局科学技术委员会办公室邀请中国航天科工集团和中国电子科技集团公司的33名专家对局属单位申报的2011年度科技及信息化建设项目集中进行了前期评审，审议研究通过了信息通信处负责的“内外网安全隔离及信息交换平台二期”等20余个项目的立项与实施意见，并加强对项目的监督管理，要求各项目主责单位做好项目建设工作。

（陆超　刘蕊）

【签署战略合作框架协议】 2011年4月19日，北京市公安局与中国移动通信集团北京有限公司签署了战略合作框架协议，根据协议，市公安局和中国移动北京公司将进一步加强战略合作，推进移动政务、移动警务的发展，为科技强警提供支撑和保障。与会领导和各部门领导听取了中国移动关于移动主干网络，TD-LTE、云计算、物联网应用发展及移动通信技术在公安工作中的应用等讲座，并到中国移动新业务体验中心参观了新一代移动技术应用。

（刘蕊）

【组织基层技术革新成果巡展】 2011年5月，北京市公安局科技处面向基层组织开展了“基层技术革新成果巡展”宣讲活动，参加巡展的9项科技创新成果分别选自刑事侦查总队七支队心理测试室、理化室，巡特警总队一支队、六支队，公安交通管理局西城交通支队，东城分局科技信通处，海淀分局刑侦支队情报队和北京西站分局巡警中队，均为近年来由基层一线民警结合工作实际自己独立或合作完成，获得全国公安基层技术革新奖及应用效果突出的创新成果。9项科技创新成果项目完成人分别在西城、石景山和顺义分局进行了宣讲，介绍了研发背景、研发主要内容、主要功能和用途、发挥的效益、应用案例，并进行了实物展示和应用演示。全局15个分（县）局的主管领导和300余名基层民警分别到三个巡展现场观看了展示。

（刘蕊）

【举办科技活动周科技讲座】 2011年5月19日，北京市公安局以电视电话会议形式，举办了科技活动周科技讲座，科技处、信息通信处分别宣讲了市局科技发展“十二五”规划、信息化顶层设计和市局物联网示范工程建设内容。局属单位领导及相关人员分别在主会场、分会场参加了会议，相关人员通过市局网络电视电话会议直播系统收看了讲座。

（刘蕊）

【参加标准化系列活动】 2011 年 10 月 14 日，第 43 个世界标准日，北京市公安局有关人员参加了由国家质检总局组织，北京市质量技术监督局在北京举办的以“国际标准树立全球信心”为主题的系列活动。活动中用展板的形式总结、展示了北京市标准化工作的成果，其中“公共安全与标准化”板块图文并茂地介绍了市公安局公安信息化、文化保卫单位、治安管理、公安交通管理、内部单位保卫、消防、公共交通安全标准化等方面取得的成果，得到参会领导和有关专家的好评，科技处张锐秋撰写的“关于公共安全领域引入标准化的战略研究”论文获得国家标准化协会举办的论文征文活动国家级优秀奖及北京市一等奖。

（李晓波）

【市公安局公安电子政务网站被评为全市优秀政务网站】 截至 2011 年年底，北京市公安局公安电子政务网站已推出新闻、公示、服务、办公、互动等五大频道共 35 个栏目，整合了全局对外办公服务事项，公开了各部门的办事制度和办事程序，提供了包括警务报道、通告、政府信息公开、警务公开、文件索取、办事指南、表格下载、行政许可、咨询投诉、在线交流等多项网上服务。为配合市局中心工作，开发建设了立案查询、网上述职述廉、首届我最喜爱的人民警察评选等一批为民服务专栏，取得了良好的社会效应。在 2011 年市纠风办、北京市经济和信息化委员会联合组织开展的北京市政务网站考核评比中，市公安局公安电子政务网站被评为北京市 2011 年度优秀政务网站。

（赵明）

【研发港澳个人旅游再次签注自助受理机】 2011 年 8 月 1 日，北京市公安局出入境管理总队在全市 12 个出入境接待大厅启用港澳个人旅游再次签注自助受理机，并变以前的 7 个工作日取证为最快可以当日取证，极大方便了申请人，取得良好社会效果。港澳个人旅游再次签注自助受理机是集港澳通行证签注加签申请、证件识别、现场拍照以及回执单打印等功能于一体的智能化设备。截至 2011 年年底，市民使用自助受理机办理签注共计 110 000 余件次，占港澳个人旅游再次签注业务申请的 80% 左右。其中，东城、西城、朝阳、海淀分局自助受理机日平均受理量分别超过 100 余件次、60 余件次、170 余件次和 160 余件次。

（杨怀亮）

【启用数字发证机】 2011 年 9 月，北京市公安局出入境管理总队接待大厅启用数字发证机。通过技术创新，提高工作效率，改进前台工作，提升群众满意度。以往的发证工作由民警手工进行，由于每日发证量大、证件种类多，查找证件耗时很长，偶尔还会出现错误，导致高峰时申请人等待时间较长。数字发证机系统辅助民警查找证件，民警扫描取证单上的条形码后，数字发证机自动查找证件，并在证件所在位置亮灯提示，单本证件的查找时间缩短 80%以上，获得了领证群众和发证民警的一致好评。截至 2011 年 12 月 31 日，前台共使用自动发证系统发放证件 41 000 余件，其中护照 10 000 余件、港澳通行证 7300 余件、大陆证 2700 余件、签证及居留许可 7900 余件。

（刘琪）

【建成 110 受理群众投诉信息系统】 2011 年

年内，北京市公安局110受理群众投诉信息系统在经历2008年初步建成使用和近两年的不断完善调整后，于2011年进一步进行了升级改造，全面实现了四个方面的目标：与北京市公安局指挥中心110受理群众投诉系统信息库的无缝对接；与北京市公安局局属各级警务督察队110投诉处置的网上联动，提高处置效率；投诉处置工作数据集中管理和存储；网上实时监督，加强督导力度，增强考核透明度。处置110群众投诉系统由110投诉处置、民警维权报备、查询统计、内部通知、公告管理、系统设置管理单6个主要功能模块组成。系统强化了流转、处置、查询、统计及监测等关键环节，推动了各环节的信息化进程，促进了110投诉处置工作由传统经验向现代科学、手工操作向办公自动化的战略转型，确保了110投诉处置工作在科学发展的轨道上前行。群众投诉问题现场解决率超过到了95%；投诉人对警务督察部门工作满意率超过了94%。

（巴玺丁）

【平安北京·首都公安社会防控警务指挥系统荣获公安部科学技术三等奖】 2011年年内，北京市公安局勤务指挥部自主研发的“平安北京·首都公安社会防控警务指挥系统”，荣获公安部2011年科学技术三等奖。评选活动由公安部科技信息化局主办，全国各地公安机关参评，旨在展示成果，弘扬典型，推动全国公安信息化建设深入发展，在社会上有着广泛的影响。由北京市公安局勤务指挥部主责建设的“平安北京——首都公安社会防控警务指挥系统”，是既可用于重大突发事件的应急指挥，又能担负日常城市安保任务，平战结合，资源共享，跨越行政层级的多警种协同作战、社会面警力垂直调度的社会防控警务指挥系统。该系统现已全面应用于北京市公安局各级指挥机构和一线警力，在十七大、奥运会、残奥运、国庆60周年安保和日常社会面防控工作中发挥了突出作用，赢得社会各界普遍赞誉。

（张薇薇　全京）

【首都公安扁平化勤务指挥科技系统荣获2010信息北京十大应用成果奖】 2011年8月，北京市公安局勤务指挥部自主研发的“新型首都公安扁平化勤务指挥科技系统平台”，通过专家评审和网络票选，从数百个待选对象中脱颖而出，荣膺“2010信息北京十大应用成果”殊荣。评选活动由中共北京市委宣传部、北京市经济和信息化委员会、市科委主导，市信息化协会承办，旨在展示成果，弘扬典型，推动北京信息化建设深入发展，在社会上有着广泛的影响。由勤务指挥部开发建设的扁平化勤务指挥科技系统平台，融合了大量国内外先进技术和管理理念，在指挥调度、警情监测、勤务管理方面实现了重大突破，具有科学管理警力、精确掌握警情、动态指导指挥三大功能，是一套即能用于重大突发事件的应急指挥，又能担负日常城市安保任务，平战结合，资源共享的技术系统，在十七大、奥运会、残奥运、国庆60周年安保和日常社会面防控工作中发挥了突出作用，赢得社会各界普遍赞誉。

（张薇薇　全京）

【全面推行网上述职述廉工作】 2011年年内，为深化“民意主导警务”工作理念，构建和谐警民关系，北京市公安局人口管理总队在深入开展社区网上警务工作的基础上，积极探索并创新了依托互联网开展网上述职述廉工作模式，组织全局340余个户籍派出所、360余名社区民警开展了2011年网上述职述廉工作，共发布网上述职述廉工作报告710余篇，网民点击浏览量达32 400余人次，逾7成网民对这种警民互动的新形式给予了充分肯定，拓展了警民联系沟通的新渠道，搭建了亲民爱民、警民互动的新平台,进一步推动和谐警民关系建设。共收到网民评价 200 余条，其中肯定评价 170 余条，七成网民充分认可这种网民互动的新形式。同时，北京日报、北京青年报、北京晚报、法制晚报、京华时报、北京电视台、搜狐网、凤凰网、千龙网等新闻媒体先后对此进行专题报道，收到了较好的社会效果。

（徐媛媛）

【本市申请小客车指标人员身份信息核实比对和受理复核申请工作成效显著】 2011 年年内，根据市政府颁布的《北京市小客车数量调控暂行规定》（第 227 号令）和市交通委与 14 个委办局联合印发的《北京市小客车数量调控暂行规定实施细则》规定，北京市公安局人口管理部门自 1 月 1 日起，承担了对本市申请小客车指标人员身份信息核实比对和受理复核申请工作。2011 年，人口管理总队共核实比对本市申请小客车指标人员身份信息数据 1 232 000 余条，通过核实比对符合条件的信息数据 116 万余条，审核通过率超过 94%。全局各户籍接待窗口共受理通过申请人提出的复核申请 1400 余件。在工作中，人口管理总队切实发挥职能作用，不仅保持了身份信息核实比对、受理复核工作的顺利开展和总体平稳，有效维护了申请人的切身利益，而且确保了市政府缓解交通拥堵工作的有效实施。

（徐媛媛）

【“大客车破窗梯”荣获全国公安基层技术革新一等奖】 2011 年年内，北京市公安局巡特警总队研发的大轿车破窗梯，可对民用大轿车车窗进行破拆突入，既节省了警力，又提高了破窗成功率。大轿车破窗梯使破窗突入从原来的消防斧砸玻璃、搭梯子、突入控制三个步骤变为现在的架梯子、突入两个步骤。该破窗梯有五个特点：破窗梯高度可以调节；破窗器角度可以调节；轻便灵活、稳固性强；可以一人进行操作，质量轻（10kg），承载力强（150kg）；常规车窗一触即碎；操作简便。一线民警只需简单培训即可使用。该成果荣获全国公安基层技术革新一等奖。

（陆宪睦）

【运用微博平台创新开展虚拟社会群众工作】 2011 年年内，为深入贯彻落实中央和北京市关于做好新时期群众工作的指示精神，创新开展虚拟社会群众工作，北京市公安局在推出“平安北京”官方微博后，民警的个人微博也成为服务网民的重要平台，其中突出的是新浪网开设的“传说中的女网警”微博。该微博利用网警的网络安全专业优势竭诚为虚拟社会网民服务，经过一年多的有效运转，共发布博文 2700 余条，其中原创博文 1200 余条，发布网络信息安全知识、提示和技巧千余条，吸引 110 余万网民关注，网民评论 5 万余条，网民转发近 9 万次，为网民解答问题提供帮助和技术支持近 5000 次。微博发起宣传网络信息安全的公益组织“网安帮帮团”微群，现有成员 4000 余人，发言近 2000 条，管理员 21 人，其中机构代表 6 家，业内志愿者 13 人，实行日值班负责制，协助群主共同管理微群以及服务网民。“传说中的女网警”微博搭建了虚拟社会群众工作平台，建立了展示网警形象窗口，创新了虚拟社会群众工作，形成虚拟社会群众工作亮点，为公安系统开展群众工作树立了先进典型。

（石锐）

【开通“首都网警”系列执法账号开展互联网公开工作】 2011 年年内，按照中央“三项重点工作”要求和周永康同志关于首都公安机关要在“三项重点工作”方面“创造经验、做出表率”的指示精神，首都公安机关积极适应执法环境的新变化，满足人民群众的新期待，深入推进社会管理创新，提出“创新型警务”工作思路。在市委常委、市局局长傅政华指示下，于 2011 年 9 月在新浪微博推出“首都网警”认证账号，将“理性、平和、文明、规范”的执法理念引入虚拟社会。对散布谣言、发布涉枪涉黄信息等涉嫌轻微违法的网民，进行虚拟社会执法，打造了全国首个虚拟社会“面对面”执法平台。目前，“首都网警”微博粉丝已突破 100 万，浏览量达 300 余万人次，公开警示教育 1450 余人次，受到了网民群体的广泛关注和认可，实现了执法效果和社会效果的统一。首都网警”是目前在网上唯一一个对网上轻微违法犯罪行为进行劝导、警示、震慑的执法账号，其执法职能与传统的互联网管理手段相结合，有机形成合力，采取与网民直接沟通进行警示教育的方式，工作手段更为主动、公开、透明，更易被广大网民接受。

（胡家庆）

【召开网络与信息安全技术研讨会】 2011 年年内，北京市公安局积极发挥网络与信息安全专家委员会的“知识库”和“智囊库”作用，建立会商研判机制，组织专家对信息安全热点、难点问题进行攻坚，从根本上解决新技术和新业务应用带来各类安全问题。2011 年 8 月 5 日，北京市公安局联合公安部第三研究所“网络与信息安全杂志社”在香山景明园宾馆举办了网络与信息安全技术研讨会。与会专家和领导就日本索尼公司遭受网络攻击事件展开了热烈的讨论，从技术和管理两个方面对索尼公司被黑客入侵的原因进行了深入的剖析，最后 10 位专家达成一致意见，就加强互联网管理工作提出了宝贵意见和建议。

（石锐）

【签订网络安全合作协议】 2011 年 5 月 13 日，为进一步提高北京市重要信息系统安全防范能力，北京市公安局与国家计算机网络与信息安全安管中心签署了网络安全合作框架协议。北京市公安局局长傅政华、副局长李东亲自出席了签字仪式。此项工作是北京市公安局党委坚决贯彻落实中央“三项重点工作”，深入推进互联网社会管理创新的重要举措，是双方资源共享、互利共赢，进一步开展战略性合作的重要里程碑，是北京市公安局有效整合社会资源，开拓性建立的一体化合作机制，为形成互联网主动掌控的整体合力，有效提升全市网络安全管理、网络监测预警和应急处置工作能力奠定坚实基础，对保障首都网络和信息系统安全，切实维护首都社会安全稳定、和谐发展都具有十分重要的现实意义。

（石锐）

【研发应用火灾隐患情报信息管理系统】 2011 年年内，北京市公安局消防局组织研发火灾隐患情报信息系统按照“以情报信息采集存储为基础，以信息流转完善为核心，以系统集成为手段”的思想进行设计，遵循“采集简单、流转快捷专业、信息详细”的原则，实现情报信息的“分级采集、循环更新、逐级管理”的消防业务信息系统，专门用于火灾隐患信息采集、流转、督办、分析研判。该系统能够实现火灾隐患情报信息动态数据化管理，具备网上流转督办、实时监控、信息共享、动态提醒、动态分析等功能。市、区两级火灾隐患情报信息中心依托该系统进行日分析、周总结、月研判、季通报制度，根据火灾隐患来源、单位类型、建筑类型、隐患类型、监管单位等进行统计和分析，为领导决策火灾防控工作提供“第一手”参考资料。火灾隐患信息管理系统的投入使用，极大提升了火灾隐患信息化管理水平，提高了工作效率，有效促进和提高了首都消防工作的规范化水平和服务社会的能力。

（周刚　司伟）

【建设危险物品物联网系统】 2011 年年内，为全面加强危险物品的安全监管工作，改变原有人工单一管理模式，按照市公安局副局长于春全提出的加快危险物品“物联网”建设的指示精神，治安总队随即开始探索危险物品物联网建设工作，引入 RFID 射频识别技术，按照爆炸物品“三门”（生产车间门、危险物品运输车门、危险物品库门）控制的理念，全面提升科技管理水平，实现对危险物品全程动态实时掌控和历史追溯等功能。按照市公安局“2010 年底前完成物联网展示工程要求，推进特种危险物品物联网展示工程建设工作。2011 年，治安总队正式提出建设危险物品物联网系统展示工程的工作意见，确定以危险物品导爆管雷管为展示对象，以北京京煤集团化工厂和长沟峪煤矿为演示单位，并召集北京京安丹灵、东方红、声讯、安达泰四家系统建设技术支持单位，成立系统建设技术领导小组，部署系统建设，对演示单位进行实地踏勘、开展调研、网络测试、结合实际进行建设。6 月 28 日，向市局副局长于春全进行汇报，得到了领导的认可。11 月 29 日，特种危险物品物联网展示工程首次展示成功，并与 12 月上旬正式接入市局物联网展示平台。

（高雄）

【提供数据服务】 2011 年年内，北京市公安局积极履行数据服务职责，利用人口库数据交换、点对点数据服务等方式为市交通委、市民政局等十余个委办局提供多批次的数据信息共享服务。工作中，市公安局相关业务部门通力合作，对申请共享的信息进行统计、核实，确保对外提供数据准确、情况属实。

（朱文君）

【推进社区网上警务发挥社区防控补充作用】 2011 年年内，北京市公安局朝阳分局按照《北京市公安局强力推进社区网上警务工作实施方案》的要求，为进一步构建和谐警民关系，把为民服务延伸到互联网，提高互联网见警率，积极开展社区网上警务工作，搭建和谐警民关系新平台，依托社区业主论坛、政府网站和区域网络等，共建立网上警务室 90 余个，开辟了“预警信息、在线咨询、预约服务、法律宣传、警务动态”等内容。累计发布安全防范宣传、警情通报等预警信息 8500 余条，接受群众网上咨询 6500 余次，收到与公安工作相关的意见及建议 1200 余件，为社区群众提供便民服务 1000 余次，解决各类求助、纠纷等 520 余件，受到社区群众的一致好评。

（邢峥）

【建立“四位一体”的校园防范机制】 2011 年年内，北京市公安局朝阳分局协调建立健全了综治、教育、公安三部门之间维护校园安全会商研商、联勤联动长效机制，建立了“巡防、技防、自防、群防”四位一体的校园安全防范工作机制，全区 340 余所公办中小学校幼儿园全部实现了监控图像上传和 24 小时实时监管功能、全部安装开通校园“固定点联网报警系统”（紧急报警按钮），全部实现每校每园配备 2 名专业保安力量的守护标准；460 余所民办非注册类校园中，超过 77%的学校配备了“一校两保安”；超过 86%的学校安装了“紧急报警按钮”；89%的学校监控探头联入了街乡综治指挥中心，实现了对全区千余所中小学幼儿园的严密防护，保障了全区 40 万学生儿童的人身安全。

（聂建平）

【搭建视频监控平台--组建专职视频巡控队伍】 2011 年年内，北京市公安局朝阳分局呼家楼派出所牢固树立科技强警观念，投入资金改造派出所监控室，将政府建设的70余个探头和110余个社会探头全部接入派出所三级平台进行统一管理，重点加强CBD写字楼区等案件高发部位和重点部位探头监控和管理应用。同时，组建5人视频巡控专职队伍，采取四班三运转的方式，全天候开展视频巡控工作，及时发现突发问题，有效掌握治安形势，形成了“主动发现防范、目标接力盯控、指挥快速联动、现场认真核查、固定证据处理、合成打击查处”的工作格局。

（王晓）

【民警办网络访谈征民意】 2011年年内，北京市公安局朝阳分局南湖派出所民警通过社区网举办网络访谈活动，广泛征集居民对辖区内各项管理的意见建议，用轻松的形式，解决大家的实际困难。在访谈中，不少居民登录互动访谈页面，留下自己关心的问题和有关望京地区建设的建议。针对居民的问题，民警一一解答；对于尚不能解决的问题，民警表示，将联合相关部门解决。访谈期间，不少居民回帖，对警民在线互动征民意的活动表示支持，称“这样才能真正走近居民”。

（王晓）

【实现“122接处警系统短信告知服务”】 2011年6月，实现了122接警台短信告知服务。通过短信方式向事故报警人手机发送事故处理方面的具体信息，实现轻微事故现场的快清快处，从而加快事故处理速度，降低事故影响范围，提高系统接处警效率。

（张第）

【完成短信定制服务程序开发】 2011年7月1日，交管局正式推出短信定制服务。短信定制服务是交管局互联网站新增便民服务举措，通过调用12 122短信平台接口，向有新增违法行为的定制用户发送违法行为告知短信。在违法告知短信的基础上，还可以向定制用户发送驾驶证逾期未年检、驾驶证逾期未换证、车辆逾期未年检、车辆逾期未报废等信息。

（张毅）

【数字无线指挥调度系统获奖】 2011年8月5日，交管局研发的“数字无线指挥调度系统”获北京市经济和信息化委员会授予的2010信息北京十大应用成果奖。该系统是一个综合的指挥调度系统，在800兆数字集群网提供的平台上，利用数字手台所具备的GPS卫星定位功能，在电子地图上实现民警位置显示、话音呼叫、动态重组、紧急呼叫处理等功能。

（张玉娟）

北京市广播电影电视局

【概述】 2011年年内，北京市广播电影电视局在市委市政府的正确领导和国家广电总局、市委宣传部的支持指导下，始终坚持以邓小平理论和三个代表重要思想为指导，深入学习贯彻十七届五中全会精神，学习科学发展观，围绕首都建设世界城市的总体目标，在全力保障信息化安全运行的基础上，较好地完成了如下各项任务：根据《2006—2020年国家信息化发展战略》和北京市《2006北京2020年首都信息社会发展战略》等文件精神，编制2011年至2015年局电子政务发展规划，为市广电局电子政务发展提供决策支持。优化市广电局政府网站公共服务平台，打造特色栏目，体现精品服务，建立公众获取电影电视广播咨询动态的主要渠道、广电企业进行在线事务办理的通道、公众和企业与广电局进行交流互动的平台。搭建局内综合业务服务平台，整合业务信息系统、充分体现信息系统集约化建设，形成信息资源共享的业务交流互动平台。加强信息安全保障，通过信息系统安全风险评估、电子政务培训、软件正版化三方面工作，充分识别机房环境和信息系统的整体风险状况、提高全局干部信息化水平、强化正版软件的使用。

（田杰鹏）

【扎实抓好编制实施“十二五”规划，加快局电子政务建设步伐】 2011 年年内，市广电局继续做好政务信息化“十二五”规划的编制工作，按照北京市经济和信息化委员会《北京市“十二五”时期电子政务发展规划》的战略部署，围绕市政府提出的全面建设“智慧北京”的科学理念，多次进行业务调研和稿件修正。3 月，完成初稿撰写，同时邀请信息化专家和规划报告编制专家进行审核论证，数易其稿，力争规划报告全面、客观、可行。

（田杰鹏）

【优化市广电局政府网站公共服务平台】 2011 年初，为做好局政务网站的建设管理工作，完成局政务网站的改版建设，市广电局分别走访了市工商局信息中心、市新闻出版局信息中心，针对市广电局网站工作进行调研。2 月，根据 2010 年度全市政务网站考核评价结果，制定局政务网站整改方案，在制度建设、增强网上办事、提高便民服务水平、丰富政民互动等方面制定切实可行的措施，并在本年度的网站建设管理工作中逐一落实。6 月，市广电局印发《北京市广播电影电视局政府网站专项检查及网站考评工作方案》，全面做好年度政府网站考评工作。7 月 19 日，市纠风办、北京市经济和信息化委员会联合组织网站考评专家组对部分委办局的网站工作进行专项检查，在检查中，专家组肯定了市广电局政府网站的管理工作，提出了改进的建议，力求在网站管理、政府信息公开、网上办事全流程、政民互动保障机制、日常运行管理等方面有所提升。10 月，市广电局与部分单位建立合作机制，立足广电特色，为丰富网站为民服务信息打下基础。11 月 22 日，市广电局邀请广电总局信息中心、首都之窗管理中心相关领导指导网站建设工作，吸取部分单位的先进经验，做好网站改版建设工作。

（田杰鹏）

【搭建局内综合业务服务平台】 2011 年年内，市广电局继续推进局综合业务服务平台的建设工作，在经过需求调研、系统开发、功能修正等工作后，于下半年正式上线投入使用。8 月，市广电局召开综合业务服务平台上线动员工作会，汇报了项目建设工作情况，进行系统使用操作培训，为系统正式上线做好基础准备。9 月 9 日，市广电局印发了《局综合业务服务平台使用管理规定》，明确责任，规范数字证书申请、使用、注销等工作，切实提高信息化应用水平，保障系统安全、可靠、稳定、顺畅运行。11 月，召开市区县两级数据共享工作会，建立协调机制，做好行政审批系统的功能应用，全面提高行政办事效率。

（田杰鹏）

【保障信息安全、加强培训学习】 2011 年年内，市广电局继续加强信息安全工作，全面提高信息安全防护能力和应急响应速度，创建安全健康的网络环境，同时按照北京市人民政府办公厅《北京市政府信息系统安全检查实施办法》（京政办发〔2010〕25 号）的要求，委托国内知名安全服务企业进行信息系统安全风险评估工作，提出整体的安全规划建议，为后续建设提供参考和依据，确保市广电局计算机机房物理环境和信息系统的整体安全性和可靠性。4 月，根据《国务院办公厅关于进一步做好政府机关使用正版软件工作的通知》(国办发〔2010〕47 号)文件精神，按照《北京市政府机关软件正版化专项检查和整改工作方案》的要求，市广电局对全局办公软件、操作系统、杀毒软件进行了彻底检查，并协调局计财处对办公软件的不足进行及时补充。8 月，在市版权局的指导下，市广电局出资三十多万元，购买了一百多套正版办公软件，确保局软件正版化率达到 100%。8 月，市广电局组织了电子政务培训，通过电子政务专家的授课，了解北京市电子政务的整体现状和发展趋势，着眼于市广电局现状和发展前景，努力抓好局干部职工信息化技术培训工作，不断提高大家的信息技术能力，为局中心工作的顺利开展做好服务保障。

(田杰鹏)

北京市环境保护局

【概述】 2011 年年内，市环境保护局信息化工作紧紧围绕环保业务和局中心工作，坚持以加强环保业务信息化手段建设和提高环境信息化能力水平为中心，以加强自身建设为抓手，以主要信息化建设项目和网络运维为重点，不断强化信息系统安全，全面服务保障局机关及直属单位自动化办公工作，为全市环境保护信息化的全面推进做出了突出贡献。

(陈海宁　陈华　刘子建)

【人员结构调整】 2011 年上半年，市环境保护局对市环境信息中心主要领导进行了调整。并完成了事业单位规范管理工作；在局人事处的指导下，拟定了人员规范工资套改方案，完成了规范管理工作。年底，根据市编办文件(京编办事〔2011〕131 号)内容，市环境信息中心全额拨款事业编制从 10 名增至 16 名，处级领导职数从 1 正 1 副增至 1 正 2 副。原组织架构中的综合室、网络室、应用室保持不变。在局人事处的组织指导下，在局监察处的监督指导下，完成了应届大学生的招聘工作，共招聘工作人员 1 名。

(刘子建)

【组织网管员培训】 2011 年年内，市环境信息中心组织了第五次网管员培训，环保系统共 22 个单位 43 人参加。通报了 2011 年度减排专网巡检情况；全面宣贯了《北京市污染源减排数据传输网络管理规定》，进一步明确了减排专网运行维护与管理的要求；简要介绍了重点污染源自动监控能力建设项目(一期)的情况，重点介绍了连接各单位网络系统在项目建设和使用中的重要作用。

(黄广平　刘晋波)

【IDC 机房建设】 2011 年年内，签订 IDC 机房项目合同，在歌华大厦租用了歌华有线公司 87 平米、26 个机柜的独立机房和连接局机关原有机房的 2 条百兆光纤线路；完成了 IDC 机房部分网络设备和环境保护部《国家环境信息与统计能力建设项目》部分设备的安装调试；初步制定了机房设备和应用系统的搬迁实施方案。

(陈华　黄广平)

【安全巡检和漏洞扫描】 针对市环境保护局网站及减排专网可能存在的信息安全漏洞和隐患，2011 年 5 月和 10 月市环境信息中心协调相关部门分两次进行了安全巡检和漏洞扫描，重点对网络设备运行、使用情况进行巡查，对相关计算机进行了安全检查和漏洞扫描，针对在巡检中发现的问题，及时提出了整改意见，并将巡检情况在局综合办公平台上进行了通报，规范了设备及相关网络的运行管理。

（潘飞）

【直属单位业务应用系统风险评估】 2011年年内，按照北京市公安局、北京市经济和信息化委员会、市保密局、市密码管理局《关于印发北京市开展信息安全等级保护安全建设整改工作实施方案的通知》（京公网安字〔2010〕1179号）文件的要求和市环境保护局信息安全等级保护工作的部署，确立了相关单位的系统安全等级，对市环境保护监测中心、市辐射安全技术中心、市机动车排放管理中心等单位的信息系统进行了风险评估。

（潘飞）

【宏观经济与社会发展基础数据共享】 2011年年内，市环境保护局向市统计局提供了环境统计宏观数据库内容，包括：工业生活主要污染物排放量、自然保护区的个数和面积、突发环境事件的情况、工业污染治理项目情况、排污费收入情况、验收项目环保投资情况、分区县环境质量情况等，为共同改善本市环境质量及领导决策提供了依据。

（蒋昕）

【启动重点污染源自动监控能力建设项目中数据中心建设】 2011年年内，市环保局启动重点污染源自动监控能力建设项目中数据中心建设。该项目充分利用云计算、虚拟化、ETL、数据挖掘等技术，加强网络、安全、服务器、系统软件及存储等基础设施的统一规划，以数据管理为核心，整合原有信息化设备与信息资源，优化资源的使用率，达到按管理对象整合环境数据，形成整体效益，打造通畅的环境管理数据沟通渠道，体现环保数据的共享应用能力、决策支持能力及应用支撑能力，为环境管理提供服务支持的总体目标。2011年，市环境信息中心配合环境监察总队完成了该建设的可行性调研和经费预算。在充分论证基础上，细化了技术实施方案，该方案综合考虑了市环境保护局信息化建设的总体要求、应用需求和发展空间；编制完成数据中心项目招标文件，通过了招标领导小组审核，做好了招标工作的各项准备。

（陈海宁　陈华　刘子建　黄广平　潘飞）

【公文处理系统上线】 公文处理系统是市环境信息中心负责完成的市环境保护局重点折子工程。2011年年内与局办公室共同进行了需求调研论证，制定了公文处理系统升级改造实施方案，经局领导审查，并报北京市经济和信息化委员会、财政局的审批，2011年10月完成签订合同准备工作。在办理项目审批工作的同时，项目开发工作已提前启动，软件编制调试工作进行顺利，该项目于2011年12月底上线试运行，基本实现市环境保护局公文处理全流程信息化处理。

（潘飞）

【档案系统升级改造】 为了确保档案系统的一致性和延续性，采用单一来源方式选定了开发公司，制定升级改造方案并完成了项目合同的签订。2011年底项目改造完成，市环境保护局档案管理工作的效能得到提高。

（蒋昕）

【机动车车型目录网上申报管理系统升级】 2011年年内多次召开项目需求研讨会和协调会，明确了建设要求和使用需求，2011年9月，该项目已经通过了北京市经济和信息化委员会和市财政局的审批，2011年年底项目系统建设完成。

（潘飞）

【环境监测管理系统升级】 2011 年年内，在局环境监测处的指导下，研究制定了系统升级方案，包括社会化环境监测机构能力认定管理、监测人员持证上岗管理、环境监测法规标准方法库等。下半年完成了技术方案制定和项目招标，需求调研和初步设计工作已提前展开。

（蒋昕　王晓爽）

【全程代办系统等级改造】 2011 年年内，完成了 3 个全程代办模块的开发部署工作。协调环评处完成了市环境保护局和环境保护部关于建设项目系统调用数据的初期调研、方案制定、程序设计开发以及测试部署工作；修改了局环评系统以适应市政府中环服务大厅关于投资类项目统一编码，同时解决了重复录入的问题。

（蒋昕）

【应用系统运维】 2011 年年内，编制信息系统运维规划，签订各类信息系统运维合同 13 份，协调相关运维服务商制订运维工作方案，为实现精细化规范运维打好基础。在继续做好局机关局域网线路、设备的运行维护的同时，进一步加大了对局机关用户的保障力度，加强了对异地直属单位和区县环境保护局的保障。市环境信息中心共负责局机关和部分直属单位共 370 台计算机、笔记本、打印机的运维工作，全年共完成了 524 台次的维修，更换零部件 260 余件。

（陈华　蒋昕）

【视频会议保障】 2011 年年内，该系统主要承担北京市委市政府召开的各类视频会议，2011 年初正式投入使用，系统运转正常，全年共召开正式会议 4 次。保障环保系统视频会议系统正常运行。全年共召开各类视频会议 30 余次。2011 年 6 月份昌平区环境保护局分系统设备曾出现故障，在相关部门的大力协助下，故障被及时排除。

（蒲铮）

【落实软件正版化】 2011 年年内，组织在对局机关在用计算机软件正版化进行检查，保证了局机关办公计算机的正常运行，得到了领导的好评。后续将在继续加强防病毒软件的正版化工作的同时，加大国产软件的比例。

（潘飞）

【电子政务系统建设】 2011 年年内，为了保证信息化工作的顺利开展，市环境保护局将信息化工作领导小组办公室调整到了市环境信息中心，建立了信息化推进工作简报制度，共编辑刊发信息化工作简报 17 期；为加强各部门主页的功能，通过将政务网站各栏目按照职责下沉至各部门主页，由各部门负责维护更新的工作方式，明确了各部门的任务。信息化应用方面，局领导带头运用信息化手段开展业务工作，并要求全局人员充分利用信息化手段进行日常办公，明确规定非特殊情况，局领导不再接收纸质公文的审批。在此基础上，各处室、各单位领导亲自研究建设需求和功能要求，并充分运用信息化手段进行工作总结和会议汇报；全局工作人员充分运用信息化手段开展工作，应用效果明显。实现了“部门基本信息上网、部门重点工作上网、工作进展情况上网以及共享文件信息上网”的工作目标，无纸化办公的技术构架基本搭建完成，行政办公和业务处理效率得到较大提高，电子政务应用水平也明显提升。2011 年年内，综合办公平台共投递文档 9012 条，阅读 409 471 次；政府网站公开信息 2535 条，网上办事 5074 件；公文处理系统办理公文 1013 件，公文流转率由 2010 年的 54% 增长为 2011 年的 82.1%。共组织开展 2 次信息化应用考核，促进了各部门的信息化建设和应用工作。

（蒋昕　王元哲）

【新版网站上线运行】 根据环境保护部、北京市政府对政务网站的考核要求，针对近年来环境保护部、北京市政府对市环保政务网站考核中发现的问题，按照“信息公开、在线服务、政民互动”的三大功能定位，梳理业务分类和流程，重新划分栏目，编制了网站改版方案。改版方案在2011年8月底经局长办公会的讨论通过后，网站改版工作进入实际实施阶段，相关的版块设计及研发工作进展顺利，新版网站于2011年11月初正式上线试运行。新版网站最突出的特点是站在浏览者角度考虑问题、进行栏目设置和建设，如网站突出了“财政资金”、“政府采购”、“人事任免”、“环境质量”等群众关心的政务信息的展示；设立个人在线办事页面和企业在线办事页面，并提供办事指南、表格下载、网上申报、状态查询、结果反馈等全流程服务，使网站为民服务的功能更加便捷和直观，界面更加亲民友好。实现了打造北京市环境保护局政务门户网站改版目标。

（刘子建　蒲铮　王元哲）

【信息公开平稳推进】　2011年年内，先后制作完成“北京市‘十二五’时期环境保护和建设规划”、“老旧机动车淘汰专题”、“水污染防治条例”等专题解读、并及时推出了区县环境保护局长谈“十二五”的系列访谈栏目，受到了社会的广泛关注与认可。“为民办实事任务及执行进展情况”、“年度工作计划”、“采购与招投标信息”、“环境科技信息”、“违法事件曝光情况”等栏目内容更新及时，网站运行情况良好。截至2011年9月底，共发布各类信息3270条，页面浏览量超过600万次。

（蒲铮　王元哲）

【官方微博开通】　2011年年内，市环境保护局在新浪网及人民网先后开通“绿色—北京”和“绿色北京”官方微博，与公众交流更加方便和快捷，同时与手机用户建立起高效互动交流。适时解释相关环境现象，关注环境污染事件、沟通相关环保信息；定时发布空气质量信息，及时发布环保政务动态信息。

（蒲铮　王元哲）

北京市交通委

【概述】　2011年年内，北京市交通委员会以路政管理业务为突破，将智能交通建设模式由科研示范转变为随交通基础设施基础工程同步规划、同步设计、同步实施，实现信息化与道路管理业务的深度融合，制定《道路智能化交通管理设施设置要求》（DB11/ 776—2011）地方标准，规范化智能交通基础设施建设、网络及信息化安全等基础设施也基本完成。同时，创新交通信息化应用，实现对于决策的数据支撑和公路运行情况的预测。并由单一功能的应用转向集成应用，通过信息化集成更好地将市北京市交通委员会、执法总队、运输局等单位各种信息打通，积极协调现有和将来的应用程序、数据及人员与协作单位之间的互动，以便实现对关键业务流程实时的有效管理。通过资源管理与共享交换平台为北京市交通委员会内部两局一队、北京市交通委员会与部委、北京市交通委员会与交通行业重大企业进行数据共享交换提供了技术支撑，为各个业务系统的数据共享交换需求提供有力的保障，减少今后业务系统数据共享交换时的重复投资，充分发挥行业数据中心建设的经济效益。

【北京市实施小客车指标调控管理】　2011年年内，为缓解市区交通拥堵、改善控制环境质量、减少北京市机动车增长带来的能源消耗和环境污染，配套《北京市小客车数量调控暂行规定》实施，北京市交通委员会开始北京市小客车指标调控管理信息系统的建设工作。系统于2011年1月1日系统正式上线运行。建设内容包括：网站发布系统、申请系统、管理系统、摇号系统、审核接口、短信平台、网络系统、安全系统、主机系统、存储备份系统。2011年，系统成功完成12次个人指标配置工作和6次单位指标配置工作，承受住了大并发访问，运行稳定。截至2011年12月，系统累计总点击数约20亿次，接收个人申请116万，单位申请3万，生成个人中签指标201 432个，单位中签指标19 206个。

（周园）

【TOCC一期建设完成并投入运行】 1月，北京市交通运行监测调度中心（简称TOCC）（一期）主体工程建设完成并投入运行。项目围绕缓解交通拥堵、综合交通运输协调管理的业务需求，建设了网络系统、机房系统和运维系统三个支撑系统，完成了系统迁移和指挥座席2大配套工程，初步建成了日常监测与运行协调指挥、交通安全应急指挥、决策支持与信息服务3大业务平台。TOCC共整合接入了交通行业内外3000多项静动态数据、2万多路视频、15个应用系统，实现了对城市路网、公共交通、出租汽车的动态监测，初步形成涵盖城市道路、高速公路、国省干线公路、轨道交通、地面公交、出租汽车、民航客运、两客一危、交通枢纽的综合交通运行监测体系，初步建立同地面公交、轨道交通、公路（含高速公路）、民航等系统的工作协调和信息共享机制，通过对数据的综合分析利用，为相关政府部门提供数据共享和决策支持服务，并通过网站、热线、广播、电视等多渠道为公众提供了综合交通信息和出行参考，在缓解交通拥堵、综合交通运输保障、防汛指挥、信息服务等方面逐步发挥了作用。截至12月底，国家、省、市等各级交通行业领导和同行对TOCC进行了共计两百余次参观访问。TOCC一期工程被交通运输部评为“十一五”交通运输行业信息化优秀项目。

（周园）

【东直门综合运输枢纽信息服务平台建设】 2011年年内，东直门综合运输枢纽信息服务平台工程在国内首次实现了城际（铁路、民航）与城市交通（公交、地铁）相衔接的信息服务，工程在枢纽内部及周边完成 286 个视频监控点、26个事件监测设备、29套客流检测设备，8块LED显示屏、5台触摸屏、111块静态标志和187套集中控制型应急疏散设备的安装部署。通过该枢纽信息服务平台的建设，切实改善了东直门枢纽的安全秩序环境，提高了乘客信息服务水平，加强了枢纽运营管理的科学性和预见性，探索并推动了枢纽内不同运输方式之间协调运行管理机制的实现。枢纽于9月底完成初步验收，整体投入试运行。

（周园）

【加强交通行业信息安全管理工作】 2011年年内，以全市电子政务网路与信息安全检查为契机，按照信息安全协调办公室的部署，市交通委进一步加强交通行业信息安全工作力度。从制度建设入手，加强信息安全日常管理和应急体系建设，通过各种形式强化全委人员的信息安全意识，初步做到“信息化建设与安全并重、技术与管理并重、维护与优化并重”。积极开展信息安全等级保护工作，对交通委下属路政局、运输管理局、交通执法总队、交研中心等开展信息安全等级保护制度宣贯工作，同时指导信息中心按照《北京市信息系统安全定级指南》的要求，对委办公自动化系统（OA）、邮件系统、网站等重要电子政务系统进行了安全等级并报有关单位备案。全年未发生网页被篡改、信息泄露、病毒爆发等重大安全事件，实现了信息安全零事件。

（周园）

【开展北京市交通行业网络与信息系统安全检查工作】 2011 年年内，为维护首都经济安全、社会稳定，落实国家信息安全等级保护制度，促进北京市交通行业信息化工作健康发展，与市公安局合作，市交通委开展对北京市交通行业网络与信息系统安全检查工作，检查涵盖了高速公路、轨道交通、公共交通、交通基础设施建设、出租汽车、省际长途客运、危险货物运输等 15 家重点单位，督促指导交通行业各单位按照《公安机关信息安全等级保护检查工作规范》（公信安〔2008〕736 号）、《关于开展 2011 年网络与信息系统安全检查工作的通知》（京信安协办〔2011〕1 号）的要求，进一步强化信息安全主体责任意识，切实落实有关信息安全防护措施。

（周园）

【交通运输部示范工程"城市出租汽车服务管理信息系统"获得千万资金补助】 2011 年年内，为规范出租汽车运营服务和行业管理，提高对城市交通系统运行状态的掌控能力，市交通委组织开展了"出租汽车服务管理信息系统示范工程"的前期研究工作，完成了系统工可报告，并积极争取交通运输部将北京纳入试点城市，成功获得了全国范围内最多的项目资金补助 1200 万元，于 3 月一次性地通过了交通运输部的立项审查。6 月，交通部批复了《出租车管理信息系统建设方案初步设计方案》，在确保了示范工程的科学性、合理性的前提下，使示范工程顺利进入组织实施阶段。

（周园）

【市交通委启动轨道交通安全防范物联网应用示范工程建设】 2011 年年内，为提升轨道交通安全运营水平，增强公共交通应急处置能力、提高交通服务水平，为全市应对突发事件提供交通数据支撑，市交通委启动本项目建设。项目在轨道交通大客流冲击严重站及重点换乘站的出入口、换乘通道、站厅及站台布设客流、核辐射、有毒气体检测器，利用物联网感、传、知、用技术，实现轨道交通安全运营管理与预警监测的智能化，为物联网技术在智能交通中的应用起到示范作用，促进北京市物联网产业发展。项目从 2011 年 4 月启动，各参建单位进行了多次沟通与协调，并多次与交通委应急处领导及工作人员沟通，共同探讨上端平台需求，在此基础上逐步编制与完善工可研初稿。项目组于 7 月份完成了工可研的编制工作，并于 8 月份通过了由市应急办、市发改委、北京市经济和信息化委员会、市科委、市中关村管委会等部门组成的联合审查组的审查。8 月 31 日收到北京市经济和信息化委员会批复，12 月 8 日收到市发改委立项批复函及咨询评估报告。项目组正在重点开展招标、初步设计等相关工作，初步设计相关工作已经全面启动。

（周园）

【新一代公众出行服务系统及终端应用】 2011 年年内，该项目是国家发改委和日本经产省主持的中日合作节能减排项目。项目在望京地区招募了 1.2 万名志愿者，在志愿者车辆上安装基于交通信息的动态路径诱导和环保驾驶辅助功能的新型导航仪。通过志愿者长期使用，对获取的实际数据进行有效的分析，最终实现该区域缓解拥堵、节能减排等试验效果的验证和评估。

（周园）

北京市人口和计划生育委员会

【概述】 2011 年年内，北京市人口和计划生育委员会完成全员人口系统建设，制定全员人口管理规范，组织实施网络升级改造项目，完成业务系统及基础网络的运维和基础网络升级改造工作，保障全委信息系统及业务终端的安全运行。完成信息化安全制度建设，建立健全信息化规章制度，完成重要信息系统安全预警部署维护工作。

【完成全员人口系统建设】 从 2010 年 11 月 1 日到 2011 年 11 月 30 日，历时 13 个月时间在年初建成北京市全员人口个案数据库的基础上，2011 年组织完成了《北京市全员人口信息管理系统》(以下简称《全员人口信息管理系统》) 的建设工作。《全员人口信息管理系统》是北京市人口计生工作的核心业务系统，是集人口辅助决策和计划生育业务应用于一体的市级重要政务信息系统，包括一个数据库（北京市全员人口个案数据库）和三个应用系统（户籍人口信息管理系统、流动人口信息管理系统和人口统计分析决策系统）。该系统运行在市电子政务外网。截至 2011 年 11 月，该系统形成的全员人口数据库覆盖了北京市 2000 余万常住人口的个案信息，其中包括 1230 余万人的本市户籍人口个案信息和 770 余万人的流动人口个案信息。该系统在市、区（县）、街（乡、镇）、社区（村）四级应用，每日进行个案信息的实时变更，并通过国家人口宏观管理决策系统（PADIS）平台与 20 个省（包括直辖市）的全员人口信息管理系统进行实时信息交换，保证了北京市全员人口数据库信息的及时性、有效性和可用性。系统的建成，将为本市的人口决策、人口管理和社会公共服务提供有力的信息支撑。该项工作被评为 2011 年北京市市级国家行政机关优秀创新创优项目。市人口计生委被评为 2011 年北京市电子政务单项应用奖——整合共享奖。

（任向群）

【制定全员人口管理规范】 2011 年 10 月上旬为保证全员人口信息管理系统规范运行并充分发挥信息辅助决策的作用，启动了全员人口信息管理相关规范性文件的起草工作，经集中编写、相关调研、专家论证、十几易其稿，形成了管理规范和技术规范的初稿。管理规范是《北京市人口和计划生育系统人口信息管理规范》（初稿），技术规范包括《北京市全员人口信息管理系统运行维护及安全管理规范》(初稿）和《北京市全员人口个案信息库管理规范》(初稿）。

（任向群）

【推动人口计生统计转型】 2011 年 6 月，全市全员人口户籍信息系统和流动系统大培训以来，基层由过去只对育龄妇女信息采集逐步拓展为全员人口信息采集，实施人口统计与计划生育统计并行，先期推动了北京市人口计生统计从育龄妇女管理向全员人口管理的转型，为 2012 年全面推进全员人口信息采集和统计奠定了基础。

（任向群）

【完成委内技术支撑服务】 2011 年年内，完成了基础网络维护、统一认证系统、OA 系统、视频会议系统等日常管理；组织完成了全员流动人口批量数据迁移；协助完成了本委外网网站开发项目追加申报服务。

（任向群）

【完成业务系统及基础网络的运维和基础网络升级改造工作】 2011年年内，主要业务系统包括：育龄妇女系统（WIS）、全员人口个案信息系统、办公自动化系统（OA）以及市政府机要文传系统，进行了各系统的基础运维工作。为全委业务系统及终端维护提供了上千次现场服务，对各业务处室涉及信息化工作的各种需求作出及时响应和服务，保证了委内业务系统及终端的正常运行。承担全委的基础网络运维工作，保障中环办公区、槐柏树街办公区及北四环办公区、中山公园办公区的政务外网、互联网正常运行；有力地保障了委内业务办公网络、国家人口计生委办公政务外网、北京市经济和信息化委员会、市流管办等市级政务部门网络、区县业务部门网络的联通。

（任向群）

【保障全委信息系统及业务终端的安全运行】 2011年3月，为保障全委各业务系统的运行安全，组织实施了防病毒系统项目，对各业务系统的后台服务器加强了防病毒防护；根据北京市经济和信息化委员会对防病毒软件国产化、正版化的要求，在全委工作人员所有PC终端上配置安装了瑞星杀毒软件，并及时更新病毒库，每周进行一次巡检，做好工作终端的安全防护工作。其次，组织了2次全委各业务系统的安全巡检和一次脆弱性检查，对各系统的系统好数据库服务器、网络及安全设备进行了普查，对巡检中发现的问题进行了总结，纳入明年的信息系统安全工作中予以强化。

（任向群）

【组织实施网络升级改造项目】 2011年5月，根据市人口计生委业务需求，组织实施了对中环办公区及北四环办公区的网络升级改造项目，对两个办公区的网络交换机及防火墙进行了升级，提升了办公区网络的稳定性和安全性。

（任向群）

【完成信息化安全制度建设】 2011年6月，针对市人口计生委信息系统建设中运维的安全问题，草拟完成了“信息化安全工作管理规范和制度”的初稿，进行意见征求工作并提请专家论证后实施。

（任向群）

【配合信息处完成了全员人口个案信息系统的建设】 2011年6月，市人口计生委信息中心配合信息处开展系统建设，主要支持了系统的统一认证管理、设备进场及联调、数据迁移、系统安全测评、系统等级保护评定及备案以及系统试运行和验收工作，确保市全员人口个案系统在市、区、街（乡）三级网络联通。信息中心参与信息处组织的四期全市各区县相关业务人员的系统培训工作，使全员人口个案信息系统得以顺利上线运行并支撑相关业务。此外，信息中心还承担了市全员人口个案信息系统对国家全员人口基础核查平台的区划代码收集整理和上传工作，保障了全员人口个案系统与国家全员核查平台的对接。

（任向群）

【完成重要信息系统安全预警部署维护工作】 2011年8月，根据北京市经济和信息化委员会的要求和安排，完成了北京市重要信息系统安全预警系统针对WIS系统的部署和维护工作；配合市政府机要系统的工作安排，进行了2012年机要文传系统的培训、设备更新培训及部署工作。

（任向群）

【建立健全信息化规章制度】 2011年10月，针对信息化工作的特点和需求，对市人口计生委信息化工作的相关管理规范进行了梳理，对系统运维、安全管理、系统建设、人员管理以及文档管理都重新定位，制定了新的工作和业务规范，发布了《信息中心内部公文流转管理办法》，编制了《信息化业务需求变更申请表》，对委内业务变更申请、审核和服务流程进行了规范。信息中心组建了业务处室信息化工作联络员工作队伍，明确了信息化联络员的工作职责，强化与各业务处室联系，使信息中心能够及时准确地为各业务处室提供服务。

（任向群）

北京市纪委监察局

【概述】 2011 年年内，市纪委监察局在中央纪委、监察部和市委、市政府的领导下，努力发挥首都信息化资源优势，坚持“统筹规划、分步实施、抓紧应用、务求实效、安全可靠”的思路和原则，在构建全市纪检监察系统信息化网络体系基础上，不断运用信息技术创新成果，把解决突出问题，满足业务需要作为信息化建设的出发点和落脚点，积极推动全市反腐倡廉建设的深入开展。为适应反腐倡廉建设新形势、新要求，市纪委监察局从网络基础设施建设、业务应用系统开发建设、信息安全平台建设以及信息化服务几个方面认真做好信息化建设应用工作，保障了机关网络、信息系统的正常运行，积极稳妥的推进各项重点项目，在推动反腐倡廉发展创新方面发挥信息技术的作用。

（李寅超）

【网络建设】 2011 年年内，市纪委监察局在认真做好纪检监察专网（局域网）、电子政务外网、机要网、组工网、市政府无纸化公文传输网运行维护工作的同时，完成了信息化密码设备的升级、更新、安装调试与管理工作，保证了各区县纪委同市纪委之间的网络链路安全、系统运行正常。

（李寅超）

【制度建设】 2011 年年内，市纪委监察局重新梳理了已制定的信息化相关各项规章制度，从网络使用、终端管理、安全保密、介质管理、机房管理等各方面完善了各项工作的管理规定，并新制定了《北京市纪委机房管理规定》及《网络中心机房安全管理应急预案》。

（李寅超）

【信息系统运维工作】 2011 年年内，市纪委监察局严格遵照市财政局规定，先后完成了机关近 600 多台信息化相关终端设备的购置、日常使用、维修、更新等工作，并依托信息化网络平台，固定资产登记入库、领用、报修、报废信息均录入到固定资产管理系统中进行管理。

（李寅超）

【局域网办公系统建设】 截至 2011 年年底，市纪委监察局网上办公系统共开发了十四个涉及核心业务的功能模块，运行稳定、安全可靠，在实际应用中产生了良好的效果。目前，办公系统已经接到 16 个区县纪委以及多个派驻机构，开通了邮件、即时通、文件查看、信息发布等功能，定制了多种公文模板，机关运行的各个文种经过规范流程就能正式成文并发布。机关干部想了解业务相关数据的对比情况，只要输入相关查询条件，系统马上以文字、图形、饼形图、直方图的形式显示分析查询结果，为领导决策提供服务。

（李寅超）

【软件正版化工作】 2011 年 1 月至 5 月，

根据《国务院办公厅关于进一步做好政府机关使用正版软件工作的通知》和北京市政府机关软件正版化自查整改工作的要求和部署，市纪委监察局对机关干部工作使用的台式、笔记本电脑，纪检监察办公系统和业务系统在用服务器进行了全面的自查整改，确保了在用计算机软件正版率 100%，通过了市软件正版化自查整改工作领导小组的检查验收，并获得了“优秀”等级的检查结果。

（李寅超）

【外网网站建设】 2011 年 3 月，市纪委监察局对现有外网政务网站进行了改版升级，对网站重要政务信息进行了渗透测试，完成了全国纪检监察专网北京市门户建设，并做好了政务网站评议的相关工作。

（李寅超）

【舆情分析系统】 2011 年 4 月底，完成舆情分析系统硬件设备的安装和系统调试，在机关试运行良好。

（李寅超）

【信访信息系统】 2011 年 5 月，为了方便群众举报、方便信访工作，根据中央纪委的统一要求，市纪委监察局完成了“纪检监察信访信息管理系统”的相关定制开发，并对 7 个委办局进行了系统培训，对 16 个区县系统进行了巡检和升级。

（李寅超）

【行政投诉中心调查受理系统】 2011 年年内，市纪委监察局开发了市行政投诉中心调查受理系统，实现了现有工作流程的无纸化办公，以及与 OA 办公平台的整合。该业务系统能够实现对调查工作的录入、实施、反馈、办结全过程的监控和指导，实现对调查工作开展的有效督促，进一步提升行政投诉中心的办事效率。

（李寅超）

【市纪委书记会、常委会会议管理系统】 2011 年年内，市纪委监察局完善了内网 OA 办公系统，在办公系统中增加市纪委书记会、常委会会议管理功能模块，会议管理人员可以发布一条会议召开的信息，包括时间、地点、议题、每级议题参会人员和候会时间，根据人员权限和会议前后时间的不同可查看不同的内容，会议管理人员能够打印和导出文档。

（李寅超）

【派驻机构联网】 2011 年根据派驻机构联网项目要求，市纪委监察局实地查看了各家派驻机构的具体情况，确定了整体实施方案，并协调北京市经济和信息化委员会等相关部门做好了网络接入的准备工作，截至 12 月底，已经建设完成主干网络及局端网络设备。

（李寅超）

【廉政风险预警及综合防控平台建设】 为加强科技防腐力度，推进惩防体系建设，市纪委监察局积极开展了如何运用科技手段进行廉政风险防范工作的探索。2011 年 5 月在市科委申请了“三维廉政风险预警及综合防控技术研发”课题的立项。经过一年的研发工作，形成创新性成果，年内在试点应用中取得了初步成效，并通过了市科委组织的专家验收评审。

（李寅超）

【视频会议建设】 2011 年年内，市纪委监察局针对现有视频会议室存在的问题，认真分析、反复研究，完成了视频会议系统的改造方案，测试实现了多台视频终端连接多个会议室以满足中央、北京市视频会议和机关全体工作人员集体开会的需求。

（李寅超）

【信息安全保密工作】 为进一步加强信息安全管理工作，2011 年 4 月，市纪委监察局对机关电子政务网络与信息系统进行了全面的安全检查和整改，明确了信息安全组织机构及管理职责，梳理了各类在用信息系统的基本情况、日常信息安全管理情况、技术防护手段建设情况，加强了应急管理工作、信息安全服务与巡检工作。10 月至 11 月，市纪委监察局对机关政务网 IP 地址进行了核查和备案，为办公用电脑安装了安全管理软件，避免了非法外联和移动介质混用，并解决了数据单向导入的问题。同时，市纪委监察局多次邀请市保密局相关专家进行工作指导、对机关干部进行信息安全培训和保密教育，加强了机关干部信息安全保密意识。

（李寅超）

【行政监察现代化工程】 2011 年年内，行政监察现代化各项工作有序推进，初步建立了监察点自动预警体系构架；完成了市级行政监察工作平台建设；组建了电子监察中心；积极推进各试点单位监察平台建设和对接工作；实现了运用信息系统对部分单位重点工作的实时监察。

（李寅超）

北京市监狱管理局

【概况】 2011 年年内，在市局党委的正确领导下，以深化电子政务应用，加大信息资源整合，优化信息化发展环境为工作重点，全面提高北京市监狱管理局各系统信息化程度，做好北京市监狱管理局各项信息化工作，使全局信息化工作得到了较快的发展，各方面工作效率稳步提高。

（滕莉）

【完成狱务公开系统的软件开发与测试工作】 2011 年年内，顺利完成北京市监狱管理局狱务公开系统的软件开发与试点测试工作，并在全局推广应用，已完成了全局 6 个监狱的狱务公开系统安装、调试工作，软件功能完善，能够达到对罪犯家属展示罪犯狱内服刑情况、罪犯教育改造相关法律、法规的目的。

（滕莉）

【电子政务平台升级】 2011 年年内，进行了电子政务平台升级改造工作，将现有电子政务办公平台功能进行进一步整合，强化系统协作办公，优化办公流程，减少各项工作网上办公响应时间，提高办公效率。

（滕莉）

【收集网络舆情】 2011 年年内，将社会舆情引入到北京市监狱管理局内网，自系统上线以来，收集各类舆情新闻近 2000 余条，充分利用舆情来全面把握北京市监狱管理局监管工作方向。

（滕莉）

【编写《全国监狱狱务公开系统规范》工作完成】 2011 年年内，按照《全国监狱信息化应用软件开发建设任务分工》的要求，北京市监狱管理局出色的完成了《全国监狱狱务公开系统规范》的编制工作，得到了上级领导的充分肯定。

（滕莉）

【刑罚执行管理系统功能完善】 2011 年年内，继续完善刑罚执行管理系统，深化各业务系统在刑罚执行工作中的综合应用，提升刑罚执行工作的信息技术含量，确保刑罚执行过程中的准确、安全、有效，体现执法过程的公正、严明。

（滕莉）

【北京市监狱管理局应急指挥中心立项和可行性报告编写工作完成】 2011 年年内，完成北京市监狱管理局应急指挥中心立项和可行性研究报告编制工作，于 2011 年 8 月由市发改委正式批复立项，根据司法部《全国监狱信息化建设规划》的要求，建立北京市监狱管理局应急指挥中心，全面提高监狱应急指挥管理水平和日常办公效率。

（滕莉）

【北京市版权局软件正版化检查考核工作完成】 2011 年年内，完成北京市版权局软件正版化检查考核工作，按照北京市政府机关软件正版化专项检查整改工作方案的要求，依照检查考核的程序，对照检查，从软件的许可证、档案管理、客户端安装都做到了常规化和精细化的管理。

（滕莉）

【采用实名制验证完善网络认证方式】 2011 年年内，实行内部网络实名接入，完善了身份认证、授权管理、责任认定等网络信任体系，加强外网监测，通过行为审计，将北京市监狱管理局内各计算机的上网行为进行进一步规范。扩大信息安全监控范围，实现邮件系统的全网监控，互联网出口的安全监控和内容监控，确保局内各文件数据安全。

（滕莉）

【涉密系统分级保护及检查工作完成】 2011 年年内，完成涉密信息系统分级保护工作，完成全局信息系统的定级备案、测评工作，对信息系统的脆弱性、账户弱口令、系统安全登录等问题进行了详细的检查。

（滕莉）

【罪犯押运系统研发及上线测试运行工作完成】 2011 年年内，完成了罪犯押运定位系统的研发工作以及罪犯押运系统在各监狱的上线运行工作，能够达到减轻干警工作压力，全面提高监管水平作用。

（滕莉）

【获得北京市电子政务工作“公共服务奖”】 2011 年 12 年 3 月，北京市经济和信息委员会为北京市监狱管理局颁发了 2011 年度北京市电子政务工作“公共服务奖”，以表彰北京市监狱管理局在北京市电子政务服务方面做出的突出贡献。

（滕莉）

【2011 年北京市监狱管理局信息化工作会议召开】 2011 年 2 月 25 日，信息技术处在第二监狱组织召开 2011 年北京市监狱管理局信息化工作会议。会上，第二监狱、延庆监狱、清园监狱就本单位信息化建设情况作了典型发言，同时，北京市监狱管理局信息技术处传达并部署了 2011 年全局信息化建设工作思路和要点。

（滕莉）

【远程视频会见预约测试完成】 2011 年 3 月 13 日，北京市监狱管理局信息技术处对远程视频会见系统进行了测试，通过金钟监狱和市司法局机关干警的角色扮演，以及各方面的密切配合，使测试达到了预期效果，满足视频会见双方通话以及第三方终止通话要求。

（滕莉）

【2011 年度信息化建设应用评比会举办】 2011 年 11 月 15 日，在第二监狱召开了 2011 年度全局信息化建设应用评比会，会上全局十四个单位就各自信息化建设应用情况及所取得的成果进行汇报。经过激烈角逐，最后，女子监狱、清园监狱、前进监狱、第二监狱、延庆监狱、清河分局获得 2011 年度信息化应用建设优秀单位奖。

（滕莉）

北京市教育委员会

【概述】 2011年年内，北京市教育委员会围绕信息化开展一系列工作，确定首都教育信息化未来十年发展目标，开展特色教育资源库建设项目，及第十二届中小学师生电脑作品评选活动，充分利用信息化手段为广大师生服务。

【首都教育信息化未来十年发展目标确定】 2011年3月24日，北京市召开北京教育工作会，会议正式颁布《北京市中长期教育改革和发展规划纲要（2010—2020年）》，规划纲要中提出教育信息化建设应坚持统筹规划、整合资源、加强服务、提升效益的原则，以教育信息化的发展推进现代化目标的实现，构建支撑终身教育和个性化学习的数字化教育服务体系，全面提升首都教育信息化水平。今后北京市将进一步加强教育信息基础建设，完善数字化教育服务体系，创新信息化教育与管理方式。

（张豫）

【第十二届中小学师生电脑作品评选活动】 2011年3月，市教委基教二处组织实施北京市第十二届中小学师生电脑作品评选活动，共收到学生作品636件，评选出一等奖40件，二等奖64件，三等奖125件；收到教师作品1660件，评选出一等奖68件，二等奖140件，三等奖298件。7月，推荐86件学生作品参加由教育部中央电教馆主办的第十二届全国电脑制作活动，有12件获得一等奖，11件获得二等奖，18件获得三等奖，北京市教育委员会获得全国最佳组织奖。

（李正宇）

【特色教育资源库建设项目成果显著】 2011年4月，承担上年北京高等学校特色教育资源库建设项目的9所市属高等学校（北京工业大学、北京印刷学院、北京服装学院、北京第二外国语学院、北京舞蹈学院、中国戏曲学院、北京电影学院、北京建筑工程学院、首都医科大学）通过专家验收。在市教委、北京教育网络和信息中心、高校等诸多方面的大力支持和项目成员的共同努力下，项目经过6年的建设，取得了一系列的建设成果，集中体现为：创新了人文艺术高校学科网络资源整合模式；创建了一批文化艺术网络传播基地；有效挖掘、保护、整合了一大批优质文化资源；全面提升高校资源建设和信息化建设水平。截至年底，已建成268个涵盖服装、设计、舞蹈、印刷、体育、建筑等领域的主题资源包，整合图片近157万张，音视频6.6万个，文字3025万字，网页设计11万个。

（张豫）

【召开全市学前教育信息化基地现场会】 2011年4月23日，北京市教委学前处在丰台区芳庄第二幼儿园召开了全市学前教育信息化基地现场会。会上，芳庄第二幼儿园介绍了幼儿园信息化建设的经验，展示了幼儿园信息化在教育教学中的运用。各区县教委学前科科长、42个市级学前教育信息化基地园代表等共计100余人参加了会议。

（郭春彦）

【第一届北京市教育信息化专家委员会工作会】 2011年5月11日，市教委举办了“第一届北京市教育信息化专家委员会工作会”，北京市教委主任付志峰及20委委员出席了本次会议。付志峰代表市教委向到会的各位专家委员亲自颁发了聘书。第一届北京市教育信息化专家委员会主任、中国科学院计算所所长、工程院院士李国杰在会上作了主题发言。

（李正宇）

【2011 北京教育信息技术高峰论坛】 2011 年 5 月 12 至 13 日，北京教育网络和信息中心、北京远程教育专业委员会和北京高等教育学会信息化工作研究分会召开以“打造智慧校园，创新教育价值”为主题的 2011 北京教育信息技术高峰论坛，教育部及北京市经济和信息化委员会、市教委信息化工作的相关领导、专家，区县及各级高校教育信息中心、教育设备中心的代表共 100 人出席了这次论坛，探讨了与主题相关的新技术趋势。

（李正宇）

【CMIS 和学生卡服务入学】 2011 年 5 月至 10 月，小升初、普通高中入学依靠 CMIS 系统和学生卡实现 20 余万学生入学资格的认定，电子学籍档案的建立，电子学籍注册，电子学籍信息的转移等内容；在入学注册数据的基础上，利用现代化手段分析汇总非正常入学和流动学生情况。

（李正宇）

【中小学教师基础信息平台】 2011 年 5 月至 10 月，北京市中小学教师基础信息平台一期建设工作完成。该平台是在遵循人事管理、教育行政管理、信息技术等相关规范的基础上，以教师管理和数据应用为核心，建成的一个完整规范的，符合实际管理需要的教师基础信息库，实现人事管理的信息化和教师基础信息的资源共享。在此基础上在朝阳区、丰台区发放 3 万余张教师卡并开展继续教育应用实验。

（李正宇）

【学生卡服务学生体检】 2011 年 5 月至 11 月，依靠“北京市中小学学生卡”及“北京市中小学健康体检网”，在西城、石景山、平谷、海淀等区县开展学生持卡体检，正式上线运行。学生持卡体检是学生健康体检信息化的第二步，实施后使学生健康体检信息采集更加高效和完整，可以对学生的健康状况更全面的监控。

（李正宇）

【北京中小学党建信息网开通并顺利运行】 2011 年 6 月，“北京中小学党建信息网”开通。从 2010 年 9 月开始筹建的“北京中小学党建信息网”，经过近 10 个月的筹备，完成了建网的可靠性认证、栏目设计、基本数据采集等基础工作。“北京中小学党建信息网”集信息发布、浏览、查询、网络办公于一体，以党建为中心，以推动首都基础教育发展为目的，以“宣传党建方针、传播党建知识、交流党建工作、提升党建水平”为宗旨，立足于“服务学校、服务区县、服务教育发展”，充分挖掘全市各级各类基础教育的丰富党建资源，对促进全市党建水平的提升发挥了重要作用。截至 12 月 31 日，网站访问量已突破 150 000 次。

（王小垂）

【北京市教育行业网络与信息系统安全检查】 2011 年 7 月至 11 月，市教委与北京市公安局联合开展对北京市教育行业网络与信息安全专项检查，联合检查办公室对市教育系统，区县教委，各市属高校及市教委直属直管等 78 家单位的现场检查工作，进行了安全宣教，确保市教育行业网络与信息系统安全稳定运行。

（李正宇）

【举办中职信息化教学比赛】 为不断提高学校信息化建设水平，扩大信息技术在教学和管理工作中的应用范围，促进和带动职业教育的现代化。2011 年 9 月 21 日至 22 日，市教委举办了北京市中等职业学校信息化教学比赛暨全国职业院校信息化教学大赛选拔赛。来自 32 所学校的 86 名教师参加了多媒体教学软件、信息化教学设计和计算机网络技术信息化教学 3 个项目的现场比赛。经过激烈比赛，共评选出一等奖 7 名，二等奖 8 名，三等奖 17 名，优秀奖 39 名。在此基础上，北京市选拔教师参加了教育部组织的全国职业院校信息化教学大赛，获得一等奖 2 人、二等奖 4 人、三等奖 3 人、优秀奖 2 人。

（陈薇）

【市教委门户网站改版】 2011 年 9 月，市教委网站进行第九次改版，主要工作包括：整理教委网站各个模块，使网站信息与处室相应业务进行对应，并确立处室信息员沟通机制。通过教委办公会形成正式文件，形成教委网站信息的管理办法，从信息产生的源头加强了教委网站的信息管理；根据“2011 年政府网站考核办法”重新设置教委栏目，设计上突出公众使用习惯，内容着重体现公众服务，把服务工作、教育热点信息放在主要位置；网站后台管理系统升级，从网站的稳定性、安全性出发，整体上提高了教委网站的性能。教委网站 2011 年组织综合新闻内容 300 余篇，向首都之窗政府门户网站报送信息共计 28 条，采用率达 85%，点击量 224 847 515，浏览量 61 857 762，全年可利用率达 100%，网站响应率小于 50 毫秒。

（李正宇）

【市委教育工委启用网络办公系统】 2011 年 10 月为提升机关办公自动化水平，提高办公效率，减少工作成本，实现科学管理，市委教育工委于开始进行网络办公系统（OA 系统）建设。该系统涵盖了信息管理、发文管理、会议定制、通知发布、网上交流、个人办公等功能，不仅能够实现公文流转、审核、签批等工作的电子化处理，促进工作更加规范、高效，还能为工作人员提供便利的办公手段和丰富的信息资源，加强交流和共享。经过调研、开发、测试、安装、试运行等环节，该系统于 5 月 16 日正式投入使用。

（秦蕾）

【地理图层系统升级和资源整理】 2011 年年内，结合市教委网站地图和北京市经济和信息化委员会资源管理中心地理图层系统的要求，整理归纳了全市中小学、高校等学校基础数据，包括地理位置、联系方式、学校简介等信息 3573 条。在北京市经济和信息化委员会资源管理中心地理图层基础信息共享考评中名列前茅。

（李正宇）

【信息安全自查】 2011 年年内，根据市委保密委、北京市网络与信息安全协调小组关于保密检查、软件正版化检查和网络与信息安全检查的要求，经市教委主任办公会研究决定，在委内开展全面检查，内容包括软件正版化检查、涉密信息检查、教委在岗人员统计、教委固定资产统计、教委办公系统账号统计等，并将所有信息制作台账留存。此次检查中对使用非正版系统、未使用杀毒软件的计算机当即进行了处理；对存在、或曾经存在过涉密问题的计算机采取包括文件操作痕迹清理、多次硬盘低级格式化、操作系统及办公软件、网卡网口的禁用、分类贴签等相应处理措施，除报废外，妥善处理后的计算机机发至各处室作为专用保密机使用。此次检查后，每个处室选出保密负责人，配发保密移动硬盘、保密打印机，组织学习涉密办公流程，做到专机专用，涉密不上网，上网不涉密，确保了委内电子政务办公的信息安全。

（李正宇）

【数字校园建设工作全面启动】 2011 年年内，市教委出台了《北京市中小学数字校园实验工程市级引导性项目经费管理办法》，组织专家组对 29 所数字校园实验校的建设方案进行评审，明确各实验校建设方案。北京教育网络和信息中心组织实验校项目负责人赴上海七宝中学、金鹰小学考察数字校园建设情况，举办了第二届全国中小学校长信息化领导力与数字化校园发展高峰论坛、北京市中小学数字校园实验校培训会等多次交流研讨活动，发布了“北京市中小学数字校园实验校交流平台”，为实验校、专家组、工作组以及厂商提供了方便快捷的交流渠道。

（李正宇）

【建设中小学校舍信息系统】 2011 年年内，根据国务院及市委、市政府有关要求，北京市于 2009 年启动了中小学校舍安全工程。为了更有效的管理全市中小学校舍资源，为校舍安全工程提供数据支撑，根据全国中小学校舍安全工程领导小组办公室全国校安办《关于做好全国中小学校舍信息管理系统（网络版）数据录入及审核相关工作的通知》（全国校安办函〔2010〕26 号）要求，市教委投入 550 万元财政性资金，购置相关硬件、系统，建设了北京市中小学校舍信息管理系统一期工程（二期工程计划 2012 年建设，计划投资 515 万元）。自该系统运行以来，共录入全市各区县中小学 1693 所学校 18 567 栋建筑基础信息(含校舍用地面积、建筑面积、建筑平面图校园平面图、建筑视频及照片、GPS 信息、安全排查信息、学校布局规划信息)，为市区两级教育部门进行校舍管理提供了信息，为各级管理部门决策提供了信息支持。

（马骏）

【中国中小学校园电视奖评选】 2011 年年内，北京市参加由中央电教馆和中国教育电视协会主办的“第八届中国中小学校园电视奖评选”活动，有 1 部作品和 1 人获得金犊奖提名，6 部作品获得金奖，17 部作品获得银奖，14 部作品获得铜奖。

（李正宇）

【CMIS 服务体质测试】 2011 年 11 月，市教委利用 CMIS 中学籍数据、学生卡作为身份证明和数据载体，确保“第五届北京市中小学生国家体质健康标准测试赛及第二届北京市职高国家体质健康标准测试赛”公平公正。本届测试赛，更加严格了身份确认，不仅通过“CMIS”系统随机抽签选取来自全市 16 区县的高中、初中、小学共 54 个自然班的近 2000 名学生，而且所有学生必须持有表明自己身份的学生卡。只有学生持有学生卡经过计算机系统检录确认其身份后，才能进入比赛场馆，而且在比赛过程中也须通过其学生卡记录其成绩。CMIS 和学生卡的应用，保证了比赛公正地进行，确保了比赛成绩的真实性，从而为决策部门了解学生的真实体质情况和制定出正确的政策提供了技术保证。

（李正宇）

【北京教育资源网茁壮成长】 截至 2011 年 12 月底，北京教育资源网（北京市中小学资源平台）平台已拥有条目类资源 687 491 条，服务频道 18 个，资源总数近 450 万条。资源网月均下载资源 1.8T。

（李正宇）

【北京学习型城市网】 北京广播电视大学受北京市建设学习型城市工作领导小组办公室委托，于 2007 年 7 月建成了“北京学习型城市网”。经过五年的发展，北京学习型城市网站的建设广泛吸取了其他省市相关网站建设的有益经验，突出首都特色，以服务市民、促进学习、交流信息和推动创建为宗旨，将为本市机关干部、企业职工、社区居民、郊区农民、来京民工、离退休老人等各类人群提供各种学历教育和非学历教育学习课程，并且在弘扬北京历史文化、宣传奥运理念、建立北京人健康文明的生活方式上也将起到积极的作用。网站的建立不仅为本市各部门、各行业创建学习型组织提供一个交流学习的园地，同时也为首都市民提供一个范围最大、内容最丰富的远程教育学习服务平台。网站开发了《家长课堂》网络课程，录制了110集《家长学校》流媒体课程，《家长课堂》是面向0—6岁婴幼儿家长的育儿知识网站，内容涵盖面全、专业性强、通俗易懂、媒体表现手法合理、丰富。完成《京郊乡村旅游》、《数字生活》等9个系列180集视频资源教学包的开发工作，并在北京学习型城市网全部上线。2011年12月，作为“北京学习型城市网”的一个组成部分，首都市民终身学习平台正式上线，以满足市民多样化的学习需求。根据《北京市学习型城市建设工作“十二五”规划》（京学习〔2012〕3号）文件精神，结合学分银行建设工作需要，开展探索市民学习成果的累积和认证工作。通过邀请有关人员和专业人士，针对网站已有视频资源，精选1172集视频资源，出题5860道，建设了市民学习题库。现设有北京文化、职业发展、艺术欣赏、家长课堂、家庭生活、居民常识、农村建设、社会热点、文化传承、心理健康、信息技术、养生保健等12个一级栏目。学习者登录平台点播开放性课程，自主学习，或者进入课程体系学习，体现开放性学习与系统化学习相结合的教学理念。

（吴缨）

【中职校参加数字化信息资源共建共享计划】 为深入贯彻落实《国家中长期教育改革和发展规划纲要》（2010—2020年）》关于“加快教育信息化进程”的战略部署，按照职业教育改革创新行动计划和《教育部人力资源社会保障部财政部关于实施国家中等职业教育改革发展示范学校建设计划的意见》（教职成〔2010〕9号）要求，加快推进职业教育数字校园建设，教育部实施了“国家示范性职业学校数字化资源共建共享计划”，促进优质资源共享，提升信息技术支撑职业教育改革创新的能力，着力提高人才培养质量。经教育部评审，北京市共有北京铁路电气化学校、北京商业学校和北京市劲松职业高中三所学校成为精品课程资源项目电气运行与控制专业、电子商务专业、会计专业和中餐烹饪专业协作组的组长单位，由其牵头开展本专业的数字化资源共建共享工作。开发包括网络课程、虚拟仿真实训单元、生产流程模拟软件、名师名课音像制品、通用主题素材库、资源管理信息系统等多种媒体形式的职业教育优质数字化信息资源。此举将进一步加快提高职业教育数字化资源开发的标准化、专业化和产业化水平，大幅提升职业学校协作发展、共享资源和改革创新的能力，为构建职业教育数字化信息资源公共服务体系进行有益的探索和实践。

（陈薇）

【信息技术培训工作】 2011年年内，270位新任网管教师参加培训；完成中小学骨干教师专业培训1000人次；组织了“中小学骨干教师专业培训成果评比与展示活动”。

（李正宇）

北京经济技术开发区

【概述】 2011年年内，北京经济技术开发区开发区坚持统筹规划、集约建设、大胆创新、跨越发展，强化信息化基础设施建设和政务信息化基础设施管理，推进基础公共数据库和公共系统支撑平台研究及建设，深化网站建设、管理与服务，提高城市管理信息化支撑水平，加强区内企业信息化资源调研，强化部门年度信息化重点项目组织管理，推进重点信息化项目开展，为新区建设、产业发展、城市管理、社会服务、政府管理等提供高效便捷、安全稳定的信息化支撑与服务。

（陈晨）

【政务网络互联网接口升级至百兆】 2011 年 7 月，管委会政务网络互联网带宽由 50M 提升至 100M，并开始政务网络架构优化和核心网络设备升级准备工作。

（陈晨）

【开发区劳动用工及薪酬系统建设】 2011 年 9 月 1 日，开发区劳动用工及薪酬系统正式上线，系统分为六大模块（数据采集、数据查询、统计分析、预警信息、企业报表和信息发布），采集四类数据（企业数据、员工数据、薪酬数据和合同数据），两类用户（政府、企业），由区内企业按季度定时上报数据。

（陈晨）

【开发区招商信息管理与决策系统建设】 2011 年 12 月，开发区招商信息管理与决策系统正式上线，系统包括“项目台账管理子系统”与“入区企业管理子系统”，实现了对开发区项目的采集上报、进度跟踪、综合查询和统计分析，实现了对入区企业的录入管理、查询和统计分析。

（陈晨）

【开发区安全生产监督管理平台建设】 2011 年年内，开发区启动了开发区安全生产监督管理平台建设工作。该平台可依托移动终端设备，实现执法现场精确快速查询企业基础信息及历年检查等情况，为现场执法提供准确翔实的信息。

（陈晨）

【开发区规划综合业务信息系统建设】 2011 年年内，开发区规划综合业务信息系统正式上线，该系统建立起规划信息资源管理、电子政务、信息服务为目标，包括业务公文管理系统、规划编制任务管理系统、会议管理、规划编制成果空间入库标准及工具系统功能模块的互通、高效、集成、一体的规划综合业务平台。

（陈晨）

【开发区环保在线监测平台建设】 2011 年年内，开展了开发区环保在线监测平台建设项目，完成了前期试点工作，对企业多排放口和多种特征污染物的在线监测进行了前期验证，建设项目工作进入招投标阶段。

（陈晨）

【网站信息量与浏览量稳步提高】 2011 年年内，网站栏目分工责任制得到进一步落实，信息发布数量和质量不断提升，全年网站信息量 29 086 条，页面浏览量 3 501 524，其中国外 IP 浏览量 177 710。

（陈晨）

【不断扩大城市监控覆盖】 2011 年年内，启动开展 166 路城市道路和公共区域监控点位建设，将监控覆盖扩至路东区、河西区。“两会”时期，建设了 12 处重点地区安保无线监控，有效保障了重大活动期间安保监控需要。年底，完成了企业文化园和博大公园 39 路无线监控建设以及重点道路区域 27 路监控点建设。

（陈晨）

【重点社会单位监控接入城市综合管理平台】 2011 年年内，启动 342 家 1710 路重点社会单位监控接入工作。年底，完成 76 家单位 380 路监控接入，至此，城市综合管理平台共接入社会单位监控 424 路。

（陈晨）

【利用无线技术实现公园39路监控信号传输】 2011年年内，开发区企业文化公园监控建设项目实施完成。该项目在企业文化园新建监控点位34个，博大公园新建监控点位5个，39个监控点位均采用自主知识产权 mcwill+wifi 技术进行无线视频监控回传，真正实现无线监控应用。

（陈晨）

【视频图像信息管理平台改造工程】 2011年年内，启动视频图像信息管理平台改造工程。改造后平台将实现2500路监控的承载，增加对各分中心分级权限管理及前端设备运行状态的实时监测、远程巡检、故障报警和重点区域视频图像质量智能检测，提升系统承载能力和运维智能化水平。

（陈晨）

【云计算虚拟化平台建设和应用系统托管】 2011年年内，按照“自行管理为主、外包服务为辅”的原则，制定了开发区管委会机房服务器资源及应用管理系统优化整合方案，形成自有政务云建设和专业托管两种模式。自有政务云建设方面，利用云基地超云服务器开展虚拟化平台建设；应用系统托管方面，与中金数据进行对接、合作，将可托管的应用系统托管至中金数据IDC机房。

（陈晨）

【建设远端智能化运维管理平台】 2011年年内，启动了开发区远端智能化运维管理平台建设，年底完成了项目招标。该平台可实现对管委会政务网络系统、机房设备、远程节点间、监控设备的远端可视化、图形化、智能化检测、管理。

（陈晨）

【法人库系统建设】 2011年年内，依托北京市法人数据平台，搭建完成开发区法人数据库共享交互系统，实现5000余条开发区法人信息查询展现、分析利用，数据库信息与市级平台同步实时更新，向科技、产促等部门开放应用。

（陈晨）

【搭建外网CA认证环境】 2011年年内，为满足面向企业的业务系统需要，搭建了外网CA认证环境，为企业、政府在线沟通和业务办理提供基础安全保障，在劳动用工管理系统中进行试用。

（陈晨）

【整合内部办公平台和公文交换系统】 2011年年内，加强内网办公平台对重点业务信息化应用的支撑，完成电子公文传输系统建设。该系统自五月进入试运行，22个部门报送电子公文868份，占部门报文总数的50%。

（陈晨）

【强化年度信息化项目组织管理】 2011年年内，全力推进电子政务项目实施，做好审核把关、技术咨询支持工作，全年对38个电子政务项目进行了立项审批，召开11次专家评审会。

（陈晨）

【基站与20兆宽带入户工作】 2011年年内，协调京东方、北京奔驰、汇龙森等区内重点企业和园区周边20个基站选址及6个基站建设工作；协调完成区内天华二里、郁金香、浉城百丽、星岛嘉园20M宽带网络入户建设，接入用户1000户。

（陈晨）

【“祥云工程”落地开发区】 2011年年内，北京市“祥云工程”中小企业云服务平台建设单位与区内重点园区合作，支持园区信息化公共服务平台搭建。

（陈晨）

北京市科学技术委员会

【概述】 2011 年年内，北京市科学技术委员会通过数据采集实现部门内的信息纵向会聚和传递，部门间的互联互通、资源整合、信息共享和在线实时服务，将分散在不同部门系统的各类数据经过清理、整合、汇总，加强信息共享度，满足跨部门信息共享交换的需求，最终服务科学的决策和管理。北京市科学技术委员会结合市科委信息化统筹整合工作要求，市科委网站围绕科技北京建设中心工作，在规范网站管理、深化政府信息公开工作、整合网上办事服务、加强政民互动，创建具有北京特色的科技北京和科技服务频道等方面全面推进，实现新版改版并成功上线运行，网站面貌焕然一新，有力地支撑了提升市科委政务能力工作。北京市科学技术委员会围绕贯彻北京市电子政务总体框架，适应业务调整和新的业务需求，加强行政许可、审批等核心业务信息化服务。加强新型公共服务支撑系统建设，创新服务模式，拓宽服务渠道，提高服务质量，促进公共服务的优质发展。以创建优化发展环境为手段，提高科技成果转化率和应用水平，促进领域科技环境建设和发展，促进服务水平提升。升级改造了办公自动化系统，科技计划项目管理系统（MIS）等。通过系统建设和系统运维，细化了工作流程，提高了办事效率，推动了我委信息化建设，优化了科技信息化资源配置，推动了信息资源共享利用。

（李佳璇）

【政务信息资源共享目录】 2011 年年内，北京市科学技术委员会针对市科委办公室、法规处、计划处、条财处、高新处、法规处等 18 个处室的业务进行了统计与分析，并归纳合并了约 300 余项业务中形成的软、硬、管理等资源，形成了 2616 个资源目录，按照资源的种类形成了可以共享的对外资源和对科委内部的资源。

（李佳璇）

【政务信息资源共享程度加强】 2011 年年内，北京市科学技术委员会多个业务系统实现业务数据在部门内、跨部门及跨层级之间的共享。北京科技成果产业化情报系统实现了科委各业务处室及直属单位的共享，共享信息量达到 8635 万条；北京市科学技术奖励网络化工作平台实现了部门内的专家信息共享，共享信息量达到 9983 条；北京市自然科学基金网络化工作平台实现了部门内的专家信息共享，共享信息量达到 10 335 条。

（李佳璇）

【科委网站建设】 2011 年年内，第七次主任办公会专门讨论通过了网站工作方案，组建了受科委办公室直接领导的网站编辑部，主管委领导王建新委员专门带队，赴首都之窗、住建委、市规委等单位调研，委办公室派专人参与并指导市科委网站编辑部工作。一年来，科委网站在办公室领导下，开展了一系列推进网站建设的具体工作：完善制定网站各项管理制度；启动网站与政府信息公开工作联动机制；组织论证网站问题和解决方案；结合信息化统筹，整合网上办事服务；编制网站改版方案并组织实施。2011 年 7 月，在北京市经济和信息化委员会、市纠风办、市保密局、市政府信息公开办等部门针对政府网站建设开展的实地检查中，市科委网站建设工作取得了一致好评。

（李佳璇）

【门户网站服务能力提升】 2011 年年内，北京市科学技术委员会组织了所有涉及办事服务的处室、承办单位、技术支持单位参加的网上办事服务内容和意见征集会议，对所有办事事项、科技服务信息资源做了统筹、整合。最终，以网站改版为契机，有针对性地加以修正和改进。市科委网站提供了包括行政许可（3 项）、行政审批（9 项）和其他事项（7 项）在内的 19 个行政办事事项服务。网站推出了包括科技条件、科技金融、技术交易、孵化器、产业联盟、科技信息资源等六大科技信息服务内容，同时还建立了高新技术企业的主题服务栏目。全部事项的办事指南访问量达到 68 532 人次，全部事项的表格下载量达到 65 180 人次，全部事项的网上办理总量达到 52 348 件，全部事项的网上结果反馈总量达到 52 684 件。

（李佳璇）

【政府信息公开】 2011 年年内，北京市科学技术委员会委高度重视政府信息公开工作，为使网站真正成为政府信息公开的第一窗口，建立了网站建设与政府信息公开工作联动机制，首先是建立信息公开责任制，将主动公开的五大类政府信息与相关处室建立对应责任关系，从源头保证信息公开的及时、准确和完整；其次是把政府信息公开的审核与网站发布相关联，从而保证最短时间将主动公开的政府信息在网站上发布出来。2011 年，网站进行了全面改版，网站专门设立了政府信息公开频道，并在首页及所有频道、栏目、内容页上都设置了政府信息公开专栏，确保公众的知情权。多次通过新闻发布会等形式，就网络媒体和公众关心的相关问题进行答复，网站对相关内容予以了及时报道。在领导的高度重视和全体人员的共同努力下，网上政府信息公开工作不断深化，工作进展平稳、顺利，全年主动公开政府信息 310 条。

（李佳璇）

【信息化统筹管理】 2011 年 6 月，北京市科学技术委员会向委内各处室及直属单位下达了《关于进一步加强信息化统筹工作的通知》，在通知精神的指导下，年内，在对国内外电子政务建设调研的基础上，初步实现了信息化系统的六个统一，包括统一专项、统一管理、统一资源、统一安全、统一标准、统一运维。成立了信息化领导小组及信息化专项工作组。于 11 月发布了《科技政务信息化专项管理办法》，对信息化专项从立项到项目验收进行统一管理。

（李佳璇）

【办公自动化系统升级改造】 2011 年年内，北京市科学技术委员会对委内办公自动化系统进行了升级改造，提高了工作人员的办事效率。升级改造的具体内容包括调研梳理相关业务流程，对业务流程进行重新设计；重构系统底层技术平台，使技术体系能够满足业务需求；更新办公套件，解决办公套件的稳定性及效率问题；清理系统各个业务模块，对相关功能进行整合；实现办公自动化系统与相关业务系统的整合；重新进行系统交互界面设计，增强系统易用性。

（李佳璇）

【科技计划项目管理系统升级改造】 2011 年年内，北京市科学技术委员会项目管理系统（以下简称“MIS”）。MIS 系统的业务增长性较强，整体系统的内网数据容量从 1.94G 增长到了 2.84G，数据记录从 14 万余条增长到 22 万余条，增长了 146%左右；外网数据容量从 0.9G 增长到 1.37G，数据记录从 16 增长到 27 万余条，增长了 152%左右。这些系统增长，都说明了 MIS 系统的业务量一直保持着逐年递增的趋势。MIS 系统的主要工作就是用来帮助科委各个处室完成每年科技项目的财政支持工作，MIS 系统的升级改造，为市科委的科技项目项目管理工作，提供了更广泛的信息化支持。

（李佳璇）

北京市科学技术协会

【北京百万家庭数字生活技能大赛】 2011 年（第八届）北京百万家庭数字生活技能大赛以“科技诠释生活”为主题，由北京市科学技术协会、北京市经济和信息化委员会、北京市妇女联合会、《科技新时代》杂志社主办，开展时间为 4 月至 10 月，惠及人群达 30 万。活动内容包括单项赛、家庭赛和基层活动；其中，单项赛包括网上知识竞赛、数码摄影竞赛和 DV 大赛。全市有 134 967 人参加了网上知识竞赛，数码摄影竞赛收到作品 8875 幅，DV 大赛收到作品 238 幅。大赛在全市举办了 63 场讲座，内容包括物联网、微博使用、网上购物、网上银行等知识，覆盖人群达 4 万;在全市 16 个区县的重点社区张贴大赛宣传海报 2000 张，发放宣传折页 10 000 份。全市有 11 586 支家庭队参加初赛，通过培训、选拔，海淀区、朝阳区、石景山区、西城区、通州区、延庆县六支家庭代表队入围了家庭赛决赛。决赛通过家庭创意表现、小试牛刀、眼疾手快、幸运魔方、巅峰对决五个环节的比拼，最后石景山区代表队获得了家庭赛一等奖，海淀区代表队、朝阳区代表队获得二等奖，延庆县代表队、通州区代表队、西城区代表队获得三等奖。朝阳区、西城区、门头沟区、石景山区、海淀区、延庆县、丰台区、通州区、怀柔区、昌平区获得区县优秀组织工作一等奖。活动期间有 50 多家媒体对大赛进行了报道。

（张孝军）

【蝌蚪五线谱网站建设】 2011 年 9 月 16 日，中国科学技术协会书记处书记徐延豪在首届“北京科学嘉年华”开幕式上启动开通了由北京市科学技术协会承建的大型公益性科普网站——蝌蚪五线谱（www.Kedo.gov.cn），标志着蝌蚪五线谱网站完成建设并全面上线试运行。蝌蚪五线谱网站共建设有 SNS 互动社区系统、搜索系统、微博系统、三维地理信息系统、内容发布系统、视频直播系统、用户账户自动管理系统等 13 个应用系统，依托基于云计算的硬件网络环境，并开发了跨安卓、苹果平台的手机版网站应用，试运行期间网站运行稳定，效果良好。蝌蚪五线谱网站建立了由专业科学编辑组成的采编团队，同时向社会发布《蝌蚪五线谱网站内容征集指南》，公开征集网站资源，与北京地理学会、北京科技报等 15 家机构建立资源合作关系，内容涵盖河流水系、自然生物、前沿科技、农业科学等诸多方面，经过一年对市科协自有资源的梳理、社会合作征集、专家约稿、精品资源专项建设，网站内容资源初具规模，并且逐步建立并完善了内容资源选题机制及建设机制，网站内容建设已步入正轨。蝌蚪五线谱网站借鉴商业网站的推广方式，开展主题活动宣传、新媒体营销、广告营销等多渠道推广工作，网站知名度逐步提高。

（张孝军）

【北京数字博物馆平台建设】 2011 年年内，北京数字科普协会继续承担“北京数字博物馆平台建设”项目。继续充实、完善和维护北京数字博物馆平台，按照“新领域、新趋势、新任务、新要求、新需求”的建设思路，对已有网站的博物馆直接链接，自我推荐；为没有网站的博物馆提供平台，填充内容；加大动态，虚实联动；制订规则，效益共享。把北京数字博物馆打造成全天开放博物馆科技馆资源共享平台、集中展示博物馆科技馆宣传平台、宣传了解北京的无障碍查找平台、互动交流全民参与共建共享平台，北京中医药数字博物馆是一个面向公众的科普博物馆，是一个立足北京，面向世界推广和宣传中医药文化和科学的知识网站。经过申报，评审，北京中医药数字博物馆荣获2010年世界信息峰会大奖。5月27—29日，由北京市科协、市文物局和北京市经济和信息化委员会主办的“2011年北京数字博物馆研讨会”在北京科技活动中心举办。这是2011年国际博物馆日和北京科技周的一项重要活动。本届研讨会的主题是：携手共进，创新发展。北京市科协、北京市文物局、北京市经济和信息化委员会有关领导出席了会议。来自北京、上海、湖北、广东、陕西、福建、山东等省市300余位与数字博物馆、数字科技馆建设相关的科技、文博、科普、教育、设计等方面的专家学者参加会议。研讨会期间，举办了“创意科技助力博物馆”展览和“数字博物馆建设成果展”。会后，研讨会论文集《创意科技助力数字博物馆》由中国传媒大学出版社正式出版。

（张孝军）

【开展北京市提高全民信息能力培训活动】 2011年年内，为推进全民信息能力培训工作的开展，进一步提高市民运用信息技术的技能，北京市科学技术协会开展了北京市提高全民信息能力培训活动，培训活动主题是“提高信息素质、网络服务市民”，重点在区县推广培训示范课，培训对象是社区居民、驻区部队、农民、青少年和残疾人，内容是网络安全，网银使用、微博和数码摄影等知识，5月30日在通州区举办了首场培训示范课，先后在石景山和大兴区等八个区县组织了培训示范课，向房山区第五中学、怀柔区汤河口等八所偏远地区中小学赠送《信息技术与生活》1500余册，一年来举办信息培训70余期，16 500余人参加，开展网络科普活动65次，31 000多人参加，取得了良好的培训效果。培训期间举办了2011年北京市提高全民信息能力培训研讨会，会议总结交流了区县信息培训工作经验，并就如何进一步开展好2012年的信息科普工作进行了研讨，会议建议在培训模式、科普内容和引入社会力量参与等方面的经验要认真总结和推广。为提高信息培训质量，促进信息科普工作的开展，组织有关专家编写了市民网络科普知识读本之四《我的数码影像生活》，该书贴近生活、实用性、可操作性强，即可作为数码影像知识培训教材，也可以作为网络科普宣传读本，并通过信息培训活动发放到街道、社区和农村。

（张孝军）

北京市旅游委

【概述】 2011年是北京旅游产业快速发展的一年。面对旅游产业发展的新形势、新机遇，信息中心在市旅游委党组的领导下，紧紧围绕旅游产业发展的大局，抓住机遇，以推动旅游产业发展为目标，以为游客服务为中心，以完善政府公益服务为责任，瞄准历史高度、行业高度、全球高度的前沿目标，大力推进“北京旅游网”网站建设和提升游客咨询服务水平，以大视野、新思路、大举措，创新突破、科学发展，开拓北京旅游信息化建设的新局面。随着信息网络建设不断完善和应用系统建设步伐的加快，市旅游委信息化建设在加强管理、转变职能、提高效率、促进产业发展和方便广大游客等方面发挥了积极作用，取得了显著成绩。

（郑锋）

【领导视察旅游咨询日活动】 2011 年 5 月 19 日上午，2011 年“中国旅游日”主题活动（北京）启动仪式在天坛祈年殿前隆重举行。中央政治局委员、国务院副总理王岐山、国务院副秘书长毕井泉、北京市市长郭金龙及国家旅游局局长邵琪伟等出席活动，并参观了市旅游委的北京旅游咨询服务展台，与展台前的工作人员亲切交谈。王岐山翻阅了新出版的京郊旅游手册和都市旅游手册后说，一定要高度重视普及旅游安全知识，今后所有的旅游推介都要向旅游者提供安全提示，所有的旅游宣传册子都要加上旅游安全提示页，提示游客和导游注意旅游安全。陪同王岐山等领导参观的还有中央有关部门的领导、北京市副市长丁向阳、北京市副秘书长安钢以及北京市旅游发展委员会主任鲁勇等。

（郑锋）

【北京旅游网荣获第六届中国特色政府网站评选活动“用户体验奖”】 2011 年年内，“北京旅游网（visitbeijing.com.cn）”在 2011 年由中国社会科学院信息化研究中心与国脉互联政府网站评测研究中心共同举办的第六届中国特色政府网站评选活动中荣获“用户体验奖”。包括中央政府机关网站在内的 1350 个政府网站参加了此次评选，其中有 7 个单位获得“用户体验奖”。另外，网站的旅游信息服务被市纠风办和北京市经济和信息化委员会评为“2011 年度优秀网上服务项目”。2010 年 12 月 28 日，拥有中、英、法、西、阿、德、日、韩 8 种语言网站的“北京旅游网”正式上线运行。2011 年，市旅游委信息中心在网站上线的头一年里，着力提高北京旅游网办网水平，建立推介、营销、监管三位一体的服务平台。“北京旅游网”以“实用、时效、诚信、便利、实惠”为原则，不断丰富信息内容，活跃表现形式，增强旅游商务，不断提升网站传播旅游资讯和信息服务的功能。2011 年 10 月份，网站访问量 PV（页面浏览量）与上线之初相比增长了 15.1 倍；UV（独立用户数）增加了 8.9 倍；页面浏览量 21 万；网站 Alexa 排名由上线时的周平均 21 万位上升到 4.8 万位（个别节假日期间日排名能进入 3 万位以内），提前实现了年底进入 10 万位的目标。网站实现酒店、机票、景区门票和一日游线路的在线预定，截至 12 月 31 日，网上共销售电子票 16 731 张，销售金额 55.2 万元。网站电子商务系统、高清图片与视频系统、多语言内容管理系统（CMS）、社区系统、全站搜索系统、景区资源库系统、网民评价系统、电子杂志系统、热词系统九大基础应用系统建设全部完成并成功上线运营。

（郑锋）

【全市旅游咨询服务站总量达到 373 个】 2011 年年内，北京市旅游咨询服务站规模扩大和服务提升之年。北京市旅游咨询服务中心和各区县旅游服务咨询中心，依托北京旅游网的信息资源，按照“扩大数量、创新方式、拓展内容、提升品质”四项目标，开展开拓性和建设性的工作，在完善全市旅游咨询服务体系、扩大咨询服务站数量和提高咨询公共服务水平方面取得显著成绩。截至 2011 年年底，纳入全市旅游咨询服务序列的咨询站由 2010 年年底的 109 个增至 373 个，增加了 264 个，增长了 2.4 倍。A 级景区增设 142 个咨询站；咨询服务工作人员已超过 1800 人，实现了站点规模的跨越式发展。2011 年，全市旅游咨询站点共接待游客 723

万人次，同比增长 65.8%。发放各种旅游资料 359 万份（册），同比增长 11.5%。旅游咨询站建设由按行政区划配置转变为按市场需求建设，由政府投资建设过渡到区县主动建设。在确保公益性的前提下，与首旅集团、全聚德集团、奥林匹克中心管委会、首都机场航服公司、北京集散中心等有实力的企业、机构合作，在高档餐饮企业、商业中心和交通枢纽等地设立旅游咨询服务站点。旅游咨询站服务在内容、方式和范围上不断创新。除旅游指引、资料查询、宣传品发放服务外，有条件的咨询站还为游客提供休憩区、导游等免费服务，除传统的面对面服务、电话咨询服务外，北京旅游网、数字北京信息亭等线上服务，以满足不同游客的咨询需求。旅游咨询站在管理水平和服务品质上不断提升。全市咨询站落实《北京市咨询服务中心体系建设规划》、《旅游咨询服务中心设置与服务规范》和《北京市旅游咨询服务中心管理规范》，采取培训、考核、举办咨询日活动、完善监督机制、优质服务竞赛等多项措施，全面提高咨询员业务素质和服务技能。举办了三期咨询员业务培训班，对全市 1400 多名咨询员进行了培训。有关区县也对咨询员进行了以属地旅游资源为主题的培训。开展了“提高满意度”优质服务竞赛，通过巡视抽查、咨询站自评、区县站点互评、邀请第三方暗访等方式，对全市运行的咨询站点服务质量进行了全方位检查。举办了全市旅游咨询服务工作总结表彰会，20 家优秀咨询站、147 名优秀咨询员受到了表彰。全市涌现出一批优秀咨询站点和优秀咨询员，树立起“北京旅游咨询”品牌形象，成了北京旅游一道亮丽的风景线。

（郑锋）

【市旅游委政务网设立新年倒计时活动新闻中心/北京旅游网对 2012 北京新年倒计时庆典活动进行现场直播】 “2012 北京新年倒计时庆典”是北京市旅游发展委员会按照“人文北京、科技北京、绿色北京”的发展理念和“爱国、创新、包容、厚德”的北京精神，策划了“2012 北京新年倒计时庆典暨北京旅游推广活动”。2011 年 12 月 22 日，市旅游委电子政务网站开通了主要为媒体服务的新年倒计时活动新闻中心。专题开通期间，共发布新闻稿 8 篇，媒体注意事项 6 篇，现场新闻图片 35 张，有 43 家新闻媒体通过网上新闻中心进行注册。2011 年 12 月 30 日，北京旅游网开通新年倒计时活动专题，对活动进行现场和文字直播。北京首次举办官方大型新年倒计时庆典活动，向全球 10 亿观众传播了北京作为世界城市的旅游形象，彰显北京深厚历史文化底蕴与现代时尚都市的风彩，推进北京建设中国特色世界城市和打造国际一流旅游城市的总体目标。这个事件本身就创造了一种新的北京文化名牌，也是当今世界一流城市的一种潮流和重要标志。这次庆典活动是 2008 年奥运会之后北京在全世界面前最耀眼的一次亮相。2011 年 12 月 31 日晚，北京首次在天坛公园内举办的这场绚丽的新年倒计时庆典，让现场和电视机前的观众们欢庆新年的同时，也把北京推向全世界的视野，彰显北京迈向世界一流旅游城市的实力，展示北京作为文化之都的文化内涵和底蕴。

（郑锋）

北京市民防局

【概述】 2011 年年内，北京市民防局按照第六次全国人防工作会议精神和全市电子政务建设工作的部署，紧紧围绕“完善信息化基础设施，积极推进信息化应用与研究，强化制度建设与管理，狠抓训练与通信保障任务落实”四个重点环节，大力开展信息化建设，民防信息化建设水平大幅提升。

（言芳）

【指挥信息平台建设】 2011 年年内，通州区县民防局完成区指挥信息平台新建和升级改造任务。东城、顺义、房山、平谷、密云等区县民防局完成 14 个街乡指挥信息平台建设，民防三级指挥信息平台日益完善。

（言芳）

【短波通信系统建设】 2011 年年内，在上年完成城六区短波单兵抗干扰电台建设基础上，完成十个远郊区县短波单兵抗干扰电台建设工作，形成了全市民防单兵短波电台网，进一步增强了民防短波指挥通信保障能力。

（言芳）

【警报报知系统建设】 2011 年年内，按照国家人防对城市警报音响覆盖率和统控率的要求，随城市建设发展，新建电声警报器 38 套，全市警报报知系统更加完善。

（言芳）

【机动指挥通信系统建设】 2011 年年内，完成民防 3G 单兵动态音视频采集、传输系统一期建设工作，实现对指挥车不能到达区域现场信息的采集传送，拓展了机动指挥通信系统的信息采集能力。

（言芳）

【卫星通信系统建设】 2011 年年内，东城区民防局启动符合国家人防和北京应急双卫星通信体制要求的卫星地面站建设。西城、平谷两区完成卫星地面站的验收工作。至此，北京市和 16 区县民防局基本完成了卫星地面站的建设工作（东城在建），进一步强化了民防通信保障能力。

（言芳）

【图像信息管理系统建设】 2011 年年内，完成北京市民防局图像信息管理系统二期项目建设，实现市应急指挥中心对民防高点监控图像的实时选择控制，圆满完成春节期间为市领导指挥决策服务相关的信息保障任务。

（言芳）

【市国防动员信息网信息节点建设】 2011 年年内，完成了市国防动员信息网市民防局信息节点及机房的建设工作。

（言芳）

【办公信息系统升级完善】 2011 年年内，针对民防局的应用需求，完成了北京市民防局办公信息系统升级改造和培训工作，强化了计划和任务管理、信访、绩效管理、短信推送、新信息提醒等功能，深化了民防各项业务的信息化支撑，加强了信息资源共享，进一步规范了办公行为，提高了办公效率。

（言芳）

【实现政务地理信息资源共享】 2011 年年内，市民防局认真梳理民防政务地理信息资源目录、需求目录、共享地理信息数据，实现民防在用公益用途人防工程（部分）地理信息图层及数据对相关委办局的信息资源共享。

（言芳）

【民防专业队伍训练制度化、常态化】 2011 年年内，市民防局严格按照民防训练规范要求组织 16 区县开展机动指挥通信车、短波电台、警报报知系统训练和培训。按照“常备不懈、准备充分、反应灵敏”的训练保障目标，狠抓人员日常专业素质训练，人员通信保障水平大幅提高。

（言芳）

【推进民防志愿者队伍建设】 2011 年年内，

市民防局充分发挥、合理组织社会志愿者力量，积极推进民防短波志愿者队伍建设，对上年成立的民防短波志愿者队伍进行强化训练，使志愿者熟练掌握了常用短波电台的使用操作，民防短波志愿者队伍建设再上台阶。

（言芳）

【圆满完成演习通信保障任务】 2011 年年内，圆满完成北京军区组织的防空作战演习相关指挥信息保障任务。

（言芳）

【完成演练通信保障任务】 2011 年年内，民防应急指挥通信车圆满完成六次森林防火应急演练、防汛指挥和人防工程事故抢险演练。

（言芳）

【出色完成应急通信保障任务】 2011 年年内，区县民防局应急指挥通信车积极融入城市应急体系，完成平谷区白各庄强行拆迁、门头沟区九龙山山火、朝阳区和平街燃气管道爆炸等市、区县政府赋予的应急通信保障任务。

（言芳）

北京市农业局

【概述】 2011 年是北京都市型现代农业“十二五”规划的开局之年，北京市农业局电子政务工作按照全市的部署和要求，紧密围绕都市型现代农业的发展方向和建设需求，做实服务支撑、提升服务应用、强化服务绩效。不断提高信息化综合管理能力，加大“221 信息平台”推广应用力度，强化全局信息资源共享交换体系建设，深化 12316 热线服务，努力实现电子政务对都市型现代农业的高效支撑和高效服务，完成了全年电子政务各项重点任务和自定目标。在 2011 年北京市电子政务绩效考核中，北京市农业局被评为“电子政务共享整合先进单位”。

（赵友森）

【推广应用“221 信息平台”】 2011 年年内，北京市农业局在信息化建设过程中，以“221 信息平台”为龙头，统筹全局信息系统建设、整合工作。制定印发《北京市农业局关于进一步加强“221 信息平台”推广应用工作的通知》（京农发〔2011〕76 号）。围绕都市型现代农业“221 行动计划”信息平台的建设、应用工作，统筹全局核心业务信息系统建设，确保北京市农业局核心业务信息系统对“221 信息平台”形成资源支撑，并在功能上成为“221 信息平台”的有效延伸。在信息化项目的立项、建设上，从业务发展需求、“221 信息平台”功能实现进行整合。在应用上进一步扩大用户群体，北京市农业局用户已达到近 300 名。同时强化维护与应用互动、推广与建设同步，实现了北京市土壤资源管理系统、畜牧兽医综合信息管理平台、农产品综合信息服务平台、移动农业信息决策服务系统等信息系统与“221 信息平台”的有机结合。组织“‘221 信息平台’进乡村、12316 热线下乡来”系列活动 30 次，发放宣传材料 3 万余份，提升了“221 信息平台”的社会影响力。

（赵友森）

【“12316 农业服务热线”提供农业信息服务量、质同升】 2011 年年内，热线提供农业信息咨询 42 435 次，平均每天 142 个电话，比 2010 年上升 34.6%。咨询内容涉及阳台蔬菜、宠物养殖、病虫害防治、质量安全等 20 多个方面 80 多个类型。解答满意率达 100%。深入开展热线“五进”活动，为生产一线和农民提供技术支持和信息服务。全年开展热线“五进”新农村活动30次，专家参与近100多人次，实地深入协会、企业、基地、社区、大户等生产一线，现场解决生产技术问题1000余个。创新服务手段，建立双向视频诊断系统、三方通话功能，实现了农业专家与农民远程实时的“面对面”服务，以及专家非现场实时解答，提升了专家服务的效率和质量。2011年，专家通过这两种形式解答问题1.7万次。

（赵友森）

【推进农产品市场信息体系建设】 2011年年内，北京市农业局坚持以服务领导决策促进农产品市场信息体系建设。实现农产品市场信息的全链条监测。通过业务报表系统采集蔬菜、畜牧、水产行业生产数据近2万条；在12个区县100家农产品生产企业或基地推广应用农产品产地信息监测系统，采集主要农产品生产成本及产地销售价格等信息，采集产地信息15 000条；在15个监测点（农资公司和农业部物价监测网点县）通过农资行情监测系统开展化肥、农药、农膜、饲料等农资市场信息监测，全年采集信息近5000条。另外，农产品市场行情系统运行正常，全年采集农产品批发市场及零售市场数据500多万条。实现农产品生产和市场信息综合分析。基于农产品生产和市场行情数据，研究建立了一套生产和市场监测预警指标，并定期开展月度、季度产销信息会商，形成农产品生产和市场监测报告，及时报送相关领导及行业主管处室。做好各类应急性监测分析工作。按照北京市、北京市农业局领导批示精神，针对农产品生产和市场运行的热点问题、异常情况进行应急性监测分析，针对猪肉价格居高不下、鸡蛋价格高位运行、蔬菜价格大起大落等问题进行了专门分析，全年提供各类应急性分析报告20篇。为开展农产品应急保障提供了重要的决策支撑。

（赵友森）

【信息化服务“菜篮子”工程建设】 2011年年内，按照北京市新一轮“菜篮子”工程建设总体部署，北京市农业局认真落实“蔬菜产业折子工程”各项任务。组织实施“基本菜田”划定项目。组织制定了基本菜田划定及信息采集标准，对各区县负责人员进行了项目培训，利用GPS开展全市基本菜田划定及信息采集。组织专业人员历时两个月完成了全市6548块菜田的划定、信息采集、数据确认及提交工作；与此同时，组织开展基本菜田信息管理系统开发，实现基本菜田信息上网上图。实施蔬菜提质增效“三百”工程。通过触摸屏、双向视频系统、12316服务热线、手机短信等多种渠道，推进百名专家进菜园、百项技术到地头，充分利用12316专家资源指导朝阳区开展高产高效创建活动。推进市场信息区域合作。推进京张蔬菜产销信息合作模式，完成京承农产品产销信息平台建设，协助张家口、承德初步建立形成了农产品产销信息体系。全年通过京张、京承蔬菜产销信息平台共享张家口、承德蔬菜产销信息万余条，开展京张、京承蔬菜产销信息会商3次，为促进北京市与张家口、承德蔬菜产销对接提供了重要参考。

（赵友森）

【推进行政许可网上审批】 2011年年内，北京市农业局全面推进行政许可网上审批。在做好宣传引导、行政手段推动、电话积极引导、现场指导填报等工作的基础上，注重为服务对象提供便捷的网上申报的网络环境。通过网上申报，减少了申请时间，减少了来往递交材料的消耗；减少了有关文书，形成网上审批的“绿色通道”，全面提升行政审批受理和流转效率，增加行政许可事项办理的透明度。截至年底，北京市农业局67项行政许可事项均可实现网上办理。全年行政许可受理2749件，其中通过网络提交的申请量为1436件，占52.2%，是上年全年网上受理量432件的3.3倍。

（赵友森）

【推广应用标准化开发平台】 2011年年内，北京市农业局注重已建重要信息系统的推广应用工作，重点推广应用标准化开发平台。北京市农业局信息化工作领导小组办公室组织面向业务人员和开发商的专题培训，培训人员达80余人次。在此基础上，利用标准化开发平台完成了7个系统的开发工作。同时，基于制定的开发标准和规范，指导北京市农业局下属单位进行网站建设等，促进了北京市农业局网站建设向整体化、协同化发展。

（赵友森）

【建设IT运维服务支撑系统】 2011年年内，在认真学习《北京市电子政务运维管理规范》及信息化运维管理相关文件和制度，开展运维工作自查分析的基础上，建设北京市农业局IT运维支撑系统。系统整合了全局已建网络管理软件，建设了项目管理、资产管理、配置管理、运维管理、监控管理、知识库、发布管理和系统管理8大模块，实现了对IT运维的资产、人员、外包合同、运维绩效等的动态管理。IT运维服务支撑系统的运行，大幅提升北京市农业局信息系统的运维管理水平。

（赵友森）

【开展北京市农业地理信息系统通用开发平台研究与示范】 2011年年内，北京市农业地理信息系统通用开发平台研究与示范项目，将传统的GIS应用开发分解成GIS通用平台软件（GIS中间件）、业务模型和建模工具三个部分，通过各部分协调配合来实现农业GIS应用的快速搭建和定制开发。平台成功搭建实现三方面的应用，对于已有的GIS系统可以通过数据层面的对接来实现整合；对于非GIS系统，可以通过嵌入的方式将GIS功能嵌入到该系统中；对于新建GIS系统，可以通过该平台来实现GIS业务系统的快速搭建。该平台的推出，为GIS应用开发提供了全新的手段，填补了行业空白。作为国内农业领域中第一个实现了跨部门、跨应用、跨平台、跨数据库的农业开发平台，该平台改变了传统开发模式，创新了开发思路。利用平台快速定制GIS应用，其项目周期缩短为传统开发模式的50%，开发成本降低为传统模式的50%以内。

（赵友森）

【信息系统开发建设】 2011年年内，北京市农业局开发建设信息系统，为业务工作提供信息化支撑。建设北京市土肥综合管理信息平台（2011年建设部分），开发北京市耕地质量监测预警系统、耕地质量预警子系统、测土配方施肥信息管理子系统、施肥决策子系统、北京市土肥化验检测管理子系统、土肥决策支持子系统。有利于全面了解、深入分析全市耕地质量；为加强全市耕地质量监测管理，开展测土配方施肥提供了决策参考。建设北京市水生野生动物管理信息系统，具有水生动物监测点管理、水生动物来源管理、水生动物救治管理、水生动物驯养管理、水生动物繁育管理、水生动物增殖放流管理及水生动物科普知识管理等功能模块，为水生动物救治保护、驯养繁育相关业务工作提供信息支撑。建设北京市农业局绩效管理系统，包括绩效计划管理子系统、绩效任务调整管理子系统、绩效任务书管理子系统、工作总结管理子系统、绩效考评管理子系统、市政府重大决策任务绩效管理子系统、查询统计子系统和信息公开子系统，以及系统管理功能等8个子系统，30个功能模块。实现绩效考核的数据化、信息化、精细化、动态化、规范化管理，有利于提高公共管理与服务效能，提高工作效率。建设北京市水产养殖病害测报系统，建立水产养殖病害测报信息网络化管理平台,满足全市各级水生动物疾病防疫部门使用;建设综合业务智能统计分析系统，对综合业务系统中的数据进行统计分析，依业务需要形成报表，对数据进行深入加工，对水生动物疾病防控工作提供决策分析。为水产养殖病害管理提供了信息化支撑，有利于全市水产行业健康发展。建设农产品质量安全监管信息系统。建设内容包括电子地图浮点显示与标记模块、企业、基地认证上报、查询、展示和管理模块、超市与市场情况上报、查询、展示与管理模块、农药连锁门店情况上报、查询、展示与管理模块、系统权限划分管理模块、数据同步模块、质量安全状况分析模块等。对提高北京市农产品质量安全管理水平具有重要的支撑作用。建设种畜禽遗传资源管理信息平台。结合“221信息平台”和GIS技术，开发建立种畜禽场基本信息系统，开发建立种畜禽生产经营动态监测的数据平台，监测内容包括饲养品种，生产基本情况，饲养成本情销售状况等。种猪登记管理系统开发。包括猪只离线登记工具、GBS品种数据导出、后台管理与登记信息查询等软件开发。奶牛 DHI 管理信息平台应用软件开发、业务子系统与信息平台数据集成。开发建立种畜禽质量监测结果发布系统，发布和查询种畜禽活体质量监测、精液质量监测等结果。

（赵友森）

北京市人民代表大会常务委员会

【概述】 2011年年内，北京市人民代表大会常务委员会（简称市人大常委会）依据《2010—2015 年北京市人大常委会机关信息化建设规划》，紧紧围绕常委会中心工作和重点任务，立足为常委会组成人员、市人大代表、机关工作人员服务，发挥信息服务和技术支持保障作用。信息化建设方面，推进常委会会议系统改造、信息资源目录梳理、专题类信息资讯、机关人事管理系统建设、常委会互联网门户网站升级改造等七个项目的实施，稳步提升市人大常委会机关核心业务的信息化支撑能力。应用系统推广方面，继续加大立法、监督、代表服务、办公等九大应用系统的应用推广力度，为常委会日常工作、人大代表依法履职提供了技术保障和丰富、快捷的网络信息服务。信息化运维方面，确保全年各信息系统及配套设备正常稳定运行，实施运维精细化管理，开展主动运维服务，进一步提升运维服务质量和服务水平。市人大常委会机关信息化工作在一年中取得了新的进展和成效，荣获“2011 年度北京市电子政务绩效突出奖”。

（王璐璐）

【市“两会”会议系统升级改造项目竣工】 2011 年 1 月，市“两会”会议系统升级改造项目竣工，有力保障了市十三届人大四次会议的顺利召开。通过该项目的实施，取得了以下成果：更新签到系统与报到软件，解决原系统通道距离小、数量少、刷卡识别速度慢等问题，满足市“两会”签到需求。对报告厅有线表决系统进行维修升级，增加无线表决系统，提升系统的安全性；改善会议管理软件控制管理性能。改造了报告厅大屏幕系统和显示系统，增加大屏幕尺寸和显示亮度；增设主席台显示器供主席台人员观看会议信息。改善了报告厅扩声系统和灯光照明、更新报告厅发言提示系统硬件、扩展报告厅摄像系统；对市“两会”分组会议室建设了小会议室会议系统，供分组讨论会使用。更新会议系统后台管理系统，满足所有新增设备的信息处理功能，确保系统万无一失。

（王光辉）

【市人代会网络服务圆满完成】 2011年1月，市十三届人大四次会议网络服务工作有序开展，完成了各项技术保障任务。会议期间，为代表提供了现场服务，帮助代表解决计算机使用技术问题167个；代表参与网上询问活动1162人次，30家政府部门在线与代表委员进行互动，询问现场回复率达到95.5%；代表专用计算机室共接待代表网上提交建议、打印材料、收发邮件、查阅资料76人次；“代表议案建议网上提交、交办系统”及网络线路运行稳定、正常，保障了会上1200余件代表议案建议从网上顺利提交和交办。

（王璐璐）

【《关于法律法规（文件）规定应在市人大常委会互联网门户网站向社会公开的信息目录》】 3月24日，北京市十三届人大常委会第八十三次主任会通过了《关于法律法规（文件）规定应在市人大常委会互联网门户网站向社会公开的信息目录》。信息目录汇集常委会立法、监督、人事任免、代表工作中应通过北京市人大常委会互联网门户网站公开的信息内容共计33项，并对各项目的公开内容、依据、时限和责任部门做出具体规定。按照信息目录的规定，机关各部门各司其职，密切配合，全年通过门户网站及时向社会发布常委会公报7期、法规7个；法规草案及专项工作向社会征求意见12次，发布市民意见45条；制作专题12个，发布工作信息9009条，门户网站在依法信息公开方面发挥着越来越重要的作用。

（王璐璐）

【代表网上工作类信息服务】 2011年7月，市人大常委会机关在互联网门户网站“代表园地”栏目中为市人大代表增设了工作类信息资讯，内容侧重理论性、系统性，主要包括三部分：围绕北京市中心工作及市人大常委会主要工作的专题报道；全国人大，兄弟省、区、市人大，北京市及各区县人大代表公开发表的有关人大工作方面的理论文章；全国人大，兄弟省、区、市人大，北京市人大主办的理论刊物中关于人大工作方面的最新观点。工作类信息资讯节省了代表自行查找的精力和时间，为代表依法履职提供有效信息服务，上线后受到了代表的广泛欢迎和好评。

（王璐璐）

【信息化运维管理精细化】 2011年年内，市人大常委会信息化运维从提高最终用户满意度入手，转变信息化运维思路，通过主动关注用户体验、主动查杀计算机病毒和更新数字证书、主动宣传培训信息化知识等多种手段，实施精细化运维管理和开展主动运维服务，逐步改变以往发生故障后四处“救火”的被动运维模式，用户的满意度达到一个新的水平。

（王璐璐）

【常委会会议系统改造项目通过验收】 2011年9月，市人大常委会会议系统改造工程（局部）通过竣工验收。通过该项目的实施，取得了以下成果：会议控制系统实现双机热备份，进一步增强了常委会会议系统的稳定性与可靠性；升级视频点播直播软件，实现常委会会议在机关办公网的实时直播，为机关工作人员提供北京电视台公共新闻频道、财经频道的多套视频节目；更换机关主办公楼四至六层会议室的调音台、矩阵等设备，并重新梳理线路，大大提高了会议室音视频系统的安全性与稳定性，为常委会分组会议和机关日常会议提供了更为有力的保障。

（王璐璐）

【“两优化一提高”专项服务】 2011 年 10—12 月，市人大常委会机关组织开展针对机关互联网（外网）和外网计算机的“两优化一提高”专项运维服务工作，即“优化计算机安全性能、优化网络环境、提高机关工作人员满意度”。共为 269 台计算机实施了优化。有效提高了外网计算机的使用效率、延长了计算机使用时间，进一步提升了机关信息化运维服务的质量和实效。

（王璐璐）

【门户网站升级改造】 2011 年 11 月，市人大常委会互联网门户网站升级改造项目通过公开招投标，确定了项目承建单位，并签订项目合同。新版网站的定位为：宣传人民代表大会制度的重要窗口，人大信息发布的重要渠道、服务市人大代表和社会公众的重要平台、联系广大人民群众的重要桥梁。本次网站升级，将围绕网站定位进一步优化栏目结构、丰富网站内容、增强网站基础功能、提升网站安全性能，使北京市人大常委会互联网门户网站总体水平达到全国省级人大网站的先进水平。

（王璐璐）

【信息化运维服务支撑系统升级】 2011 年 11 月，市人大常委会信息化运维服务支撑系统升级项目通过公开招投标，确定了项目承建单位，并签订项目合同。该项目以北京市经济和信息化委员会发布的《北京市电子政务运维服务支撑系统规范》为基础，旨在建立一个稳定、高效、灵活的 IT 运行和维护管理体系，涵盖 IT 运维工作中的监、管、控三方面，实现运维工作从粗放管理到精细化管理，从手工管理到信息化管理，从被动服务到主动服务的转变，切实提高机关运维工作质量和绩效，确保 IT 基础设施和应用系统正常、安全、高效、经济运行。

（王璐璐）

【信息资源目录梳理取得成果】 2011 年 12 月 15 日，市人大常委会机关信息资源目录梳理项目通过竣工验收，标志着历时近两年时间的常委会立法工作、监督工作、会议工作、代表工作的信息资源目录梳理工作全部完成。梳理形成《北京市人大常委会机关监督工作等主题信息资源目录梳理成果》（包括业务目录 90 项，资源目录 158 项，其中需求目录 9 项，共享目录 17 项），并在“北京市政务信息资源共享交换平台”上登记注册。机关信息资源目录梳理工作的完成，为常委会机关人员的业务交流提供了重要平台，为实现市人大常委会与“一府两院”的信息共享奠定了坚实基础，有力推动了常委会机关内部的规范化管理。

（王璐璐）

北京市人民政府法制办公室

【概述】 2011 年年内，北京市人民政府法制办公室在各方面的大力支持下，积极推进电子政务建设，进一步推动本市政府法制信息化建设。重点开展了以下几项工作：为全面贯彻落实国务院法制办《全国政府法制信息化建设 2010—2015 年规划》和本市信息化建设各项决策部署，进一步提高本市政府法制信息化水平，制定了《北京市政府法制信息化建设 2011—2015 年规划》并组织实施。“北京市政府法制工作系统”升级改造后正式启用，进一步提高了为全市政府法制机构提供服务的水平和能力，目前二期改造项目正在展开，其服务于全市政府法制工作的功能作用还将逐步增强。OA自动化办公系统升级改造后正式运行，还将逐步完善，进一步丰富内容、整合资源、优化流程，逐步实现本部门无纸化办公的总体目标。在政府法制信息宣传和政务网站建设管理方面开展了一系列工作，成效显著，再次被国务院法制办评为 2011 年全国政府法制信息报送先进单位。

（刘莎）

【“北京市政府法制工作系统”正式启用】 2011 年年内，“北京市政府法制工作系统”经过升级改造于正式启用。经过对核心业务工作流程和信息资源的再次梳理，升级改造后的工作系统整合改造了原有业务系统，扩大了业务应用系统的服务范围，逐步实现了协同办公。增加了“规范性文件备案审查系统”，方便快捷地实现规范性文件电子文本网上报备，对规范性文件备案审查工作进行相应数据统计、分析处理；增加了全市政府法制机构协同办公模块，将全市各区县、各部门政府法制机构纳入到系统服务对象中，实现了各级政府法制机构通过该网络平台开展信息报送、文件传输等协同办公功能；进一步完善“行政执法监督管理系统”，实现了各级政府法制机构进行行政执法部门行政处罚数据的上报、审批及数据统计；将已经运行的“行政复议和应诉管理系统”实现对接，进一步完善了行政复议案件办理全流程信息化管理。升级改造后的工作系统全面提升了系统功能，丰富了业务内容，为领导决策提供了更加及时、准确的信息服务，为各级政府法制机构、人员之间的联系和日常工作提供了诸多便利和服务，进一步加强了全系统的工作联系、提升了工作效率，有利于各类政府法制工作信息资源的整合与利用。

（刘莎）

【政府法制信息宣传工作再获表彰】 2011 年 12 月 26 日，国务院法制办公室印发《关于通报表扬 2011 年信息报送先进单位的通知》（国法秘信函〔2011〕652 号），北京市政府法制办名列其中。2011 年，市政府法制办以荣获 2010 年优秀省级政府法制信息网站先进单位荣誉为契机，认真总结网站建设经验，严格落实相关制度规定，采取扎实有效措施，推动信息宣传工作水平稳步提升。信息组织。4 月 22 日召开 2011 年政府法制信息宣传工作会议，总结过去一年工作，表彰信息宣传工作突出单位，并对全市政府法制信息联络员进行写作培训。加大政府法制信息的编辑、审核和发布力度，确保上网信息的时效性和质量。全年共向国务院法制办网站报送信息 751 条，被采用 551 条。网站栏目优化调整。市政府法制办根据机构职责和内设机构调整以及事业单位机构变化情况，分别对网站机构职能介绍进行了修改和补充。增设《行政法学研究会》栏目，方便研究会日常工作的开展，同时，为社会公众了解和认识研究会提供了便利的途径。政民互动。2011 年，市政府法制办通过网站公开征集 2011 年市政府立法项目建议并公布本市法规规章草案 16 项公开征求社会公众意见，其中地方性法规草案 6 项、政府规章草案 10 项，通过网络共收集意见 1815 条，同时及时通过网站公布对公众意见的吸收采纳情况。

（刘莎）

北京市审计局

【概述】 2011 年年内，北京审计信息化工作，在市委、市政府和审计署的领导下，以服务审计中心工作为重点，在巩固信息化建设成果的基础上，进一步加大了审计信息技术手段应用力度，培养了信息化人才队伍，提升了审计信息化整体水平，支持和保障了全年审计任务的全面完成。

（田博庚）

【标准审计事项在京 OA 系统应用】 2011 年年内，市审计局研究编写了《部门预算执行审计标准事项表》，并装入京 OA 系统审计事项库。在编制部门预算执行审计项目实施方案中直接在系统中引用标准审计事项，不仅规范了部门预算执行审计的操作程序，提高了审计工作效率和质量，而且实现了用信息化技术手段对审计项目的精细化管理。

（田博庚）

【京 OA 系统完善升级】 2011 年年内，依据审计署新修订的《审计准则》和《北京市审计局审计项目目标责任制管理办法》，对该系统中 61 个子系统的 79 个功能点进行改动和优化开发。京 OA 系统的开发和投入使用，确保了当年部门预算执行审计的应用，系统的流程更加简化、操作更加快捷、界面更加友好。

（田博庚）

【京 OA 系统应用】 2011 年年内，市审计局共有 59 个审计项目应用京 OA 系统实施审计，其中 33 个部门预算执行审计、2 个预算执行类审计项目（财政局和地税局）、10 个调查类项目、11 个固定资产审计项目、2 个专项资金类审计项目、1 个经济责任审计项目。实际应用项目比上年增加了 9 个。

（田博庚）

【计算机辅助审计】 2011 年市审计局继续扩大计算机辅助审计的应用范围，并重点加强了对数据量大、业务系统复杂的社保基金、住房公积金和银行证券等行业的审计。全市审计机关共开展实施了 660 个审计项目，符合计算机审计条件的有 632 个，实际应用计算机审计的有 493 个，较上年增加了 124 个。共征集计算机审计方法 31 篇、AO 应用实例 25 篇。经评选后，计算机审计方法报送到审计署 27 篇，AO 应用实例 17 篇。计算机辅助审计工作的有效开展，进一步拓展了审计的范围和深度，为审计查深查透提供了有效的技术支持。

（田博庚）

【审计会商系统应用】 2011 年年内，对审计会商系统进行了升级完善。增加内部视频会议分会场 6 个，并在主会场增加了视频矩阵、摄像头及大屏显示器，提升了会商系统的应用效果。全年，共组织召开审计署、市局、区县审计局三级会议 3 次，审计署、市局两级会议 11 次，市局、区县两级会议 11 次，市局内部会议 8 次，市政府视频会议 2 次。

（田博庚）

【审计信息安全】 2011 年年内，市审计局为确保审计信息安全，共组织开展了 4 次信息安全检查。重点检查了市局各项信息安全制度落实、日常信息安全管理、安全防范措施等内容的落实情况，发现的网络与信息安全隐患和安全管理的 10 个方面的问题，已限期进行了整改，确保了网络与信息的安全。

（田博庚）

【人才队伍建设】 2011 年年内，组织了署 AO 认证考试培训班，培训审计业务人员 34 人，全部参加了审计署的统一考试并通过组织京 OA 操作培训 5 次，共培训 520 人次，其中培训了区县局“小教员”34 名。通过培训，为信息系统的有效应用打下了基础。

（田博庚）

北京市司法局

【概述】 2011 年是全局信息化工作“十二五”规划的开局之年，是全局信息化工作实现稳固基础、深化应用、资源整合的关键之年。信息技术处在市局党委的正确领导下，在分管局领导的精心组织下，在业务处室的大力配合下，紧紧围绕全局重点工作，按照全局信息化工作“十二五”规划和年初制定的折子工程，科学组织，周密部署，狠抓落实，以信息技术推动业务工作发展，以深化业务系统应用推动管理创新，顺利完成了全年各项工作任务。2011 年全系统信息化工作思路，即以加快司法行政应急指挥系统挥中心和信息中心为重心，以深化业务系统应用为重点，以统筹集约、安全可信、应用为先、助推业务为指导，推进“两通一建一拓展”的重点工作。

（朱立民）

【各业务系统数据信息建设已具规模】 2011 年年内，全年局内网办公平台首页共上布动态信息 1793 条，会议信息 140 条，为全系统视频会议 43 次提供技术支持。二期业务系统已录入各类信息 10 万多条。其中，矫正和帮教系统已录入社区服刑和刑释解教人员基础数据 3 万多条；基层管理系统已录入 324 家基层司法所机构信息、4752 名司法助理员、947 位专职调解员、193 名社区矫正干警、505 位专职社会工作者（协管员）个人信息，已录入全市 1000 多家人民调解委员会机构信息和 22 444 条专兼职调解员个人的基本信息，录入 599 家法律服务室管理机构和 617 个法律服务室工作人员的基本信息；司法鉴定管理系统已录入 110 家司法鉴定机构信息及 336 条鉴定机构许可证书信息，已录入 1608 名鉴定人个人信息及鉴定人许可证书信息，已录入 8378 条司法鉴定意见书信息；公证管理系统已录入 25 家公证处机构信息和 216 名公证员个人信息，已录入 2321 条公证业务数据。

（朱立民）

【加强技术服务，确保业务系统正常运行】 2011 年年内，在全局范围内开展了正版化软件普查工作，对市司法局机关各处室共计 290 余台计算机进行操作系统及应用软件正版化检查。对区县局 200 多名用户权限和系统角色进行了调整，技术支持专线受理电话达 3000 余人次，解决各类应用故障 200 余次，技术保障全系统视频会议 23 次。

（朱立民）

【加强安全管理，确保网络和信息系统安全运行】 2011 年年内，高度重视病毒爆发预防，在线发布网站安全信息 42 条。网站安全策略实施和服务器加固 55 次、在线更新内外网杀毒软件 31 次、分析系统内外网审计日志 160 次。对 26 台中毒电脑逐一进行了查杀。

（朱立民）

【全系统基层单位网络互联互通率 99%】 2011 年年内，全系统基础网络互联互通是支撑业务系统深化应用的基础，局领导高度重视网络建设工作。信息技术处深入基层调研，多方协调组织，狠抓督导保障，顺利推进全系统网络联通工作。截至 12 月 31 日，全系统 405 家基层单位中，已有 402 家单位实现了与市局网络联通，联通率达到 99%。

（朱立民）

【市局计算机机房整体升级改造工作顺利完成】 2011 年年内，市局中心机房改造工程于 4 月开工建设，5 月底正式完工。与旧机房比，新机房面积得到了扩容、功能分区更加合理、设备摆放更加整洁，实现了精密空调双机备份。市审计局局长于泓源对中心机房的先进性和安全性表示认可，并对管理工作提出要求，要在硬件设备提高的基础上加强软件的管理，加强机房管理制度建设和规范化建设。

（朱立民）

【完成零点报告行动技术保障任务】 2011 年 12 月 31 日 24 时，市局组织的 15 年来规模最大的监狱劳教系统零点报告行动顺利完成。此次行动是三网联通项目的一项重要应用成果，标志着局信息化应用水平进入了一个新的阶段。为保障活动的顺利开展，在局党委的正确领导下，信息技术处积极发挥自身技术优势，密切配合局监劳协调处和办公室，层层把关，严格管理，为零点报告行动顺利完成提供了坚实的技术保障。

（朱立民）

北京市水务局

【概述】 2011 年是全面实施“十二五”规划，建设“智慧北京”的起步之年，按照北京市电子政务重点工作任务的要求，结合“落实最严格的水资源管理制度，加强水务基础设施建设和运行管理，推进三大流域综合治理，提升安全迎汛能力建设，全力服务首都发展”的水务中心工作，北京水务信息化工作以“深化应用、推进整合、资源共享、提升绩效”为指导思想，围绕水资源管理、安全迎汛、水务普查等重点任务，以集约化建设理念开展系统整合，完善数据资源建设，积极研究物联网、云计算等新技术在水务领域的应用，在行政审批、行政监察等方面实现了电子政务与业务系统的深度融合，促进了水务信息化的协调发展，有力地支撑了水务各项业务，提高了水务信息化的整体绩效水平。

（王巍）

【云南普洱市水务局到北京市水务局调研信息化工作】 2011 年 1 月 12 日，云南省普洱市水务局一行 3 人到水务局调研信息化工作。水务局办公室、信息中心有关人员参加了会议。会议首先由信息中心人员汇报了信息中心基本情况、北京水务信息化建设概况和取得的成效。普洱市水务局负责人表示，北京水务信息化建设走在全国水利行业前列，为普洱市防汛抗旱及水资源指挥调度中心建设提供了很好的借鉴作用。双方还就信息化项目资金安排、项目申报程序以及信息化人才建设等问题进行了深入交流。最后，普洱市水务局一行人员参观了信息中心机房。

（张小娟）

【水务普查信息化项目通过前置审查】 2011 年 3 月 17 日，信息中心组织召开了《北京市第一次水务普查工作领导小组办公室网络及电话接入项目》和《北京市水务普查基层台账管理系统部署方案》两个项目的前置审查专家评审会。水务局总工陈铁和市水普办、北京市经济和信息化委员会、中国水利水电科学研究院、局科教处、市水务信息中心等单位的专家及代表参加了会议。专家组分别听取了两个项目方案的汇报，审阅了项目申报书、资金预算表等相关文档资料。经过质询与讨论，专家组认为建设水普办网络及通信系统是市水普办正常办公的必要保障，方案选用的设备成熟、技术先进、规模合理，满足了日常业务工作的需要。另外，水务普查基层台账管理系统部署方案合理可行，充分利用了现有资源，能够保证水务普查基层台账系统的顺利部署实施。专家一致同意这两个项目方案通过评审。

（王昊）

【北京市供水信息智能管理平台设计方案通过专家评审】 2011 年 3 月 21 日，北京市供水信息智能管理平台设计方案专家评审会召开。市水务局副局长张萍、总工陈铁出席会议并作了讲话。局供水处、局计划处、局科教处、信息中心、自动化所、水科所等单位的负责人、专家和代表参加了会议。会上，信息中心详细汇报了项目建设的必要性、建设目标、建设内容、方案设计、资金预算等内容。专家组经过质询和讨论，认为该项目建设对保障城市安全供水十分必要，设计方案层次结构清晰合理，各项功能符合供水管理业务需求，专家组一致同意方案通过评审。张萍在讲话中指出，近几年随着城市安全供水工作要求不断提高，系统建设的必要性日益突出。供水信息智能管理平台的建设为及时、准确、全面地掌握全市供水状况，保障供水安全，规范供水管理提供有力的技术支撑。她强调系统建设要坚持实用性，切实提高供水管理工作水平，为领导决策提供支持。陈铁要求，系统一定要与供水业务紧密结合，真正成为供水管理工作中不可缺少的工具。同时，充分考虑扩展性以及与水普等信息系统的接口，在信息化总体建设框架下，按照集约化的建设思路，建立全市统一的供水信息管理体系。评审会为供水信息智能管理平台的建设指明了方向，也为信息系统更好地与业务工作结合奠定了良好的基础。

（万烁　何宇）

【北京市建设信息中心到水务局调研交流信息化工作】 2011 年 3 月 24 日，北京市建设信息中心到水务局调研交流信息化工作。水务局信息中心主任唐锚及相关人员参加了会议。会上，信息中心总工刘梅介绍了水务信息化建设概况、绩效管理体系、管理保障等情况。双方就网站建设、数据共享、运维管理和绩效考核等方面进行了深入探讨。市建设信息中心一行人员参观了信息中心机房，信息中心运维人员对内外网升级改造初步成果、电子运维管理系统和共享交换平台进行细致讲解和演示。市建设信息中心负责人对水务信息化的建设成果给予了较高评价，认为北京水务信息化基础工作比较扎实，成效显著，可借鉴之处颇多，希望今后继续加强沟通和交流，相互学习促进，共同提高信息化建设管理水平。

（郑丽）

【北京市水务普查数据处理软件方案专家评审会顺利召开】 2011 年 3 月 24 日上午，北京市水务普查数据处理软件方案专家评审会在市水普办顺利召开。水务局总工陈铁、局科教处处长孙凤华，中国水科院副总工朱星明，国普办数据处理处处长程益联，北京市经济和信息化委员会专家孙笑辉等出席会议对方案进行评审。局信息中心主任唐锚、总工刘梅及水普办等单位的负责人和代表参加了会议。会上，信息中心详细汇报了水务普查信息化建设数据处理软件项目相关情况，并与专家就项目实施难度和难点进行了深入的讨论，专家组认为，数据处理软件是普查工作的一个重要工具，是直接反应普查成果的窗口，对普查工作来说意义重大。专家组对方案整体设计十分认可，一致同意方案通过评审。陈铁要求，系统一定要与北京市水务普查工作各专项紧密结合，同时，在信息化总体建设框架下，充分考虑扩展性以及普查数据的成果应用。评审会为水务普查数据处理系统的建设指明了方向，也为普查成果的开发应用奠定了良好的基础。

（杨洁）

【深圳市水务局到北京市水务局调研信息化工作】 2011 年 3 月 29 日，深圳市水务局副局长李长兴一行 5 人到北京市水务局信息中心进行调研信息化工作。局信息中心主任唐锚、总工刘梅及相关人员参加了会议。会上，信息中心人员介绍了北京市水资源配置管理系统项目，并现场对系统平台进行细致的演示。双方就水务系统的信息采集、传输、数据共享与利用等内容进行了深入探讨，相互交流了经验。深圳市水务局负责人及科技信息中心工作人员纷纷表示，北京水务信息化水平较高，建设和管理经验对深圳水务有很大的借鉴意义，认为北京水务信息化基础工作扎实，管理手段新颖，效果显著，希望今后继续加强沟通交流，相互学习，共同提升水务信息化管理水平。

（王昊）

【北京信息化协会到水务局调研交流】 2011 年 5 月 5 日，受北京市经济和信息化委员会委托，“信息北京十大应用成果奖”主办单位北京信息化协会组织专家对信息中心进行了调研，重点针对市水务局“十大应用成果奖”获奖项目“北京城市重要水源及影响区域污染预警系统”进行回访。会上，水务局信息中心人员介绍了项目概况、主要成果和应用绩效，双方针对系统在基层单位的应用、项目的运行维护、项目建设组织与管理模式开展了深入交流。北京信息化协会的专家们充分肯定了项目本身的意义及应用前景，并对取得的成就表示了肯定，同时也针对项目的运行和保障提出了宝贵建议。此次交流有效加强了信息中心与行业协会之间的交流，为获奖项目在水务行业的进一步应用及发挥绩效开拓了思路。

（王昊）

【北京市水务局电子运维体系建设项目通过初步验收】 2011 年 5 月 18 日上午，北京市水务局电子运维体系建设项目通过初步验收会召开，信息中心总工刘梅参加了此次验收会。会议听取了承建单位就项目实施过程和成果的汇报，并现场检查了系统的各项功能。项目运行管理单位、监理单位代表分别进行了发言，刘梅总工强调了系统重要性，要求做好运行管理工作，确保系统运行稳定。验收组一致认为，系统建设符合设计及合同文件要求，文档齐全，运行管理工作准备就绪，同意通过初步验收。

（张磊）

【北京市南水北调与上下游业务单位信息化建设关系的研究项目通过专家评审】 2011 年 5 月 25 日，北京市南水北调信息中心组织的北京市南水北调与上下游业务单位信息化建设关系的研究项目专家评审会在北京市黄苑大酒店顺利召开。受北京市南水北调信息中心的委托，北京市水利自动化研究所承担该课题的研究工作，重点分析梳理北京市南水北调与水流上下游单位之间信息化建设的关系，为北京市南水北调信息化建设的前期工作做准备，保证信息化建设符合发展趋势、切实可行。与会专家听取了自动化所的成果汇报，并进行了质询与讨论。专家组充分肯定了项目本身的意义及应用前景，并对承建单位取得的成绩表示肯定，同时也针对项目的具体内容提出了宝贵建议。评审专家团包括水利部水利信息中心副总工辛立勤、处长林灿尧，水利部海河水利委员会通信中心处长李维，南水北调中线干线工程建设管理局信息中心主任翟宜峰，北京市水务局科教处处长孙凤华，北京市南水北调工程建设委员会办公室处长康德勇，原北京市水务局水资源处处长邹玉芬。北京市南水北调信息中心领导沈炜城、程军，自动化所总工刘梅参加了评审会。

（史明）

【北京城市洪涝灾害应急移动系统等 3 个防汛办信息化项目通过前置审查】 2011 年 6 月 13 日，北京城市洪涝灾害应急移动系统、北京市城市暴雨洪水分区域调度系统、官厅山峡防汛卫星雨水情遥测系统改造的专家前置审查会在市水务局召开。市水务局总工陈铁、副总工段伟、局科教处副处长廖平安、北京市经济和信息化委员会孙笑辉博士和北京资源管理中心陈桂红等组成专家组对方案进行评审。局信息中心总工刘梅、防汛办副主任刘启来、总工王毅等相关负责人参加了会议。会上，防汛办项目负责人详细汇报了 3 个项目方案，专家组认真审阅了项目申报书、资金预算表等相关文档资料。经过质询与讨论，专家组认为此 3 个项目的建设是很有必要的，为提高汛期保障起到了重要支撑作用，方案选用的设备成熟、技术先进、规模合理，满足了防汛业务工作的需要，方案的整体设计符合北京市市级信息系统升级改造项目申报要求。最后专家组同意项目方案通过前置审查。

（郑丽）

【信息中心组织召开水专项关键技术专家咨询会】 2011 年 6 月 28 日，信息中心组织召开了基于 3S 的城市水环境系统设施监测与水污染时空动态分析关键技术研究专家咨询会，就项目的技术路线、实施方案等进行了深入研讨。来自住建部科技发展促进中心、清华大学环境科学与工程系、水利部遥感技术应用中心、中国科学院遥感应用研究所、水文总站等业内专家与会。会上，课题组详细介绍了研究的思路、实施方案以及前期工作成果等内容。各方专家展开讨论，在肯定课题总体思路与实施方案的基础上，针对遥感技术在水环境监测中的定位、研究数据选取、精度评价方法等多个核心问题提出了宝贵建议。经过交流与研讨，课题组研究人员明确了下一步改进的方向，将继续深入开展新技术、新方法的研究，积极做好水专项的落地工作，为水务工作提供更有力的科技支撑。该研究为国家水体污染控制与治理科技重大专项中，城市水环境系统设施的监控和预警研究与示范课题，针对于监控与预警关键技术研究的重要内容。

（王昉）

【北京市信息资源管理中心来水务信息中心座谈】 2011 年 7 月 5 日，北京市信息资源管理中心到水务信息管理中心走访座谈政务地理空间信息资源共享管理工作。北京市水务局信息中心总工刘梅及相关人员参加了本次会议。会议首先由水务信息中心对水务局近几年空间数据建设、共享及管理情况进行了介绍，并对《2011 年北京市政务地理空间信息资源共享目录》中涉及全局的相关工作开展情况进行了说明。市信息资源管理中心也从空间应用现状、目录管理背景、应用需求反馈、数据共享反馈、空间应用进展五个方面进行了介绍。双方在空间数据规划、共享方式、应用模式、保密划分依据等方面进行了深入的交流。本次走访座谈加强了两个单位间的沟通，双方都表示今后应加强空间信息资源管理、应用等方面的交流与合作。

（任旭）

【《北京市第一次水务普查数据保密管理办法》通过专家评审】 2011年7月18日，《北京市第一次水务普查数据保密管理办法》通过专家评审。市水务局总工程师陈铁、局科教处、国普办数据处理处、市规委、北京市经济和信息化委员会等专家出席评审会并对方案进行评审。市水普办、局信息中心等单位参加了会议。评审会上，信息中心详细汇报了《北京市第一次水务普查数据保密管理办法》编制情况。专家组经质询、讨论后，一致认为：办法符合国家、水利部及国普办有关保密规定，规范了本次普查涉及的涉密数据领取、保存、使用、返还等全部操作流程，结构严谨、内容全面、具有可操作性，符合北京市水务普查工作实际需要。最后，专家组同意管理办法通过评审，建议根据专家意见进一步修改完善后尽快报批并付诸实施。该管理办法为水务普查数据保密管理提供了依据，也为普查成果的开发应用奠定了良好的基础。

（章艳峰）

【北京市国土资源局到水务局信息中心调研】 2011年7月20日，北京市国土资源局信息中心一行7人到市水务局信息中心进行调研，就信息化规划、业务系统建设与推广、物联网技术应用及应急指挥中心建设管理等信息化工作进行交流。水务局信息中心主任唐锚、总工刘梅及相关人员参加了会议。会上，信息中心负责人介绍了北京水务信息化总体情况、水务信息化“十二五”规划、水务信息化典型应用、物联网应用设想等，并现场参观了局中心机房及防汛指挥中心。双方就信息化对业务工作的支撑、“十二五”规划与物联网应用的结合、数据资源的共享与利用等内容进行了深入探讨，相互交流了经验。市国土资源局信息中心主要负责人及随行人员纷纷表示，市水务局的信息化水平在各委办局中处于前列，建设的水平高，基础工作扎实，管理经验对国土资源局有很强的借鉴意义，希望今后密切联系，结合北京市水务改革发展工作大会精神，在空间数据和业务信息资源共享方面加强合作，共同提升首都城市运行管理水平。

（王昊）

【水务局信息中心赴市经济信息中心交流信息化工作】 2011年8月16日，水务局信息中心总工刘梅带队前往市经济信息中心，学习交流信息分析和信息服务工作。市经济信息中心有关负责人对单位的总体情况和主要工作进行了介绍，中心的四个相关部门负责人分别介绍了研究咨询、决策服务、数据分析、信息产品等业务领域的详细情况。双方就信息中心的职能定位、业务范围、信息服务方式、人员分工等内容进行了深入交流。刘梅简要介绍了近年来北京水务在信息化建设方面所做的工作和取得的成果，并就如何更好地发挥水务数据的作用，打造水务数据产品，为局领导和业务部门提供信息服务等问题进行了探讨。市经济信息中心的信息分析和信息服务模式对水务信息中心确定下一步的工作思路有很大启发，由技术服务向信息内容及决策服务转变是信息中心日后发展的一个方向。此次学习交流，为局信息中心更好地开展信息收集处理、数据分析加工、信息支撑和贴身服务提供了宝贵的经验。

（王昊）

【北京城市重要水源及影响区域污染预警系统工程通过竣工验收】 2011年9月22日，北京城市重要水源及影响区域污染预警系统工程竣工验收（终验）会召开。水务局副巡视员张世清出席会议并讲话。会议首先通过了验收委员会成员名单，听取了参建单位的工作报告和各管理单位的意见，相关单位接受了验收委员会提问和质询。验收委员会对工程档案进行了查验。验收委员会认为，北京城市重要水源及影响区域污染预警系统工程已按批复的设计内容全部完成，质量合格，运行正常，发挥了应有效益。财务管理规范，投资控制合理，档案整理符合国家标准。同意北京城市重要水源及影响区域污染预警系统工程通过竣工验收。该工程由建管中心作为建设单位组织了前期招标工作和工程建设期间的管理工作，工程自2008年12月19日开工至2010年4月28日完工。该工程围绕北京城市重要水源、取水口、引水渠道和重要水源影响区域，建设水质预警监测、生态环境预警监测、视频通信、数据库以及预警支持系统。工程的建设完成实现了北京市重要水源突发水污染事故时快速检测、准确分析、早期预警、及时处置，为领导决策、现场管理提供实时、全方位的辅助信息支撑。能够及时了解北京市供水水源水质状况，防止突发污染事故对城乡供水安全造成重大影响。项目的建设对于保护百姓的饮水安全和减少国家财产的损失，维护社会稳定都具有重要的现实意义和战略意义。该工程完成的主要工程量包括：城市重要水源：水质自动监测站20套；水质监测栈桥3座；视频监控信息点25个；视频监控中心3套；水质监测车1辆。水源地影响区域：水质自动监测站8套；涵养水源监测站4套；水土保持监测站4套；生态环境监测站4套；局部小气候监测站4套；流量监测站4套；水位自动监测站2套；视频监测站点6套；视频监视系统2套；水源地影响区域污染预警在线分析系统1套；水源地影响区域污染预警决策支持系统1套。

（杨宝权　陈成）

【2012年信息化项目立项专家审查会顺利召开】 2011年10月28日，市水务局组织召开了2012年信息化项目立项专家审查会。水务局总工陈铁和科教处、纪检组、计划处、郊区处、财务处、排水处、节水办、信息中心、北京市经济和信息化委员会、中国水利水电科学研究院等单位的专家及代表参加了会议。会上，各单位负责人详细汇报了项目建设必要性，需求分析，建设方案，保障措施等情况，专家组对项目方案进行了质询与讨论，认为各申报单位对项目的背景及必要性阐述清晰、需求迫切，方案设计可行，建设内容明确。专家组建议尽量保证信息化项目建设资金，同意予以立项。

（杨帆）

【信息中心组织完成市水普办四个项目的专家审查】 2011年10月28日，信息中心组织召开了四个项目的前置专家审查会。水务局总工陈铁和科教处、信息中心、市水普办、北京市经济和信息化委员会、中国水利水电科学研究院等单位的专家及代表参加了会议。会上，专家组分别听取了项目方案的汇报，审阅了项目申报书、资金预算表等相关文档资料。经过质询与讨论，专家组认为建设是很有必要的，并认为方案的整体设计符合北京市市级信息系统升级改造项目申报要求，方案科学合理，实施保障切实可行，同意项目方案通过前置审查。建议涉密信息数据防护项目做进一步的研究工作。据悉，此次审查的项目共有四项，分别是《北京市第一次水务普查信息化建设—技术管理规定编制》、《北京市第一次水务普查保密机房设计方案》、《北京市第一次水务普查信息化建设—要素数字化》和《北京市水务局涉密信息数据防护》。

（杨帆）

【京密引水水情信息整合系统工程通过验收】 2011年11月10日，京密引水管理处水情信息整合系统工程验收会议召开。北京市水务局科教处、北京市水务信息管理中心、北京市水利规划设计研究院、北京市京密引水管理处等单位的相关负责人参加了会议。与会人员听取了承建单位、监理单位的工作报告，查看了相关的档案资料，检查了系统建设成果，各方一致认为水情信息整合系统建设项目已按照招投标文件、施工合同的要求完成了工程建设，符合设计要求，工程质量合格，工程档案资料整理符合有关规定，同意验收。据悉，京密引水管理处水情信息整合系统工程主要内容包括三个部分：建设统一认证管理系统，实现各项业务的统一应用以及信息资源的共享；在管理处实现对怀柔水库管理所管辖范围 13 路模拟图像的远程监控，在指挥调度室通过 IE 实时浏览数字图像；通过建设可视化远程会商系统和指挥调度系统，实现会商人员可视化的指挥调度，为供水调度、防汛会商决策提供及时准确的技术支撑。工程建成后，进一步规范了京密引水的自动化管理。

（杜静）

【北京市经济和信息化委员会对水务局进行电子政务绩效考核】 2011 年 11 月 22 日，北京市经济和信息化委员会检查组莅临水务局实地检查 2011 年电子政务工作开展情况。检查组由北京市经济和信息化委员会领导、电子政务绩效考核专家等组成，局总工陈铁、科教处处长孙凤华、信息中心主任唐锱、总工刘梅及综合计划科、项目管理科、建设管理科、资源开发部等相关科室人员参加会议。陈铁介绍了市水务局 2011 年开展电子政务工作的整体情况，以及信息化在市水务局业务工作中的支撑作用。局信息中心从水务信息化工作完成情况与绩效、水务信息化工作亮点、存在的问题与下一步工作思路等方面进行了汇报。检查组对市水务局在电子政务工作中取得的成绩给予充分肯定。指出，市水务局信息化管理比较到位，认真贯彻落实国家和北京市电子政务相关法规、标准；机关、局属单位信息化工作一盘棋，注重统筹；规划、顶层设计、项目绩效考核、后评估工作等均取得了良好成果与应用实效；在推进整合、解决实际问题方面做了大量工作；在防汛、水资源等重要业务领域，对各级领导提供了强有力的信息支撑。检查组认为市水务局信息化基础较好，在物联网、云计算等应用方面大有可为，希望市水务局继续做好信息系统整合和信息共享工作，进一步深化各项业务的应用。

（王昊）

【水务业务数据梳理项目顺利通过终验】 2011 年 12 月 6 日，信息中心组织召开了《水务业务数据梳理》项目终验验收会。水务局总工陈铁任验收组组长，局财务处、综合计划处、审计处、水资源管理处相关领导参加，验收会由局科教处主持。会上，项目建设相关单位就项目建设与管理实施情况进行了总结汇报，验收专家组对项目建设、项目成果、资金使用情况等方面进行了细致审查，一致同意本项目通过终验验收。该项目的顺利完成，进一步摸清了水务业务决策、应急处置对业务数据的共享使用需求，夯实了局中心水务业务核心数据信息资源目录，为下一步完善中心数据库内容明确了方向。该项目由资源开发部负责建设，经过一年多的努力，主要完成了水资源、水环境、供排节水等 9 个一级分类和降水、地表水资源量等 70 个二级分类目录的编制，对时段雨量、河道水情、平原区地下水资源等 125 个核心数据信息资源和降水年内分配、人均用水量、万元 GDP 用水量等 1 426 个数据项进行了分析与归纳，形成了 8 583 个条目的《水务业务核心数据信息资源目录》成果。

（迟燕）

【信息化规划体系框架研究成果通过专家审查】 2011 年 12 月 6 日，水务局信息中心组织召开了《北京市水务信息化规划体系框架设计报告》专家审查会。水务局总工陈铁、科教处处长孙凤华、北京工业大学的有关专家、北京市水利自动化研究所副所长张新与会。会上，信息中心详细汇报了水务信息化规划的基本内涵及意义、体系的构成和作用、各项规划的主要内容、规划的管理及保障措施等。专家组对报告进行了质询与讨论，认为“规划体系”结构合理、层次清晰、内容全面，符合北京市水务信息化发展方向，能有效指导水务信息化规划的编制，建议根据专家组意见修改完善后实施。

（王昊）

【玉渊潭进水闸改造工程自动化系统单位工程验收】 2011 年 12 月 15 日，玉渊潭进水闸改造工程自动化系统工程顺利验收。该工程隶属北京市城市河湖管理处，市水务局为自动化系统施工单位。自动化系统施工包括网络系统、通信系统、监控系统。安装摄像机 7 部、服务器 1 台、电脑 2 台、显示器 2 台、安装进水闸闸门启闭监控系统、对闸前闸后水位、流量的监测系统等。会上，北京市城市河湖管理处工作人员认真听取了建设单位、设计单位、监理单位、施工单位的报告，了解工程建设的施工情况，工程建设发挥的作用，产生的效益，对工程建设存在的问题和未来管理提出了宝贵的意见和建议，并一致认为该工程项目按照合同要求完成项目建设，同意通过验收。

（文丰平）

北京市气象局

【概述】 2011 年年内，北京市气象局对应急备份中心加强了机房环境和硬件环境以及网络环境的基础建设。同时，强化北京市气象局的电子政务建设，建立起了全市气象部门内部办公网络“综合管理信息系统”。

（曹冀鲁）

【市气象局应急备份中心建设取得进展】 2011 年年内，市气象局对设在房山区气象局的全局气象应急备份中心加强了机房环境和硬件环境以及网络环境的基础建设，4 月完成了应急备份中心工作方案内容及整体业务实施方案的汇编工作，并上报至中国气象局。7—10 月对备份中心机房的两台核心交换机进行了安装调试，同时部署了 1 台服务器及磁盘阵列，开展了备份中心基础数据工作的试运行工作，经测试可满足基本的气象数据传输需求。9 月份在机房内又添置 1 台 HP180 服务器，以接收气象卫星接收系统（CMACast）下发数据，10 月初完成 CMACast 系统的升级。在房山搭建的市局气象资料的应急备份服务器，已经接入服务器的资料包括有农气、自动站、大气成分、气候、闪电定位、雷达，数值预报、气象辐射、沙尘暴、地面高空气象资料、风能风场等资料。同时完成了中心的培训教室家具安装及综合布线、机房配电、机房防雷接地、防静电地板铺设、临时 6KVA UPS 电源、机房空调系统和机柜等硬件设施的安装等工作。截至年底，房山气象应急备份中心网络建设已具备雏形，市气象局应急备份中心建设工作取得了可喜的进展。

（曹冀鲁）

【市气象局办公系统升级改造完成投入运行】 2011 年年内，市气象局根据中国气象局《中国气象局综合管理信息系统建设规划（2009—2013 年）》要求，结合本局电子政务工作情况现状，在对 2010 年度全局电子信息化办公系统升级改版和改造的基础上，对市气象局办公系统继续进行了增加新功能与改进和完善，建立起了全市气象部门内部办公网络“综合管理信息系统”。通过对该系统的建设，在全局计算机网络范围内共享一个开放的电子气象信息平台，1 月对该电子信息化办公系统进行了全面调试，规范了该系统的市气象局发文文号，并制定制作了下属各单位的发文模板。提供全局人员情况、产品样式模板等，主要功能包含通知通告、工作动态、电子邮件、电子期刊、公共信息、文档材料、学习培训、电子公文上报与下发等模块，主要用于信息及资料的发布。针对综合管理信息系统系统召开了 7 次研讨会，对软件进行了多次细致的修改。针对各使用单位管理员、文秘及处级干部操作使用该系统管理、公文管理等不同重点内容进行了培训，并组织编写了局领导使用手册。2 月，市气象局该综合管理信息系统进行试运行，4 月起正式运行。该综合管理信息系统的使用，实现和完善了市气象局的公文流转、目标管理等模块，可以将电子公文直接归档，明确了使用人员的责任、提高了信息化办公效率，弥补了过去所使用的电子信息化办公系统的不足，并能够和中国气象局电子信息化办公系统直接连通，大大方便了全局职工运用当代信息化办公和各单位之间的气象工作信息交流。

（曹冀鲁）

北京市委市政府机关

【概况】 2011 年是北京市委市政府机关信息化建设“十二五”规划的开局之年，北京市委市政府信息中心按照《市政府办公厅 2011 年重点工作安排》，落实机关信息化建设“十二五”规划的各项任务，全面推进完成高清视频会议系统建设，积极推进北京应急管理网站建设工作，开展物联网应用试点示范工作，取得良好效果，切实加强网络与安全保障体系建设，全面完成各项信息化支撑与服务工作。

（刘钰祺）

【完成市委市政府高清电视电话会议系统建设】 2011 年 4 月，底完成了市政府五号楼大会议室、一号楼电视会议室、49 个委办局和 16 个区县分会场系统改造工作；5 月份高清视频会议系统正式投入使用。高清视频会议系统的建设，全面提升了视频会议系统的通信质量，进一步提高了系统运行的安全性和稳定性。已建成的高清视频会议系统具备动态高清图像显示、视频图像和多媒体演示双流传送、多点会议控制、方便互动交流等多种功能。

（刘钰祺）

【积极推进北京应急管理网站建设工作】 2011 年 5 月 12 日，暨全国第三个“防灾减灾日”，本市举行了北京应急网开通仪式，郭金龙、吉林、梁伟、刘敬民和孙康林等领导同志出席并正式启动开通北京应急网。北京应急网作为本市应急管理体系交流沟通的重要窗口，有利于集中展示本市应急管理系统整体形象，实现资源整合与信息共享，全面提升本市应急管理工作水平。依据有关法律法规和文件规定，结合本市应急管理工作实际，制定印发了《北京应急网管理暂行办法》和《北京应急网内部管理办法》，切实加强对北京应急网的建设、运维和管理，确保其安全、可靠、高效运行。

（刘钰祺）

【开展物联网应用试点示范工作】 2011 年春节期间，整合安监、气象、环保、消防等部门资源，搭建了春节期间烟花爆竹综合管理物联网应用系统，特别是除夕、初五、十五等烟花燃放高峰时期，为市领导开展科学决策提供了辅助支撑；汛期期间，开发防汛物联网应用系统，整合交通、水务、气象等部门资源，实时监控降雨、路面积水等重要信息，为极端天气下保持道路交通通畅提供了有效的支撑。通过两个示范工程试点应用的开展，为下一步全面开展物联网示范工程建设提供了模式参考，取得了良好的效果。

（刘钰祺）

北京市体育局

【综述】 2011 年年内，体育局按照《北京市体育局信息化 2011 年工作计划》，较好的保障了局网络信息系统安全运行保障工作，全年网络信息无安全事故。按照全市统一部署，2011 年市体育局网络系统运维初步实现服务外包模式，大大提升了网络管理效力。网站运行平稳，网站公共服务效能有所提升，体育局网站的“全民健身服务”栏目在 2011 年度北京市政府网站评比中，被评为“2011 年度优秀网上服务项目”，得到市民及专家的认可。

完成网络信息安全保障工作，推进体育信息建设，领导是关键。适时调整局信息化领导小组和网络信息安全领导小组成员，确保信息化工作的有序开展。市体育局的信息化建设在局领导的高度重视和关心下，一年来的信息化工作做到了安全保障到位、运维支撑到位和服务管理到位。做好网站维护，加强服务实效，加强应用系统推广力度，加强数据采集，提升信息数字化应用效力，做好计算机网络、设备的维护工作。

（杨薇）

【节（假）日及重要活动及赛事的安全管理工作】 2011 年年内，重点抓好节（假）日及重要活动及赛事的安全管理工作，确保全年网络信息安全无重大责任事故。为了确保节假日、大型活动及赛事期间系统的稳定运行，市体育局制订了详细的专业人员值守计划，由信息中心领导带班，网站管理人员和网络管理人员分别排班，实行安全运维 24 小时值守，确保无重大安全事件发生。针对节（假）日及重大活动期间 IP 应急视频指挥系统根据应急委要求，实行 24 小时持续运行，保持通话模式，确保应急指挥畅通。

（杨薇）

【加强信息安全等级保护与风险评估】 2011 年年内，加强信息安全等级保护与风险评估，切实保障网络信息安全自查及防范工作落到实处。根据北京市网络与信息安全协调小组办公室《关于开展 2011 年电子政务网络与信息系统安全检查工作的通知》（京信安协办〔2011〕2 号）和京公网监字〔2007〕788 号文件要求，市体育局于 4 月初开始对局网络与信息安全状况进行了自查及风险防范工作。5 月份，聘请具有安全服务资质的专业公司对局政务网站和政务系统进行了一次安全测评。通过自评估方式，对局网站系统、办公自动化系统、MAIL 系统、网上审批系统、运动员注册系统和成绩统计系统等进行等级分析和确定，并向北京市经济和信息化委员会和市公安局内保局备案。

同时对系统建设管理进行了安全保护等级差距分析，在制度建设及人员管理方面较为完善，但仍需在安全审计、帐户管理、访问控制、通信安全、重要信息备份以及恶意代码防范等方面改进或加强。在这次等保定级和安全评估工作中，对 24 套系统主机、11 项业务系统、4 套数据库、4 台网络设备进行了配置审计、安全漏洞扫描和应用渗透测试，共发现各类漏洞 273 个，其中紧急漏洞有 4 个，高风险漏洞有 30 个，中风险漏洞有 40 个，低风险漏洞有 82 个，信息漏洞有 117 个。针对上述风险，及时对网络系统进行了安全整改，对所有漏洞进行了安全加固，同时对网络系统进行了整体安全规划，并对不同的紧急情况制定了相应的应对措施和实施方法。

（杨薇）

【加强应急演练】　2011 年年内，加强应急演练，确保值守应急和应急管理工作顺利开展。根据《北京市网络与信息安全事件应急预案》，修订完善了市体育局信息系统的安全应急预案 16 个，每年定期对预案进行评估，对可能出现的紧急情况进行了充分的考虑，并对不同的紧急情况制定了相应的应对措施和实施方法。同时，组织各相关业务人员对应急预案进行学习，并不定期针对应用系统受损、无法正常访问、网页内容篡改等情况进行应急模拟演练。在应急演练过程中，由于领导重视、部门配合紧密，应急演练工作进展基本顺利，达到了对应急预案可行性和有效性检验的目的。

（杨薇）

【网站运行平稳】　2011 年年内，北京市体育局认真做好市体育局网站、市体育总会网站运行维护和信息发布工作，网站运行平稳，信息发布内容全面。全年发布信息 1673 条，视频新闻 125 篇，及时公开财政预决算、廉政风险防控等社会关注度高的政府信息，对“北京市第八届全民健身体育节”、“第三届北京市体育大会”等重要活动进行了宣传报道。2011 年网站基本运行平稳，较少出现高频访问等异常情况，可用性较上年度提高。截至 11 月 20 日，总页面浏览量 11 610 777 次。

（杨薇）

【提升网站公共服务效能】　2011 年年内，对网站页面设计和栏目结构进行了大规模调整，整合办事服务栏目，新增“体育彩票专卖店”、“北京市滑雪场所”等查询服务，并与市体育基金会合作建设了“北京市退役运动员扶持专项基金”栏目，为退役运动员做好服务。

（杨薇）

【认真办理公众在线提出的咨询、投诉、建议意见】　2011 年年内，网站办理的公众咨询、投诉、建议意见 130 件，开展公开征集体育产业引导资金扶持项目、《滑雪场所运营安全规范（草案）》意见征集等民意征集活动，累计 1500 多人次参与，征集公众意见 100 余条。

（杨薇）

【认真做好全局系统网站专项检查整改工作】
2011 年年内，为贯彻落实国务院办公厅《关于进一步加强政府网站管理工作的通知》（国办函〔2011〕40 号）精神，根据北京市经济和信息化委员会《关于集中开展政府网站专项检查工作的通知》（京经信委发〔2011〕61 号）的部署和要求，在全局系统认真开展了网站检查工作，共检查市体育局及直属单位管理建设的 12 家网站，重点检查了市体育局网站的运行管理情况，从网站管理、信息公开、网上办事、政民互动、安全管理等 8 个方面逐一比对，检查是否符合政府网站建设与管理规范的要求。采取了错别字监测、链接核查、安全测评等措施手段，监测网页 2.4 万页，发现并更正错别字

600余处，更正错误链接10余项。经检查，各网站均设立专人负责网站管理维护工作，建立了信息发布审核和保密审查机制，基本保障网站信息更新，运行情况基本良好。

（杨薇）

【推行信息工作指导性业务规范化建设】 2011年5月，在市体育局完成的《北京市体育局信息化工作指导性业务规范（一）》的基础上，为不断完善体育信息化建设规范体系，完成了《北京市体育局信息化工作指导性业务规范（二）》项目建设，通过对局现有的业务系统数据调研，建立包括竞体、群体、产业、竞赛、场馆和教育等方面的业务数据规范，促进体育信息系统的数据共享、交换和集成，实现体育信息系统的良好互通和应用集成，为局信息化建设提供支持与服务。该《业务规范（二）》于2011年9月正式施行并印发给相关处室及直属单位。

（杨薇）

【网络系统运维初步实现服务外包模式】 2011年7月，网络系统运维外包项目通过公开招投标由首信公司开始提供运维服务和进行运维服务支撑系统建设工作。经过4个多月的建设和运维工作后，基本实现了统一、完善、符合ITIL规范和ITIL框架的运维软件平台；建立了更加完善的知识体系；对相关的网络、系统、安全等设备实现自动监控、手机短信预（报）警服务；建立和健全了更加完整的网络安全运维外包和应急支撑保障服务。此项目大大提升了整个中心的运维管理水平，使网络、系统的安全运行得到了科学的保障。

（杨薇）

【网站网页防篡改系统升级改造】 2011年4月，为保护北京市体育局网站网页免受外界非法人员的非法篡改，提高网站运行的整体安全性，市体育局将北京市体育局网站中的InforGuard网页防篡改系统V3.4版，升级到最新的V5.3版本。升级后的新版本采用先进的分层模型，在设计中将系统根据业界规范划分为服务层、业务层和展示层。合理的分层结构保证了系统的高可维护性，坚实的基础服务也造就了系统卓越的稳定性和可靠性，使局网站系统页面内容更加安全可靠。

（杨薇）

【网络版杀毒软件升级改造】 2011年4月，为提高局机关各终端计算机的安全性，市体育局组织采购了一套网络版杀毒软件。通过该网络版反病毒系统的建立，局机关实现了全网反病毒的统一管理，网络中存在的安全漏洞得到补救，从而有效地遏制了病毒在网络中的传播，使网络的安全性和稳定性得到了整体提升。

（杨薇）

【业务数据采集和共享工作】 2011年年内，共整理、采集各部门提供的业务数据5000余条。其中，青少年体育俱乐部等7项数据列入市体育局政务地理空间信息资源共享目录，通过北京市政务地理空间资源系统共享给全市使用；体育运动项目经营单位查询等8项服务作为第一批可接入“市民主页”服务进行了数据共享。

（杨薇）

【体育信息的集录和编印工作】 2011年年内，共编印《网络信息参阅》32期、《网络信息摘报》3期，集录信息124篇，共计11.8万字，为领导决策提供了参考。

（杨薇）

【档案数字化加工】 2011年年内，为继续推进市体育局档案信息化建设，对市体育局1990—1993年的体育年鉴进行了数字化加工，共加工图书4册共1983页。

（杨薇）

【纵向网及网络设备日常维护工作】 2011 年年内，市体育局由专人负责对网络及其硬件设备的运行状态进行严格监控，对异常情况实时分析、实时解决。2011 全年无重大安全事故。根据对 25 家直属单位网络系统的维护记录，截至 11 年 11 月下旬，网络系统累计发生 8 例故障，其中有 2 例线路故障，5 例设备故障，1 例空调故障。

（杨薇）

【信息系统日常维护工作】 2011 年年内，市体育局由专人负责对各应用系统的软件及硬件进行监控及日常巡检，对发现的问题及时根据各系统的应急响应预案进行响应。对于网站等重要应用系统定期进行安全漏洞扫描和病毒查杀，及时修补发现的系统和应用漏洞。实时对各系统杀毒软件进行升级、监控，对操作系统漏洞进行补丁安装，确保各系统的稳定性及安全性。

（杨薇）

【终端计算机设备的维护、维修工作】 2011 年年内，全年共维修和维护计算机、打印机等相关设备约 100 余次。由于今年对各终端机更换了新的杀毒软件，并且对全部终端机都推荐安装 360 安全卫士等防木马的安全控件并及时安装系统补丁，本年基本没有发生由病毒木马所引起的系统故障。由于机关的计算机硬件设备在使用年限上均已超过 6 年，出现了几例硬件故障造成计算机无法使用的情况。其中发生了两例硬盘故障、两例主板故障、三例显示器故障，均及时维修和更换，保障了局机关局域网内用户的正常工作。

（杨薇）

北京市铁路局

【概述】 2011 年年内，北京市铁路局开通电话订票系统，对北京铁路局与铁道部间的网络通道进行了扩充，北京铁路局组织实施互联网售票、实名制售票。

【铁路客票代售点建设】 2011 年年内，为方便群众购票，北京铁路局加快推进北京市内客票代售点建设工作，共新建客票代售点 87 家，完成高速通道替代 ISDN 通道改造 155 家，整体运行规模已达 924 家，基本实现了北京市远郊城区全覆盖。同时，从软件升级、维护维修、故障应急等多个细节入手，建立了一整套快速响应机制，为客票代售点提供有力技术支持。

（张兰）

【北京铁路局开通电话订票系统】 为了方便旅客购票，提高客运服务质量，满足旅客多渠道、方便、快捷的购票需求，2011 年年内，北京铁路局组织建设电话订票系统，实现了旅客通过 95105105 电话进行订票的功能。4 月份完成项目可行性研究工作；5 月份完成五十余台各种设备的硬件、网络、系统、数据库、应用软件的安装和调试；系统于 6 月 25 日 0：00 顺利投产运营，中继线并发接入能力为 8000 线。12 月，组织对该系统进行扩容，对数据库服务器进行扩容，新建 8 台查询服务器，应用服务器由原 6 台增至 12 台，新增四台网闸及两台负载均衡器，系统处理能力得到大幅提升，并发接入能力由 8000 线提高到 16 000 线。

（张兰）

〖北京铁路局实现互联网售票、实名制售票〗 2011 年年内，北京铁路局组织实施互联网售票、实名制售票，对北京铁路局与铁道部间的网络通道进行了扩充，配合北京铁路公安局完成了公安局、3个公安处、24个公安制证点联网建设。5月22日在全局动车停靠站顺利启用实名制售票，6月1日京津城际作为全国铁路试点实现了互联网售票。

（张兰）

北京市统计局

【概述】 2011年是“十二五”规划的开局之年，北京市统计局、国家统计局北京调查总队以实现“提高统计能力，提高统计数据质量，提高政府统计公信力”为目标，紧密结合首都统计信息化发展规划，以信息技术应用和信息安全保障为重点，立足于首都统计业务自身特点的实际，拓展思路，优化资源配置，扎实推进统计业务信息化建设，实现了信息化对核心业务的支撑水平和对社会服务水平的全面提升。

（王晓路　马达）

【扎实推进电子政务重大应用系统建设工作】 2011年年内，作为市电子政务工作任务之一的北京市宏观经济和社会发展数据库一期建设按照项目计划顺利竣工验收，正式上线运行。

（王晓路　马达）

【顺利完成市政府折子任务之一的北京市第六次全国人口普查数据处理工作任务】 2011年年内，将人口普查入户调查内容进行收集、录入、审核、处理、汇总分析等，为人口管理提供了大量的分析数据。统计信息系统公共服务能力持续得到保障。北京市统计局、国家统计局北京调查总队管辖的所有行政办事及统计业务处理事项已全部整合到“网上办事服务平台”，2011年度网上办理行政及统计业务处理事项79 018件，服务填报单位约16万家，统计报表网上填报243.6万张，审核统计数据近2亿笔，公开信息8435条，数据分析文章发布697篇，统计数据表发布1181张，网站登陆访问5622万人次。

（王晓路　马达）

【不断整合电子政务应用系统建设】 2011年年内，通过名录库管理系统改造实现北京名录数据与国家名录数据的实时动态交互，通过“农村一套表试点”探索实现核心业务平台对农村统计调查业务的全面支撑。2011年度北京市统计局、国家统计局北京调查总队先后荣获国家统计信息网网络安全优秀单位、全国统计信息化建设综合先进单位、软件正版化检查先进单位、北京市电子政务绩效考核突出奖等荣誉；北京市统计遥感业务运行系统研建获得“北京市十大应用成果奖”第三名的优异成绩。

（王晓路　马达）

【北京市宏观经济和社会发展数据库一期建设顺利竣工验收】 2011年年内，北京市统计局、国家统计局北京调查总队是宏观经济与社会发展基础数据库一期建设的牵头单位。项目的建设内容包括核心系统建设及项目支撑系统建设，其中核心系统由信息共享平台、数据库体系、应用系统、门户系统四部分组成，支撑系统建设包括标准体系建设、安全管理体系建设、运行维护管理体系建设及基础设施建设。宏观库一期工程建设从2009年2月启动，2011年4月通过初步验收并在政务网站试运行，2011年9月通过第三方的功能和安全评测，2011年11月通过竣工验收。在项目建设中，宏观库项目组按统计指标和分组原则，对所有指标进行了规范化和标准化处理，对数据表按照不同主题进行分类管理，在数据整理环节建立数据清洗规则及功能，制定了数据入库的审验和确认办法,解决了数据多口径共享和发布的相关问题，最终实现了查询方式的多样化，实现了宏观库建设的目标。宏观库建设初期，在以副市长吉林为组长的市宏观库领导小组的领导下，北京市统计局、国家统计局北京调查总队组建了宏观库工作机构，下设业务分析组、基础设施组、工程管理组及项目监察组，建立了工程建设周例会制度并制订了建设进度计划。针对工程建设中的问题,先后召开了 41 次工程例会和多次业务协调会议，召开了两次领导小组会议、四次办公室工作会议、两次业务培训会议，举办了一期操作培训会，编制了 6 期《宏观库建设动态》,确保与各委办局和各承建单位的工作渠道畅通。宏观数据库系统数据资源的使用者包括市委市政府领导、各委办局和社会公众三个层面。在宏观库建设期间，共召开 50 多次需求分析会和业务专题会，形成了详细的需求分析报告，为宏观数据库建设奠定了良好的基础。宏观库项目组按照元数据理念建立了宏观库的元数据体系。目前已经建立了包括主题、专题、指标、分组的数据资源体系，涉及国民经济核算、财政与税收、资源环境、人民生活等 37 个应用主题和世界城市、功能区建设、节能减排、新农村建设等 22 个应用专题；3900 多个指标目录，370 多个分组目录以满足政府、部门、社会三个层次用户对数据资源和数据分析的需求。整理了历史数据和各部门数据。到目前为止，宏观库已整理入库数据表 1.3 万张，入库数据量 140 万笔。绝大多数委办局整理数据的时间跨度在 7—10 年，部分指标追溯了 60 年的数据。同时，宏观库还提供了近 16 万篇的文献资料。明确了业务职能和工作流程，总共包括五大业务职能及对应的五大业务流程，即数据规划和设计职能及流程、数据采集和处理职能及流程、数据整合和管理职能及流程、数据查询和分析职能及流程以及门户信息服务职能及流程，同时进一步确定了五大职能之间的工作流程。为保障宏观库的安全有效运行，宏观库项目组扎实完成了基础设施建设，完成宏观库软硬件设备的采购与系统集成，包括机房改造工程以及构建起宏观库服务器系统、存储系统、安全系统、备份系统，为参加宏观库一期建设的委办局建立了前置节点系统。基础设施建设的完善为宏观库的有效运行提供了环境保障。宏观库项目组顺利完成核心业务的应用开发工作，建立了包括元数据库、基础数据库、共享数据库和发布数据库在内的数据库体系，完成各共建单位的前置节点的软件开发任务，建立了数据交换流转机制。还完成了对各委办局的数据管理人员在数据标准、数据传输、数据享用以及数据更新维护等方面的培训。为保证宏观库的正常运行，充分发挥政府数据资源在首都经济社会发展和城市建设管理中的作用，宏观库项目组拟定了宏观库运行维护管理制度（共包括制度总则、指标体系、资料提供、资料维护、共享发布、共享使用及用户管理等 7 项制度），以保证宏观库能够长期地为用户提供有效服务。宏观经济与社会发展基础数据库一期的建设完成标志着一套科学地反映全市宏观经济与社会发展的指标体系的建立，实现了一套支持跨部门、跨行业数据采集与管理的基础数据库系统，形成了一套全市政府数据资源互通、信息共享的运行机制，标志着一套宏观库运行的基础设施支撑体系的构建完成。

（裘孔明　马达）

北京市卫生局

【概述】 2011 年年内，北京卫生信息建设工作取得了新的进展。开展卫生部电子病历试点工作，下发以电子病历为核心的医院信息化试点工作实施方案和技术方案。北京地区 10 家电子病历试点医院取得进展。推进新社区卫生服务综合管理信息系统，完成电子健康档案建档任务。下半年，北京市成为卫生部基于电子健康档案、电子病历、门诊统筹管理的基层医疗卫生信息系统建设试点，并获财政部补助资金。建立以电子病历为核心的市级卫生信息平台，并在部分试点区县开展以信息互联互通和业务协同为标志的信息化建设探索。出台《卫生信息化建设项目申报与立项审查和资金管理的有关规定》，加强项目申报的指导，规范立项审查流程，强化信息化项目的资金管理。北京市妇幼保健网络信息系统二期、医联码系统、卫生人力资源信息系统、卫生统计平台三期等重点应用系统建设取得实效。北京 120/999 急救指挥调度系统实现互联互通和协同工作，初步解决长期以来困扰本市急救服务体系管理与组织协调的难题。

（张世红）

【纳入国家卫生信息化试点】 2011 年 7 月，北京市被列为国家卫生部基于电子健康档案、电子病历、门诊统筹管理的基层医疗卫生信息系统试点项目省份，试点任务主要包括建立以电子病历为核心的市级卫生信息平台以及西城等五个试点区县的信息化建设。将试点工作与本市下一阶段卫生信息化和电子病历整体工作相结合，建立市级层面的推进工作机制，拟订《关于推进首都地区电子病历工作的意见》。11 月，市卫生局与卫生部统计信息中心签订试点项目任务书。制订以电子病历为核心的市级卫生信息平台一期项目技术方案；完成北京市基本药物集中采购信息系统项目方案，获发改委批准；完成北京市新型农村合作医疗管理信息系统升级改造项目方案，获北京市经济和信息委员会批准；完成北京市基层医疗卫生服务管理信息系统项目方案，并报送发改委。完成市卫生局落实卫生部试点项目的管理制度和实施要求的初稿。

（张世红）

【起草编制卫生信息化“十二五”建设发展规划】 2011 年年内，市卫生局组织专家学者和有关医疗卫生机构集中力量编制了“十二五”期间的卫生信息化建设目标和方案、任务，为卫生信息化工作打下了良好基础。十二五期间的主要任务是建立“基于电子健康记录的健康北京智慧卫生工程”，以居民电子健康记录为核心，建设一张网络、两级平台、三个基础数据库。

（张世红）

【项目前置审核】 2011 年年内，市卫生局印发《卫生信息化建设项目申报与立项审查和资金管理的有关规定》，加强卫生信息化项目的前置审核评审工作。全年审核项目 49 项，其中市属医院信息化项目 22 项，涉及资金 1.48 亿元，公共卫生及其他方面信息化项目 27 项，涉及资金 3427.43 万元。

（顾晓晖）

【建立标准规范】 2011 年年内，市卫生局组织制定了《北京市药品分类与代码标准》，该标准已作为地方标准申请，已经形成送审稿。

（张世红）

【卫生绩效评价】 2011 年年内，市卫生局开展北京市卫生绩效评价工作，旨在通过对全市和区县卫生工作的整体绩效进行科学评价，综合反映地区的资金使用成效和卫生工作成果以推动市、区县两级党委和政府加强对卫生工作的领导，促进本市卫生事业科学发展，更好的为提高全市居民的健康水平服务。先期进行了北京市卫生工作绩效评价研究工作，通过文献检索、调研、专家论证等，最后形成了由 16 个指标组成的市级评价指标体系和 24 个指标组成的区县级评价指标体系的北京市卫生绩效评价指标体系，确定了评价方法，并对全市和区县卫生工作的整体绩效进行了试测算。

（谭鹏）

【建设完善首都医科大学科研教学基地】 2011 年年内，市卫生局组织 7 名 2010 级首医研究生进入到科研及临床训练工作的教育阶段，并安排了 4 次业务培训讲座：项目管理、网站建设与运维、PRINCE2 在血液系统中的应用、运维管理。经过专题科研讲座指导，7 名研究生全部通过了首医的开题答辩。本年度还完成 3 位 2011 年导师遴选工作以及 2011 级 5 名研究生的复试面试工作，最终录取 2 名。

（董伊晖）

【新社区卫生服务综合管理信息系统】 截至 12 月，14 个区县 221 个社区卫生服务中心 636 个社区卫生服务站全面推广使用新社区卫生服务综合管理信息系统。各基层机构结合应用不断完善该系统。4 月 25 日，副总理李克强到方庄社区卫生服务中心视察，对社区的转诊平台给予肯定和高度评价。已经部署的社区卫生服务机构均与医保系统进行对接，实现医保病人看病实时结算报销，在延庆和顺义等试点社区卫生服务中心实现与新农合系统的对接，新农合病人看病实时结算报销。截至年底，市级电子健康档案平台采集能够全市共享的电子健康档案 1101 万份。

（顾晓晖）

【市卫生局办公自动化系统】 2011 年 3 月 1 日，市卫生局办公自动化系统自上线运行以来，行政办公真正实现无纸化，系统的应用提高了行政业务办公效率和行政办公信息化水平。该系统共有 647 个用户，包括市卫生局、市中医局、市卫生局直属事业单位及全市所有三级医院，其中办理数字证书的用户 587 个。截至 12 月，市卫生局 OA 中已办理收文 3849 份，发文 1258 份，建议提案 188 件，呈批件 320 件，政务信息 2309 条。

（顾晓晖）

【医联码发放及门急诊信息采集】 2011 年年内，完成全市 49 家医院的接口改造，其中 45 家医院已发放医联码，22 家医院开始上报门急诊信息。截至 12 月 31 日，上传医联码信息 134 万余条，门急诊信息近 547 万条，为将来北京市门诊患者的疾病监测、管理、预警提供了信息基础。

（史森　郭默宁）

【卫生人力资源管理信息系统】 2011 年年内，该系统是为整合现有的医疗卫生人力资源信息，建立医师、护士等医疗技术人员的全执业周期信息库，实现医师定期考核、退休人员工资管理，为领导和业务部门提供决策支持和综合查询的管理信息系统。年内，完成该系统的开发、测试、试运行等，并于 10 月 24 日通过了项目终验。

（史森）

【新型农村合作医疗管理信息系统】 2011 年年内，市卫生局为实现新农合病人“门诊随报，出院即报”的实时结算报销的需求，给农民带来便捷，对原有新农合信息系统进行升级改造，形成了升级改造方案，并多次组织论证。12 月底，取得北京市经济和信息委员会对该升级项目申报书的批复。

（史森）

【医政管理信息系统】 2011年3月，北京市卫生局医政管理信息系统正式启动建设，通过该平台整合北京市卫生局医政系统和各医疗单位的信息资源，形成北京市医政信息化管理平台，对医政行政管理、审批，血液透析、护理、体检、口腔医疗、血液管理、病理、麻醉、核医学、消化内镜、整形美容、病案管理、医院感染、影像、心血管介入、检验、重症医学等关系到首都市民健康卫生的关键医疗质量进行控制，提高首都医疗卫生整体水平。年底前，完成该项目硬件的验收和硬件环境的搭建，并走访19家质控中心进行需求调研。

（史森）

【卫生统计信息平台三期】 2011年11月8日，卫生统计信息平台三期在完成前期立项、财政批复等的基础上公开招标。平台三期建设目标为适应卫生事业改革与发展的需要，满足上级部门对卫生统计调查制度的新需求，配合医药卫生体制改革各项任务的实施，对统计信息平台进行升级改造，建设及时、全面、准确、统一的数据采集平台。平台三期的建设内容主要是围绕医改，适应各类卫生综合统计报表的改版需求，全面实现卫生机构、人员、设备信息、患者门诊就诊信息、出院病人病案首页信息、肿瘤患者信息等的采集，优化数据采集、查询、审核流程，实现数据综合统计分析与展示，为应急、卫生管理、决策提供有效保障。

（史森　郭默宁）

【北京地区电子病历试点工作】 2011年1月，市卫生局下发《关于印发〈北京市以电子病历为核心的医院信息化试点工作实施方案〉的通知》，明确电子病历试点的指导思想、工作目标、组织管理、实施步骤及工作要求。3月，编制《北京地区电子病历试点技术方案》。《北京地区电子病历系统总体方案》作为电子病历五年规划，进一步明确本市电子病历项目的总体建设目标、建设内容、技术方案、组织框架、投资预算等。6月，制订北京市电子病历试点工作中期评估方案，并组织医院自评和专家现场评估。11月，对试点医院进行终期评估，完成2011年电子病历试点工作。

（周丹）

【妇幼保健网络信息系统二期项目】 2011年年内，市卫生局妇幼保健网络信息系统二期项目目标是建立覆盖北京市妇幼保健院、区县妇幼保健院（所）、以及承担妇幼保健服务与管理工作的医疗保健机构和托幼园所的完整的、标准化的妇幼保健网络信息系统，实现北京市妇幼保健工作的信息化管理，建立以妇幼健康档案为核心的完整的、动态的、连续的、与相关机构共享的妇女儿童保健信息库，充分利用信息资源，及时、准确和有效掌握妇女儿童群体的健康状况、健康问题、常见疾病、发病率和死亡率、主要疾病和主要死因及其变化趋势等，为评估妇女儿童健康状况，妇幼健康管理，制定干预措施，以及科学评价妇幼卫生事业、制定妇幼卫生政策提供依据。年初，完成该项目的招投标并签订合同。4月，到北京妇幼保健院、大兴区和海淀区妇幼保健院等调研，并召开专家需求研讨会，完成需求调研报告书。9月开始，分别在海淀区、朝阳区和大兴区部分机构开展出生证子系统的试点，并在12月底与北京妇幼保健院开展全市出生证子系统的培训。

（周丹）

【卫生地理信息系统】 2011年年内，完成《2011年度北京市政务地理空间信息资源目录》中市卫生局政务地理空间信息资源目录的数据汇交。完成《2011年度北京市政务地理空间信息资源需求目录》中市卫生局政务地理空间需求目录的更新，新增 21 类最新的需求目录。完成市卫生局政务地理空间信息资源共享目录的变更，涉及八大类资源。

（刘会霞）

【支援青海乡镇卫生院信息化项目】 2011 年年内，根据《支援青海省示范乡镇卫生信息化建设的协议》，项目于4月初启动，经过近一年的建设，完成了硬件到货、系统软件开发、测试和培训工作，于年底前正式运行。

（张世红）

【完善网站评测考核体系】 2011 年年内，本市开展医疗卫生系统网站考核评议工作，以评促建，加强对行业网站的指导。共测评区县卫生局、市卫生局直属公共卫生单位及卫生学校、医疗机构三大类 75 家单位网站，其中区县卫生局网站综合得分平均 59.5 分、市卫生局直属公共卫生单位及卫生学校类网站平均得分 63.9 分、医疗机构类网站平均得分 65.5 分。

（姜冰）

【网站前置审批及监管】 2011 年年内，前置审核提供医疗保健信息网站 335 家，有 285 家网站通过审批。同时，持续进行网站日常监测工作，每两周整理一次违法网站监测报告。

（姜冰）

【改进北京卫生信息网】 2011 年年内，进一步加强市卫生局官方网站宣传和服务公众作用，重点建设北京市公共卫生综合服务平台项目。该项目以北京卫生信息网为依托，对原有网站栏目架构进行优化和调整，更加突出服务功能，开辟了“公众服务区”，将面向公众服务的功能整合到一个服务区，便于公众的信息获取。同时，对网上许可大厅栏目进行改版，新增网上表格填写和提交功能，提高行政审批事项的服务效率，方便申请人的事项办理。11 月，北京卫生信息网“健康 e 站”栏目获电子政务理事会颁发的中国政府网站在线办事类精品栏目奖。在第六届中国特色政府网站评选活动中，北京卫生信息网获中国社会科学院信息化研究中心颁发的用户满意奖。

（姜冰）

【加强信息安全保障】 2011 年年内，要求各单位按照“谁主管谁负责、谁运行谁负责、谁使用谁负责”的原则，落实领导责任制，主要负责人要亲自过问信息安全工作，听取情况汇报，研究解决重大问题；分管领导要靠前指挥，督促落实信息安全规章制度，及时协调处理重大信息安全事件；要建立健全信息安全工作机制，明确工作机构，加强安全手段建设，提高安全保障能力；要进一步落实信息安全责任制，把责任具体分解到科室、岗位和人员，层层分解任务，层层落实责任，层层抓好落实，确保领导到位、机构到位、人员到位、责任到位、措施到位、监管到位。

（郑攀）

【信息安全检查】 2011 年年内，市卫生局与市公安局联合印发《关于北京市卫生行业信息安全检查工作的通知》，对本市卫生行业开展信息安全联合检查。5 月 1 日—10 月 30 日，市公共卫生信息中心与市公安局文保处组成联合检查组，对本市卫生行业 8 家单位进行信息安全现场检查。重点检查各单位信息安全责任的落实情况、信息系统等级保护工作的落实情况。对检查中发现的问题提出整改意见，并以书面形式进行反馈，各单位根据检查结果进行整改。针对检查中发现的安全隐患、漏洞等风险制订技术整改和管理措施，最大限度地降低网络与信息安全风险。

（郑攀）

北京市文联

【概述】 2011 年年内，北京市文联信息化建设项目在市委宣传部、北京市经济和信息化委员会、市文联党组的领导下，依据相关文件精神的要求，立足首都文学艺术发展实际，委托北京市工程咨询公司，制定文联信息化基础设施建设方案，着手文联信息化建设项目的可行性调研工作——《北京市文艺联络工作信息化建设项目可行性研究报告》的讨论研究，与市相关部门沟通协商，确定文联信息化建设项目立项审批的工作流程和办法，不断推进文联机关办公自动化，加快文艺联络工作信息化建设步伐，促进各项文艺工作正常开展和任务的完成。

（张俊峰）

【信息化建设方案研究】 2011 年年内，成立了市文联信息化建设领导小组，启动文联信息化建设项目的研究论证工作，选择确定了信息化建设项目可行性研究报告制定委托单位——具有多年电子政务建设经验并熟悉市文联工作情况的北京市工程咨询公司。先后 6 次邀请北京市工程咨询公司专家对文联各部门、各协会及各级相关业务部门进行了实地调研、业务分析、系统建设规划等研讨论证工作，形成了《北京市文联信息化系统建设总体方案》。为确保信息化建设项目的科学性、超前性和适用性，市文联党组和信息化建设领导小组对方案进行了多次研究论证和修改，确定了建设目标、规模、内容、建设期和地点等，经与市委宣传部、北京市经济和信息化委员会、市发改委沟通协商，确定了市文联信息化建设项目审批纳入日常审批的工作流程和办法，并按计划分步实施。

（张俊峰）

【信息化建设可行性研究报告制定】 2011 年年内，市文联会同北京市工程咨询公司加快推进信息化建设方案的具体组织实施，着手研究制定《北京市文艺联络工作信息化建设项目可行性研究报告》，不断加大工作力度、加快工作进程，先后 4 次与相关部门沟通协商，3 次召开论证会，对可行性研究报告进行 4 次修改和完善，形成了《北京市文艺联络工作信息化建设项目可行性研究报告（草案）》。

（张俊峰）

北京市文物局

【概述】 北京市文物局信息中心是北京市文物局信息化发展的主体部门，担负着全局信息化的规划、建设和管理工作。2011 年年内，信息中心积极完成了市文物局信息化基础建设和维护工作。在“十二五”的启动之年，文物局在信息化发展方面亦稳步前进，在全年的工作中保障了文物局信息化系统安全稳定运行。同时，加强版权意识和信息安全意识，积极配合完成全市公务人员使用正版软件检查和政务信息安全检查工作。

（姚宇江）

【积极完成公务人员正版软件使用情况检查和整改工作】 2011 年年内，全市公务人员办公软件正版化检查是由北京市版权局、北京市经济和信息化委员会联合主持的全市性重要工作。文物局非常重视此项检查工作，主管局长多次召开专题会议听取工作进展，研究部署下一步工作方案。文物局根据全市检查工作进展，将本单位工作分为：初步摸底、内部自查、内部整改、接受检查、后期整改五个阶段。经过前期准备，从3月起局信息中心开始了全面内部检查工作。信息中心将工作人员分成检查组与核对组，并精心设计了调查统计表。在工作人员少，检查范围广，检查数量大的情况下，通过3个月的时间对全局行政人员及部分事业单位进行了检查。共检查服务器、台式机、笔记本、工控机等设备170余台，登记各种软件近2000个。特别对操作系统、办公软件、杀毒软件进行了严格排查，凡发现非授权软件一律予以删除。经过严格检查，积极整改，文物局按时完成了公务人员办公软件正版化检查工作，做到了公务人员所用操作系统、办公软件、杀毒软件 100%正版率的要求，通过了全市验收。

（姚宇江）

【完成重要政务信息系统安全检查和整改方案制定工作】 2011年10月，由北京市经济和信息化委员会、北京市保密局等5家单位联合对全市重要政务信息系统进行了安全检查。北京市文物局的网上审批系统和领导决策系统作为安全3级系统被列入检查范围。在深入学习了政务信息系统安全检查规范的基础上，文物局委托局信息中心对全局各项在运行的政务信息系统进行全面检查。局领导亲自部署工作：要严格检查，不留死角，不留隐患，对于问题要及时分析整改。信息中心通过一个月的时间从管理和技术两大方面进行了认真梳理，共整理各类管理规范、文件50多件，排查整改了多处技术隐患漏洞。对于却因外界因素不能整改的问题，进行了详细分析，编制了报告，说明了原因。在10月份的全市联合检查中，检查组对于文物局所做的检查整改工作给予了充分肯定，并提出了进一步完善的建议。

（姚宇江）

北京市新闻出版局

【概况】 2011年年内，北京市新闻出版局信息化工作的质量和水平进一步提高，网络运转平稳，信息系统运行良好，网站继续发挥窗口和平台的作用，局域网内部服务器设备和终端设备以及其他各类设备较好地支持了业务工作的开展。互联网接入带宽34M，机房总面积160平米，运转服务器20台，安全设备10台，网络设备50台；政务公开网站全年访问量近500万人次，业务系统注册用户3.1万人，全年办理各类行政许可及服务类事项5.5万件，公示业务审批结果3万多条，达到应公示事项的100%；安全方面，从安全值守、安全巡检和应急响应等方面进行安全维护，共实施99次安全值守，12次全面的安全巡检、4次应急响应，做到对安全隐患的及时排查处理，全年网络和系统安全稳定，未发生重大事故。

（陈喆）

【信息化硬件基础设施进一步完善】 2011年年内，网络机房为各信息系统重要设备提供安全稳定的运行环境，是信息化基础设施的重中之重。北京市新闻出版局筹措专门资金建设了二期网络机房。新建机房呈现三大亮点：配置主流化设备，在强调机房环境稳定性的同时，进一步提高机房的扩容能力。采用双路供电、双路PDU装置、双独立空调等高可用性设计，保证出现故障时可在最短时间内恢复，有地效提高机房连续稳定运行时间，确保机房内各设备的安全。使用新型环境监控平台，将全部设备纳入统一管理，提高维护效率和机房管理水平。此外，还对一期机房内部运行环境、机房整体运行状况进行了专业检测和问题整改。整改后的机房，从空气洁净度、电磁干扰强度、机房内部噪音、机房照明强度等方面得到了极大改善。新建和整改后的网络机房，为全局重要网络设备和重要信息系统提供了良好的运行空间，同时也为今后的升级扩容奠定了基础。

（陈喆）

【建设出版物市场监管与舆情分析平台】 2011年年内，为实现出版物市场动态监管和信息全面共享，市新闻出版局开拓思路，创新举措，建设出版物市场监管与舆情分析平台，利用信息技术手段将出版物市场监管推上一个新台阶。该平台具有信息采集、信息处理与分析、信息检索、市场监管与认证、监管绩效考评等功能，尤其是采用新型移动办公手段实现出版物动态监管，实现信息采集快、反馈快、共享快，提高工作效率，使北京地区出版物市场监管和服务工作水平得到有效提高，为首都出版物市场健康发展提供有力保证。

（陈喆）

【业务系统进一步优化】 2011年年内，为不断提升业务系统服务实用性、使用便利性、界面友好性和系统稳定性，市新闻出版局从系统软件和硬件两方面入手推动相关工作。在系统软件方面，根据实际工作需要在系统中增加新的功能模块，对有缺陷的模块进行调整优化，提高工作效率；对业务办事流程进行重新梳理和简化，减少冗余环节，简化工作流程；对系统中用户界面进行重新设计布局，使用户需要阅读和使用的信息更醒目，查找更方便。在系统硬件方面，对服务器、数据库配置进行深入调整优化，使系统运行更加稳定；对各网络设备结构布局进行调整，使业务系统及设备的部署更合理，维护更方面，同时全面提升系统承载能力。

（陈喆）

【进一步加强网络与信息安全管理】 2011年年内，市新闻出版局从五方面入手，加强局域网、业务系统和网站的安全管理。完善制度，根据实际对《北京市新闻出版局信息系统运维应急响应制度》和《北京市新闻出版局信息系统运维应急响应方案》进行重新修订，进一步明确应急处理步骤、岗位分工和职责。加强应急演练，在信息中心带领下，协调各运维单位工作人员，按照应急预案安排模拟发生大面积网络异常、系统遭病毒攻击、业务系统崩溃、网站遭恶意攻击等紧急事件发生，针对发生的情况进行故障分析定位、信息系统重建、网站恢复、数据库恢复等操作，使每一个参加应急事件处理的工作人员掌握应急事件处理步骤及方法，明确岗位职责、熟悉工作流程，提升处理应急事件的工作水平。对局域网实施安全加固，优化调整网络及信息系统结构，进一步提升网络设备、安全设备和主机设备的安全防护能力。加强安全检查，每月对局域网及业务系统进行安全巡检，每周由专人进行现场安全值守，对全局安全整体情况进行监控，发现问题及时解决。加强网站安全维护，每日由专人负责对网站页面内容及各项服务进行检查，每两周对网站访问日志进行检查分析，每月对网站页面及程序进行异地备份，在节假日和重要时期对网站服务器进行实地检查，发现安全隐患及时处理。

（陈喆）

【进一步提高电子政务日常运维管理水平】 2011年年内，参照《北京市电子政务运维管理规范（试行）》的要求，制定了市新闻出版局《运维服务商考核评价办法》（试行）。在日常工作中通过具体运维服务量化指标对其服务进行评分，将服务效果分为优秀、良好、合格、不合格四个等级，并针对不同服务效果制定相应的奖惩措施，通过量化考核提高运维服务商的工作水平，及时发现工作中存在的问题并有针对性地给予解决，进而提升市新闻出版局运维管理整体水平。同时，对《北京市新闻出版局（版权局）网络与信息系统日常维护制度》、《北京市新闻出版局（版权局）网络机房管理制度》等十多项制度进行了三十多处修订完善，相关管理工作更加规范有序。全年形成日常运维记录 1240 多份，工作日志 630 多份，工作周报 50 份，各类设备巡检记录 100 多份。

（陈喆）

【确保政务公开网站正常运行】 2011 年年内，市新闻出版局网站继续承担着信息公开窗口，业务办理门户和互动交流平台的功能。在内容方面，为配合相关工作，新建“首届北京阅读季”和“热烈庆祝中国共产党成立 90 周年”等专题栏目，对局重点工作进行宣传，取得了良好效果。全年通过网站发布各类信息 290 多条，处理咨询、留言、建议、举报等各类互动信息 1030 多条，回复率达到 100%。在技术方面，对网站服务器程序和配置进行优化调整，不断提升网站服务器整体性能，使网站运行更加平稳，响应更加快捷。根据《首都之窗网站群月度管理报告》相关数据，市新闻出版局网站全年月平均访问量达 39.2 万人次，网站首页可用性和网站服务可用性均达到 100%，网站首页平均响应时间为 0.9 秒。

（陈喆）

北京市园林绿化局

【概述】 2011 年年内，北京市园林绿化局信息化工作按照“加快园林信息化，带动园林现代化”的总体思路，推进应用，提升水平，保障安全，充分发挥信息化的引领带动和支撑保障作用，全面推进“三个园林”建设。荣获国家林业局颁发的全国林业信息化建设十佳单位、全国林业信息化发展水平十佳单位、全国林业系统十大优秀网站、全国林业信息化示范省和北京市政府优秀政务网站、北京市电子政务绩效考核整合共享奖等称号。

（孟想）

【机制体制建设】 2011 年年内，市园林绿化局信息化机制体制建设不断完善，出台了《关于进一步加强园林绿化行业信息化工作的意见》；对全局的业务系统进行了安全等级评定，完成了 16 个应用系统的重定级评估及评审，共评定 3 级系统 1 个（重要信息系统），2 级系统 15 个；并制定了信息安全等级加固方案，梳理和完善了我局的信息安全管理机制、管理制度和流程；完成了《北京市园林绿化局“十二五”时期信息化发展规划》的编制工作；制定印发《园林绿化网格化管理系统建设规范》、《园林绿化网格化管理区划与网格编码》两项地方标准和《园林绿化网格化管理对象、业务、事件分类与编码》征求意见稿。

（孟想）

【首都园林绿化政务网建设】 2011 年年内，首都园林绿化政务网站重点加强了政府信息公开、在线服务、政民互动、提高网站安全运行水平等方面的建设。完成了政府信息公开系统与首都园林绿化政务网站的数据对接工作，于7月1日正式运行；规范网上办事服务，将网上服务办事指南、表格下载等内容全部迁移到政务网站，实现与首都之窗门户网站电子公共服务中心中部分内容的同步发布；提升在线便民服务水平，围绕年度全局性中心工作和百姓关注热点网站提供了25项便民服务，其中自建服务14项，共建服务11项。新增“北京市公园风景区游览信息英文服务”、“首都园林绿化公众地图服务”、“首都义务植树专题服务”等7项便民服务；并对原有“林木绿地认建认养服务”、“北京市观光果园信息查询服务”等3项服务进行了改版，完成了全市注册公园、观光果园、林木绿地认建认养服务的公众电子地图定位数据整理及全市注册公园和观光果园的数据更新；增强公众参与和互动，继续与首都之窗、北京网合作共建多项便民服务专题，通过开辟在线论坛、网上调查专栏、在线直播访谈、网站信箱等多种渠道完善政民沟通机制。

（孟想）

【信访信息系统建设】 2011年年内，按照北京市领导在《关于建议建立非紧急救助服务工作网络的意见》的指示精神，进一步完善首都园林绿化非紧急救助服务体系，建设了信访信息系统。可实现局办22个处室、34个直属单位和16个区县的信访部门完成信访的接、转、办、结、告知流程；并可实现与综合信息平台、网上办公系统、12345平台、政风行风热线、政务网站的数据交互。

（孟想）

【网上审批信息系统建设】 2011年年内，将征占用林地与林木移植系统和林木采伐管理信息系统等一批全市应用的证照办理系统整合到了网上审批系统，系统针对不同的应用对象分别开发了不同功能的子系统，规范了发证人员的业务行为和证照的统一管理，完成了网上行政办事统一申报入口、统一受理、统一证照打印三大基础模块的开发，实现了“林木采伐”、“林木移植”、“林地征占用”、“临时占用林地”等事项等证照的统一管理和办理结果的实时公开。

（孟想）

【网格化管理信息系统建设】 2011年年内，市园林绿化局积极探索网格化管理信息系统应用。深化公园风景区网格化管理。应用网格系统完成了龙庆峡、石花洞2个国家级风景区的规划数据的采集、处理、入库，形成了44个图层数据。完成了龙庆峡、石花洞等10个国家及市级风景区基于航空影像数据的批量比对工作；完成了全市313个注册公园信息的核实、更新与确认工作。绿化工程质量网格化管理建设。在绿化工程实施中实现绿化工程实施全过程质量的实时监管，推进行政监察现代化；完善病虫害和野生动物监测网格化管理建设。建设了以电话语音方式采集林木病虫害监测数据的自动语音系统，并应用网格系统将69 022条野生动物监测数据进行整理、入库，形成北京市各种野生动物分布图；探索物联网应用，依托网格系统，利用物联网技术建立智能巡更系统，实现了森林防火、救护等紧急事件的实时监管；推进全国林业示范省项目建设，成立了推进网格化和统一数据库示范应用建设领导小组，组织编制了《网格化管理及统一数据库建设示范项目实施方案》。

（孟想）

【网络安全运维管理】 2011年年内，市园林绿化局不断提升网络安全运维管理水平，通过对网络系统进行双核心的升级改造及增加流量整形控制设备，实现了核心交换机双机热备份，提升了信息系统的安全与容灾应急能力。通过定期巡检、更新补丁、修复漏洞、及时更新服务器区 ACL 访问控制列表等措施加强日常维护。对重点系统的数据库根据数据更新频率制定相应的备份策略，做好重要数据库日常备份以及异地备份工作，截至 12 月，备份数据量达到 6TB。

（孟想）

北京市药品监督管理局

【概况】 2011 年年内，北京市药品监督管理局信息化工作在局党组领导下，在各处室和各单位的大力支持下，践行科学发展观，以提升服务能力为立足点，以完善和拓展应用为核心，积极推进电子政务工作，不断完善“数字药监”体系，行政管理水平和公共服务能力得到进一步提升，有效保障了药品、保健食品、化妆品和医疗器械监管工作的顺利开展。

（勾文钊）

【建设药品安全公众服务平台】 2011 年年内，针对公众关注度比较高的药品安全问题，通过对不良反应监测、GIS 地图等资源的有效整合，在市药监局网站上搭建了北京市药品安全公众服务平台。该平台下设“我要关注”、“我要查询”、“我要知道”、“我要咨询”和“我要举报”五个子栏目，分类明晰，界面友好，内容充实，具有良好的交互性和实效性。该平台于 2011 年 9 月 1 日上线以来，日均页面浏览量为 1 953 次，访问人数为 1 171 人次，引起了社会的广泛关注。该平台在 2011 年北京市政务网站考评中被评为优秀栏目。

（勾文钊）

【完成市药监局网站群升级改造】 2011 年年内，为提高市药监局网站的安全性和服务能力，对市药监局和分局网站群（共 18 个网站）进行了全面的升级改造。对网站页面进行优化，栏目内容进行重新划分，更易被群众接受，保持了良好的交互性；采用自动推送的方式实现信息公开。首页内容调整为静态发布，在提高访问速度的同时也提高了网站的安全性；优化站内搜索引擎，提高了网站内容查询的便捷性。升级改造完成后的网站群自 2011 年 3 月 18 日上线运行以来，访问量已超千万次。

（勾文钊）

【完成对业务系统的第三方测评工作】 2011 年年内，市药监局信息化已覆盖核心业务 90% 以上，各业务系统的建设与完善有效支撑了审批、监管、稽查等核心业务的开展，并在应用过程中不断拓展其深度和广度。为保障各业务系统稳定性和安全性，市药监局对已建成的 OA 办公、数字稽查等 7 个业务系统进行第三方的功能、性能和安全测评，并对发现的问题及时进行了整改，进一步保障了各业务系统的稳定运行。

（勾文钊）

【开展药监信息化数据规范与标准编制】 2011 年年内，为进一步规范市药监局信息化建设标准，以实现信息系统的可持续发展。2011 年开始组织编制市药监局信息化建设数据标准与规范，具体内容包括，基础共享数据元和代码标准集、数据交换规范格式标准、信息化项目元数据标准、信息化标准培训资料等。

（勾文钊）

【建设电子档案管理系统】 2011 年年内，为进一步提升档案管理工作水平，强化档案管理的科技化和规范化，建设完成了市药监局电子档案管理系统。实现 OA 办公系统电子公文的自动存档，并将建局以来所有收发文及部分照片档案进行扫描，形成电子档案 2.7 万份，较好地为业务工作提供了文件查询服务。

（勾文钊）

【提升应急通信保障水平】 2011 年年内，为提升应急管理工作水平，市药监局采购了 248 台 800 兆应急通信终端和 120 套移动办公无线上网设备，通过提升设备水平强化应急反应能力。为确保应急通信设备发挥实效，市药监局制定了完善的管理制度，并对使用者进行了多次培训，有效保障了处置突发事件时通信指挥畅通。上述设备在“7·20”专案等事件中发挥了重要作用。

（勾文钊）

中关村科技园区管理委员会

【概述】 2011 年年内，中关村科技园区管理委员会（以下简称“中关村管委会”）在网络与信息安全管理、项目经费系统升级改造、移动办公、办公系统升级改造、TIPS 系统等方面开展了一系列工作。在北京市委、市政府、市网络与信息安全协调小组的指导下，中关村科技园区管理委员会执行相关文件精神的要求，立足于中关村管委会信息安全的运维保障和运维规范管理，识别安全脆弱性，降低安全风险，规范运维管理，整改加固措施，加强了中关村管委会网络与信息安全的保障、防护能力，保障了信息系统安全、稳定、可靠的安全运行。于 2007 年年底上线试运行的中关村管委会项目经费系统，四年期间基本上满足了管委会对于其核心业务的管理，提升了对外服务能力，促进了管委会与下属各园区、园区企业、服务机构等各方的互动交流，增强了中关村管委会的整体信息化水平，使信息化发挥出其最大的功效。

中关村管委会在现有办公系统的基础上，以不改变系统架构，不影响系统正常运行，保证系统信息安全为前提，以满足领导办公需求，充分发挥办公系统的使用价值，提升工作效率为目的，使用业内领先技术和成熟的移动终端，建设了中关村管委会移动办公系统，实现了移动办公与传统办公模式的无缝衔接，促进了各项工作的正常开展和任务的如期完成。自上线试运行至今的四年时间里，中关村管委会办公系统基本上满足了中关村管委会的核心业务需求，为中关村管委会的政务办公提供了良好的服务支持，发挥了很大的成效，有效地利用内、外部资源，极大地提高了办公效率和管理水平。自 2010 年 12 月底成立以来的中关村创新平台，落实市委市政府领导指示精神，加快推进信息化工作，形成了领导日益重视、规划统筹开展、应用逐渐深入的信息化工作格局，搭建了基于“三网融合”接入技术的智慧驻地办公系统（TIPS 系统）。实现了信息基础设施统筹规划和集约建设，网络能级全面提升，网络接入普遍公平和设施资源的有效利用。“三网融合”试点示范，为示范区应用、技术和产业的互动发展，提供了高速、融合、泛在、安全、绿色的信息网络基础。

（戴力）

【网络与信息安全管理】 2011 年年内，在中关村管委会现有网络与信息安全保障工作的基础上，进一步做好网络与信息安全管理工作。落实信息安全责任制，开展信息安全等级保护工作，成立专门的信息安全领导小组，负责管理和协调与信息安全相关的工作。与相关单位、企业建立信息安全管理的长效机制。遵循国家信息安全等级保护的要求，完成信息系统定级梳理，在信息系统定级的基础上，完成信息系统安全等级保护整改工作，并引入安全服务商开展安全运维工作。为保障信息安全，在应急预案的制定方面，制定了《中关村科技园区管理管委会信息安全总体应急预案》、《中关村科技园区管理管委会信息安全通用专项应急预案》，并且制定了一些专项应急预案如《信息安全 ARP 攻击专项应急预案》、《信息安全 DDOS 专项应急预案》、《信息安全攻击应用服务器专项应急预案》、《信息安全蠕虫专项应急预案》、《信息安全网页篡改专项应急预案》、《信息安全网站挂马专项应急预案》、《信息安全硬件与网络故障专项应急预案》和《信息安全专非法入侵项应急预案》。

（戴力）

【网络与信息安全自查】 2011 年年内，根据市网络与信息安全协调小组办公室《关于开展 2011 年电子政务网络与信息系统安全检查工作的通知》（京信安协办〔2011〕2 号）要求，中关村管委会从2011年5月开始对全委计算机网络及信息系统从安全技术防护措施、安全管理等各个方面进行了全面的自查，强化信息安全管理机制，总结经验和不足。

（戴力）

【项目经费系统改造内容】 2011 年年内，由于新政策的推出，中关村管委会科技金融处新增两类受理项目：主办券商资助和并购资助，为满足业务需求，规范资金拨付流程和方便备查，在项目经费系统中，增加了主办券商资助和并购资助的外网申报受理、内网审批和资金拨付流程。改造内网经费系统部分功能模块，如完善年度预算调整模块，新增报财政用款计划累计金额，以此对用款计划申请金额进行限制，完善拨款申请单，修改拨款申请流程，显示全部历史审批意见，完善经费总执行情况的查询统计，并在导出 Excel 中添加公式等。项目经费系统全面覆盖了中关村国家自主创新示范区发展专项资金支持的项目，所有的专项资金项目管理都可登录网站进行网上办理，同时，项目经费管理系统还整合了外部应用及企业服务窗口，企业申报各类项目都在网上统一实现。已经有 40 余类项目和近 10 个亿项目资金通过项目与经费管理系统完成申请审批。

（戴力）

【移动办公系统建设实施】 2011 年年内，中关村管委会依托于现有资源平台的网络环境和硬件设备、基础软件和安全支撑体系，并选择针对移动办公系统拥有先进技术和丰富经验的合作方，建设了中关村管委会移动办公系统。中关村管委会移动办公系统的设计，完全纳入了中关村管委会原有的统一认证体系和综合安全体系范围之内，没有给原有的系统带来任何影响。并在建设过程中严格遵循实用性、先进性、易用性、标准型、可扩展性、开放性、经济型、可维护性及安全性等原则。移动办公系统将工作人员从传统桌面办公的方式解放出来，拓展了办公空间，使处理公务不再受时间和地点的限制，既提高了办公效率，又减少了办公成本，使信息化建设步上新台阶。

（戴力）

【移动办公系统建设内容】 2011 年年内，中关管委会建设的移动办公系统实现的功能主要有：公文审批、公文查询、领导日程、收发邮件、通知通告及会议安排、工作通信录、辅助办公和应用商店。

（戴力）

【办公系统升级改造内容】 2011 年年内，在中关村管委会委领导的大力支持下，在已有办公系统的基础之上，通过对业务流程进行全面的梳理，在各处室、工作组进行细致的调研，并经过详细的设计和专业的开发，实现了中观村管委会办公系统的升级改造。本次改造主要解决了短信提醒滞后问题，升级了内部通信工具腾讯通 RTX,使同时在线人数扩大到 300 人，完善了公文管理、公文审阅，突出了公文的督办和提醒，优化系统查询速度，增加多样化的批量导入、导出功能。

（戴力）

【办公系统升级改造成果】 2011 年年内，上线试运行以来系统运行稳定，改造后的系统弥补了之前系统中存在的问题，满足了各处室、工作组工作人员的日常办公需求。办公系统升级改造的建设，体现了中关村管委会对信息化建设的高度重视，支持和推动了管委会综合管理水平及服务能力的全面提升。

（戴力）

【TIPS 系统建设】 2011 年年内，经由中关村科技园区管理委员会领导带队，办公室、创新处、政采中心共同进行前期调研，组织建设了基于“三网融合”技术的智慧驻地办公系统项目工程。该项目引入一套完整的“三网融合”智能化解决方案，通过一张神经元网络将后端的管控中心和前端的物联应用功能连接起来，承载各种应用系统，满足了工作人员日常办公、管理、指挥、监督等需求。项目建设了神经元网络、物联功能系统和管控中心，实现了 IP 电话功能、宽带互联网功能、无线上网功能、视频监控功能、多媒体发布功能和语音广播功能。实现了中关村创新平台八个专项工作组、综合办公室的十六个内设机构的网络连接。显著提升了中关村创新平台的信息基础设施支撑能力。

（戴力）

经济领域信息化

【综述】 2011 年年内，北京市两化融合已具有了良好的发展基础，工业领域正从单项应用向研发、制造和管理的集成应用阶段过渡；服务业领域已逐步向网络化服务和精细化管理阶段迈进；农业领域具备了一定的发展基础，并逐步开展了具有现代农业特色的信息技术应用。中小企业信息化意识和应用水平显著提升，全市企业上网率超过 75%，全市拥有门户网站的企业近 5 万个。

（经济信息化处）

制造业信息化

【概述】 2011 年年内，北京市出台两化融合指导意见，研究两化融合政策措施，初步建立全市两化推进机制，推进一批两化融合重点项目建设，促进全市两化融合工作的发展。

【出台全市两化融合指导意见并初步建立全市两化融合推进机制】 2011 年年初，北京市经济和信息化委员会配合市政府向全市下发京政发〔2011〕2 号文件《北京市人民政府关于印发推进两化融合促进首都经济发展的若干意见及工作分工的通知》。按照 2 号文件要求，于 3 月向全市各有关单位下发了《北京市经济和信息化委员会关于加快推进北京市两化融合工作的通知》（京经信委发〔2011〕22 号文件），对全市统筹推进两化融合工作作出了具体安排，汇总了相关委办局的任务及两化融合推进重点项目。征集完成全市各相关委办局两化融合联席会议组成成员名单，初步建立了全市两化融合协调推进机制。

（经济信息化处）

【研究两化融合政策措施】 2011 年年内，北京市经济和信息化委员会按照工信部联信〔2011〕160 号文件《关于加快推进信息化与工业化深度融合的若干意见》精神，北京市经济和信息化委员会积极与规划处配合，研究全市两化融合落实政策及措施，推动制定《北京市工业领域两化深度融合行动方案》。

（经济信息化处）

【开展骨干企业两化融合水平测评和咨询工作】 2011 年年内，北京市经济和信息化委员会依据工信部相关行业两化融合评估指标体系，建立本市测评指标体系。下半年组织御香苑、京诚凤凰工业炉、二商王致和、朗姿、雪莲等十多家重点骨干企业参与两化融合发展水平测评，并根据测评结果为企业出具两化融合发展水平报告。支持二商集团、首旅集团等重点企业开展信息化建设与咨询工作。组织多名国家级专家及北京市信息化专家委专家组组长王安耕教授，开展了首旅集团多期 CIO 培训活动。

（经济信息化处）

【建立委内工业两化融合推进机制】 2011 年年内，北京市经济和信息化委员会研究了推进工业强化工程的思路，建立委内统筹推进机制。在与各专业处室充分沟通的基础上，制定了《北京市经济和信息化委员会关于落实〈北京市人民政府关于印发推进两化融合促进首都经济发展的若干意见及工作分工的通知〉委内任务和分工的通知＝（京经信委发〔2011〕28 号文件），明确了委内各处室推进两化融合的具体分工，并于2011年2月召开了全委推进两化融合专题会议，征集并建立了工业领域两化融合重点项目库。

（经济信息化处）

【推进一批两化融合重点项目建设】 2011年年内，北京市经济和信息化委员会统筹市工业发展资金、基础设施提升计划、中小企业发展资金等专项资金，和相关处室共同支持，重点推进了创新研发和智能制造、公共服务平台、节能减排绿色发展、电子商务、提升企业综合管理能力五大领域内的多个两化融合项目。支持康比特、三一数字化工厂示范工程项目（一期）等一批企业利用两化融合实现柔性制造、智能制造，实现产业升级，提升企业发展质量和效益；推动二商集团、首旅集团等控股集团强化“总部运营”能力、促进总部集团型企业跨越发展。

（经济信息化处）

【北京石油机械厂两大系统应用】 2011年年内，北京石油机械厂的安全生产综合管理系统、北京起重运输机械设计研究院的安全预警系统等项目被评为工信部两化融合促进安全生产重点推进项目。

（经济信息化处）

【首批两化融合促进节能减排重点推进项目】 2011年年内，北京华力中电科技发展有限公司的能源管理与信息监控系统、北京节能环保中心的北京市工业重点用能企业用能在线监测项目、北京欣正力行系统节能科技发展有限公司的力行能源管理和系统节能服务平台、北京六所和瑞科技发展有限公司能源管理系统等项目被评为工信部首批两化融合促进节能减排重点推进项目。

（经济信息化处）

【加强经济运行监测分析】 2011年年内，北京市经济和信息化委员会编制印发45期月度运行监测报告和综合分析报告，分别报送工信部、市政府及委领导和各处室；按照市领导和委领导的要求，不定期进行有关宏观经济数据、突发事件、投资、出口、金融、劳动力、工业原材料价格等运行情况进行研究，分析预测对北京工业和信息服务业的影响，为领导决策提供依据。

（经济运行处）

北京金隅集团（股份）公司

【概述】 2011年年内，金隅集团（股份）公司落实科学发展观，适应企业规模化、集团化、跨区域、跨业务的管控要求，推进制造业企业信息化建设和两化深度融合，提高信息共享、业务协同、流程优化和精细化管理能力，促进节能减排，提升信息管理和信息安全水平。实施建设集团集中经营管理平台、总部板块及企业的整体异地视频会议系统、水泥产业ERP管理信息系统、数字化集成设计与销售制造一体化、过程能效管理与优化等一系列信息化工程。

（李保国）

【金隅集团（股份）视频会议系统】 2011年年内，集团水泥板块建成包含总部会场在内的11个视频会议终端和16个电话会议终端的电视电话会议系统，覆盖分布于各省市区的水泥板块所有二级企业。水泥板块调度会通过视频会议每月定期召开，并使用此系统辅助召开了全系统安全会议、科技会议和环保会议等大型会议，会议过程系统性能稳定、图像清晰、语音流畅，达到良好的效果。视频会议系统的有效应用，提升了整体协调能力和工作效率。该体系模式丰富、功能强大、运行管理方便，并具有良好的扩展功能，实现产业板块内部、产业板块之间、总部与部分或全部板块、子公司之间的视频会议、远程培训等功能。

（李保国）

【天坛家具数字一体化平台建设】 2011 年年内，金隅集团（股份）公司所属天坛股份家具数字化设计销售制造一体化平台实现以计算机及家具数字化设计、制造软件技术为媒介，以信息化系统为依托，统筹家具设计、销售、生产、送货、安装各环节，对产品的形成及生产过程进行有效的管理和控制，提高产品的全过程管理能力。主要包括家具销售及模型展示系统；定单生产设计系统；设备系统（电子锯及 CNC）信息化改造。年内相关 OA 系统、网络店面建设已经完成，ERP 电子网络管理进入调试阶段。

（李保国）

北京京煤集团有限责任公司

【概述】 2011 年年内，京煤集团经过前几年的信息化建设和发展，已经拥有一些较为分散的信息系统应用。为了发挥京煤集团资源调控的整体化优势，2011 年投入资金 3000 万元，重点建设管控信息平台，在集团总部与权属单位之间打造集成的信息化管理平台，进行安全生产调度集中管理、资金集中管理、人力资源集中管理，保证集团上下基于协同的业务流程管理，满足集团发展战略的要求，实现集团多种管理信息的整合。其中昊华能源公司安全生产调度管理系统、京煤集团资金集中管理系统和人力资源系统是管控信息平台的主干，其他信息系统也将分阶段地纳入京煤集团管控信息平台。

（李斌）

【昊华能源公司安全生产调度管理系统】 2011 年年内，昊华能源公司在煤矿生产安全的管理中通过视频信息监控井下生产情况，通过布设密集的基站了解井下人员的位置和工作状况，通过各类传感器和控制系统了解井下环境信息和设备状态。这些都为管理工作和生产安全提供了有力的支持，在此基础上，将各类系统进行整和和优化，借助性能优化技术，系统能够高效地处理多个画面及监控节点的数据，并且除在应用层面完成上述功能，系统从架构上保留有效地扩展能力，便于今后融合更多应用系统。系统自动完成对监控数据的分析，特定位置的某项指标超出警戒范围，则该位置将会在地图上亮起红灯。此外，系统会智能的根据以往历史数据进行分析，确认各项数据变化的情况。系统还会结合一个区域或一个层面上的综合信息进行判断，警示可能出现的问题，显示警戒数据，协助控制中心和问题处置人员工作，做好安全警戒工作及辅助发现可能出现的问题。

（李斌）

【京煤集团资金集中管理系统】 资金管理是企业财务管理的重要组成部分，是企业管理的核心之一。如何使资金的循环周转顺畅、迅速、安全，如何提高资金的使用效率，降低整个集团的财务费用，是公司领导及财务工作者极为关注的问题，在京煤集团内部构建统一的资金集中管理平台具有很强的必要性和可行性。以资金集中管理为突破口，从组织、制度、系统等多个方面建立完善的资金集中管理体系，搭建统一的资金集中管理平台。系统采用浪潮 ERP PS 10.1 软件实现，结合集团的资金收支计划，按照整体规划，逐步实施的原则，实现整合集团资源，优化集团资源配置，提高资金使用效率，降低财务费用，节约资金交易成本。通过集团资金的集中，增强资金实力，产生规模效益，从而达到提高集团内资金使用效益和集团整体经济效益。同时，通过银企直联以及与 ERP 系统的接口，实现资金业务与合作银行和账务系统的一体化、自动化，保证数据的一致性、高效性。

（李斌）

【京煤集团人力资源系统】 京煤集团人力资源系统含人力资源管理工作的全部领域，功能模块的设置适合企业人力资源管理现实需求和未来发展的要求，能够使人力资源管理人员摆脱日常的事务性工作，并把先进的人力资源管理理念和工作实际结合起来。借助信息技术和现代网络条件，通过建立先进、实用的人力资源管理信息系统平台，提高工作效率和业务流程的规范性，并在此基础上实现人力资源管理工作的规范化、系统化、流程化，为公司领导提供基于信息的决策支持。系统采用用友 e-HR5.6ERP 软件实现，主要业务功能包括组织机构、人员信息管理、薪资管理、报表管理、劳动合同管理、培训管理、查询管理、领导自助、系统管理等。

（李斌）

北京市燃气集团有限责任公司

【概述】 2011 年年内，北京市燃气集团启动物资管理系统项目建设，用户管理系统 CRM 上线。集团信息化建设进入了一个新的发展阶段，跻身为国内先进、国际一流水平。

【SCADA 监控系统升级改造及扩容项目开工会】 2011 年 6 月 15 日，北京燃气集团与霍尼韦尔公司在北京香山金源商旅酒店举行燃气集团 SCADA 监控系统升级改造及扩容项目开工会，北京燃气集团运营服务部领导高顺利、高秋潮和霍尼韦尔公司服务部领导王薇、吴坚刚等出席了开工会，高顺利经理和王薇总监分别代表两公司讲话。

（孙磊）

【燃气集团物资管理系统项目】 2011 年 6 月 27 日，燃气集团物资管理系统项目建设正式启动。燃气集团公司在统一规划、分步实施的原则指导下，将集团公司物资管理的信息化建设放在了首位，通过物资管理系统项目的实施，满足物资管理和采购销售交易一体化的综合管理需要，促进业务处理自动化、业务管理规范化和决策支持智能化。该系统结合北京燃气的业务需求，从组织范围、模块范围、业务流程范围、培训范围、接口范围、客户化开发范围、系统测试工作范围、数据迁移范围、基础设施及运作范围等方面明确了项目的具体实施范围，推动集团公司信息化建设迈上新台阶。

（孙磊）

【网管员专项赛事获奖】 2011 年 12 月，在由北京市总工会主办的“北京市工业和信息化职业技能竞赛—网管员专项赛事”中，北京市燃气集团最终取得了团体第一名和个人第二名、第三名的成绩，并被授予优秀组织单位称号。

（孙磊）

【用户管理系统 CRM 上线】 2011 年 12 月 30 日，用户管理系统 CRM 上线成功。此系统历经 9 个多月的开发建设，它的成功上线标志着集团公司信息化建设进入了一个新的发展阶段，已经跻身为国内先进、国际一流水平。

（孙磊）

北京首钢股份有限公司

【概述】 2011 年年内，首钢围绕“一业多地”高端板材经营生产管控开展信息化项目建设，取得重要进展，完成高端板材产品综合查询系统和在线质量判定系统上线运行，开展规则完善、系统优化和促进应用工作；推进迁钢冷轧信息化项目，包括一体化质量管控体系、三级制造执行系统、四级企业资源计划和 IT 基础设施建设等内容；组织 SAP 系统升级项目，完成开发系统、测试系统和生产系统的技术升级工作；组织首秦制造执行系统二期项目实施，完成新增工序和设备 MES 系统功能开发与上线试运行，建立起覆盖炼钢、轧钢、热处理统一的计划和生产执行平台；推进迁钢配套完善工程能力计划模块的实施，完成了后台业务、客户端和接口主要功能的开发；完成销售公司客户互动平台项目，实现主要功能上线运行；推进顺义冷轧罩式退火项目、落料线项目的实施；完成首钢邮箱系统更新改造、信息安全评估、ERP 系统业务变更；强化系统用户权限、供应商主数据及系统安全管理，确保系统安全稳定高效运行。根据中国钢铁工业协会发布的《中国钢铁行业大型钢铁企业信息化与工业化融合发展水平评估报告》，首钢总公司处于“两化”融合发展水平最高阶段——协同与创新阶段，在信息化标准规范、生产管理、经营管理、产供销一体等方面处于行业领先水平。

（温立文）

【首钢京唐公司打造特色数字化炼钢平台】 2011 年年内，首钢京唐公司利用自动化、信息化技术，建设和优化炼钢生产排程系统、自动化炼钢系统、投料系统和岗位评价系统，形成先进的数字化炼钢平台，对炼钢生产实行全方位精细化管理。炼钢生产排程系统充分结合京唐公司的工艺路线，提升了生产组织效率及执行效率，提高了计划兑现率；自动化炼钢系统具有自主知识产权，既适用于常规冶炼又适用于“全三脱”冶炼，提高了炼钢终点控制能力和洁静钢冶炼水平；投料系统实现各种物料的班结日清，实现炼钢部物料闭环管理，促进物料管理水平上一个台阶；岗位评价系统强化职工规范化、标准化作业意识，提高职工操作技能水平，促进作业部各项指标的顺利完成。

（温立文）

【推进首钢迁钢冷轧信息化项目】 2011 年 4 月，项目正式启动，包括一体化质量体系建设、三级系统建设、四级系统建设及 IT 基础设施建设等内容。完成一体化质量体系设计和主要功能开发、ERP 蓝图设计和系统配置、MES 主要功能点开发、IT 基础建设等阶段性工作。建立了硅钢一体化质量管控四大体系，包括流程体系、标准体系、规程体系和代码体系；完成了物流协调器、生产执行、产线排序、仓储及运输管理、计量管理、订单管理等 MES 功能模块的开发；完成了业务现状调研、业务蓝图设计和 ERP 系统配置工作；完成了机房改造、机房设备安装、主动加密系统及光纤电缆布放安装等工作。

（温立文）

【首秦 MES 二期项目上线】 2011 年年内，完成系统设计、系统开发、集成测试等工作，完成 1 号、2 号、3 号铸机集成，炼钢计划与甘特图，3 号 LF 炉集成，剪切线集成，热处理集成，追溯表功能修改，生产订单关闭规则，板坯优先级，热处理计划，生产订单合并，补轧管理，中文界面修改等功能，12 月系统全面上线。实现了钢轧 MES 系统与新增设备二级系统的实时数据交换，为二级系统提供生产指导数据，对二级自动化设备进行有效支持；准确收集二级生产实绩数据，对生产过程和物流进行精确管理；将热处理计划编制纳入到系统管理，实现整个首秦生产流程的炼钢、轧钢、热处理计划编制功能；对技术展开模块相应调整和完善，满足首秦新的质量管理和工作管理目标；通过对“多规格、小批量”的订单进行处理，合并小订单以及补轧需求管理，从生产订单计划层面减少计划带出品的产出。

（温立文）

【推进首钢顺义冷轧罩式退火项目】 2011 年年内，为了满足顺义冷轧罩式退火新产线生产经营管理的需要，实施 ERP、MES 和 IT 基础设施建设，将新产线纳入信息系统进行统一管理。10 月项目正式启动，年内，完成阶段性工作。ERP 系统完成蓝图设计，主要应用模块与三级接口、XI 接口的开发和测试，完成了物料、设备、供应主数据的收集，收集用户权限、编写集成测试文档和培训文档。MES 系统完成订单、物料、生产执行、系统控制、质量、销售、数据管理、仓储、报表、接口等模块的开发及单元测试，完成与罩退、平整、重卷等二级机组的接口开发测试。IT 基础完成综合布线、光纤电缆的施工，机房交换机、空调、UPS 安装调试，核心机房磁盘阵列系统的扩容改造等。

（温立文）

【首钢 ERP 系统成功升级】 2011 年年内，首都 ERP 系统成功升级。9 月开始启动首钢 ERP 系统升级项目，历时 4 个月的时间，完成了项目准备阶段、蓝图阶段、实现阶段、最后准备阶段、切换和支持阶段的各项工作，将原来的 ERP 系统从 SAP R3 软件 4.7 版本升级到 ECC6.0 版本，不仅节省了维护费用，而且扩展了系统功能，为首钢深化应用奠定了基础。此次升级，系统层面对 R3 系统、XI、BW 系统进行了全面升级和系统优化，对原系统中的垃圾数据进行了清理。业务层面对自开发程序进行梳理，对流程进行单元和集成测试，系统升级后所有自定义开发的报表、程序、自建表、自建权限对象及各类增强程序在原有功能的基础上能正常运行。管理层面规范和完善了三级系统、四级系统停机工作预案，大大压缩了 ERP 系统停机时间（行业标准 48 小时，项目实际 33 小时）。

（温立文）

【首钢“两化融合”发展水平行业领先】 根据中国钢铁工业协会发布的《中国钢铁行业大型钢铁企业信息化与工业化融合发展水平评估报告》，把钢铁企业两化融合发展阶段划分为基础建设阶段、单项应用阶段、综合集成阶段、协同与创新阶段四个阶段。首钢总公司处于“两化”融合发展水平最高阶段——协同与创新阶段，在信息化标准规范、生产管理、经营管理、产供销一体等方面处于行业领先水平。

（温立文）

中国石油化工股份有限公司北京燕山分公司

【概述】 中国石油化工股份有限公司北京燕山分公司，是中国石化直属的特大型石油化工联合企业，是中国最大的合成橡胶、合成树脂、苯酚丙酮和高品质成品油生产基地之一。长期以来，燕山石化信息化坚持“需求驱动，业务主导”，“建用结合，以用为主”，大力推进信息化建设和应用，先后投用了企业资源计划系统ERP、生产执行系统MES、全面预算管理系统TBM、生产经营综合分析平台、生产运行实时监控平台、合署办公、设备预知维修等50多个信息系统，在拥有完善的数据、语音、图像支撑以及健全的信息安全基础之上，构建起决策分析、经营管理和生产运行三层信息化应用体系。2011年，燕山石化进一步深化ERP、MES等信息系统的应用，持续推进信息化在生产经营管理中的综合应用，信息化已经成为企业管理创新和专业化重组的基石。

（姜芳露）

【燕山石化研建智能巡检系统】 2011年7月，燕山石化应用物联网技术，在乙烯装置完成“移动巡检系统”项目建设。“移动巡检系统”采用FRID技术，将移动信息技术全面应用于生产过程，搭建全覆盖装置区域的无线网络，广泛使用语音、图像、数据一体化的终端，实时监控现场各种作业环节，追溯能力完备，提高职工现场安全系数。该系统已取得国家版权局颁发的《计算机软件著作权登记证书》。

（姜芳露）

【燕山石化研建三维模拟培训系统】 2011年9月，燕山石化的三维模拟培训系统建成投入使用。三维模拟培训系统是一套实时高效的动态仿真培训系统，实现所有生产装置操作的模拟培训：包括生产装置开、停车操作、稳态操作、负荷改变和扰动、以及正常运行和故障发生的操作，有效提升生产装置操作工技能，并增加了职工自主学习意识。该系统已取得国家版权局颁发的《计算机软件著作权登记证书》。

（姜芳露）

【燕山石化建设桌面云系统】 2011年5月，燕山石化“桌面云系统”在公司各生产厂、专业中心及机关部室进行部署实施。燕山石化“桌面云系统”采用瘦客户端+虚拟桌面的方式代替了原有的实体机方式，改变了过去一人一机的状况，采用服务器集群为用户按需分配系统资源。提升企业信息安全，为企业用户提供便捷访问，实现低碳节能办公。

（姜芳露）

【燕山石化完成“光纤资源实时监控系统”项目建设】 2011年12月，燕山石化完成“光纤资源实时监控系统”项目建设并投入使用，实现对燕山石化光纤资源的实时监控和动态管理。光纤资源实时监控系统实现光纤资源的流程化管理；结合燕山地形图、矢量图及光纤资源的物理布局，实现燕山石化光纤资源的图形化、精细化管理；实现光纤资源管理平台和企业网管系统的数据共享，提升燕山石化光纤资源管理水平。

（姜芳露）

中国烟草总公司北京市公司

【概述】 2011年年内，按照国家烟草专卖局《数字烟草发展纲要》、《烟草行业信息化总体技术架构设计和实施》(征求意见稿)、《国家烟草专卖局关于烟草行业电子政务建设的指导意见》和《烟草行业信息化建设指南》的总体要求，以《北京烟草“十二五”发展规划纲要》为基础，开展了《北京烟草“十二五”信息化发展规划纲要》的编制工作。在认真总结“十一五”时期所取得的经验和成绩的同时，客观分析了信息化建设过程中现状、存在的困难和问题，从行业、市场、信息技术发展等不同角度，对信息化建设情况进行综合分析，对管理和业务不同层面的需求进行全面梳理，重点就应用集成、资源整合和IT治理三个重点方向进行了展开论述，最终形成了《北京烟草信息化“十二五”发展规划》。

(郁红)

【基础设施建设广域网扩容改造】 2011年年内，北京烟草广域网建设完成了18个直属单位专线路由器的更换以及从2M专线扩容到10M专线的工作，广域网扩容改造取得预期效果，专线运行稳定，网速明显加快，效果最明显的是视频会议系统，召开电视电话会议时，各会场图像和声音都很流畅。

(郁红)

【服务器虚拟化建设】 2011年年内，引入虚拟化技术，在充分保留原有硬件投资的基础上，合理利用现有软硬件资源，对公司现有的PC服务器进行资源整合。完成PC服务器虚拟化、应用虚拟化、桌面虚拟化三部分内容，初步构建起一个全新的信息基础架构，实现对全部软、硬件资源集中管理，降低了服务器维护成本，提高了服务器的运行效率。

(郁红)

【硬件平台建设和管理】 2011年年内，完成了硬件平台存储设备的更换与数据迁移，共涉及OA系统、辅助决策系统、营销生产系统、营销查询系统、专卖系统、零售终端系统、工商协同系统7个系统的数据迁移，同时搭建了硬件平台测试系统。提出了建设北京烟草云计算平台的初步设想，预计在两年内，实现北京烟草系统软硬件资源的全面整合和统一调配。

(郁红)

【安全体系建设】 2011年年内，按照国家烟草专卖局要求，开展了北京烟草应用系统安全管理专项检查，分别对21个直属单位进行了信息安全检查、统计工作检查。采用先进技术手段进行安全漏洞扫描，扫描范围包括：北京烟草内部网络系统及应用系统，北京烟草外部Web应用。

(郁红)

【客户经理工作平台建设】 2011年年内，按照国家烟草专卖局的要求，北京烟草决定在全市推广“135工作法”，建设客户经理工作平台。通过该平台的建设，将国家烟草专卖局关于135工作法的要求按照北京烟草的实际进行了本地化，抓住重点，理清流程，优化并丰富了“135工作法”的工作内容。

(郁红)

【精准营销信息系统建设】 2011年年内，为实现从粗放经营向精准营销的转变，北京烟草开展了精准营销信息系统建设工作。通过对综合采购、品牌、订单、信息等多个环节的需求进行梳理完善，理顺了精准营销同现有的统一投放策略等业务系统的关系，最终确定了系统需求和系统设计方案。经过试运行和系统完善，目前，系统各功能运行正常，保障了精准营销业务的顺利开展。

（郁红）

【推进批零网上配货的建设】 2011 年年内，按照加强零售终端建设的工作要求，北京烟草启动了批零网上配货工作。充分利用现有的集中式营销和零售终端系统，建立网上配货规则，开发网上配货功能，由商业主动为零售户配货，保持零售户合理库存。

（郁红）

【后台结算升级】 2011 年年内，后台结算升级全面提升了结算系统的性能，在技术上了采用了 AIX、LINUX、WEBSPHERE、ORACLE 先进技术平台，在安全上采用双机热备，消除了单点故障；在性能上减少了开销户的时间，降低了结算失败率；在功能上提供了随时、多渠道的余额查询服务；在管理上提供了全面的运行监控手段，后台结算过程实现了可视化；在使用上统一了对账查询界面，优化了查询分析功能。

（郁红）

【卷烟打假情报信息指挥系统】 2011 年年内，为专卖打假和市场监管提供新的手段，北京烟草开展了打假情报信息指挥系统建设，项目建设的内容具体包括：建立日常监管平台、建立情报检索平台、建立打假办案信息共享平台、建立协同指挥平台、整合专卖信息化体系，并通过大屏系统进行专卖信息综合展示。项目内容分为软件开发和硬件集成两大部分。2011 年，完成了部分硬件的招标和硬件整体集成方案。软件开发部分完成了专卖打假情报信息指挥系统主体框架建设。

（郁红）

【自主研发移动办公系统】 2011 年年内，为了解决审批流程长效率低的问题，利用虚拟化技术自己设计、自主研发了“北京烟草移动办公系统”，完成基于 iPAD 平台的开发、集成与测试工作，实现了办公 OA、资金监管、专卖管理等系统在移动终端设备上的应用，并已投入试运行。

（郁红）

商业物流信息化

【概述】 2011 年年内，信息化在北京市商业物流中的的应用进一步增强，信息技术与物流产业的企业管理、研发设计、生产过程、产品流通及供销管理等各个环节上的融合，促进了商业物流的进一步发展。

【加快推进集团整体的信息化管理升级】 2011 年年内，中国北京同仁堂（集团）有限责任公司按照“整体设计，分步实施”的要求，把以财务电算化为核心的信息化工作列入集团“十二五”规划的重点工作之一，结合实际、深入调研，科学设计、加快实施。目前，系内各单位在相关设计方案和论证工作中充分发挥工作领导小组和有关专业技术人员的作用，突出重点，解决难点，选准突破口，加快推进工作落实，促进信息共享，提高资源使用效率，为二级集团“专业化、规模化、集团化”发展提供有效服务手段和有力支撑。

（同仁堂）

【加快推进二商集团“两化融合”】 2011年年内，北京市经济和信息化委员会积极推进食品工业信息化与工业化融合，坚持以企业为主体，加大政府的引导力度。与经济信息化处一起，积极在二商集团生猪屠宰企业开展“两化融合”试点工作。加快建立食品质量可追溯系统和信息化运营平台建设试点。

（都市产业处）

【金隅水泥产业管理信息系统】 2011年年内，金隅集团适应水泥板块跨区域快速发展的需要，发挥统一营销优势，规范管理模式和业务控制流程，满足业务模式和产品结构多元化的需求，金隅水泥开始建立一个覆盖金隅全部水泥生产企业和商混搅拌站的水泥产业 ERP 管理信息系统平台。2011年1月1日，实现供销管理系统升级，将企业物流、资金流、质量信息流进行全面一体化管理，信息数据在企业各个业务环节之间高度共享、高度集成，为统一营销、统一供应、统一质量管理提供了技术支持和管理平台，实现全过程规范化、精细化管理，建立起长效管控机制和手段。有效规避经营风险，探索一条信息化建设与基础制造业发展相融合的有效途径，确保国有资产保值增值。

（金隅集团）

【数据交换平台升级】 2011年年内，中国烟草总公司北京分公司数据交换平台升级启用了 MQ 技术应用，订单导出可在订货业务进行中进行，导数工作会随同订货业务结束而很快结束，每天节省了两个多小时的导数时间，物流中心接收订单的时间也因此提前，极大地提升了营销和物流工作的效率。通过对“数据交换”和“后台结算”系统改造，实现了货源的即时导入、订单的实时结算和多渠道的余额查询。

（中国烟草总公司北京分公司）

【首钢客户营销服务平台上线】 2011年年内，为了同客户及时、高效地进行交流互动，为用户提供更加方便快捷的服务，首钢决定建立基于网络环境的客户服务信息平台。上半年进行了大量调研和论证，形成了系统建设方案。8月底正式启动实施，11月第一批功能在首钢客户交流大会前正式上线运行，年底，系统功能全部投入运行。该平台划分三类内容，第一类为普通访客服务，第二类为授权客户服务，第三类为销售专员服务。普通访客可以通过网站了解首钢总公司销售政策和策略、营销服务体系、钢材产品销售信息和动态、首钢钢铁产品分类、工艺情况。授权客户可以通过系统提报购买需求，跟踪了解订单签订、订单执行情况，查询发货情况和电子质保书，开展信用查询和结算对账，开展异议、投诉等活动。首钢销售专员和客户服务代表可以看到更多订单执行中的详细信息，批量跟踪多个客户订单的执行情况、发货情况和物流状态信息，更好地为客户开展服务。

（温立文）

【博雅软件荣获第十五届中国国际软件博览会软件技术产品金奖和创新奖】 2011年5月12日至14日，在北京展览馆成功举办第十五届中国国际软件博览会。博雅软件有两项软件产品获此殊荣，即：博雅零售信贷业务系统 V3.0 荣获金奖、博雅智能物流管理系统 V2.0 荣获创新奖。

（博雅软件股份有限公司）

【博雅软件荣获北京软件和信息服务业两项荣誉大奖】 2011年10月21日，由北京市经济和信息化委员会和中关村科技园区管理委员会指导、北京软件行业协会主办的北京软件和信息服务业二十五年发展研讨会在北京新世纪日航酒店成功召开。博雅软件荣获了北京软件和信息服务业25年突出贡献企业奖，博雅软件的智能物流管理系统获得了北京软件和信息服务业25年突出创新应用奖。

（博雅软件股份有限公司）

电子商务

【概述】 截至2011年10月，电子商务交易额超过4000亿元，平均增长20%，第三方电子商务服务平台交易约3000亿元。电子商务整体规模位居全国前列，促进企业转型升级成效初显，一批重点企业电子商务已成为重要的产业增长点。电子商务服务业产业链饱满，涌现了一批电子商务领军人才和新型服务模式，创新驱动成为主要发展特征。

（经济信息化处）

【网民商务交易类应用】 2011年年内，北京市网民商务交易类应用使用水平较高，各项应用均明显高于全国平均水平，其中网络购物使用率较全国高14.5个百分点。与2010年底相比，网络炒股出现明显的下降趋势，而团购的年增长率最大，为8.8%。

（研究室）

【北京电子商务发展环境】 2011年年内，北京市电子商务发展一方面由于北京市网民收入水平及学历水平均较高，推动了该应用在北京市的发展。此外，北京市属于国家电子商务示范城市，《北京市电子商务发展“十二五”规划》中明确了未来五年北京市主要围绕优化电子商务发展环境、做大做强电子商务服务业、深化电子商务应用、扩大电子商务消费和引领电子商务创新这几个方面发展电子商务。市政府对电子商务政策支持力度的加大，对电子商务监管力度的加强，有助于电子商务在北京市中发展取得成果。

（研究室）

【推进电子商务示范区建设】 2011年年内，北京市经济和信息化委员会组织西城区、朝阳区等电子商务示范区积极开展各项工作，邀请专家到区县调研，为区县提供咨询及指导，组织重点企业与区县交流，推进各区编制电子商务建设规划及重点任务。推进朝阳区积极申请国家电子商务示范区。

（经济信息化处）

【筹备电子商务一创两促试点工程】 2011年年内，北京市经济和信息化委员会为了实现与传统企业应用需求的对接，“创建立足北京、服务全国的电子商务‘北京服务’品牌，促进传统企业做成网上交易，促进传统企业打造网上品牌”，策划了“北京市电子商务一创两促试点工程”。召开了多次区县、企业、专家研讨会，征求各方面意见，讨论、修改策划方案。组织了慧聪、用友、凡客等北京市优秀电子商务服务企业，依托区县信息办、经信委为传统企业提供培训、咨询及全产业链的电子商务服务。

（经济信息化处）

【开展全市电子商务和信息化发展调查】 2011年年内，为进一步把握北京市电子商务及两化融合发展现状，北京市经济和信息化委员会与市统计局联合开展“北京市企业电子商务及信息化发展调查”,对北京市范围内开展电子商务采购、销售等电子商务活动的单位及两化融合情况进行调查。年初开始，多次召开专家研讨会，修改完善北京市企业电子商务及信息化情况调查指标体系。于 5 月份与统计局共举办 6 场培训会，来自全市国民经济各行业的 2000 多家企业参加了培训，共下发 2500 余份问卷。调查的结果，将用于计算北京市工业企业两化融合指数，并将进一步扩充更新全市两化融合企业现状库，对北京市主要行业企业信息化的程度、电子商务的开展情况及发展态势进行分析研究，为建立两化融合推进机制提供准确、及时、科学的基础数据。

（经济信息化处）

【科博会电子商务专题展览】 2011 年年内，北京市经济和信息化委员会在第十四届科博会上与朝阳区信息办共同组织了首次北京市电子商务企业专题展览，京东商城、慧聪、中搜等电子商务知名企业参展，首次展示了北京电子商务整体形象。

（经济信息化处）

【网民网络购物情况】 截至 2011 年 12 月底，北京市网民网络购物使用率为 52.3%，比 2010 年底增加了 7.5 个百分点。网络购物的发展受支付、物流等发展状况的影响。北京市网络支付应用率高，物流配送体系较完善，促进了网络购物在北京的发展。

（研究室）

【网民的团购情况】 截至 2011 年 12 月底，北京市网民的团购使用率为 21.2%，比全国水平高 8.6 个百分点，较 2010 年底高 8.8 个百分点，是全年增速第二快的网络应用。团购服务形式迎合了一、二线城市白领群体的消费需求，尽管 2011 年下半年团购自身低门槛、弱约束的负面特征呈现出一系列问题，全国团购网站数量大幅下滑，但北京市作为一线发达城市，其经济、地域优势为团购服务营造较好的环境氛围，团购模式在北京得到了较好发展。

（研究室）

【网民网络炒股情况】 截至 2011 年 12 月底，北京市网民网络炒股使用率为 10.1%，虽高于全国水平，但与 2010 年底相比，下降了 10 个百分点。网络炒股应用率的大幅下滑与 2011 年中国股市低迷有关。

（研究室）

凡客诚品（北京）科技有限公司

【概述】 2011 年 2 月，凡客诚品正式推出手机客户端，建立移动电子商务平台。该平台是在凡客原有的基于 PC 平台的电子商务运营系统的基础上进行整合，并升级为适应移动电子商务业务需求的相应管理系统，涵盖了如用户行为收集调查分析系统、进销存系统、物流管理系统、安全管理系统、客服管理系统等诸多子系统。

（李臻）

【手机凡客】 2011 年年内，凡客诚品正式推出手机客户端，包含 iphone 苹果版和 android 安卓版、symbian 版本和 ipad 版本。客户端总用户量突破 400 万。2011 来自移动端的订单收入已经占到凡客交易额的 10%，最高日单量突破 5 万单。2011 年凡客诚品在移动电子商务方面已经获得了 4 项计算机软件著作权。分别为：凡客诚品 Android 客户端软件 V1.5、凡客诚品客户端软件 iphoneV1.3、凡客诚品 Symbian 客户端软件 V1.1、凡客诚品 ipad 客户端软件 V1.0。通过打造手机凡客，建立移动电子商务平台，能够进行行业市场潜力、目标市场定位研究，消费者行为研究、产品调查、满意度与忠诚度等评估工作，数据收集渠道多样并能快速进行信息反馈，系统能自动适时的对反馈的信息进行统计分析。同时也能够全程参与支持采购管理、调拨管理、物流管理、仓库管理、应收应付款管理、业绩考核管理等进销存业务。另外，客服系统除了原有的呼叫中心话务运营系统之外，将具备无线互联特色，打破时空局限，实现客服双向交流的实时推送和信息互动服务。将移动电子商务功能嵌入到这些终端中，不仅可以发挥 3G 移动互联网的网络优势，更可简化用户安装和适配的烦锁过程，完成移动购物、移动消费的轻松体验，降低用户对移动电子商务的消费体验门槛，从而使使用人群数量爆发性增长。

（李臻）

其他企业信息化

北京北斗星通导航技术股份有限公司

【概述】 2011 年年内，北斗星通 2010 年度标准化工作获表彰，北斗星通控股子公司和芯星通在“多模导航型射频芯片”测评中获得第一名，中标北斗专项。同时，北斗星通还获 2011 年地理信息产业年度两项大奖，北斗导航核心芯片产业化项目获批，北斗星通承担的国家发改委项目通过验收。

【北斗星通 2010 年度标准化工作获表彰】 2011 年 4 月 27 日，由北京市质量监督局和中关村科技园区管理委员会联合召开的“中关村标准创新试点工作会议”在北京五洲皇冠假日酒店举行。会议对 2010 年中关村国家高新技术产业标准化示范区的工作进行总结，并对在示范区建设期间取得显著成效的先进单位及个人给予表彰。北斗星通在会上被评为“中关村国家高新技术产业标准化示范园建设优秀集体”，公司陈光林获得了“最佳组织个人”称号。

（尹玲利）

【北斗星通控股子公司和芯星通中标北斗专项】 2011 年 5 月 13 日，在中国第二代卫星导航系统专项管理办公室组织的应用推广与产业化招标项目中，开展了“多模导航型射频芯片”测评，国内多家拥有导航型射频芯片研发和生产能力的厂家参与测评，经实物比测、商务响应和技术答辩等各个环节的严格考核，北斗星通控股子公司和芯星通联合清华大学、北京大学中标。当天还举行了“多模导航型基带芯片”的实物比测，全国十多家拥有卫星导航产品研发和生产能力的厂家参与了此次测评，本次测评中的核心技术指标包括定位精度、测速精度、时间性能、捕获跟踪灵敏度及联合定位等，并涵盖了城市复杂环境，中关村的城市峡谷等实际跑车测试。和芯星通送测的北斗/GPS 多模接收机在各项指标评测中表现出众，以大比分优势取得第一名。

（尹玲利）

【北斗星通参加第二届中国卫星导航学术年会】 2011 年 5 月 18 日，第二届中国卫星导航学术年会在上海世博中心隆重开幕，北斗星通在以整体展示为理念指导的基础上，携旗下各事业部及子公司全新亮相，集中展示了公司在卫星导航、光电导航、惯性导航等领域的最新技术创新成果，以及公司在国防、海洋渔业、机械控制、精准农业、高精度测绘、气象监测等行业的终端产品和解决方案。

（尹玲利）

【北斗星通获 2011 年地理信息产业年度两项大奖】 2011 年 5 月 18 日，以“地理信息产业 3.0 时代的变革与机会”为主题的“2011 地理信息产业年度颁奖盛典暨第二届传递 3S 价值年会”在北京丽亭华苑酒店隆重开幕。北斗星通获得了“2011 年中国地理信息产业最具成长力企业”和“中国地理信息产业十年创新企业”两项大奖。本次活动由《3s 新闻周刊》主办，评选机构为国家测绘局测绘发展研究中心、北京大学数字中国研究院、达晨创投、赛迪顾问、《3C 新闻周刊》杂志社，评选历时 90 天，共有 30 位专家评委和超过 12 万人次的网友参与投票。本榜单已成为地理信息产业界最具投资价值和未来成长潜力企业的风向标。

（尹玲利）

【北斗星通亮相 2011 中国卫星导航运营商大会】 2011 年 6 月 12—13 日，第六届原中国 GPS 运营商大会在深圳会展中心隆重召开，为迎接“北斗导航”产业化浪潮，本次会议特更名为中国卫星导航运营商大会。北斗星通控股子公司和芯星通作为本次展会唯一一家从事北斗兼容 GPS 芯片及导航模块研制的企业，其研发的 Nebulas 芯片及基于该芯片的系列导航型产品引起了与会嘉宾的普遍关注。原 GPS 运营商大会为全国 GPS 定位和运营领域最具影响力的会议。

（尹玲利）

【北斗导航核心芯片产业化项目获批】 2011 年 6 月 25 日，由北斗星通及其子公司和芯星通共同承担的北京市科技计划项目——《面向大众消费市场的北斗导航核心芯片产业化项目》获北京市科学技术委员会审批通过，进入实施阶段。该项目的成功获批，不仅反映了北京市对卫星导航产业发展的高度重视，同时也是主管部门和专家对北斗星通推动北斗芯片产业化发展的认可和鼓励。此项目由北斗星通联合和芯星通组成的技术骨干团队设计实施，旨在面向大众消费市场，在 SoC 芯片整体设计技术基础上，通过对低功耗、高灵敏度，多星座兼容和深亚微米等关键设计技术的突破攻关，使得北斗系统在车辆导航等民用领域广泛应用成为可能。该项目的研发一方面将大大提高北京市卫星导航产业在核心技术和芯片领域的竞争力，另一方面也将进一步支撑和促进北京市物联网、智能交通、移动通信终端以及导航位置服务等相关行业的发展，从而有利推动中国卫星导航产业向规模化、成熟化的方向迈进。

（尹玲利）

【北斗星通参与“智能导航搜救终端及其区域应用示范”项目研究】 2011 年 6 月 28 日，国家科技支撑计划项目“智能导航搜救终端及其区域应用示范”在九寨沟正式启动。该示范项目由导航定位芯片与终端产业技术创新战略联盟组织实施，作为联盟成员之一，北斗星通主导参与了指挥型智能搜救终端项目的研究。

（尹玲利）

【北斗星通亮相中关村国家自主创新示范区展示中心】 2011年7月28日，中关村国家自主创新示范展示中心建设落成，北斗星通作为卫星导航产业领军企业亮相展示中心，集中展示了公司在北斗产业化应用的自主创新成果："船舶安全保障集中监控管理系统"、"北斗玉衡集装箱作业监控管理系统"以及GNSS多模多频高性能卫星导航SoC芯片等一系列基于北斗的自主创新产品和一体化解决方案。中关村国家自主创新示范区展示中心是北京市政府重点工程，会聚了中关村八大产业集群中最具引领性、最具代表性、最具展示性的近200家重点企业，是中关村示范区科技创新成果集中展示的平台，也是反映中关村核心区建设成果的重要窗口。

（尹玲利）

【北京市科委领导调研北斗星通】 2011年9月5日，北京市科学技术委员会副主任郑焕敏、电子信息与装备制造处处长万荣等一行领导莅临北斗星通调研指导工作。在听取了公司发展现状、承担的政府项目等情况的汇报后，郑焕敏对北斗星通的可持续快速发展给予了充分肯定，并对公司在北斗产业化应用方面的突出贡献表示赞赏和鼓励。同时他希望公司能够继续发挥领先优势，合纵联横、大力促进相关产业融合，并积极推进"产学研用"相结合、积极发挥示范项目应用工程带动作用，促动空间信息这一战略新兴产业的发展。

（尹玲利）

【北斗星通承担的国家发改委项目通过验收】 2011年9月22日，北斗星通承担的国家发改委项目《BD/GPS双频兼容接收机及芯片高技术产业化示范工程项目》验收会举行。评审专家听取了该项目的竣工报告、技术总结报告、产品推广示范应用报告、经济和社会效益分析报告、财务报告、专项经费收支审计报告，审查了相关资料，观看了产品现场演示，给予该项目以高度评价，一致通过验收。

（尹玲利）

【北斗星通参加"2011北京国际无人机及航模展"】 2011年9月23—25日，北斗星通GNSS产品事业部联合北斗装备事业部、星箭长空，共同参加在中国航空博物馆举办的"2011北京国际无人机及航模展"，重点展出了无人机相关产品，如GNSS产品事业部的高精度GNSS/INS组合导航定位系统、OEM6™及OEMV®高精度接收板卡等、北斗装备部的BD1及BD2的系列板卡、星箭长空的加速度计，备受客户关注。

（尹玲利）

【北斗星通亮相"2011中国全球定位系统技术应用协会年会"】 2011年11月7—9日，2011中国全球定位系统技术应用协会年会暨"北斗"产业化和战略新兴产业发展论坛在京举行，北斗星通携多项北斗产业化应用创新成果闪耀亮相。在年会上揭晓的"卫星导航定位科学技术奖"评选中，北斗星通控股子公司和芯星通的"多系统多频率高性能导航定位SoC芯片"获得一等奖，全资子公司北斗信服"北斗海洋渔业安全生产信息服务系统"获得二等奖。在年会举行的"新技术、新产品及应用成果展示交流会"上，北斗星通展示的以国内首款北斗车载导航仪为主的多项北斗产业化创新成果也吸引了与会者及媒体的广泛关注。

（尹玲利）

北京博电新力电气股份有限公司

【概述】 2011 年年内，北京博电新力电气股份有限公司博电研发制造中心被列入北京市 2011 年重点产业布局重点工程项目。国产化单套容量最大的 SVC 水冷立式阀组研制成功，国产首套直流换流阀测试系统——PVT1000 直流阀测试装置顺利通过中国电力科学研究院直流阀实验室验收。并推出国产化新一代智能装置测试仪。

【博电研发制造中心列入北京市 2011 年重点产业布局重点工程项目】 2011 年 2 月 16 日，北京市 2011 年重点工程建设动员大会在北京世纪金源大饭店隆重召开。此次会议由北京市住房城乡建设委、发展改革委协同组织。来自市重大办、市规划委、市国土局等政府领导，以及相关重点工程建设单位的人员共计 300 余人参加了会议。今年重大工程中最为瞩目的就是现代产业项目投资和数量大规模增加，75 个的项目数量及 389 亿的年度计划投资，均超出往年水平。北京博电新力电气股份有限公司研发制造中心项目列入北京市 2011 年重点建设项目计划——现代产业项目类（新开项目 23 项之一）。

（尹玲利）

【国产首套直流换流阀测试系统由北京博电研制成功】 2011 年 12 月 12 日，国产首套直流换流阀测试系统——PVT1000 直流阀测试装置顺利通过中国电力科学研究院直流阀实验室验收，标志着中国成为继 ABB、西门子、阿尔斯通后，世界第四个具备阀组测试装置研发生产制造能力的国家。这为中国特高压直流输电工程提供了自主研发的电气设备测试手段。该装置由北京博电新力电气股份有限公司自主研发制造。PVT1000 直流阀测试装置主要用于对直流换流阀组交直流均压阻抗单元、低电压短路、被试品储能时间、低电压触发、电流断续、反向恢复期保护触发、反向恢复期耐受、正负极性过电压冲击耐受等进行测试。该装置具备两种测试模式：工厂测试模式与现场测试模式，可极大地满足用户在各种试验场所对阀组电气性能进行测试的要求。随着国家电网公司大力推进国产换流阀阀组研发和应用，国内厂家逐步推出了国产直流换流阀，广泛应用于 ± 500 千伏黑河背靠背换流站、± 800 千伏锦屏特高压等直流工程。PVT1000 的研发成功，为国产阀组提供了国产化技术的换流阀阀组调试手段，且能够更详尽地对阀组功能测试提供定量的测试手段。

（尹玲利）

【北京博电研制成功国产化单套容量最大的 SVC 水冷立式阀组】 2011 年 11 月 28 日，由北京博电新力电气股份有限公司自主研发的 251Mvar 大容量 SVC 水冷立式阀组顺利通过中国电力科学研究院型式试验，该阀组为国产化单套容量最大水冷立式阀组。该装置可快速抑制因故障引起的暂态电压波动，提高电网电压及功率传送的稳定水平；抑制冲击负荷引起的母线电压波动，提高功率因数，改善电能质量。装置可应用于智能电网、新能源柔性接入、城市轨道交通、冶金、石化、煤炭等工业领域，显著降低输电线路能耗，促进经济社会节能减耗。该成果居于“国际先进，国内领先”水平，拥有专利数量 3 项。该成果是中国柔性交流输电装备技术领域的又一成果性突破。柔性交流输电技术是促进中国智能电网迅速发展的关键技术，该技术可增强电网优化配置电力能力，提升电网安全可靠水平。

（尹玲利）

【北京博电推出国产化新一代智能装置测试仪】 2011 年 12 月 1 日，PNF801 新一代智能装置测试仪由北京博电新力电气股份有限公司研制成功，标志着中国测试仪设备从光数字测试时代挺进智能测试时代。PNF800 系列测试仪是一种高性能智能测试仪，用于在新一代智能电网投运前及其全生命周期中通过测试光纤数字继电保护装置验证运行是否正常，以确保智能电网的安全性和可靠性。这款测试仪通集成了 8 个光纤以太网通道、4 个实时光纤功率测量接口以及 12 个模拟输出通道，实现了先进的智能测试解决方案。此外，嵌入式三态以太网 MAC 有助于 PNF800 实现 IEC61588 和 IRIG-B 等各种时间同步模块。PNF800 系列测试仪首次实现了 IEEE1588 对时、首次集成了光功率测试模块、首次实现了单机自动闭环测试。借助 PNF800，配合“PowerTest”软件，用户只需轻松导入配置文件，便可自动完成许多复杂的实验。作为智能电网建设中的核心一环，智能变电站技术的发展关乎中国整个智能电网建设的进程。国家电网“十二五”期间将建 5000 座智能变电站，2016 年至 2020 年，我国还将建设 7700 座左右的智能变电站。PNF801 新一代智能装置测试仪为我国智能变电站的发展增添有力技术储备。

（尹玲利）

北京暴风影音科技股份有限公司

【概述】 北京暴风科技股份有限公司，是全球领先的视频播放技术与软件产品开发企业、中国优秀的互联网视频服务运营企业，是国家认定的高新技术企业，中关村“十百千”工程企业，中关村“瞪羚计划”重点培育企业，北京信息网络产业 30 强企业。暴风自 2007 年 1 月成立以来，以持续的技术创新为核心竞争力，在“万能播放、编解码压缩、高清、3D”等视频核心技术领域取得了确切的领先地位。除继续扩大面向互联网 PC 终端的视频业务成果外，暴风已经启动面向 3G 移动终端的技术创新与业务拓展。主要产品“暴风影音”，是首批认定的“北京市自主创新产品”，“北京市科学技术奖获奖产品”，在市场竞争中打败了微软 WMP 等国外同类产品，成为近 60%中国网民公认的视频播放软件第一品牌。基于以技术为核心的发展模式，暴风在运营带宽、内容合作、用户获取三个方面具有核心技术成果，成本上都远低于同行，成为网络视频行业率先实现盈利的技术型企业，经营业绩持续保持高速增长。

（孙笑然）

【发出“清除低俗广告，净化网络环境”号召】 2011 年 4 月 1 日，暴风影音 CEO 冯鑫发表微博提出“清除低俗广告，净化网络环境”，正式宣布全面清理低俗类广告，诸如网络游戏推广类、减肥美容增高类、山寨电子产品类的广告从暴风影视服务平台全面下线，成为互联网行业的绿色标志。微博发出后，收到了社会各界的广泛关注和支持。作为一家互联网视频企业，暴风公司针对充斥网络的不良信息，从自身的净化行动做起，，坚持要将暴风影视服务平台建设成为行业表率的高品质网络文化平台，树立形成健康向上的网络文明新风，让享受电影更加文明健康。这一行动受到北京市互联网宣传管理办公室和工商局的高度关注与大力支持，千龙网、BTV 就这一行动进行了专访，这一行动也得到了社会各界及广大网民的好评与支持。

（孙笑然）

【“暴风创新技术实验室”成立】 2011 年 7 月 18 日，“暴风创新技术实验室”正式成立，是公司重要的技术研发基地，主要以高清播放和 3D 等技术作为研究方向。此实验室致力于高清播放，3D 等新技术的引进和转化，追求技术创新，以为用户更好的享受电影为目标不断优化产品质量，提高用户的满意度。目前实验室研发的重点研究方向之一 3D 技术已经有了初步成果，针对 2D 转 3D、3D 直接播放、裸眼 3D 等方面都有了技术突破，暴风影音 5 的“神奇左眼键”也是实验室的一项重要的技术成果。同时该实验室还是暴风技术人才的重点培养基地，工程师在实验室学习交流，承担公司的各个方面的重点项目。实验室也是暴风公司对外交流的技术平台，多次与各个高校和技术研究所进行开展技术研讨会，并给高校毕业生提供实习的工作机会，安排实验室的专项培训课程，为社会输送更多的技术人才。

（孙笑然）

【暴风影音 5“神奇左眼键”正式发布】 2011 年 10 月 26 日，暴风公司面向全球发布了最新一代在线播放器——暴风影音 5，其创新性的左眼技术立即成为业界和用户关注的焦点。此次新产品的发布得到了包括薛蛮子、周鸿祎、江南春等业界名人微博支持。这一技术发布的前前后后，暴风公司通过强大的技术实力、令人耳目一新的营销创意、全方位的推广方式，成功地树立了左眼品牌，强化了暴风公司在在线高清领域的领先地位。新版的暴风影音 5 在外观上推出了暴风皮肤，用户可以根据自己的喜好选择特别的背景，画质方面，提供 720P、1080P 真高清在线视频，播放更加高清流畅。播放速度方面，启动速度提升 3 倍，播放速度也得到大幅提升。而暴风影音 5 最惊喜的特点是通过独有的左眼技术，能够显著提升画质，使得现有在线视频画质大为改善，为用户带来更加完美的视觉体验。“左眼”是一项提升画质的新技术，它不同于普通画质增强功能。“左眼”是把整个画面在清晰度、动态色彩等方面进行细致处理，对每幅画面每个元素详细分析，准确找到图像中的物体边缘，进行轮廓钝化和纹理重写，提升画面清晰度。暴风的“左眼”功能可以同时支持在线和本地播放模式，画质优化效果得到了广大用户的一致好评。

（孙笑然）

【暴风影音 HD（Ipad）版引领移动互联】 2011 年 12 月 12 日，暴风影音首次推出支持 ipad 应用的客户端软件。暴风影音 HD 是暴风公司专为 IPAD 用户量身打造的一款高清视频播放软件。依托暴风众多的 720P 高清视频资源，以及在视频播放领域绝对顶尖的技术优势，集成了 pc 版本和手机版的双重优势。暴风影音 HD（Ipad）版内含超过 5000 多部高清视频资源，覆盖时下最热的电影、电视剧、动漫和综艺等视频，为用户“移动娱乐化”开辟了顺捷的通道。具备丰富多彩的实用体验，断点续播，用户评论推荐，精准视频搜索等。众多人性化功能将带给用户完美的观影体验。首页采用一贯的蓝色主题风格，分为电影、华语剧、动漫、韩剧、经典和综艺六大板块，并有时下最热门的电影电视剧推荐，界面简洁，设置了 720P 专区，满足用户观看高清在线视频的需求。暴风影音 HD 版继承了暴风 PC 版的先进传输技术，让用户以最短的时间获取品质最高的视频资源。

（孙笑然）

博雅软件股份有限公司

【概述】 博雅软件股份有限公司（原“青鸟软件股份有限公司”，以下简称“博雅软件”）隶属于博雅集团，是博雅集团的核心企业之一。博雅软件长期服务于活跃在新经济转型时期各行业的客户，坚持向“大软件、大服务”的方向发展和迈进。其主要业务覆盖咨询服务、软件开发、系统集成以及运维服务四个核心业务领域，并积累了世界领先的专业技术和服务经验，与众多家国际著名管理咨询公司和软硬件厂商结成战略合作联盟，为客户提供信息技术服务和应用软件解决方案及相关服务，在金融、能源、政府、企业、广电媒体、轨道交通等领域建立起了卓越的声誉和品牌，是客户最佳的信息技术发展战略合作伙伴。作为中国领先的信息技术与行业软件服务供应商及旗舰集团企业，博雅软件依托多年积累的、雄厚的知识财富，成功实现了多项自主技术创新和成果应用；通过加强国际合作，把握行业发展脉搏，充分利用最佳的行业实践，为客户提供创新、适用、完整的信息化解决方案以及端到端（End to End）的信息技术服务，成功地实现以技术和服务最大限度地为客户创造价值的企业使命。

（博雅软件股份有限公司）

【博雅软件新闻发布会举办】 2011 年 1 月 8 日下午 2 点，博雅软件新闻发布会，在北京香格里拉大酒店二层新阁宴会厅成功举办，来自平面、网络、电视等五十余家媒体参加本次新闻发布会。在本次新闻发布会现场，博雅软件董事长杨仁贵从企业的发展战略、发展规划、企业理念与内涵、企业文化等多方面做了详尽的介绍与阐述。通过本次新闻发布会，为“青鸟软件”至“博雅软件”的华丽转身与再次腾飞，铺垫了良好的外部软环境。

（博雅软件股份有限公司）

【博雅之夜”新春文艺晚会成功举办】 2011 年 1 月 8 日“博雅之夜”新春文艺晚会，在北京香格里拉大酒店二层新阁宴会厅成功举办，与会领导、合作伙伴、客户等共计 800 人。本次新春文艺晚会由中国软件行业协会与博雅软件集团共同举办，在晚会现场中国软件行业协会秘书长胡崑山致辞并对博雅软件的发展与成绩给予高度评价。经过博雅软件全体筹备人员的精心准备，博雅软件为全体与会人员奉上一次视听盛宴，本次新闻。

（博雅软件股份有限公司）

【博雅软件年度计划工作会议成功召开】 2011 年 1 月 14 日，博雅软件年内工作计划工作会议在文津国际酒店胜利召开。参加本次会议的有：博雅软件董事长杨仁贵先生、执行总裁张俊先生、高管团队成员和公司全体管理层人员。大家共聚一堂、共商大计，共同为博雅软件的发展献计献策。在本次工作会议上，博雅软件董事长杨仁贵先生充分肯定了公司在上年整体业务与发展的成绩，回顾了近几年的整体发展情况与趋势；并向全体管理层介绍了公司未来的发展思路与战略方向。

（博雅软件股份有限公司）

【博雅软件入选“2010 中关村高成长企业 TOP100”】 2011 年 3 月 2 日，北京中关村高新技术企业协会组织发起的“2010 中关村高成长企业 TOP100”颁奖活动在北京翠宫饭店成功举行。博雅软件股份有限公司入选为“2010

中关村高成长企业 TOP100”企业，并获得“最受媒体关注”奖。

（博雅软件股份有限公司）

【博雅软件召开年内第一季度工作会议】 2011年4月21日至23日，年内第一季度工作会议在北京九华山庄隆重召开，董事长杨仁贵、执行总裁张俊及公司高层领导全程出席会议，公司百余名中高层管理人员参加会议。这次工作会议是继博雅品牌升级后的第一次大型工作会议，是一次内容丰富、承上启下的重要会议，是一个解决方案交流大会。本次会议对大家了解公司业务发展与业务形态，对推动公司在市场中的业务协同将会有个里程碑的意义。

（博雅软件股份有限公司）

【博雅软件喜获“信用 AAA 级企业”荣誉】 2011年5月，经北京质协信用评价中心推荐，通过对公司的相关信用等级评定标准资料的严格审核和评定，博雅软件股份有限公司喜获“信用 AAA 级企业”荣誉称号。

（博雅软件股份有限公司）

【博雅软件集团正式成立，简称“博雅集团”】 2011年4月29日，经国家工商局批准，博雅软件集团正式成立，简称“博雅集团”。博雅软件集团起源于北京大学，是一家专业从事软件与信息技术服务投资的大型企业集团。博雅软件集团以博雅软件股份有限公司为旗下核心母企业，集团还包含博雅信息技术（北京）有限公司、博雅数据技术（北京）有限公司、博雅仟恒软件技术（北京）有限公司、博雅和信科技（北京）有限公司、博雅融创软件技术（北京）有限公司、华际信息系统有限公司、北京天视网讯数码科技有限公司、北京冠华天视数码科技有限公司等十余家专业的软件和信息技术服务企业。

（博雅软件股份有限公司）

【博雅软件荣获中关村国家自主创新示范区核心区 50 强企业称号】 2011年5月，海淀区隆重召开了 2011 年中关村国家自主创新示范区核心区建设大会，博雅软件股份有限公司作为海淀区创新型企业的代表受邀参加会议；由于博雅软件在自主创新领域做出的示范表率和突出贡献，经过严格的审核，荣膺“中关村国家自主创新示范区核心区高新技术企业 50 强”。

（博雅软件股份有限公司）

【博雅软件再次入选为“中国软件业务收入前百家企业”】 2011年6月23日至24日，在江苏扬州隆重举行的第 10 届中国软件业务收入前百家企业发布会暨龙头企业培育工作座谈会中，工业和信息化部颁布了2011年（第十届）中国软件业务收入前百家企业的名单。继去年入选中国软件百家企业之后，博雅软件股份有限公司（以下简称“博雅软件”）凭借其实力和业绩再次入选为2011年（第十届）中国软件业务收入前百家企业。

（博雅软件股份有限公司）

【博雅软件入选“2011 中国自主品牌软件产品前十家企业”】 2011年6月23日至24日，由工信部主办的“第10届中国软件业务收入前百家企业发布会暨龙头企业培育工作座谈会”在江苏扬州隆重举行；博雅软件参加并被授予“2011（第十届）中国自主品牌软件产品前十家企业”荣誉称号。

（博雅软件股份有限公司）

【“卓越之路”企业文化主题活动正式拉开帷幕】 2011年6月25—26日，博雅软件股份有限公司“卓越之路”企业文化主题活动正式拉开了帷幕。本届企业文化活动将历时三个月，覆盖北京、上海、广州等多个公司驻地城市。6月25至26日在北京市外联办怀柔接待处成功召开的活动便是本届企业文化活动的第一站。

（博雅软件股份有限公司）

【博雅软件年内第二季度工作会议暨《卓越之路》主题活动干部专场活动】 2011 年 7 月 23—24 日，博雅软件年内第二季度工作会议暨《卓越之路》主题活动干部专场在北京拉斐特城堡酒店成功举办，博雅软件的全体管理层参加了本次会议和活动。

（博雅软件股份有限公司）

【博雅软件被正式授为“ITSS 全权成员单位”】 2011 年年内，博雅软件股份有限公司正式被工业和信息化部软件服务业司的信息技术服务标准工作组正式授权为“ITSS 全权成员单位”。

（博雅软件股份有限公司）

【博雅软件成为北京信息化协会新一届副理事单位】 2011 年 8 月 5 日，北京信息化协会第四届会员大会在翠宫饭店成功召开，博雅软件等十余家企业成为新一届副理事单位；博雅软件董事长杨仁贵当选协会副理事长。

（博雅软件股份有限公司）

【博雅软件荣获“2011 中国十大创新软件企业”】 2011 年 9 月 5 日，2011 中国软件产业发展暨企业创新高峰会在南京国际博览中心金陵会议中心钟山厅隆重举行，博雅软件股份有限公司荣获“2011 中国十大创新软件企业”称号。

（博雅软件股份有限公司）

【博雅软件“卓越之路”第六期主题活动暨闭营仪式】 2011 年 10 月 15 日至 16 日，博雅软件“卓越之路”第六期主题活动暨闭营仪式在北京怀柔外联办成功举办。博雅软件集团旗下长春长联信息技术有限公司、西安分公司、内蒙分公司的全体员工及其他各大事业本部的 80 余名同人参加了本次活动。至此，持续六个月、覆盖全国区域的 2011 年度“卓越之路”主题培训拓展活动顺利闭幕。

（博雅软件股份有限公司）

【博雅软件顺利通过 2011 年度质量、环境、职业健康安全管理体系认证监督审核】 2011 年 10 月 27—28 日，在博雅软件集团北京总部，博雅软件的所有事业部和职能平台部门，共同参与完成了 2011 年度质量、环境、职业健康安全管理体系认证监督的现场沟通与汇报工作。最终顺利通过了博雅软件 2011 年度质量、环境与职业健康安全管理体系的监督审核，并且完成了企业名称从青鸟软件变更博雅软件的名称变更工作。

（博雅软件股份有限公司）

【博雅软件荣获 2011 年度“企业信用评价 AAA 级信用企业”称号】 2011 年 10 月 30 日，博雅软件股份有限公司荣获由中国软件行业协会颁发的“企业信用评价 AAA 级信用企业”证书。

（博雅软件股份有限公司）

【博雅软件入选北京市经济和信息化委员会“四个一批”工程】 2011 年 10 月 19 日，博雅软件股份有限公司入选为北京市经济和信息化委员会 2011 年度“四个一批”工程企业。

（博雅软件股份有限公司）

【博雅软件集团董事长荣获“中国软件产业十年功勋人物”奖】 2011 年 12 月 18 日，由中国软件行业协会主办的中国软件辉煌十年总结大会暨中国软件产业十年功勋人物颁奖大会在南通金石大酒店隆重举行。博雅软件集团董事长杨仁贵先生荣获了“中国软件十年功勋人物奖”。获得十年功勋人物奖的人士有：张国宝、曲维枝、杨芙清、张尧学、倪光南、沈国荣等产业知名院士、专家和学者，以及博雅软件集团董事长杨仁贵、神州数码董事局主席郭为、东软集团董事长刘积仁、用友软件董事长王文京、中软股份董事长程春平等为代表的十六位企业家们。

（博雅软件股份有限公司）

【博雅软件入选“2011 中关村新锐企业百强”】 2011 年 12 月，博雅软件股份有限公司凭借其出色的市场表现和优秀的专业实力，经评委会严格筛选审查，最终荣幸地从中关村科技园 15 000 多家企业中脱颖而出，入选“2011 中关村新锐企业百强”榜单。

（博雅软件股份有限公司）

北京地铁公司

【概述】 北京市地铁运营有限公司其前身为北京市地下铁道总公司，是国有独资的特大型专门经营城市轨道交通运营线网的专业运营商，现拥有职工两万余名。公司运营业务涉及专业有车辆运输、客运组织、行车电力调度、供电、通信信号、机电和线路等。另外，公司还经营以地铁相关资源开发为主的多角化业务，主要包括经济技术贸易、广告、地下通信、房地产开发、商贸、旅游度假、教育培训、建筑安装、车辆制造、工程监理、出租汽车、设计研究咨询及文化产业等。这些多角化经营业务扩大了地铁的服务领域，也满足了广大乘客的服务需求。

（庞峥）

【地铁视频会议系统】 2011 年年内，视频会议系统是北京地铁公司实现远程工作会议、远程指挥调度、远程技术交流、远程工程项目研讨及远程处置应急事件等应用要求的企业管理、技术信息交流平台，是一个先进、安全、可靠、易扩充、组网灵活，并能传递语言、文字、数据、图像等各种信息的综合业务系统。视频会议系统在正常情况下为地铁公司的日常会议工作提供安全高效高质量的服务；异常情况下能迅速为地铁公司运营线路防灾救援和事故处理提供指挥通信的辅助平台。该系统工程为北京地铁公司视频会议一期工程，包括在西直门公司本部 1 个主会场、1 个分会场和四个运营分公司及通号公司、线路公司、供电公司、机电公司、建安公司、车辆装备公司、小营指挥中心等 11 个分会场,共计 13 个会场、1 套会议控制中心。视频会议一期工程覆盖公司本部及其他各二级单位共 13 个会场。不考虑 MCU 级联，可同时接入 16 个 1080P 高清视频会议终端，所支持的最大会议规模能达到 50 方；最小会议规模能支持 2 方；整个网络能支持同时召开 15 组多方会议，注册用户数可达 100 个，会议电视终端覆盖到地铁公司的部分二级单位，并可实现与应急通信系统的互联互通的功能。视频会议二期工程要实现二级控制功能，具体设备接入容量在二期工程中，根据实际需求确定。

（庞峥）

国研信息科技有限公司

【概述】 国研信息科技有限公司（简称国研科技）是由国务院发展研究中心信息中心、中国联通集团北京市通信有限公司、北京兆龙恒基置业有限公司共同创立的高科技企业，注册资本逾1亿元人民币。自1998年创立以来，国研科技致力于现代信息服务业，积极参与政府和企业信息化建设,涉足基础设施和房地产投资，实现企业的可持续发展。国研科技是中国本土最具规模和实力的IT高科技企业之一,取得了“北京市高新技术企业证书”、“全国ISP运营许可证”、计算机信息系统集成二级资质证书“、“涉及国家秘密的计算机信息系统集成甲级资质证书”、“北京市信息系统工程监理单位甲级资质证书”案证书，通过了ISO9001：2008国际质量体系认证。每年为中国政府各机关和国有大型企业提供过百例IT信息咨询服务。国研科技现拥有北京国研网信息有限公司、北京国研网络数据科技有限公司、北京国研数通软件技术有限公司、北京国研信息工程监理咨询有限公司、北京国研传媒投资有限公司、长沙国研置业有限公司、南宁国研科技投资有限公司、宁波国研软件技术有限公司等子公司。

（国研科技）

【国研楼宇经济管理信息系统上线】 2011年5月8日，自主研发的国研楼宇经济管理信息系统上线并使用，系统以全面反映CBD核心区3.99平方千米楼宇税收的总量、分布、构成情为目标，建立相应的数据维护体制，有组织、有计划、持续地对相关政府部门关系到税源的信息资源进行收集、整合，为朝阳区财政局、CBD管委会相关领导提供及时、准确数据分析支持。

（国研科技）

【北京市朝阳区财政支出管理信息系统项目成功验收】 国研财政支出管理信息系统是通过对财政部门基础数据的梳理，利用先进的地图和遥感影像图技术实现对财政支出过程规范化管理的重要工具。系统建立了以资源地图为核心，查询统计、事权管理为实现的财政支出管理系统的雏形，并对多类主要的资源信息（包含：道路、绿化、水系、公厕和垃圾楼等多个资源信息）进行普查、核算，使政府财政支出资金发挥出最大的经济效益和社会效益，也为地区的建设发展起到积极的促进作用。国研财政支出管理信息系统运用电子地图和遥感影像图管理财政支出对象，用户可直观的对地图进行各种资源分布的查看，同时可根据选定区域查询地区道路、绿化、水系等资源的统计数据。国研财政支出管理信息系统可对区域道路、绿化、水系、公厕和垃圾楼等多种事权主体进行动态维护，按照实际情况及时修改维护事权主体的相关记录，以便保证数据的准确性。用户可通过系统的财权测算，定期对区域财政支出的费用进行测算，同时按照实际情况调整财政支出预算，从而为财政支出提供可靠的依据。

（国研科技）

【北京市朝阳区数字化城市管理项目四期顺利承接】 2011年11月22日，承接北京市朝阳区数字化城市管理项目四期项目。继2005年开始至今的7年时间里，公司先后承接了朝阳区城市网格化管理信息系统项目一期、北京市朝阳区数字化城市管理信息系统扩展应用软件开发项目二期、北京市朝阳区专项挂账任务与固化事件监督管理系统、北京市朝阳区社会单位环境监督管理系统、北京市朝阳区数字化城市管理协同办公扩展应用系统等项目。2011年10月再次承接“北京市朝阳区数字化城市管理项目四期”的项目。北京市朝阳区数字化城市管理项目四期的合作内容包含：考核评价与决策分析扩展系统、城管通PPC版本软件开发项目、数字化城市管理互动窗口与城市运行控制指挥门户系统软件开发项目、数字化城市管理平台核心系统V3版本软件开发项目、数字化城市管理系统与市级平台对接升级改造软件开发项目、数字化城市管理安全生产系统软件开发项目、数字化城市管理新增建筑扩展系统软件开发项目等。

（国研科技）

【北京市经济社会管理信息系统项目通过验收】 2011年年内，国研宏观经济管理信息系统是实现经济社会管理部门之间信息的互联互通、信息资源共享，促进管理部门间协同工作，为发改委等综合管理部门决策提供服务的信息化综合平台；系统为各级经济社会管理部门掌控经济社会运行态势提供及时、准确、全面的信息服务和分析支持。国研宏观经济管理信息系统以国研先进的形势分析方法论为指导，依托国务院发展研究中心多年宏观经济模型的研究成果和建设经验，采用先进的智能分析和数据挖掘工具，对经济社会主要指标的运行趋势进行监测，并以曲线图、柱状图的方式直观地进行展现，在原始数据的基础上，还可以实现比率计算、季节调整、线性回归等多种分析功能，满足宏观经济预测决策的需要，为把握经济社会主要指标的运行情况提供辅助手段。国研宏观经济管理信息系统以国研先进的形势分析方法论为指导，依托国务院发展研究中心多年宏观经济模型的研究成果和建设经验，采用先进的智能分析和数据挖掘工具，对经济社会主要指标的运行趋势进行监测，并以曲线图、柱状图的方式直观的进行展现，在原始数据的基础上，还可以实现比率计算、季节调整、线性回归等多种分析功能，满足宏观经济预测决策的需要，为把握经济社会主要指标的运行情况提供辅助手段。

（国研科技）

【加强“国研网搜”的开发使用】 2011年8月，由国研网公司开发团队结合搜索系统发展趋势和用户需求，自主研发的综合性文章检索平台“国研网搜”（http://search.drcnet.com.cn/）正式投入使用。该系统采用先进的基于正向分词算法的多元分词中文分词系统，能够对用户的输入进行有效的语意分析，实现多元分词、新增新词、设置词频、中文姓名识别、未登录词识别等功能，分词的准确率达96%以上；界面简洁，使用方便，提供单库检索和跨库检索、以及一般检索和高级检索功能，可以根据标题、作者、全文、关键词等搜索项搜索，一般检索条件下搜索结果可根据相关度、发布日期排序，高级检索条件下还能对搜索结果包含关键词的精确性、搜索结果显示条数、搜索时间范围、关键词位置以及排序方式进行设置，系统响应时间≤2 秒；添加了特殊词库，能够适应不同行业领域里用户的需要；具有用户检索词自动提示、拼音检索词自动提示、公共检索信息显示、热门检索信息显示、相关检索信息显示、关键词设置为标签、关键词检索结果邮件订阅等功能；此外该系统还能够根据系统运行中积累的数据，自动优化检索结果，具有较好的扩展性、数据通用性。

（国研科技）

【“国研网统计数据库”平台系统全面升级】 2011年年内，国研网统计数据库是国研网公司在全面整合国内各级统计职能部门所提供的各种有关中国经济运行数据的基础上，历经数年研究开发、优化整合后推出的大型数据库集群，是对国民经济的运行态势和发展进行立体、连续与深度的展示，是中国经济量化信息最为权威、全面、科学的数据库之一。2011年12月，国研网统计数据库平台系统全面升级并上线。国研网统计数据库（升级版）采用B/S架构和多维数据仓库技术开发，系统由前端WEB站点、数据仓库管理、ETL工具三部分组成，WEB站点使用ASP．NET、Chart．NET、Microsoft

Ajax、jQuery、MDX 技术开发，数据库采用 Microsoft SQL Server 2005 数据库和 Microsoft SQL Analysis Services。升级后，国研网统计数据库在产品架构、产品内容、用户界面和产品功能等方面都有了质的飞跃，形成了以宏观经济统计数据库、区域经济统计数据库、行业经济统计数据库和世界经济统计数据库为主，以统计资讯数据库为辅的产品系列，覆盖了 1949 年以来，全国、省、市、县等区域，包含人口、资源环境、经济、社会等方面近 2 万个指标、近 10 亿数据量，具有数据查询、数据输出、统计图表和统计地图等基础功能以及统计分析、统计预测和数据挖掘等高级功能。该平台系统为包括党政机关、图情机构、金融机构、企事业单位在内的国研网会员单位方便、快捷地获取全面、准确、系统的国内外经济及相关统计数据，进行定量化分析和科学决策提供了更加有效的支持。

（国研科技）

【“国研网行业季度分析报告”系统平台进一步完善】 “国研网行业季度分析报告”系统平台是国研网公司基于自身行业研究员团队独立撰写的行业深度分析报告，采用先进的网络技术开发的一个独家报告系统平台。国研网公司旨在借助“国研网行业季度报告”系统平台，持续跟踪、分析行业基本运行态势、发展趋势，准确解读相关政策动向及其影响，为广大会员的科研决策提供高质量的、行业宏观层面的信息产品。2011 年年 8 月，“国研网行业季度分析报告”系统平台进一步完善，推出了涵盖房地产、汽车、石油、通信、钢铁、电力、交通运输、通信设备制造、医药、生物制药、石油、化工、水泥、食品在内的诸多国民经济发展的热点/重点行业季度报告。各行业季度报告主要从三个角度监测和解读行业发展走势：（1）产业发展环境分析。主要是监测和解读产业发展面临的宏观经济环境和产业政策环境的变化情况，重点跟踪和研究国家有关政策变化给行业内有关各方带来的机遇和风险。（2）行业运行状况分析。主要是对政府部门和行业协会等机构发布的有关统计数据进行分析整理，图文并茂，全方位展现行业运行状况及发展态势。（3）行业发展趋势预测。主要是利用科学方法，对行业未来中短期发展趋势和政策趋势进行分析预测。该报告系统平台完善后，将在以下方面更好为用户单位提供支持：全面、及时、准确地了解国民经济发展热点/重点行业基本运行态势，以及出现这种运行态势的原因，行业运行中出现的主要问题等；尽早、准确地把握国民经济发展热点/重点行业未来中短期内的发展趋势，包括运行趋势、相关政策走势和产业预警；科学地解读政府有关政策，洞悉政策变化趋势，抓住政策变化带来的机遇，规避政策风险。

（国研科技）

【基础网络服务】 2011 年年内，北京国研网络数据科技有限公司从成立之初，依托雄厚的资金基础和股东资源，提供高品质的基础网络服务，包括电信级机房托管和运营维护、互联网接入、城域网建设、宽带应用、机房布线工程等。针对客户的实际需求，开发了用户上网行为管理、流量监控平台、负载均衡产品、电子邮件产品，并围绕上述产品为客户提供有效的增值服务达 18 项。有效地实现了对接入托管客户的服务延伸，及时解决客户在系统维护过程中遇到的问题。

（国研科技）

【面向电子政务的智能决策工具系统 V1.0】 2011 年年内，采用面向对象的模型来表达客观世界的各种知识，并通过构建图形化的知识编辑器来简化对知识的采集和维护，采用基于产生式规则的不确定推理算法作为推理引擎，实现确定及不确定性推理、正向和反向推理等多种推理模式。基于构件的模型管理和组合，提供模型组合，通过构件技术，屏蔽模型内部实现细节，实现模型共享。该系统是一套面向电子政务领域的辅助决策支持工具平台，提供模型库管理工具和知识库管理工具。知识库管理工具，实现知识库的构建和管理，通过推理机制来实现知识的运用，为用户提供确定性和不确定性规则推理。模型库管理工具提供基于构件的模型管理和组合，实现对已有模型的更改，提供模型自动组合，并提供了面向宏观经济领用的 11 个经济分析模型，可应用于宏观经济监测预测。

（国研科技）

【国研综合短信业务支撑平台软件】 2011 年年内，结合移动、联通、电信三大运营商的短信收发协议接口，建设综合短信业务支撑平台。平台提供成型的 Webservice 收发接入接口机 8 个，仅需要通过简单的配置，就能与有短信收发需求的系统相衔接，并实现复杂短信在各应用内部收发短信以及通过短信与短信发送者进行互动交流的能力。基于构件的模型管理和组合，提供模型组合，通过构件技术，屏蔽模型内部实现细节，实现模型共享。

（国研科技）

中国联合网络通信有限公司北京市分公司

【概述】 北京联通作为本地主导电信运营商和实现提升计划的主要企业，积极响应市政府号召、认真履行社会责任，在保证国有大型企业必须完成的各项考核指标的同时，对本企业的网络规划做出重大调整，从技术、资源、人力等多方面加以统筹协调，以确保北京信息化基础设施提升计划的顺利实施。2011 年年内，北京联通通过加速推进全市光纤宽带网络建设，持续提升城市信息化基础设施能力，继续提升农村地区信息化服务水平，积极助力北京市无线城市建设等方面做出积极而巨大的贡献。与此同时，作为国内重要通信保障队伍的一支，北京联通圆满地完成了年内国内外各项通信保障工作；并且，它通过不断的创新，在助力北京市的城市管理信息化、政务信息化方面，有了新的信息化应用成果。另外，北京联通在年内成功支撑西城区政府和中科院老干部局的居家养老项目，且研发的新一代多媒体公话已亮相北京火车南站，均获得了各界的认可和好评。为了创造良好的信息通信建设和应用氛围，市人大代表、北京联通副总经理姜培华在市人代会上呼吁：广大市民要提高爱护通信设施意识。

（崔艳艳）

【北京联通加快本市的宽带普及提速工作】 2011 年年内，相比于全国从 2011 年末开始的宽带提速热潮，北京联通于 2009 年适度超前的对本市的网络规划做出重大调整，从技术、资源、人力等多方面加以统筹协调，于 2009 年 10 月完成本市的 2M 全覆盖，并从 2010 年至 2012 年，开始分阶段有计划的实现 20M 覆盖工作。截至 2011 年年底，使本市 20M 覆盖能力从 2009 年初的 6.76%提升 73%；宽带网实现光纤覆盖 410 万户，覆盖能力从 2009 年年初的 0.5%提升至 60%；同时，行政村通光缆率从 2009 年年初的 75%提升至 100%。为配合本市光纤入户和光进铜退工程的顺利开展，北京联通加大宣传工作力度，于9月26日举办了“与光同行 智慧北京”新闻发布会。北京市经济和信息化委员会副主任王学军在新闻发布会上对北京联通启动“光网联通百万家”的国庆献礼工程表示高度的支持，对832B局全部实现光纤入户表示衷心的祝贺。他对北京联通积极推进光进铜退、光纤入户，有力地提升本市信息化基础设施能力，推动信息化应用水平，拉动相关产业的发展，提高城市竞争力，为老百姓生活提供便利等方面所做出的工作，表示了充分的肯定和敬意。

（崔艳艳）

【北京联通持续提升城市信息化基础设施水平】 2011年8月，北京联通完成对本地IP网市区区域核心设备优化调整，统一升级为具备集群功能的高端路由器，区域核心出口带宽扩容到160G至200G，总带宽达到1200G，设备能力大幅提升。

（崔艳艳）

【北京联通开创农村信息化新天地】 2011年年内，世界电信与信息化日的主题是“信息通信技术让农村生活更美好”。北京联通长期以来高度重视并全力推进农村信息化建设，不断加大对农村基础通信设施的投入，提高通信网络在农村地区的覆盖率；不断推进信息化发展进程，信息化服务水平显著提升。截至2011年3月底，共完成了1194个信息化村网站建设和720度全景图像拍摄制作工作，覆盖北京近1/3的行政村。北京联通还陆续推出了深受百姓喜爱的多项信息服务，北京联通积极与农委合作在农村地区推广“12316新农村热线”服务，由涉农机构的农业专家作为服务保障，搭建农民与专家沟通的桥梁、推出的“平安互助”业务面向农村固定电话家庭客户提供了基于村级电话虚拟网，通过“电话传声报警控制器”实现了报警求助应用的安全防护业务，可用于盗情报警求助、紧急医疗求助、灾情报警求助等；北京联通还根据郊区不同的经济发展水平，因地制宜地建设了百个悦铃村、宽带村。此外，北京联通向农村地区提供了便携式业务办理终端（即Mini电子营业厅），支持农村边远地区用户办理充值交费、话费查询、号卡销售等业务，使农村用户生活更加便捷。

（崔艳艳）

【北京联通助力无线城市建设】 2011年末，北京联通已为本市累计建设AP25220个，覆盖热点4130个，实现对机场、火车站、会展中心、三星以上宾馆、公共图书馆、学校等重要功能区的有效覆盖。并且，北京联通积极参与北京市经济和信息化委员会牵头组织的公益性无线城市试点项目的建设和运营，按时在中关村籍海楼、室外步行街、三里屯酒吧街、朝阳公园、蓝色港湾的试点区域开通了无线城市热点接入服务，实现了免费无线城市服务试运行，使试点区域用户真正体验到移动互联时代随时、随地冲浪的精彩。

（崔艳艳）

【完成国内外各项通信保障工作】 2011年年内，北京联通完成北京市十三届人大四次会议和第十一届政协四次会议的重要通信保障工作；3月25—31日，北京联通完成法国总统萨科齐访华的重要通信保障工作。4月24日，清华大学百年校庆活动在人民大会堂隆重举行，胡锦涛、吴邦国、温家宝、贾庆林、习近平、李克强等党和国家领导人出席庆祝大会。北京联通承担并完成本次活动的重要通信保障工作。4月27—28日，北京联通完成2011年全球移动互联网大会的通信服务保障工作。5月14—15日，北京联通为在房山区长沟镇举办的2011春季北京国际长走大会与第二届花田音乐节提供通信服务保障工作。5月17—22日，北京联通作为主要参展单位，参加第十四届北京国际科技产业博览会，并为展会提供了通信服务。6月18—19日，北京联通在天津奥林匹克中心游泳跳水馆完成国际泳联2011年世界女子水球联赛总决赛半决赛决赛国际信号的传送工作。6月20—7月1日，北京联通完成在天安门举行的北京电视台转播建党90周年庆典活动的通信服务保障工作。6月27—30日，苏丹总统抵达北京进行4天的国事访问，北京联通为苏丹大使馆提供本次国事访问的视频传输服务。8月11—20日，北京联通完成美国副总统拜登访华期间的重要通信保障工作。8月12—23日，北京联通完成第26届世界大学生运动会的通信服务保障工作。8月26日，北京联通完成法国总统萨科齐2011年第二次访华的重要通信保障工作。9月7—11日，北京联通完成在昌平区十三陵水库举办的2011北京铁人三项世界锦标赛的通信服务保障工作。9月9—10日，北京联通机为2011年世界超级跑车锦标赛分站赛提供比赛现场直播和赛事新闻传送服务。10月12—13日，北京联通完成俄罗斯总理普京访华的重要通信保障工作。11月10—17日，北京联通完成神八飞船从发射到与天宫一号进行两次太空交会对接及安全返回的重要通信保障工作。12月9日，北京联通完成2011年第六届国际泳联花样游泳大奖赛的视频信号回传工作。

（崔艳艳）

【北京联通助力城市管理信息化】 2011年1月15日，北京联通与北京市安全生产监督管理局确定全市烟花爆竹零售点监控的最终方案，五环路内560个烟花销售点采用基于WCDMA的VPDN技术实现信号上传。这是3G网络在监控监测行业的一次重要应用。5月10日，北京联通与北京振远护卫中心签署车载监控项目合作协议。北京联通为北京振远护卫所有的共计1600辆银行押款车安装车载监控系统，通过无线网络对这些车辆进行安全监控和调度。9月15日，北京联通与北京公交集团天路公司合作，使用基于3G的VPDN技术实现公交车IC加油卡数据回传。这是本市公交行业首次通过3G实现车辆的加油信息管理。

（崔艳艳）

【北京联通助力政务信息化】 2011年7月1日，由北京联通承建北京市移动电子政务平台试点示范项目——北京市经济和信息化委员会移动办公项目正式上线开通。本次合作，北京联通为北京市经济和信息化委员会提供了移动办公终端224部，并针对相应环节进行了软件集成开发，产生了良好的试点效应和示范效果。

（崔艳艳）

【北京市预约挂号统一平台启动试运行】 2011年年内，随着本市公立医院改革的不断推进，预约挂号作为缓解“看病难”的措施之一已取得阶段性成效。为进一步贯彻落实国务院和北京市深化医药卫生体制改革重点任务要求，提升预约挂号服务内涵，方便患者就医，北京市卫生局启动了全市预约挂号统一平台的实施工作，通过遴选并确定由北京联通承担全市预约挂号统一平台的建设、运营和维护。7月28日，北京市卫生局和北京联通共同举行了北京市预约挂号统一平台启动仪式，卫生部副部长马晓伟、北京市副市长丁向阳等领导出席了启动仪式。启动仪式上，北京市卫生局和首批上线的30家三级医院代表分别与北京联通签订了预约挂号统一平台服务合作协议书，出席仪式的领导同志共同启动了预约挂号统一平台。自2011年7月28日起，北京市预约挂号统一平台启动试运行，通过电话和网站两种方式面向公众提供服务。全市30家三级医院(包括全部21家市属三级医院)率先使用统一平台提供电话预约和网络预约服务。统一平台运行后，群众可拨打统一预约电话号码114(非北京用户拨打010-114)或登录统一预约挂号网站www.bjguahao.gov.cn预约上线医院的普通号、专科号和专家号号源。为做好全市预约挂号统一平台的试运行，北京市卫生局和北京联通分别在规范医院门诊服务流程、优化扩充平台软硬件环境、强化医院与平台的服务衔接等方面进行了充分准备，首批上线的30家医院已完成医院内部系统改造，建立了与统一平台之间号源统筹调配的数据交互机制，医院总号源的80%将用于预约。统一平台配置中继总数已达到6720DT，直接或间接服务于电话预约的坐席数达到1600个，话务人员总数达1800人。

(崔艳艳)

【北京联通支撑西城区政府和中科院老干部局的居家养老项目】 居家养老服务是我国养老福利模式在新形势下的新探索，是老年人社会福利服务领域的新拓展。居家养老信息化是市政府民生工程的重要组成部分，更是西城区政府“建设世界城市示范区，创造城市美好生活”的战略实施目标之一。年内，北京联通与西城区广内街道办事处合作开展的居家养老试点项目，即为区政府居家养老信息化体系的组成部分，该项目采用固话+固话增值业务的服务方式，通过构造一个虚拟化、智能化，以社区服务为主要单元的居家养老服务信息化平台，来为社区老人提供标准化、专业化、亲情化相结合的可选套餐式服务。12月2日，中科院老干部局32名老干部“虚拟养老”话机装机工作全部完成，直接为中科院老干部提供“E键通医疗服务”。中科院老干部局“E键通医疗服务”属于居家养老服务范畴，采用北京联通固话+固话增值业务的服务方式，通过亲情呼叫、中关村医院医疗咨询、快乐驿站、一键拨入120急救等功能，解决老年人生活中的助急、助医、助精神慰藉、助亲情联络等问题，切实关爱老年人的身心健康，这与中科院老干部局希望给老干部们提供更好的养老环境的目标十分吻合，因此该项目的实施得到了中科院老干部局的高度认可。中科院老干部们可以通过虚拟养老话机一键呼出的功能，直接连线到中关村医院的专属咨询电话；借助商务总机业务功能，中关村医院能够为中科院老干部们提供电话预约挂号、电话预约取药，电话咨询等多项服务，使中科院老干部们的就诊更加方便，另外，也极大地提升了该医院的信息化医疗服务水平。

(崔艳艳)

【新一代多媒体公话亮相北京火车南站】 2011年年内，北京联通在北京火车南站完成新装46部多媒体公话终端。本次换装的多媒体终端具有19寸TFT液晶显示屏，可播放720P高清视频，同时将提供限时免费市话、限时免费网络等功能吸引用户使用，并且每台终端都可独立提供WLAN上网服务。该多媒体终端具备多种业务提供服务：可使用IC卡、201卡、公交卡、信用卡拨打电话，及限时市话免费的通话服务；可实时浏览网页、限时免费上网的数据服务；可作为独立WIFI热点提供无线上网的WLAN业务；各类新闻、气象资料、股市资讯等信息查询服务；并提供新颖的轮播广告、支持广告远程更新等广告发布平台服务。

(崔艳艳)

【呼吁广大市民要提高爱护通信设施意识】 2011年1月14日至21日北京市“两会”召开期间，北京联通副总经理姜培华在参加朝阳团讨论时呼吁，市民要提高爱护通信设施意识，他建议，市相关部门出台《通信设施保护条例》，破坏通信设施要担责。

（崔艳艳）

朗德华信（北京）自控技术有限公司

【概述】 2011 年年内，朗德华信（北京）自控技术有限公司的郎德华智能化建设方案正式通过验收，朗德华智慧能源云管控平台”获第十三届中国国际高新技术成果交易会优秀产品称号，延庆新能源信息化管理控制系统项目，获“第八届（2011 年度）精锐科学技术奖”建筑智能化创新优秀奖，此外，作为北京市推进“祥云工程”的重要组成部分，朗德华信（北京）自控技术有限公司正式入驻中关村软件园区。

【朗德华新能源信息化管理控制系统获精锐科学技术创新奖】 2011 年 12 月 8 日，“第八届精瑞科学技术奖颁奖典礼暨全国工商联房地产商会十周年庆典晚宴”在深圳新地标京基 100·瑞吉酒店举行。会上，朗德华信（北京）自控技术有限公司凭借自主研发创新力和延庆新能源信息化管理控制系统项目，获“第八届（2011 年度）精锐科学技术奖”建筑智能化创新优秀奖。延庆新能源信息化管理控制系统针对延庆新能源基地的信息化、建筑能耗、建筑智能化、园区安全监控、建筑动力环境监控一体化管理，建设中运用“智慧能源云管控平台”，通过构建建筑领域内的“物联网”，实现收集、分析和通信实时的能耗信息。该能源管理系统可以分析汇总各种负载信息，评定设备能效，根据能源消耗来判定建筑设备的特性，如管理面积、设备类型、运行时间计划和天气气候的相关性，并且可以采取系统预设的节能模式，智能化控制设备启停，降低运行费用。同时用户可以在任何地方，通过标准的 Web 浏览器完成操作。

（尹玲利）

【朗德华苏宁集团南京总部基地项目调试完成】 2011 年 11 月 10 日，朗德华针对苏宁电器智能化系统工程的要求、特点和目标，提供的智能化系统建设方案正式通过验收，标志着朗德华智慧建筑解决方案的成功应用。朗德华智慧建筑解决方案采用建立在思想集成、系统集成、功能集成、网络集成、软硬件界面集成和施工界面集成等多种技术之上的建设模式，平台内受控系统包括 HR、SOA、门禁系统、停车场系统、视频监控系统、安防防范系统、保安巡更系统、信息发布系统、楼宇自控系统、消防报警系统、机房环境监测系统、智能灯光系统、会议室中控系统共 13 个专业子系统。其智能化系统工程的建设将集中体现其作为苏宁电器在集团总部上的智能性、便捷性及安全性，同时作为总部智能建筑的功能（节能与环保）、风格和智能性（安全、舒适和便捷），将集中体现苏宁电器现代智能建筑的形象，大大提高苏宁电器的自动化运行水平，有效提高管理效率，显著降低运营成本并提高苏宁智能建筑形象。

（尹玲利）

【朗德华智慧能源云管控平台获评优秀产品】 2011 年 11 月 16—21 日，由中国商务部，科技部，工业和信息化部等联合主办的“第十三届中国国际高新技术成果交易会”在深圳市会展中心召开。朗德华信（北京）自控技术有限公司自主研发的“朗德华智慧能源云管控平台”

于会上获第十三届中国国际高新技术成果交易会优秀产品称号。智慧能源云管控平台作为最上端的集中管理和控制平台，实现建筑群的整体管控功能，使“集散控制”原则由单栋建筑的“小集散控制”系统扩展至建筑群的“大集散控制”系统，满足了建筑群整体的传感单元（感知层的传感器）、控制单元（应用层的IP功能控制器和功能控制软件）、执行单元（应用层的IP功能控制器和现场执行设备）、反馈单元（感知层的反馈机构和传感器）组成大控制回路，实现建筑群的大闭环控制和管理。同时利用“Skypiea”智慧能源云管控平台在实现建筑智慧化管控的基础上，实现建筑群的整体化节能管理和控制。该系统通用性极强，使工程商、集成商、服务商以便捷方式为业主实施解决方案，为业主提供不在现场却胜似现场的可视可沟通的远程支持。同时满足3G技术以及IPV6互联网规划，实现设备端、控制端、智能端三屏合一的控制方式。

（尹玲利）

【朗德华正式入驻中关村软件园区】 2011年11月27日，北京市经济和信息化委员会、中关村管委会、海淀区人民政府主办的“中关村发展集团联合社会资本投资云计算产业集群签约仪式”在北京市海淀区中关村软件园区举行。北京市经济和信息化委员会副主任姜贵平、海淀区副区长孟景伟、中关村管委会副主任王汝芳等出席会议并发言。朗德华信（北京）自控技术有限公司作为入驻园区落地企业出席签约仪式，并签订入园协议，标志着朗德华信（北京）自控技术有限公司正式入驻中关村软件园区。企业落地“祥云基地”之称的中关村软件园区是北京市推进“祥云工程”的重要组成部分，也是“祥云工程”进一步发展基础。

（尹玲利）

中国农业银行北京市分行

【概述】 2011年年内，北京市农业银行电子银行离行式注册系统上线，并荣获中国农业银行2012年度优秀科技成果二等奖。此外，北京农行与中国人民解放军总医院（简称301医院）合作开发的301银医一卡通系统及与中央党校合作开发的校园一卡通项目上线。

【北京农行电子银行离行式注册系统上线】 2011年5月19日，北京农行电子银行离行式注册系统上线，该项目目标为向基层营业行提供现场营销工具，为营业行到集团企业、行政事业单位、学校、医院等个人优质客户集中的场所开展现场营销活动提供渠道平台，通过无线POS机具配合二代身份证识别仪办理电子银行注册、借记卡开卡、补办证书、补打凭证等业务。电子银行离行式注册系统按功能主要划分为：前端接入模块、交易处理模块、内部管理模块和后台业务模块。该项目荣获中国农业银行2012年度优秀科技成果二等奖。

（王宏伟）

【北京农行与301医院合作开发银医一卡通】 2011年7月25日，北京农行与中国人民解放军总医院（以下简称301医院）合作开发的301银医一卡通系统上线。客户可通过多个受理渠道，凭借银行卡实现签约、解约、查询号源、挂号、退号、挂号查询、检查结果查询等功能。301银医一卡通系统具备预约挂号、费用发生地结算和对账三大基本功能。全国客户可通过农业银行网上银行、电话银行，北京农行的自助服务终端及301医院自助终端等多个受理渠道完成挂号、查询等操作。该项目荣获中国农业银行2012年度优秀科技成果二等奖。

（王宏伟）

【北京农行与中央党校合作开发校园一卡通】 2011年7月5日，北京农行与中央党校合作开发的校园一卡通项目上线。该项目为中央党校在资金结算、考勤管理、后勤保障等方面提供一体化金融服务，并在自助设备上实现了党校校园卡查询和充值功能。

（王宏伟）

北京农商银行

【概述】 2011年年内，北京农商银行着力打造信息系统稳定运行的基础环境，进一步夯实基础设施建设，保证信息系统建设工作稳步推进。以“保运行安全、促业务发展”为主导思想，着力建设运行安全稳定、应用灵活高效、管理集约科学的信息科技体系，为全行经营发展提供强大的支撑力和推动力。年内，共开发投产项目354个，涉及新建或彻底改造应用系统27个，传统渠道改进取得突破，电子银行系统体系初步形成，金融产品不断丰富，业务处理流程逐步优化，风险管理和经营分析系统进一步完善，办公自动化水平得到提高。随着我行业务的快速发展，网上银行、自助银行等业务渠道的开放性在促进业务发展的同时也带来了诸多风险，为向各项业务提供坚实的信息安全保障，北京农商银行实施了信息安全体系建设项目，强化了信息安全管理。

（郑英春）

【同城生产和灾备两中心模式建立】 截至2011年5月，北京农商银行数据中心迁移工作历时1年，累计完成29个系统平台、49个应用环境迁移。标志着北京农商银行建立了现代化、高标准的信息系统数据中心，原数据中心同步转为灾备中心，初步形成北京农商银行同城生产和灾备两中心模式。11月25日核心银行系统应急演练工作的顺利完成，有力验证了灾备中心保障业务处理连续性职能。

（郑英春）

【网络改造实施】 2011年年内，启动了全行网络改造工作，彻底改善网络基础运行环境，满足信息应用系统数据传输需要。截至12月底，共完成558个网点、1142台网络设备的安装调试上线，开通网点至亦庄的线路537条，至空港的线路471条，完成全部工程的85%。

（郑英春）

【监控报警联网系统建设】 2011年年内，按照市政府、市公安局及北京监管局相关要求，启动监控报警联网系统建设，切实防范经营风险，确保各项业务安全、规范、健康发展。截至12月底，已完成入围测试及商务招标等系列工作，项目已进入实施阶段。

（郑英春）

【新一代综合柜面系统一期开发和试点推广】 截至2011年12月底，完成了延庆支行、丰台支行等共计85个网点系统推广工作，初步实现了从传统字符终端到图形化PC设备的转变，满足了身份证鉴别仪、电子验印等新设备的一机接入要求，支撑了柜员用多系统的单点登录，简化了柜员和客户操作，提高了柜面服务效率和服务水平。

（郑英春）

【新版个人网银系统】 2011年年内，系统重点从客户体验和易用性角度，对网银系统进行了整体改造，实现了功能菜单、页面风格、操作方式、日常基本服务等重新组合。同时，在原有网银系统安全控制手段基础上，重点考虑了客户信息的私密性保护，采用安全客户端和客户证书两项安全技术，以及业内先进安全的微软密码保护系统，并与网银系统原有安全手段进行有效组合，进一步增强了网上银行的安全性。

（郑英春）

【网上商城】 2011 年年内，搭建了一个集农商行“农”字特色商品（京郊游、京郊农产品、鲜花基地）、传统商品、金融商品于一体的网上商城服务平台。依托该平台，可大力发展北京农商行电子商务业务，为客户提供多样化、便捷的金融服务。同时，还可以增加中间业务收入，吸引大量资金沉淀。

（郑英春）

【办公自动化系统】 2011 年年内，系统主要包括流程类和非流程类两大类功能。其中，流程类功能主要包括发文、收文、签报、简报、呈阅件、公告审批、会议纪要、督办等；非流程类功能主要包括通知公告、查询统计、简单查询等。系统的应用，改善了北京农商行办公质量，提升了全行公文流转效率，为实现无纸化办公提供了有效的科技支撑。

（郑英春）

【信息安全体系规划制定】 2011 年年内，完成《信息安全风险评估报告》、《信息安全策略建议书》、《信息安全管理组织架构及管理制度体系》、《信息安全技术框架建议书》、《实施路线图》，初步形成北京农商行信息安全体系规划，并制定了安全体系建设路线图。

（郑英春）

【计算机防病毒项目】 2011 年年内，部署一套覆盖全行的防病毒系统，即在互联网边界及第三方接入边界部署防病毒网关，对来自互联网及第三方的病毒进行防控；部署邮件安全网关，防范来自外网邮件的病毒，并过滤垃圾邮件；部署病毒监控预警系统，实现对病毒传播情况的实时监控，及时预警并处理，提高病毒防控能力。截至 12 月底，共完成办公电脑 3916 台、ATM 及自助平台 646 台、柜面电脑 620 台、其他生产电脑 249 台的防病毒软件安装。

（郑英春）

【端点安全系统】 2011 年年内，在办公电脑及柜面电脑上统一安装端点安全软件及配套设备，实现对全行办公及柜面电脑的统一管控，实现网络准入控制、应用软件及外设控制，禁止非法外联；对敏感数据进行识别和防泄漏保护，实现对操作系统补丁的统一升级和管理；在互联网专网中部署上网行为管理系统，对计算机的上网行为进行监控和控制。截至 12 月底，完成了在办公电脑、柜面电脑端点安全系统客户端软件安装、控制策略部署等试点工作，下一步将在全行进行推广。

（郑英春）

北京瑞友科技股份有限公司

【概述】 2011 年年内，北京瑞友科技股份有限公司荣获 2010 年度“中关村软件行业服务创新示范百强企业”称号，荣获“中国软件和信息服务业信用评价 AAA 级企业”称号，并入选 2011 年“四个一批”工程“高端企业”名录。

【瑞友科技获“中关村软件行业服务创新示范百

强企业”称号】 2011 年 4 月 8 日，由北京中关村国际孵化软件协会和 IT168 联合主办，以“百强联合 · 共助创新”为主题，第二届中关村软件行业创新示范百强企业评选发布会在北京金辉国际商务会议大酒店隆重举行，北京瑞友科技股份有限公司凭借着行业内突出的服务创新能力荣获 2010 年度“中关村软件行业服务创新示范百强企业”称号，这也是瑞友科技第二次获此殊荣。

（尹玲利）

【瑞友科技获 2011 年度“IT 服务技术”创新一等奖】 2011 年 6 月 24 日至 25 日，第二届中国火炬 IT 服务创新联盟年会暨互联网经济下的创新商业模式（潍坊）论坛在潍坊高新区富华大酒店举办。联盟理事长、瑞友科技董事长邵凯，联盟专职副秘书长张葳以及全国多家知名 IT 企业的负责人、业内专家出席了此次年会及论坛。会上，北京瑞友科技股份有限公司荣获 2011 年度“IT 服务技术”类一等奖。随后，联盟理事长邵凯作了工作报告，专职副秘书长张葳作联盟 2010 年工作总结及 2011 年工作计划报告；联盟颁发了 IT 服务创新成果奖”并发布了“IT 服务管理蓝皮书”。在此次会议中，各业界精英们围绕目前行业最前沿且备受关注的——互联网、移动电子商务、创新三个方面进行了研讨和交流。

（尹玲利）

【瑞友科技获信用评价 AAA 级企业称号】 2011 年 10 月 28 日，“2011 年中国软件和信息服务业企业信用评价发布会”在江苏徐州举行，会议上隆重发布 2011 年信用评价企业的名单及等级，同时举行授牌仪式。瑞友科技喜获“中国软件和信息服务业信用评价 AAA 级企业”称号。企业信用评价是由工业和信息化部、商务部和国资委共同组织，是行业诚信体系建设的重要组成部分。按照《中国软件服务业企业信用评价管理办法》的有关规定，经过企业申报、评价资格审查、第三方评价机构初评、专家委员会审议、公示、备案等有关程序开展，企业信用等级统一划分为 AAA、AA、A、B、C 三等五级。2011 年通过复审的 AAA 级企业仅 26 家，新认定的 AAA 级企业 27 家。

（尹玲利）

【瑞友科技入选“四个一批”工程“高端企业”名录】 2011 年 11 月，瑞友科技顺利入选北京市经济和信息化委员会 2011 年“四个一批”工程“高端企业”名录。根据《北京市促进软件和信息服务业发展的指导意见》（京政发〔2010〕4 号），为集中资源扶持大企业、新型企业和快速成长的企业，北京市自 2010 年起实施“打造一批大集团、聚集一批大总部、做强一批高端企业、培育一批高成长企业”的“四个一批”工程。加入“四个一批”工程的软件和信息服务企业，纳入北京市经济和信息化委员会企业互动服务系统，与政府建立快捷的政策信息服务通道。北京市经济和信息化委员会将对这些企业逐一落实发展目标、发展战略、重点项目和需要解决的问题，一企一策，有针对性地加以支持。

（尹玲利）

首都信息发展股份有限公司

【概述】 2011 年年内，北京市医疗保险信息系统（简称“医保信息系统”）已稳定运行 10

余年，有效地支撑和满足了医保的全部业务要求。北京市人力资源和社会保障局（简称“市人力社保局”）作为建设单位，独立承担系统运维日常管理职责。首都信息发展股份有限公司（简称“首都信息”）作为医保信息系统的承建单位，提供安全、优质的运维服务。2011年，在市人力社保局领导下，通过各方共同努力，“首都信息”按照《2011年度医保信息系统外包服务（系统运维）合同》的规定，完成了《2011年度医疗保险信息系统工作任务》要求的医保信息系统运维保障服务，系统运行平稳、安全、可靠。2011年，医保信息系统更新发布了129个版本，涉及714个需求项。重点实现了市级公费医疗人员和医照人员持卡实时结算，进行了医保系统的优化与重构，DRG试点工作。在现有医保系统功能基础上，不断地增加、完善和补充相应功能，并做好医保系统技术支持服务，保障主机系统、数据库、应用服务器、网络安全和机房环境的平稳运行，满足了医保业务的使用要求。

（费明洁）

【市级公费医疗人员和医照人员持卡实时结算】 2011年年内，根据市人力社保局社会保障政策安排，北京市级公费医疗人员全部并入职工医保，涉及市属公务员、事业单位、公立医院、高校教职工22万人，即在社保卡加载金融功能的基础上，全面实现市级公疗和医照人员“持卡就医，实时结算”。这是北京市医疗保险信息系统2011年度的重要工作。2季度开始进行市级公费医疗与职工医保并轨的参保及认定工作，并在3季度对公费医疗资格认定业务规则进行了相关调整，4季度实现了公费医疗的缴费、账户分配、待遇享受、费用支付等业务，以及市中心直管医疗照顾人员结算方式改革。12月16至31日，进行了3个阶段的试点工作，确保了正式上线软件的正确性、准确性。为避免一次性进行应用软件上线带来的震动，采用分阶段分步骤次第上线的方式，减少了问题排查的复杂度。完成了对公费医疗人员、离休人员及医照人员持卡就医的系统准备工作。系统上线后，针对经办机构的保障工作，城六区派出服务工程师赴现场予以保障，远郊区县采用呼叫服务方式，现场工程师随时待命。服务平台及监控工程师在岗持续对系统平稳运行提供保障，力保全天24小时不间断为医院提供技术支持服务。

（费明洁）

【系统优化重构】 2011年年内，紧紧围绕市人力社保局信息化“十二五”规划战略目标，开展医保信息系统重构工作，本着“继承成果、持续改进、确保稳定、新型架构”的原则，年内完成了系统架构调整加固。包括：技术平台升级，开发平台由原来的Visual Studio.Net 2005升级到Visual Studio.Net 2010，运行平台由.Net Framework 2.0升级至.Net Framework 4.0，报表等其他组件也进行了相应的升级。部署方式升级，公司开发人员完成了虚拟化的医保系统运行环境的验证工作；微软支持工程师在首信的测试环境进行虚拟化方案的实验工作；完成虚拟化部署方案的实验，包含虚拟化平台管理、运维管理、高可用性、权限控制。参数化模型相关的系统设计，实现了定点医疗机构新增业务的数据升级和新流程，加快了新增定点医疗机构业务部署、安装及认证工作。完成了个人信息与单位信息的五险指标与校验规则的整理。数据库结构重构，通过对系统数据的分级存储，加强了系统的稳定性，提高系统的性能。年内完成了同人同城同库的数据库结构设计，实现了参保人基础信息的同人同城同库。应用软件设计重构和优化，提高了系统的高可用性和性能，提升版本上线速度，能够承载全市社会建设中基于社保卡的延伸应用。

（费明洁）

【DRGs 试点工作】 2011 年年内，按病种分组定额付费结算（DRGs）不仅是付费制度改革也是北京市政府医改的重要政策之一，对于转变医院管理模式、转变以药养医具有重要意义，得到卫生部、人力社保部领导的高度重视。7 月 20 日，进行了 DRGs 试点实施签约启动仪式，签约医院包括：北医三院、天坛医院、友谊医院、朝阳医院、宣武医院和人民医院 6 家医院。8 月 5 日，北医三院开始了 DRGs 的试点工作。9 月底，天坛医院、友谊医院、朝阳医院、宣武医院和人民医院 5 家医院完成了 DRGs 结算功能医院端软件的部署工作。10 月 8 日，北医三院入院的医保患者开始纳入 DRGs 分组，按 DRGs 付费，系统运行平稳。

（费明洁）

【总额预付试点工作】 2011 年年内，为了配合公立医院综合配套改革试点方案的实施，需要在部分医院开展医疗保险总额预付付费方式试点工作，从而进一步合理使用医疗保险基金，有效控制医疗费用不合理增长。市人力社保局按照“以收定支、收支平衡”的原则，对全市定点医疗机构（总额预付费试点医院和社区医院除外）进行总量控制；在总量控制基础上，选择友谊医院、朝阳医院等四家医院开展了总额预付费试点。总额预付费试点于 8 月 1 日正式启动，8 月 30 日“首都信息”完成医保信息系统改造工作，医院端实现总额预付部分控制。

（费明洁）

【贯彻落实《中华人民共和国社会保险法》】 2011 年年内，按照 7 月 1 日正式实施的《中华人民共和国社会保险法》，外国人将参保。3 月 15 日，市社保中心组织召开失业人员参加医疗保险、外国人参加医疗保险和收取社会保险滞纳金等业务需求会。4 月初，市社保中心组织召开了失业人员参加医保的需求讨论会，并确定了失业人员通过系统交互方式参加医保。4 月，市社保中心组织召开了滞纳金方面的需求讨论会，并定于二季度版本上线相关功能，7 月 16 日，收效和财务子系统版本上线，实现了失业人员、宗教人员和外籍人员参保的系统支撑。

（费明洁）

北京首都创业集团有限公司

【概述】 2011 年年内，首创集团是北京市国资委所属的全资国有企业。经过十六年的艰苦奋斗，集团已迅速成长为战略发展方向明确，综合实力跃居市属企业前列，在全国 500 强企业位居中上游水平的大型集团公司。2011 年年内，首创集团坚持集团战略定位，业务主导，技术支撑。坚持日常业务和集团管控并举，各项信息化工作顺利开展。

（陈子龙）

【集团财务管控系统】 2011 年年内，对现有的财务集中管控平台进行了调研，同时花费了大量的时间梳理集团及各所属公司的财务流程和管理方式，并在此基础上设计统一的集团财务管控模型，并形成自上而下的一体式财务统一管控。在梳理的过程中，集团也借鉴了很多企业的优秀成功案例，并引入开发商和资讯公司共同探讨最适合首创集团的财务信息化之路。扎实的前期调研工作是信息化项目成功的保证，也是一个项目风险控制的关键点。在财务系统的实施过程中，集团领导对于前期调研工作也极为重视，不仅在财务统一管控的管理架构上进行了指导，还针对信息化在管理中所处的地位进行了着重强调。在经过了一系列调研工作和咨询工作后，集团基本上形成了财务管理平台的管理模型和信息化需求。

（陈子龙）

【集团水务信息化建设】 2011 年年内，水务是集团基础设施板块的核心产业，集团旗下的首创股份公司，是目前全国最大的水务企业。水务企业信息化即挖掘先进的管理理念，应用先进的计算机网络技术去整合水务企业现有的生产、经营、设计、控制、管理，及时地为水务企业提供准确而有效的数据信息，以便对需求做出迅速的反应。水务企业信息化实质上是将企业的生产过程、供水调度监控、事务处理、水费收缴、管网信息、用户服务、决策等业务过程数字化，通过各种信息系统网络加工生成新的信息资源，提供给各层次的人们洞悉、观察各类动态业务中的一切信息，以作出有利于生产要素组合优化的决策，使企业资源合理配置，以使企业能适应瞬息万变的市场经济竞争环境，求得最大的经济效益。主要建设内容包括：系统平台：水务网络平台，水务数据平台。保障体系：水务信息标准体系，信息安全管理体系。运营专业应用系统：城市供水、排水监控调度系统；呼叫服务中心系统；智能化收费系统；水网地理信息系统；智能化决策支持分系统；泵站远程监控系统；水质监测系统；水务企业基础数据库。

（陈子龙）

【营销管理信息化】 2011 年年内，首创股份在 2009 年制定并推行符合战略发展要求的《营销客服管理规范》后，正式启动营销管理信息化的进程。经过一年多的辛勤努力，由运营管理部与信息管理部共同负责成立营销信息化项目组，负责项目的开展与实施。项目组先后在铜陵首创、徐州首创、秦皇岛首创等供水公司内，开展了大规模的与供水营销管理相关的系统建设及推广工作，项目以供水营业收费管理系统与供水客服热线系统的实施建设为主。在此期间，项目组还完成了总部营销分析系统的建设。

新建营销管理的各类信息系统共管理用户数合计 100 万左右。营业收费系统共与各地银行、电信、移动、邮政等几十家服务机构形成代收机制，其中有 50%以上用户通过代收方式缴费。在系统上线的几家供水公司中仅收费一项，每月进行费用交易的笔数就达到几十万笔，交易金额超过数千万元，平均每日通过柜台和银行进行万余笔交易，每日平均交易金额百万余元，以上数据未包括抄表、开账、开过户、账务调整等各类业务产生的交易笔数和金额。拥有了强大的营业收费系统做依托，营销分析系统将所属几家供水公司各营业收费系统的所有数据都进行汇总，每月平均同步近 400 多万条增量数据。经过 2 年的运行，营业收费系统和营销分析系统均运转安全稳定，能满足公司的管理需求，并对首创股份在供水营销的决策、分析及考核提供了依据。系统的建成在公司营销管理标准化的推进、掌握准确的营销信息、提高营销管理效率、统一营销管理信息化技术架构等方面发挥了积极的作用。本次项目的施行，是公司将供水营销管理规范与信息技术进行结合的较为成功的案例，也是国内所有水务企业中首家实现集团型供水营销管理分析并提供决策支持的信息化系统。

（陈子龙）

【集团房地产信息化建设】 集团房地产板块是集团重点发展的业务，该板块的核心企业是首创置业公司，首创置业自 2003 年香港上市成立以来一直致力于房地产的开发和经营业务，在融资渠道、土地储备、资本运作、国际合作等方面形成了独特的核心竞争能力，使公司品牌得以迅速提升。公司目前的经营规模和经营表现已位于全国领先水平。在宏观经济环境和政策环境不断变化的条件下，集团房地产企业要从资源优势向管理优势转移，向管理要效益。首创置业通过信息化整体规划，勾勒出了首创置业 3—5 年的蓝图设计，确定了“3+X”信息化发展模式。“3+X”信息化发展模式正是首创置业结合企业自身业务现状和兼顾信息化发展需求而采取的较为稳妥的、适合首创置业的模式。其中“3”所涉及的“财务”与“人力资源”模块及协同办公应用系统，都属于企业的支持性功能模块，本身的业务模式相对稳定规范，确定为首创置业信息化一期项目实施范围。稳定的业务模式和成熟的解决方案是信息化建设很好的前提条件，通过这些模块的成功实施，树立企业内部和投资者对于信息化建设的信心，为后续系统建设逐步向业务领域拓展积累经验、营造有利的实施环境。“X”部分的规划也结合项目一期同步实施的“财务”、“人力”和 OA 系统，关注了几个重点环节，如“全面预算管理”、“员工绩效考核”“项目计划管理”、“成本管理”、“采购管理”，这些领域虽然不在一期“3”部分的实施范围内，但“3”与“X”部分的方案具有较强的关联性。这就要求在设计解决方案的时候更具前瞻性，并站在全局的视角下设计首创置业信息化项目一期 ORACLE ERP 的建设方案。“3+X”的实施模式，并不是把系统规划和系统落地当作两件互不相干的事情来对待，而是把两部分充分融合互动，互为支撑，给企业带来最大的增值。目前，首创置业在信息化项目一期成功实施 ORACLE ERP 财务、人力模块的基础上，完全依托自有信息化人员，已相继开展对后续项目管理、成本管理、供应商管理等 ERP 应用的研究工作，结合业务部门管理实践，制定后续模块的功能设计方案，在行业内率先搭建起“财务-成本-项目”一体化测试系统，为信息化的后续实施积累了宝贵经验，并逐步摸索出一条适合首创置业的信息化实施路径。

（陈子龙）

【ERP 为核心的平台系统】 首创置业的信息化建设从战略层面、流程层面和系统层面进行统筹考虑，构建以 ERP 为核心的平台系统。首创置业一期信息化项目于 2008 年 12 月正式启动实施，一期实施旨在依托 ORACLE ERP 软件建立集中管控的财务平台，建立一体化的人力资源管理平台。财务模块实施内容包括：总账管理模块、应付管理模块、应收管理模块、资产管理模块：总账管理实现了会计科目管理、凭证管理、账簿管理、报表管理、预算控制设定、合并账簿等功能；应付管理模块实现了业务及财务联动，全面加强对供应商、发票及付款方式的管理；应收管理模块实现了对客户、房源信息的统一管理，确保收款信息的准确，使用户可实时跟踪房屋或业务的付款记录，对单据信息进行集中管理；资产管理模块使用可以及时对资产的基本信息、资产的全生命周期过程进行管理，并实现了特殊资产的管理与日常维护。人力资源模块实施力足于建立覆盖全集团的规范标准的人力资源管理政策和原则，并拥有全局性数据。实施内容包括：组织岗位管理、人事管理、薪酬管理、自助服务：组织岗位管理，建立了首创置业统一的组织结构体系，规范了组织架构管理，实现首创置业组织变动的灵活管理，记录首创置业组织结构的发展历程，建立首创置业统一的岗位、职务体系。通过人力资源信息化的实施，统一了人员信息指标体系,可保存和维护所有员工的基础信息,并能自动生成各种人力资源报表和统计数据,制成相应的分析图表;薪酬管理方面,建立了首创置业统一的薪酬福利计算规则,实现薪酬福利项目的自动计算和发放,能够高效的完成日常工资发放业务,支持各种薪资报表的自动生成,实现人事信息与薪资信息的共享,自动完成会计分录的记账工作,并与财务系统集成;通过自助服务模块,员工可以查看自己相关的人事信息及相关信息,并能维护自己的部分个人信息,各级管理者还可通过经理自助服务模块快速浏览各项人力资源相关报表,并对各类申请进行审批。首创置业通过信息化项目一期ORACLE ERP系统的实施,不仅搭建了公司统一的信息化操作平台,也通过系统实施使公司的基础数据最终成为公司的业务资产,同时为发挥公司信息资源的效益,进一步实现决策支持,辅助公司决策,降低经营风险,服务公司战略发展的更高目标打下了坚实基础。

(陈子龙)

【集团城市交通设施信息化建设】 城市交通设施是首创集团重点投资建设的领域。首创集团先后对京石高速公路、京通快速路、京津高速公路、北京地铁十三号线、五号线、四号线及北京首都公路发展集团进行了大规模投资。其中,京港地铁北京地铁四号线已成为首创集团基础设施板块中最为核心的部分。京港地铁经过5年的信息系统建设,基本覆盖了企业核心业务流程和关键控制环节,建立了完善的信息系统框架,并通过数据交互工具,实现了系统间的数据互联互通,系统集成度不断提升,在企业的管理和运营中发挥着重要最用。

(陈子龙)

【ERP财务及采购库存管理系统】 2011年年内,首创集团通过建立基于ORACLE EBS的ERP系统,实现了从采购、库存、财务的一体化管理模式,采用ORACLE EBS电子商务套件,有效管理了从采购需求、采购单、货物及服务的接收、检验、入库、发票、支付的完整管控体系和业务流程。通过充分集成,系统可提供跨部门的信息,能够在同一个系统中维护业务信息和事务处理信息,这样,就无须再等待数据通过独立的数据整合与分析系统。获得全面的追溯功能,从而可以查看所有事务处理的详细资料。高层管理人员、部门经理以及员工可以获得每日必须的各项重要数据,以及时掌握企业每天的运营状况,并将过去、现在和计划的绩效指标进行比较。因此使决策者可以做出更科学的决策,使业务流程与总体目标保持一致,并采取措施以实现每天的经营目标。

(陈子龙)

【人力资源管理系统】 首创集团纳入系统管理的人员在3000人左右,在薪资项计算结构相对复杂、培训课程及资格资质多、薪酬运算逻辑的配置较复杂、员工层次分布大、信息相应要求高的情况,系统有效提升了管理效率和质量。系统主要效益:薪酬计算灵活——完全通过系统配置进行薪资配置,如没有系统支援,公司HR薪资、基础数据、变动管理等手工运行将大幅增加工作量,以北京地铁为例每个分公司均设置HR部门进行管理,而京港公司是统一的管理,人数比例为1/150,按普遍3000人规模的1/50—1/100(来源中人网),属超低比例。员工自助——信息反馈直接、准确、细致,每位员工的信息变动、薪资单、各项扣款均通过系统直接查询,年节约打印成本近10万元,仅打印薪资单一项年节约工时超过1800小时。HR信息的跟踪及历史记录、批量导入、技术架构完整、面向用户的开发、标准接口方式、可扩展及平滑升级、数据安全性控制严格规范、全开放平台、可获取全球资源、与底层技术架构无关、客制化开发有标准规范、定制较灵活等优势将可支持企业规模的不断扩展和管理复杂薪酬配合和管理要求。

（陈子龙）

【MMIS 运营维护管理信息系统】 运营维护管理系统，是首创公司重要的设备综合维护管理系统，通过信息系统进行设备登记，并根据设备重要程度及度量值，以减轻安全隐患和设备正常运转为目标，拟定设备的维护方法。当前公司在系统中管理设备超过 9 万个，平均每个月工单超过 10 000 个，系统自动生成 PM（预防性维修）工单超过 5000 个，50%以上的工单由系统自动生成，极大的提高了用户的维护效率、工作效率和数据质量。仅此一项可每年节约工时 1 万小时，约 1250 人天。如此大量的设备和自动化步骤失去系统支持，用户将面临较大的维护困难。通过 CM（故障性维修）及 PM 工单对设备状态进行监察，从而获取历史数据，在达到设备运行优良表现的同时获取较低维护成本中获得收益，并与财务、采购、仓务、资金控制系统集成，使维护成本有完整体现。随着业务的不断拓展及运营年限的不断增长，工单量还将持续上涨，MMIS 系统本身的系统架构将继续在无须新增成本的基础上支持业务部门的工作。一般情况下，停机检修比计划和安排的检修代价高出 2—3 倍，而事故停机付出的代价一般为早期确定故障并按计划排除故障的 10 倍，系统的价值在于通过信息系统的强大计算能力，管理海量设备并准确制定预防工作。避免了维护部门偏重非计划性工作，导致经理掌控维护的能力减弱。通过信息系统实施设备维修管理，行业平均评估效果将在效率上将提升至少 90%以上，数据质量上提升 50%以上，意外的设备损失降低 60%。

（陈子龙）

【运营管理信息系统】 首创集团地铁运营数据管理系统，为用户提供便捷、高效的运营数据查询及展示渠道，降低人力统计成本及相关部门的重复劳动。该系统建立在先进数据库和 JAVA 平台技术基础上，通过稳定、成熟技术帮助地铁运营实现更灵活、效率更高、查询更及时的管理。它使地铁运营相关的运营部门和人员更好地适应 4-大兴线范围内的协同工作，并掌握数据多种维度的统计分析，并且有效的提高地铁服务质量和乘客满意度，服务城市公共交通。自 2008 年年底信息技术部 AFC-IT 维护团队成立伊始，AFC-IT 维护团队通过监控系统整合、密码系统整合、虚拟化迁移，以及四号线 AFC 系统应用软件一线维护、四号线与大兴线数据整合等工作，为公司节约了 200 万以上的软硬件直接投资。

同时经过 3 年的技术沉淀，AFC-IT 维护团队于 2010 年受北京市交通委、北京市轨道交通指挥中心邀请作为参编单位，参加了北京市轨道交通建设规范的编写工作。2010 年底世界轨道交通杂志，北京市交通委邀请参加《中国轨道信息化论坛》并就《信息化推动轨道交通企业管理》为题与国内众多业主进行的广泛的交流。2011 年受中国轨道交通 AFC 系统国标管理小组邀请参加了《第八届轨道交通 AFC 论坛》并以《AFC 系统信息化管理》为题与国内众多业主进行了广泛的交流。

（陈子龙）

【金融信息化建设】 金融产业是首创集团发展的重要业务。业务形态主要包括：产业重组的并购业务、集团非核心资产的整合和退出业务以及证券保险业务等。代表企业有：首创证券公司、第一创业证券公司、首创担保公司、北京市农业投资公司、北京市小额贷款公司等。自2000年首创证券成立以来,公司非常重视企业信息化建设工作,努力做到在保证业务正常开展的前提下,使用新技术、新方法,降低建设成本及运营成本。首创证券的信息系统分为业务支撑系统、管理支撑系统及监控运营系统三大类。业务支撑系统用于支撑公司日常业务开展,管理支撑系统用于公司日常经营辅助管理,监控运营系统用于对业务系统的监控和运营管理。

（陈子龙）

【信息系统运应自动化】 2011年年内,首创证券在IT自动化运营系统在企业风险管理中的创新与实践的基础上,通过ITIL流程的设计和执行、系统监控报告的自动产生和报告、自动化技术对管理流程的约束等方式实现管理创新,通过中央式集中监控平台和自动化流程设计与实现等方式实现技术创新。经过对故障事件的认真分析和总结,又完善应急处理自动化流程及灾备中心切换自动化流程,实现本地已知故障切换自动化及灾备中心应急流程启动自动化,并在年内完成3次切换演练。

（伏劲松）

【首创置业】 信息化建设首创置业是北京首创集团股份有限公司控股子公司,是中国领先的房地产综合营运商。首创置业以北京为基地,自成立以来在北京地区累计开发规模超过400万平方米,总投资超过300亿元。目前已进入全国四大区域十六个城市,土地储备规模超过1000万平方米。2009年,公司拓展了新的业务单元——奥特莱斯商业地产开发与运营业务。为支持公司标准化、跨区域、多元化发展,首创置业自2008年启动信息化战略,整体规划、分步实施覆盖全集团的一体化信息系统,开创了国内房地产行业全面实施大型ERP系统（Oracle）的先例,为首创置业“价值运营”与“十二五规划”战略目标的实现提供有力保障。2011年,首创置业信息化阶段成果荣获北京市“第二十六届北京市企业管理现代化创新成果一等奖”。集团依托ORACLE ERP平台已建立企业集中管控的财务管理平台、一体化的人力资源管理平台,并于2009年10月1日正式上线投入运营。同年集团OA协同办公系统正式上线运行。首创置业在借鉴ORACLE ERP相关系统的最佳实践的规范化、标准化的同时推动了业务处理、企业经营管理的变革与创新,做到了以信息化促经营、促管理、促创新。

（首创置业·总裁办公室）

【首创置业信息化管控体系】 首创置业信息化管控体系主要包含房地产二级开发业务及商业地产业务。通过财务、人力资源、协同办公信息化的率先起步,进而建立客户关系管理、全成本管理、项目计划管理、商业运营管理等纵向专业系统。2011年年内,首创置业信息化建设工作基于企业信息化管理体系及已建立的信息化应用系统的基础,进一步做好企业各项信息化系统的建立建设工作,完善并推进信息化应用在企业的不断深入,通过信息化手段提升企业自身管理水平与行业竞争力,辅助首创置业在快速的跨区域发展中实现集团管控手段的延伸,进一步促进了企业的集团化、规范化、标准化运营。

（首创置业·总裁办公室）

【信息系统管理加强】 2011年年内,在巩固往年信息化系统运营管理及安全保障工作的基础上,进一步做好信息化系统的使用管理、权限管理、用户管理、安全管理方面的管理工作。多次与公司相关部门进行沟通交流,积极解决系统使用中存在的各项问题,提高信息化系统的使用效益和效率,做好信息化系统管理工作。

为加强信息化系统管理,信息化小组制定了《首创置业财务管理系统操作安全注意事项》、《首创置业人力资源系统操作安全注意事项》、《首创置业协同办公系统操作安全注意事项》、《首创置业信息化系统用户权限管理与运行维护工作指引》、《首创置业 OA 协同办公系统服务支持技术规范》、《首创置业信息化问题管理工作指引》等多个信息化系统管理文件，明确相关工作规范和工作审批程序，并逐步实施执行，做好公司信息化系统的管理工作。

（首创置业·总裁办公室）

【信息系统培训工作的加强】 2011 年年内，由总裁办公室信息化小组组织，总裁办、人力资本中心、财务管理中心等部门牵头，根据各信息化系统使用范围和内容，结合公司实际业务，分批次组织了财务体系的财务系统培训，人力资源体系的人力资源系统培训，公司全员的 OA 协同办公系统培训。通过信息化系统培训加强公司现有各项信息化系统的熟练应用和效率，挖掘和发挥信息化系统的效益和价值。

（首创置业·总裁办公室）

【提升公司效益和管理水平】 2011 年年内，通过财务系统的应用，加强集团对资金的有效监督和控制，减少资金的占用，变事后核算为事中控制和事前预测,提升公司财务管理效率；通过人力资源信息系统应用加强集团人力资源信息的标准化，提升人力资源管理效率和数据准确性，促进人力资源管理由传统手工模式向信息化管理模式的转型，促进公开透明的过程管理模式的实现，优化人力资源管理水平，形成倡导全员参与的人力资源管理新模式，并满足管理人员实时获取最新数据和报表的需求；通过 OA 协同办公系统的应用，加强企业内部各层面信息的沟通与工作的协同，提升公司各项信息的发布和传播效率，提升各项流程电子文档审批效率，加强公司内部知识的积累和共享；通过客户关系管理平台的应用，提高客户服务质量，强化企业品牌形象。

（首创置业·总裁办公室）

【信息化人才队伍培养】 2011 年年内，公司充分重视信息化建设过程中的知识转移和对公司自有信息化人才队伍的培养。业内企业通行的做法是，在实施完信息化项目后，将信息化系统外包给第三方公司管理维护，这种做法降低了企业数据的安全保密性，同时也增加了企业信息化系统的使用维护成本。鉴于这方面因素，首创置业在信息化项目建设之初，抽调各专业线的业务骨干，连同信息化技术人员全职参与项目实施，通过培训、考核等一系列手段，实现了高质量的信息化项目建设实施的知识成果向首创置业的转移。信息化人才队伍的能力得到发展和加强，实现公司信息化系统在后续使用过程中，完全依托自有人员进行使用支持和优化改进，降低企业信息化系统使用的后续成本，提升信息化应用效率，加快了信息化系统的落地应用。

（首创置业·总裁办公室）

【信息系统功能完善与提升】 2011 年年内，公司财务管理系统、人力资源管理系统、OA 协同办公系统继续保持良好运行及应用，总裁办公室信息化小组通过对信息化系统应用情况的跟踪，结合信息系统整体应用效果及公司各级用户的反馈，对现有信息化系统的功能进行了进一步梳理和规范，制定了信息化系统功能完善和优化提升方案，并在年内完成了方案的实施。实施内容包括财务管理系统报表功能的丰富与增强；人力资源系统薪酬管理分布式管控模式的实现；自主开发实现公司绩效的电子化管理；完善 OA 协同办公系统流程处理功能及文档搜索功能，并对 OA 协同办公系统的版本进行全面升级。通过年内信息系统的进一步完善与优化提升工作，使得信息化系统在功能及效率上得到有效改善；并于同期修订并完善了信息化管理制度及各信息化系统操作指引内容。

（首创置业·总裁办公室）

【信息系统推广和复制】 2011 年年内，随着首创置业商业地产事业部的成立，连同其下的 4 个商业地产项目公司；以及首创置业此后收购阳光股份的三个项目公司后。首创置业将财务管理系统、人力资源管理系统、OA 协同办公系统，实现了向这些新公司的快速复制和推广应用。进一步验证了基于首创置业标准化和统一化，以及信息化创新模式所建立的信息化平台强大的快速复制能力和对个性化需求的适应能力。

（首创置业·总裁办公室）

【全成本信息化一期项目建设】 2011 年年内，首创置业基于企业“价值运营”理念，总部作为成本管理战略目标制定者，一线公司作为成本管理计划制定者与执行者。全面启动集团全成本管理体系信息化系统的实施，完善并固化成本管理模式与授权体系，将人为动态监控模式转变为系统自动监控，将手动分析模式转变系统自动分析，以此规避企业成本管理风险，保证目标成本的完成，以信息化手段更好的支持企业成本管理“价值运营”的实现。经过全成本体系各项基础工作梳理及对建立全成本信息化系统可行性的充分调研分析和细致评估，全成本管理信息化项目于 2011 年 9 月正式启动，并确定 2012 年 4 月份全面实施完成，2012 年 10 月份全面上线使用的工作节奏。作为首创置业信息化战略中重要组成部分，且采用 ORACLE ERP 软件一体化部署方式，通过项目实施实现首创置业财务和成本一体化，同时对推进后续各专业系统建设起到承上启下的作用，使首创置业的信息化实施路径更加清晰。

（首创置业·总裁办公室）

北京时代凌宇科技有限公司

【概述】 2011 年年内，北京时代凌宇科技有限公司与朝阳区签署《物联网安全家居工程》合作意向书。入选“2010 中关村战略性新兴产业高成长 50 强”及 2011 年度“四个一批”工程企业名单榜，荣获“北京市企业技术中心”称号及“2011 智慧城市高层论坛”创新应用奖。

【时代凌宇入选“2010 中关村战略性新兴产业高成长 50 强”】 2011 年 1 月 30 日，2010 年度中关村十大系列评选榜单在北京发布。北京时代凌宇科技有限公司入选其中“2010 中关村战略性新兴产业高成长 50 强”榜单，位列榜单第 6 位。本次活动由中关村管委会指导，德勤华永会计师事务所北京分所、科技日报社、中国人力资源开发网、品牌中国产业联盟等单位联合主办。旨在通过宣传推介和筛选一批中关村在战略性新兴产业领域的领军企业，集中展现中关村企业的高科技、高成长特性，从而推进中关村战略性新兴产业的发展，促进企业做强做大。

（尹玲利）

【时代凌宇荣获“北京市企业技术中心”称号】 2011 年 4 月，北京市经济和信息化委员会公布了 2010 年度第 13 批企业技术中心认定结果，北京时代凌宇科技有限公司经过严格的审批、遴选过程，顺利通过了认证，荣获了“北京市企业技术中心”的称号。

（尹玲利）

【时代凌宇科博会展出】 2011 年 5 月，第十四届北京国际科技博览会于 5 月 22 日落下帷幕。本届科博会围绕“创新驱动发展，科技引领转型”的主题，集聚创新资源和要素，突出战略性新兴产业和传统产业优化升级两大主线，使技术、资本、信息、人才等要素，能在科博会平台上全方位展示、交流和对接。本届科博会展览共设 12 个主题展区，可以说是中国自主创新技术成果的大集结，大阅兵。北京时代凌宇科技有限公司参加了其中的 3 个主题展区的展览，包括北京市科委主办的“科技北京”展，北京市经济和信息化委员会主办的“智慧北京”，以及中关村国家自主创新示范区的“中关村自主创新成果展”。

（尹玲利）

【时代凌宇亮相科技周】 2011 年 5 月 14 日，2011 年全国科技活动周暨北京科技周于在北京奥林匹克公园举行了开幕仪式。中共中央政治局委员、国务委员刘延东，全国政协副主席、科技部部长万钢，北京市、中央有关部门负责人，首都学生、企业职工和群众代表等 1000 余人参加了开幕式。本届全国科技活动周，以“携手建设创新型国家”为主题。鼓励各地各部门根据各自的实际情况，结合群众需求，确定分主题，举办具有行业特点和区域特色的科技活动。在北京市科委推出了以“科技改变生活，科普服务民生”为主题的“科技北京在行动”展区，时代凌宇作为唯一获准参展的物联网企业，展示了物联网在“快捷购物”上的应用。该解决方案将大大缩短购物的时间，解决超市、商场等购物场所排队结算的难题，给群众生活带来极大的便利。

（尹玲利）

【时代凌宇与朝阳区签署《物联网安全家居工程》合作意向书】 2011 年 5 月 18 日，“朝阳区物联网安全家居工程启动仪式”在第十四届北京国际科技博览会上举办了，朝阳区信息办与北京时代凌宇科技有限公司、长城金点定位测控（北京）有限公司、中国移动通信集团北京有限公司朝阳分公司签署了《物联网安全家居工程》合作意向书。北京市经济和信息化委员会阎冠和副主任出席仪式。启动仪式上，朝阳区信息办主任王臻对物联网安全家居工程进行了详细的介绍，该工程已被纳入北京市城市安全运行和应急管理物联网应用“1+1+8”总体框架，是唯一由区县牵头实施的示范工程。

（尹玲利）

【北京市领导视察指导中关村自主创新示范区展示中心时代凌宇展台】 2011 年 7 月 28 日，北京市委书记刘淇，市委副书记、市长郭金龙来到中关村国家自主创新示范区展示中心，就“加快转变经济发展方式，率先形成创新驱动发展格局”主题调查研究。时代凌宇作为中关村最具代表性和展示性的物联网重点企业入驻了该展示中心，利用动态沙盘等手段展示了应用于智能城市领域的完整的物联网解决方案。受到了调研领导的的一致好评。中关村国家自主创新示范区展示中心位于海淀区新建宫门路 2 号，是市政府重点工程，会聚了中关村八大产业集群中最具引领性、最具代表性、最具展示性的近 200 家重点企业，是中关村示范区科技创新成果集中展示的平台，也是反映中关村核心区建设成果的重要窗口。展示中心分为序厅、形象区、新技术新产品展区三大部分。

（尹玲利）

【时代凌宇荣登 2011 年度“四个一批”工程企业名单榜】 2011 年 11 月，北京市经济和信息化委员会发布了《北京市软件和信息服务业

2011年度“四个一批”工程企业名单》(京经信委发〔2011〕116号)。北京时代凌宇科技有限公司继2010年度入选首批“四个一批”(培育一批高成长企业)工程企业之后，2011年再次入选。

(尹玲利)

【深圳高交会“物联网唱主角”时代凌宇获关注】 2011年11月15至21日，历时6天的第十三届中国国际高新技术成果交易会在深圳圆满落下帷幕。本届高交会突出转型升级，注重民生幸福，云计算、物联网成为各方关注的重点。时代凌宇同时现身工业和信息化部设立的物联网技术与应用专题馆和北京市高新技术成果展区。北京市发改委副主任王英建、北京市科委副主任张继红、北京经济和信息委员会的副主任姜贵平、副处长仝海威等领导到时代凌宇展位视察指导。本届高交会参观人数达53.6万人次，专业客户人气指数、交易额比去年均有增长。共有58个国家和地区的106个代表团、2928家参展商、13 164个项目和2504家投资商参加了本届高交会的展示、交易和洽谈，参会跨国公司达88家，海外参展面积近万平方米。专业产品展海外企业参展面积比例超过34%。“海外高新技术成果展”有来自美国、德国、俄罗斯等19个国家的24个团组参展；各省、自治区、直辖市、计划单列市以及香港、澳门、台湾地区全部组团参展；25所知名高校精心组织众多科研创新成果进行展示；“人才与智力交流会”共有艾默生、渣打银行、富士康、华为等世界500强企业在内的280多家国内外知名企业亮相展会。

(尹玲利)

【时代凌宇荣获“2011智慧城市高层论坛”创新应用奖】 2011年12月1日，“2011智慧城市高层论坛”在北京新世纪日航饭店举行。该论坛由工业和信息化部、中国科学院、北京市人民政府指导，中国科学院高技术研究与发展局、北京市经济和信息化委员会、中关村科技园区管理委员会、北京市信息化专家咨询委员会联合主办，北京通信信息协会承办。工信部科技司司长闻库、中科院高技术研究与发展局副局长王越超、北京市人民政府副秘书长朱炎长出席并致辞，北京市经济和信息化委员会副主任王学军、副主任童腾飞、副巡视员姜毅群出席会议。论坛上颁发了北京市第二批物联网优秀示范项目奖，组委会授予时代凌宇科技有限《朝阳区物联网基础设施建设试点示范项目》“创新应用奖”。该奖项是时代凌宇公司继去年获得该论坛奖项之后的又一次殊荣。会议由中关村管委会副主任杨建华主持。2011智慧城市高层论坛，围绕物联网、云计算、下一代网络等热点展开研讨。来自各省市信息化主管、著名专家学者、业内资深人士、企业家代表等600多人参加会议，为智慧城市建设出谋划策。

(尹玲利)

同方锐安科技有限公司

【概述】 同方锐安科技有限公司成立于2006年10月，是同方股份有限公司的全资子公司。多年来先后荣获“国家高新技术企业”、“北京市软件企业”、“最佳RFID应用技术企业奖”、“北京软件和信息服务业25年突出创新应用奖”等称号。同方锐安不断以科学技术手段提升企业生产和管理水平，并依靠大量自主创新技术，使企业不断焕发出新的活力，提高了经济效益，为国民经济的发展做出了重要贡献。同方锐安全面贯彻北京市经济和信息化委员会深入推进企业信息化建设的总体部署，坚持走“以信息化带动工业化，以工业化促进信息化，推进信息化和工业化融合”的路线，开展信息技术的应用,加快信息技术向传统产业的渗透，用信息化提升传统产业水平，实现企业技术创新和管理创新，提高管理效率，提高企业综合竞争力,在企业的现代化建设上迈进了一大步，初步实现了企业的信息化管理。

（张铭轩）

【网络建设】 2011 年年内，同方锐安科技有限公司网络建设工作主要包括：公司文件服务器的搭建、研发过程管理系统的建设、公司机房建设、公司网站的升级管理、全公司网络安全管理等。在网络建设上我们注重网络安全、实用的原则，对全网在防病毒、行为管理、网络优化等方面进行了多次升级改造。公司文件服务器的使用人群已覆盖至公司的全部员工，从办公到生产、研发，网络系统已发挥了巨大的作用。

（张铭轩）

【网上应用和管理信息系统开发】 2011 年年内，同方锐安科技有限公司建设的主要管理信息系统有：CRM 客户资源管理系统及 ERP 系统。CRM 客户资源管理系统以集团公司为数据中心、按层次存放数据，以企业内部广域网络为基础，结合自身特点，按照管、控、监一体化的思路，组织开发和实施了 CRM 客户资源管理系统。以此实现对公司外部、内部项目集中管理以及实现对公司客户资源的统一管理。主要模块包括：立项基础信息、销售任务工作流、市场管理、售前管理、客户服务、财务处理及分析决策等。本系统自 2011 年 9 月投入以来运行状况良好。ERP 系统则针对生产排产速度慢、产品质量追溯困难、库存信息共享性差、信息重复输入、销售流程过于复杂等多种因素，由商务管理部发起订制了,试用于商务管理部、经营管理部、生产部的综合物流信息系统。此 ERP 系统主要是将各个部门的信息串联起来，方便各部门信息的沟通，通过掌握产品生产流转过程，进而理清生产计划业务逻辑关系。主要模块包括：库存报警、存货核算、委外管理、生产管理等、采购管理等。此综合物流信息系统正在试运行中，年底即可正式上线运行。

（张铭轩）

北京网动科技有限公司

【概述】 2011 年年内，北京网动科技有限公司视频会议技术日趋成熟，应用广泛，并逐渐向云计算模式转变，提升企业工作效率，节约成本。

【网动视频会议系统】 2011 年年内，网动视频会议的技术层面已经日趋成熟，公司视频会议系统已经可以应用到如平板电脑、智能手机、电话等客户端上，而且根据客户的具体需求还可制定相对的解决方案。网动视频会议是网动核心产品之一，系统集音视频和数据协同操作为一体，可提供电子白板、网页同步、程序共享、演讲稿同步、虚拟打印、文件传输等多种方式的数据共享功能,全面满足远程视频会议、资料共享、协同工作、异地商务和远程培训等需要，提供快捷高效的沟通新途径，从而有效地降低公司的运营成本,提高企业的工作效率。网动科技视频会议系统现已渐渐由纯软件向软硬件结合靠拢；业务中心也逐渐向云计算模式转变，将系统移动到公有云平台，在提升效率的同时，也会大大的节省了企业成本，更适应中小型企业的需求。

（王慧）

北京旋极信息技术股份有限公司

【概述】 2011 年年内，北京旋极信息技术股份有限公司（简称旋极信息）在上级政府、协会单位的领导下，执行相关文件精神的要求，立足建设“智慧城市”、“智能交通”，以国内领先的嵌入式系统整体解决方案提供商的身份不断加快自身技术发展速度，积极推动工作进展，力争为首都信息化发展贡献力量。

（党云）

【旋极信息 2 名技术专家被聘为北工大硕士导师】 2011 年年内，北京旋极信息技术股份有限公司将与北京工业大学共建联合培养硕士研究生基地，旋极副总经理盖峰、产品规划与市场部总监李强已被聘请为硕士研究生兼职指导教师。盖峰从事网络通信和嵌入式系统领域有 15 年，在通信设备和手持设备开发方面积累了丰富经验。李强同志从事嵌入式开发领域有 10 多年，在嵌入式开发方面经验丰富。产学研结合的本质是经济、教育与科技的结合，核心是各种创新资源的优化配置。本次校企联合将成为旋极信息首个合作科研计划。

（党云）

【自主创新持续发力 旋极信息荣膺海淀区人民政府 100 优企业】 2011 年 5 月 29 日下午，隆重召开的中关村国家自主创新示范区核心区建设大会上，旋极信息作为“2010 年中关村国家自主创新示范区核心区 100 优中小高新技术企业”受到表彰。100 优企业是海淀区人民政府对企业 2010 年总收入规模、增长速度以及研发投入等指标进行综合排名而得出。2010 年旋极信息连续实现第三个财年 50%的增长，自主创新持续发力，综合经济实力显著增强。公司不断进行研发投入，升级现有产品体系，持续为客户提供引领业界的嵌入式产品。伴随着物联网大潮来临，旋极信息安全产品进入北京市物联网试点工程，旋极信息 HR 638 手持智能终端进入烟草物流行业应用，同时完成了智能终端产品市场精准定位于终端应用层的战略规划。公司成为全国第一家通过国军标新版本 GJB 9001B-2009 版审核的单位，产品质量将遵循更高更新的国家规范。旋极信息将再接再厉，开拓创新，剑指世界一流的嵌入式设备供应商，进一步提高经营管理水平和创新发展能力，创造出更大的经济效益和社会效益，为建设具有全球影响力的科技创新中心做出更大贡献。

（党云）

【旋极信息新一代智能移动终端 HR-7000 通过住建部认证】 2011 年 9 月，旋极信息新一代智能移动终端产品汉荣 HR-7000 通过《建设事业集成电路（IC）卡产品检测》CJ/T243-2007 国家行业标准检测，获得住房和城乡建设部 IC 卡应用服务中心、国家金卡工程 IC 卡及机具产品检验中心颁发的认证证书。旋极汉荣智能移动终端已分别通过了国家无线电监测中心、数据通信产品质量监督检验中心、信息产业部通信电磁兼容质量监督检验中心、住房和城乡建设部 IC 卡应用服务中心、国家电子计算机质量监督检验中心等专业检测中心的检测，是国内目前唯一同时获得住建部和工信部认证的智能移动终端。HR-638 产品目前是国内同类产品中获得认证最多的产品之一。

（党云）

【旋极应邀在中国计算机技术大会上做智能停车主题演讲】 2011 年 9 月 28 日，以“新技术与应用推动产业变革”为主题的“2011 中国计算机技术大会”举行，大会包括了云计算、移动互联网和物联网三个分论坛。北京旋极信息技术股份有限公司常务副总经理刘明应邀在“物联网技术论坛”上作为嘉宾做主题演讲，重点介绍旋极信息在物联网技术领域和“智慧城市”方面的道路停车智能管理应用。会上，旋极信息荣获中国计算机报“2011 年度中国行业信息化最具成长力企业奖”。

（党云）

【旋极信息亮相 2011 第 12 届多国城市交通展览会】 2011 年 10 月 19 日至 21 日，北京旋极信息技术股份有限公司携手中国停车网、智能交通网共同亮相在北京展览馆举办的第 12 届多国城市交通展览会暨国际停车设备展览会。此次停车设备展上，主要以立体车库展出为主，旋极信息是唯一一家以道路停车解决方案参展的厂商。“旋极道路停车收费管理服务系统”——静态智能交通信息运营管理平台受到来宾的广泛关注。这一平台通过 RFID 射频、无线通信、牌照识别、工作流、GIS 等多种先进技术手段，解决了原先存在的“收费混乱、支付繁琐、监管落后、信息不畅、服务欠缺”等问题，实现城市道路停车收费的泊位、费率结算、经营人员、统一支付、增值服务等管理功能，为政府、主管单位、经营单位提供停车远程监管，实现了停车收费管理的一体化和数字化，是解决城市停车收费问题的一把利器。展会现场循环播放了该系统的 Flash 动画，形象生动的演示了道路停车收费的操作流程与亮点：从停车监督、停车诱导、智能排班、管理区域划分、黑车管理，到多样支付、投诉服务、公共网站服务、GIS 地方服务等，让来宾充分感受基于旋极汉荣 HR-7000 智能移动终端的静态智能交通信息运营管理平台给人们日常生活出行带来的便利。

（党云）

【旋极信息目标码测试工具、地面系统检测设备成功应用于“神舟八号”与“天宫一号”】 2011 年 11 月 3 日凌晨，伴随着神舟八号飞船和天宫一号目标飞行器完美对接，载人航天二期工程中的软件质量和软件工程再次受到行业关注。其中，北京旋极信息技术股份有限公司的嵌入式软件测试工具——Systemverify 嵌入式目标码测试工具成功应用于天宫一号和神舟八号。Systemverify 是旋极信息拥有自主知识产权的目标码测试工具，完全符合 DO-178B 的要求，以不插装、无侵扰的技术优势适用于航空航天等安全关键软件的目标码测试阶段。载人航天工程软件专家组给予旋极信息该款产品以高度评价。同时，旋极信息受中国航天集团某单位委托，研制的天线地面测试设备、信号源模拟前级数据源、中继终端系统地面检测设备等在“神舟八号”与“天宫一号”研制过程中发挥了作用，为中国人的飞天梦想贡献了自己的一份力量。

（党云）

【旋极信息入选中关村第二批“十百千”工程重点培育企业】 2011 年 11 月 4 日，北京旋极信息技术股份有限公司作为新一代信息技术企业入选中关村“十百千工程”第二批重点培育企业名单。“十百千工程”是 2010 年 4 月由北京市委市政府提出实施，旨在中关村国家自主创新示范区培育一批收入规模在十亿元、百亿元、千亿元级的创新型企业，形成具有全球影响力的创新企业群。这些企业将享受到来自园区的“一企一策”服务方式，即依托中关村创新平台机制、资源整合、集中办公的优势，创新平台各工作组积极协调市相关委办局及各区县相关部门，通过“一企一策”的支持方式，为企业协调解决发展中的重大需求问题，不断促进企业增强创新能力、扩大企业规模和竞争力，支持企业做强做大。

（党云）

【旋极信息副总经理荣获“中国嵌入式系统十大杰出青年”称号】 2011年11月9日，旋极信息副总经理盖峰荣获由中国软件行业协会嵌入式系统分会颁发的第二届“中国嵌入式系统十大杰出青年”荣誉称号。嵌入式系统技术是发展最快、应用最广的信息技术。青年始终是推动嵌入式系统发展的主力军。盖峰从事网络通信和嵌入式系统领域有15年之久，在通信设备和手持设备开发方面积累了丰富经验，曾两次荣获国家科技进步二等奖、一次荣获电子工业部科技进步二等奖、一次荣获中国高校科技进步一等奖。他曾参与研制了SED-08路由器、SED-08B路由器、WT8288 IP Phone、VT1200 SoC、AFDX总线测试卡、MARS、旋极汉荣智能移动终端等多项具有重要意义的国内嵌入式系统应用项目，为国内嵌入式系统技术的发展做出了积极贡献。

（党云）

【旋极信息通过第14期北京企业技术中心认定】 2011年年内，北京市经济和信息化委员会公布了最新一批“第十四批北京市企业技术中心”认定名单，北京旋极信息技术股份有限公司顺利通过认定，荣获“北京市企业技术中心”称号。旋极企业技术中心是从事嵌入式系统领域研究与开发的技术机构，集知识创新、技术研发与聚集人才于一体。中心成立于2009年1月，占地1700平方米，技术研发人员占企业总人数的50%以上；研发人员中有近十人次曾荣获国家级、北京市、电子工业部、航空航天工业部、国防科工委的科学技术进步奖；中心建立了一系列有效的人才保障制度、管理条例、激励机制和多项鼓励创新政策；中心近3年内主要从事嵌入式技术航空总线产品、嵌入式信息安全UKEY产品和嵌入式物联网智能终端产品三方面的经济技术创新工作。

（党云）

社会领域信息化

【综述】 2011 年年内，北京市社会信息化各个领域的信息化渗透能力增强。信息技术在科研和教育领域的应用加速普及，校园网覆盖率达 100%，新建和升级改造 9 大业务应用系统，数字教育已成为教育体系的重要力量，初步形成现代远程教育传输网络。

电子病历试点工作推进，10 家医院开展了电子病历的建设和应用工作，医院信息系统已初步普及，费用信息等方面的医院管理已深入到面向临床医疗信息管理阶断。北京市 1800 家医疗卫生机构实现医保实时刷卡结算报销，三级医院及远郊区县区域医疗中心发放医联码并实施门急诊信息采集，189 家社区卫生服务中心、618 家社区卫生服务站部署统一的新社区卫生服务综合管理信息系统，建立可共享的居民电子健康档案 914 万份。

通过优化文化产业发展环境、多渠道增强竞争力，公共文化服务事业步入现代化快速发展轨道，文化产业实现了跨越式发展。呈现出文化与旅游等多业态结合的局面，并率先在全国发挥了建设城乡均衡公共文化服务体系的示范引领作用。

环境保护不仅建设完善了信息化基础设施以及环境监测、污染源监控、电子政务等系统，而且新增两项在线行政办事事项，并先后制作完成“北京市‘十二五’时期环境保护和建设规划”、“老旧机动车淘汰专题”、“水污染防治条例”等专题解读，受到公众的广泛关注与认可。

交通管理及服务采用先进的物联网技术，道路运输信息系统和数据库逐步实现互联互通，公路交通信息资源整合和服务推广工程广泛开展，智能交通已在北京市蓬勃兴起。

城市信息化已成为建设“智慧北京”的关键领域，城市信息基础设施加速进入宽带与融合建设的新时期，物联网在城市运行与管理中的应用领域也在不断扩大。

社区信息化开始注重智能社区建设，社区服务资源得到了优化，城市管理水平得到提升，市民生活质量得到提高。

北京市建设“市农委内网门户”、“北京市农村集体资产交易平台”、“北京农民专业合作社管理信息系统”、“221 现代农业物联网监控系统”等。为农产品生产过程监控、产品质量管理、来源追溯等奠定基础，积累经验，也为将来全面开展农业生产物联网建设、农产品质量安全监管等工作提供了依据。农村信息网络普及水平显著提高，部分农村地区已初步实现三网融合，许多农业工程已全面实施，涉农信息资源开发水平显著提高，农村综合服务体系基本建成。

社会信用体系建设统筹协调机制不断完善，企业和个人信用体系建设深入推进，信用信息基础设施建设初具规模，重点行业、领域和区域信用体系建设取得良好成效，农村和区域信用体系建设工作取得新进展，为促进首都经济又好又快发展提供了保障。

（北京市市级各相关委办局）

公共服务

【概述】 2011 年年内，北京市社会保障信息化建设力度不断加大。全市社会保障信息网络覆盖面不断扩展，主干网已经覆盖各区县，城域网已延伸到了全部街道和社区。公共服务系统建设和应用效果进一步显现，开通 12333 咨询服务电话，为市民提供政策法规信息发布、网上咨询、网上审批、信访等服务。多项监测数据已实现网上管理，在社保卡、信息惠民、人口管理、公共就业服务等信息系统方面已部署实施。

（北京民政局、北京市人力资源和社会保障局官网）

社会保障信息化

【新版社保卡应用加快】 2011 年年内，北京市各医保定点医疗机构完成医院信息系统接口改造工作，完成信息系统与医保系统接口实验室认证及医保刷卡结算现场认证工作。全市二级以上医保定点医疗机构以及 189 家社区卫生服务中心完成医保就医刷卡实时结算，为实现农合病人看病实时结算报销，在 5 家试点社区卫生服务机构和二级医院完成与新农合信息系统的数据对接。完成 987 万张卡片的发放工作，比上年发放量增长 19.93%，完成 1924 家新医疗机构开通工作，门诊持卡量达到 9773 万人次。

（北京市经济和信息化委员会基础数据手册）

【民政社保卡】 2011 年年内，民政部门市民卡一卡多用的项目规划及方案的制定工作完成。支持西城区民政局养老券电子化在新西城区的应用推广工作。重点支持顺义区民政局开展“民政社保卡”的试点工作，“民政社保卡”应用人群是低收入对象、优抚和征地超转对象医疗费减免，发卡 1.8 万张，在全区 33 家定点医疗机构正式开展医疗费减免业务，共发生 1095 人次。医疗费发生总金额 782 万元，民政减免 435 万元，受到服务对象 100%的认可。

（北京市民政局、北京市农村工作委员会官网）

【市民卡应用调研工作】 2011 年年内，市民政局完成“市民卡”在市民政局应用调研工作，编制养老服务与管理系统、社会救助家庭和优抚对象使用市民卡实现医疗费用直接报销的技术方案，并完成了养老服务与管理系统在市财政局的立项工作。同时支持西城区、顺义区开展“一卡通”在民政工作领域中的试点工作。

（北京市民政局）

【残疾人就业服务信息系统开通】 2011 年 11 月 30 日，由市人力资源和社会保障局与市残联联合开发的残疾人就业服务信息系统正式运行。系统依托人力资源市场信息系统统一的安全平台，除了有个人求职登记、招聘单位岗位登记、匹配推荐、跟踪服务、单位招聘信息发布等功能模块，还针对残疾人的求职、招聘情况增加了统计分析模块，并能为残疾人就业管理部门提供相关数据分析。系统在市、区、街三级 300 多家公共就业服务机构及市区两级 19 个残疾就业服务机构全部连通，机构每天滚动发布岗位信息。使得残疾人获取用工信息更加便捷，而用人单位也能进入该系统选择适合的求职者，并发布招聘信息。

（京郊日报）

建设和房产管理信息化

【推进人口信息在限购房及住房保障服务方面的共享应用】 2011 年年内，北京市经济和信息化委员会与市住房城乡建设委、北京市人力社保局、北京市地税局等相关部门共同提出了通过系统自动比对方式实现社会保险（养老保险）或个人所得税缴纳情况验证的新模式，该模式的实施实现了资源的统筹管理和有效复用，提高了工作效率，减轻了窗口工作人员负担，有效避免了假证明文件的出现。

（北京市经济和信息化委员会电子政务及资源信息处）

【建设和房产管理业务数据库建设】 2011 年年内，建设和房产管理业务数据库系统建设取得巨大进展，其中包括拆迁信息服务系统、存量房交易服务平台、租赁合同网上备案系统、经纪行业管理系统、评估机构资质管理系统、建材供应网上备案系统、建材采购备案系统、起重机械备案系统、房屋安全管理系统、测绘成果备案系统、交易权属系统、预售资金监管系统、住房保障信息平台、企业资质系统、执法平台、质量监督系统、人员考务系统、合同备案系统、施工许可系统、竣工备案系统、安全监督注册系统、质量监督注册系统、工程计划管理系统、节能设计审查系统共 24 个数据库。

（北京市住房和城乡建设委员会）

【建设和房产管理数据整合建设】 2011 年年内，房屋全生命周期平台数据库为商品房预售许可、商品房预售合同登记备案、房屋登记、房产测绘成果备案、保障性住房资格审查、集体土地房屋拆迁许可等提供数据共享，所支撑的核心业务占全部核心业务的 23%。

（北京市住房和城乡建设委员会）

【建设工程全生命周期平台数据库】 2011 年年内，建设工程全生命周期平台数据库为合同备案、建设工程材料采购备案、施工许可、安全监督、质量监督、竣工验收备案等提供数据共享，所支撑的核心业务占全部核心业务的 33%。

（北京市住房和城乡建设委员会）

【企业和人员全生命周期平台数据库】 2011 年年内，企业和人员全生命周期平台数据库为监理工程师执业资格注册、造价工程师执业资格注册、外省市监理单位进京承揽业务备案、建设工程质量检测机构资质认定、工程造价咨询企业资质审批、工程建设项目招标代理机构资格认定、工程监理单位资质审批等提供数据共享，所支撑的核心业务占全部核心业务比例为 28%。

（北京市住房和城乡建设委员会）

【建设和房产管理数据共享建设】 2011 年年内，北京市住房和城乡建设委员会通过共享交换平台方式，跨层级、跨部门及部门内卫生信息资源共享及应用得到了进一步推进。房屋信息、建委基础数据库信息、建设工程施工许可证、购房申请人个税待审核信息、售房信息、项目销售统计、购房申请人社保待审核信息、建筑业企业资质信息、建筑业企业人员信息、合同数据、施工许可数据、竣工备案数据、个人权属信息、房源核验信息、售房情况查询等系统信息共享于北京市地方税务局、北京市规划委员会、北京市环境保护局、北京市人力资源和社会保障局、北京市经济和信息化委员会、北京市高法、北京市高检、各商业银行及市各区等单位，共享信息量达 10 058 万余条。

（北京市住房和城乡建设委员会）

【应急平台视频会议系统延伸项目】 2011 年年内，北京市住房和城乡建设委员会应急平台视频会议系统延伸项目分别为北京市应急办、区县建委、集团公司。与北京市应急办连接，通过北京市应急办下发的视频会议终端，部署在北京市经济和信息化委员会应急指挥中心，北京市住房和城乡建设委员会作为一个点与北京市应急视频会议系统建立连接，可以参加到市应急视频会议当中。与区县建委连接，以北京市住房和城乡建设委员会为中心通过市政务外网连接到各区县建委，可以召开全市各区县建委（房管局）的视频会议。与集团公司连接，北京市经济和信息化委员会的视频会议和集团公司进行连接，和区县建委一样直接接入到北京市住房和城乡建设委员会视频会议系统中，可以与集团公司召开视频会议。系统正式上线以来，召开行业大会 6 次，会务效率提高，便捷应急指挥，更好地服务企业，为行业的安全、质量、市场、劳务、建材等相关的会议提供选项，有利于加强行业监督管理。

（北京市住房和城乡建设委员会）

【施工许可四合一系统】 2011 年年内，北京市住房和城乡建设委员会施工许可四合一系统系统功能为外网企业填报工程施工许可信息、安全监督备案信息、质量监督信息、节能设计审查备案信息。业务审核办理（安全监督备案、质量监督注册、节能设计审查备案），备案信息综合查询（针对办理结果分别对三项业务进行综合查询），数据共享（将三项业务办理结果通过基础数据库共享给业务管理平台）等四项核心功能。正式上线以来，实现行政审批改革中设计的四项业务合并一项办理的工作，企业在网上同时申请四项业务，并自动打印申请表，四项业务审核人员通过系统统一办理。业务由串行四次申请办理实现并行一次性办理，系统通过业务办理掌握全市工程建设情况。截至目前安全监督备案办理 984 件，质量监督注册 1038 件，节能设计审查备案 2177 件，施工许可发证发放施工许可证 898 件。

（北京市住房和城乡建设委员会）

【北京市建筑节能管理系统】 2011 年年内，北京市住房和城乡建设委员会系统搭建市、区两级的建筑节能备案管理信息平台，建立覆盖全市市、区（县）二级建委管理部门的建筑节能备案网上申报系统。实现建筑节能设计审查备案、建筑节能设计审查备案变更、民用建筑节能专项验收备案三个事项的网上申报、审核、备案。提高各级建筑节能管理部门的工作效率，实现建筑节能信息的资源共享和互联互通。建立全市的建筑节能备案数据库，实现民用建筑节能专项验收备案数据与建筑节能设计审查备案数据的连接，支持在线查询备案表信息，实现各项数据统计。为领导决策提供及时、翔实和可靠的依据，为政策的制定提供辅助支持。实现建筑节能设计审查备案可与施工许可、安全监督备案、质量监督注册系统整合。

（北京市住房和城乡建设委员会）

【北京市建筑市场监管信息系统】 2011 年年内，北京市住房和城乡建设委员会系统功能为外网企业信息填报（企业京外或境外业绩填报、企业获奖信息填报）、监管查询（企业信息查询、人员信息查询、项目信息查询）、综合评价（评价标准管理、市场行为评价、评价结果应用）、信息发布（待发布信息、已发布信息查询）、统计分析、系统管理（系统用户和部门管理、用户权限管理、数据同步管理等）等六项核心功能。通过对委内现有业务系统数据和相关业务科室提供的电子数据的清洗、梳理使北京市监管的“建筑企业、人员、项目”的数据底数清、情况明。并自此基础之上实现了对北京市监管“企业、人员、工程”信息的互相关联，使业务部门能够全面的了解从业企业和人员都的业绩、项目、奖惩罚情况为建筑市场监管提供了有效的数据信息支撑。开始尝试建立建筑业企业诚信评价信用体系，并依托系统数据实现了施工总承包企业的信用评价。为建筑市场监管提供了科学、公正的监管手段，同时也为招投标提供信息参考。

（北京市住房和城乡建设委员会）

【执法平台】 2011 年年内，北京市住房和城乡建设委员会填报执法检查单，查询执法检查单；填报责令改正通知书和处理情况表，查询责令改正通知书和处理情况表；填报简易行政处罚决定书，查询简易行政处罚决定书；填报行政处罚案卷，查询行政处罚案卷；综合查询统计和生成制式报表；知识库管理；执法人员管理；为动态监管和基础数据库提供企业和人员违法行为数据。截至 2011 年 10 月 20 日，执法平台共填报执法检查单 11 030 份，责令改正通知书 3123 份，一般行政处罚决定书 525 份，简易行政处罚决定书 203 份，共计罚款金额 21 453 852.4 元，建立行政处罚案卷 909 宗，知识库条目共计 759 条，执法人员共计 2420 人，为动态监管和基础数据库提供企业违法行为记录 2901 条，提供人员违法行为记录 1935 条。

（北京市住房和城乡建设委员会）

【建材使用监督信息平台系统】 2011 年年内，北京市住房和城乡建设委员的建材使用的监督信息平台系统实现了建材采购备案系统、建材供应备案系统、建材检测信息系统三个系统的信息整合，建立覆盖市、区（县）二级建委管理部门的建材使用监督信息平台。实现以建设工程项目（施工许可证）为建材管理主体。查找建设工程中主要建材容易出现的阴阳合同、虚假报告、检验批次不足等违法违规行为。实现建材异常信息、不良信息的警示及追踪调查机制，以形成建材使用监督综合信息平台。系统今年共受理采购备案业务 10 059 件，供应备案业务 1417 件。目前，系统实现北京市所有政策性住房绝大部分建材的网上备案，对北京市建材市场的监管起到重大作用，为北京市房屋安全质量建设工作做出重大贡献。

（北京市住房和城乡建设委员会）

【北京市房地产市场供应侧监管平台】 2011 年年内，北京市住房和城乡建设委员的北京市房地产市场供应侧监管平台建立了项目登记管理、建设方案管理、多环节过程监管、资质辅助管理、数据获取发布、信息分析六大模块。整理立项、工程规划许可、预售许可、初始登记、现售备案等证件信息，与项目、企业建立关联关系；实现项目统计、投资统计、项目预警等八类统计分析功能。实现房地产项目在住建委内的立项管理、实施方案的全过程监管，实现房地产市场供应侧各类指标的采集与监管，房地产企业资质的动态、时效、分类监管，房地产市场供应侧的信息公开与共享及房地产市场监管的决策支持。平台自 2011 年 6 月开始运行至今，已在全市及十六个区县推广应用供应侧系统，并以供应侧系统为载体，构建房地产开发管理的常态化工作模式，进一步健全房地产项目动态监管机制，实时掌握房地产市场供应的准确数据，并根据房地产项目建设周期的特点，推算未来一段时间内房屋的供应情况为管理决策提供重要依据。现平台中具有企业信息 4847 条，项目信息 822 条，各类证件信息 10 562 条。

（北京市住房和城乡建设委员会）

【建设工程质量检测监管信息系统升级改造】 2011 年年内，北京市住房和城乡建设委员会实现了建设工程质量检测监管信息系统的升级改造，主要增加检测合同管理、现场检测监管、不合格数据跟踪处理和数据查询统计等四大功能模块。系统通过对检测合同的备案管理，并与各见证检测机构业已建立的检测管理信息系统互联互通，实现对检测机构业务承揽范围、检测费用等方面的监管。系统通过现场检测计划的申报、现场检测结果上报等管理方式，实现对现场检测项目的检测机构的行为、检测过程以及检测数据等全方位的监管，填补了既有的检测监管系统的监管空白。系统通过检测结果不合格处理平台，实现对在建工程出现的不合格的建筑材料闭环管理，对不合格的建筑材料、构配件切实做到：有发现、有处理、有结果的全过程监控机制。严明了监理单位的职责，杜绝少数监理单位不作为的现象。2011 年 9 月 1 日投入试运行，经过一个半月的试运行，10 月 17 日，该系统正式投入应用。通过对系统的试运行，系统已基本达到设计时的任务要求及目标，基本实现了对工程质量检测机构质量行为的监管，为工程质量监督机构和监理单位提供了检测数据查询的技术手段。

（北京市住房和城乡建设委员会）

【北京市物业管理动态监管系统】 2011 年年内，北京市住房和城乡建设委员会运用北京市物业管理动态监管系统，其功能为物业企业填报企业信息、人员信息、合同备案、合同变更、合同注销、资质申报、资质变更、资质注销。建委、区县业务审核办理合同备案、合同变更、资质申报、资质变更、资质注销、打印资质证书，备案信息综合查询：物业企业查询、已申报项目查询、（已审备案、待核查、不予以备案）三种结果查询，数据共享（将区县受理结果通过基础数据库共享给建委平台）等四项核心功能。从 2011 年 3 月 15 日系统正式上线开始，实现了受理、审核、决定、告知四个业务的过程，企业在网上申请业务，并自动打印申请表，业务审核人员通过系统统一办理。系统通过业务办理掌握全市工程建设情况。截至目前合同备案：合同新增 5118 件，备案完成 1714 件，待核查 1617 件，变更 111 件，注销 17 件。资质申报新增 392 件，变更 297 件，注销 2 件。

（北京市住房和城乡建设委员会）

【房屋拆迁信息服务系统】 2011 年年内，北京市住房和城乡建设委员会升级改造拆迁信息管理系统。系统包括拆迁行业管理（包含拆迁、公司管理、拆迁人员管理、拆迁公司年审等模块），信息管理平台（包含公文交流、信息发布、政策法规等模块）、拆迁项目管理（包含拆迁计划、拆迁许可、项目结案、在拆项目管理、拆迁项目月报等模块）、查询统计报表等四大功能模块，以及与房屋全生命周期平台、工程基础数据库、北京市建设网等其他系统的接口与集成，系统功能完整、性能稳定，并对原有系统中拆迁数据进行了迁移处理，迁移数据真实、准确、完整。该系统 10 月通过项目验收，并形成专家验收意见。系统为市区拆迁信息管理一体化提供有力的技术支撑，为领导宏观决策提供了准确的数据保障，进一步提高拆迁管理部门整体的工作效率、管理水平和服务公众的能力。

（北京市住房和城乡建设委员会）

【存量房交易服务平台】 2011 年 7 月 1 日，北京市住房和城乡建设委员会为配合房地产宏观调控政策，存量房交易服务平台正式在海淀试点，平台依托原有存量房网上签约系统升级改造完成，升级存量房网签模块，新增房源核验、资金监管、房源信息发布等功能模块，并在首都之窗、海淀区政府、北京建设网、千龙网开设核验房源信息发布栏目。平台与北京建设网、房屋全生命周期平台、交易权属系统、中介机构资质管理系统、银行系统、税务系统和社保系统之间建立了标准化的数据交换接口，实现数据共享。截至 2011 年 10 月，海淀区通过存量房交易服务平台完成房源核验 6272 套，网上签订存量房合同 4401 笔，选择资金监管的合同 2658 笔，监管总额 28.7 亿元，平台建设得到了北京市经济和信息化委员会、财政局、中国人民银行等相关单位的大力支持，规范了房地产市场交易行为，保障了交易双方资金安全。平台与工商银行、北京银行、中信银行、光大银行实时互联，实现网上开立监管账户、划转监管资金，是市住房和城乡建设委员会与银行系统互联互通的一次有益尝试，平台突出服务便民，所有业务均免费办理，交易双方可在一天内完成网签合同，存入监管资金，办理转移登记（过户），划转监管资金，既安全又便捷，得到了社会广泛好评。

（北京市住房和城乡建设委员会）

【北京市住房保障信息平台升级改造项目】 2011年年内，北京市住房保障信息平台升级改造，平台升级是在既有的住房保障信息平台上根据业务需求增加和变更进行升级，主要分为三部分内容：根据新的住房保障管理规章和流程，增加公租房资格申请管理和资格年审管理两个模块，实现公共租赁住房的申请、审批、验核、家庭管理和后期配租管理，以及经济适用房、限价商品房、公租房的资格年审的制度及业务流程，满足保障资格家庭全面年审监管的需求；与其他的业务系统进行资源整合，通过全面集成地理信息（GIS）系统建立数据接口，实现通过电子地图直观的将住房保障信息平台的业务数据表现出来，方便领导浏览决策。按照政府信息公开的接口，实现与政府信息公开平台的数据交换服务。以及与房屋服务平台的数据交换接口和来自公安、税务公积金、民政等单位的数据接口交换服务，实现公正、有效、安全的住房保障信息系统平台，实现数据和资源的协同共享；新增保障家庭身份识别子系统。通过身份识别系统调用身份证识器等硬件设备，获取保障家庭真实有效的身份信息，保证申请家庭信息的真实性、准确性，提高街乡的工作效率和准确度。平台升级改造工作已于2011年9月底完成并试用，全年通过平台实现全市申请保障住房资格的家庭共43 347户，通过平台实现廉租房配租租金补贴18 080户，管理补贴金额共计1415.53万元，应用平台实现保障性住房房源项目申报的企业216家，管理的保障性住房项目305个。调整原住房保障调配系统，进行历史数据迁移和区县数据收集整理，与权属交易系统建立签约前验证接口，与房屋平台建立签约结果反馈接口，全面实现保障性住房家庭审核、资金管理、房源建设管理、配租管理、配售管理的信息化支撑。

（北京市住房和城乡建设委员会）

【北京市房屋全生命周期管理信息平台建设项目三期】 2011年年内，北京市房屋全生命周期管理信息平台建设项目三期建设是在现有房屋平台的基础上主要完成五个方面的功能开发：对现有测绘空间数据、普查空间数据进行整合，形成全市房屋现状“一张图”——房屋现状图层，并实现与权属数据的关联，为房屋管理提供完整、准确的空间、属性数据；建立高效、可扩展、可定制的综合服务平台，优化平台GIS应用，分区县定制底图，实现市区两级应用；建立灵活的房屋专题分析，深化平台分析功能，深入挖掘了业务需求，继续整合了与房屋相关的业务系统数据，扩展了业务应用，构建了住房保障、房地产市场和房屋登记的业务专题，增强了业务决策能力，提高了数据应用深度；扩展数据共享功能，提高房屋平台的公共服务能力，将房屋平台中的房屋物理信息、业务信息更多地提供给委内、委外的相关业务系统，拓展数据应用广度；五是构建定制化简报和报表功能，为房地产市场的宏观分析和调控提供数据支持。平台已在全委主要业务处室应用，支持业务管理和统计分析，并以接口的方式向预售资金监管系统、住房保障平台等系统提供实时数据服务。

（北京市住房和城乡建设委员会）

【商品房预售资金监管系统】 为完善商品房预

售制度，加强北京市商品房预售资金监督管理，确保预售资金用于商品房项目工程建设，2010年12月1日北京市商品房预售资金监管系统正式上线，系统包括用款计划、资金监管协议、工程进度、用款申请、资金管理等功能模块，还与房屋全生命周期平台、交易权属系统、银行系统之间建立了标准数据接口，实现了数据的集成与交互，并于11月通过专家组验收。截至2011年10月底，已有23家银行与北京市商品房预售资金监管系统实现数据联通，共有259个预售项目纳入监管（涉及监管银行分支行173家），已有185个项目已发生入账业务，累计入账466.1亿元，出账277亿元。

（北京市住房和城乡建设委员会）

【北京市城镇房屋使用安全系统升级项目】 2011年年内，北京市城镇房屋使用安全系统升级项目项目包括物业企业填报企业信息、人员信息、合同备案、合同变更、合同注销、资质申报、资质变更、资质注销。建委、区县业务审核办理合同备案、合同变更、资质申报、资质变更、资质注销、打印资质证书，备案信息综合查询：物业企业查询、已申报项目查询、（已审备案、待核查、不予以备案）三种结果查询，数据共享（将区县受理结果通过基础数据库共享给建委平台）等四项核心功能。从2011年3月15日系统正式上线开始，实现受理、审核、决定、告知四个业务的过程，企业在网上申请业务，并自动打印申请表，业务审核人员通过系统统一办理。系统通过业务办理掌握全市工程建设情况。截至目前合同新增5118件、备案完成1714件、待核查1617件、变更111件、注销17件；资质申报新增392件、变更297件、注销2件。

（北京市住房和城乡建设委员会）

公积金管理信息化

【首信住房公积金归集管理软件】 2011年年内，首信住房公积金归集管理软件v1.0版本研发完成。住房公积金归集管理是住房公积金业务中的核心部分，包括单位登记、账户管理、个人账户转移、缴存管理、单位状态管理、储蓄账户管理、提取管理、冲账管理、结算管理、跨年清册、维护管理和查询打印、封存库管理、封存库结算管理等功能模块。

（费明洁）

【首信住房公积金贷款管理软件】 2011年年内，首信住房公积金贷款管理软件v1.0版本研发完成。住房公积金贷款管理是住房公积金业务中的核心部分，包括对个人住房公积金贷款过程的数据录入、管理、查询、打印、统计及预测等功能，还包括初审登记、复审、合同、自由还款复审、自由还款合同打印、放款、档案、还款、变更、查询、补打等功能模块。

（费明洁）

【首信住房公积金财务核算管理软件】 2011年年内，首信住房公积金财务核算管理软件v1.0版本研发完成。住房公积金财务核算管理软件满足了住房公积金管理中心对各项资金财务核算的需要，实现了中心一体化会计核算，实时资金记账、对账，满足通存通兑和资金清算要求。该软件包括出纳、对账、凭证、账表、期末结转、辅助、会计报表和初始化等功能模块。

（费明洁）

【首信住房公积金网上业务软件】 2011 年年内,首信住房公积金网上业务软件 v1.0 版本研发完成。网上业务服务是面向缴存单位和缴存人提供的一项便利服务,用户可以在网上完成单位公积金缴存业务,随时查询相关业务状态,不仅缩短了用户的办事时间,同时也减轻了公积金管理中心的工作压力。包括单位登记开户、个人开户、跨年清册、汇缴业务、补缴业务以及查询等功能。

(费明洁)

【其他住房资金管理软件】 2011 年年内,为了满足住房公积金管理中心其他住房资金的管理需要,公司研发首信住房补贴归集管理软件、首信住房公共维修基金管理软件及首信住房公共维修基金财务核算管理软件。

(费明洁)

人口管理信息化

【完善市、区(县)、街乡三级流动人口和出租房屋数据资源宏观统计分析系统】 2011 年年内,北京市住房和城乡建设委员会为加强流动人口管理,配合流管办开展流动人口居住证制度的立法调研及系统需求调研;完善经纪行业管理,房屋租赁市场相关政策,政策确定后,协调有关各方搭建全市范围的房屋租赁平台。派专人配合流管办开展北京市居住证制度立法调研,利用现有的经纪行业管理系统、租赁合同网上备案系统加强对经纪行业及租赁市场的管理。截至 2011 年 10 月,新备案经纪机构 1095 家,变更 2920 家,注销 2190 家,新备案租赁合同 198 195 份,变更 15 330 份,注销 730 份。

(北京市住房和城乡建设委员会)

【开展人口信息的共享应用】 2011 年年内,北京市住房和城乡建设委员会在住房保障服务方面,通过与社保、公积金、公安车辆、税务部门建立数据比对机制,实现保障资格申请家庭的核查;住房保障平台定期导出保障资格申请家庭的清单,通过与社保、公积金、公安车辆、税务部门建立数据比对的传输接口,监督核查申报材料的真实、准确性。截至 2011 年 10 月,住保平台通过与公积金等相关单位数据比对,共核查出超标家庭总数 44 541 户,因超标而终止保障资格的家庭 10 025 户。

(北京市住房和城乡建设委员会)

应急管理信息化

【北京市应急管理物联网应用示范工程建设部署】 2011 年年内,北京市经济和信息化委员会组织开展北京市应急管理物联网应用示范工程建设部署培训会和全市物联网应用建设工作部署会,为各部门开展物联网应用建设工作提供了技术指导。配合各部门积极推动物联网应用建设相关规划研究。

(经济信息化处)

【全国"两会"期间全市政务通信和信息安全保障工作完成】 2011 年全国"两会"期间,北京市经济和信息化委员会圆满完成了全市政务通信和信息安全保障工作。会前,北京市经济和信息化委员会按照市委、市政府的统一部署和要求，对北京市政务通信和信息安全保障工作进行了周密部署，全面进入C级通信保障应急值守和应急工作状态。从2月27日至3月14日，共投入应急值守、技术保障人员1137人次、通信保障车辆332车次，确保了全市有线政务网络、800兆无线政务网络的畅通，保障了“首都之窗”网站群和重要政务信息系统的安全稳定运行，全市无线电秩序良好。

（北京市经济和信息化委员会）

城市管理

【概述】 2011年年内，北京市继续加强城市信息化工作的创新管理，加强信息安全管理，努力实现信息系统的互联互通和信息资源的共享，充分发挥信息化对业务工作的支撑作用，着力市政市容管理精细化提升水平。

【北京市“十二五”时期城市信息化及重大信息基础设施建设规划】 发布】 2011年年内，北京市发布《北京市“十二五”时期城市信息化及重大信息基础设施建设规划》，规划期限为2011年至2015年。规划明确提出：把北京打造成为全球资源配置的信息枢纽、国家创新驱动的网络引擎、城市运行顺畅的智能典范、文化传承永续的智慧摇篮，实现“数字北京”向“智慧北京”的全面跃升。

（北京市经济和信息化委员会官网）

【城市建设业务系统】 2011年年内，北京市城市建设业务系统包括加油加气站系统、信息化城市管理系统、城市运行监测平台等。2011年年内，加油加气站系统新增信息23项，变更信息970项。信息化城市管理系统变更信息200万。城市运行监测平台新增信息15万。

（市市政市容委）

【城市建设数据整合】 2011年年内，北京市市政市容委实现整合的业务应用系统16个，占总业务应用系统67%。其中城市运行监测平台数据库每天汇总全市的电力、燃气、供热、供水、交通、环卫、金融、通信指标，整理日报提交给市政府及各委办局，所支撑的核心业务占全部核心业务比例30%。网格平台上报监察系统每天汇总网格信息化管理平台案件数据并上报监察局，所支撑的核心业务占全部核心业务10%。

（市市政市容委）

【加快城市信息化建设方面】 2011年年内，北京市经济和信息化委员会在完成编制“智慧北京行动纲要”的基础上，组织开展了物联网和云计算的示范应用。牵头提出了“2011年度电子政务和公共服务重点应用委内分工（征求意见稿）”，并以智能交通、物联网应用、网格化管理、民生、无线城市以及云计算为重点，梳理形成各项重点任务33项，并在委内各相关处室广泛征求了意见；以市应急办物联网应用示范工程为重点，深入推进了各项年度重大示范项目，开展了物联专网和物联网公共支撑平台的论证研究和方案设计工作，初步建成协同工作机制。深入推进云计算示范应用。完成北京市电子政务云方案编制工作，拟订了集中采购基础硬件设施推进电子政务集约化建设的工作方案，积极推动区县云计算区域试点，分别在西城、海淀试点开展应用支撑平台、基础设施服务工作，在首都之窗、资源中心推进互联网、政务外网云计算平台建设。

（电子政务与信息资源处）

【网格化社会服务管理】 2011 年年内，北京市经济和信息化委员会全程参与了东城、朝阳、顺义三个社会服务管理创新综合试点区以及西城区、海淀区的调研，对朝阳区“全模式”进行专项调研。参与起草《关于构建网格化社会服务管理体系的调研报告》、《关于构建网格化社会服务管理工作体系的指导意见》，直接参与编写了其中信息系统相关部分内容。

（电子政务与信息资源处）

【网格化社会服务管理信息系统工作】 2011 年年内，北京市经济和信息化委员会同步开展了网格化社会服务管理信息系统架构及基层信息采集共享方案的调研工作，已对网格化信息系统的功能与架构、信息采集与共享应用机制、统一标准规范等方面提出基本思路和方案，并组织进行试点工作。此外，会同市市政市容委共同组织起草了《关于深入推进全市网格化城市管理创新发展的意见》。

（电子政务与信息资源处）

【“数字市政”功能扩展】 2011 年年内，北京市市政市容管理委员会搭建信息资源目录系统，各系统共享信息采集、审核、发布，资源管理、查询。建成基础数据分析系统，针对网格平台、城市运行监测平台、市政业务系统、地下管线 4 大专题分别搭建功能实用、操作便捷的分析模块。汇总各信息系统现有信息资源，管理、共享及综合应用。实现市政市容委信息资源的统一管理和统一服务，实现了委信息资源统计分析“一键式”的操作模式，分析结果“一张图、一张表”的表现形式，各业务信息“一套系统”的获取途径。

（市市政市容委）

【市级扫雪铲冰指挥调度系统功能拓展】 2011 年年内，北京市市政市容管理委员会扫雪铲冰指挥调度系统包括扫雪铲冰 GPS 监控功能；扫雪铲冰指挥调度功能建设；更新扫雪铲冰、卫生责任区划两个图层，完善雪情预报机制。实现扫雪铲冰视频监控管理和实时查看；实现综合查询及统计，对扫雪铲冰各项信息进行汇总、统计、多维分析；提供系统管理功能，便于对系统的管理和维护。

（市市政市容委）

【“数字市政”应用整合项目】 2011 年年内，北京市应用系统支撑环境和数据中心的整合完成，完成数据库服务器、Gis 地图服务器，应用软件虚拟服务器等。数据中心整合完成后，为“数字市政”提供统一的数据资源环境和应用服务平台，汇集内容丰富的数据资源，形成可靠、完整数据更新维护机制，具备严格的数据标准体系和完善的管理体系的数据中心。

（市市政市容委）

【餐厨垃圾和废弃油脂排放登记系统】 2011 年年内，北京市餐厨垃圾和废弃油脂排放登记系统完成全市餐厨垃圾排放单位及排放情况登记。通过该系统可以了解全市的餐厨垃圾排放单位情况，查询垃圾排放信息，提供汇总、统计，审批等功能。

（市市政市容委）

【挖掘工程地下管线安全防护信息沟通系统】 2011 年年内，北京市市政市容委提供下管线挖掘工程管理管理、管线查询。通过该系统可以方便查询工程所在地管线情况，登记工程进度，减少地下管线破坏。

（市市政市容委）

【移动执法管理系统】 2011 年年内，北京市住房和城乡建设委员会实现全市十六区县公用工程质量监督信息的现场采集、执法、处理、存储、交换以及对外服务等业务，实现将公用工程现场监督执法的信息与市住房城乡建设委的“北京市住房城乡建设系统执法工作平台”连接。目前，正进行系统远程测试，系统投入使用后，将大大地提高监督工作的效率，实现对监督管理工作的实时掌控。

（市市政市容委）

【推进数字信息亭工作】 2011 年年内，北京市加快新信息亭置换工作，在与国资公司、首信公司、首通万维公司和庄希泉基金会充分沟通并解决了信息亭转制发展问题的基础上，进一步与市市政市容委相关处室、市路政局、部分区县就信息亭的置换工作、亭身设计、功能设置等相关问题进行了深入的交流，基本明确了信息亭的运营机制、置换方案和试点方案。积极拓展信息亭公共服务内容，经中央相关部门领导、市领导批示，信息亭将作为党员“争先创优”活动的重要宣传渠道，各项准备工作正在有序推进。

（社会信息化处）

【加快便民信息化建设】 2011 年年内，数字北京“缴费通”服务网点累计增加网点 332 个，累计网点数量达到 4327（包括农村网点）；同时，中银保险的代售服务和信用卡还款业务正式上线。

（北京市经济和信息化委员会基础数据手册）

【落实物联网、电子政务试点等试点项目】 2011 年年内，北京市“社区老人健康感知公共服务平台”推进，并在社区进行试点。推进中电飞华公司的基于智能电网的智能家庭及社区综合信息服务项目，利用 FTTH（光纤入户）技术和 PLC（电力线通信）技术，在莲香园小区搭建了模拟环境试点和 100 户的应用，并在左安公寓整体实现了小区智能电网试点应用。

（社会信息化处）

【社会救助家庭经济状况核对信息平台先期工程建设】 2011 年年内，市民政局建立社会救助家庭经济状况多部门联动核对机制，建设社会救助家庭经济状况核对信息平台先期工程，整合、分析各部门数据信息，同时结合本市实际，起草了《北京市社会救助家庭经济状况核对办法》和《关于北京市社会救助家庭经济状况认定的指导意见（试行）》。

（市民政局）

【城市燃气设施查询系统】 2011 年年内，北京市市政市容管理委员会整理全市燃气相关企业、单位、设施信息，提供燃气设施地图查询、综合统计等功能。通过系统，可以查看全市燃气设施分布情况，查看燃气设施企业属性信息，统计燃气设施类型、分布、属性等。实现对市内液化石油气供应基地、瓶装供应站、管道燃气企业设施等 570 条数据，468 张平面图，96 张营业执照，6035 张设施图片的梳理入库并处理成 GIS 图层，增强业务部门信息化应用，方便市民信息查询，提高了业务效率，提升了管理水平。

（市市政市容委）

【加油加气站管理信息系统】 2011 年年内，北京市市政市容管理委员会加油加气站管理信息系统包括全市加油加气站分布及基本信息查询。通过该系统可以了解全市的加油加气分布情况，查询加油加气站属性信息，包括企业行者、负责人、所在城区位置、许可证等信息。

（市市政市容委）

【移动终端服务】 2011 年年内，北京市交通委员会通过移动终端所提供的公共服务、民生服务、办事服务等方面的信息发布与信息查询的情况（包括市民主页的建设情况，信息公开情况、信息查询服务等情况）：10 月，按照首都之窗建设“市民主页”的相关要求，与首都之窗进行了交流。经梳理，确定将出租车、旅游客运、汽车租赁、货物运输、机动车维修 5 类 12 项服务作为第一批试点接入市民主页服务平台。目前，积极配合首都之窗，开展推进设计、接口开发等后续工作。

（市公安局公安交通管理局）

文化事业

【概述】 2011 年年内，北京市公共文化服务设施覆盖率达到 98.21%；公共图书馆计算机信息服务网络覆盖全市；首图二期工程和北京市文化活动中心项目稳步推进；文化服务基础设施建设达到全国领先水平。

随着网络视频、网络游戏、电子书、博客、微博等新的信息生活方式的兴起，随着实现高速数据传输的 3G 移动通信技术的应用，随着数字电视、EPTV 等电视互动的逐步普及，随着动漫等内容产业发展的逐步深入，信息技术已覆盖文化产业链全程，文化产业正在向数字内容产业升级。数字内容是将影、音、文字、图像经过数字化，整合成产品或者服务并在数字化平台上展现。

推动文化与旅游等多业态结合发展。北京市围绕“大旅游”的发展思路和旅游业发展的“四化”要求，即旅游资源多样化、旅游市场国际化、旅游管理精细化和旅游服务便利化，充分发挥信息化的优势和手段，以北京旅游网（www.visitbeijing.com.cn）为平台，逐步实现区县联动，不断推出优质旅游产品、线路和优质企业。2011 年市文化局与市旅游委联合推介 16 项旅游演出剧目与 15 个重点营业性旅游文化演出场所。

（北京文化局官方网站“北京文化热线”、北京旅游网官网）

有线电视

【高清交互数字电视推广成效显著】 2011 年年内，根据市委市政府的总体部署，在市委宣传部的关心指导下，在市发改委、市财政局、北京市经济和信息化委员会的大力支持下，在市广电局、北京广播电视台的直接领导下，歌华有线公司在全市范围内推广普及高清交互数字电视机顶盒。11 月 12 日，公司圆满完成了 2011 年 130 万高清交互数字电视机顶盒推广这项市政府为民办实事工程任务，顺利实现了 2009—2011 三年内推广 260 万高清交互数字电视机顶盒的工作目标。北京市成为全国乃至亚洲高清交互数字电视用户最多的城市。高清交互数字电视推广为用户带来了“从标清到高清、从单向到双向、从看电视到用电视”的新体验、新享受，极大丰富了首都市民的精神文化生活，满足了用户日益增长的多层次、个性化精神文化生活需求。北京市民在全国率先实现了个性化看电视。高清交互数字电视应用工程项目的开展带动了一批以中关村科技园区企业为主的相关企业的共同发展，切实起到了振兴北京市文化产业，推动信息产业，拉动内需，带动相关产业，惠及民生的良好效应。

（丁颖磊）

【高清交互新媒体平台建设实现突破】 2011年年内，顺应三网融合发展趋势，歌华有线公司坚持“为政府服务，为百姓服务”原则，致力于将高清交互数字电视新媒体平台打造成为政府信息平台、文化共享平台、便民服务平台和用户娱乐平台，不断满足政府政务信息化需求和用户精神文化需求。截至2011年年底，高清交互数字电视平台收转164套电视节目（包括14套高清节目）；新增了“新华财经”、“歌华 SiTV 高清”等多个视频栏目，在线视频超过1万小时（其中高清节目千余小时）；“回看录制”中增加了收视率较高的频道，累计达到34套；已上线应用22项，其中，“山青水秀门头沟”成为首个远郊区县在高清交互平台发布的政务资讯应用，“劲松街道资讯”开创了北京市街道办事处应用数字电视平台的先河。2011年“歌华点播”总点播次数达到近6000万次，“回看与时移”总点播次数达2.7亿次。

（丁颖磊）

【有线网络综合通信信息服务取得进展】 2011年年内，歌华有线公司基于有线电视网络不断探索开展综合通信信息服务，面向政府、行业、企事业单位和家庭，提供有线/无线相结合的、三网融合和新兴技术相融合的全业务综合通信信息服务。积极探索基于有线网络面向“三农”的三网融合综合信息服务和面向北京市文化创意产业的三网融合云服务平台建设；成功与多个知名通信IT厂家、应用研发单位及终端制造单位合作，开展基于有线电视网的城市管理物联网应用业务，包括“交通图像监控”、“烟花爆竹销售点监控”、“扬尘监控”、“尾气监测”、“安全生产监控”等。

（丁颖磊）

【“歌华飞视”业务创新开展】 2011年年内，在三网融合背景下，歌华有线公司充分发挥网络资源和家庭终端优势，创新推出了面向电脑、手机及移动智能终端的无线视频服务“歌华飞视”，构建了具有广电特色、有线与无线结合、广播与交互融合的创新视频服务模式，成为全国三网融合试点工作的一大亮点。“歌华飞视”获得了3项国家技术专利，自2011年6月开始试点，8月23日荣获第20届北京国际广播电影电视设备展览会应用大奖，年底入选2011年广电科技领域十大事件。中共中央政治局委员、中宣部部长刘云山现场参观“歌华飞视”展示后给予了很高的评价，指出“歌华飞视”作为一种全新的广播电视传播方式，提升了传统广播电视媒体对公共场所移动人群的传播力与影响力。

（丁颖磊）

网络文化

【北京文化热线丰富文化信息需求】 2011年年内，市文化局对北京文化热线网站进行改版，新增设“文化设施查询”的WAP页面，市民可以方便快捷查询到市区的文化馆、文化站、图书馆等的地址、电话、开放时间和交通路线等信息。改版后网站有四个频道，信息内容涵盖政府信息公开、政务公开、政策法规、行政许可事项、公共文化、演出·展览、文化企业等多个方面的信息。实现了与首都之窗无线政务平台的接口对接。北京文化热线结合政务公开制度，将文化局职能、审批程序、办事指南等在网上公布，并提供了行政许可事项表格下载、行政许可事项状态查询、公示查询、许可事项在线申报等功能来服务社会。同时及时、全面地将政府有关文化事业的方针政策在网上公布，对相关法规条例答疑解惑，帮助公众正确理解法规条文。特色频道及时发布相关资讯，公共文化栏目重点展示北京群众文化活动的成果。以便为市民不断普及，提供丰富多样的北京文化生活。作为当代中国的文化中心，满足了人们简便、快捷地查阅北京文化信息的需要。

（市文化局、北京文化局官方网站“北京文化热线”）

【开通官方微博“文化北京】 2011年11月15日，北京市文化局正式开通官方微博“文化北京”。目前已有粉丝6万人，发布微博信息近百条，通过微博的开通，拓展了与广大网民交流沟通的渠道，提高了文化信息发布效率。

（北京文化局官方网站“北京文化热线”）

【数字游戏发展】 2011年年内，北京300余家动漫网游行业产值达到130亿元，同比增长30%。其中网游企业收入120亿元，网络游戏出口金额达到12.7694亿元，居全国第一。其中比较出名的企业有金山、完美时空、昆仑万维、搜狐、联众、目标及中华网等。北京网游企业中在海外走得最快最好的是完美世界，2011年其前三季度海外销售收入约为6亿元，他们借助《倚天屠龙记》、《梦幻神雕侠侣》、《笑傲江湖》等原创网游产品不断开拓海外市场。

（中央政府门户网站、北京日报）

移动互联网

【移动社会服务】 2011年年内，市民可以使用手机等移动终端设备进行婚姻登记预约、提交清洗抽油烟机、预定家政小时工、管道疏通维修、酒后代驾、租赁老年人康复医疗器械订单等多项服务。

（市民政局、市公安局公安交通管理局、北京民政信息网）

【爱看书网”上线】 2011年4月15日，在第三届“知产雍和行”活动启动仪式上，中文在线在国内首次推出专为移动阅读终端用户量身定制的开放式中文电子书门户网站——“爱看书网”（www.ikanshu.cn）。东城区人大副主任金旭，区政协副主席刘忠胜，区政协副主席、区知识产权局局长孙占军，东城区人民法院副院长辛尚民，中关村知识产权促进局局长徐正祥和中文在线董事长兼总裁童之磊联合启动了“爱看书”平台。爱看书网依托中文在线丰富的数字出版运营经验，会聚海量电子书，囊括畅销读物、经典作品、网络原创、电子期刊、有声读物等作品。余秋雨《文化苦旅》、二月河《康熙大帝》、郭敬明《梦里花落知多少》等正版授权电子书出现在爱看书网“名家作品推荐”专栏，读者只需登陆www.ikanshu.cn，就可下载图书离线阅读，也可在线阅读，借助互联网、移动互联网，利用PC、电子阅读器、平板电脑、MID、GPS等各类终端设备随时阅读。

（李保莉）

【移动手机引导红色阅读】 2011年6月22日，建党90周年之际，中文在线联合中国移动手机阅读推出“读经典 感悟人生”纪念建党90年红色阅读大型系列主题活动暨同名电影改编的红色经典图书《建党伟业》首发。《建党伟业》新书首发仪式在北京隆重举行。新闻出版总署原副署长、中国编辑学会会长桂晓风，新闻出版总署科技与数字出版司司长张毅君，中宣部出版局副巡视员纪存双，北京市市委宣传部副部长张淼，中国新闻出版研究院院长郝振省，中国移动通信集团公司数据部总经理高念书，市场部副总经理赵芳，中国移动浙江公司副总经理陶晨，《建党伟业》一书的作者高瑞沣和电影部分参演明星于晓光等，以及 60 多家出版社和 50 多家媒体代表出席了本次活动。红色阅读活动以《建党伟业》为龙头，活动覆盖中国移动手机阅读 3 亿用户，同时激发大量新用户群体参与到整个红色活动，参与用户数共达 292 773 人、总点击达到 1 315 588 次，实现用户参与的全新高度，吸引和引导了中国移动手机阅读的广大青少年群体接触和喜爱红色阅读，并通过活动的不断延伸，逐步培养广大青少年的红色阅读习惯。

（李保莉）

【中文在线启动国家数字版权保护技术研发工程中标项目】 2011 年 8 月 26 日，国内领先的数字出版平台中文在线，在京举办新闻出版重大科技工程项目——数字版权保护技术研发工程包 11、包 14 启动会。新闻出版总署科技与数字出版司副巡视员、新闻出版重大科技工程项目领导小组办公室副主任谢俊旗，数字版权保护技术研发工程总体组组长、中国新闻出版研究院院长郝振省等领导和专家，中文在线董事长兼总裁童之磊及项目负责人出席了本次会议。

（李保莉）

旅游信息化

【旅行社业务管理系统深入推进】 2011 年年内，为满足旅游业务需求，2011 年旅行社业务管理系统项目完成了分社出境名单网上填报、旅行社资质信息发布、入境邀请函等模块的升级改造，以及将北京市旅游发展委员会各个子系统进行整合，实现相互访问、联合调用、信息互传等各项业务协同办理的需要。截至 2011 年，系统的覆盖率从建立至今已达到 1500 多个业务用户以上，使用范围涵盖北京市旅游发展委员会、各区县旅游发展委员会、旅行社及旅行社分支机构及公共用户等，系统管理业务涉及行业管理部门的行政许可处、服务质量监督处、政策法规处、执法大队、旅行社质监所等。系统实现业务办理总量达到 1.2 万多项，旅行社及分支机构日常业务量达到 2000 项以上，出境旅游团队业务审核量达到 8000 多个，领队申报业务量达到 2000 多个。

（市旅游委）

【北京旅游景区电子门票在线预订系统开通】 2011 年 5 月 1 日，北京市旅游发展委员会官方网站北京旅游网景区电子门票预定系统正式上线。游客在线注册、在线支付、手机号与账号绑定、获取二维码彩信或数字验证码短信等整个预订门票过程都可通过该系统进行实时动态管理。在线预订和手机发送电子门票除了方便游客之外，还有降低成本、低碳环保、便于数据的获取与分析等诸多益处。北京景区电子门票在线预订在北京市旅游委公共服务官网的正式上线，是以信息化手段打造营销平台，推动旅游转型发展，优化旅游公共环境，提升旅游公共服务的具体体现，是将旅游产业打造成为北京经济重要支柱产业和建设让人民群众更加满意的旅游业的创新举措。

（北京市旅游发展委员会官方网站、新京报）

公共卫生

【概述】 2011年年内，北京市1800家医疗卫生机构实现医保实时刷卡结算报销，三级医院及远郊区县区域医疗中心发放医联码并实施门急诊信息采集，189家社区卫生服务中心、618家社区卫生服务站部署统一的新社区卫生服务综合管理信息系统，建立可共享的居民电子健康档案914万份。

北京市多数医院已进入数字化和信息化时代，大型的数字化医疗设备在医院中使用，各种医院管理信息系统和医疗临床信息系统正在普及，医院信息化工作流程发生了改变和创新。从社区医院到三甲医院的医院信息系统已初步普及，信息化建设的重点已由费用信息等医院管理深入到面向临床医疗信息管理（Clinic Information System，CIS）阶段。初步建立了覆盖全市的综合卫生服务平台，试点开展电子病历，制定全市各区电子病历总体技术方案和市级电子病历平台建设方案并初步建立电子病历共享数据标准体系，制定北京地区医院信息系统规范和数据采集规范，实施门急诊信息采集，推广应用全市新社区卫生服务综合管理信息系统，推广市三级医院及远郊区县区域医疗中心发放医联码等。对重要公共卫生数据进行实时管理，统筹应急能力明显提高，增强了公共卫生的监控、应急处置和救治能力。利用信息化手段推出了远程医疗、网上预约等灵活、便捷的医疗服务，满足了市民多层次、多样化的医疗卫生服务需求，提高了医疗卫生资源的公平性、可及性，提升了医疗效果，降低了患者的医疗费用。

（市卫生局市中医局、《范在应用与创新—中国信息化发展报告2011》工信部推进司编）

【预约挂号便捷高效】 2011年年内，北京市预约挂号重点推行了实名制预约挂号、全号段全号源预约、多种形式挂号服务、取消首诊点名和知名专家层级诊疗、实现三个月预约期等五项预约挂号服务新举措。医院80%的号源投入预约系统。

（北京晚报）

【114全市预约挂号统一平台】 2011年年内，北京市卫生局与北京联通共同启动的114全市预约挂号统一平台开通，全市66家三级医院预约挂号全部纳入114预约挂号统一平台。截至12月25日，平台累计已有105.7万人在统一平台注册使用。各上线医院投入统一平台的号源累计达到505万个，日均投放3.4万个，累计预约成功139万个。其中，普通号和专科号源投入327万个，成功预约47万个；专家号源投入168万个，成功预约86万个；特需号源投入10万个，成功预约6万个。协和医院、阜外心血管病医院、妇产医院的大部分科室、同仁医院的眼科和耳鼻喉科、积水潭医院的骨科等号源预约成功率超过了90%，电话预约与网上预约比例约为2.5:1。114电话预约挂号话务接线

员已增至 1800 名，预约电话呼叫量累计达到 317 万话次，日均 2.1 万话次，接通率达到 99%，有效满足了群众的预约需求。各上线医院整体预约就诊比例达到 40%左右，复诊预约比例达到 70%左右，门诊挂号排队现象明显好转。据第三方调查显示，85%的群众对预约挂号表示满意。

（北京晨报、中国信息产业网）

【出台电子病历系统总体方案并完成试点】 2011 年年内，北京市经济和信息化委员会配合市卫生局完成电子病历系统的总体方案，进一步明确了北京市电子病历项目的总体建设目标、建设内容、技术方案、组织框架、投资预算等。初步建立电子病历共享数据标准体系，可基本满足电子病历基本信息共享交换的需要。在北京同仁医院等 9 家医院启动居民电子病历试点，7 月初完成了电子病历试点中期评估，有序推进了区域双向转诊管理系统建设。

（电子政务及信息资源处）

【电子病历试点取得新进展】 2011 年年内，北京市被列入国家基于电子健康档案、电子病历、门诊统筹管理的基层医疗卫生信息系统试点项目省份，卫生部下拨补助资金 2800 万，为全市居民建起健康档案和电子病历信息平台，并建立西城、海淀、顺义、密云和延庆等试点地区的区县卫生信息平台。截至 10 月底，全市建立电子居民健康档案 989 万份，按照北京市 1961 万常住人口计算，电子化率为 50.44%。北京试点的电子病历医院包括北京大学人民医院、北医三院、同仁医院、天坛医院、北京医院、中日友好医院、阜外医院、顺义区医院、大兴区人民医院等 10 家医院。1 月，中日友好医院住院部 41 个科室和病区已实现电子病历"全覆盖"，患者基本信息、病程记录、住院记录、用药记录、检验报告等几十项内容都已实现电子管理。医院信息化的建立，极大方便了市民求医问药，有效缓解了"看病难"等问题，并提高了北京市医院的经济与社会效益。

（市卫生局市中医局、新京报）

【医院信息化建设本地化】 2011 年年内，在实现医院电子病历、数字化管理、无纸化办公、无胶片化医疗等信息化建设方面，经过多年不懈努力，东华软件股份公司实现了将医院信息化建设本地化，在北京市中国医学科学院北京协和医院、中国医学科学院北京肿瘤医院、北京大学附属积水潭医院、首都医科大学北京安贞医院、首都医科大学北京友谊医院、首都医科大学北京中医医院、首都医科大学北京妇产医院、首都医科大学北京地坛医院、首都医科大学复兴医院等建立了医院信息化。

（东华软件股份公司）

【安贞医院电子病历应用】 2011 年年内，北京安贞医院应用电子病历后，医院的临床医生完成病历（病历首页、住院病历和首次病程记录）的平均时间为 22 分钟，约为应用前手工书写时间的 1/3；应用电子病历前，手工纸介病历中，病案首页、住院病历和首次病程记录三部分的返修率约 8%，应用后降至 1%；在一次对 8000 份病历的查询比较中，人工查询工作量为 30 人 × 2 个月，准确率 99%，电子病历查询工作量为 1 人 × 4 小时，准确率 100%；在电子病历中还集成了心电系统、RIS 系统的信息，可以随时指定某个病人进行心电图检查和浏览已完成的心电和影像检查报告，心电检查不需要重新录入病人信息，无须再翻阅和打印纸质检查报告；通过权限设置，实现了对于本科室医生、护士、其他临床科室、医技科室、病案室以及医务处等不同的查看、修改、打印权限。

（东华软件股份公司）

【远程诊断会诊平台】 2011 年年内，北京大学人民医院与青海省卫生厅在青海省西宁市、海南州、及贵德县启动了北京大学人民医院支援青海“医疗卫生服务共同体”。海纳医信（北京）软件科技有限责任公司（以下简称海纳医信）承担了北京大学“医疗卫生服务共同体”医学影像远程诊断与会诊平台的建设任务。支援青海是北大人民医院首次在“医疗共同体”开展远程医学影像诊断会诊服务。年内，北京大学人民医院已经跟国内多个边远地区及基层医院建立了“医疗卫生服务共同体”。作为首批先行先试的远程诊断会诊平台，多方音视频、高保真医学影像实时互动会诊技术实时、高效、便捷，大幅减少了异地医疗产生的支出。

（清华科技园官方网站）

【区县医疗服务进程加快】 北京市新社区卫生服务系统在朝阳、顺义、西城、原崇文、原宣武、海淀、石景山等8个区县、26个社区卫生服务中心、101 个社区卫生服务站稳定运行，范围逐步扩大，截至2011年6月24日，系统在北京市12个区县、114个社区卫生服务中心、257 个社区卫生服务站稳定运行，建立电子健康档案570多万份，为居民电子健康档案管理提供了强大的支持。实现了北京市社管中心、区县社管中心、社区卫生医院（300多个）、社区卫生服务中心（2000多个）四级及其相关机构的社区综合业务的信息化管理，是全国范围内第一个省级统一的社区卫生服务管理信息系统。

（市卫生局市中医局）

【转诊服务平台转诊预约工作推广应用】 2011年年内，全市继续加强基层卫生服务体系建设，建立了基层医疗机构与二、三级医院之间的转诊服务平台，转诊预约工作已扩大到全市 16个区县，涉及42家二、三级医院与262个社区卫生服务中心。

（社会信息化处）

【健康e站减轻专科医院门诊压力】 2011年3 月，由北京宇信网景信息技术有限公司开发的健康e站正式投入运营于北京市各区县2800个社区。系统实现了以社区医疗服务中心为核心的医疗服务行为。将过去由专科医院完成的简单医疗行为分散到各社区中心，减轻了专科医院的门诊压力，增加了社区医院的收入。改变了社区街道办事处对居民健康的关注方式与方法。在中关村医院启动试点运行5个多月，完成信息收集3000余条，接收管理老年人数超过400人，其中100多名重病患者每周通过短信系统接收健康提示信息，共记超过2600条，社区医院每周对各类各年龄段指标汇总，形成汇总信息 1000 余条，并对 90%有指导意义信息提出社区健康指导教育方案并与各街道联合制定实施方案。

（社会信息化处）

【为弱势群体提供智能化呼叫服务】 丰台区为为弱势群体提供智能化呼叫服务。丰台街道养老（助残）智能化呼叫服务中心系统——“电子保姆”生活服务自动呼叫系统，截至 2011年年底，接到测试呼叫1100多次，接到正常呼叫240余次（中心），其中：紧急救助1次、生活服务60余次、信息咨询180余次，居民对服务的满意率100%。

（社会信息化处）

【家庭医生式服务加大推广】 2011 年年内，北京市卫生局继续在全市范围内推进家庭医生式服务活动，居民自愿和社区卫生服务团队签订《北京市社区卫生服务机构家庭医生式服务协议书》，全市16个区县全面实施了家庭医生式服务，各区县家庭医生式服务制度覆盖60%的街道、乡镇，2011年1月12日—2011年2月12日，东城区、西城区、丰台区三个试点区团队总数为671个，累计签约达到200 383户、

388 538 人，签约人数占辖区常住总人数的 9.7%。平均每个团队签约家庭 298 户，居民 579 人，其中丰台区接受健康通手机咨询 10 454 人次。通过家庭医生式服务制度面向全市各区县的覆盖，社区卫生服务团队和居民建立了稳定的服务关系，让居民享受到了更为方便的服务。

（北京卫生信息网）

【120、999、110 等应急资源实现联动】 2011 年 7 月 15 日，北京 120/999 院前医疗急救联合指挥调度平台启用。市民无论拨打 120 还是 999，都能在最短时间内得到最及时、高效的医疗救治。11 月，120 又主动牵头 110、122、119 建立“四台联动”应急协作机制，市民如遇人员伤亡的车祸事故或火灾等突发情况，市民只需拨打 120 急救电话，信息就可自动传至 110 或 119，无须重复呼叫。

（北京卫生信息网）

【北京市医疗保险信息系统】 截至 2011 年，北京市医疗保险信息系统（简称“医保信息系统”）已稳定运行 10 余年，有效地支撑和满足了医保的全部业务要求。北京市人力资源和社会保障局（简称“市人力社保局”）作为建设单位，独立承担系统运维日常管理职责。首都信息发展股份有限公司（简称“首都信息”）作为医保信息系统的承建单位，提供安全、优质的运维服务。2011 年，在市人力社保局领导下，通过各方共同努力，“首都信息”按照《2011 年度医保信息系统外包服务（系统运维）合同》的规定，完成了《2011 年度医疗保险信息系统工作任务》要求的医保信息系统运维保障服务，系统运行平稳、安全、可靠。2011 年，医保信息系统更新发布了 129 个版本，涉及 714 个需求项。重点实现了市级公费医疗人员和医照人员持卡实时结算，进行了医保系统的优化与重构，DRG 试点工作。在现有医保系统功能基础上，不断的增加、完善和补充相应功能，并做好医保系统技术支持服务，保障主机系统、数据库、应用服务器、网络安全和机房环境的平稳运行，满足了医保业务的使用要求。

（费明洁）

【市级公费医疗人员和医照人员持卡实时结算】 2011 年年内，根据市人力社保局社会保障政策安排，北京市级公费医疗人员全部并入职工医保，涉及市属公务员、事业单位、公立医院、高校教职工 22 万人，即在社保卡加载金融功能的基础上，全面实现市级公疗和医照人员“持卡就医，实时结算”。这是北京市医疗保险信息系统 2011 年度的重要工作。2 季度开始进行市级公费医疗与职工医保并轨的参保及认定工作，并在 3 季度对公费医疗资格认定业务规则进行了相关调整，4 季度实现了公费医疗的缴费、账户分配、待遇享受、费用支付等业务，以及市中心直管医疗照顾人员结算方式改革。12 月 16 至 31 日，进行了 3 个阶段的试点工作，确保了正式上线软件的正确性、准确性。为避免一次性进行应用软件上线带来的震动，采用分阶段分步骤次第上线的方式，减少了问题排查的复杂度。年内完成了对公费医疗人员、离休人员及医照人员持卡就医的系统准备工作。系统上线后，针对经办机构的保障工作，城六区派出服务工程师赴现场予以保障，远郊区县采用呼叫服务方式，现场工程师随时待命。服务平台及监控工程师在岗持续对系统平稳运行提供保障，力保全天 24 小时不间断为医院提供技术支持服务。

（费明洁）

【系统优化重构】 2011 年年内，紧紧围绕市人力社保局信息化“十二五”规划战略目标，开展医保信息系统重构工作，本着“继承成果、持续改进、确保稳定、新型架构”的原则，年内完成了系统架构调整加固。包括：技术平台升级，开发平台由原来的 Visual Studio.Net 2005 升级到 Visual Studio.Net 2010，运行平台由.Net Framework 2.0 升级至. Net Framework 4.0，报表等其他组件也进行了相应的升级。部署方式升级，公司开发人员完成了虚拟化的医保系统运行环境的验证工作；微软支持工程师在首信的测试环境进行虚拟化方案的实验工作；完成虚拟化部署方案的实验，包含虚拟化平台管理、运维管理、高可用性、权限控制。参数化模型相关的系统设计，实现了定点医疗机构新增业务的数据升级和新流程，加快了新增定点医疗机构业务部署、安装及认证工作。完成了个人信息与单位信息的五险指标与校验规则的整理。数据库结构重构，通过对系统数据的分级存储，加强了系统的稳定性，提高系统的性能。年内完成了同人同城同库的数据库结构设计，实现了参保人基础信息的同人同城同库。应用软件设计重构和优化，提高了系统的高可用性和性能，提升版本上线速度，能够承载全市社会建设中基于社保卡的延伸应用。

（费明洁）

【DRGs 试点工作】 按病种分组定额付费结算（DRGs）不仅是付费制度改革也是北京市政府医改的重要政策之一，对于转变医院管理模式、转变以药养医具有重要意义，得到卫生部、人力社保部领导的高度重视。2011 年 7 月 20 日，进行了 DRGs 试点实施签约启动仪式，签约医院包括：北医三院、天坛医院、友谊医院、朝阳医院、宣武医院和人民医院 6 家医院。8 月 5 日，北医三院开始了 DRGs 的试点工作。9 月底，天坛医院、友谊医院、朝阳医院、宣武医院和人民医院 5 家医院完成了 DRGs 结算功能医院端软件的部署工作。10 月 8 日，北医三院入院的医保患者开始纳入 DRGs 分组，按 DRGs 付费，系统运行平稳。

（费明洁）

【总额预付试点工作】 2011 年年内，为了配合公立医院综合配套改革试点方案的实施，需要在部分医院开展医疗保险总额预付付费方式试点工作，从而进一步合理使用医疗保险基金，有效控制医疗费用不合理增长。市人力社保局按照“以收定支、收支平衡”的原则，对全市定点医疗机构（总额预付费试点医院和社区医院除外）进行总量控制；在总量控制基础上，选择友谊医院、朝阳医院等四家医院开展了总额预付费试点。总额预付费试点于 8 月 1 日正式启动，8 月 30 日“首都信息”完成医保信息系统改造工作，医院端实现总额预付部分控制。

（费明洁）

【贯彻落实《中华人民共和国社会保险法》】 2011 年年内，按照 7 月 1 日正式实施的《中华人民共和国社会保险法》，外国人将参保。3 月 15 日，市社保中心组织召开失业人员参加医疗保险、外国人参加医疗保险和收取社会保险滞纳金等业务需求会。4 月初，市社保中心组织召开了失业人员参加医保的需求讨论会，并确定了失业人员通过系统交互方式参加医保。4 月，市社保中心组织召开了滞纳金方面的需求讨论会，并定于第二季度版本上线相关功能，7 月 16 日，收效和财务子系统版本上线，实现了失业人员、宗教人员和外籍人员参保的系统支撑。

（费明洁）

教育信息化

【概述】 截至 2011 年，全市建成由市级骨干网、区县区域网和校园网三级联通的北京教育信息网。20 个区县级区域网络中心全部采用裸光纤链路链接到相应的骨干节点，并通过裸光纤接入到北京教育信息网，速率为 10 000M 或 1000M，全市市属各高校光纤高速接入北京教育信息网。多媒体教室、网络机房等基础设施的建设大大改善了办学条件，成为推进各级各类教育教学、科研、管理现代化发展的重要基础条件。根据教育部要求，在全国率先完成中小学校舍安全管理信息系统的搭建和试运行工作，为"校安工程"建设提供信息保障。依托北京教育信息网，初步建设完成北京教育视频系统，并依托该系统为全市各区县、学校提供高质量的教育视频资源服务。依托北京市教育信息网，建设了市属高校城域骨干网，实现了各高校间的互联互通。此外，各区县为保证区域教育城域网及各学校校园网的稳定运行，提高城域网管理及故障处理效率，还分别实施了网络及应用平台的运行监控。

云计算和物联网的出现进一步促进了教育信息化的发展。云计算解决了教育资源集中与分布两难的问题，充分利用各种资源，有效整合云时代提供的各种云服务，将教育资源建设变成一项开放、共享的公共信息服务事业，从而推动教育信息资源的建设。物联网带来的创新应用和服务，也引起了教学模式和管理模式的变革，最终提升了教育信息化水平，从而拉动教育行业 IT 市场增长。

（市教委、《范在应用与创新—中国信息化发展报告 2011》工信部推进司编）

【教育信息化经费增加】 2011 年 6 月，教育部发布的《教育信息化十年发展规划（2011—2020 年）》（征求意见稿）第十五章（四十四）条，建立教育经费投入保障体系，再一次提出各级政府在教育经费中按不低于 8%的比例列支教育信息化经费,保障教育信息化拥有持续、稳定的政府财政投入。

（赛迪网）

【各高校校园网建设更加深入】 2011 年年内，各高校全部建成了技术先进、覆盖面广的校园网，完成高校光纤建设工程，基本实现了千兆主干、百兆到桌面的校园网结构，信息点已覆盖了全部的办公、教学区域和学生公寓，覆盖率达到 100%。部分高校校园网在技术和规模上达到世界一流大学水平，实现了万兆骨干、无线全覆盖、全网支持 IPV4/V6 双栈的网络规模，并开展了基于下一代互联网技术，用户活跃、使用率高，满足了学生通过网络自主学习和教师查阅资料、网上备课的需求。大部分高校构建了包括邮件、DNS 在内的网络服务。为应对严峻的网络安全形势，各高校纷纷加强了网络安全建设，全部建立了网络病毒防护系统和实现了校园网的出口防护。

（市教委）

【职教校园网加大互联互通】 2011 年年内，全市所有职业学校都建成了达标的信息化网络，校园网主干千兆且全部到桌面，校内计算机可同时上网，校园网出口带宽不小于 10M，实现与区县、市教育行政部门信息网络的互联互通，并实现了初步的网络安全防护。

（市教委）

【基教校园网建设完备】 2011 年年内，全市各中小学全部配备了计算机机房，建设了多媒体教室，建成校园网，网络节点进入每一间教室，校园网机房及计算机教室基本完成防雷安全建设，高标准完成“校校通”工程，多数幼儿园均实现网络接入，接入带宽不低于 10M。

（市教委）

【北京市中小学学生卡深入应用】 2011 年年内，全市对学生卡管理系统进行升级操作，即在原有中小学学生卡中增加存储体检信息功能，以便在学生体检时直接保存学生体检数据至卡中。到 2011 年底发放 140 余万张，依托学生卡开展了电子学籍管理、跨校资源共享、校园一卡通等一系列应用。

（市教委）

【北京市中小学网络视频系统（IPTV）应用持续丰富】 2011 年年内，IPTV 以北京教育信息网为基础平台、采用现代数字视频技术，服务于首都教育教学的立体化教育视频网络系统。系统内已包括教育资讯、精品课例、教师培训、教学素材等 12 个板块共计约 3000 多个小时的节目内容。

（市教委）

【远程教育平台服务显成效】 2011 年年内，以北京教育电视频道和北京教育信息网为基础平台。先后开展了市区与最边远山区——怀柔区喇叭沟门点对点的交互式远程教学；开通网上教研、网上备课，组织特级教师在网上对远郊区县教师进行教研和辅导；组织城乡“手拉手”学校开展远程教学活动。开通了“北京—长沙—韶山”远程教学系统，协助拉萨市教育体育局建成了远程视频系统，并实现教育远程视频系统的成功对接等。将优质的教育教学资源快速、及时地传递给学习者。经过多年努力，教委先后投资 4275 万元为 171 个乡镇建立了远程教育基地，为 200 多个行政村成人学校配备了相应的远程教育接收设备，进一步完善了农村地区数字化远程教育网络。

（市教委）

【以远程教育公共服务平台构建学习云】 2011 年年内，以远程教育公共服务平台为基础，北京奥鹏远程教育中心有限公司构建了一个覆盖全国的学习云。学习云为电大近 300 万、奥鹏近 40 万学生的入学教育、素质教育和教学过程各环节的管理提供服务，提供从招生策划、到招生宣传、咨询、报名、注册、入学典礼、教材配送、教学支持、考试组织、试卷发放、监考巡考、学籍管理、费用结算等基于网络的一站式支持服务。为学生提供免费手机短信服务、免费 E-mail 服务、论坛/WEB 咨询/自助导航服务、学业顾问系统、网上学生社区、物流配送、结算服务等。学习云能够为全国范围内的 2000 多个考点提供考试规划、题库建设、考点设置、考试报名、考场编排、考试组织、阅卷组织、成绩登统、成绩分析、成绩发布及查询等全流程、模块化的高质量的考试专项服务，并承担了教育部全国试点高校网络教育“统考”考务工作和 40 余家试点高校网络教育课程考试工作。通过考试信息管理系统和机（网）考系统以及完善的考务管理机构，标准化的考点设置，科学化考务管理，为政府机构、行业协会、企事业单位提供公正、公平、公开的专业化考试服务。

（奥鹏教育）

交通信息化

【概述】 2011 年年内，北京市北京市交通委员会以路政管理业务为突破，将智能交通建设模式由科研示范转变为随交通基础设施基础工程同步规划、同步设计、同步实施，实现信息化与道路管理业务的深度融合，制定《道路智能化交通管理设施设置要求》（DB11/776—2011）地方标准，规范化智能交通基础设施建设、网络及信息化安全等基础设施也基本完成。同时，创新交通信息化应用，实现对于决策的数据支撑和公路运行情况的预测。并由单一功能的应用转向集成应用，通过信息化集成更好地将市北京市交通委员会、执法总队、运输局等单位各种信息打通，积极协调现有和将来的应用程序、数据及人员与协作单位之间的互动，以便实现对关键业务流程实时的有效管理。通过资源管理与共享交换平台为市北京市交通委员会内部两局一队、北京市交通委员会与部委、北京市交通委员会与交通行业重大企业进行数据共享交换提供了技术支撑，为今后各个业务系统的数据共享交换需求提供有力的保障，减少今后业务系统数据共享交换时的重复投资，充分发挥行业数据中心建设的经济效益。

（市公安局公安交通管理局）

【设立交通信息监管机构】 2011 年年内，北京市交通运行监测调度中心（TOCC）成立实体机构，内设运行管理、信息服务、综合保障 3 个部门，初步建立全市综合交通运输的统筹、协调和联动机制，提升交通运输系统的运行效率和服务水平，增强综合协调和应急处置能力，为缓解交通拥堵、服务百姓出行提供保障。

（市公安局公安交通管理局）

【交通业务数据库建设】 2011 年年内，北京市交通数据库已建成业务系统 17 个，包括北京市交通行业数据中心数据库、北京市小客车指标调控管理信息系统核心数据库、路网管理系统核心业务数据仓库、交通执法处罚管理信息库等。北京市交通行业数据中心数据库新增信息 298 403 万条，变更信息约 50 万条，注销信息 1540 万条。北京市小客车指标调控管理信息系统核心数据库新增信息 18 076 253 条，变更信息 3 976 354 条，注销信息 1434 条。路网管理系统核心业务数据仓库新增信息 26 694 条。交通执法处罚管理信息库新增信息 29 335 条，注销信息 311 条。

（市公安局公安交通管理局）

【交通数据整合建设】 2011 年年内，北京市交通委 17 个新建的业务系统中，实现整合系统有 7 个。北京市小客车指标调控管理信息系统为小客车指标调控管理提供数据共享，所支撑的核心业务占全部核心业务比例 100%。北京市交通行业数据中心为应急指挥、交通执法提供数据共享，所支撑的核心业务占全部核心业务比例 80%。北京市北京市交通委员会运输局网上审批服务系统为交通执法提供数据共享，所支撑的核心业务占全部核心业务比例 85%。质量信用考核系统为企业年度考核提供数据共享，所支撑的核心业务占全部核心业务比例

50%。公路养护管理及路政巡查系统为公路养护、路政管理、路网监测提供数据共享，所支撑的核心业务占全部核心业务比例 60%。交通执法处罚管理信息库为全市交通行业行政执法处罚提供数据共享，所支撑的核心业务占全部核心业务比例 90%。

（市公安局公安交通管理局）

地面交通信息化

【公交集团试点多线路协同调度系统】 2011 年年内，对于重复路段较多的多条公交线路，突破了多线路行车计划协同编制、多线路协同实时调度等关键技术，构建了有机衔接、高效集约的多线路协同调度系统。在 300 快内外、300 慢内外，373、308、1 路、1 路快两组线路上进行了试点应用，各发车站点实现了基于 GPS 方式的协调调度，即各站点统一编制行车计划，统一执行调度工作，实现了线路间的混编、混跑，减少了“串车”和大间隔的发生机率，使首班车的到站时间大大提前，从而提高了运营效率，提升了服务水平。

（孙国萍）

【公交集团多个企业管理信息系统建成应用】 2011 年年内，依据公交集团信息化总体框架设计，以三级运营组织与调度系统为基础，建成了票务管理、安全管理、服务管理、信息资产设备管理和车辆保修生产等多个企业管理信息系统。通过应用以上企业管理信息系统，规范了业务流程和数据标准，实现了信息资源共享，提高了企业运营和管理效率。

（孙国萍）

【新建外场设备】 2011 年年内，北京市交通委结合公路新改建和大修工程的实施，进一步加大公路信息采集与发布设备（含视频监控、可变情报板、气象检测、交通量调查、交通运行状态监测、轴载检测设备）的建设力度。2011 年新建各类外场设备 299 套，初步实现国省干线公路和部分主要县道的基本覆盖。

（北京市交通委员会）

【极端天气条件下保持道路交通畅通物联网应用示范工程】 2011 年年内，北京市交通委员会组织北京市交通委员会路政局、气象局、水务局、公安交管局、首发集团等参与单位，完成项目建议书（代可行性研究报告）并通过北京市经济和信息化委员会北京市突发事件应急委员会办公室联合审查组的审查，且正式收到同意批复。现在已经设计了物联网信息接收与共享交换、编码赋码管理、轨道交通物联基础信息管理、物联信息目录管理等子系统的方案。该项目已完成工可研立项阶段准备工作。

（北京市交通委员会）

【移动违法监测水平提高】 2011 年年内，北京市为城区和远郊区县执勤队的巡逻车上共安装 300 套移动违法监测系统终端。在高新技术的助力下，移动违法监测系统具备监控、查询、执法和统计等多种功能。安装交通管理移动违法监测系统终端的巡逻警车可以对管界内的每一处路段进行监测，同时对过往每一辆车进行监测，发现涉牌违法车辆后通过声音报警提示民警该车违法行为；对于未年检、报废等违法车辆的及时纠正和处罚。消除可能造成交通事故的隐患，并有效抑制带病车上路的违章势头，为净化路面交通环境提供了技术支持同时对违法司机起到了极大的警示和震慑作用，也提高对涉牌、涉路违法车的查处力度。

（北京日报）

【信息化手段提高市民公交出行意识】 公交优先系统二期采用 RFID 检测技术，在现有信号控制系统的基础上，针对基于路面公交系统的公交信号优先需求，使公交车辆通过道路交叉口时享有更大的通行权，实现城市公交“时间优先”。系统由优先请求生成系统、通信系统和交通信号控制系统等子系统组成，能客观、实时地反映各路口公交优先的状况，并对相应数据进行统计分析。2011 年，系统运行公交信号优先的路口达 256 处，其中中关村大街 23 处、阜外大街 13 处、两广路 24 处、朝阳北路 17 处、南中轴路 27 处、北苑路 22 处、朝阜路 20 处、平安大街 56 处、安立路 24 处、朝阳路 30 处。系统运行以来平均每天响应优先 14 900 余次，优先时间 17.8 小时，单个路口平均每天响应优先 72 次，优先时间 5.3 分钟。优先效果较为显著。在一定程度上提高了公交车辆的运行效力，增加了市民对公交出行乘坐的吸引力，对建设节约型社会、降低城市交通拥堵、提高市民公交出行意识等有着深远的意义。

（市公安局公安交通管理局）

轨道交通信息化

【轨道交通安全防范物联网应用示范工程】 2011 年年内，地铁运营公司、京港公司、轨指中心、公交安全保卫总队四家参与单位，完成项目建议书（代可行性研究报告）并通过北京市经济和信息化委员会北京市突发事件应急委员会办公室联合审查组的审查，且正式收到同意批复。现在已经设计了物联网信息接收与共享交换、编码赋码管理、轨道交通物联基础信息管理、物联信息目录管理等子系统的方案。该项目已完成工可研立项阶段准备工作。

（北京市交通委员会）

城际交通信息化

【东直门综合运输枢纽信息服务平台建设】 2011 年年内，东直门综合运输枢纽信息服务平台工程在国内首次实现了城际（铁路、民航）与城市交通（公交、地铁）相衔接的信息服务，工程在枢纽内部及周边完成 286 个视频监控点、26 个事件监测设备、29 套客流检测设备，8 块 LED 显示屏、5 台触摸屏、111 块静态标志和 187 套集中控制型应急疏散设备的安装部署。通过该枢纽信息服务平台的建设，切实改善了东直门枢纽的安全秩序环境，提高了乘客信息服务水平，加强了枢纽运营管理的科学性和预见性，探索并推动了枢纽内不同运输方式之间协调运行管理机制的实现。枢纽于 9 月底完成初步验收，整体投入试运行。

（周园）

车辆管理信息化

【北京市小客车指标调控管理信息系统使用情况】 2011年1月1日，北京市小客车指标调控管理信息系统成功上线，系统采用先进的信息技术开发切合小客车指标调控管理业务流程的应用系统，同时建设可靠、安全、高效的业务运行支撑平台。2011年系统累计接收个人申请116万，单位申请3万。经过11次摇号工作，生成个人指标201 432个，单位指标19 206个。系统支撑北京市公安人口、公安交管、公安出入境、国税、地税、质检、工商、人保8个单位的业务联动，实现全部业务流程的网上办理，为近80万的小客车指标申请人提供方便，同时有效缓解市区交通拥堵、改善控制环境质量、减少北京市机动车增长带来的能源消耗和环境污染。是全国首例通过多单位协同审核并通过摇号方式实现小客车购车指标调控管理的信息系统。

（市公安局公安交通管理局）

【北京市小客车指标管理信息系统】 截至2011年，北京市小客车指标管理信息系统支撑了公安人口、公安交管、公安出入境、国税、地税、质检、工商、人保8个单位的业务联动，实现全部业务流程的网上办理，为近80万的小客车指标申请人提供方便，节省人力物力，目前系统已为11期小客车摇号工作提供保障。同时，完善路网管理系统的养护管理、路政管理、路网监测和公众服务功能，对系统应用中的功能及界面进一步优化。

（市公安局公安交通管理局）

【保障小客车指标调控工作】 2011年年内，北京市经济和信息化委员会继续支撑小客车比对信息的交换工作，支撑了交通委近80万人次的数据审核。为保证数据交换的准确性、及时性、安全性，开展共享交换主从备份建设工作，已经完成了市交通委、市公安局、市人力社保局、市质监局、市工商局、市国税局等部门的8个前置机的双节点安装工作，有力地保障了小客车比对相关工作的稳定运行。

（电子政务及信息资源处）

【智能停车管理与电子收费工程】 2011年年内，建设全市统一的市区两级路侧停车智能化管理平台，实现路侧占道停车的实时监管，规范停车管理，实时监测和发布车位信息，服务公众泊车。项目在北京市经济和信息化委员会的统一协调推动下，已先期在朝阳区建成试点。试点规模为朝阳区的61个停车场，8889个路侧停车位。

（市公安局公安交通管理局）

【交通信息移动终端服务建设】 2011年年内，市交通执法总队在“交通执法处罚管理信息系统”将3G技术应用于监控指挥车升级改造，以及重点地区场站的监控摄像设备。利用3G将4辆交通执法指挥车辆与指挥中心进行联网，通过3G无线链路共享车辆视频数据，解决了原有CDMA传输带宽不足的问题，在满足D1格式视频实时传输的同时，可保证数据交互的带宽，满足了指挥中心实时掌握现场情况和领导远程指挥的需求。利用3G无线传输技术应用于重点区域场站监控视频传输。日常交通执法工作需要对各交通场站进行实时的视频监控，传统的有线链路铺设的工期长、成本高，且一旦改变监控重点地区时，又要铺设新的线路，3G技术可以很好地解决上述问题。交通执法总队在王府井地区运用3G对监控视频信号的传输进行了实地测试并取得成功。2011 年，交通执法总队在 4 个重点地区场站对“3G 无线视频监控系统”进行了试点应用。

（市公安局公安交通管理局）

环保信息化

【概述】 2011 年年内，北京市环境保护逐步建设完善了信息化基础设施和环境监测、污染源监控、电子政务等系统。

环境质量自动监测系统覆盖全市各区县。全市共有大气、地表水、噪声、辐射环境质量自动监测站点 187 个。共监测废气、工业废水污染源及污水处理厂 80 余家，各项污染物排放综合达标率均达到 84%以上。

污染源在线监控能力明显增强。市环保监测中心、辐射中心、机动车中心和部分区县环保局建起了监控中心，全市 20 蒸吨以上燃煤锅炉、城市污水处理厂和部分垃圾焚烧厂、工业窑炉等重点污染源，安装了污染物排放在线监测设备，并与市和区县环保监控中心联网。

环境管理核心业务基本实现信息化支撑。开发建设了环境监察管理、排污申报与收费管理、固体废物管理、信访管理等业务应用系统。99%的行政许可事项，实现了全流程网上办理，三分之一在用业务应用系统，实现了市和区县环保部门共用。

官方网站和内部办公系统不断完善。围绕“信息公开、在线服务和公众参与”的定位，进行了多次改版。官方网站，在市政府主管部门考核中，被评为北京市优秀政务网站。围绕“行政办公、信息发布、综合服务”的定位，建设内部办公系统，内部办公系统具备了相应功能。

此外，为了保证信息化系统正常运行和数据安全，北京市制订实施了《信息应用系统建设运行管理办法》、《网站管理办法》、《网站信息发布审批管理办法》、《机房管理规定》、《信息化考核办法》等管理制度，为环境信息化规范运行、规范管理提供了保障。为了确保信息安全，制订实施了《信息安全保障工作实施方案》，建立了定时检查和日常防范相结合的安全管理制度。定期对网络及应用系统进行安全风险评估、对重要信息系统进行安全测评，根据评估、测评结果，及时对信息系统进行安全加固。

（市环保局官网）

【首都城市环境建设考核评价信息系统】 2011 年年内，北京市市政市容管理委员会实现在线填报、成绩汇总、查询统计、考评体系完善意见汇总、考评成绩发布和指标模型更新等六大功能，系统建立了两个考评部分、12 个方面、62 个一级考评项、198 个二级考评项以及 1000 多个评分标准的计算机模型。该系统指标分值、汇总算法等均可以灵活调整，响应指标模型快速更新的需要。目前该系统已基本完成并在试运行中，成为市政市容委系统各部门及相关区县城市环境建设考核评价的重要依据，进一步完善首都城市环境建设考核评价机制。

（市政市容委）

【重点污染源自动监控能力建设项目】 2011 年年内，北京市环保局配合环境监察总队完成了重点污染源自动监控能力建设项目中的数据中心建设项目，数据中心是环境保护工作信息资源的集中存储和计算中心，同时也担负了对业务应用的支撑、与区县及其他机构的共享与交换、集中的展现与分析等功能。充分利用云计算、虚拟化、ETL、数据挖掘等技术，加强网络、安全、服务器、系统软件及存储等基础设施的统一规划，以数据管理为核心，整合原有信息化设备与信息资源，优化资源的使用率，达到按管理对象整合环境数据，形成整体效益，打造通畅的环境管理数据沟通渠道，体现环保数据的共享应用能力、决策支持能力及应用支撑能力，为环境管理提供服务支持的总体目标。

（市环保局）

【环境基础数据库建设】 截至2011年年底，北京市环保局向市统计局提供环境统计宏观数据库内容有：工业生活主要污染物排放量、自然保护区的个数和面积、突发环境事件的情况、工业污染治理项目情况、排污费收入情况、三同时完成验收项目环保投资情况、分区县环境质量情况等。

（市环保局）

【环境业务数据库建设】 2011年年内，北京市环境业务数据库包括北京市建设项目环境影响评价审批系统、北京市建设项目环境影响评价验收系统、北京市环境保护局辐射安全许可证管理系统三个数据库。2011年，北京市建设项目环境影响评价审批系统新增信息492项，业务数据更新信息2460项。北京市建设项目环境影响评价验收系统新增信息212项，业务数据新增信息1060项。北京市环境保护局辐射安全许可证管理系统新增信息2544项，业务数据新增信息12 720项。

（市环保局）

【北京市环保局行政处罚系统】 2011年年内，北京市环保局行政处罚系统系统达到了行政处罚查处分离网上操作系统，调查机构、法制机构和局领导按照规定的程序、权限、节点进行操作。实现了“查处分离”、“网上办公”、“规范处罚”的目标。

（市环保局）

【北京市符合规定排放标准的机动车车型目录管理系统完善】 2011年年内，北京市符合规定排放标准的机动车车型目录管理系统经过升级改造，实现了全国各地汽车生产厂家对符合北京市规定排放标准的机动车车型目录的网上受理、审批及公示功能。全国各地汽车生产厂家通过系统进行许可的审批，对在本市销售的机动车车型目录进行了统一管理，减少企业运营成本，提高工作效率。

（市环保局）

【升级改造环境监测管理系统】 2011年年内，市环保局将国家环境监测行政管理软件升级改造为满足北京市环境监测管理需要的应用软件，结合现行的管理制度，率先开发社会化环境监测机构能力认定管理、监测人员持证上岗管理、环境监测法规标准库管理环境监测子系统。以及建立涉及环境质量监测和污染源监测管理、环境监测质量管理、环境监测数据综合分析与信息发布等方面的北京市环境监测管理系统框架，并与现行环境质量监测网络、污染源监测网络对接。系统的升级改造将对全市环保监测系统业务进行统一管理，实现环境监测数据共享。

（市环保局）

社区信息化

【概述】 2011 年年内，北京市社区信息化发展取得显著成效与进步，积极开展启动社区信息化试点项目，围绕构建社区管理、社区服务和社区互动为主体的信息化应用平台，逐步形成“互联互通、资源共享、开放高效、精细管理、高效服务、无缝互动、惠民利民”的社区信息化发展格局，实现首都社区信息化建设工作跨越式发展。社区信息化项目以月坛街道为试点，力争在 3 到 5 年的时间内逐步在全市推广应用。

（费明洁）

【社区管理信息化】 2011 年年内，社区管理信息化的业务内容主要包括社区居委会的民主自治业务和街道承担的政府管理事务，从街道层面看具体包括党务、民政、劳动保障、经济管理、人口信息、计划生育、司法、城市管理、组织人事、信访、行政办公、文教科普等方面内容，从居委会层面看主要是承担上述业务信息的采集功能，是整个业务信息化过程的起点。通过社区管理信息化对数据采集的整合要求，进一步减少各委办局延伸到社区对数据的重复性采集，实现“数据一方采集、资源多方共享”的数据信息采集原则。

（费明洁）

【社区服务信息化】 2011 年年内，社区服务信息化的业务内容主要包括公共、公益、便利、党务和政务等，基于试点街道的特点重点围绕便利服务开展应用。通过构建一个支撑区域化社区服务平台，整合区域化呼叫接入、服务资源和服务菜单管理、服务质量监督等，为社区居民提供属地化精确的服务，并建立服务商的信用体系，优化社区服务资源，为居民提供安全、放心、透明的服务。通过开通社区服务导航网站，为居民提供服务资源信息并提供在线申请服务，以拓展服务渠道，降低居民获取服务的门槛。

（费明洁）

【社区互动信息化】 2011 年年内，以“综合服务评价分析系统”为基础，采用“多手段接入、多媒体传播、全方位展示”方式，结合短信发布系统、网信系统、网站发布系统和公告系统（社区之窗）以及社区服务信息系统，对社区服务企业、社区政府职能进行系统评价，并可实现对街道签约服务商的服务质量评价，以有效提升居民对社区管理工作和社区服务的满意度。

（费明洁）

【北京市社区管理信息系统】 截至 2011 年年底，北京市社区管理信息系统已覆盖全市 16 个区县、220 个街道（地区）乡镇、2539 个社区。建成北京市社区管理基础数据库，已汇总居民户信息 373.9 万，居民人口信息 908.8 万，低对象 5.1 万，残疾人 7.5 万，残困人口 10.4 万，老年人 168.2 万，空巢老人 66.7 万。社区服务设施、志愿者组织、社区居委会组织、社区民间组织等数据成为北京市统计局的第一数据源。为市信息中心及东城、西城、宣武、朝阳、海淀、石景山、顺义提供社区管理信息实时数据交换，并通过数据交换技术为市区两级政府的社区基础信息应用提供了稳定、可靠的数据基础。改变了社区居委会登记表、报表、调查统计等人工处理的现状，减少工作误差，降低工作强度，提高工作效率。

（社会信息化处）

【北京市社区信息管理应用系统】 截至2011年年底，北京市社区信息管理应用系统发放用户账号近1300个，建立了街道及有关部门与社区的信息通道。通过应用系统可及时快速地获取正在发生的社区事务和社区管理的动态数据，能够对社区情况进行多角度、多层次深入分析和展示，做到情况明、数据清，为科学决策提供依据。

（社会信息化处）

【北京市居民委员会、村委会换届选举信息系统】 截至2011年年底，北京市居民委员会、村委会换届选举信息系统在全市2700多个社区普及应用，促进社区基层社会管理。北京市村委会选举系统在全市3900个村委会普及应用，促进农村基层社会管理。两大系统实现信息数据报送方式由纸质到电子网络的转变，提高数据统计的效率，增强统计数据的准确性和时效性，为选举工作开展提供有效的保障。

（社会信息化处）

【百万家庭数字生活】 2011年年内，北京市经济和信息化委员会、市科协、市妇联联合开展“2011年（第八届）北京百万家庭数字生活技能大赛”，仅7个月，全市有11 586支家庭队参加初赛，在全市举办了63场讲座，在原来数码摄影、DV影像、科普英语、计算机安全相关知识的基础上又增加了物联网、微博使用、网上购物、网上银行等知识，覆盖人群达4万。首次引入社会力量参与支持信息培训活动，家庭赛决赛各环节设置更紧凑，知识性、趣味性、互动性更强。

（社会信息化处）

【组织开展社区信息化示范街道考核认定活动】 2011年年内，为进一步做好社区信息化工作，总结经验，挖掘亮点，北京市经济和信息化委员会与市民政局、市社会办有关处室共同组织开展了示范街道的考核认定工作。对全市十一五以来开展的社区信息化试点街道或社区进行了梳理，在全市区县推荐基础上，实地考察了13个区县的24个街道，推荐10个综合示范街道和7个特色应用街道作为典型街道，发挥示范作用。组织编写了《北京市社区信息化典型案例汇编》，共收录60个典型案例，对全市开展社区信息化工作发挥了有效的引导作用。

（社会信息化处）

【组织召开全市社区信息化工作推进大会】 2011年11月23日，在示范街道考核认定工作基础上，为总结和推广创新应用案例和模式经验，联合市社会办、市民政局共同召开北京市社区信息化工作推进大会，苟仲文副市长、信息化推进司秦海副司长出席会议。大会总结了十一五期间社区信息化工作情况，开展典型单位经验交流，部署十二五时期重点工作，并为前期考评的10个综合示范街道和7个特色应用街道颁牌。

（社会信息化处）

【推动试点示范，创新社区信息化应用】 2011年年内，北京市围绕信息资源整合、社区管理、社区服务、信息渠道建设等继续推进社区信息化试点建设。在西城广内街道开展了智慧社区试点，在东城、海淀、朝阳等部分街道开展了社区老人健康感知和远程医疗服务试点，在丰台开展了智能电网和智能家庭社区综合信息服务试点。

（社会信息化处）

【东城区建国门街道网格化社会服务管理信息系统】 2011年5月，由数字政通科技发展股份有限公司建设，应用于建国门街道及下辖的10个社区。充分利用计算机软件技术、网络技术、移动通信技术和空间信息技术等多种信息化手段，建成集地图、人口、房屋、机构、综治维稳事件等信息为一体的新型信息化系统。系统试运行4个月总计报送案件5492件、民情服务类3991件。使民情反馈更为通畅，各类问题解决更为快捷，网格工作人员工作更为高效，初步在地区形成"人人参与社会服务管理创新，人人共享创新成果"氛围。

（社会信息化处）

【西城区什刹海街道"一院一图、一户一档"社区综合管理系统】 2011年年内，北京北科光大信息技术股份有限公司研发建设西城区什刹海街道"一院一图、一户一档"社区综合管理系统。系统包含了居民院信息、房屋信息、流动人员信息、社保信息、民政信息、计划生育信息、社区服务信息、文保单位信息等主栏目及数个子栏目，实现了数据的自动调取、查询、汇总、导出，可根据使用权限实现共享，扭转街道与社区数据滞后、不准确的被动局面，从根本上实现从纸质台账向电子台账的转变。该系统作为一个综合查询库，为街道和社区居委会提供完整的社区资源查询系统，同时提供数据接口。

（社会信息化处）

【朝阳区东湖街道1+1+3物联网】 2011年年内，由时代凌宇、CBD通信等单位共同建设，平台包括"一套基础网络、一个管理平台、三大区域应用"在全国物联网建设工作中大胆创新，在基础设施建设和三大区域应用领域走在前列；在解决区域发展遇到的各种实际问题基础上，形成了对区内信息化基础设施具有提升作用的物联网发展典型模式；同时带动了物联网产业的发展；同时提升了区域竞争力，提升社区生活品质；完善了工作机制，应用"双进入"工作模式，为社区信息化基础设施建设工作提供示范性模式。

（社会信息化处）

【朝阳区麦子店街道社区综合服务系统】 2011年年内，朝阳区麦子店街道社区综合服务系统由首都信息发展股份有限公司2011年开发建成，整合了政务、公共、便利、公益四大类社区服务内容，通过"一网"、"一线"、"一平台"三大载体，构建了麦子店街道社区服务体系，实现了社区管理、社区服务、社区互动信息化。上半年，累计为居民提供政务服务113项、公共服务15项、公益服务77项、便利服务463项。其中，社区服务网站总访问量为2129次，发布各类政策、新闻和信息1691条，输达民意诉求18起；社区服务热线接听咨询单445项、服务单235项、反馈评价单8项；统筹辖区公共资源67项、社会组织54个、便利服务商173家（认证站点158个）。社区居民在15分钟的时间内，充分享受到了专业、快捷、实惠的服务。

（社会信息化处）

【朝阳区有毒有害气体防控物联网体系】 2011年12月，朝阳区信息办建立覆盖朝阳区十八里店、崔各庄等地区9个地区办事处。采用"四级管理五级报警"的科学预警方式和处理模式，通过物联网技术的应用，为建设智能城市运行体系提供必要的支撑。通过本项目的建设，可初步建立起北京市有毒有害气体安全监测与应急管理物联网应用体系，推进物联网关键技术的研发、标准体系的建立和自主产权的创制，创新应用服务模式，推动物联网及相关产业的发展。

（社会信息化处）

【丰台区基于智能电网的智能家庭及社区综合信息服务】 2011年年内，丰台区基于智能电网的智能家庭及社区综合信息服务满足居民用户光纤入户高带宽的上网需求，多功能的智能家电系统实现了生活智能化服务，远程抄表业务让用户了解自家用电的实时数据，资源节约的同时用户也减少了电费。对小区物业来说，所提供的多种服务，能够便于物业监控，进行高效的社区管理,并提升房地产商的品牌效应。对政府来说，社区综合服务加强了电子政务的应用，有利于医疗社保等民生问题的解决，同时用户足不出户相对缓解了交通压力，在加强政府与居民沟通的同时，提高了政府信息化水平。

（社会信息化处）

【海淀区四季青镇“数字四季青”信息资源共享平台】 2011年年内，由北京中海纪元数字技术发展股份有限公司开发建设，于7月建成，四季青镇镇政府机关、13家镇域内村委会、11家居委会及38家企事业单位使用。改变过去传统的纸质上报数据的方式，以及时、高效、便捷的手段实现数据更新和录入，以全镇的基础数据库支撑各科室的业务应用，以图表等直观形式对数据进行展示及预警，以翔实的数据为决策提供科学依据。

（社会信息化处）

【海淀区甘家口街道“甘家口之窗”微博群】 2011年6月,甘家口街道与新浪公司合作开通，成为全市首家开通微博的街道，并积极鼓励支持下辖21个社区开通了社区微博,形成了独具甘家口特色的微博群。微博运行1月多，粉丝数超过3000，粉丝转发微博492条、评论微博463条。四道口社区微博开通一个月，粉丝数也达到了1632。街道收到居民关于政策咨询、民生、环境、社区文体、休闲建设等各类文体41个，并已全部答复解决。微博群为居民反映文体、与街道社区交流互动搭建便捷平台，拓宽沟通渠道。

（社会信息化处）

【海淀区清华园街道社区服务会员卡系统】 2011年年内，海淀区清华园街道社区为居民和教师配发了非接触式彩照智能卡（即社区服务会员卡），该卡集身份识别、服务获取、爱心家园超市购物、公共福利领取、图书借阅、门禁管理、打折优惠、消费积分等功能于一体，切实做到“一卡多能”，并开通会员卡网站，提供会员卡相关各类查询功能，方便持卡人查询图书、福利、机票积分、优惠商家等相关信息。覆盖达1万余人，为居民和教师提供实惠和方便，提升了街道服务和管理水平。

（社会信息化处）

【顺义区石园街道石园北三社区科学嘉·互动窗】 2011年3月，由顺义区石园北三社区与北京嘉兴一族广告公司合作。信息确保每3个月信息内容定期更新，充实科普宣传信息500余条，受益居民达3000余人。使社区居民生活质量向科学健康的方向转变。使居民形成低碳行动的习惯，并使居民及时掌握科学用药健康养生的小知识等多种生活信息知识。

（社会信息化处）

【平谷区滨河街道滨河社区综合信息服务】 2011年年内,平谷区滨河街道滨河社区利用科技手段，建微博和电子大屏，搜集、整理全员电话信息，与移动平谷分公司合作，按照居民分类进行定人发送，实现全覆盖的信息无缝隙宣传。

（社会信息化处）

【怀柔区龙山街道网格化管理应用系统】 2011年年内，怀柔区龙山街道网格化管理应用系统由北京轩洋智业技术有限公司研发建设，在街道机关及其下辖12个社区居委会使用。实现相关科室对网格化150余名用户进行管理，对辖区楼房数、常住人口数、总户数、单元门数等近 200 个指标、9 个方面的数据资料实行月度查询、汇总。成为机关、社区基础管理的有效手段和工具，加快了街道信息化进程，提升了街道信息化整体水平。

（社会信息化处）

【延庆县香水园街道基于三网融合的启讯通服务系统】 2011 年年内，香水园街道同中国移动延庆分公司于2011年3月合作开通企信通业务平台，为社区居民，特别是无业人员、老年人、街道社保统计范围人员免费提供综合性信息服务。拉近街道、社区同居民的距离，同时更有针对性的解决各类群体的不同诉求。在节假日或特殊时期，通过启讯通服务，更直接的传达街道、社区的意愿，也更直接的接收来自最基层意见，形成工作中通过电话、网络、手机等多种形式服务居民的良好氛围。至今，街道下发信息 1.3 万余条，社区下发信息 8000 余条，使居民足不出户就能了解生活信息、办事流程、公共常识、大政方针等信息。

（社会信息化处）

农村信息化

【概述】 2011 年年内，北京市农村信息化遵循统筹规划、试点先行的原则，开展了大量工作：基础设施建设不断加强、信息资源体系逐步完善、信息化对农业生产、公共服务支撑作用越发明显、农民信息能力日益提升，物联网、移动互联网等新一代信息技术得到创新应用，并取得较好效果。农村信息化作为北京国民经济和社会信息化的重要组成部分，大大加快了城乡经济社会一体化发展的步伐。

（社会信息化处）

【编制全市农村信息化统筹性文件】 2011 年年内，为了明确“十二五”时期北京市农村信息化发展方向及目标，统筹推动农村信息化各项工作落实，北京市经济和信息化委员会联合市农委结合《中共北京市委关于制定北京市国民经济和社会发展第十二个五年规划的建议》、《北京市国民经济和社会发展第十二个五年规划纲要》、《关于率先形成城乡经济社会发展一体化新格局的意见》、《北京市“十二五”时期城市信息化及重大信息基础设施建设规划》等文件要求，共同编制了《北京市“十二五”期间农村信息化发展指导意见》,提出了未来五年发展目标、重点工作以及相应保障措施。

（社会信息化处）

【积极开展农村信息化应用试点】 2011 年年内，北京市经济和信息化委员会组织开展了大量农村信息化应用试点工作。在平谷、大兴等区县组织开展面向养殖业、种植业和休闲农业的农村经济合作组织信息化应用试点；组织开展设施农业、果品产业合作组织的信息化应用试点研究，调研了大兴榆垡镇农业设施现状和昌平卓越果品产业合作组织现状，分析其信息化需求，初步设计了信息化建设与推广应用方案。为探索物联网等新技术在都市型现代农业生产中的应用模式，在昌平、大兴等区县组织开展农业大棚种植业生产物联网技术示范应用试点；为探索农村社区化管理新思路，组织开展在大兴北蒲州营村感智化网元新农村服务系统，通过村务管理“九大员”机制建立，探索农村社区信息化支撑网格化管理的新模式；目前各试点建设工作基本完成，正逐项组织验收工作。

（社会信息化处）

【启动“2011 年度‘信息化示范村’”考核认定工作】 2011 年年内，为充分发挥信息化对城乡一体化建设的促进作用，总结和推广农村信息化应用经验及模式，市经济信息化为委同市农委组织专业机构和相关专家编制了《“2011 年度‘信息化示范村’”考核认定指标》，并启动了“2011 年度‘信息化示范村’”考核认定工作。通过评估各区县上报材料，结合实地考察结果，认定一批信息基础设施普及率较高、经济信息化应用具备一定规模、村务管理与公共服务信息化达到一定水平、村民信息能力普遍较高的行政村，授予“2011 年度‘信息化示范村’”称号，并择优申报国家级农村信息化应用试点示范单位。

（社会信息化处）

【大力推动农村信息基础设施建设】 2011 年年内，随着农村地区广播电视网、电信网、宽带网络、政务专网等信息网络“村村通”覆盖率达到 100%，农村地区加大了终端部署力度。2011 年年底，数字家园数量 824 个，农产品市场信息服务站点 150 个，农业科技远程教育站点 452 个，农村文化信息资源共享站点 3118 个，爱农信息驿站 1504 个，政务公开触摸屏站点 400 个，移动农网终端设备信息机 222 台，农信机 3810 台，农村综合信息服务站点 4913 个。

（社会信息化处）

【依托“221 信息平台”进一步完善涉农信息资源服务体系】 2011 年年内，“221 信息平台”是依据北京都市型现代农业“221 行动计划”建立的，面向生产者、消费者、经营者、管理者的综合信息服务平台。该平台集成了遥感、地理信息系统、全球定位系统、数据挖掘、专家系统、虚拟现实等多种信息技术，研发了气候模拟、空间分析、作物适宜性判别等最新农业分析模型。2011 年平台整合了水土气等 23 大类 492 项数据，形成了超过 50GB 涉及“资源、市场、科技、资金”的农业专题综合数据库和超过 6TB 覆盖全市的亚米级遥感影像及基础地理数据库，构建了粮食、蔬菜等 7 大类 160 种作物、13 种特色唯一性农产品、40 个新品种引种适宜性评价模型，建立了养殖场选址、三品基地选址、科技服务资源调配和动物疫情应急处置等 23 组空间规划与评估模型，研发了国内首个现代农业综合信息服务平台。成果在北京市 15 个委办局、13 个郊区县、103 家企业及 1000 多个生产监测点得到推广应用，取得了显著的经济社会和生态效益。

（社会信息化处）

【全市稳步提升农村公共服务信息化水平】 2011 年年内，以农民需求为核心，全市进一步加强了公共服务信息化应用，提高服务水平。卫生局新型农村合作医疗较 2010 年新增 1 万多业务量；市气象局结合农业生产、农民生活，为农民编辑、审核、发送各类气象服务信息，2011 年发送实用短信近 30 万条；密云县在东邵渠镇进行农村社会网格化管理平台建设试点工作，搭建起资源共享、全面覆盖、动态跟踪、联通共享的农村社会服务管理综合信息系统等。

（社会信息化处）

【大力加强新技术在农业生产中的应用】 2011 年年内，各涉农委办局及区县结合实际，大力推进了物联网、视频监控、虚拟展示等新技术应用，取得了很好的社会经济效益。市农委在

8 个郊区县选取 11 个试点单位共 55 个温室大棚，部署温湿度传感器、光照传感器、二氧化碳浓度传感器、视频摄像头等环境监控采集设备，实现对温室大棚的实时监控和管理；朝阳区开发了特色都市型现代农业虚拟展示系统，充分展示都市农业建设成果；怀柔区建设气温实时监测系统，提前做好种养殖的灾情防范工作，同时应用信息手段促进了民俗旅游的现代化发展；京市土肥工作站和中国农业大学基于“超图 SuperMap GIS 大型服务式 GIS 平台软件”建设完成北京市土壤资源管理信息系统，先后完成了 1∶50 000 数字土壤图、土壤背景数据库以及密云县、平谷区、大兴区、通州区等北京市 13 个区县的土壤资源管理信息建设等。

（社会信息化处）

【充分利用信息化手段提高农民素质】 2011 年年内，各涉农单位积极利用数字家园、远程教育等信息化平台开展涉农培训。市农委在 13 个涉农区县组织开展了“221 信息平台”宣讲培训活动，取得了很好的辐射效应。2011 年各区县利用农村“数字家园”组织开展各类培训达 11.6 万人次，利用党员干部现代远程教育系统组织了近 150 万人次的培训。

（社会信息化处）

社会信用体系

【概述】 2011 年年内，北京市社会信用体系统筹协调机制不断完善，企业和个人信用体系建设深入推进，信用信息基础设施建设初具规模，重点行业、领域和区域信用体系建设取得良好成效，农村和区域信用体系建设工作取得新进展，为促进首都经济又好又快发展提供了保障。

企业信用信息系统建设取得成效。市工商局升级改造了北京市企业信用信息网，强化了共享交换、信息查询、统计分析等基础功能，积极推进了企业信用信息网与信用北京网的联动应用，促进企业信用信息集中公示，提升了全市信用信息数据归集与共享能力。截至 2011 年 12 月底，北京市企业信用信息系统共归集数据 1831.36 万条。累计比 2010 增加 344.86 万条，增幅 23.2%。面向政府部门完全开放，向社会部分开放，并通过“首都之窗”、“信用北京网”和“北京市企业信用网”等政府网站，面向社会用户提供企业基本登记信息、良好信息、警示信息的免费查询服务。

积极推进个人信用信息系统建设。北京市经济和信息化委员会完成了市人力社保局工伤保险信息、生育保险信息、失业保险信息、养老保险信息、医疗保险信息和职业培训信息等 6 类、1.3 亿条数据及市住房建设委监理工程师信息、建造师信息、从业人员证书信息、项目负责人信息、专职安全员信息、人员获奖信息等 19 类、40 万条数据的归集工作。

信用北京网正式上线开通。为大力宣传北京市社会信用体系建设工作，提高全社会信用意识，树立“信用北京”良好形象，根据北京市“一网二平台三系统”信用信息系统建设总体框架。“信用北京网”开通上线，全面及时反映北京市及国内外信用工作的最新动态，提供政策法规和信用产业发展情况，宣传和展示北京市社会信用体系建设成果，提供“一站式”导航查询服务，集中披露市场主体的失信和守信信息。

（社会信息化处）

【统筹规划“十二五”时期社会信用体系建设工作】 2011年年内，为大力推进北京市“十二五”时期社会信用体系建设，北京市经济和信息化委员会制定了《“十二五”时期北京市社会信用体系建设重点任务》，计划提请市社会信用体系建设联席会议审议发布；印发了《2011年北京市社会信用体系建设重点任务》；市工商局制定了《进一步加强企业信用监管推进企业信用体系建设意见》，已提请市政府常务会审议通过。

（社会信息化处）

信用信息基础设施建设

【企业信用信息系统建设取得成效】 2011年年内，市工商局升级改造了北京市企业信用信息网，强化了共享交换、信息查询、统计分析等基础功能，积极推进了企业信用信息网与信用北京网的联动应用，促进企业信用信息集中公示，提升了全市信用信息数据归集与共享能力。截至2011年12月底，北京市企业信用信息系统共归集数据1831.36万条。累计较2010增加信用信息344.86万条，增幅23.2%。面向政府部门完全开放，向社会部分开放，并通过“首都之窗”、“信用北京网”和“北京市企业信用网”等政府网站，面向社会用户提供企业基本登记信息、良好信息、警示信息的免费查询服务。

（社会信息化处）

【个人信用信息系统建设推进】 2011年年内，北京市经济和信息化委员会完成了市人力社保局工伤保险信息、生育保险信息、失业保险信息、养老保险信息、医疗保险信息和职业培训信息等6类、1.3亿条数据及市住房建设委监理工程师信息、建造师信息、从业人员证书信息、项目负责人信息、专职安全员信息、人员获奖信息等19类、40万条数据的归集工作。

（社会信息化处）

【信用北京网线开通】 2011年年内，为大力宣传北京市社会信用体系建设工作，提高全社会信用意识，树立“信用北京”良好形象，根据北京市“一网二平台三系统”信用信息系统建设总体框架。2011年11月23日，副市长苟仲文为“信用北京网”开通上线揭幕。“信用北京网”将全面及时反映北京市及国内外信用工作的最新动态，提供政策法规和信用产业发展情况，宣传和展示北京市社会信用体系建设成果，提供“一站式”导航查询服务，集中披露市场主体的失信和守信信息。“信用北京网”的开通，标志着北京市社会信用体系建设迈上新的阶段。

（社会信息化处）

企业信用体系建设

【搭建中小企业信用服务平台】 2011年年内，北京市经济和信息化委员会、人民银行营业管理部、市工商局、市金融工作局共同作为发起和指导单位，正式启动西城、海淀区中小企业信用体系试验区建设工作。西城区成立了社会信用体系建设联席会议机制，制定了《西城区社会信用体系建设方案》，搭建中小企业信用服务平台，建设“信用大栅栏”和“信用什刹海”网站，大力推进大栅栏、马连道和什刹海等商业区信用体系建设，有效提高了中小企业的诚信意识，促进了区域经济发展。海淀区政府专题研究了海淀区中小企业信用体系建设工作，印发实施了《海淀区企业信用体系建设工作方案（2011—2013 年）》和《海淀区中小企业信用体系建设支持办法》，采取“政府主导、多方推动、市场运作、财政扶持”的原则，力争用三年时间，建设企业信用信息服务平台，建立企业信用体系运行机制，基本形成与核心区经济发展相适应的企业信用环境。11 月 23 日，副市长苟仲文为西城区、海淀区授予“北京市中小企业信用体系建设试验区”。

（社会信息化处）

【“信贷快车”及“信保融资”项目】 2011 年年内，人民银行营业管理部、北京银监局与中关村国家自主创新示范区管委会等 3 家合作单位联合推出“信贷快车”，“信保融资”等项目，目前，已有合作银行 17 家，授信额度 105 亿元，实际发放 96 亿元，已还款 60 亿元，无一违约行为。实现了 1 元财政补贴撬动 100 元以上贷款发放的良好效果，财政补贴的杠杆撬动效应明显，初步实现了企业信用保险和银行贷款的有机结合。

（社会信息化处）

【小企业金融服务信息报送机制】 2011 年年内，北京银监局建立辖内小企业金融服务信息报送机制，完善准入政策，支持辖内银行设立中小企业金融服务专营支行，支持民生银行发行小微企业专项金融债，以差异化监管政策引领银行明确市场定位，鼓励服务创新，不断优化中小企业融资环境。

（社会信息化处）

【推进企业信用信息共享机制】 2011 年年内，市工商局大力推进企业信用信息共享交换工作，实现了与市知识产权局、市国税局、市高法、市人力社保局、市邮政管理局、市检验检疫局、北京海关等部门的信用信息归集和共享工作，提高了数据归集质量和效率，为各部门进行数据比对提供了支持，并为开展联合失信惩戒打下了基础。

（社会信息化处）

【央行创新征信监管工作思路和检查技术】 2011 年年内，人民银行营业管理部加强对商业银行参与系统建设的规范化管理。为大幅减少信用报告违规查询行为，督导辖内 52 家金融机构建立查询前置系统，通过与北京市代码中心信息共享，实现北京市全部贷款卡基本信息的自动批量更新。对金融机构开展企业和个人征信系统数据核对、量化考评、定点监测等工作，狠抓数据质量工作，督促金融机构切实提高相关工作质量。从业务流程上解决查询记录与授权资料档案分离的问题。利用数据库技术，有针对性的筛选高风险检查对象，实现了检查技术的创新。年内对北京银行等开展了 6 项现场执法检查。

（社会信息化处）

【开展中关村国家自主创新示范区信用体系建设】 2011 年年内，中关村科技园区管委会不断加强中关村示范区信用制度建设，提高信用服务水平，以信用自律为基础，以企业需求为导向，整合企业信用资源，做大企业信用规模。同时建立信用中介机构与金融机构协作联动机制，搭建了以企业信用为基础的企业融资综合服务平台。完成了企业信用星级评定工作，提升了企业的信用价值和融资能力，为公共政策的实施提供企业信用证明。截至 2011 年 11 月底，北京中关村企业促进会会员达到近 3400 家，占示范区销售额 1000 万规模以上企业的 75%，其中 2011 年新增会员 330 家。中关村示范区信用星级企业已达 480 家。

（社会信息化处）

【积极探索有地方特色的中小企业信用体系建设】 2011 年年内，为进一步发挥信用信息服务在缓解中小企业融资难中的重要作用，探索有地方特色的中小企业信用体系建设有效机制，11 月 23 日，北京市经济和信息化委员会举办“北京市中小企业信用体系建设试验区授牌仪式”，为西城区和海淀区授予“北京市中小企业信用体系建设试验区”。

（社会信息化处）

个人信用体系建设

【央行提升个人征信服务水平】 2011 年年内，人民银行营业管理部与中信银行合作，在全国首次推出互联网渠道查询个人信用报告服务。做好贷款卡业务办理、个人信用报告查询和异议处理工作，通过不断加强征信系统的服务功能，充分发挥征信系统的社会效益。截至 2011 年 11 月，个人征信服务窗口共提供个人信用报告 6.1 万份，较去年增长约 50%，单一网点查询量居全国首位，同时提供现场及电话咨询约 3 万人次；直接受理客户异议申请 500 笔，解决回复率近 100%；指导辖内机构处理异议事项 12 笔。

（社会信息化处）

【住房公积金中心配合全市信贷政策推进个人信用管理工作】 2011 年年内，通过动态监控房价走势，全面掌握借款人抵押物状况，动态综合评估借款人的个人信用。同时通过与人民银行个人征信系统的共享交换，查询到 3283 人有“二套房信贷”，通过市房屋交易权属系统查询到 1080 个家庭有“二套房”信息，有力配合了北京市住房差别化信贷政策的落实。截至 2011 年年底，该数据库记录近 600 万人住房公积金信息，累计贷款笔数约 50 万笔，并为公积金借款申请人出具 34 万余份个人信用评估报告。

（社会信息化处）

【信用社区个人小额担保贷款工作稳步推进】 2011 年年内，为鼓励北京市城镇失业人员、未就业大学毕业生、农村转移劳动力和复员（转业）军人自谋职业、自主创业，市人力社保局加快推进小额担保贷款信用社区建设。以街道社区为单元，为贷款对象建立个人信用档案，经过社区进行信用调查和评估，对符合条件的贷款对象免除担保。截至年底，全市共建立小额担保贷款信用社区 57 个，全年共发放小额担保贷款 34 笔共计 287 万元。

行业和领域信用建设

【推进食品工业企业诚信体系建设工作】 2011 年年内，北京市经济和信息化委员会积极协调市食安办、市工商局、市质监局、市农委、市商务委等部门建立了部门协调机制，召开了全市食品工业企业诚信体系建设工作动员大会，并选择怀柔区、二商集团、金狮龙门公司开始诚信体系建设先行试点，在全市38家调味品重点龙头企业建立诚信管理体系并运用于生产经营，同时在全市部分调味品、乳制品、肉类、饮料等重点企业中初步建立具有北京市特色的诚信管理体系，并大力推动北京市食品工业企业诚信信息公共服务平台建设工作，取得初步成效。

（社会信息化处）

【推进工程建设领域诚信体系建设工作】 2011年年内，北京市经济和信息化委员会会同市监察局、市工程治理办编制了《北京市工程建设领域项目信息公开和诚信体系建设工作实施方案》和《北京市工程建设领域信用信息共享指导目录（试行）》，开展工程建设领域诚信数据库和工程建设领域诚信信息共享服务系统建设。组织开展了信用信息在线填报和共享工作。全年共有46个单位填报了3175个项目的市场信用记录信息，占应填报项目总数的91%进行了11类企业信用信息和7类个人信用信息的共享交换。北京市工程建设领域项目信息和信用信息公开共享专栏，在12月份开展的“第十届（2011年）中国政府网站绩效评估”省级政府网站工程建设领域专项评估中名列第二名。

（社会信息化处）

【推进食品行业诚信体系建设】 2011年5月初，北京市经济和信息化委员会组织召开了食品工业企业诚信体系建设工作大会，怀柔区北京市经济和信息化委员会、二商集团作了经验介绍，委领导和工信部消费品司领导讲话，全面动员在食品企业中开展诚信体系建设工作，部署了今年的工作重点，即在调味品行业开展试点，取得经验的基础上再在肉类企业和乳品企业进一步推开。试点工作进展顺利。

（都市产业处）

政府诚信体系建设

【北京市纳税信用A级企业国、地税联合评定工作启动】 2011年年内，市地税局会同市国家税务局，积极协调相关部门，启动了北京市纳税信用A级企业国、地税联合评定工作，共评定出2011—2012年度纳税信用A级企业3305户。依托北京市国、地税局网站，实行信用公示制度。通过对纳税信用A级企业进行公告，弘扬依法诚信纳税的意识；通过对纳税信用较低的企业特别是大额欠税企业进行公告，增强了对纳税失信行为的社会舆论监督，警示企业依法诚信纳税。

（社会信息化处）

【市国税局推进重点行业和领域信用体系建设】 2011年年内，市国税局与五家纳税信用A级企业签署税收遵从协议，行业涉及食品、商业、安全生产、工程建设、环境保护等，推进重点行业和领域信用体系建设。积极探索对A级信用等级企业的增值服务，开通A级企业办税窗口和绿色通道，实施预约购票制度、专岗验旧制度、加班认证服务制度，办税优先制度，为企业邮寄税务公告，送政策上门，召开座谈会了解企业需求等，增强了企业争当A级信用企业的积极性，为诚信经商，诚信纳税奠定了良好的基础。

（社会信息化处）

【市住房建设委建筑市场公开信息”信息共享】 2011年年内，市住房建设委通过整合内部各类行政信息资源，进一步完善“北京市建筑市场公开信息平台”，向社会公开企业资质、人员资格、招标投标等10类信息，并向“信用北京网”

提供合同数据 8 万余条，合同履约数据 4 万余条，施工许可数据 2 万余条，初步实现了“建筑市场公开信息”的信息共享，使北京市成为全国第一个将合同备案、合同履约信息向社会公布的城市。同时建立健全房地产企业信用体系，完成开发企业违规行为信用记分标准修订工作，增加违法违规行为记分条目，约谈告诫信用问题开发企业，提高了企业诚信守法经营意识。

（社会信息化处）

【市国土局协助执行系统和新增费管理信息系统建设】 2011 年年内，市国土局建设了协助执行系统和新增费管理信息系统，推进国土局与法院、财政局之间的信息共享交换。同时在土地出让评标过程中，对企业以往出让合同履约情况等守信行为进行核实并作为评标条件，对存在违约失信情况的企业将在评标过程予以通报，建立了失信惩戒与守信激励机制。

（社会信息化处）

【市质量监督局建立食品生产企业信用档案】 2011 年年内，市质量监督局通过建立食品生产企业信用档案，实现食品生产企业信用分级，并通过社会公示等手段引入社会监督机制，实施动态监测、调整与管理，推进食品生产监督行政管理工作，加快质量信用体系建设。

（社会信息化处）

【市科委贯彻《北京市科技计划管理相关责任主体信用管理办法》】 2011 年年内，市科委深入贯彻落实《北京市科技计划管理相关责任主体信用管理办法》，优化信用评级制度，抓住科技计划项目管理和经费使用中容易滋生腐败和失信的源头，重点完善了专家评议制和信誉制度，并结合北京市科技计划信息系统（MIS 系统）功能升级，建设了科技计划管理信用信息系统。

（社会信息化处）

【市商务委“诚信兴商”活动】 2011 年年内，市商务委继续推动“诚信兴商”活动，加大对商业零售企业促销行为的检查力度，提高零售业员工诚实守信意识，规范商业领域信用卡的管理和使用，充分发挥市商联会及有关行业协会的作用，促进企业信用自律，创建公平诚信的商业市场环境。

（社会信息化处）

【北京海关进行企业信用和分类管理工作】 2011 年年内，北京海关扎实做好企业信用和分类管理工作，通过出台相关政策，给予高信用等级企业享受通关优惠措施，引导广大进出口企业不断提高守信经营意识，积极申请上调管理类别，以享受更多的通关便利。截至目前，北京关区 AA 类企业达到 99 家，与去年同期相比增长了 30%，A 类企业达到 550 家，与去年同期相比增长了 25%。

（社会信息化处）

【积极筹建北京信用协会】 2011 年年内，协会筹备组按市社团办的要求，完成了协会筹备成立阶段的一系列准备工作，并已通过民政局行政许可，进入会员预登记、落实办公场地等实质成立阶段。

（社会信息化处）

区域和农村信用体系建设试点工作

【中关村信用体系建设】 2011 年年内，中关村国家自主创新示范区按照“以信用促融资、以融资促发展”的工作思路，以企业自律为基础、市场需求为导向、缓解企业融资难为突破口，通过整合企业信用资源，做大企业信用规模，整合企业信用、中介服务和金融服务三大资源，搭建信用与政策宣传、信用与金融服务对接、信用信息共享三大平台，全面提升中关村示范区企业信用意识和信用管理水平。

（社会信息化处）

【农村“三信”工程建设】 2011 年年内，市金融局、北京市经济和信息化委员会、市农委等有关部门大力支持北京农商行等机构和有关区县大力推进以信用户、信用村、信用镇（乡）为内容的农村“三信”工程建设，促进农村信用文化建设，增强镇村和农户信用意识，扩大信用等级评定覆盖范围，以良好的信用扩大金融支农力度。

（社会信息化处）

【信用社区个人小额担保贷款】 2011 年年内，信用社区个人小额担保贷款工作稳步推进。为鼓励北京市城镇失业人员、未就业大学毕业生、农村转移劳动力和复员（转业）军人自谋职业、自主创业，市人力社保局加快推进小额担保贷款信用社区建设。以街道社区为单元，为贷款对象建立个人信用档案，经过社区进行信用调查和评估，对符合条件的贷款对象免除担保。截至年底，全市共建立小额担保贷款信用社区 57 个，全年共发放小额担保贷款 34 笔共计 287 万元。

（社会信息化处）

【西城区推进商业区信用体系建设】 2011 年年内，西城区大力推进大栏栅、马连道和什刹海等商业区信用体系建设，搭建中小企业信用服务平台。东城区成立了“企业诚信联盟”，积极推进企业自律，自觉接受社会监督，促进市场秩序和经营服务环境的良性发展，共同建设文明诚信东城。海淀区采取“政府主导、多方推动、市场运作、财政扶持”的原则，按照“一个平台、两套机制”的建设思路，以科技型中小企业为主体，大力推进信用体系建设。怀柔区政府把食品工业企业诚信试点工作列入了区政府折子工程，区政府 10 个委办局联合下发《怀柔区食品企业诚信管理体系实施方案（试行）》，大力开展食品工业企业诚信体系建设，努力打造食品工业行业诚信品牌。朝阳区开展了小区物业诚信体系评定工作，定期公布小区物业诚信评价指数。通州区建立了劳动用工信用评价体系，降低了劳动用工违法案件的发生。

（社会信息化处）

中小企业信用体系建设

【“信贷快车”服务】 2011 年年内，人民银行营业管理部、北京银监局与中关村国家自主创新示范区管委会等 3 家合作单位联合推出“信贷快车”，“信保融资”等项目，目前，已有合作银行 17 家，授信额度 105 亿元，实际发放 96 亿元，已还款 60 亿元，无一违约行为。实现了 1 元财政补贴撬动 100 元以上贷款发放的良好效果，财政补贴的杠杆撬动效应明显，初步实现了企业信用保险和银行贷款的有机结合。

（社会信息化处）

【银监局建立辖内小企业金融服务信息报送机制】 2011 年年内，北京银监局建立辖内小企业金融服务信息报送机制，完善准入政策，支持辖内银行设立中小企业金融服务专营支行，支持民生银行发行小微企业专项金融债，以差异化监管政策引领银行明确市场定位，鼓励服务创新，不断优化中小企业融资环境。

（社会信息化处）

【西城、海淀区中小企业信用体系试验区建设】 2011年年内，为贯彻落实党中央、国务院关于促进中小企业发展的政策要求，发挥信用信息服务在缓解中小企业融资难中的重要作用，探索有地方特色的中小企业信用体系建设有效机制。北京市经济和信息化委员会、人民银行营业管理部、市工商局、市金融工作局共同作为发起和指导单位，正式启动西城、海淀区中小企业信用体系试验区建设工作。西城区成立了社会信用体系建设联席会议机制，制定了《西城区社会信用体系建设方案》，搭建中小企业信用服务平台，建设“信用大栏栅”和“信用什刹海”网站，大力推进大栏栅、马连道和什刹海等商业区信用体系建设，有效提高了中小企业的诚信意识，促进了区域经济发展。海淀区政府专题研究了海淀区中小企业信用体系建设工作，印发实施了《海淀区企业信用体系建设工作方案（2011—2013 年）》和《海淀区中小企业信用体系建设支持办法》。11月23日，副市长苟仲文为西城区、海淀区授予“北京市中小企业信用体系建设试验区”。

（社会信息化处）

政府诚信体系建设

【全市政府诚信体系建设】 2011 年年内，全市政府信息公开工作紧紧围绕市委市政府工作重心，不断深化推进，市政府办公厅会同市财政局公开市级部门预算单位57家，并率先公开了项目支出预算；市政府办公厅会同有关部门首次向社会公开部门决算、“三公”经费预决算信息，成为全国首个公开“三公”经费预决算信息的省级地方政府，同时首次公开预算执行审计结果和全市公车总量信息，将31个市级部门预算执行和其他财政收支的预计结果向社会主动公开，北京市政府信息公开再次位列省区市和中央国家部委两个榜单总分第一名。

（社会信息化处）

【推进工程建设信息公开】 2011 年年内，推进工程建设信息公开，重点领域公开工作取得新进展。市监察局会同北京市经济和信息化委员会等部门，大力推进工程建设领域专项治理项目信息公开工作，制定了工程建设领域项目信息公开目录编制、信息属性审查等工作方案，明确工作要求。截至10月底，通过政府信息公开专栏主动公开工程建设项目963个，项目审批信息2246条，项目建设管理信息798条，专项治理工作信息162条，有力推进了工程建设领域工作公开透明。

（社会信息化处）

诚信宣传教育活动

【“推进诚信计量、建设和谐城乡”行动等宣传教育活动】 2011年年内，市质监局以“3·15国际消费者权益日”、“质量月”为契机，深入开展“推进诚信计量、建设和谐城乡”行动等宣传教育活动，增强“讲诚信、重质量”的质量观念，努力营造“诚实经营、以质取胜”的社会氛围。

（社会信息化处）

【市工商局诚信宣传活动】 2011 年年内，市工商局组织多次以弘扬诚信兴商、诚信经营、守法经营为重点的宣传活动，共组织街头宣传活动上百次，参加群众上万人次。同时举办“诚信经营、放心消费”课堂 176 场次，发放各类宣传资料近 57 万份（册）。举办了“北京市食品安全与营养健康知识宣传教育讲堂”系列活动，普及消费常识，目前已成功举办了 70 余场讲座，覆盖 160 多个社区。

（社会信息化处）

【市科委信用知识培训】 2011 年年内，市科委对机关新任职主管工程师、各直属单位的科技项目管理人员培训《北京市科技计划管理相关责任主体信用管理办法》及信用信息系统等相关知识的使用和管理。面向社会，广泛开展科技诚信道德教育，走进密云、石景山等区县以及节能环保、科普教育等重点领域企业和单位，宣传科技信用体系建设工作进展和要求，使诚信体系建设深入科研一线，累计受众上千人次。

（社会信息化处）

【人民银行信用宣传活动】 2011 年年内，人民银行营业管理部将“征信之歌”征集、“征信专题宣传月”、“信用记录关爱日”等大型活动落到实处，并全面提升《北京征信》办刊质量，充分发挥刊物舆论宣传作用。全年编发的四期刊物共刊登各类文章百余篇，发送单位 300 余家，刊物 4000 余份。为交流工作经验、反映业务实践、探讨理论思考创造了良好平台。

（社会信息化处）

【首都文明办非公有制经济组织诚信教育活动】 2011 年年内，首都文明办联合市商务委员会、市工商行政管理局、市工商业联合会在首都非公有制经济领域开展“文明企业，共铸诚信”主题教育活动，切实提高首都非公有制经济组织的诚信意识和文明素质，全面促进首都非公有制经济健康发展。截至 2011 年年底，已有 700 多家非公企业向社会公开做出诚信承诺。

（社会信息化处）

【开展社会信用宣传推广活动】 2011 年年内，北京市经济和信息化委员会与人行营业管理部全年开展了“进企业、进社区、进学校”的“信用北京行”诚信宣传活动 11 场，查询个人信用报告近 400 人次，现场解答问题约 500 人次，并在西城区举办了“马连道茶叶街企业信用等级证书颁发仪式”等活动，有效提高了企业诚信经营意识，进一步优化了市场信用环境。北京市经济和信息化委员会组织征集评选，并发布了“信用北京”宣传徽标和口号，并指导中国市场学会信用工作委员会和北京企业评价协会等单位举办了“首届信用北京论坛暨第三届北京企业诚信论坛”，就“国家信用体系建设、北京市社会信用体系建设、个人信用管理与微小企业发展”等话题进行了有益的探讨，并对北京市社会信用体系建设工作的相关政策法规进行了有力的宣贯。

（社会信息化处）

【“首届信用北京论坛”举办】 2011 年年内，指导中国市场学会信用工作委员会和北京企业评价协会等单位于 9 月 17 日举办了“首届信用北京论坛暨第三届北京企业诚信论坛”，就“国家信用体系建设、北京市社会信用体系建设、个人信用管理与微小企业发展”等话题进行了有益的探讨，并对北京市社会信用体系建设工作的相关政策法规进行了有力的宣传。

（社会信息化处）

信息化环境

【综述】 2011年年内，北京市继续为信息化的发展提供不断优化的环境，研究、起草及制（修）定各类信息化政策及法规，健全信息化标准规范体系。不断开展信息人才队伍建设，提高全民的信息素质和能力，为北京市信息化的发展奠定良好的环境及基础。

政策

【概述】 2011年年内，北京市逐渐完善信息化各项政策，《“市民主页”管理办法》《《中关村科学城发展规划（2011—2015）》《关于进一步提升北京市政务网站服务能力的意见》《北京市人民政府关于加快建设中关村科学城的若干意见》等一系列政策的编制及出台，促进北京信息化的不断发展。

【《“市民主页”管理办法》等政策出台】 2011年年内，北京市经济和信息化委员会制定了《“市民主页”管理办法》、《“市民主页”服务接入及建设规范》和《“市民主页”运维管理规范》，明确了市民主页的日常管理、业务架构、技术模式、服务接入技术要求、服务接入备案管理、运行维护要求等内容，对“市民主页”整体建设、委办局、区县服务接入“市民主页”的流程、接口服务调用流程和日常运行维护等内容做了约束。在《“市民主页”服务接入与建设规范》的基础下，制定了《“市民主页”服务接入内部工作机制》、《接口池接口服务调用技术规范》等子规范，细化了技术要求、工作流程与工作机制。制定《北京市移动公共服务管理平台业务管理办法》和《北京市移动公共服务统一短号码管理办法（征求意见稿）》。

（电子政务及信息资源管理处）

【北京市行政机关发布交通出行信息办法】草案通过验收】 2011年年内，以交通出行信息社会化开发利用为切入点，梳理分析了相关法律、法规和政府文件共88部，对中国（香港、上海、广州）、欧盟、美国、英国、新加坡等国家和地区进行了典型案例调查和比较研究，并在首都之窗开展用户需求调查。在上述工作基础上，提出《北京市行政机关发布交通出行信息办法》草案并征求市交通委、市公安交通管理局等12家单位意见并上报副市长苟仲文,期间多次召开专家会对“办法”进行修改完善。2011年8月通过了专家组验收。

（电子政务及信息资源管理处）

【《中关村科学城发展规划（2011—2015）》发布】 2011年年内，编制了42个细分产业促进实施方案，并在此基础上完成并发布了《中关村科学城发展规划（2011—2015）》。《规划》进一步明确了中关村科学城发展定位、发展目标、发展路径和保障措施。

（科技标准处）

【《北京市人民政府关于加快建设中关村科学城的若干意见》制定】 2011年年内，研究制定了《北京市人民政府关于加快建设中关村科学城的若干意见》，支持中央企业、高校院所布局一批特色产业研发基地和运营中心，重点推进产业创新园建设。目前，35家单位分三批与市政府签署了合作协议,共同实施了37个产业技术研究院和产业创新园项目；还有15家单位正在编制产业技术研究院或产业创新园项目建设方案。初步形成了中关村科学城特色产业园建设的推进模式。

（科技标准处）

【移动公共服务方面管理办法出台】 2011年年内，制定《北京市移动公共服务管理平台业务管理办法》和《北京市移动公共服务统一短号码管理办法（征求意见稿）》，协调各电信运营商按要求完成技术改造、商讨基准资费。

（首都之窗运行管理中心）

【制定《关于进一步提升北京市政务网站服务能力的意见》】 2011年年内，《关于进一步提升北京市政务网站服务能力的意见》（简称新10号文）已报经主管副市长同意，提出构建网络化政务服务体系、集约化发展等思路，是政务网站发展的纲领性文件。

（首都之窗运行管理中心）

【电子商务十二五发展规划编制】 自2010年底，北京市经济和信息化委员会组织相关单位研究“十二五”期间北京市电子商务的发展方向和思路，在分析北京市电子商务建设现状、总结北京市电子商务促进经济与社会发展的相关工作、广泛借鉴先进城市电子商务发展的经验和多次研讨的基础上，制定了《北京市电子商务十二五发展规划》。整个规划先后形成几十稿。组织调研40多家企业，与杭州、上海、重庆等兄弟省市多次交流，深入分析全市电子商务现状和“十二五”时期发展需求，撰写了《规划专题研究》报告。多次召开专家研讨会，二十多位专家参与研讨和编制过程，在此基础上制定了《规划》征求意见稿。与市发改委、商委、农委、科委、人民银行、地税局、国税局、工商局等委办局召开了三次专题会，并与朝阳、西城、通州等十多家相关区县主管部门座谈，并向全市市级部门和区县信息化部门发函征询意见和建议，最终形成规划正式文本。

（经济信息化处）

【制定软件和信息服务业“十二五”规划】 2011年年内，根据北京市经济和信息化委员会统一部署，组织编制北京市软件和信息服务业“十二五”规划，并与市发改委联合发布。该规划作为北京市经济和信息化委员会四大市级规划之一，站在全球视野，着眼建设世界城市的高度，服务于全市“十二五”发展大局，首次提出北京建设世界级软件和信息服务业城市的总体目标。规划得到国家部委、业界的高度认同，为产业发展凝聚了人心，增强了信心、注入了活力。

（软件与信息服务业处）

【完成信息化“十二五”规划编制】 2011年年内，作为市级综合专项规划，按照全市“十二五”规划编制工作的统一部署，顺利完成了规划编制工作，从经济转型、社会管理、城市运行、文化传承以及基础设施提升等五大方面提出了未来5年的发展方向和主体内容，并已以市政发〔2011〕56号文的形式正式印发，目前正在制定和落实后续宣贯工作。

（电子政务及信息资源处）

【编制“集中采购硬件基础设施推进电子政务集约化建设”文件】 2011年年内，以推进北京市云计算在政务领域的应用为核心，编制了集中采购基础硬件设施推进电子政务集约化建设工作方案，并于9月初上报副市长苟仲文，召开10部门及区县参加的专题讨论会，征求重点部门、区县意见，形成最终稿。

（电子政务及信息资源处）

法规

【概述】 2011 年年内，北京市编制完成《北京市中小企业公共服务平台网络建设总体方案》、《北京市机动车停车管理办法（征求意见稿）》，印发《北京市电子政务运维管理规范》等规章制度，促进了北京市信息化建设的健康规范发展。

【编制完成了《北京市中小企业公共服务平台网络建设总体方案》】 2011 年年内，不断完善服务体系建设是促进中小企业持续发展的重要保障。2011 年年内，围绕中小企业服务体系建设、完善发展环境做了大量工作。根据工业和信息化部办公厅、财政部办公厅有关精神，结合北京市的实际情况，编制完成了《北京市中小企业公共服务平台网络建设总体方案》，目标是结合中小企业实际需求，依托现有机构和资源，巩固服务基础、扩大服务范围、提升服务能力、提高服务质量、优化服务环境，全面构建立体服务网络。网络建成后，将以中小企业公共服务为主导，引导带动信息、融资、担保、培训、技术创新、市场开拓、管理咨询等专业服务按照市场化、专业化、社会化的方向发展，形成骨干服务队伍和公共服务平台，为中小企业持续健康发展发展提供有力支撑。

（中小企业处）

【完成《北京市机动车停车管理办法（征求意见稿）》】 2011 年年内，北京市经济和信息化委员会协助市交通委通过网站发布交通拥堵指数，完成《北京市机动车停车管理办法（征求意见稿）》并公开征求意见，完成轨道交通安全防范、极端天气交通保畅物联网应用示范项目的立项工作。

（电子政务及信息资源处）

【印发《关于做好 2011 年全市电子政务重点工作任务的通知》】 2011 年年内，围绕北京市“十二五”规划纲要、市政府拟办实事以及建设“智慧北京”的总体要求，北京市电子政务重点工作突出了跨部门应用、新一代政务基础设施以及电子政务机制创新三方面的内容，征求了全市各市级部门、各区（县）的意见，共收到 40 家单位提交的反馈意见，经过多次讨论修改后以北京市信息化领导小组的名义向全市各部委办局、区县和相关单位发布，为全市今年电子政务的工作重点指明了方向。

（电子政务及信息资源处）

【研究制订“北京市国家机关个人信息保护规定”】 2011 年 2 月，北京市经济和信息化委员会完成了《北京市国家机关个人信息保护规定》的起草工作，下半年，通过了委主任办公会审议，并再次征求了市政府法制办意见，报请副市长苟仲文批准后，于 2011 年 10 月正式报送市政府审议。

((电子政务及信息资源处）

【印发《北京市电子政务运维管理规范》】 2011 年年内，北京市经济和信息化委员会组织全市各单位信息化部门及相关运维企业召开培训会，对该规范的内容和应用进行培训，取得良好效果，尤其是为电子政务系统运维费的计算提供了统一思路。

（电子政务及信息资源处）

【制定“市民主页”相关管理办法和规范】 2011年年内，北京市经济和信息化委员会制定了《“市民主页”管理办法》、《“市民主页”服务接入及建设规范》和《“市民主页”运维管理规范》，明确了市民主页的日常管理、业务架构、技术模式、服务接入技术要求、服务接入备案管理、运行维护要求等内容，对“市民主页”整体建设、委办局、区县服务接入“市民主页”的流程、接口服务调用流程和日常运行维护等内容做了约束。在《“市民主页”服务接入与建设规范》的基础下，制定了《“市民主页”服务接入内部工作机制》、《接口池接口服务调用技术规范》等子规范，细化了技术要求、工作流程与工作机制。制定《北京市移动公共服务管理平台业务管理办法》和《北京市移动公共服务统一短号码管理办法（征求意见稿）》。

（电子政务及信息资源处）

【《北京市行政机关发布交通出行信息办法》草案】 2011年年内，北京市经济和信息化委员会以交通出行信息社会化开发利用为切入点，梳理分析了相关法律、法规和政府文件共88部，对中国（香港、上海、广州）、欧盟、美国、英国、新加坡等国家和地区进行了典型案例调查和比较研究，并在首都之窗开展用户需求调查。在上述工作基础上，提出《北京市行政机关发布交通出行信息办法》草案并征求市交通委、市公安交通管理局等12家单位意见并上报苟市长，期间多次召开专家会对“办法”进行修改完善。2011年8月通过了专家组验收。

（电子政务及信息资源处）

【电子政务绩效考核工作】 2011年年内，北京市经济和信息化委员会研究制定了年度绩效考核的评价指标体系，突出了定量考核的内容。9月中召开全市部署大会，印发了《关于2011年度电子政务绩效考核工作的通知》，明确了考评范围、依据和主要内容。现已完成39个部门的实地检查工作，发掘了一些新亮点，取得了较好的效果。完成2011年区县依法行政考核实施细则中我委负责的专项考核内容、指标编制及对区县的培训工作，推进区县依法创新社会管理和服务工作。同时，将依法行政考核与推进服务大厅、四级服务体系相结合。年内的考核指标切实促进了区县业务梳理，为推进服务大厅、四级服务体系的业务协同以及推进电子文件互认工作奠定了基础。

（电子政务及信息资源处）

标准规范体系

【概述】 2011年年内，北京市信息化标准规范体系继续完善，《北京市标准体系表（2011年版）》完成，地方标准研究制定及立项申报进展顺利，使北京信息化发展环境更加规范。

【完成《北京市标准体系表（2011年版）》】 2011年年内，北京市经济和信息化委员会完善了标准体系表维护工作机制，完成了北京市信息化标准体系表年度更新维护工作，完成《北京市标准体系表（2011 年版）》。依托首都标准网，为北京市各政务部门及标准化工作相关协会、企业及社会团体，提供了信息化标准摘要信息、标准文本免费查询检索及信息服务。

（科技标准处）

【北京市 SVAC 国家标准专题宣贯培训会举办】 2011 年年内，组织举办了 2011 年北京市 SVAC 国家标准专题宣贯培训会。北京市经济和信息化委员会副主任童腾飞出席本次会议并讲话，指示各单位要认真贯彻实施该项标准，积极推动 SVAC 国家标准在北京市相关领域的应用及产业化发展。

（科技标准处）

【地方标准研究制定及立项申报】 2011 年年内，开展地方标准研究制定和下一年度立项申报工作。目前，4 项地方标准研究制定进展顺利。2012 年度地方标准立项申报共报送项目 13 项，其中申报一类项目 5 项，二类项目 8 项。

（科技标准处）

【推进北京市信息技术服务标准验证与应用试点工作】 2011 年年内，北京市信息化促进中心根据工信部整体工作要求和部署，制定北京市信息技术服务标准验证与应用试点工作实施方案，征集并确定试点企业。2011 年 1 月 6 日组织召开了北京市信息技术服务标准验证与应用试点启动暨标准培训会，试点工作全面启动。5 月 6 日组织召开北京市信息技术服务标准试点推进工作网络视频会议；5 月 16 日组织召开《信息技术服务标准验证及自评估报告》评审会，共计 35 家试点企业汇报标准验证情况。各项试点工作进展顺利。

（北京市信息化促进中心）

【《北京市“十二五”时期重大信息化基础设施规划》】 2011 年年内，北京市经济和信息化委员会组织编写《北京市“十二五”时期重大信息化基础设施规划》。明确北京市“十二五”时期信息化基础设施建设的目标，即以建设“世界城市”、“智慧北京”为契机，到 2015 年，建成符合首都功能定位、国内领先、国际一流的信息化基础设施，将北京打造成为全球资源配置的信息枢纽。以高速通畅、无缝覆盖、稳定可靠的信息网络，丰富安全、获取便捷的信息内容，为北京市民提供一流的信息化服务，促进社会生活提升。同时，实现网络、应用、技术和产业的良性互动，推动产业结构调整升级，促进本市经济社会又好又快发展。

（提升计划推进办公室）

【《民用建筑通信及有线广播电视基础设施设计规范》获批】 2011 年年内，由北京市经济和信息化委员会会同市规划委组织制定的地方标准《民用建筑通信及有线广播电视基础设施设计规范》（地方标准编号：DB11/T804-2011）获市质监局批准。该标准在全国率先将移动通信室内外覆盖纳入地方标准范畴，其实施将有力促进本市无线城市的建设发展。由北京市经济和信息化委员会立项与北京市电力公司编制的《通信及有线广播电视基础设施用电规范》已完成初稿。该规范明确了基础设施用电的负荷需求、基础设施内配电设备的配置标准和外电源配置标准等内容，使信息化基础设施的用电需求和供电服务标准化，有利于供需双方达成共识，加快信息化基础设施的建设进度，加强电力保障力度。

（提升计划推进办公室）

人才建设

【概述】 2011年年内，北京市开展一系列信息化人才建设工作，开办各类针对信息人才的培训及讲座，组织专业研讨及在线学习。并针对镇村企业管理人员进行培训，提升企业管理队伍整体素质，促进镇村企业可持续发展。

【SVAC国家标准专题宣贯培训】 2011年年内，2011年北京市SVAC国家标准专题宣贯培训会组织举办。北京市经济和信息化委员会副主任童腾飞出席本次会议并讲话，指示各单位要认真贯彻实施该项标准，积极推动SVAC国家标准在北京市相关领域的应用及产业化发展。

（科技标准处）

【培训市场不断拓展】 2011年年内，北京市信息化促进中心成功举办九期软考考前培训班，其中举办信息系统项目管理师考前培训班四期、系统集成项目管理工程师考前培训班五期；为北京南天软件有限公司单独举办项目管理培训班。截至11月1日，总计80家系统集成企业435人参加培训，满足企业申报系统集成资质的要求。

（北京市信息化促进中心）

【软考继续教育及注册登记工作】 2011年4月23至24日，在北京邮电大学网络教育学院开展了2011年上半年软考继续教育培训班，主要围绕“网络技术发展与未来”的课题向学员讲解了“计算机通信网发展历史、现有计算机通信网类型、计算机通信网的主要技术、计算机通信网未来的发展”等网络技术新发展的相关知识，该期培训共计146人。截至10月底完成登记的软考证书共计263个。

（北京市信息化促进中心）

【组织赴美德人员培训班】 2011年年内，组织执行外专局批准的赴美参加“IT新技术和工具在政府管理和工业促进中的应用”和赴德国“北京市网络与信息安全技术高级培训班”，来自北京市各委办局、区县、信息中心的管理和技术人员37人参加了培训。

（北京市信息化促进中心）

【组织公务员培训】 2011年年内，北京市经济和信息化委员会制定了2011年教育培训工作计划，细化了教育培训工作内容。按计划组织1名新任职处长和11名副处长参加任职培训班；组织机关全体公务员和事业单位负责人参加由宏观政策研究院孙学工所做的经济形势分析报告；与相关处室共同协助工信部完成5期培训班的企业参观考察事宜。安排4名军转干部参加为期二个月的军队转业干部培训班。

（人事教育处）

【组织了高端产业专题研讨】 2011年11月21日—25日，北京市经济和信息化委员会与市委组织部、市委党校联合举办推动高端产业发展专题研讨班。此次专题研讨班紧密围绕“保增长、保民生、保稳定”和推进高端产业发展的目标，开展推动产业结构调整、促进经济发展方式转变、适应新的技术变革、促进开放型经济发展、促进经济建设和信息化结合等方面的专题研讨。培训对象为各区县分管副区县长、区县经信委主任，市委、市政府有关部门分管领导，市人大、市政协相关部门领导，区县人大、政协分管领导等。

（人事教育处）

【组织在线学习】 2011 年年内，北京市经济和信息化委员会按照市委组织部的安排，为充分利用网络开展远程教育和学习培训，完成了机关科级以上干部（含主任科员和副主任科员）和部分事业单位主要领导参加北京干部教育网的在线学习的报名和数据填报工作，并定期发送督学公告督促学习。

（人事教育处）

【镇村企业信息化培训】 2011 年年内，北京市经济和信息化委员会强化京郊镇村企业信息化意识，推进信息化建设，与北京通信信息协会继续合作，开展镇村企业信息化培训工作。按照年初制定的培训方案，截至 11 月底，分别对门头沟、密云、大兴、怀柔、昌平等郊区县开展了信息化的调研及培训工作，共有 300 多家企业、近 600 人参加了培训，此项培训工作的开展，受到区县、企业好评。

（镇村处）

【镇村企业管理人员的培训】 2011 年年内，北京市经济和信息化委员会加强镇村企业管理人员的培训，努力建设新型的企业家队伍、企业经营管理者队伍和企业职工队伍，企业家高管 200 人次、经营管理者 400 人次、关键岗位职工 1400 人次。通过培训更新经营理念，提升企业管理队伍整体素质，促进镇村企业可持续发展。

（镇村处）

【职业技能培训与考核鉴定】 2011 年年内，北京市经济和信息化委员会坚持为镇村企业发展服务，职业技能培训与考核鉴定成效显著。全年进行职业技能培训鉴定近 6000 人，涉及 12 个工种，鉴定合格者 5679 人，其中：初级 2583 人，中级 2140 人，高级 956 人，通过率为 95.83%。

（镇村处）

【中小企业信息化讲座 20 场】 2011 年年内，北京市经济和信息化委员会按照工业和信息化部总体安排，积极参与“育林工程”“健康成长计划”等相关活动。遵循“资源换服务”的原则，全年联合中小企业信息化应用服务商进行了中小企业信息化讲座 20 场，参与企业 1100 个，为企业培训信息化人才近 2000 人。讲座涉及企业管理信息化、电子商务及企业推广等相关内容，切实推动企业提升市场竞争力。大力推进了中小企业信息化建设，努力提升企业经营管理水平。

（中小企业处）

【开展中小企业培训工作】 2011 年年内，北京市经济和信息化委员会针对中小企业开展了大量的培训工作。培训突出实效，结合企业实际需求，共举办培训 32 次，受训企业 1900 家，为企业培训了 2700 名各类管理人才。培训涉及政策法规、法律实物、投融资知识、信息化建设、食品安全、党风廉政建设等与企业发展密切相关的管理知识，努力帮助北京市中小企业提高管理能力。

（中小企业处）

【加强市区两级运行监测人员队伍的建设】 2011 年年内，北京市经济和信息化委员会每季度举办一场市区两级运行监测人员业务培训会，每半年举办一场重点行业协会负责人的业务培训会，每次培训都邀请有关专家、统计部门领导或工信部领导进行报告或讲解，提高受训人员的经济运行监测分析能力，每次规模在 60—80 人，参加培训的单位和人员参会踊跃，受到参训人员的好评。

（经济运行处）

【知识产权专题讲座】 2011 年年内，北京市经济和信息化委员会理论中心组（扩大）进行知识产权专题讲座。工信部科技司副司长韩俊从国家层面介绍了知识产权发展态势，市知识产权局副局长周砚介绍了本市知识产权情况。

（科技标准处）

【加强技术创新与知识产权工作培训会】 2011 年年内，北京市经济和信息化委员会联合市知识产权局召开北京市企业技术中心加强技术创新与知识产权工作培训会，会上专家讲解了创新方法论 TRIZ 理论，介绍了企业专利应用实务操作，中兴通信分享了知识产权工作经验。组织召开第二次企业技术中心加强技术创新与知识产权工作培训会。

（科技标准处）

行业协会与产业联盟

【概述】 2011 年年内，北京市行业协会及产业联盟充分发挥社会组织的积极作用，围绕信息化工作的发展开展了一系列工作，促进了信息化相关产业及政策的发展，使得北京市信息化建设步伐加快进行。

北京民营科技实业家协会

【简介】 2011 年年内，北京民营科技实业家协会从平台计划到秘书处人员配置都进行了改良。八大服务平台逐步融合，全年共举办各类专题活动 120 余场，参与企业 4620 余家，8000 余人次。中关村企业家顾问委员会、中关村开放实验室、新技术新产品政府采购和应用推广三个重点专项作为协会服务体系中的创新点之一，2011 年均面临提升和创新的压力。中关村企业家天使投资联盟、中关村企业家商事调解中心、理论研究中心是北京民协基于自身优势创造性地开展工作，2011 年三项工作稳步推进，不断探索适合协会的发展之道。2011 年，协会宣传工作紧扣弘扬中关村民营企业精神这一核心，以《动态》和协会网站为依托，全年共出版《动态》11 期，文字量超过 60 万字，原创比例占总出版文字量高于 70%，全年共报道中关村企业近 200 家，企业家 160 余人次。协会网站关注度持续上升，月平均访问量近 7500 次，涉及的 IP 地址近 3000 个。

（尹玲利）

【协会领导多项政协提案获奖】 2011 年 1 月，在中国人民政治协商会议北京市海淀区第八届委员会上，政协北京市海淀区委员会常务委员、北京民协会长、时代集团公司总裁王小兰的《关于中关村示范区破格引进高端人才的建议》，区政协委员、北京民协副会长、北京合纵科技股份有限公司董事长兼总经理刘泽刚参与的《关于明确区职能部门牵头上市工作的建议》，区政协委员、北京民协副会长、北京中鼎吴投资顾问有限公司董事长吴姝参与的《关于在我区中小学开展低碳生活教育的建议》等其他 11 件提案被评为“2010 年度委员优秀提案”。王小兰、吴姝、刘泽刚、刘迎建、王志全等协会领导被评为 2010 年度优秀提案人。同时,来自郑忠秀、张骥、郭延生、秦升益、刘迎建、林菁、王志全、朱荣辉、刘泽刚等协会领导的多个提案被评为“海淀区政协 30 年优秀提案”。此次会议还评选出“2010 年度优秀党派团体提案”11 件、“2010 年度海淀区政协反映社会民意信息工作”先进集体 9 个、“优秀信息及优秀信息员”15 件/名。

（尹玲利）

【2011 年政府采购首次签约】 2011 年 1 月 29 日，2011 年政府采购首次签约暨首台（套）装备示范项目保险机制启动大会顺利举行。此次签约的 6 个项目，总投资达到 43 亿元，涉及轨道交通、水处理、节能环保、垃圾处理和医疗器械等首都经济发展和民生需求重点建设的领域。北京民协会员企业北京格林雷斯环保科技有限公司、北京碧水源科技股份有限公司等企业，获得了丰台区市政市容管委、市排水集团等单位 12 亿元采购订单。4 家中关村企业在大会上与保险机构签订了首台（套）重大技术装备示范项目保险合同，并将得到政府给予的最高不超过 80%的保费补贴，政府采购首台（套）装备示范项目保险补偿机制正式启动。

（尹玲利）

【天使投资联盟新年签约新项目】 2011 年 2 月 14 日,中关村企业家天使投资联盟与北京绿创生态科技有限公司股权投资协议签字仪式在北京民协秘书处举行。联盟负责人、北京民协执行常务副会长兼秘书长张本正，北京绿创环保集团董事局主席、北京民协执行常务副会长姜鹏明分别代表机构双方在协议上签字。

（尹玲利）

【中关村 100 企业家俱乐部走进科兴】 2011 年 2 月 23 日,中关村 100 企业家俱乐部在北大生物城迎来了主题为北京科兴的创业与发展的北京科兴专场，也是俱乐部做强做大的第四次活动。此次闭门研讨会由俱乐部常务副理事长兼秘书长、北京民协会长王小兰主持，俱乐部理事长柳传志，执行理事长王文京，发起理事吴道洪、蒲忠杰，特邀理事何鲁敏、朱伟人等企业家、投资人或其代表参加研讨会。在听取相关介绍后，委员们针对科兴的现状提出了建议，并围绕企业收购与兼并话题展开讨论。与会人员还参观北京科兴生产车间（分包装中心）。

（尹玲利）

【重庆市巴南区工商联及法院领导到访北京民协】 2011 年 2 月 25 日，经中共中央统战部经济局推介，重庆市巴南区工商业联合会副会长袁红亚，巴南区法院副院长袁银华、张立平，民一庭庭长魏平等到访北京民协，专门就企业家商事特邀调解工作进行调研。北京民协常务副秘书长孔洁、中关村企业家商事调解中心主管王立群接待来访。孔洁详细介绍了北京民协的发展历史，并着重回答了副会长袁红亚提出的有关调解组织架构的设立、调解资金的来源及调解员构成等问题。王立群具体介绍了中关村企业家商事调解中心的机构运行情况和发展规划。在听取巴南区非公有制经济调解委员会及调解室工作的情况介绍后，孔洁对巴南区区委区政府及法院系统在自上而下的制度创新意识和理念表示了赞赏，副会长袁红亚、副院长袁银华等均表示会借鉴北京民协企业家商事特邀调解员制度的经验，创造性地开展工作。

（尹玲利）

【协办 2011 韩国光州投资说明会】 2011 年 2 月 25 日，由韩国光州广域市政府主办、北京民协参与协办的“2011 韩国光州投资说明会”在京举行。光州广域市市长姜云太介绍了该市投资环境，光州技术院、信息文化产业振兴院的负责人分别就光州光电、文化两大优势产业的发展情况向与会企业进行详细介绍。时代集团、九次方、四方继保等会员企业参加活动，这也是北京民协 2011 直通海外行动的第一场交流活动。直通海外行动将通过搭建国际交流平台的方式，帮助企业及时了解海外信息，加速企业走出去的步伐。

（尹玲利）

【协会会员企业获评 2010 中关村高成长企业 TOP100】 2011 年 3 月 2 日，“2010 中关村高成长企业 TOP100”颁奖典礼隆重举行。北京天一众合科技发展有限责任公司、北京联飞翔科技股份有限公司、北京捷成世纪科技股份有限公司、北京北信源软件股份有限公司、北京挑战牧业科技股份有限公司、北京科净源科技股份有限公司、北京京师励耘教育科技有限公司、北京创和世纪通信技术有限公司、北京和隆优化控制技术有限公司、北京优纳科技有限公司、北京希尔信息技术有限公司等北京民协会员企业榜上有名。

（尹玲利）

【北京民协及《动态》收获荣誉】 2011 年 3 月 4 日，“2011 年北京市科协系统工作会”召开，北京民协继续蝉联“2010 年度北京市科协系统信息工作先进集体”、“2010 年度北京市科协系统文明单位”，协会调研部王振平、会员部徐少瑜获评“2010 年度北京市科协系统信息工作先进个人”。同日，市工商联对评选出的 120 家会员企业、工商联组织和行业商会优秀内报内刊进行表彰。北京民协内刊《动态》，以及所推荐的 21 家会员企业的内部刊物获得鼓励奖。北京民协因在本次内报内刊组织评选工作中表现突出而获得优秀组织奖。

（尹玲利）

【开放实验室推荐第三批共建项目签约单位】 2011 年 3 月 14 日，中关村开放实验室办公室负责人、北京民协副秘书长刘晓华应邀出席了中关村科学城总体工作进展大会，并和相关人员进行了工作对接。开放实验室办公室为中关村科学城工作组提供了第三批申报关于共建产业技术研究院和产业创新园的签约单位的数据信息，并推荐了中国农业科学院、中科院自动化所等 13 家科研院所成为第三批签约单位。

（尹玲利）

【接待佛山行业协会】 2011 年 3 月 16 日，佛山市信用担保行业协会秘书长邢红珠带队走访了北京民协，听取有关协会发展、会员服务、自身能力培养以及民主治理等问题的经验和做法。协会副秘书长刘进接待来访并介绍了有关情况。

（尹玲利）

【举办“中以”科技说明会】 2011 年 3 月 17 日，为帮助企业了解以色列科技发展现状、挖掘中以间开展科技经贸合作的潜在机会，北京民协海外事务委员会与中外投资服务网（协会会员企业）共同举办了 2011 直通海外行动之二——以色列专场暨中以科技合作说明会。科技部国际合作司亚非处处长徐捷，以色列驻华使馆经济商务事务参赞贺华夫，协会理事、中外投资服务网 CEO 杨志彪出席说明会并发言。说明会由协会执行常务副会长、北京格林威尔科技发展有限公司董事长顾小锋主持。说明会上，徐捷向与会企业介绍了审议中的中以科技合作基金；贺华夫参赞介绍了以色列科技发展以及可展开合作的项目情况。与会企业在听取介绍后踊跃提问，反响热烈。

（尹玲利）

【说两会·话发展主题活动召开】 2011 年 3 月 22 日，北京民协和中国民协共同主办了以“说两会、话发展”为主题的北京民协第五期双月沙龙活动。活动由北京民协常务副会长、科瑞集团副总裁郭梓林主持。此次活动邀请到北京民协常务副会长、中国大恒（集团）有限公司董事长张家林，北京民协常务副会长、北京启明星辰信息技术股份有限公司 CEO 严望佳，以及北京民协会长、时代集团总裁王小兰三位全国政协委员解析了从“两会”带来的围绕国际国内经济走势、中国经济转型升级、科技创新、金融市场发展等话题的焦点、热点信息。全国人大代表、用友软件股份有限公司董事长王文京特意发来了书面发言。此次活动还专门邀请到了国务院发展研究中心资深经济学家、历史学家朱雍，从国家政策制定层面和目前中国的国际地位角度为大家解读“两会”精神，以及中国非公经济可以抓住的机遇和巨大发展空间，他还与参会企业家围绕民营企业如何为自己争取更多话语权、如何充分利用国家政策寻求自身发展等问题展开了互动。会上还举行了北京民协与北京大学留学生创业园的战略合作签字仪式。

（尹玲利）

【接待天津市机构来访】 2011 年 3 月 23 日，天津北京市经济和信息化委员会总工程师吴爱民、电子信息产业处处长胡旭东造访北京民协，协会常务副秘书长孔洁等接待来访。双方就如何组织协会会员企业开拓天津市场，如何与天津市的相关领域进行经济技术合作，以及如何提高企业竞争力等问题进行探讨，并表示将加强联系，陆续展开合作。

（尹玲利）

【北京民协举办个人所得税税收筹划专题讲座】 2011 年 3 月 24 日，为帮助企业全面、细致地了解《个人所得税自行纳税申报办法（试行）》，北京民协培训专业委员会举办个人所得税税收筹划专题讲座。讲座特邀中国注册会计师、北京广霁律师事务所律师李保柱为企业讲解了个人所得税筹划方法和两会后的最新动态及政策，使企业合理、合法的掌握个人所得税筹划方法及技巧，减轻员工税负，增加企业管理效益。佳讯飞鸿、绿创、同辉佳视等协会会员企业代表 120 余人参加了讲座。

（尹玲利）

【推促 20 余条专线通勤车开通】 2011 年年内，随着上地地区高科技企业数量的激增，车多、人多的现实导致目前上地地区的道路系统在上下班高峰时段不堪重负，人员通勤状况极度恶劣，交通问题已直接影响到上地地区的整体发展速度，也一定程度影响了上地地区的品牌形象。为此，北京市人大代表、北京民协会长、时代集团总裁王小兰多次在市“两会”期间提交有关改善上地地区交通拥堵状况的提案。经过一段时间的呼吁，并在北京市交管部门和上地街道的推促下，3 月 28 日，10 条“袖珍”公交专线、12 条社区通勤公交在上地地区集中开通，仅首日早高峰，“袖珍”线路共发出 435 车次，社区通勤快车共发出 47 车次，运送乘客 8652 人次，大大缓解了上地地区早晚交通高峰期间的人员流动压力。

（尹玲利）

【理论研究中心开展课题调研】 2011 年 3 月，理论研究中心就社会组织在中国创新发展的课题先后走访饲料产业技术创新战略联盟、北京务实知识产权发展中心、北京蛋白质组研究中心、海淀社会组织联合会、海淀区建筑行业协会、北京市海淀区老年人体育协会、中关村不动产商会、北京华夏经济社会发展研究中心、北京恩玖非营利组织发展研究中心、茅以升科技教育基金会、北京市海淀区民营医协会等机构，并接待了天则经济研究所、企业劳动权益保护中心、北京广霁律师事务所的来访。

（尹玲利）

【北京市政协调研组与示范区企业家座谈】 2011 年 4 月 12 日，包括北京市科技委员会副主任、科学技术协会副主席田小平，市科技委员会主任、北京市经济和信息化委员会副主任阎冠和，市科技委员会副主任陈曦，市信息化工作办公室原党组书记、主任华平澜等在内的 16 位北京市政协科技委调研组成员来到北京民协，围绕企业在“1+6”政策执行中遇到的问题，以及企业对政府工作的意见建议，与由北京民协推荐的中关村企业家或其代表举行了座谈。企业家们围绕“1+6”政策中推进重大项目的体制机制创新、科技企业的知识产权保护、中关村高端人才政策、以及扶持中小企业发展的激励机制等问题，结合所在企业的实际畅所欲言，提出了很多中肯的意见建议。

（尹玲利）

【顾委会召开年度首次全体会】 2011 年 4 月 14 日，中关村国家自主创新示范区企业家顾问委员会（以下简称“顾委会”）召开了 2011 年度第一次全体委员会议，北京市市委常委赵凤桐出席会议并讲话，23 位顾委会委员或其代表出席会议。会议由顾委会常务副主任委员兼秘书长、北京民协会长、时代集团总裁王小兰主持，顾委会主任委员、北京民协名誉会长、联想控股有限公司董事长兼总裁柳传志代表顾委会向会议做 2010 年度顾委会整体工作开展情况总结及“中关村 100”企业家俱乐部活动开展情况，强调“求实”应成为顾委会工作开展的基石。顾委会副主任委员邓锋、徐井宏，以及王小兰分别汇报了顾委会各工作组 2010 年工作开展情况以及 2011 年工作设想。之后，与会委员围绕顾委会各工作组 2011 年工作设想展开讨论。会议还审议了委员增补事项。全体会议结束后，“中关村 100”企业家俱乐部企业做强做大闭门研讨会随即举行，俱乐部特意邀请到深圳迈瑞医疗电子股份有限公司董事长及联席首席执行官徐航，就“企业如何走向国际化以及企业国际化过程中的人才需求”话题，与俱乐部企业家们展开探讨。作为中国领先的高科技医疗设备研发制造厂商，迈瑞公司的产品已覆盖全球 190 多个国家和地区，并于 2006 年 9 月在美国纽交所上市。徐航结合迈瑞的发展历程，与大家分享了企业在国际化进程中的经验和教训，随后，与会企业家们围绕企业开拓海外市场策略、如何充分利用本地人力资源迅速占领市场等问题展开了讨论。

（尹玲利）

【组织会员企业旁听知识产权案件庭审】 2011 年 4 月 26 日是第 11 个世界知识产权日，为了更好地向会员企业普及知识产权法律知识，北京民协第 11 期“法律·商业”系列沙龙在这一天组织部分会员企业代表旁听了一场由海淀法院副院长宋鱼水主审的知识产权纠纷案。企业代表表示，鲜活的案例是最有说服力的教材，活动对于促进企业增强知识产权保护意识具有非常重要的意义。海淀法院对此次活动给予了大力支持。

（尹玲利）

【举办知识产权维权讲座】 2011 年 4 月 27 日，北京民协培训专业委员会举办了第 11 期创业成长沙龙——成长型企业专利战略与策略培训讲座。原国家专利局审查员、有着 11 年企业专利咨询指导经验的韩龙律师，通过专利维权的实例为与会企业生动讲解了专利标准化、专利侵权的危害、以及如何进行有效专利维权等内容，并解答了与会企业在知识产权维护方面提问。30 多家企业负责人、技术工程师参加此次培训。

（尹玲利）

【最高院、全国工商联调研考察特邀调解工作】 为推动建立完善商会调解与诉讼调解相衔接的矛盾纠纷解决机制专项工作，2011 年 4 月 28 日上午，最高人民法院与全国工商联组成调研小组，在海淀法院召开专题座谈会。中华全国工商业联合会法律部副部长白莲湘，最高人民法院人民监督工作办公室主任刘京香等参加调研。海淀法院党组书记、院长鲁为，党组副书记、副院长石金平，党组成员、副院长宋鱼水，民三庭庭长戴国，上地法庭庭长刘伟等接待调研，并分别汇报了海淀法院各庭在商事调解与诉讼调解方面的工作开展情况，以及与北京民协共同成立的中关村企业家商事调解中心的运作情况。当天下午，调研组专程来到北京民协，就商事特邀调解工作进行调研，调研组参观了设在北京民协的中关村企业家商事调解中心调解室。协会会长王小兰，以及企业家商事特邀调解员、中关村不动产商会会长杨建平，北京中关村电子产业贸易商会会长鲁瑞清，北大方正集团财务公司陆琦等接待调研，并结合参与调解商事纠纷案件的经历，畅谈了商事调解工作的心得体会，王小兰会长则表示，希望企业家商事特邀调解员在法院系统案件调解中发挥更加积极的作用。

（尹玲利）

【现代农业委员会成立】 2011 年 5 月 4 日，北京民协组织召开了现代农业专业委员会筹备会。包括北京嘉博文生物科技有限公司、北京大北农科技集团股份有限公司、北京昊业怡生科技有限公司、北京绿远农业科技有限公司等协会会员企业以及中关村担保公司等在内的 16 家机构代表参加筹备会。筹备会由北京民协执行常务副会长兼秘书长张本正主持。筹备会围绕现代农业专业委员会成立的必要性和可操作性展开讨论，明确了现代农业专业委员会成立的意义，全票通过成立现代农业专业委员会，并确定了委员会的主任及副主任人选。

（尹玲利）

【中共北京市科协社会组织总支部委员会调研北京民协】 2011 年 5 月 6 日，中共北京市科协社会组织总支部书记张鸿博以及总支部委员会 4 名委员来到北京民协，就《中共北京市科学技术协会社会总支部委员会工作规则（试行）》讨论稿和即将组织的建党九十周年系列活动进行讨论。会议通过了关于表彰优秀党支部、优秀党员和优秀党务工作者的推荐名单，确定了总支部参加市科协纪念中国共产党成立 90 周年红歌会的演唱曲目，征求了如何开展总支部工作的意见。总支部委员、北京民协党支部组织委员王立群参与此次讨论。

（尹玲利）

【参加中关村国家自主创新示范区第二届运动会】 2011 年 5 月 7 日，以“运动激发活力、创新引领未来”为主题的中关村国家自主创新示范区第二届运动会在丰台体育中心举行。北京市委副书记、市长郭金龙，市委常委赵凤桐，副市长苟仲文，市政府秘书长孙康林等出席运动会开幕式。北京民协会长、时代集团总裁王小兰应邀出席开幕式。北京民协秘书处与其他兄弟协会共同组成的中关村协会联席会方阵、以及中关村开放实验室办公室组织的由 46 位挂牌实验室代表组成的方阵亮相开幕式。随后，展开了田径、乒乓球、羽毛球等项目的比赛，尽显科技健儿的风采。开放实验室因在本次开幕式方阵组织工作中表现突出而获得优秀组织奖。

（尹玲利）

【举办政府项目申报和高新认定专题活动】 2011年5月12日，2011年北京市高新技术企业认定及复审工作启动在即，为帮助企业解决在申报过程中出现的问题，北京民协会员部特意举办了一场政府项目申报和高新认定（复审）专题活动。活动邀请了中国人民大学商业企业管理硕士、关键要素高新技术企业认定管理办法课题组主任卓列光，中国社会科学院博士、北京鹏润鸿途科技有限公司副董事长何长龙，北京峰荟财智知识产权顾问有限责任公司、北京圣斯历律师事务所王洪霞律师应邀出席恳谈会，并为与会企业解读了项目申报和高新技术企业认定的相关政策。来自科瑞集团、当当网等的70余位企业代表参加恳谈会。

（尹玲利）

【企业HR俱乐部举办团队建设专场培训】 2011年5月18日，北京民协企业HR俱乐部举办了情绪管理打造优势团队专题培训活动。活动邀请了北京知信心理咨询中心主任、国家二级心理咨询师薛明围绕如何通过情绪管理建立工作团队的话题，通过理论讲解与行动体验相结合的方法，为与会企业代表进行了专业阐述，使大家初步掌握了进行有效情绪管理的方法。30多家会员企业代表参加活动。

（尹玲利）

【政策宣讲走进丰台】 2011年5月23日，北京民协丰台园孵化器网络分会和政府采购执行办公室共同组织举办了一场政策培训会。丰台园40余家企业参加培训。北京民协副秘书长、政府采购执行办公室负责人戴双在会上详细介绍了政府采购相关政策和工作开展情况，并就中关村“1+6”政策进行了解读。北京市科技协作中心相关人员还就北京市自主创新产品申报流程进行了现场讲解。

（尹玲利）

【解析新三板扩容 助企业把握机遇】 2011年5月25日，北京民协金融专业委员会组织会员企业就近期热议的“新三板”话题举办了“中小企业在新三板上市的有关问题”的主题研讨活动，活动邀请到北京市东易律师事务所合伙人邱清荣、北京高朋律师事务所合伙人孙颖、姜丽勇三位律师围绕“新三板”扩容、“新三板”对企业的价值及挂牌条件等内容为与会企业展开详细地解读。北京民协也将持续关注有关“新三板”的各项新政。

（尹玲利）

【参加关爱老年科技工作者党日活动】 2011年5月27日，为纪念中国共产党成立90周年，经北京民协党支部推荐及前期沟通，北京市科协社会组织党总支部、学会联办党支部共同在爱地老人颐养中心开展关爱老年科技工作者党日活动。活动还特别邀请了五位医学专家为老人们义诊，一名林业专家现场指导园艺修剪技术。党总支部还向老人们赠送了保健类书籍。爱地老人颐养中心的老人合唱团还为大家献上精彩表演。来自北京民协、光学学会、林学会党支部，基金会联合党支部，市科协学会联办、国际部党支部的38位党员和积极分子参加此次活动。

（尹玲利）

【海外事务委员会举办海外上市培训专场】 2011年5月27日，北京民协海外事务委员会举办了科技企业海外上市培训专场活动，培训邀请了中担投资信用担保有限公司市场部总经理马光、亚瑟尔资本美国总部CEO马克·塔什科维奇、以及安永会计师事务所高级经理黄尚能等业内专家分别就企业在美国上市的条件、科技企业海外上市实操技巧等内容为与会企业人士进行了专业、细致的讲解，为中关村科技企业开拓海外市场提供切实有效的帮助。

（尹玲利）

【俱乐部成立一年“做强做大”话题不断深入】 2011 年 6 月 4 日，“中关村 100” 企业家俱乐部召开了 2011 年度全体理事会，俱乐部首任执行理事长王文京通报 2010 年至 2011 年俱乐部整体运作情况，理事长柳传志对俱乐部一年来各项工作开展进行总结，并对下一阶段活动提出要求。出席会议的俱乐部发起理事全体通过选举徐井宏出任第二任俱乐部执行理事长。全体理事会结束后，“中关村 100” 企业家俱乐部企业做强做大闭门研讨会随即召开，此次研讨走进了北京神雾环境能源科技集团股份公司，这也是该俱乐部第五次企业做强做大闭门研讨活动。

（尹玲利）

【2011 年政府采购第二次签约】 2011 年 6 月 8 日，2011 年新技术新产品政府采购第二次签约大会暨北京市首批工程研究中心和工程实验室授牌及共建技术转移中心合作签约大会在裕龙国际酒店举行。市委常委赵凤桐、北京大学常务副校长吴志攀等出席签约大会。大会由中关村管委会主任郭洪主持。六个政府采购示范项目举行了签约仪式，采购新技术新产品近 3 亿元，涉及轨道交通、新能源汽车、水处理、节能环保、智能交通等重点建设领域。2011 年已有涉及轨道交通、信息基础设施、智能交通管理、新能源汽车等领域 86 个项目应用了自主创新产品，采购金额 32 亿元，已完成市政府下达全年 60 亿元采购任务的 53%。会上，市科委、中关村管委会和海淀区政府分别与北京大学、清华大学、中科院北京分院签署了共建技术转移中心合作协议。此外，大会公布了首批认定的 16 家北京市工程研究中心和 13 家北京市工程实验室名单，其中北京创毅视讯科技有限公司等 7 家北京民协会员企业进入名单。

（尹玲利）

【政策宣讲走进昌平】 2011 年 6 月 9 日，北京民协在绿创环保工业园举办了一场昌平专场政策宣讲会。北京民协执行常务副会长兼秘书长张本正，执行常务副会长、北京绿创环保集团董事局主席姜鹏明，昌平区科委科技服务中心主任宋红等出席宣讲会。北京民协常务副秘书长孔洁介绍了北京民协各专项平台工作。昌平区科委科技服务中心陑英英就科技合同备案政策为与会企业进行了讲解。关键要素科技公司卓列光总经理深度解读了国家高新技术企业认证（复审）等相关政策。北京民协副秘书长、政府采购执行办公室负责人戴双就政府采购相关政策进行讲解并回答了大家的提问。此次宣讲会上，孔洁和高启聪分别代表北京民协、绿创孵化器签署了战略合作协议。

（尹玲利）

【示范区召开建设科技政策宣讲会】 2011 年 6 月 16 日，由市科委、市工商联、中关村协会联席会主办，北京民协承办的中关村国家自主创新示范区建设科技政策宣讲会在中科院国家科学图书馆举行。市科委副主任伍建民，市委统战部副部长、市工商业联合会党组书记、第一副主席吴杰等出席宣讲会。宣讲会由中关村协会联席会主席、北京民协会长王小兰主持。会上，副主任伍建民就“十二五”科技北京发展建设总体思路与重点任务进行了布置和说明，市政府法制办、市地税局、市科委高新处、市科委政策法规与体制改革处等相关机构领导分别对中关村国家自主创新示范区企业税收优惠政策、高新技术企业认定管理、自主创新产品认定等政策进行了解读，并回答与会人士的提问。来自中关村示范区的高新技术企业、社会中介机构等近 300 人参加宣讲会。

（尹玲利）

【《社会组织的创新和发展调研报告》完成】 2011 年 6 月 20 日，北京民协社会组织创新和发展研究课题组通过调研走访社会团体、民办非企业单位和基金会等活跃在北京地区的社会组织，撰写了近 5 万字的《社会组织的创新和发展调研报告》。该课题组于 2010 年 8 月组建，目的是了解北京地区各类社会组织的发展现状，尤其是其在管理、服务、运作模式等方面的创新做法，进而为北京民协自身的更好发展提供参考和借鉴。

（尹玲利）

【协会举办第二期会员企业联系人联谊活动】 2011 年 6 月 23 日，北京民协 2011 年第二期会员企业联系人联谊活动在申隆山庄举行。来自 20 余家协会会员企业的代表参加活动，并就北京民协各专项工作和平台活动如何更加贴近企业需求展开讨论。活动中，大家还通过团队游戏加深了彼此的了解。

（尹玲利）

【软件企业高层沙龙举办知识产权政策研讨会】 2011 年 6 月 23 日，北京民协软件企业高层沙龙举办的知识产权政策解读研讨会在柏彦大厦举行，会议由协会常务副秘书长孔洁主持。会上，北京市海淀区知识产权局副局长刘向阳、北京市知识产权保护协会秘书长倪昊到会，并为参会代表解读海淀区出台的知识产权、专利预警资助申报以及企业专利数据库建设指南等政策内容。汉王科技有限公司知识产权部部长刘秀娟、北京中科红旗软件技术有限公司副总裁王明华则从企业实战角度与大家分享了知识产权政府项目申请、北京市著名商标申报及质押贷款等方面的经验，通过研讨使与会企业代表全方位了解北京地区的知识产权相关政策。

（尹玲利）

【中关村企业家考察团走进天津滨海新区】 2011 年 6 月 24 日，为帮助企业会聚资源、共同开拓京外市场，由北京民协副会长、爱国者数码科技有限公司副董事长祁燕带队，近 50 位中关村企业家组成的考察团赴天津滨海新区进行了商务考察。考察团一行先后参观了滨海新区规划中的展览馆、国家超级计算天津中心和腾讯北方基地。之后，天津市副市长王治平、天津市科委主任赵海山、滨海新区人民政府副区长郭景平等领导与企业家们进行了座谈。座谈会上，企业家还与天津市政府、市科委以及滨海新区相关部门负责人就如何更好地整合资源、开发天津进行了热烈讨论。

（尹玲利）

【北京民协成功承办中关村创业讲坛第四十六期】 2011 年 6 月 24 日，由中关村科技园区管理委员会、中国科学院国家科学图书馆主办，中关村协会联席会、中关村大学科技园联盟、中关村留学人员创业园协会协办，北京民协承办的第四十六期中关村创业讲坛在中国科学院国家科学图书馆院士厅举行，北京民协常务副会长、突破电气有限公司董事总经理林海青，北京民协会员、北京暴风网际科技有限公司总裁冯鑫应邀出任本期讲坛的主讲嘉宾，分别以“创业者应该具备的心理素质”和“创新文化”为主题，从中关村创业者的角度畅谈了如何在创业中创新、以及创业者在创业过程中如何保持良好的心态。

（尹玲利）

【政府采购工作组举办垃圾处理专场推介会】 2011 年 6 月 27 日，为深入推进海淀区政府采购新技术新产品试点工作，海淀区发改委与中关村新技术新产品政府采购工作组联合召开了海淀区垃圾处理领域新技术新产品推介会。海淀区市政市容管委、海淀区环保局、海淀区科委等相关单位参加会议并听取了相关企业在垃圾处理技术、技术应用效果及项目运营模式等方面的情况汇报。此次推介会是政府采购工作开展以来首次针对实际拟建项目组织的专场推介会，也是工作模式上的一次创新。

（尹玲利）

【文友沙龙搭建内刊业务沟通平台】 2011 年 6 月 29 日，北京民协第十三期文友沙龙活动在密云薰衣草庄园举行。此次活动打破了以往由北京民协宣传部定主题的惯例，由会员企业提选题并主持活动。此次活动由北京旋极信息技术股份有限公司内刊编辑党云出任主持，她结合本企业内刊改版实践，以如何为企业内刊定位为主题展开话题。内刊编辑们纷纷根据各自的工作实践，从版面设计、内容结构、栏目设置等角度发表了各自的观点。大家表示，北京民协的文友沙龙活动内容丰富、针对性强，既联络了内刊编辑之间的感情，又使大家在业务上互通有无、共同提高。内刊编辑们纷纷根据各自的工作实践，从版面设计、内容结构、栏目设置等角度发表了各自的观点。

（尹玲利）

【北京民协党支部获殊荣】 2011 年 6 月 30 日，以“回顾党史，坚定信念，表彰先进，促进发展”为主题的北京市科协纪念中国共产党成立 90 周年暨创先争优表彰大会召开。北京市科协党组书记夏强和科协老领导任湘、田小平等出席会议。大会由市科协机关党委书记王学勤主持。本次会议对市科协系统的 7 个先进基层党组织、30 名优秀共产党员、4 名优秀党务工作者给予了表彰。北京民协党支部被评为先进基层党组织。

（尹玲利）

【开放实验室办公室协办生命科学与生物医药企业洽谈交流会】 2011 年 6 月 30 日，北京大学生命科学与生物医药企业洽谈交流会在北大博雅国际会议中心举行。北京大学生命科学领域专家、成果所有人与相关企业参会，并就新药创制与合成、医疗设备与分析仪器、生物医用材料与组织工程等话题展开洽谈交流。中关村开放实验室办公室作为协办单位，组织相关企业和实验室参加了此次交流会。

（尹玲利）

【双月沙龙谈“商调”，论和谐】 2011 年 7 月 7 日，北京民协第六期双月沙龙在清华科技园举行。本次双月沙龙以“内外兼修、笑对商海”为主题，邀请到中国贸促会法律部副部长、调解中心秘书长王承杰，调解中心副秘书长、秘书处处长程慧，调解中心秘书处副处长杨晓蕾，以及贸促会法律部法律顾问处副处长张智超与企业家们围绕如何利用调解手段化解商业纠纷展开对话，沙龙由北京民协常务副会长周明陶主持。副部长王承杰介绍了中国贸促会的主要服务业务，并详细解析了中国企业在对外经贸中的挑战和机遇。沙龙中，与会的企业家们针对中关村商事调解的未来发展思路展开讨论，企业家们从历史、哲学、信仰、学养等角度，分析了如何创建社会和谐、商业和谐，以及就调解对建设和谐国家所能起到的作用展开了探讨，整个讨论过程充溢着思想与智慧的碰撞，气氛热烈。北京民协执行常务副会长姜鹏明，常务副会长郭梓林、邵凯，副会长祁燕、郑忠秀等近 20 位企业家参加此次沙龙。

（尹玲利）

【第一次农委会互访活动】 2011 年 7 月 12 日，北京民协现代农业专业委员会企业互访活动拉开帷幕。北京勤邦生物技术有限公司、北京中博农畜牧科技有限公司、北京蜂珍科技开发有限公司等8家成员单位的代表共同走访了北京昊业怡生科技有限公司（北京民协理事单位），公司董事长于景成等接待来访，并详细介绍了昊业怡生的免冲水生态厕所等企业核心项目，并就和中博农的相关合作事宜进行了交流。此次互访活动由农委会主任委员、北京中关村科技担保公司首席经营管理师谭左亭主持，她还就中关村科技担保可以为企业提供的金融服务项目进行了说明推介。活动中，大家还围绕食品安全等话题展开讨论。

（尹玲利）

【圆满完成中关村高端领军人才认定专家评审阶段工作】 2011年7月16日，为贯彻落实国务院关于建设中关村国家自主创新示范区的精神，根据《中关村高端领军人才聚集工程实施细则》，受中关村管委会委托，中关村企业家顾问委员会第四工作组负责2011年第一批中关村高端领军人才认定专家评审环节。此次评审委员会由28位知名企业家、风险投资家和行业专家等组成，对61位参评人员进行了现场评审。7月25日至29日顾委会秘书处对20位入选人进行了实地尽职调查。

（尹玲利）

【中关村企业家组团走进吉林】 2011年7月20日至22日，由北京民协组织，协会会长王小兰带队的中关村企业家考察团走进吉林，展开了为期三天的考察活动。吉林省副省长陈伟根在20日举办欢迎午宴，欢迎中关村成功企业家们的到来。在介绍吉林省整体经济发展战略后，陈省长期望中关村企业通过项目和技术的对接积极参与到吉林省的建设中。在20日下午举行的“吉林省——北京民营科技企业家对接会”上，考察团的企业家们与吉林省经济合作局、省相关市州及开发区的30余位政府、企业代表展开项目对接。21日，考察团一行在吉林省经济合作局相关负责人的陪同下考察了长春高新区和长春经济开发区。调研中，企业家们对高新开发区的基础建设提出了建议，企业家们认为在开发区的建设中，一定要从基础建设开始就建立可持续发展的理念并一以贯之。2011年，北京民协启动了会员企业“走出去”活动，以此促进企业抱团合作，共同开拓京外市场，同时为未来的投资计划做前期准备。此次赴吉林考察活动获圆满成功，中关村企业与吉林省相关部门的项目对接及合作洽谈也将陆续展开，而这样的会员企业“走出去”活动，北京民协也将持续展开。

（尹玲利）

【接待国务院发展研究中心技术经济研究部调研】 2011年7月26日，国务院发展研究中心技术经济研究部部长吕薇一行四人来到北京民协，就科技体制改革主题进行调研。北京民协会长王小兰，执行常务副会长姜鹏明、何鲁敏，副会长罗群，以及副监事魏建华接待调研，并与调研组围绕科技体制改革的核心、实现产学研高效结合需要的机制等话题展开讨论。

（尹玲利）

【海外事务委员会主办国际商账管理专题培训会】 2011年7月28日，由北京民协海外事务委员会和中国国际商会主办，中外投资服务网承办的国际商账管理专题培训会在伯彦大厦举行。中国国际商会副秘书长林舜杰介绍了中国国际商会的发展情况及在国际商账管理方面的优势；孔洁则向与会嘉宾和企业详细介绍了北京民协海外事务委员会平台运作情况；纪德总裁重点讲述了北美、欧洲、东南亚等地区的债务类型及解决方案；李晓经理还和与会企业代表分享了澳洲市场的风险评估以及欠款回收经验；李奎元总经理就信用风险规避给出具体操作方法。

（尹玲利）

【组织召开先进制造领域科研成果对接会】 2011年8月4日，中关村开放实验室办公室在机械科学研究总院会议中心组织召开了先进制造领域科研成果对接会，二十余家相关企业与开放实验室进行了专题对接洽谈。对接会由中关村开放实验室办公室徐霞主持。会上，机械研究总院通用零部件检测中心副主任丁宝平与先进制造技术研究中心刘倩部长分别介绍了本实验室的科研能力、技术成果和技术服务。时代集团、许继电力、捷水科技、景新电气和康斯特等中关村高新技术企业代表参会，并就先进成型技术、无模化零部件铸造等科研成果与实验室专家进行了较深层次的洽谈。

（尹玲利）

【培训专业委员会举办企业品牌建设专项培训会】 2011年8月12日，北京民协培训专业委员会举办了民营企业著名商标认定暨企业品牌建设专项培训活动。活动特邀北京市工商行政管理局商标监管处尹伯懿、北京银行海淀园支行副行长赵青、北京峰荟财智知识产权顾问有限公司合伙人张露藜等专家，就民营企业品牌建设及商标维权、知识产权质押贷款政策和北京市著名商标申报流程等内容进行讲解。

（尹玲利）

【组织召开首都区域空间发展战略座谈会】 2011年8月18日，由北京市规划委员会、北京城市规划设计院和北京大学联合组成的《首都区域空间发展战略研究》工作组，在北京城市规划设计院主任李伟的带领下，来到北京民协。就海淀区产业发展、基础设施建设及区域合作设想等话题，与海淀区企业代表进行座谈交流。会议由协会副会长、爱国者数码科技有限公司行政总裁兼副董事长祁燕主持。协会执行常务副会长、北京绿创环保集团有限公司董事局主席姜鹏明，协会副监事长、北京京磁强磁材料有限公司总经理熊科等企业应邀参会并结合自身企业发展体会，积极建言献策。

（尹玲利）

【中关村开放实验室召开第六批挂牌实验室评审会】 2011年8月18日，第六批中关村开放实验室挂牌评审会召开，来自北交大、中科院国家技术转移中心、联想、爱国者、同方、捷成世纪和大北农等机构的15位专家出席会议。参加此批评审的34家实验室涵盖计算机与通信、软件、先进制造、新材料、农业生物技术等重点产业领域。34家参评实验室的调研情况汇报，对各实验室在专业领域中所处的位置与影响力、拥有的技术水平、为企业服务的能力等多方面进行了点评并最终形成专家意见。

（尹玲利）

【北京民协第12期法商沙龙活动举行】 2011年8月22日，由北京民协和至新中小企业法律服务网联合主办的第12期“法律·商业”系列沙龙活动在柏彦大厦举行。此次沙龙的主题是“如何正确与员工解除或终止劳动合同”。至新中小企业法律服务网劳动专业律师黄炜女士作为主讲嘉宾，就企业员工离职类型、用人单位如何正确解除或终止劳动合同、员工解除或终止劳动合同后的“三金”管理等内容进行了深入讲解，并详细给出了与会企业在实际操作过程中出现问题的解决办法。新东方、凡客诚品、格林威尔、蜂珍科技、理想固网、利亚德等150余家企业的代表参加此次沙龙活动。

（尹玲利）

【接待朝阳区非公经济专题调研】 2011年8月24日，朝阳区非公经济工委副书记赵宁江带队的朝阳区“两新”基层党组织负责人示范培训班学员60余人来到北京民协，就非公经济党建工作进行调研。协会常务副秘书长孔洁介绍了北京民协的业务框架和工作开展情况，协会党支部书记、副秘书长刘进具体介绍了协会的党建工作。一行人还在协会工作人员的带领下参观了协会秘书处，并就协会各专项和平台运营情况与相关人员展开交流。同日，培训班学员还对北京民协会员企业——时代集团进行了实地调研。

（尹玲利）

【召开中关村创新平台专项工作第三次签约和揭牌大会】 2011 年 8 月 26 日，中关村创新平台专项工作签约和揭牌大会成功召开，北京市市委常委赵凤桐出席会议并讲话。会上，房山区长阳第三供水厂工程等 6 个政府采购示范项目举行现场签约，采购金额 4.7 亿元。截至目前，今年政府采购新技术新产品金额达到 47 亿元，已完成全年采购目标的 78%。政府采购新技术新产品工作开展两年多来，已有 739 个投资项目应用了中关村新技术新产品，采购金额达到 131 亿元。重大建设项目正在成为拉动全市创新发展的主要力量，需求引导创新的格局正在形成。

（尹玲利）

【举办 2011 年专项补贴申报说明会】 2011 年 8 月 30 日，为扎实推进 2011 年中关村开放实验室专项补贴工作的展开，中关村开放实验室办公室组织召开了中关村开放实验室专项补贴申报说明会，84 家开放实验室及部分合作企业代表百余人参加会议。会议由北京民协执行常务副会长、中关村开放实验室专项负责人朱希铎主持。中关村管委会创新处张若松向与会人员介绍了北京市以及管委会推动产学研结合的各项政策，和中关村开放实验室工程启动五年来在加强产学研合作、推进科技成果转化、帮助企业做大做强方面发挥的积极作用；中关村开放实验室办公室工作人员详细讲解了专项补贴的申报步骤、操作流程以及注意事项。

（尹玲利）

【北京民协举办第六期双月沙龙】 2011 年 9 月 7 日，正值中秋佳节来临之际，北京民协第七期双月沙龙在北大博雅酒店举行。本次沙龙打破以往在参加人数上的限制，邀请了一批新近入会的新会员参与到活动中，希望借此让企业能够深入了解北京民协的机构职能。近 60 位企业家欢聚一堂，深度交流。活动由北京民协执行常务副会长兼秘书长张本正主持，王小兰会长以及戴焕忠、朱希铎、郭梓林、顾小锋、熊科等协会领导出席联谊活动。围绕对协会工作的意见和建议、在企业经营中遇到了问题等话题展开讨论。

（尹玲利）

【举办新三板与中小企业融资政策实务宣讲会】 2011 年 9 月 8 日，为提高非上市高新技术企业对新三板的了解，解决初创期高新技术企业股份转让及融资问题，受中关村创新平台相关部门委托，政府采购执行办公室联合国都证券有限责任公司、东易律师事务所和兴华会计师事务所共同举办了新三板与中小企业融资政策实务宣讲会。北京民协副秘书长、政府采购执行办公室负责人戴双主持会议并介绍了政府采购工作的进展情况和最新动态。国都证券、东易律师事务所有关专家分别就新三板挂牌相关政策、企业案例和新三板挂牌常见法律问题进行了详细讲解，并与参会企业进行了卓有成效的讨论。

（尹玲利）

【CFO 论坛关注高管相处之道】 2011 年 9 月 8 日，由北京民协、北京 CFO 发展中心、《新理财》杂志共同主办的，以探讨 CFO 与 CEO 间协同为主题的 CFO 论坛在国际大厦举行。中国人民大学经济学博士、对外经济贸易大学运营研究中心主任冯鹏程教授，北京民协执行常务副会长、北京绿创环保集团董事局主席姜鹏明，常务副会长、北京突破电气有限公司董事长林海青等 12 位嘉宾出席论坛并围绕“CFO 和 CEO 相处艺术”、“CFO 如何得到董事会的认可”两个主题展开探讨。

（尹玲利）

【联盟正式投资东方正通】 2011 年 9 月 9 日，中关村企业家天使投资联盟与北京东方正通科技有限公司正式签订股权投资协议，北京民协执行常务副会长兼秘书长、联盟负责人张本正与东方正通董事长张骥分别代表双方在投资协议上签字。

（尹玲利）

【全国政协社法委考察北京民协及会员企业】 2011 年 9 月 15 日，应北京民协会长王小兰邀请，由中共中央委员、全国政协委员、社会和法制委员会副主任黄晴宜任组长，全国政协常委、副秘书长蒋作君，全国政协常委、社会和法制委员会委员李君如任副组长的全国政协社会和法制委员会考察组来到北京民协及部分协会会员企业进行考察调研。

（尹玲利）

【现代农业委员会举行企业互访活动】 2011 年 9 月 20 日，北京民协现代农业委员会在北京雷力（集团）公司怀柔基地举行了第三次成员互访活动。昊业怡生公司总经理于景成，百诚恒信公司总经理路军，中关村科技担保公司首席经营管理师谭左亭、副总经理赵春晖，中关村事业部经理张晓峰等农委会会员企业负责人参加互访活动。针对雷力集团董事长郭占武提出的三个合作意向，农委会成员展开了讨论。

（尹玲利）

【文思创新专场成功召开】 2011 年 9 月 28 日，中关村 100 企业家俱乐部企业做强做大闭门研讨会之文思创新专场在文思创新软件技术有限公司举行，会议由俱乐部新任执行理事长徐井宏主持。柳传志、王小兰、王文京等 8 位发起理事，何鲁敏、范明杰等 3 位特邀理事（或代表）以及中关村发展集团总经理许强、北京探路者户外用品股份有限公司董事长盛发强、东华软件股份公司董事长薛向东等 3 位新任理事参加活动，中关村管委会创业服务处处长杨彦茹应邀出席会议。与会嘉宾针对文思创新公司所提出的如何建立新老团队更新交替的机制、如何用好“空降兵”、如何有效利用“外脑”以及如何开展海外业务开拓等话题展开热烈讨论。

（尹玲利）

【CTO 俱乐部关注高绩效团队打造】 2011 年 10 月 27 日，北京民协 CTO 俱乐部与创业成长互助联盟联合举办了一场以打造高绩效团队为主题的沙龙活动，活动邀请到和动力（中国）体验式培训机构创始人严易凌给企业代表带来了一场生动的游戏体验课程。企业代表通过破冰、扑克牌、投球等游戏中的方法探讨、策略调整与挑战纪录等递进式训练，让大家了解到团队心态调整、团队工作热情激发等的有效方式，也真正理解了团队和谐文化的真谛，以及促进团队间的沟通、合作与共赢的重要性。

（尹玲利）

【2011 年第二批中关村高端领军人才认定专家评审阶段工作完成】 2011 年 10 月 29 日，2011 年第二批中关村高端领军人才认定专家评审会召开。与以往不同，中关村企业家顾问委员会第四工作组受中关村管委会委托，此次全程负责了认定的申报受理、初审以及专家评审、尽职调查等工作。此次评审委员会由 24 位知名企业家、风险投资家和行业专家等组成，对 78

位参评人员进行了现场评审，并确定推荐人选报送至中关村管委会主任办公会和中关村高聚工程工作小组审批。

（尹玲利）

【2011 年新技术新产品政府采购第四次签约】 2011 年 11 月 10 日，为有效推广新技术新产品的市场应用，真正实现需求拉动创新，2011 年新技术新产品政府采购第四次签约大会在翠宫饭店举行。会议由中关村管委会主任郭洪主持，市委常委赵凤桐出席大会并讲话。9 个政府采购示范项目举行了签约仪式。此次采购新技术新产品金额约 1.3 亿元，涉及环境保护、新能源汽车、生物医药、文化创意等重点领域。截至目前，2011 年度北京已有涉及轨道交通、信息基础设施、智能交通管理、新能源汽车等领域的 237 个投资项目应用了中关村企业的新技术新产品，总金额达 61.7 亿元，以超额完成市政府下达的年度任务。

（尹玲利）

【科学城院校企第二次项目对接会召开】 2011 年 11 月 18 日，中关村科学城院校企第二次项目对接会在皇苑大酒店举行。会议由北京市经济和信息化委员会党组副书记、副主任，科学城工作组组长梁胜主持。市委副秘书长傅华，中关村管委会党组副书记、主任郭洪，党组副书记、副主任李石柱出席会议。中关村科学城建设单位、市属企业、中关村示范区企业及相关投资机构和媒体代表近 300 人参加会议。中关村科学城院校企项目对接会旨在进一步推动高校、科研院所、企业、高端人才、社会组织及政府“六位一体”的协同创新，通过资源优化整合、体制机制创新，进一步推动产学研用相结合，激发创新资源活力，发挥人才资源优势，促进多种资源有效链接，健全产业链服务，加快推进中关村科学城科技成果产业化。45 家单位在对接会上签署了包括院校企产业化合作、共建研发实验室（机构）、人才合作等在内的 26 个项目意向。在中关村创新平台领导小组的指导下，北京民协完成了此次对接会的前期项目准备及各项会务工作，得到各界高度肯定。

（尹玲利）

【双月沙龙关注“上市”前中后】 2011 年 11 月 24 日，北京民协第八期双月沙龙活动，将视线投向了企业“上市”这一话题。活动由北京民协会长、时代集团总裁王小兰主持，22 位企业家针对“上市”与“不上市”的利与弊、在海内外不同板块上市的优缺点，以及企业准备上市前如何正确处理好股东利益等问题展开讨论，并分享了各自对中国未来经济走势，以及投资前景等的观点和看法。

（尹玲利）

【中关村开放实验室百家授牌大会暨五周年成果展成功举办】 2011 年 11 月 30 日，中关村开放实验室百家授牌大会在北京创业大厦举行，为期三天的五年成果展也于同日启动。此次活动由北京市发改委、市科委、市财政局和中关村管委会联合主办，北京民协承办。在 11 月 30 日的中关村开放实验室百家授牌大会上，市委常委赵凤桐、市委副秘书长傅华、中关村管委会主任郭洪等领导出席并为第六批共 25 家中关村开放实验室进行授牌。中关村管委会副主任杨建华介绍了中关村开放实验室五年的发展情况，北京民协会长、时代集团总裁王小兰、搜狐公司高级副总裁兼搜狗公司首席执行官王小川、总后勤部卫生部药品仪器检验所所长张炯出席会议并发言。北京市相关委办局、中关村创新平台负责人，高校、科研院所以及中关村重点企业代表 300 余人出席授牌大会。会后，与会领导参观了中关村开放实验室五周年成果展。北京民协执行常务副会长朱希铎在授牌大会结束后主持召开了媒体见面会，就中关村开放实验室的产学研转化情况、开放实验室办公室工作内容等相关问题回答了记者提问。在为期三天的成果展活动期间还举办了软件、网络通信领域，生物医药领域，集成电路、装备制造领域和节能环保、新材料领域专场对接交流会。

（尹玲利）

【组织软件企业退税政策宣讲会】 2011 年 11 月 30 日，为使企业及时了解相关政策，确保软件企业高效、顺利开展各项业务，北京民协与海淀区国税局联合组织的软件企业退税政策宣讲会在翠宫饭店召开。会议特邀海淀区国税局货物与劳务税科科长王琪、纳税服务科齐菲就软件企业的退税优惠政策进行宣讲，并为企业答疑解惑。

（尹玲利）

【北京民协举办 HR 体验课】 2011 年 12 月 6 日，北京民协 HR 俱乐部与中关村科技园区丰台园科技创业服务中心和动力（中国）体验式培训机构共同为会员企业的人力资源经理举办了一场游戏体验式专场课程。活动由北京民协常务副秘书长孔洁主持，丰台园科技创业服务中心主任程军参加此项活动。和动力创始人严易凌通过一系列游戏互动，由浅入深、形象生动地与大家共同探讨有效的人力资源管理模式。活动现场气氛热烈，大家对这样的培训方式给予充分肯定。

（尹玲利）

【调解中心召开知识产权工作会】 2011 年 12 月 8 日，中关村企业家商事调解中心召开知识产权专业委员会工作讨论会，北京民协常务副会长、中关村企业家商事调解中心主任、北京中科希望软件股份有限公司董事长周明陶主持会议。北京民协会员企业峰荟财智、海虹嘉诚、中恒高博、方亚清源等知识产权专业机构负责人参加会议。会议讨论了成立知识产权专业委员会的可行性，以及如何通过知识产权专业委员会开展工作，如何有效发挥协会已有专家资源，搭建知识产权创造、运用、管理和保护平台，为企业提供一站式知识产权服务等具体问题。中关村企业家商事调解中心项目主管王立群参会。

（尹玲利）

【北京民协举办会员企业恳谈会】 2011 年 12 月 15 日，北京民协在大兴区举办了会员企业恳谈会，协会副会长张正喜主持会议。协会理事、北京华盟印务有限责任公司经理赵丽娜，会员企业北京惠特优宝机电有限公司总经理贾立丽等参会。会议围绕企业关注的融资、上市等话题展开了讨论。协会执行常务副会长兼秘书长张本正到会并认真听取了会员企业对协会工作提出的意见建议，希望会员企业多借助协会各服务平台快速发展。大兴区民促会办公室主任王潇丽受邀参会。

（尹玲利）

【中关村开放实验室办公室获 2011 年度中国产学研合作促进奖】 2011 年 12 月 17 日，中国产学研合作创新大会暨 2011 中国产学研合作促进会年会在上海召开。全国人大常委会副委员长陈至立出席开幕式并讲话。开幕式上还举行了中国产学研合作创新与促进奖颁奖仪式，中关村开放实验室办公室获得“2011 年度中国产学研合作促进奖”，这也是开放实验室连续第二年获此奖项。开幕式后，与会各界代表还以“产学研合作 · 经济转型”和“整合资源 · 创新驱动”为主题，进行了深入探讨和互动。

（尹玲利）

【顾委会 2011 年度第二次全体委员会举行】 2011 年 12 月 27 日，中关村企业家顾问委员会

2011 年度第二次全体委员会议在清华科技园举行。主任委员柳传志，常务副主任委员兼秘书长王小兰，副主任委员邓锋、徐井宏，以及丁健、王文京、尹卫东、孙育宁、何鲁敏等 18 名委员或其代表参会。在听取柳传志、邓锋、徐井宏、王小兰和刘东华五位组长汇报各组 2011 年整体工作完成及 2012 年工作设想的汇报后，各位委员提出了意见和建议。中关村管委会纪检组组长侯云、中关村管委会创业服务处处长杨彦茹参会并发言。

（尹玲利）

【北京民协荣获促进科技中介机构发展专项资金】 2011 年 12 月 27 日，为彰显中关村国家自主创新示范区核心区政策优势，激发核心区创新动力，增强核心区的凝聚力，由海淀区政府主办，中关村科技园区海淀园管委会、海淀区科学技术委员会承办的中关村国家自主创新示范区核心区 2011 年支持科技创新政策兑现大会在海淀区政府二层报告厅召开。海淀区区长隋振江，区人大常委会主任关成启，中关村管委会纪检组组长侯云，海淀区委常委、副区长穆鹏，海淀区政协副主席丁志明等领导出席会议。会上，中关村科技园区海淀园常务副主任、区科委主任王际祥通报了 2011 年海淀区科技创新专项资金支持项目情况，北京民协获促进科技中介机构发展专项资金支持。

（尹玲利）

【北京民协获“诚实守信优秀单位”称号】 2011 年 12 月 28 日，海淀区社会组织联合会召开 2011 年年会，海淀区人大主任关成启、政协主席彭兴业等出席会议并致辞。会上表彰了在 2011 年“共建核心区奉献在海淀”活动中涌现出的先进单位，北京民协荣获“诚实守信优秀单位”称号。

（尹玲利）

北京软件行业协会

【简介】 2011 年年内，北京软件行业协会以及下设的金融软件及信息产品分会、过程改进分会、益智与娱乐软件分会等 12 家分支机构秉承着促进北京软件和信息服务业健康快速发展的理念，为北京市 3000 多家软件和信息服务企业提供了包括市场服务、经营管理服务、金融服务、产为标准、行业秩序规则及评审服务等有利于软件企业发展的价值服务。同时，北京软协也向有关政府部门提交了《关于贯彻落实鼓励软件产业和集成电路产业发展若干政策的建议案》、《关于实行网站实名制的报告》两个政策研究报告，发布了 5 本北京软件和信息服务产业研究报告，成立了 CTO 俱乐部，协办了第十五届中国国际软件博览会，被入选首批知识产权纠纷司法委托调解组织名录，并与北京银行签署了“加强战略合作，推动软件类企业融资”战略合作协议。经过努力的服务工作，北京软协得到了社会的高度认可，年内获得了“5A 级社会组织”、“先进软件行业协会”称号。

（郝峥嵘　王丽君）

【举办金融信贷支持软件企业发展沙龙】 2011 年 1 月 13 日，北京软件行业协会在柏彦大厦举办了年内第一期题为“金融信贷支持软件企业发展”的沙龙活动。北京银行中小企业事业部总经理章志勇针对科技型中小软件企业的融资需求特点，就北京银行如何提供专属优质金融服务做主题报告。

（郝峥嵘　王丽君）

【新 18 号文政策落实系列调查研究】 2011 年 2 月 18 日，新 18 号文件研讨会在量子芯座召开。会议针对国家近期颁布的新 18 号文件进行积极探讨，对企业关注的新 18 号文件细则的制定提出宝贵建议和意见。2 月 21 日，财政部税政司流转税处处长谭崇钧以及北京财政局税政（关税）处姚俊一行到协会调研，并对新 18 号文件细则的制定再次进行深刻探讨。北京软协会长王文京、秘书长龙飞，用友、天元网络、中科方、太极、华胜天成、亚信等会员代表参与研讨。北京软协根据 18 日、21 日北京市经济和信息化委员会、财政部及北京财政局两次调研及会员企业提交建议，综合整理《关于贯彻落实鼓励软件产业发展政策实施细则的建议报告》，为政府有关部门落实"国发〔2001〕18 号文"和"国发〔2011〕4 号文"等制定相应配套政策建言献策。

（郝峥嵘　王丽君）

【主办座谈会探讨云计算标准】 2011 年 2 月 24 日，北京软件行业协会与中国电子学会学术科技交流中心联合主办云计算座谈会顺利召开。中国电子学会副秘书长林润华、国内学术交流部主任罗蒖、朗德华信（北京）自控技术有限公司研发部技术总监吴财军、Platform 软件（北京）有限公司技术顾问郭励、北京北信得实科技发展有限公司副总经理夏天广、中企开源对外合作部总监顾汶、EPB（中国）有限公司副总经理曹振华等 10 余人参加，并就座谈会两大议题"云计算标准"和"云计算标准的话语权"深入交换意见。

（郝峥嵘　王丽君）

【获"先进软件行业协会"称号】 2011 年 2 月 27 日，中国软件行业协会授予北京软件行业协会"先进软件行业协会"称号。

（郝峥嵘　王丽君）

【提交四项议案探讨经济发展方式】 2011 年 3 月 6 日，北京软件行业协会会长王文京出席十一届全国人大四次会议举行"加快转变经济发展方式"专题记者会，再次重申"中国软件业、中国 IT 服务业将迎来发展的黄金十年"的观点。王文京在连续多年关注中国企业自主创新和经济转型的基础上，结合个人长期从事并关注的领域，向大会提交《扶持智力劳动密集型产业发展，促进大学生就业》、《修改政府采购制度中最低价中标的规定，维护市场良性竞争，促进产业健康发展》、《推进企业普及信息化，加快转变经济发展方式》《中央企业等国有企业的技术产品与服务采购应积极支持本土企业的自主创新，同时保障国家经济安全》等四项建议案。

（郝峥嵘　王丽君）

【举办 IT 沙龙共享人才招聘经验】 2011 年 3 月 16 日，北京软件行业协会年内在柏彦大厦举办了第 2 期 IT 沙龙，来自鼎汉技术、博威康、尖蜂计算机、红旗中文贰仟、友邦创新、九恒星、中企开源等软件企业的各高级管理人员、人力资源负责人以及技术人员共 70 余人参加了此次活动。沙龙由北京大学心理学硕士、人力资源管理专家、IT 行业资深招聘顾问、softjob 软件人才网首席顾问刘宇辉主讲，以"如何在招聘中对技术人才进行有效的识别"为题，与大家相互分享成功的人才招聘经验。

（郝峥嵘　王丽君）

【出席行业前沿峰会】 2011 年 3 月 23 日，"竞合·共赢——2011 中国产业新区高峰论坛暨品牌园区推介会"在北京召开，北京软件行业协会秘书长龙飞出席大会并参与启动"产业新区智库联盟"。作为中国产业新区领域最前沿的行业峰会，此次会议由搜狐公司与中国高新技术产业开发区协会联合举办。来自政府机构、行业协会、知名园区、新闻媒体等的300余位业内人士参与盛会。

（郝峥嵘　王丽君）

【组织双软认定申报平台培训】 2011年3月24日，北京软件行业协会在柏彦大厦3层组织了针对协会新工作平台(即双软认定申报平台)的培训活动。为了帮助会员企业更好、更准确的利用工作平台，北京软协特邀专业培训讲师针对该平台的操作、以及会员企业填写企业认定申请表，特别是对企业年审时所遇到的问题做了详尽的解释和说明，并与来自各会员企业的近40位负责双软认定申报的工作人员进行了积极的探讨。

（郝峥嵘　王丽君）

【举办沙龙探讨移动互联网发展】 2011年3月25日，北京软件行业协会联合英特尔(中国)有限公司，在柏彦大厦三层会议室举办了题为分享移动互联网的盛宴的沙龙活动，本次活动是年内北京软协沙龙平台移动互联主题系列活动之一。北京软协第六届理事会执行会长、北京易路联动技术有限公司董事长兼CEO徐国洪，英特尔软件与服务事业部资深应用工程师顾建军以及众多协会会员企业领导参与了本次沙龙活动。本次沙龙活动针对移动互联网未来的发展趋势特别是在中国的发展趋势进行了热烈的探讨，希望通过把握移动互联网的产业合作机遇，寻找移动互联网的商机，同时共同搭建一个移动互联网领域的合作、交流的系列沙龙平台，这也是针对移动互联网所做的第一次交流，随后将会针对这一主题举办更多相关的活动。

（郝峥嵘　王丽君）

【获5A级社会组织称号】 2011年3月28日，经北京市社会组织评估委员会评定，北京软件行业协会获得“5A级社会组织”称号。

（郝峥嵘　王丽君）

【知识产权保护战略培训之专利保护】 2011年4月19日，北京软件行业协会在北京柏彦大厦举办“软件企业知识产权保护战略培训”主题沙龙，吸引了上百家软件公司前来参与培训。本次沙龙活动旨在通过普及专利保护知识并分享专利战略实践经验，增强软件企业运用专利维护自身权益的“软实力”。为提升软件企业在知识产权保护方面的专业水平，活动特意邀请了北京市知识产权局、北京市知识产权保护协会等权威机构的领导和专家，共同为参会企业讲解软件专利战略保护、海外知识产权预警知识及相关资助政策。北京市知识产权局副局长周砚为培训会作了致辞，鼓励软件企业通过专利战略全面提升企业竞争力。

（郝峥嵘　王丽君）

【知识产权保护战略培训之商标保护】 2011年6月16日，北京软件行业协会在博彦大厦举办举办第7期主题沙龙——软件企业知识产权保护战略培训会，本期沙龙以软件企业申请北京市著名商标、中国驰名商标以及商标资本化运营（质押贷款）为主要内容，邀请了来自国家工商总局商标评审委员会综合处副处长刘磊、连城资产评估有限公司银行业务部部长王小冉两位专家，对软件企业品牌建设、申报与商标质押贷款流程做了专业介绍，并邀请来自北京中科红旗软件技术有限公司的副总裁王明华，结合企业在使用商标质押贷款的流程和经验与参会人员分享。通过专业的讲解和深入浅出的企业介绍，为软件企业解疑答惑，引导企业快速高效地完成认定工作，促进企业知识产权资本化运营。

（郝峥嵘　王丽君）

【召开知识产权工作推进会】 2011年7月19日，北京市战略性新兴产业相关行业协会知识产权工作推进会召开，北京软件行业协会秘书长龙飞与北京市保护知识产权举报投诉服务中心（简称北京 12330）签订关于加强知识产权工作的备忘录，双方将合作开展企业知识产权培训、企业知识产权现场服务、企业知识产权专项调研与服务等有利于推进企业知识产权保护的工作。

（郝峥嵘　王丽君）

【协办第十五届中国国际软件博览会】 2011年5月12—14日，北京软件行业协会作为第十五届中国国际软件博览会（以下简称软博会）的协办者，组织了北京软件企业代表参加软博会，并在北京馆展示了北京软件和信息服务行业的智慧成果。软博会北京馆主题为“深化两化融合，点亮智慧企业”，集中展现促进两化融合、建设智慧企业的软件产品及解决方案。用友、数码大方、神舟软件、中和威、睿呈时代等企业的参展解决方案涵盖企业生产、经营的方方面面，全方面提升企业智慧运作的水平。本届软博会另一亮点是台湾软件与信息服务业首次参展，特设台湾信息安全产业专区，参展企业包括中华数位、文佳科技、台众计算机、全景软件、定兴科技、捷而思、零壹科技、优硕信息、鸿璟科技等9家企业。

（郝峥嵘　王丽君）

【组织会员企业互访】 2011年5月28日，北京软件行业协会会员企业互访活动首站在用友软件园召开，费振勇、李明树、徐国洪、孙伟、王斌、刘淮松、王维航、栾浩、薛向东、周儒欣、王国华、马斌7位协会执行会长、20余位会员企业高管及北京软协秘书长龙飞出席。北京软协会长王文京介绍了用友发展及经营管理情况，就人员费用上涨背景下软件企业的应对策、祥云工程中小企业云服务的产业链合作等主题进行了研讨。

（郝峥嵘　王丽君）

【举办企业劳动热点问题剖析及实务培训】 2011年5月31日，北京软件行业协会在翠宫饭店会议室举办了年度第6期主题沙龙——软件企业劳动热点问题剖析及实务培训，特邀知名劳动法律专家从工资及加班、工时、员工休假、社会保险这四个方面出发，与参会人员深入剖析了目前软件企业存在争议的热点问题，并对实务操作中的疑虑向软件企业的代表们一一做解答。

（郝峥嵘　王丽君）

【举办企业劳动争议预防及处理技巧培训】 2011年8月31日，北京软件行业协会在博彦大厦三层会议室举办了年度第10期主题沙龙——软件企业劳动争议预防及处理技巧，特邀知名劳动法律专家王明律师从常见的劳动争议类型及预防技巧、劳动争议的时间成本及费用成本、企业如何应对劳动争议三大方面出发，为参会的软件企业法务、人力资源负责人等代表们深入剖析了企业劳动争议的热点问题，并就代表们提出的企业存在的热点问题进行了详细解答。

（郝峥嵘　王丽君）

【组织21家企业参加大连软交会】 2011年6月16日，第九届中国国际软件和信息服务交易会（简称“软交会”）在大连开幕，北京软件和信息服务业组团21家企业集体亮相软交会，北京市商务委员会服务贸易处副处长张华雨、北京市经济和信息化委员会软件与信息服务业处副处长仝海威、北京软件行业协会秘书长龙飞等代表出席开幕式。为促进北京大连两地软件产业的合作与交流，北京市经济和信息化委员会软件与信息服务业处副处长仝海威、北京软协秘书长龙飞、北京软件和信息服务交易所副总裁罗明雄与大连软件行业协会常务副会长孙鹏举行会谈，就两地产业机构未来合作方向达成了一致。调研大连外包人才培养的模式，北京软协秘书长龙飞参观了大连理工大学软件学院实训基地，对学校与企业共建实训基地的模式进行了深入了解。

（郝峥嵘　王丽君）

【推介多个投融资项目】 2011年6月17日，投融资委员会第一届第二次项目推介会在柏彦大厦举行。活动共推介14个项目，其中2个项目为参会观摩，1个项目已于当周成功获得风投B轮融资2000余万美元。推介会除了邀请投委会委员参与外，还邀请会员华胜天成、软通动力和数码视讯等上市公司及联想创投、明石基金等近30家投融资机构参与。

（郝峥嵘　王丽君）

【举办主题沙龙共享表达的艺术】 2011年6月29日，北京软件行业协会与卡内基训练共同举办了第8期主题沙龙："表达的艺术——富有生命力的陈述"，特邀来自卡内基训练的资深讲师柴国炳先生为演讲嘉宾，通过现场互动与练习，针对陈述中的技巧和表达时的注意要点与参会人员进行讲解与分享，来自软件企业的公司发言人、中高层管理人员、销售等相关人员齐聚一堂，领略了此次内容丰富生动的培训活动。

（郝峥嵘　王丽君）

【到访北京七十二炫信息技术公司】 2011年6月29日，北京软件行业协会秘书长龙飞一行到访北京七十二炫信息技术有限公司，了解了七十二炫公司的发展情况和所属细分领域的产业发展现状，与七十二炫总裁刘志谊进行了深入的行业交流和技术交流，并对云计算及物联网应用等产业交换了意见。

（郝峥嵘　王丽君）

【推介的11家软件企业荣获北京著名商标】 2011年7月，经北京软件行业协会推荐的11家软件企业名列"2010年北京著名商标公示名单"。11家软件企业为：太极计算机股份有限公司、北京利亚德电子科技有限公司、北京拓尔思信息技术股份有限公司、北京慧点科技开发有限公司、北京握奇数据系统有限公司、北京金和软件股份有限公司、北京煜邦电力技术有限公司、高德软件有限公司、百度在线网络技术（北京）有限公司、北京中盾安民分析技术有限公司、大唐电信科技股份有限公司。

（郝峥嵘　王丽君）

【成立CTO俱乐部】 2011年7月8日，北京软件行业协会主办了第一期CTO"云计算和云应用"产业交流会。会议旨在通过云计算技术、产品、应用实践等方面的交流，为北京云计算产业的快速发展提供助力。首批CTO俱乐部成员单位的技术负责人参与会议，共同分享企业在云计算发展过程中积累的成功经验。其中，用友集团、华胜天成、博彦科技、中科方德软件有限公司、中国软件与技术服务股份有限公司等八家企业代表作了主题演讲，分别从云战略、云服务、云服务器操作系统、行业应用等方面集中展现了企业取得的产品研发及应用成果，并对下一阶段云计算发展规划做了介绍，表明"云计算"已经成为北京软件企业发展的重要内容。

（郝峥嵘　王丽君）

【参加产品Mocha BSM Visto发布会】 2011年7月27日，"全景·灵动·云"华胜天成Mocha BSM Visto产品发布全国巡展在北京正式拉开序幕，北京软件行业协会秘书长龙飞应邀出席本次启动仪式并致辞，华胜天成高层领导总裁王维航一行来到活动现场，现场共有客户企业代表、行业专家等数百人参与分享。

（郝峥嵘　王丽君）

【召开北京市中小企业融资专题研讨会】 2011

年 8 月 9 日，为贯彻落实《北京市人民政府关于贯彻国务院进一步促进中小企业发展若干意见的实施意见》(京政发〔2011〕17 号)，加大对软件类中小企业的扶持力度，在北京市经济和信息化委员会的指导下，北京软件行业协会联合北京市中小企业投融资服务平台，召开了“中小企业融资专题研讨会”，就中小企业融资需求、融资渠道等创新融资服务工作进行了座谈。

（郝峥嵘　王丽君）

【协同主办产业二十五年发展研讨会】 2011 年 10 月 21 日，由北京市经济和信息化委员会和中关村科技园区管理委员会指导、北京软件行业协会主办的北京软件和信息服务业二十五年发展研讨会在京召开，北京市软件和信息服务业落实国发〔2011〕4 号文的产业成果，北京市软件和信息服务业 25 年突出贡献企业、突出贡献人才和突出创新应用得到了集中展示，众多政府领导、业界领袖、专家与协会会员代表会聚一堂，就制约产业发展的瓶颈问题进行了专题研讨。

（郝峥嵘　王丽君）

【发布二十五年产业研究报告】 2011 年 10 月 21 日，北京软件行业协会发布了《北京软件和信息服务业发展报告：2011》、《北京软件和信息服务业 25 年发展报告》、《北京软件和信息服务业 25 年人才发展报告》、《北京软件和信息服务业 25 年质量发展报告》、《2011 北京软件和信息服务业投融资发展报告》等 5 本产业研究报告。

（郝峥嵘　王丽君）

【召开第六届第二次理事会】 2011 年 10 月 21 日，北京软件行业协会召开了第六届第二次理事会，会议由北京软协会长王文京主持，北京市社会团体管理办公室副处长郭京春出席会议并讲话。会议通过了协会上年和年度工作报告、第六届第一次监事会决议；对北京软协秘书处办公地址变更、益智与娱乐分会会长变更等事宜进行了表决。

（郝峥嵘　王丽君）

【召开首届中国跨领域技术体验峰会】 2011 年 11 月 5 日，北京软件行业协会联合国家国防科技工业局信息中心、北京嵌入式系统技术行业协会等单位共同举办的“首届中国跨领域技术体验峰会——暨军工两化融合技术发展研讨会”在成都召开。研讨会是军工、软件企业之间的跨行业、跨领域的交流研讨，不仅有利于软件技术在军队的应用，更有利于软件企业的发展，同时也对贯彻“十二五”发展规划纲要精神起到了巨大的推动作用。

（郝峥嵘　王丽君）

【入选首批知产纠纷司法委托调解组织名录】 2011 年 11 月 21 日，市高级人民法院和市知识产权局联合举办北京市首批知识产权纠纷司法委托调解组织发布仪式暨委托调解工作对接会，向社会公开发布首批知识产权纠纷调解组织名录。市高级人民法院知识产权庭庭长陈锦川、市知识产权局协调处处长张志豹等领导出席发布仪式并致辞，北京市各级人民法院知识产权庭法官及 7 家行业协会的代表共 30 余人参加会议。会议上，北京软件行业协会入选首批知识产权纠纷司法委托调解组织名录。首批公布的调解组织从“十二五”时期北京市重点发展的战略性新兴产业相关行业协会中选出，共 7 家，即北京电子商会、北京服装纺织协会、北京软件行业协会、北京信息产业协会、北京通信信息协会、北京电源行业协会、北京商标协会。

（郝峥嵘　王丽君）

【举办 HR 沙龙专题讨论薪酬】 2011 年 12 月

2 日，北京软件行业协会主办，博彦科技股份有限公司协办的2011年第十二期HR沙龙如期召开。参加此次会议不仅有业内的代表也有其他各界精英，共计二十几家企业代表出席了本次沙龙。本次HR沙龙的讨论主题是在受欧美经济危机的影响之下，企业如何破解薪酬剧增压力，应如何建立企业目标与薪酬设定等话题展开了讨论。

（郝峥嵘　王丽君）

【与北京银行签署了战略合作协议】 2011年11月1日，北京软件行业协会与北京银行签署“加强战略合作，推动软件类企业融资”战略合作协议，双方充分发挥协议双方各自资源优势，共同推动建设全市软件产品登记证书融资服务体系，促进软件类企业软件企业产品登记证书质押融资业务（以下简称“软件贷”）开展，为全市软件类企业提供融资服务。

（郝峥嵘　王丽君）

【提交两个政策研究报告】 2011年年内，北京软件行业协会开展了十二五规划调研工作，组织企业家代表向政府提交建议报告，帮助政府科学制定十二五规划，帮助会员企业向政府传递政策需求，向有关政府部门提交了《关于贯彻落实鼓励软件产业和集成电路产业发展若干政策的建议案》、《关于实行网站实名制的报告》等两个政策研究报告。

（郝峥嵘　王丽君）

【双软认定情况】 2011年年内，北京软件行业协会审批通过了软件产品登记2767件、软件产品续延登记287件、进口软件产品登记106件、新认定软件企业826家、软件企业年审通过3135家。

（郝峥嵘　王丽君）

【建设四大宣传平台】 2011年年内，北京软件行业协会编印平面媒体会刊《北京软件与服务》，组专家队伍，对北京软协成立25年来的大事记、产业数据进行科学的分析和总结，做了一系列的专题报道。改版协会官方网站，进一步明确了北京软协在北京软件产业中发挥的桥梁作用，凸显了北京软协以协会报道、新闻资讯为核心的行业内专业门户网站的定位，彰显了北京软协服务会员企业的公共平台属性，增强了北京软协的捆绑服务功能。建设电子快讯，以电子邮件的方式帮助会员企业及时了解政府基金、项目的情况，提升会员企业的经营业绩。建设了“北京软协短信平台”，为会员企业提供短信通知、短信服务及短信祝福，迅速提高协会管理效率，增强协会与会员的联系。

（郝峥嵘　王丽君）

北京信息化协会

【简介】 2011年年内，北京信息化协会在北京市社会团体管理办公室的领导下，在北京市经济和信息化委员会的业务指导下，协会从组织建设、会员服务、政府支撑等方面开展了相关工作，为市政府决策、企事业发展提供有力支撑。本年度工作以北京市经济和信息化委员会各项任务为工作重点，并积极进行会员梳理和拓展等工作。

（北京信息化协会）

【圆满完成《电子政务信息安全建设与标准化》课题】 2011年年内，受国家信息化专家咨询委员会秘书处委托和支持下，在工信部信息安全协调司、信息化推进司指导下，北京信息化协会成立了《电子政务信息安全建设与标准化研究》课题组，历时近两年组织研究本课题。本课题调查研究了国内外信息技术应用的现状与趋势、影响信息安全的各种因素、基础设施和管理制度以及全国重点部门、城市电子政务的实践经验和典型案例进行调研，形成了《关于“十二五”期间加强电子政务安全标准工作的建议》、〈北京市网络与信息安全发展调研报告〉、〈广州、武汉电子政务网络与信息安全调研报告〉等研究成果。提出研究编制“十二五”期间该领域标准化工作的指导思想、基本原则和总体目标，并对主要任务和保障措施提出意见和建议，强化标准在电子政务安全保障体系建设各个环节中的应用，旨在全面提升标准化对电子政务的支撑保障能力。此课题得到了各界专家的肯定并形成决策参考上报给相关知道单位。

（北京信息化协会）

【2010 北京市信息化发展报告】 2011 年年内，协会受市经济信息化委社会信息化处委托在 2011 年编写完成了 2010 年《北京信息化发展报告》,全面反映了北京市信息化发展取得的成果，集中反映年度重点工作推进和重点信息化项目建设情况，并针对“十二五”期间信息化发展前景进行了展望,得到了各方认可和关注。发挥了行业协会的带头作用，以报告为基础建立了政府、企业、科研单位、专家学者的沟通平台，推动信息化企业、事业及社团单位之间的合作与横向联合。

（北京信息化协会）

【编制完成《2010 北京信息安全产业发展报告》】 2011 年年内，北京市信息安全产业面临着技术创新和信息安全产业格局创新。为了推动北京市信息安全产业发展，促进信息安全技术革新和产业格局优化，协会受北京市安全测评中心委托，承接了〈北京市信息安全产业发展报告〉的研究工作。《北京市信息安全产业发展报告》在充分调研信息安全产业现状和问题的基础上，提出了北京市信息安全产业的发展建议。反映出中国信息安全产业发展 20 多年，已经经历了“安全系统”逐步过渡我国信息安全产业正处于从“系统安全”过渡到“网络世界安全”的技术革新和产业变革时期；北京市信息安全产业正处于逐步从以“脆弱性安全”为核心的依附性安全产业过渡到“结构性安全”的独立的安全产业，并逐步扩大安全产业的市场规模的发展阶段。

（北京信息化协会）

【北京信息化年鉴】 2011 年年内，协会承办了由北京市经济和信息化委员会主办的《北京信息化年鉴》(2010 版）的编纂工作，本《年鉴》内容涵盖信息产业、信息网络基础设施（含无线电管理）、信息资源、信息安全、政务信息化、经济信息化、社会信息化、区域信息化、环境建设等方面的客观情况，截至 11 月，全市 23 家委办局及 14 家企业参与了年鉴编纂工作，本《年鉴》也将为地方志的编写打好基础。

（北京信息化协会）

【《北京志. 工业志》(信息化部分）】 2011 年年内，协会受北京市经济和信息化委员会研究室委托，进行《北京志 · 工业志》(信息化部分）编写工作。截至目前已经完成篇目设置工作并在市志办备案。《北京志 · 工业志》(信息化部分）共分五篇，涵盖软件信息服务业、网络基础设施与信息资源、网络与信息安全、信息技术应用、机构与职能。材料收集工作覆盖本市 59 个单位，达 75 万字。参与北京市经济和信息化委员会及市志办组织的培训会 4 次。

（北京信息化协会）

【2010“信息北京十大应用成果及信息化应用典范奖评选”活动】 2010年协会继续承办了“2010 信息北京十大应用成果奖”和“信息化行业应用典范奖”评选活动，评选已连续举办五届，本届参与单位从2006年的53家增加到2010年的111家，覆盖党政军、公检法司、制造、交通物流、医疗、旅游、公用事业等领域。活动历时八个月最终评选出信息北京十大应用成果及十家信息化行业应用典范企业，活动的举办为参选单位提供了信息化应用成果借鉴、改进、提高的学习机会，促进了北京信息化应用建设。2011年8月副市长苟仲文出席颁奖大会并为获奖企业颁奖。此外，协会受北京市经济和信息化委员会办公室委托，遵副主任姜贵平指示，在市委宣传部、市科委的指导下，以5年（2006—2010年）累计申报的340多项成果，28个获得信息北京应用典范奖企业为典型研究对象，调研了获奖成果和获奖企业在强政、惠民、兴业方面取得的最新成就，调研了北京市在强化城市管理、服务百姓生活、解决社会热点、难点问题上信息化手段发挥的积极作用。本项研究得到了相关指导单位的肯定，极大调动和推进了北京市的信息化建设。从总结工作经验、效果的角度出发，为下一阶段相关工作提供更好的借鉴思路。

（北京信息化协会）

【信息网络产业创新企业遴选活动】 2011年年内，为配合北京市委市政府的战略部署，在北京市经济和信息化委员会的指导下，采取协会牵头、专家主导、政府支持、企业参与的模式，开展了“2011北京信息网络产业新业态创新企业30强”遴选活动，旨在透过专家角度，发掘一批具有成长性、创新性的企业。协会联合北京软件和信息服务交易所、北京软件行业协会和北京通信信息协会等单位，以“产业融合、业态创新”为主题，遴选对象为软件、互联网和信息服务业的非上市公司，凡具有新商业模式、新技术应用、新市场机会的企业，均可以报名参加。从7月正式发布启动，征求报名，近两百家企业递交了参评材料，从中选取了146家符合条件的企业进入遴选。遴选分为初评和终评两个阶段。10月13日初评，由风险投资家为主组成的评审组对参选企业逐家进行评价，最终选取前60家企业进入终评。10月25—26日终评，采取企业逐个答辩，一对一呈现，逐一打分的方式，最终评选出了“2011年北京信息网络产业新业态创新企业30强”，主要分布于电子商务、云服务、物联网应用、移动互联网应用、3D技术应用等热点领域。10月30日，召开了“2011北京信息网络产业新业态创新企业30强”榜单发布会”，对这次遴选结果进行公布，并举行颁牌仪式。北京市经济和信息化委员会副主任姜贵平、石景山区人民政府副区长李艳、石景山区经济和信息化委员会主任李元涛及计算机世界传媒集团运营总裁、《IT 经理世界》杂志社社长黎争、北京合众资本公司管理合伙人陈立辉、北京滕瑞万里科技公司 CFO 等专家评委出席本次发布会并为获奖企业颁奖。大会邀请产业界媒体外，还首次尝试进行微博现场直播。

（北京信息化协会）

【第十五届北京·香港经济合作研讨洽谈会协办工作】 2011年年内，由北京市经济和信息化委员会主办，香港特别行政区政府·政府资讯科技总监办公室协办的第15届北京·香港经济合作研讨洽谈会“京港智慧城市建设交流会”专场活动于10月20日下午在北京饭店举行。本次活动聚焦于民生领域，充分展示北京“智慧城市”建设目标所带来的新商机、学习香港通过建设“国际数码城市”为公众提供全面、便捷、资费低廉的服务的经验。协会向各会员单位传递了此次活动的信息并组织了积极报名的15家会员单位参与了此次专场活动，神州数码作为唯一一家企业在交流会上进行了主题演讲。

（北京信息化协会）

【北京市信息化协会换届大会】 2011年年内，北京信息化协会第四届会员大会已于2011年8月5日成功召开，完成新一届换届改选工作。经会员大会投票神州数码董事局主席郭为连任协会理事长，国研信息科技有限公司总裁李明连任监事长，段红新当选协会秘书长。大会还选举出17位副理事长，10家常务理事单位，7家理事单位，3位监事。大会投票通过新一届协会章程及会员管理办法。北京市经济和信息化委员会副主任姜贵平、经济运营处俞鹰、社团办主管林金良参加了本次换届大会。

（北京信息化协会）

【北京市信息化专家咨询委员会换届工作】 协会承担着北京市信息化专家咨询委员会（简称专家委）秘书处的日常工作，通过发挥协会的纽带作用，将政府、专家与企业三方连接起来，充分发挥专家委对政府决策咨询及行业应用指导的作用，共同推进北京的信息化建设。专家委充分发挥层次高、专业精、联系广的优势，为北京信息化发展战略规划、政策法规的制定提供了有力的支撑；为北京市重点工作的信息化保障提供决策咨询；为北京市信息化发展提供决策支持。截至2011年换届大会召开秘书处共组织各种专家建议、咨询、评审会议近30场，提供咨询400多人次，并团结了一大批专家为北京市服务。在本次换届遴选工作中专家人数从16人增至46人，为更好的从更高的宏观政策、先进技术层面，利用更广泛的资源为北京市信息化工作发展的高层决策、城市管理信息化、产业创新及相关百姓生活等方面起到更加强大的支撑作用。市长郭金龙、副市长苟仲文参加换届大会并讲话。

（北京信息化协会）

【会员的梳理与开发】 2011年年内，协会在会员管理工作中，重点进行了会员梳理和新型会员的开发工作。随着信息产业的不断发展和信息化工作重点的改变，信息化在社会中应用在不断扩大、两化融合不断发展，信息化概念深入各行各业，同时信息化行业内各企业在信息化中的作用发生了很大转变，新型企业不断涌现。协会为适应信息化发展的变化，根据自身工作、服务范围的改变，对会员结构进行了梳理和调整。根据业务性质的改变，对原有会员的结构进行了梳理，同时不断吸收各行业与信息化应用密切相关的企业加入协会。截至2011年8月协会累计会员220家，目前协会正在按照新一届协会章程及会员管理办法已完成72家会员单位的梳理和数据的统计工作；按企业的业务内容重新划分企业的类型，现划分为9大类，增加了两化融合、信息内容服务等方面会员。

（北京信息化协会）

【会员通信与微博】 2011年10月25日，北京信息化协会开始向会员及相关指导单位发送每周通信，及时沟通产业信息、协会动态、专项工作等内容；为更好的宣传北京信息化工作成果，打造北京信息化协会的品牌，协会于2011年10月开通新浪微博和网易微博，用户名：北京信息化协会；微博地址：新浪微博：http://weibo.com/u/2428135761；网易微博t.163.com/bjit2011。

（北京信息化协会）

【获得奖项】 2011年年内，被中关村联席会评为2011年度中关村协会信息工作优秀单位。在2012年，协会将继续发挥桥梁与纽带的作用积极服务好广大会员，巩固以往会员基础，进一步吸纳各行各业信息化应用单位、创新企业进行信息化工作的研究与合作交流。

（北京信息化协会）

网络媒体协会

【简介】 北京网络媒体协会成立于2004年10月26日，是依法在北京登记注册并提供互联网信息服务的机构及相关的教学、科研等机构与个人自愿联合发起成立，是经北京市社会团体登记管理机关核准登记的非营利性社会团体。现任会长是北京市互联网宣传管理办公室常务副主任佟力强，现有会员104个，大部分是团体会员。本协会接受业务主管单位中共北京市委宣传部、社会团体登记管理机关北京市民政局的业务指导和监督管理。

（网络媒体协会）

【北京互联网行业自律大会召开】 2011年1月11日，由市网管办指导，北京网络媒体协会、北京市互联网违法和不良信息举报中心主办的2010北京互联网行业自律大会召开。中宣部、公安部、国新办、市社团办、市网管办等有关部门负责同志，新浪、搜狐、网易等21家网站高管以及网络志愿者、妈妈评审员、网络自律专员代表参加会议。本次大会是国内互联网领域首次以“行业自律”为主题召开的会议。会议回顾了2010年度北京互联网行业自律工作取得的成绩，为32名网络监督志愿者、10名妈妈评审员、10名网站自律专员颁发了“2010年度北京互联网行业自律工作先进个人”奖，为市教委等14家单位颁发了“2010年度北京互联网行业自律工作支持单位”奖。

（网络媒体协会）

【举办“兔年网络大过年·中华年夜饭”网络活动】 2011年1月26日至2月12日，北京网络媒体协会组织新浪、搜狐、网易、百度、凤凰网、TOM、第一视频、千龙网、人人网、猫扑、开心网、搜房网、北京广播网、互动百科、优酷网、说客等16家网站共同举办“兔年网络大过年·中华年夜饭”网络活动。主办网站融综合门户类、SNS社区类、视频类、贴吧类、百科类、无线通信类为一体，充分应用微博、视频、社区、博文、词媒体等手段，与广大网民展开充分的互动，取得了可喜的传播效果。截至2月12日，活动专题总点击量超过3.5亿次，独立IP近3700万，活动共收到网民各类留言、祝福回复1.5亿条，征集网民上传视频193个，总时长2895分钟。

（网络媒体协会）

【新闻评议专业委员会举行2011年第一次评议会】 2011年2月18日，北京网络媒体协会新闻评议专业委员会举行2011年第一次评议会，对“兔年网络大过年·中华年夜饭”活动进行了充分肯定与表彰。活动主办网站、网民代表、民俗专家及相关主管部门领导出席评议会。评议会指出，“兔年网络大过年·中华年夜饭”是2010年“风景这边独好·虎年网络大过年”活动的继续，在内容和形式上均有新的扩展，在规模和影响上均超过去年。两届“网络大过年”活动是北京网络媒体集中展现中华民族春节文化的一次创新之举。活动得以成功是以下“五要素”形成合力使然，即市委宣传部、市网管办对活动的指导及核心组织作用；北京网络媒体协会对活动的整体策划及可执行方案的制定；各参与网站精心设计全力将丰富内容用多种手段呈现；市文联、市民协等团体的大力支持及民俗专家的指教；广大网民的热情参与并上传精彩纷呈的原创内容。这已成为北京开展重大网络文化活动的基本经验。

（网络媒体协会）

【"数据诚信"主题会议】 2011 年 3 月 25 日，北京网络媒体协会新闻评议专业委员会召开本年度第二次会议，主题为：倡导数据诚信，促进行业健康发展。评议会指出，目前数据造假的情况时有发生。在市场竞争环境中，企业轻视数据分析在业务决策过程中的作用，过分重视用于市场公关的数据，且只愿花钱购买对自己有利的数据，无疑助长了某些第三方数据机构的造假之风。而这一点，与国内互联网整体环境和更大范围的社会诚信环境密切相关。因此，建立公正透明的第三方数据服务环境，不仅仅是对第三方数据公司的自律要求，也是全行业应该重视并解决的问题。必须认识到，互联网的各项服务只有建立在诚信的基础上，才能得到长久发展并取得佳绩。

（网络媒体协会）

【发出在互联网行业全面推行自律专员的倡议】 2011 年 4 月 15 日，北京网络媒体协会新闻评议专业委员会召开年度第三次会议，对自律专员的工作成效进行评议，并发出在互联网行业全面推行自律专员的倡议。评议会认为，自律专员的设立，遵循了国际媒体环境的通行作法，结合了中国网络媒体发展的客观实际，已经成为了中国特色网络媒体行业自律机制的重要组成部分。评议会向北京互联网行业发出倡议，在进一步巩固现有工作成果的基础上，全面推行自律专员工作机制用。评议会同时呼吁更多关心网络媒体健康发展的有识之士加入到自律专员的队伍中来，形成全社会共建网络文明、共享社会和谐的良好氛围。

（网络媒体协会）

【召开第三届会员大会暨第三届理事会第一次会议】 2011 年 4 月 26 日，北京网络媒体协会召开第三届会员大会暨第三届理事会第一次会议。会议通过了关于选举佟力强担任北京网络媒体协会第三届理事会会长的决议。北京网络媒体协会第二届理事会会长闵大洪等 13 人当选为北京网络媒体协会第三届理事会名誉会长。中国互联网新闻中心副主任、中国网副总裁王晓辉等 33 人当选为常务理事。大会现场，104 家会员单位签署了重新修订的《北京网络媒体行业自律公约》。在新修订的《北京网络媒体行业自律公约》中融入了"维护互联网信息安全流动"、"倡导社会主义核心价值观"、"大力发展中国特色网络文化"等理念，强化了推行"妈妈评审团"、"自律专员"、"新闻信息评议专业委员会"等行业自律机制，旨在不断提高网络媒体的社会公信力，从自律层面促进互联网事业健康发展。

（网络媒体协会）

【创新社会管理服务，推进首都社会建设"主题调查研究】 2011 年 5 月 7 日，中共中央政治局委员、北京市委书记刘淇率队到市网管办、北京网络媒体协会，就"创新社会管理服务，推进首都社会建设"主题调查研究。北京网络媒体协会常务副会长兼秘书长魏莞向刘淇同志就协会近年来行业自律工作开展情况做了专项汇报。刘淇对北京网络媒体协会所发挥的作用给予了充分肯定。他与协会的"妈妈评审团"成员、网站自律专员、网络义务监督志愿者亲切交谈，对他们为净化网络环境所做的义务工作表示称赞，勉励他们在社会管理创新中发挥更大的作用。刘淇指出，要进一步发挥网络媒体协会优势，团结和吸纳有影响力的个人会员，在网络管理和服务工作中发挥更多积极作用。

（网络媒体协会）

【倡议设立互联网行业“社会责任日”】 2011年5月12日,北京网络媒体协会新闻评议专业委员会召开年度第四次会议。会议回顾5·12汶川大地震发生三年来,北京网络媒体充分发挥媒体优势、持续援助灾区重建所发挥的积极作用。评议会强调,媒体必须担负起一定的社会责任,为社会的稳定和发展发挥积极的作用,这既是世界各国对大众传媒的共同要求,也是新闻传播应当遵循的一项工作原则。互联网的大众媒体社会属性和其他媒体一样,在对社会产生影响的同时,也必须承担社会责任。评议会向全行业发出倡议,将每年的5月12日设立为互联网行业“社会责任日”,牢记历史赋予这一天的特殊意义,牢记互联网行业所应担当的社会责任,以高度的文化自觉,为国家的经济发展和社会进步做出更大贡献。

(网络媒体协会)

【新闻评议专业委员会年度第五次会议召开】 2011年7月14日,北京网络媒体协会新闻评议专业委员会召开年度第五次会议。主题为:自媒体时代的公民社会责任。评议会倡议,北京网络媒体要在自媒体时代主动研究探索创新虚拟社会管理方式,积极推动网民在虚拟社会中承担社会责任。新浪、搜狐等网站微博业务负责人、微博领袖代表、相关领域学者及政府部门代表出席此次会议。

(网络媒体协会)

【妈妈评审团亲子夏令营】 2011年7月30日至31日,北京网络媒体协会与北京市青少年法律与心理咨询服务中心合作,成功举办“关注孩子暑期上网安全——妈妈评审团亲子夏令营”活动。本次活动是协会在丰富妈妈评审团活动形式上的一次积极探索,在两天的时间里,20位评审团成员带着她们的孩子,共同交流子女安全上网体会、聆听青少年心理教育专家宗春山讲座、参加亲子互动游戏,度过了一个愉快的周末。

(网络媒体协会)

【新闻评议专业委员会年度第六次会议】 2011年8月31日,北京网络媒体协会根据中央五部委联合下发的《关于在新闻战线广泛深入开展“走基层、转作风、改文风”活动的意见》以及刘淇书记对本市新闻理论文艺战线开展“走基层、转作风、改文风”活动的重要指示精神,召开新闻评议专业委员会年度第六次会议,以“增强版主责任意识 建设诚信互联网”为议题展开评议。

(网络媒体协会)

【中国网络媒体足球精英赛】 2011年9月14日至10月22日,第七届(2011)“波司登”杯中国网络媒体足球精英赛在北京体育大学举行。本届比赛由国务院新闻办公室互联网新闻研究中心、中国互联网协会互联网新闻信息服务工作委员会、北京市互联网宣传管理办公室指导,北京网络媒体协会主办。共吸引了新浪、搜狐、网易、百度、凤凰网、千龙网等重点网络媒体代表队共33支参加,参与人数近千人。赛事全程从筹备至闭幕历时三个月,共经历68场比赛。最终,新浪网足球队获得冠军;诺基亚足球队获得亚军,凤凰网球队获得季军。

(网络媒体协会)

【“北京文明网站”创建和评选活动启动】 2011年10月15日,由首都文明办、市互联网信息办公室、北京网络媒体协会共同发起的“北京文明网站”创建和评选活动正式启动。活动旨在进一步推动提升2006年4月北京市在全国率先倡导发起的“文明上网、文明办网”活动精神,通过市互联网违法和不良信息举报热线、各重点网站举报电话和邮箱、义务监督员队伍、网络新闻信息评议会、“妈妈评审团”、知名网站自律专员队伍等多种方式，评选出首批“北京互联网文明频道”和“北京文明网站”，培养抵制互联网上假恶丑、弘扬真善美的社会氛围，推动虚拟社会精神文明建设，引领本市互联网健康快速发展。

（网络媒体协会）

【新闻评议专业委员会年度第七次会议】 2011年10月17日，北京网络媒体协会召开新闻评议专业委员会年度第七次会议，会议号召北京互联网违法和不良信息举报热线、网络义务监督员、北京网络新闻信息评议会、“妈妈评审团”、网站自律专员等社会监督力量积极响应北京文明网站创建活动，在近期以创建活动要求作为重点开展监督，网评会也将围绕创建评选活动中发现的不良现象开展评议。

（网络媒体协会）

【赴英国实地考察】 2011年11月14日至23日，北京网络媒体协会组织新浪、搜狐、网易、凤凰、百度、人人、TOM、奇虎、第一视频、千龙网、卓望科技等企业负责人赴英国实地考察互联网发展情况，并与BBC新媒体业务负责人就新媒体发展的相关问题进行深入交流。

（网络媒体协会）

北京信息产业协会

【概述】 2011年年内，北京信息产业协会开展公交枢纽的信息化分析及“中国计算机事业史料搜集研究课题”，形成《北京公共服务发展报告（2010—2011》《寻源中国计算机》书稿。成立维权工作部，成为北京信息产业协会成为市调解组织。此外，参与中国电子质量管理协会发起的《中国电子信息企业质量信誉承诺倡议书》，组织企业“贯彻落实工信部企业质量诚信体系建设”的倡议。

【公交枢纽的信息化分析】 2011年3月29日，北京市社会科学院的蓝皮书系列之《北京公共服务发展报告（2010—2011》由社会科学文献出版社出版，该书为北京市委宣传部年度折子工程。北京信息产业协会经过半年多的调研完成的“公共服务”领域的课题调研报告《北京公交枢纽建设与管理对策研究》入选该书，该《报告》共有26篇研究报告，其“基础设施篇”包括北京信息产业协会的报告共有5篇。研究报告由协会秘书长徐祖哲署名，报告将信息系统的分析方法用到公共交通领域，对北京现有的“公交枢纽”进行了剖析，提出了存在问题和建议。

（徐祖哲）

【协会组织企业承诺产品质量】 2011年年内，北京信息产业协会参与中国电子质量管理协会发起的《中国电子信息企业质量信誉承诺倡议书》，共同组织了海尔、太极、长城计算机、TCL等98家知名电子企业，“贯彻落实工信部企业质量诚信体系建设”的倡议。5月31日，在“电子行业贯彻落实工信部企业质量诚信体系建设论坛”上，信息产业协会秘书长徐祖哲展示了协会搜集到的当年的计算机产品和计算机研制、使用人员的历史照片，这些历史材料多数到会企业的质量人员都未曾见过。

（徐祖哲）

【信息产业协会应邀到南京交流】 2011年7月16日，在首届“长江峰会”暨南京信息管理学院十周年庆典上就“智慧、绿色、和谐”的主题，围绕智慧城市发展与管理创新的热点讲演，会议邀请了国家信息化主管部门领导杨学山、高新民、杜链、李凯，北京市经济和信息化委员会副主任童腾飞到会介绍了北京市信息化发展的成绩。南京、上海、重庆、武汉、南昌、成都、安庆等35个沿江城市的信息中心领导出席。应南京市副市长陈刚邀请，北京信息产业协会秘书长徐祖哲应邀到会报告“智能城市：打造系统竞争力”，他提出“智慧城市”要建立在一个和谐的整体之上，并列举中国计算机起源的历史照片回忆创业前辈的创新精神和卓越贡献。他在讲演中回顾了中国计算机发展的历史经验，在大会总结中得到肯定。

（徐祖哲）

【计算机史料工作院士得到院士肯定】 2011年8月1日，中国计算机创业先驱，原中国第一个计算机研究组3人成员之一，88岁高龄的夏培肃院士致电北京信息产业协会秘书长徐祖哲，对协会送给他1955年的中国知名原子能与计算机科学家的合影表示确认和感谢，她证实当年参加了这次合影，但没有得到这张照片。这张照片是在国家决定开始原子弹工程，并筹建计算技术研究所和电子学研究所之后的合影，145位原子能与电子学科学家、新毕业的学生及工作人员在中关村中科院近代物理所大楼南侧拍摄，钱三强、王淦昌、赵宗尧、彭恒武、邓稼先、何泽慧、杨澄宗、杨承中等、电子学家陈芳允和计算机科学家夏培肃、范新弼、吴几康等都在其中。这是至今发现的原子能和计算机科学家最早的一张合影。当日适逢夏先生参加的中国第一台计算机调试成功54周年的纪念日，徐祖哲代表行业协会向夏先生表示热烈祝贺，夏培肃先生对中国发展计算机的历史得到重视感到十分满意。

（徐祖哲）

【《寻源中国计算机》初稿完成】 2011年年内，根据北京信息产业协会协会10年来承担的“中国计算机事业史料搜集研究课题”，由协会秘书长徐祖哲撰写的《寻源中国计算机》书稿已完成30万字。8月1日、2日先后获得原电子工业部计算机司老领导杨天行、陈正清和倪光南院士签字推荐。该书通过走访数百位领导、科学家和创业先驱，以他们当年的决策和创新活动为内容，反映了中国计算机产业前25年的历史，记述了国家计算机规划、建立机构、培养人才、制造计算机和推广应用的重大功绩，该书以殷实的史料填补了一个重要历史阶段的空白。正在征求相关专业单位意见，在经过档案和历史材料核对史实之后，将交付出版社正式出版。

（徐祖哲）

【职业技能竞赛表彰行业协会工作人员】 2011年8月26日，北京市经济和信息化委员会、北京市工业经济联合会等七单位发布关于表彰《“第十四届北京市工业和信息化职业技能竞赛”获奖选手、优秀工作人员及优秀集体的决定》。北京信息产业协会和协会副理事长单位北京赛迪网被授予优秀组织单位，协会监事长许玉萍被授予优秀教导员、秘书长徐祖哲和赛迪网郑奇、詹巍、胡晓冬等被授予优秀工作人员。

（徐祖哲）

【北京信息产业协会成立维权工作部】 2011年10月28日，北京信息产业协会与北京市盈科律师事务所，决定通过行业组织与专业法律服务机构的定向协作，整合双方资源，共建法律服务网络。协会成立维权工作部，制定年度工作计划开展活动，促进行业有序发展，提升行业服务信誉特别是网上商业秩序，将通过讲座、调研、讨论、宣传等多种活动，提升企业和会员的法律意识和维权自觉性，维护会员的正当权益。来自信息行业的多家会员企业代表和盈科律师等40人参加了此次会议。电源、电子质量、嵌入式技术等兄弟协会代表应邀出席了会议。

（徐祖哲）

【协会获赠《华罗庚》光盘】 2011 年 11 月 18 日，北京信息产业协会秘书长徐祖哲收到了《华罗庚》制片单位——南京电影制片厂赠送的节目光盘。2011 年 9 月 10—17 日，央视科教 10 频道每天连续播放 8 集电视传记片《华罗庚》。由于北京信息产业协会提供的资料和线索，首次在国家级媒体上展现了华罗庚先生对发展中国计算机事业的重大奉献。根据协会提供的线索，电视片制作人员找到了原始镜头，并载入《华罗庚》第 4 集。该片是为纪念数学家华罗庚诞辰 100 周年，由江苏省常州市委宣传部、江苏省广电总台、金坛市委、市人民政府等联合制作的。

（徐祖哲）

【北京信息产业协会成为市调解组织】 2011 年 11 月 21 日，北京市法院系统和知识产权局公布了首批"调解组织"和首批 27 名"北京市首批知识产权司法委托调解员"。北京信息产业协会成为全市授予的 7 个调解组织之一，协会秘书长徐祖哲和协会维权工作部律师赵成伟成为首批调解员。

（徐祖哲）

北京市闪联信息产业协会

【概述】 2011 年年内，北京市闪联信息产业协会以"产业协同创新引领智慧生活"为主题，在标准制定、标准产业化推广、品牌宣传、国际合作等方面开展工作，全面推进协会发展，并为将示范区建设成为全球有影响力的科技创新中心贡献力量。

（杜菲）

【标准化进展】 2011 年年内，闪联标准在国际标准、国家标准方面，都取得了显著进展。闪联另外四项国际标准《应用框架》、《基础应用》、《服务类型》和《设备类型》继通过 FCD 阶段投票后，进入 FDIS（最终国际标准草案）阶段，即将发布。自此，闪联 1.0 标准体系的核心标准将全部成为 ISO 发布的国际标准。近期闪联组织会员单位专家完成闪联 7 项国家标准草案的最后审定工作，提交国标委审核，进入发布前的最后阶段。完成《信息设备资源共享协同服务（IGRS）基础应用》、《信息设备资源共享协同服务（IGRS）设备类型》等 7 项标准的修改更新和审定工作，将召集专家召开专家审定会。闪联与国网信通联合制定《智能家居设备与电网间信息交互接口规范》企业标准，其中引用了闪联《信息设备资源共享协同服务（IGRS）基础协议》（SJ/T 11310—2005）部分协议规范。闪联标准工作组为家电侧和电网侧无缝对接提供了标准依据。

（杜菲）

【国际标准化活动情况】 2011 年年内，闪联与国内外重要标准组织和企业建立紧密的联系和合作，不断推动闪联标准的国际化步伐，并为此作出了坚实的努力。1 月，闪联信息产业协会携多家会员企业代表集体亮相美国 CES 消费电子展。闪联在此次 CES 提出全景 3C 协同应用，并且在展会上展示了源于中国的国际标准。2 月，中国闪联、韩国 KASH 和日本 ECHONET 在韩国举行 2011 年 AHNC 会议。会议上来自中日韩的代表对新能源及智能电网和家庭网络等热点议题进行探讨，并明确合作项目，共推中日韩智能用电领域发展。

（杜菲）

【产业化进展】 2011年年内，在产业化这条道路上，闪联还在不断地进取，闪联在大力推广闪联国际标准的同时，加强与协会厂商的紧密合作，产品快速闪联化将是闪联在未来一段时间内的重要目标，这意味着将有更多拥有闪联功能的产品不断面世。

（杜菲）

【“享屏”多屏互动解决方案】 享屏是基于闪联国际标准的核心应用，闪联享屏的推出一方面加速了智能云电视产业的升级，另一方面为消费者带来更多的人性化的操作体验。2011年7月，闪联在青岛SinoCES上展示了带有“享屏”多屏互动技术的智能电视及多媒体播放器，受到了好评。2011年10月18日，闪联在北京举办了“闪联精彩享屏·视界无限共享——智能电视创新应用品鉴会”。闪联通过将国际标准引入到国内主流电视机厂商的智能电视中，形成了闪联享屏这一创新应用模式，成为中国标准产业化应用的成功案例。

（杜菲）

【智慧城市】 2011年7月，闪联协会正式成为广州市“智慧城市”标准战略合作单位，双方将在智慧城市研究院筹建、天河示范区建设、智慧城市关键技术和标准研发等领域展开全方位的合作。2011年6月，闪联协会与镇江市正式签署战略合作协议，充分借助闪联的标准、技术、产品与协会资源优势，结合镇江市的产业与社会资源，共同在镇江打造“智慧产业”。

（杜菲）

【启动电子信息产品协同互联检测实验室建设】 2011年年内，闪联信息产业协会联合各成员单位、组织技术专家，遵照IGRS标准中《测试认证规范》的要求，设计了完整的测试集。同时，开发出IGRS标准协议一致性和应用互操作性测试工具集，并搭建了闪联产品的检测认证环境，为不同厂家生产的闪联产品的协议一致性和应用互操作性测试提供验证平台。该实验室将成为标准贯彻实施、产品产业化的重要手段和技术保障，有力推动产业的健康、有序发展，对于贯彻园区的创新战略和标准战略将起到更为积极的作用。

（杜菲）

【协会平台建设】 2011年年内，共有SK、世纪网通信、九洲电器、川崎微电子、物联智慧等10余家厂商加入闪联。截至2011年11月，闪联信息产业协会成员已经增至166家，协会规模不断扩大。8月，闪联产业协会在镇江市举办了以“闪联创新互联技术 共建美好智慧城市”为主题的2011年全员工作会，会议吸引了来自国内外众多IT领军企业，就近期智慧城市新热点进行了全方位、多角度的研讨，为智慧城市建设起到了积极的推动作用。为了加强闪联协会秘书处与会员间的沟通，加强会员间的信息交流，闪联组建了季刊《闪·联》、手机双周报《闪联速递》、电子邮件月刊《闪联快报》。闪联品牌的宣传和推广活动主要包括举办产品发布活动，参加北京国际科技博览会、深圳高新技术产品交易会、青岛SINOCES等国内知名展会，制作闪联宣传推广品，充分利用成员厂商资源，建设闪联展厅等，取得了良好的展示推广效果。

（杜菲）

【闪联亮相美国CES】 2011年1月7—10日，由美国消费电子协会（CEA）主办的2011国际消费电子展（CES）在美国拉斯维加斯举行。闪联产业联盟携“灵犀无线连接器”等互动娱乐产品参加，并以“智能办公、互动娱乐、多屏共享、PLC电力线传输”等4个场景的展示。

在“智能办公”场景，闪联将灵犀无线连接器与投影机进行组合，可以通过 Wi-Fi 网络，将电脑中的图片、PPT、WORD 等内容直接无线传输至投影机之上；在“互动娱乐”场景，闪联将闪联灵犀无线连接棒插入电视的 USB 口，实现了电视播放本地电脑中多媒体内容；在“多屏共享”场景中，闪联灵犀无线连接器与数码相框进行连接，直接将电脑中的多媒体内容直接无线传输至数码相框之上，使用户可以在数码相框上欣赏电脑中的电影、音乐和图片；在“PLC 电力线传输”展示区，闪联展示了包括 PLC 传输适配器、PLC 路由器等在内的多款产品。闪联 HD-PLC 全称高性能电力线宽带通信技术，可利用现有电线完成数据的载波通信工作。用户只要将闪联 HD-PLC 适配器插上电源插头之上，即可利用电线充当 LAN 线作传输，可以随时移动上网。该适配器还同时支持影音、视频等数据的传输，可与电脑、IP 电话、互联网电视等多种 3C 终端设备连接。

（杜菲）

【中关村企业集体亮相 2011 RSA 大会】 2011 年 2 月 14—18 日，由美国 RSA 公司主办的 2011 年美国信息安全大会（RSA Conference）在美国旧金山举行。中关村管委会组织了北京启明星辰信息技术股份有限公司、网御神州科技（北京）有限公司、北京天融信科技有限公司等 8 家企业参展。其中，网御神州公司携泰山红日“小包王”系列防火墙与 SecFox-NBA 两款产品参展。基于多核 AC 架构的泰山红日系列高性能千兆防火墙产品，让小包处理性能、应用层 DPI 检测、实时管理与升级等几方面全面升级，确保用户业务更稳定、安全更可控。SecFox-NBA 则是一款即插即用、部署方便的硬件型产品，能够识别各类数据库的访问协议、FTP 协议、TELNET 协议、VNC 协议、文件共享协议，以及其他 20 多种应用层协议，经过审计系统的智能分析，发现网络入侵和操作违规行为。

（杜菲）

【第十四届亚洲家庭网络委员会会议召开】 2011 年 2 月 22—24 日，由韩国 KASH 协会主办的 2011 年第十四届亚洲家庭网络委员会（AHNC）会议在韩国首尔举行。闪联产业联盟、韩国 KASH 协会和日本 ECHONET 协会等三十余位业界专家代表出席。会上，来自中日韩三方代表对新能源及智能电网和家庭网络等议题进行了探讨，明确将在未来开展智能用电合作，并明确了合作项目，共推中日韩智能用电发展。闪联与韩国电子部品研究院（KETI）在会议期间表示将继续加强战略合作，双方就智能用电相关专题进行了深入讨论，将在家庭能源管理方面双方加强交流，探讨合作项目。

（杜菲）

【首家国家级移动互联网创新中心成立】 2011 年 3 月 29 日，工信部软件与集成电路促进中心（CSIP）和优视科技有限公司共同主办的“创新引领未来 开放成就价值——MIIT_CSIP-UC 移动互联应用创新中心成立仪式”在北京举行，共 70 余位业界专家出席了此次活动。工信部相关领导以及 UC 优视公司首席执行官俞永福等出席。该中心由 CSIP 与 UC 优视公司共建，是国内首家国家级移动互联应用创新中心，也是移动互联网行业首个国家级产业公共服务平台与企业共建的行业研究机构。

（杜菲）

【信安技术与闪联建立战略合作关系】 2011 年 5 月 9 日，由中国教学仪器设备行业协会主办“第 61 届中国教育装备展示会”在陕西省西安市曲江国际会展中心开幕。展会上，信安技术（中国）有限公司与闪联信息技术工程中心有限公司联合宣布建立战略合作伙伴关系，并在展会上推出了基于双方技术合作的教育行业下一代一体机解决方案。根据协议，信安技术将在其全系列的多媒体触控一体机内嵌入基于闪联 IGRS 国际标准（信息设备资源共享协同服务标准）的软件，或者在一体机内集成闪联的无线高清分享器模块，未来双方还将基于闪联现有的“三屏互动”技术合作开发远程实时教学方案。

（杜菲）

【中和威亮相中国国际软博会】 2011 年 5 月 12—14 日，由工业和信息化部、国家发改委、科技部等主办的“第十五届中国国际软件博览会”在北京展览馆举行。北京中和威软件有限公司参加了此次博览会并做了主题演讲，同时展出 3 项最新的基于云计算和物联网的创新成果——云服务平台 InterCLoud；智讯家——基于云计算技术的智能家居解决方案以及智讯车——基于车联网技术的 Telematics 解决方案。云服务平台 InterCloud 是面向大众客户群提供综合性行业应用的集成服务平台，它包含了 SOA、ESB、WebService、J2EE 和 CORBA 等系统架构技术；同时也包含了虚拟门户、在线支付、终端管理、通信管理、双向信息服务、客户群管理、综合内容管理等通用应用功能。智讯家——基于云计算的智能社区服务解决方案分成云服务端和家庭终端两个部分，云服务端通过云服务中间件与 3G 网络相连接，可接入各类第三方网络服务内容系统；家庭终端是基于闪联 IGRS 规范的数字家庭智能信息交互平台，可动态组成智能家居控制系统及外部网络信息内容的实时共享与互动。智讯车——基于车联网技术的 Telematics 解决方案包含后端服务平台和前端车载设备系统两个部分，二者通过移动通信网络实现互联。通过车辆信息服务平台可以为驾驶者提供紧急救援、车况信息服务、导航、通信、定位、娱乐、信息咨询服务等。

（杜菲）

【闪联亮相 2011 科博会】 2011 年 5 月 18—22 日，第十四届中国北京国际科技产业博览会在北京举办。闪联产业协会携会员厂商国网信通通信有限公司、北京突破电气有限公司、北京思美特科技有限公司等 8 家企业，以“闪联移动互联技术，引领美好智慧生活”主题亮相科博会“中关村自主创新成果”展馆。展会上，闪联展示了以“智慧教育、智能家居、智能用电、互动娱乐”为主的 4 项标准产业化成果。“智慧教育”是一个融合了基础设施、软件资源以及教育教学整合等内容的完整解决方案，使学校每个班级里具备了与外界进行不同层次的信息沟通、信息化资源获取与利用、终端信息显示的能力，实现了信息技术与学科日常教学的有效整合；“智能用电”展示区内有国网信通公司自主研发的智能交互终端、智能交互机顶盒及智能插座，展示了一根光缆入户之后用户所享受到的智能用电生活；“智能家居”展示了思美特公司和北京突破电气的“智能家居”产品，可以使用手机、个人电脑等智能终端对家庭内部的电视、洗衣机、电热水器等所有设备进行访问、控制和管理，并具有订制私有化的功能，实现了智能家居的移动互联新体验；“互动娱乐”展示了闪联推出的闪联“Android”高清多媒体播放器，该产品搭载了 Android2.2 智能平台，同时具有超强解码能力，全面支持 1080P 格式全高清输出。

（杜菲）

【闪联亮相 2011 台北国际电脑展】 2011 年 5 月 31 日，2011 年台北国际电脑展（COMPUTEX TAIPEI）在台北市举行。闪联信息技术工程中心推出了多个系列的 LINKSEE 品牌产品，主要面向家庭娱乐、智慧教学两大应用市场。产品包括 3 款基于 Android 平台的智能高清播放器、触控电视电脑一体机，以及电力线通信（PLC）产品。闪联推出的 3 款 LINKSEE 智能高清播放器 Shine Box A6，S8，R9，可以把家中现有的电视转变身智能电视；推出的 LINKSEE 触控一体机是其"移动互联智慧教学"解决方案的核心，该解决方案以电视电脑一体机为基础，将闪联的 IGRS（信息设备资源共享协同服务）标准协议内置在触控一体机和 PAD、笔记本电脑等移动终端上，可以提供教学设备无线互联、互动教学、远程授课等功能；展示了 PLC 适配器 LSP01，将该适配器插上电源插头之上，即可利用电线充当 LAN 线作传输，可以随时移动上网，同时还支持影音、视频等数据的传输，可与电脑、IP 电话、互联网电视等多种终端设备连接。

（杜菲）

【中和威发布汽车云服务解决方案】 2011 年 6 月 4 日，北京中和威软件有限公司召开的新产品、解决方案及配套终端产品推广会在北京新世纪日航饭店举行。会上中和威公司发布了"中和威汽车云解决方案"。该方案利用云基础设施，提供从应用到嵌入式设备、车载终端的全方位一体化车载信息服务。通过与各类信息内容企业合作，向驾驶员实时提供娱乐信息、路边店铺信息、发生地震灾害时的紧急路况信息，同时收集车辆的行驶信息、位置信息和车辆信息，存储在云服务中心。视必要对所存储的信息进行分析和加工，提供给汽车公司、广告、保险等相关企业，帮助其提高服务水平。

（杜菲）

【闪联开源社区启动】 2011 年 6 月 29 日，闪联产业联盟主办的"开源闪联 开源中国暨闪联开源社区启动仪式"在北京丽亭华苑酒店举行。国内开源社区、企业及 IT 行业、大学、研究机构、政府部门的领导、专家、开源志愿开发者等约 300 人参加。会上，闪联宣布正式启动闪联开源社区。闪联开源社区是中国第一个以国际标准为基础的开源社区，将成为以国际标准、技术体系为特征的开源平台，通过开源闪联标准基础协议的方式，降低企业采用标准和技术的门槛。

（杜菲）

【第六届开源中国开源世界高峰论坛举行】 2011 年 6 月 29—30 日，中国开源软件推进联盟主办的"第六届 2011 开源中国开源世界高峰论坛"在北京丽亭华苑酒店举行。国内开源社区、企业及 IT 行业、大学、研究机构、政府部门的领导、专家、开源志愿开发者、草根爱好者约 300 人参加会议。会上，与会嘉宾围绕开源云计算、开源物联网、开源互联网及其手持终端平台等主题，与大家分享他们的独到见解、宝贵经验和最新工作进展。

（杜菲）

【国际经济学会第 16 届全球大会举行】 2011 年 7 月 4-8 日，由国际经济学会（International Economic Association，IEA）主办，清华大学和中国比较经济学研究会承办的"国际经济学会第 16 届全球大会"在清华大学召开。本届大会的主题为"应对变化中的世界经济"。国际经济学会主席青木昌彦、清华大学校长顾秉林以及来自全球的数百位经济学家与专业人士出席。本届大会包括 31 场专题演讲和特邀研讨会，150 余场并行研讨会。大会共收到超过 1000 篇论文，其中有 400 多篇在大会上进行了宣读与讨论。（国际经济学会成立于 1950 年，由联合国教科文组织推动发起，其宗旨是通过学术会议、研究项目和成果发表等形式促进世界各国经济学家的沟通与合作，探讨理论与现实问题，是一个纯粹的科学研究组织。全球大会（World Congress）是国际经济学会最为重要的学术活动，平均每3年举办一届。）

（杜菲）

【闪联标准助力智慧广州】 2011年7月21日，闪联产业联盟正式成为广州市“智慧城市”标准战略合作单位，双方将在智慧城市研究院筹建、天河示范区建设、智慧城市关键技术和标准研发等领域展开全方位的合作。“智慧广州”是广州市“十二五”重要战略任务，以高端信息产业为主体，发展智慧产业、智慧城区、智慧社区、智慧生活、智慧管理，将在闪联标准的基础上，结合云计算、物联网、三网融合、智能控制等新技术，形成以安全、绿色、便捷为特征的智慧城市解决方案。

（杜菲）

【太极股份承建国防部网】 2011年8月1日，中华人民共和国国防部网（www.mod.gov.cn）正式开通。手机国防部网及国防部网苹果手机客户端也同时上线试运行。国防部网由太极计算机股份有限公司承建。2009年5月22日，太极计算机股份有限公司正式承担国防部网站建设项目，同年8月20日网站上线试运行。其后，太极公司负责了整个项目的运行维护以及中国国防部网正式上线和中国军网全新改版，新版网站实现了从军事新闻到权威信息及国防服务的跨越式转变。该网站开通有中文简体版、中文繁体版和英文版3个版本，共设置25个频道169个栏目，凸显权威性和服务性两大特色。同时上线运行的手机国防部网及国防部网苹果手机客户端能满足3G用户对手机登录国防部网的需求。

（杜菲）

【2011年IGRS-PLC技术产业高峰论坛召开】 2011年8月17日，闪联产业联盟联合HD-PLC联盟、村田制作、川崎电子等单位召开的“2011年IGRS-PLC技术产业高峰论坛”在江苏省镇江市举行。闪联联盟会员代表80余人人出席。论坛上，闪联联盟与HD-PLC联盟汇报了双方合作所取得的成果，在制定、推广、国际化和产业化方面的工作进展。村田制作和松下电子分别做了PLC模块介绍和LSI授权介绍的主题演讲。

（杜菲）

【闪联参加德国IFA展】 2011年9月2—7日，2011 德国柏林国际消费类电子展览会（IFA 2011）在德国柏林举行。展会上，闪联产业联盟展示了 LinkSee 系列的高清播放器和 LinkSee 无线高清共享器等多款高清产品。LinkSee系列的高清播放器主要有A6、S8、R9、R920、A7等，采用的是Android操作平台，内置了多个网络视频平台，并且增加了“享屏”跨屏互动功能。智能、高清、跨屏互动、网络内容、外观设计是LinkSee系列的高清播放器的5大特色。

（杜菲）

【中和威参展智慧城市博览会】 2011年9月2—4日，由工信部、国家广电总局、中科院、宁波市政府等单位共同主办的“2011中国（宁波）智慧城市技术应用与应用产品博览会”在浙江省宁波市举行。北京中和威软件有限公司参加了此次展览会，并展出了智讯家--基于云计算技术的智能社区解决方案，智讯车--基于车联网技术的Telematics解决方案等基于物联网和云计算的创新成果。智讯家分成云服务端和家庭终端两个部分，云服务端通过云服务中间件与3G网络相连接，可接入各类第三方网络服务内容系统；家庭终端是基于闪联 IGRS

规范的数字家庭智能信息交互平台，可动态组成智能家居控制系统及外部网络信息内容的实时共享与互动。智讯车包含后端服务平台和前端车载设备系统两个部分，二者通过移动通信网络实现互联。通过车辆信息服务平台可以为驾驶者提供紧急救援、车况信息服务、导航、通信、定位、娱乐、信息咨询服务等。

（杜菲）

【“懂税的 ERP 筹划企业未来”主题峰会召开】 2011 年 9 月 6 日，航天信息软件技术有限公司主办的“懂税的 ERP 筹划企业未来——2011 企业税务会计与 ERP 主题峰会”在北京·永泰福朋喜来登酒店召开。中央财经大学、中国软件网、航天信息股份有限公司等有关领导、专家共 100 人出席。会议针对企业税务会计领域的信息化建设，ERP 产品整合税务体系功能等问题进行了交流。会上。航天信息软件公司展示了其融合税务筹划功能的 ERP 产品。该产品在同一技术平台（AOS）进行应用实现，可以为企业提供财税管理、投资管理、市场风险预测、跨地区企业集成、销售获利评估、决策信息判断、促销与分销、售后服务与维护、全面质量管理、人力资源管理、项目分析以及利用 Internet 实现电子商务等，同时针对企业涉及的个性化需求，以及行业化发展目标的特殊要求，全面支持企业在特殊业务环节上的深度应用，可扩展功能构建了企业端丰满的信息化全程管理模型。

（杜菲）

【联想扬天举行 10 年庆暨新品发布会】 2011 年 9 月 15 日，联想集团主办的“扬天十年 智慧新生——联想与英特尔携手打造扬天新品”在北京举行，约 200 位业界专家和媒体记者出席了此次活动。会上，联想回顾了扬天创立十年来的发展历程，阐述了扬天未来发展策略，并发布了全新一代的扬天一体台式机和分体台式机产品，同时还推出了扬天云服务平台的最新应用。此次发布的新品包括扬天 S、A、M 三大系列。扬天 S 系列产品是联想为 SMB 领域的中小企业、商务白领和 SOHO 人群用户量身打造的商用一体台式机。扬天 A 系列是扬天分体台式机中的高端机型，代表了产品线最高端配置，专为热衷于最新技术、注重产品性能的商业用户打造。扬天 M 系列是专为 100 人以下零散型采购的中小企业用户打造的一款产品。

（杜菲）

【航天信息亮相“2011 河北国际信息产业周”】 2011 年 9 月 23—25 日，由中国国际贸易促进委员会河北省分会、河北省工业和信息化厅、石家庄市政府联合主办的“2011 河北国际信息产业周”在河北省石家庄举行。展会上，航天信息股份有限公司以物联网解决方案和税务、管理软件等重点产品亮相，展示了其城市“一卡通”系统、高速公路 ETC 不停车收费系统、粮食流通信息化系统、流动人口居住证管理系统、食品药品安全监管追溯系统等多项智能解决方案，以及打印机、网络开票机、自助办税终端、加密硬盘，A3、A6、A8 等 3 款 ERP 企业管理软件等多项创新成果。

（杜菲）

【航天信息亮相第六届中博会】 2011 年 9 月 26—28 日，由商务部、国家税务总局、国家工商总局等主办的“第六届中国中部投资贸易博览会”在山西省太原市举行。展会上，航天信息股份有限公司对其城市一卡通系统、高速公路 ETC 不停车收费系统、高速公路二义性路径识别系统、流动人口居住证管理系统、平安城市智能集控管理平台、社会治安综合管理平台、食品药品安全监管追溯系统、市政设施监控管理系统、应急指挥系统等进行了展示。

（杜菲）

【航天信息获行业信息化 3 项大奖】 2011 年 9 月，由中国计算机报社、中国计算机行业协会、中国信息化推进联盟等联合主办的“2011 年度中国行业信息化奖项评选”结果揭晓。航天信息股份有限公司荣获了 2011 年度中国行业信息化突出贡献企业奖，原董事长、总经理刘振南获得 2011 年度中国行业信息化领军人物奖，Aisino 打印机获得 2011 年度中国行业信息化值得信赖品牌奖。

（杜菲）

【闪联亮相 ICTC】 2011 年 10 月 18—21 日，由中国广播电视协会技术工作委员会等主办的“第十九届国际传输与覆盖研讨会（ICTC 2011）”在陕西省西安市举行。展会上，闪联产业联盟与茁壮网络（iPanel）展出了联合开发的机顶盒新品。闪联展示的“享屏”技术，实现了在 3G、互联网等网络环境下终端产品（如智能电视、手机、平板电脑、机顶盒、笔记本等）之间的无线互联、内容之间的共享以及用户之间的互动，便捷实现以智能电视、移动终端为核心的多屏互动功能。

（杜菲）

【闪联智能电视创新应用品鉴会召开】 2011 年 10 月 18 日，闪联产业联盟主办的“闪联精彩享屏·视界无限共享—智能电视创新应用品鉴会”在北京 798 艺术区举行。海信集团、康佳全球多媒体研发中心等企业领导出席。使 3C 融合应用更完美。在品鉴会现场，康佳技术研发人员为与会嘉宾讲解了其新一代智能 3D 产品 8000 系列多屏互动功能的创新应用。该产品采用了基于闪联标准的“享屏”技术，实现了视频、音频无线传输、操控的多屏互动功能，可以让 PAD、手机、电脑上的信息瞬间分享到电视中，将各种图片、音乐和视频与家人一起分享。

（杜菲）

【联想电子商务诚信体系发布会举行】 2011 年 11 月 8 日，联想集团与中国电子商务协会联合举办的“共铸诚信赢定未来——联想电子商务诚信体系发布会”在北京举行。中国电子商务协会、联想集团、中国区消费新通路等有关领导等百名嘉宾出席。会上，联想集团与中国电子商务协会数字服务中心正式启动“百万企业诚信网站认证服务工程”，并公布了联想电子商务诚信体系，确立了电子商务行业的诚信规则和标准。双方还首次公布了诚信电商的首要标准和基本行为准则：首先要求企业真实合法，获得中国电子商务协会诚信体系认证，其次是从事合法经营，不违法不欺诈；保护消费者的个人信息；明确提供企业的必要商务信息；不搞虚假宣传，保证消费者在购买过程中的知情权；配送时效兑现承诺，过程可查询，安全有保障；售后服务透明，真实兑现对消费者的服务承诺与标准。

（杜菲）

【突破电气摘得“红星奖”】 2011 年 11 月 10 日，北京工业设计促进中心主办的“2011 年中国创意设计红星奖颁奖典礼”在北京世纪坛当代艺术馆剧场举行。本届共有 139 家企业的 240 件产品获奖，其中，北京突破电气有限公司的办公环境专用电源分配单元（OPDU），凭借强大的应用功能、人性化的外观设计以及现代感的创新搭配获得“2011 中国创新设计红星奖”。该产品独创圆形设计颠覆传统插座形态，可以方便不同角度使用者同时使用。

（杜菲）

【航天信息亮相法国智能卡展】 2011 年 11 月 15—17 日，巴黎市政府、法国智能卡协会主办的 2011 法国智能卡&身份识别技术工业展（CARTES & Identification）在法国巴黎举行。展会上，航天信息股份有限公司展示了公司的智能卡及电子标签产品，及各类国内外应用案例。产品和方案涉及智能交通、物流防伪及身份识别等多个领域。展会期间，航天信息还与意大利、乌克兰、日本等多个国家的客户进行了洽谈，向他们展示了公司在智能卡和电子标签领域的设计、生产能力。

（杜菲）

【闪联亮相高交会】 2011 年 11 月 16—21 日，由商务部、科技部、工信部等主办的”第十三届中国国际高新技术成果交易会”在广东省深圳市举行。由联想集团、TCL 集团股份有限公司、四川长虹电器股份有限公司等 170 余家联盟企业组成的闪联产业联盟“智能绿色家居”主题展位亮相本届高交会。会上，闪联展示的产品包括了闪联笔记本、电视、高清播放器、灵犀无线连接器、HD-PLC 等一系列已经上市的闪联产品等亮点新品。此次闪联展台共展示了两款 HD-PLC 产品。闪联 HD-PLC 全称高性能电力线宽带通信技术，能够利用现有电线完成数据的载波通信工作。用户只要将闪联 HD-PLC 适配器插上电源插头之上，即可利用电线充当 LAN 线作传输，省去了上网时须要配置网络线的麻烦。该产品还同时支持影音、视频等数据的传输，可与电脑、IP 电话、互联网电视等多种 3C 终端设备连接。

（杜菲）

【举办 2011 年移动互联开发者大会】 2011 年 11 月 30 日，联想集团主办的“智汇应用 乐者同行——2011 年联想移动互联开发者大会”在北京时尚设计广场举行。联想集团董事长兼 CEO 杨元庆以及来自全国各地的 1200 余位开发者参会。围绕“个人云”战略，联想在会上公布了乐商店“开放、安全、本地和社交”的 4 大发展策略，持续优化乐商店的应用开发平台。第一，开放：联想乐商店将对所有 Android 终端用户及开发者开放，让他们都能享受到乐商店的服务；同时，联想将与国内外应用平台厂商开放合作，共同为开发者推广应用、创造营收。第二，安全：乐商店将对开发者提交的应用进行高标准的审核测试，确保应用的正版、安全、高品质。第三，本地：为满足中国用户的本地化需求，乐商店打造了应用精品区，并采取将应用推送至终端等方式，让用户能够轻松获取；乐商店还全面采用了支付宝、财付通等支付渠道，通过打造本地化的支付体系，帮助开发者不断完善盈利模式。第四，社交：全新的 3.0 版乐商店，提供了丰富的社交网络支持，用户可以在乐商店中与好友分享、推荐精彩应用，未来还将实现用户与开发者的互动交流。联想面向开发者推出了技术、资金、平台及增值服务等一系列支持政策。首先，乐商店为开发者提供多种增值服务 SDK（软件开发工具包），如支付平台、信息推送、语音、乐云服务等，从而让开发者更容易地开发出高品质应用。第二，联想将借助品牌和渠道优势为开发者提供丰富的推广服务，包括乐商店的线上推广、联想店面推广、新品促销绑定等。对于品质卓越的应用，联想将提供首发的机会，加大宣传曝光；在本届大会上，联想就公布了“乐看、梦幻国度、豆腐忍者、明珠侠”等十大首发应用。第三，为了让开发者更好地改进应用，联想为开发者提供了数据分析服务，能够让开发者精准地追踪用户行为，分析用户需求。大会还设置了游戏、内容服务、联想开发工具、广告、乐基金等分论坛，来自联想和业内的专家，与开发者进行了专题交流。

（杜菲）

【闪联享屏亮相计算机大会】 2011 年 11 月 24—26 日，由中国计算机学会主办的“2011 中国计算机大会（2011CNCC）”在广东省深圳市举行。

会上，闪联产业联盟推出了基于闪联享屏技术的“多屏互动”产品。闪联“享屏”是基于闪联国际标准的核心应用，实现了在3G、互联网等网络环境下终端产品（如智能电视、手机、平板电脑、笔记本等）之间的无线互联、内容之间的共享以及用户之间的互动，便捷实现以智能电视、移动终端为核心的多屏互动功能。

（杜菲）

【中科院与国机集团签约】 2011年11月25日，中国科学院与中国机械工业集团（国机集团）战略合作签约仪式在国机集团总部举行。中国科学院院长白春礼，国机集团董事长任洪斌等领导以及院、企各有关部门负责同志出席。仪式上，中科院与国机集团签署了《战略合作框架协议》。该协议的签署，旨在进一步密切双方战略合作关系，充分发挥双方在技术、人才、资金、市场和产业等方面的优势，进一步推动双方在先进制造、新材料、新能源技术与装备等国家战略性新兴产业领域开展务实合作，全面提升合作层次和水平。

（杜菲）

【召开“移动互联网乐生活”新品发布会】 2011年11月29日，联想集团召开的“移动互联网乐生活——联想移动互联战略暨新品发布会”新品发布会在北京798艺术区举行。会上，联想发布了包括乐Phone S2、乐Pad S2005、乐Pad S2007和乐Pad S2010等4款新品。同时，联想正式宣布启动“个人云”战略，向消费者推出200G的免费空间，可链接平板电脑、智能手机、智能电视等多个平台，还推出了乐云的3类服务，包括个人信息管理、互联互通和社交网络。乐Phone S2完美的拍照效果、安全的社交保障、智能便捷的分享功能等。乐Pad S2007配备Qualcomm 8x60 双核 1.5GHz处理器，1GB系统内存以及16GB机身可用空间，运行安卓Android 3.2+联想定制格调UI。乐Pad S2005 运行Android 2.3操作系统，可以运行平板应用也具备智能手机的通信、短信功能。

（杜菲）

【2011年韩中技术标准合作研讨会召开】 2011年12月8日，中国闪联产业联盟（IGRS）与韩国电子部品研究院（KETI）发起的2011年韩中技术标准合作研讨会（2011 KETI-IGRS Technical Exchange Conference）在韩国首尔召开，中韩双方共50位专家出席了此次活动。会上，闪联与韩国KETI就“促进中韩两国在IT产业技术领域的合作与发展”正式签署了战略合作备忘录。此次签署的备忘录目的在于建立双方紧密的合作关系，以便共同促进中韩两国在IT产业技术领域的广泛合作与发展。与会代表就数字家庭领域的一系列主题进行了探讨。

（杜菲）

【第二届中国科研信息化发展研讨会举行】 2011年12月15—16日，由中国科学院、教育部、科技部、中国工程院以及国家自然科学基金委员会共同主办的“第二届中国科研信息化发展研讨会”在北京友谊宾馆举行。中国科学院、教育部等有关领导以及来自有关部委、主要科研院所和高校、知名IT企业以及新闻媒体代表等380余人出席。会议就科研信息化的国内外发展态势、发展战略、基础设施、关键技术、应用案例等内容进行了交流。会上，中国科学院、教育部、国家自然科学基金委联合发布了《中国科研信息化蓝皮书2011》。本书旨在系统展示中国科研信息化整体发展情况和推动中国科研信息化进程。在书中，国内外科研信息化领域的专家针对科研信息化的网络环境、超级计算环境、数据环境，以及科研信息化的技术发展和应用实践的现状与趋势进行了客观阐述，针对科研信息化的发展战略与态势进行了分析和探讨，向国内外读者展示了中国科研信息化的全貌和应用成果。

（杜菲）

【联想发布首款超极本 U300s】 2011 年 12 月 21 日，联想集团主办的“亲密联想 锋睿难当——联想 ideapad U300s 超极本品鉴会”在上海召开。联想集团有关领导出席。会上，联想推出其首款 Ultrabook 超极本 ideapad U300s。这款 13.3 英寸超极本拥有 14.9mm 轻薄机身，重量仅 1.32kg。采用一体成型全金属机身，整机外观看不到一颗螺丝。U300s 为了满足用户的个性化需求，还提供了专属定制服务，购买者只需在指定门店下单并提供需要镌刻的个性签名或图片，就可以获得私享定制服务。

（杜菲）

【全国高性能算法软件研究开发研讨会召开】 2011 年 12 月 21—23 日，由中国软件行业协会数学软件分会主办的“2011 年全国高性能算法软件研究开发研讨会”在北京月亮河温泉假日酒店召开。中国软件行业协会数学软件分会成员以及相关领域的国内外专家、企业单位代表 100 余人参会。会议就高性能算法、软件研制和超级计算机应用等进行了交流、研讨。会上，举行了 2011 年中国 HPC TOP100 排行榜 TOP10 颁奖仪式。

（杜菲）

【闪联 2011 年度全员峰会召开】 2011 年 12 月 22 日，闪联产业联盟主办的“创新闪联技术 缔造智慧生活——闪联 2011 年全员峰会”在北京中关村皇冠假日酒店举行。国家标准化管理委员会、科技部、中关村管委会等领导以及来自国内外众多 IT 领军企业代表近 200 人出席。会议就智慧城市、多屏互动与创新互联新热点进行了研讨。会上，闪联重点汇报了闪联 9 年来所取得的成果和闪联标准在制定、推广、国际化和产业化方面的工作进展。会议期间，闪联标准工作组对智能用电和智能家居等议题进行了讨论。会议还举行了 2011 年闪联标准推动奖颁奖仪式，为推动闪联标准应用、标准制定、标准技术研发等工作中做出突出贡献的 8 位联盟厂商代表颁发了 2011 年闪联标准推动奖。分别是：韩国电子部品研究院（KETI）电子部品研究院标准组长林泰范、飞利浦（中国）投资有限公司资深研究员姜聃、美的集团（广东省嵌入式软件公共技术中心）项目经理陈德艳、松下电器研究开发有限公司项目经理张帅、清华大学人机交互与媒体集成研究所所长史元春、国网信息通信有限公司王娟、闪联工程中心标准研究员张维华、工业和信息化部电子工业标准化研究所工程师卓兰。

（杜菲）

【2011 年 AHNC 中国峰会召开】 2011 年 12 月 21 日，由北京市闪联信息产业协会主办的“中、日、韩三国 SmartHome 研讨会暨亚洲家庭网络标准委员会（AHNC）中国峰会”在北京海淀区泰鹏大厦八层会议室召开。来自联想、中和威等闪联会员单位代表，以及来自 KASH、ECHONET 委员会代表和三菱、东芝、韩国电子部品研究院（KETI）等日、韩产学研代表共 30 余人参加了会议。会议围绕智能电网、新能源、家庭娱乐及应用等议题进行了探讨。

（杜菲）

【华迪与 IBM 签订关键业务支持计划】 2011 年 12 月，“华迪与 IBM 关键业务支持计划签约仪式”在华迪计算机集团有限公司举行。IBM STG 合作伙伴发展部全球副总裁卡尔·布瓦韦尔（Carl Boisvert）、华迪公司总经理李晓强等相关负责人出席。会上，双方签订了关键业务支持计划，并就信息技术应用和发展及扩大交流合作等事宜进行了会谈，探讨了中国 IT 市场发展现状、云计算在中国发展的重要性，以及双方在移动、电信等运营商领域可开展的云计算方面的合作等问题。随着本次支持计划的签订，双方将共同在云计算市场上创造更多的合作项目，并借助华迪公司在综合运营管理平台产品的实力和经验，进行基于IBM Power Cloud新一代企业级平台软件SKC的应用系统开发。

（杜菲）

【联想官方微博启用“．中国”域名】 2011年12月，联想集团注册并启用了“联想微博．中国”和“lenovoweibo.cn”两个独立域名，并共同指向其在新浪网的官方微博。网民只需在浏览器地址栏中输入“联想微博．中国”或“lenovoweibo.cn”即可直接访问联想官方微博。此外，联想还启用了包括“乐phone.中国、乐pad微博．中国、联想Z流行．中国、联想打印．中国、联想显示器．中国”等近10个“．中国”域名，指向其对应的品牌及产品的官方微博，网民均可直接访问。

（杜菲）

【清华3项成果入选2011年度“中国高校十大科技进展”】 2011年12月12日，由教育部科学技术委员会组织评选的2011年度“中国高等学校十大科技进展”在京揭晓。清华大学的“AAA+分子机器的结构与功能”、“铁硒基超导薄膜的研究”、“硅的低场非均匀性巨磁电阻”3项成果入选，位居全国高校首位。“AAA+分子机器的结构与功能”由生命学院施一公等完成。该成果对生物大分子机器的分子结构进行开创性研究，首次于世界上独家报导了原核细胞蛋白酶体调节单元MecA-ClpC复合物的晶体结构，并利用生物化学、生物物理等手段对这个生物大分子机器的工作原理进行了详细的分析，初步揭示了蛋白质降解机器的分子机制，填补了该领域的重大空白。这一工作发表于2011年3月的《自然》杂志。“铁硒基超导薄膜的研究”由物理系薛其坤等完成。把半导体领域中的分子束外延技术拓展到铁基超导材料的制备中，实现了对超导薄膜生长过程和形貌在原子水平上的精确控制，制备出了化学成分严格可控的高质量单晶FeSe薄膜。在此基础上，利用同时具有空间原子分辨和高能量分辨本领的强磁场扫描隧道显微技术研究了FeSe超导体中的电子配对机制。之后，又解决了由3个不同族元素组成的化合物的分子束外延生长的难题，得到了高质量的KxFe2-ySe薄膜，这是薄膜材料制备方面的一个重要突破。进而利用扫描隧道显微镜澄清了KxFe2-ySe2研究中存在的一系列困惑，证明了KxFe2-ySe材料存在超导与绝缘体的相分离，并发展出一套探测超导体自旋结构的方法，证明了该材料在超导区域存在长程反铁磁序。这一系列些工作分别发表在2011年的《科学》、《自然—物理》等杂志上。“硅的低场非均匀性巨磁电阻”材料系章晓中等完成。该成果发明了一种用硅制备的非均匀巨磁阻器件，这是磁电阻领域的一项重大突破，论文发表在2011年9月15日出版的《自然》杂志上。用硅制备巨磁阻器件使得半导体硅材料进入了磁性材料工作领域，该器件可方便地集成到成熟的半导体工业中，这将给磁传感器工业带来革命性变化；也将催生半导体工业和磁传感器工业的联姻，可能导致以前不存在的半导体“磁电”或“磁光电”器件的诞生。

（杜菲）

中关村物联网产业联盟

【简介】 2011 年年内，中关村物联网产业联盟共组织 6 期沙龙，举办和参加 6 次国际交流，约有 90 家企业共 230 人参加了活动。通过这些活动，促进了联盟成员单位之间的信息共享，加强了成员单位之间与国际组织之间的合作与交流。联盟积极推荐成员单位承担国家和北京市重大专项和重大示范应用项目，促进物联网企业做强做大；编制完成了《北京市物联网产品推荐目录》，促进物联网领域 1 项国际标准和 1 项国家标准产生，为物联网的健康发展打下了良好的基础。

2011 年，组织会员单位组团式参加了全国各地的展览展会 8 次，共组织了大唐电信、同方股份、北京北大千方科技有限公司、易程科技股份有限公司、北京惟泰安全设备有限公司、朗德华信（北京）自控技术有限公司、北京网能经纬科技有限公司、苏州易寻传感网络科技有限公司、三星数据系统（中国）有限公司、北京昆仑海岸传感技术有限公司、北京理工大学科技园、中关村物联网产业联盟等 105 家成员单位，289 人多次参展，展位面积约达 2000 平米。通过这些展览展会，增加了联盟成员企业与全国各地企业和政府之间的合作机会。同时，联盟组团式参加展会的方式得到全国各地企业和政府的认同，塑造了联盟的整体形象，宣传效果良好。

（李建丽）

【物联网/无线个域网技术座谈会在京召开】 2011 年 4 月 27 日，中关村物联网产业联盟第十一期沙龙——物联网/无线个域网技术座谈会在北京京仪大酒店召开。中关村物联网产业联盟、WPAN 无线个域网标准工作组、北京威讯紫晶科技有限公司携手邀请美国工程院院士、洛杉矶加州大学张懋中教授（Dr. Frank Chang）做专题讲座并与会员进行学术交流。昆仑海岸、朗德华、庚顿数据、北京邮电大学等 30 多家单位、50 余人参加。会上，张懋中介绍了“面向下一代通信与图像系统芯片的可扩展性电路设计”，并与联盟成员单位探讨了技术的发展方向。

（李建丽）

【《北京传感器与传感网产业技术路线图研究》报告发布】 2011 年 6 月 14 日，北京市科技信息中心正式发布了《北京传感器与传感网产业技术路线图研究》报告，为北京市发展物联网产业提供了重要的参考依据。报告指出了未来 5 年北京传感器与传感网产业技术发展的总体目标、关键技术路线和在公共管理服务、行业应用、个人社会化应用等三大市场的 12 个方面关键领域的具体产业发展举措。该项技术路线图研究是由北京市科技信息中心、中关村物联网产业联盟、长城战略咨询等单位共同合作完成。

（李建丽）

【中关村物联网产业联盟参展首届智博会】 2011 年 9 月 16—18 日，中国人工智能学会主办的“2011 中国智能博览会”在北京全国农业展览馆举行。中关村物联网产业联盟组织了联盟内大唐移动、北理工科技园、昆仑海岸、昆仑中大等 14 家企业参加了首届智博会的展览展出，展出总面积 135 平方米。会上，联盟展示了各项物联网技术和解决方案，包括云计算、物联网、智能家居解决方案、车联网、智能汽车、二维码、RFID（射频识别技术）、智能卡、传感器、芯片及智能卡、喷码设备、云数据、云存储、云服务、云虚拟、云商务、云杀毒等大型云计算应用方案和智能计算设备：数据库、网管软件等平台软件，中间件、手提电脑等。展会期间，中关村物联网产业联盟与无锡物联网感知中心、天安智慧城官方代表签订了战略合作协议。

（李建丽）

【联盟参展高交会获众多奖项】 2011年11月16—21日，由商务部、科技部等共同主办的“第十三届中国国际高新技术成果交易会”在广东省深圳市举行。中关村物联网产业联盟组织了北京千方科技集团有限公司、北京华胜天成科技股份有限公司、北京时代凌宇科技有限公司等17家物联网领域的企业参展。联盟总展出面积204平米，以“智慧城市、物联世界”为展出主题，以“城市管理、应急安全”、“公共服务、绿色节能”、“智能交通、高效畅行”、“技术平台、创新应用”4个特色内容展示了中关村物联网的技术、产品及代表性应用解决方案。会上，联盟成员单位北京华胜天成科技股份有限公司的机动式宽带自组网应急通信系统、北京兆维电子（集团）有限责任公司的物联网交通路网感知系统、北京光声新时空软件有限公司的零代码GIS通用定制开发平台、北京千方科技集团有限公司的全国客运公共服务平台、北京正安融翰技术有限公司的全时空立体可视化平台7家公司的8件产品获得第十三届高交会优秀产品奖。中关村物联网产业联盟获得工信部颁发的第十三届高交会优秀组织奖。

（李建丽）

【《IEEE 1888™泛在绿色社区标准控制网络协议》成为国际标准】 2011年3月1日，IEEE标准协会（IEEE SA）标准化委员会宣布IEEE 1888™ “Standard for Ubiquitous Green Community Control Network Protocol”（泛在绿色社区标准控制网络协议）通过。该标准是由中关村物联网产业联盟成员单位天地互连和中关村下一代互联网联盟成员单位清华大学、赛尔网络、华为数字、神州数码等单位联合发起制定的。作为一个全球性的标准，IEEE 1888™将信息和通信技术与环境保护和节约能源相结合，广泛使用在公用设施，建筑，运输，自动化，商业，创新的数字生态城市，智能楼宇，现代运输系统，数字化家庭等领域。

（李建丽）

园区建设

北京天竺空港经济开发区

【概述】 北京天竺空港经济开发区于1994年1月经北京市政府批准成立，位于首都机场西侧1千米，总体规划面积6.6平方千米，是首都临空经济高端产业功能区的重要组成部分。历经“起步、壮大、提高、跨越”四个发展阶段，园区现形成航空物流、电子信息、现代服务业、文化创意四大产业集群。已吸引来自20个国家和地区的450家企业入区发展，投资总额达540亿元，项目平均投资额1.2亿元，其中跨国公司90家，世界500强企业有21家在开发区设立了 36 个项目。现已出让的土地平均每公顷投入 1.5 亿元，实现产出 2.8 亿元，实现出口供货额 8194 万元，实现税金 2480 万元，单位土地产出在全国同类开发区中名列前茅。目前，空港开发区已形成了航空物流、电子信息、文化创意、生产性服务业四大支柱产业。尤其是电子信息产业的高端发展和一批龙头企业的集聚为空港开发区打造智慧园区奠定了基础。迄今为止，园区共吸引了包括索尼爱立信、松下、赛多利斯、北广科技等电子信息企业 40 余家，电子信息业在工业产值和出口供货额上占园区的 80%以上。同时目前园区基本实现了互联网的覆盖和初步建立起了三大信息应用系统：一是以 OA 办公自动化系统为代表的办公类系统；二是以开发区门户网站、公文报送系统等实现了企业服务等部门和园区企业的信息化对接为代表的对外数据交换和服务类系统；三是以各类业务数据为基础形成的统计数据库，可供查询的分析决策预警类系统。

2011 年，开发区对主要进行的三套系统开展了推行部署和操作培训。开发区门户网站针对开发公司系统的各部室开放信息上传权限，以方便各部室服务资源的展示，并在开发公司系统内分布企业邮箱账号；开发区信息管理系统分配给各部室账号使用，并逐步向企业推广使用，逐步实现开发公司系统内部和企业间的信息传导畅通；企业入驻管理系统将首先在开发公司几个主要部室间应用，确定各部门填报内容和共享权限。

（汪亢亢）

【税收突破 70 亿元】 2011 年年内，空港开发区乘势而上，加速转型，经济建设成果显著。开发区实现税收 70.19 亿元，同比增长 75.3%，约占顺义区税收总额的 20%；其中地方财政留成 16.1 亿元，同比增长 52%。实现工业总产值 337.6 亿元，同比增长 2.2%；实现总收入 794.8 亿元，同比增长 4.4%。

（汪亢亢）

【重点引进新兴产业项目】 2011 年年内，空港开发区招商引税水平全面提升，重点突破新兴产业项目。全年引进项目 61 个，总投资额 68.07 亿元，同比增长 61%。其中：买地项目 2 个，出让土地 207.92 亩；盘活新引进项目 3 个，盘活土地 24.994 亩，盘活厂房 13 294.98 平方米；租赁厂房项目 24 个，出租厂房面积 13 849.05 平方米；企业园项目 6 个，出售面积 15 174.16 平方米；注册项目 26 个，注册资本 22.2 亿元。北京航空、中信外包、金汉王、金石财富等 15 个战略性新兴产业项目成功入驻空港，均属于占用资源少、经济贡献能力强的企业，正在成为开发区新的经济增长点。

（汪亢亢）

【项目建设进展迅速】 2011 年年内，空港开发区高标准快节奏推进项目建设，确保全年经济增量。年内，园区开复工企业 15 家，其中新开工项目 4 个，开工面积 16.44 万平方米；复工项目 11 个，复工面积 45.36 万平方米；竣工项目 7 个，竣工面积 26.91 平方米。正在办理项目开工手续的企业共 10 家，预计明年陆续开工建设。

（汪亢亢）

【区镇合作实现新发展】 2011 年 6 月，开发区与木林镇政府共同举行了“空港木林高端制造业基地”项目奠基启动仪式，充分利用空港的品牌资源和项目储备，争取把木林镇中心区打造成为继赵全营空港 C 区之后又一个特色鲜明的“高端制造业基地”，重点发展高端装备制造产业。年内，开发区又分别在木林镇新增 1000 亩、在赵全营镇新增 1300 亩土地纳入合作开发范围，进一步拓展发展空间，同时抓紧做好项目储备和产业布局，配合空港 C 区“北汽高端乘用车基地”项目，完成了二期地成本审计工作。

（汪亢亢）

【自有企业发展动能持续增强】 2011 年年内，面对国家房地产调控、再融资受阻、贷款利率高位运行的困难，开发区自有企业优化经济增长方式，继续保持健康发展。空港股份年内实现营业收入 8.5 亿元，与去年基本持平；实现净利润 9000 万元，同比增长 47.54%；实现税收 6546.31 万元。物业集团年内实现总收入 2.48 亿元，比去年同期增长 18.28%；实现净利润超过 1000 万元；税金 1173 万元，同比增长 41.66%。

（汪亢亢）

【综合服务水平持续优化】 2011 年年内，开发区秉持优化和提升服务环境就是发展生产力的理念，寓管理于服务，做好服务大文章：有效落实各类项目资金申报，企业家协会主题活动丰富，园区安全维稳工作常抓不懈，妥善处理企业劳资矛盾，创新知识产权法律服务形式，注重精神文明建设；2011 年被中央文明委评为“全国文明单位”。

（汪亢亢）

【开发区网站运行】 2011 年年内，开发区门户网站在进行信息部备案后，现已正式投入使用，网站将改为 http://www.chinabaez.cn，原网址将保持使用 2 年。新版网站更侧重于信息的共享和多样，版面的庄重和实用。在网站改版前，宣传部已联合相关部室填充了部分内容，在正式上线后将对各部室开放相应权限，对自属栏目进行充实。

（汪亢亢）

【开发区信息管理系统】 2011 年年内，开发区信息管理系统投入试用。此系统是于 2010 年 8 月筹划设计的一套用于管委会各部室之间或与区内企业信息互动的管理系统。主要包含开发区管委会公文传送功能、站内短信息功能、公文接受反馈记录功能。

（汪亢亢）

【企业入驻管理系统】 2011 年年内，企业入驻管理系统投入试用。此系统是于 2010 年 8 月筹划设计的一套用于梳理开发区关键部门关于企业入驻进程的信息共享系统，包含管委会在企业入驻过程中每个相关部门的手续办理进展信息填报功能、负责人审阅功能、状态实时更新功能、权限内的信息共享功能。

（汪亢亢）

北大孵化器

【概述】 2011 年年内，北大科技园在北京市委、市政府和中关村管委会的领导下，为了进一步优化创新创业资源、聚集创新创业人才、缓解园区企业融资压力、加强园区企业之间沟通、推动园区内企业的发展，为了更好地服务于国家战略、服务于首都自主创新能力的持续提升、服务于世界一流大学建设、服务于园区企业，以发展原创科技、建设精品园区为目的，组织开展了一系列工作和活动。

（张璐）

【北大科技园上地园区项目建设专项会议】 2011 年 6 月 9 日下午，海淀区委、区政府组织召开北大科技园上地园区项目建设协调会，会议由市委常委、区委书记赵凤桐主持，海淀区代区长隋振江、区四套班子主要领导以及市规划委、市国土局、区各相关委办局、乡镇相关领导出席了会议。北大科技园总经理陈庚对北大科技园上地园区项目情况做了全面汇报。赵凤桐书记在听取完汇报后，指出了园区建设的紧迫性和重要性，指示成立由区领导担任组长的北大科技园上地项目建设领导小组，把该项目作为海淀区政府的重大项目，必须加快推进项目的科学规划和开发建设工作，同时解决园区所在周边城市环境的综合治理和改造工作，把北大科技园建设成为城市协调发展的亮点，形成高端产业集聚效应，为海淀区的产业结构转型和升级做出更大贡献。

（李佳）

【北京民营科技实业家协会与北大留创园战略合作签约仪式】 2011 年 3 月 22 日，北京民营科技实业家协会与北京大学留学人员创业园战略合作签约仪式（周二）下午 16:00 在北大博雅酒店举行。北京民协常务副会长郭梓林主持签约仪式，北京民协会长张小兰，副会长张家林、严望佳、张本正，北大科技园北大留学人员创业园总经理陈庚，中关村发展集团总经理许强等出席了签约仪式。北大留学人员创业园是由北京大学和中关村科技园区管委会共建的创业孵化基地，集孵化、投资和运营顾问服务三位一体，是专门吸引海外留学人员回国创办高科技企业，为具有原创自主知识产权的项目提供全程创业孵化及促进科技成果转化的创业服务机构，隶属于北京北大科技园有限公司。此次签约，旨在加强北京民协与北大留创园的合作，促进双方业务的交叉合作，拓展双方对企业的服务功能，实现优势互补、合作共赢。同时，通过深化合作，全面共享双方的社会关系资源、建立有效的沟通渠道、形成规模强大的企业网络体系。

（周丹）

【英国兰卡斯特大学留学生政策介绍会】 为更有效的吸引留学生企业入园，帮助留学生了解政府对于留学生人才归国创业出台的一系列优惠政策，推动园区高新技术企业稳定增长。于 2011 年 1 月 21 日下午，孵化器一层会议室举办 2011 年度创新创业沙龙活动之一——英国兰卡斯特大学留学生政策介绍会。北大孵化器综合管理部经理刘金元、北大孵化器创业服务部副经理赵聪现场与英国兰卡斯特大学的留学生们进行交流、政策宣讲与解答。会上，主要宣讲了留学生创业可享有的优惠政策，政府的高端人才引进政策条件等。参会的十余名英国兰卡斯特大学留学生代表结合自身的情况进行了有针对性的提问，北大孵化器综合管理部经理刘金元、北大孵化器创业服务部副经理赵聪一一进行了详细解答。此次留学生沙龙活动得到了很好的反响，切实解决了留学生归国创业的一系列疑问，同时，北大孵化器以其自身得天独厚的地理位置与投资环境以及优质、周到的服务及管理项目成功吸引着英国兰卡斯特大学留学生归国创业，留学生们纷纷表示对今后与北大孵化器的合作充满了信心，愿意与孵化器进行进一步的详细洽谈，为祖国的经济发展贡献出自己的力量。北大孵化器常务副总经理杨栋表示未来孵化器将不定期举办此类沙龙活动，为留学生及孵化器之间搭建合作、发展的平台，充分发挥孵化器的桥梁作用，以吸引更多的留学生人才入园创业。

（王晶晶）

【中小微型企业融资对接会】 2011 年 11 月 24 日，为缓解园区企业融资压力，北大孵化器组织了部分园区企业：老虎宝典、阿帕比以及搜霸天下，出席了海淀区政府金融服务办公室主办的小额贷款公司、中小企业信贷专营机构与中小微型企业融资对接会。在会上，北大孵化器及参会企业一同与包括北京银行、民生银行、中关村小额贷款公司、亚联财小贷等10家小额贷款公司、中小企业信贷专营机构进行了交流，积极探求适合园区企业发展的融资产品和融资服务。北大孵化器园区内初创型企业面临的最大压力之一就是资金瓶颈。针对园区企业的融资需求，北大孵化器积极搭建融资平台，将融资服务作为孵化器的服务体系中的重要一环。北大孵化器还将积极组织园区企业参加一系列类似的融资对接会，并举办相关的论坛、会议等活动，以缓解园区企业的融资需求，促进园区企业的快速发展。

（孙健）

【兄弟院校大学科技园来访调研、交流】 2011年7月11日，闪联信息产业协会副理事长苏海红、北京绿色印刷包装产业技术研究院常务副院长、北京印刷学院大学科技园管委会主任周忠、国家行政学院产业经济副教授李江涛等一行9人来访北大科技园，北大科技园总经理陈庚、北大孵化器总经理尉国梁等出席接待。与会各方就科技园组织筹建、运营模式、未来发展等问题展开了深入的交流与研讨。会上，北大科技园总经理陈庚对北大科技园的历史、现状以及未来的发展规划做了简要介绍，并对国家大学科技园在国家大的方针政策指引下与学校紧密相连，积极投身于科研成果转化及企业创新服务建设进行了详细的阐述，表明未来北大科技园将打造成区域经济发展的综合开发商。北大孵化器总经理尉国梁就北大孵化器的运营模式、政策资源及服务项目等内容进行简单介绍。兄弟院校大学科技园相关领导对北大科技园核心竞争力的体现及如何为企业提供自主创新服务表现出高度的兴趣。北大科技园总经理陈庚也就北大科技园作为北京大学科研成果转化唯一平台及载体，依托北大学科优势及产业优势，在国家“十二五”规划经济转型的大背景下，充分发挥自身优势为企业从初创到成熟为规模产业提供全方位系统化的孵化服务，同与会者展开深入的交流。最后，北京印刷学院大学科技园管委会主任周忠表示此次来访充分感受到了北大科技园依托北大所展现出来的大气与浓厚的科研氛围，同时对今后兄弟院校科技园间的合作表达了强烈的意愿。

（王晶晶）

【中关村全英中国学生学者联谊会创业沙龙】 2011年7月14日，北大孵化器成功举办了2011年度创新创业沙龙活动之五——中关村全英中国学生学者联谊会创业沙龙。此次沙龙活动由中关村管委会人才资源处带领全英中国学生学者联谊会等一行15人来访考察北大科技园，并就搭建学生创业与企业孵化平台与北大孵化器总经理尉国梁及园区成功企业代表进行了经验交流。会议开始，北大孵化器总经理尉国梁对北大科技园的历史、现状及未来发展规划进行了简要的介绍，并对孵化器运营模式、政策资源及服务项目等内容着重进行介绍。随后，园区企业北京土人景观规划设计研究院、北京老虎宝典科技有限公司及北京和美健康科技有限公司企业代表及负责人分别介绍了各自企业的创业经历、业务发展情况等，并就学生创业与就业，人才引进等方面问题进行了交流。全英中国学生学者联谊会会长孟德建表示此次考察走访了国内众多一线城市各大产业园区，旨在通过举办2011年全英创业大赛筛选出英国各大院校创新创业项目，并致力于搭建连结中国与英国创新产业桥梁。会上，全英中国学生学者联谊会还热烈邀请北京土人景观规划设计研究院院长俞孔坚教授出任全英创业大赛导师。最后，中关村管委会人才资源处表示将进一步推动全英中国学生学者联谊会与北大科技园等园区全方位开展项目交流与合作，共同推动与支持创新创业。

（王晶晶）

【美国George fox School来访暨创业经验分享会】 2011年5月27日，北大孵化器举办2011年度创新创业沙龙活动之四——创业经验交流专场。此次沙龙活动迎来美国George fox School中国访学团一行十余人，他们带着对中国学生的创业环境以及对创业企业成长历程的强烈兴趣来到北大科技园参观、访问，并与孵化服务专业人员及园区成功企业代表进行创业经验的交流与分享。北大孵化器参会人员对对方的到来表示热烈的欢迎。会议期间，北大孵化器综合管理部品牌经理王晶晶及园区企业北京和美健康科技有限公司总经理钟幼民与美国George fox School的师生就其关心的创业企业背景、资金筹备、企业如何开展在华公关关系、以及孵化器为入驻企业提供何种服务等问题进行了深入沟通、交流。通过此次创业沙龙系列活动，拉近了企业与潜在创业者之间的距离，并为具有海外背景的创业人员提供了创业思路及经验分享，让更多的留学生进一步了解北大科技园平台，吸引海外高科技项目落地。通过此次创业沙龙系列活动，拉近了企业与潜在创业者之间的距离，并为具有海外背景的创业人员提供了创业思路及经验分享，让更多的留学生进一步了解北大科技园平台，吸引海外高科技项目落地。

（王博深）

【北京市一行领导视察北大科技园】 2011年5月4日，北京市委常委、区委书记赵凤桐、区委常委、区委办公室主任刘鸿、区委常委、常务副区长杨志强、海淀园管委会产业规划发展处处长孟涵等一行领导在北京大学校长助理黄桂田、北京大学产业党工委副书记韦俊民等校领导的陪同下莅临北大科技园进行视察，并走访了几家园区企业。北大科技园总经理陈庚、副总经理黄新等领导出席接待。此次市委、区委领导来访主要目的是视察北大科技园的建设和发展情况，了解园区的产业布局、及企业特色。赵凤桐等领导参观了北大科技园并走访了北京土人景观与建筑规划设计研究院、北京方正阿帕比技术有限公司、元培世纪（北京）教育科技有限公司等在园企业。这几家企业均属行业内领先的高新技术企业，标志着北大科技园在企业孵化及高新产业聚集上面已经取得阶段性的成果。几家企业负责人分别介绍了企业概况及企业的核心竞争力技术，并就市委、区委领导关心的企业未来发展走向及员工福利等方面问题做出回应。

（王晶晶）

【北大科技园成功承办归国留学人员创业讲坛】 2011年9月3日下午，由欧美同学会青年委员会、北京市青年联合会、千人计划专家联谊会高新技术专业委员会共同主办，在中关村科技园区管理委员会的大力支持下，由北京瀚海智业留学人员创业园、北大留学人员创业园、中关村协会联席会和北京中关村留学人员创业园协会共同承办的以“创业成就梦想　青春建功祖国”为主题的归国留学人员创业讲坛，在拥有着百年历史的欧美同学会总部报告厅隆重举行。本次论坛旨在进一步鼓励归国留学人员创新创业，营造创新创业氛围，为创新创业者提供面对面学习、交流的互动平台。出席本次讲坛活动的有欧美同学会常务副会长傅志寰，青年委员会副会长兼秘书长雷多等领导及200多位来宾；北京市青联委员、中央电视台著名主持人梁艳女士主持了此次讲坛。讲坛的第一部分邀请了“千人计划”的三位成功创业者进行主题演讲。和大家分享了他们的创业故事，讲坛第二部分组织了互动交流，中关村留学人员创业园协会秘书长夏鸿义、北京瀚海智业科技园副总裁唐鹏、北大留创园总经理尉国梁，以及上述三位演讲嘉宾，做了有关政策解读、创业配套服务、企业经营、技术研发、产业发展等方面的探讨，着重讲述了如何帮助留学人员迈出创业第一步。此次论坛的召开，正值北大科技园昆山分园刚刚成立之际，借此尉总介绍了北大科技园未来的发展空间和发展模式，将会大力发展园区建设，努力营造优良的科技创新环境，依托北大、融合方正、借助政府支持打造科技创新综合体，成为区域发展商。讲坛现场各位嘉宾与到会的留学回国人员热情互动，畅所欲言，会场气氛非常热烈。嘉宾的精彩演讲和互动极大地激发了当代留学回国人员的创业热情、创新意识，为正处在创业懵懂期或创业阶段的青年们带来了一场精神上的饕餮盛宴，具有积极而深远的意义。

（王晶晶）

【2011 年第五次留创园理事会召开】 2011 年 10 月 23 日，由北大留创园承办的第五次留创园理事会在北大博雅国际酒店召开。出席会议的有海淀留创园主任王士琦、北大留创园总经理尉国梁等 15 家协会理事单位领导出席会议。会议主要就下一阶段中关村各留创园工作部署进行讨论、安排，并通过加强全国留学人员创业园的交流与合作，完善理事会体系建设，提高留创园孵化、孵育能力，切实落实与政府相关部门建立紧密衔接的相关工作安排。会上，王士琦主任分析了国内外经济发展趋势，并具体解读了在全球创新经济、核心竞争力的形势下国内中关村示范区工作应如何推进、开展，以及如何有效把科技技术成果成功转化为生产力。各理事单位就目前工作中遇到的问题以及合作意向进行深入的讨论。并对即将启动的每年《中关村留创园发展报告》进行细致的分工、协作方面的安排。会上还讨论了下期三三会主办主题及筹备情况。在理事会的管理措施方面经协商达成一致，形成了畅通的信息上报渠道。目前，全国已建成各级各类留创园近 160 家。在孵企业达到 1 万余家，累计孵化企业超过 2 万家。留创园理事会的力量也在逐步的壮大中，随着留创园之间的分工协作和交流逐渐频繁，通过召开理事会的形式，将成员单位的人才、技术、项目、资本等各类资源进行充分整合，同时借助各指导单位及成员单位的政策、活动、宣传、投融资等平台优势，有效地促进了留学人员及创业企业在多领域的沟通协作，展现出了强大的凝聚力和向心力。

（王晶晶）

【韩国浦项大学来访交流】 2011 年 5 月 10 日，北大孵化器举办 2011 年度创新创业沙龙活动之三/韩国浦项大学来访交流。北大科技园总经理陈庚、北大孵化器副总经理尉国梁出席接待。此次是北大科技园迎来的第三批国外高校院所交流访问团，随行还有浦项大学工业园区企业负责人等，此行主要就中国国内的经济环境，对外资投资的政策导向以及北大科技园对园区企业的孵化培育方面进行交流、研讨。北大孵化器副总经理尉国梁对北大科技园整体情况进行简要介绍，并着重介绍了孵化器运营模式、政策资源及服务项目等内容。北大科技园总经理陈庚就对方关心的国内大学的创业支援政策，园区入驻企业中技术型的企业所占比例，日常运营资金来源，园区企业经营情况等问题与对方展开深入的交流。陈总指出，目前中国政府对企业自主创新十分支持，国务院也已经批复原则同意《中关村国家自主创新示范区发展规划纲要（2011—2020 年）》。中关村作为自主创新示范基地，有着得天独厚的优势，而北大科技园依托北京大学资源条件，在周边众多科研院所园区中处于领先地位，在科研成果转化方面取得了阶段性成果。韩国浦项工大早在1994年4月就与北京大学结为兄弟院校，持续开展着积极的交流合作，浦项工大表示此次访问十分有意义，并表达对日后的投资合作充满了良好的愿景。

（王晶晶）

【中关村发展集团与北大科技园签约仪式】

2011年4月26日，中关村发展集团创新合作发布会及签约仪式于北京融金国际酒店召开。出席会议的有：市委常委赵凤桐、市有关委办局、各区县政府、首都创新资源平台负责人，相关产业联盟、孵化器、合作院所和重点企业代表等三百余人。北大科技园总经理陈庚、北大孵化器常务副总经理杨栋应邀参加签约仪式。北大科技园，立足于北大优势学科和雄厚的产业基础，致力发展原创科技，推动科技成果转化，提供一流的创业、创新、技术转移服务，成为最具代表性的项目合作方之一。此次与中关村发展集团建立战略合作关系，旨在围绕落地重大项目，探索形成以股权投资为主要方式推进重大科技成果产业化的有效机制和工作格局，广泛建立重大项目来源渠道，同时签约的还有中国科学院北京国家技术转移中心、清华工研院等国内知名院所。此次战略合作签约，对于未来北大科技园能够与中关村发展集团展开深层次合作，从市场层面搭建创新资源统筹运作大平台、实现科技成果产业化机制大突破，有深远的意义。并在覆盖的主体范围和技术领域上，在项目发掘以及对接落地机制建设并形成重大科技成果转化和产业化路线图，在知名高端企业引进上取得突破。最后，市委常委赵凤桐讲话并指出，希望能够加快中关村示范区建设，形成高端产业集聚效应，为促进首都产业结构升级做出更大贡献。

（王晶晶）

【新加坡管理学院来访暨创业经验分享会】

2011年4月22日，北大孵化器举办2011年度创新创业沙龙活动之二——创业经验分享专场。创新创业沙龙活动此前在北大孵化器已成功举办过多次，成功搭建了留学生、园区企业及孵化器之间合作、发展的平台，充分发挥了孵化器的桥梁作用。继英国兰卡斯特大学留学生来访之后，此次沙龙活动迎来新加坡管理学院中国访学团一行三十余人，他们带着对中国学生的创业环境以及对创业企业成长历程的强烈兴趣来到北大科技园参观、访问，并与孵化服务专业人员及园区成功企业代表进行创业经验的交流与分享。北大孵化器参会人员对对方的到来表示热烈的欢迎，北大孵化器综合管理部经理刘金元对北大科技园的历史、现状、未来的发展规划和现有的规模进行了简要的介绍。接着，着重介绍了孵化器运营模式、政策资源及服务项目等内容，强调科技园及孵化器是为创业企业提供孵化服务的重要成长平台。最后，园区企业北京老虎宝典科技有限公司及安迪曼（北京）科技有限公司有关负责人分别介绍了各自企业的创业经历、业务发展、规模化过程等。期间，新加坡管理学院的师生就其关心的创业企业背景，资金筹备，如何发挥竞争优势建立销售渠道，以及在今后发展中面临的主要挑战和解决方法等问题与企业代表人进行深入沟通、交流。作为优质企业的摇篮——北大孵化器，依托北京大学周边的良好环境及优势资源。为一批又一批的创业企业提供全面、专业化的企业成长、孵化服务。迄今为止，从园区内走出了大量的像老虎宝典及安迪曼公司一样的成功企业。通过此次创业沙龙系列活动，拉近了企业与潜在创业者之间的距离，并为具有海外背景的创业人员提供了创业思路及经验分享，让更多的留学生进一步了解北大科技园平台，吸引海外高科技项目落地。

（王晶晶）

【燕园微构公司被确定为北京大学研发实验服务基地】 2011年3月，北大科技园内企业北京北达燕园微构分析测试中心有限公司在众多遴选单位中胜出，被确定为负责首都科技条件平台——北京大学研发试验服务基地二期建设与运营单位。为确保完成基地二期的建设与运营任务，学校组织开展了专业服务机构的遴选工作，重点从市场运营能力、科技成果转化能力等方面对候选机构进行对比与考量。燕园微构公司是市科委支持北大孵化器成立的专业科技条件平台，是首都科技条件平台的试点单位，公司业务专注于科技服务的社会化推广，拥有良好的市场运作和技术服务能力，在对接企业深度研发实验需求、促进科技成果转化方面具有优势，可更好地适应基地建设的新目标、新方向。

（赵聪）

【北大孵化器获得国家级孵化器认定】 孵化器是国家创新体系的重要组成部分，是创新创业人才培养基地，是区域创新体系的重要内容。科技企业孵化器是以促进科技成果转化、培养高新技术企业和企业家为宗旨的科技创业服务载体。国家级孵化器的认定是科技孵化器发展中的一个国家级资质，对此，科技部火炬中心出台相关管理办法，不仅明确提出将孵化器从一项专项工作提升到战略层面，而且强调了国家对孵化器建设与发展的引导，强调了国家级孵化器认定指标设定的科学性，强调了孵化器建设与发展的前瞻性。而北大孵化器在自身发展的基础上，在有关领导的组织和协调帮助下，通过公司上下不懈的努力、加班加点，从材料的组织申报到专家答辩，最终于2011年12月底顺利通过国家级孵化器认定；据不完全统计，目前全国共计2000多家孵化器，国家级孵化器300家左右。获此殊荣不仅大大提高了公司的品牌形象，还为北大科技园业务发展拓展了新渠道。

（王晶晶）

【北大孵化器服务企业申报工作】 2011年下半年，为了推进园区内软件企业的发展，北京北达燕园科技孵化器有限公司帮助北京方正阿帕比技术有限公司2011年中关村高端领军人才创业未来之星（创业团队类），为该公司的技术成果——基于数字版权保护的电子图书出版及应用系统申报了中国产学研合作创新成果奖。

（张璐）

【北大孵化器服务人才申报工作】 2011年下半年，为了更好地服务园区内的创业创新型人才，北京北达燕园科技孵化器有限公司帮助北京方正阿帕比技术有限公司首席技术官汤帜先生、总经理赫思佳女士申报了2011年中关村高端领军人才科技创新人才，同时为赫思佳女士申报了中国产学研合作促进奖（个人）。

（张璐）

马坊工业园区

【概述】 截至2011年12月，马坊工业园区共有入区企业32家，其中已投产企业22家，在建施工企业5家，5家正在办理开工前手续。园区已投产企业由2010年的14家企业增加到

22 家企业。

年内年园区总产值达 11.2 亿元，与 2010 年 10.8 亿产值相比增长 3%,实现收入 10 亿元，实现利润 6473 万元，上交税收 2557 万元，其中规模以上企业产值达 10 亿元。

园区重点项目截至 12 月底已完成固定资产投资 6.5 亿元（北京中锦阳电子科技有限公司 1286 万元,七星光伏产业化基地(西)11 965 万元，北京坎普尔环保技术有限公司 3377 万元，思创厚德商业中心项目 17 045 万元，北京一志车科技有限公司汽车配件 22 188 万元，北京真金昌汽车科技有限公司 3782 万元，北京华康天怡生物科技有限公司医疗项目 4505 万元，北京达新新创机械有限公司 484 万元，北京市富乐科技开发有限公司技改项目 685 万元），到 12 月底，园区所有项目共完成固定资产投资 8.1 亿元，超额完成今年年初计划投资达 3.5 亿元。

至年底职工人数 2570 人，其中 50%为平谷当地劳动力。

（马慧翔）

【“光伏产业设备高层次人才工作室”启动资金到位】 2011 年 1 月 24 日，区委组织部副部长郭小杰等相关领导慰问马坊工业园区“光伏产业设备高层次人才工作室”成员，同时下发了区财政投入资助资金 9 万元，北京清大天达光电科技有限公司作为“光伏产业设备高层次人才工作室”的核心单位，领取了资助资金。北京清大天达光电科技有限公司副总经理张绍衡是“光伏产业设备高层次人才工作室”的主要负责人，他表示公司将全力建设“工作室”，为马坊地区培养更多的光伏领域高层次人才，在产业聚集的同时形成人才聚集。“光伏产业设备高层次人才工作室”属于 13 家“平谷区高层次人才工作室”之一，平谷区区委常委、组织部长刘占山、区委组织部副部长郭小杰、平谷区副区长魏玉瑞于 2010 年 12 月 31 日为高层次人才工作室授牌启动此项目。

（马慧翔）

【中锦阳通过市科委项目验收】 2011 年 2 月 23 日，北京中锦阳电子科技有限公司顺利通过市科委“非晶硅锗合金叠层薄膜太阳电池应用示范”项目验收。市科委新材料发展中心副主任王红梅主持验收工作。中国科学院力学研究所、中国电力技术市场协会、北京机电研究所、北京交通大学、天津南开大学等技术专家出席评审验收工作。北京中锦阳电子科技有限公司通过课题实施、利用自主技术将非晶硅薄膜电池的光电转换效率由 6%提升至 7.5%以上，并在平谷区马坊工业园区建成 0.6MW 非晶硅锗合金叠层薄膜太阳电池应用示范电站，其性价比优于国外技术的同类产品，该示范电站每年发电约 80 万 KWh,可减排二氧化碳约 600 吨。

（马慧翔）

【富乐公司成为全市首家通过医疗器械生产质量管理规范认证审查企业】 2011 年 3 月 3 日，北京市富乐科技开发有限公司成为北京市首家通过医疗器械生产质量管理规范认证审查企业,成为马坊工业园区内企业的管理规范典范。北京市食品药品监督管理局委派国家规范检查组对富乐公司管理规范的执行情况给予了高度的评价。专家组按照规范的要求对公司的厂房设施、生产管理、质量管理、验证、文件、自检等各个环节进行了认真仔细的逐项检查，一致认为富乐公司人员机构健全、原料管理符合要求、设备设施与生产相适应、生产过程操作规范，记录翔实，可追溯性强。富乐公司以规范论证为契机，抓好质量管理，生产出安全有效的、顾客满意的外科植入物产品。北京市富乐科技开发有限公司坐落为马坊工业园区内，占地 30 亩，总投资 2600 万元，生产骨科医疗器械产品。

（马慧翔）

【北京市经济和信息化委员会领导考察马坊工业园区】 2011 年 5 月 27 日下午，北京市经济和信息委李平书记一行赴马坊工业园区调研，区长张吉福陪同调研。同行的有北京市经济和信息化委员会党组成员、纪检组长张国栋、区经济和信息化委主任崔东辉、马坊工业园区主任曹卫军。李平书记一行参观了马坊工业园区内北京中锦阳电子科技有限公司，听取了公司行政总监刘辉的汇报，仔细调研了国家及北京市对于高级技术企业及重点企业的配套资金落实情况。随后，李平书记一行参观了北京飞行博达电子有限公司，重点考察了光伏基地产业化项目的建设情况，听取了北京七星华电科技集团副总裁王彦伶关于光伏产业的报告。区长张吉福对指出，全区各部门要做好重点企业的服务工作，提高全区工业生产总值。

（马慧翔）

【市政基础设施建设】 2011 年 5 月至 8 月期间，对园区内的重点区域金马南街、金平路、金平西路、金塔路、盘龙西路、金马北街进行亮化，铺设电缆线 22 000 米，安装 LED 路灯头 550 盏，新报装 30KVA 路灯变压器 5 个。约计总投资 400 万元。并获中关村对工业园区绿能基地 LED 照明项目支持资金 140 万元。

（马慧翔）

【北京市太阳能研究所考察平谷区绿色能源产业基地】 2011 年 6 月 1 日上午，北京市太阳能研究所、北京市太阳能研究所有限公司相关领导一行赴马坊工业园区考察北京市绿色能源产业基地，区委书记邱水平同志，区长李宝峰同志、马坊工业园区管委会主任曹卫军同志陪同参加。北京市太阳能研究所成立于 1979 年，是中国最大的太阳能专业研究开发机构，是我国新能源工程技术研究中心、北京太阳能光电技术研究中心依托单位，也是中国第一批进入市场经济的科研机构。其综合业绩曾列于中关村科技园区前十名，中国三千多家科技院所综合评比第一名。邱水平书记、李宝峰区长与北京市太阳能研究所有限公司总经理王建伟同志探讨了太阳能产业的发展前景，双方表示即将在马坊工业园区建立太阳能光热发电项目的合作意愿，并初步达成了合作意向。邱水平书记指出，以马坊工业园区为中心，着力发展平谷区绿色能源产业，尤其是太阳能产业，加快产业聚集，扩张产业规模，延伸产业链条，打造“绿能新谷”，将平台建设成为国内外有一定影响的新能源产业基地。

（马慧翔）

【“国家卫生应急队伍医疗器械科研基地”落户马坊工业园区】 2011 年 6 月 2 日，“国家卫生应急队伍医疗器械科研基地”正式落户马坊工业园区北京市富乐科技开发有限公司。区科委主任陈占国、区经济和信息化委员会副主任徐双合、马坊管委主任曹卫军、中国工程院院士钟世镇，广东省第二人民医院副院长李贵涛，解放军军医进修学院教授刘汝落，南方医学大学临床解剖研究所教授李忠华等出席挂牌仪式。仪式期间，北京市富乐科技开发有限公司董事长与广东省第二人民医院签署了《战略合作协议书》。广东省第二人民医院是国家仅有的六个卫生应急医疗队之一，与园区内北京市富乐科技开发有限公司形成战略合作。双方达成共识，强强联合，致力于应急医疗器械的开发、完善和推广工作，为提高中国应急医疗能力和造福病患做出应有的贡献。国家卫生应急队伍是指由国务院卫生行政部门建设与管理，参与特别重大及其他需要响应的突发事件现场卫生应急处置的专业医疗卫生救援队伍。北京市富乐科技开发有限公司是经国家食品药品监督管理局批准注册的研发、生产、销售骨科医疗器械的高新技术企业。其产品在全国数千家大、中型医院得到广泛应用，帮助众多患者解除疾病痛苦，实现康复梦想。公司积极参与国家的应急卫生事业，2008 年汶川大地震，公司捐赠款物 140 余万元，装备 4 支医疗队；2010 年玉树地震，公司捐赠款物 30 余万，装备 2 支医疗队。

（马慧翔）

【华泰汽车考察马坊工业园区】 2011 年 6 月 8 日，华泰汽车集团董事长张秀根及相关人员考察马坊工业园区，区长张吉福、区长李宝峰、区经济和信息化委主任崔东辉、马坊工业园区主任曹卫军陪同参加。双方均表示希望推进进一步合作意向。华泰汽车集团成立于 2000 年，是从事整车及清洁型轿车柴油机、自动变速器、动力总成的研发、制造、销售、出口等业务，囊括汽车零部件生产及销售的大型跨国汽车集团。华泰汽车以北京为管理和研发中心，在山东、内蒙古等多个省市拥有二大生产基地，一个汽车产业园，五大平台和十大系列车型的生产线，目前已具备年产 20 万辆汽车的综合生产能力。

（马慧翔）

【韩国三星电子集团考察马坊工业园区】 2011 年 7 月 2 日，韩国三星电子集团大中华区李专务考察马坊工业园区，北京市经济和信息化委员会电子处处长陈小南、区经信委主任崔东辉、马坊工业园区主任曹卫东陪同。李专务仔细考察了马坊工业园区为三星电子项目选址预留地及基础设施建设情况。

（马慧翔）

【接待区委领导调研清大天达】 2011 年 7 月 18 日，区委副书记刘军同志至马坊工业园区对重点企业北京清大天达光电科技有限公司进行调研，园区管委会主任曹卫军、清大天达董事长焦炳华陪同参加。清大天达总经理陆峰就企业情况做了详细汇报，双方针对政府如何更好地服务企业进行座谈，刘军书记询问了企业面临的困难，政府职能部门的配合情况，企业用工和解决当地劳动力情况。刘军书记强调，对于这种成长性很好的企业，政府各部门应该积极配合，加大支持力度，做好协调服务工作，企业成长的同时，也带动了地区的发展。会后调研一行参观了清大天达的生产车间。北京清大天达光电科技有限公司主要从事开发、生产、销售液晶等平板显示器生产线装备和测量仪器及相关电子设备和零部件。

（马慧翔）

【接待区委领导调研马坊工业园区】 2011 年 7 月 19 日，区委副书记刘军参观考察北京市马坊工业区，园区管委会主任曹卫军同志陪同参加。刘军书记亲自带领考察队伍实地考察土地利用情况。曹卫军主任就马坊工业园区的招商情况、经济运行情况、用地情况和备用地储备情况做了简单的介绍。刘军书记强调，要秉持集约用地的原则，招好项目、大项目，多解决地方的就业问题，带动地区经济发展。

（马慧翔）

【北京市经济和信息化委员会考察清大天达】 2011 年 11 月 15 日，北京市经济和信息化委员会主任靳伟一行来到马坊工业园区参观考察北京清大天达光电科技有限公司。区长张吉福、副区长李宝峰、区经济信息委主任崔东辉以及马坊工业园区管理委员会主任曹卫军同志陪同。领导一行参观了清大天达的生产车间，并详细听取了公司负责人关于生产情况的介绍。

（马慧翔）

【区领导对清大天达调研】 2011 年 11 月 11

日，区长刘晓光、底志欣及区投资促进局主任张庆江一行来到马坊工业园区清大天达光电科技有限公司参观考察。马坊工业园区委员会主任曹卫军、副主任闫涛陪同一起调研。区领导参观了清大天达的厂房及车间，听取了公司领导的汇报，就平谷区投资环境及服务情况做了细致、深入的调研。

（马慧翔）

【区人大代表参观坎普尔和一志车公司】 2011年11月18日，区人大代表一行四十余人参观考察了马坊工业园区。重点参观北京坎普尔环保技术有限公司以及正在建设中的北京一志车科技有限公司。区长李宝峰、马坊工业园区管理委员会主任曹卫军等陪同参观。人大代表一行先后参观了北京坎普尔环保技术有限公司和北京一志车科技有限公司，听取了坎普尔公司超滤膜组件、膜生物反应器的生产原理及发展前景，并了解了一志车公司的建设进度。北京坎普尔环保技术有限公司成立于2007年4月，是一家生产连续除盐组件、超滤膜组件、膜生物反应器的高新技术企业。该项目占地16.2亩，总投资3500万元。北京一志车科技有限公司总投资1亿美金，一期投资4950万美金，占地面积约120亩。

（马慧翔）

【七星光伏产业化基地建设项目】 2011年年内，该项目占地E08、E09、E14、E21地块，占地面积497.35亩，于2月建厂，主要产品是多晶硅太阳能电池。

（马慧翔）

【马坊工业园区《控规》调整工作】 2011年年内，马坊工业园区《控规》调整工作已征求12个委、办、局及29家相关利害人、扩规拟占土地的村、镇意见。草拟了调规论证报告，并请示平谷区人民政府给北京市规划委员会（简称“市规划委”）发规划调整函。5月17日正式将区政府函和调规论证报告上报市规划委。6月16日市规划委报审会基本同意调整规划，现已将规划样本报市规划委。市规划委正在核实调整规划指标来源。

（马慧翔）

【马坊工业园区土地修编工作】 2011年年内，因《控规》范围只到园区范围道路的中心线，而规划部门在实际钉桩操作中却将范围划到外边线。为防止办理园区开发建设手续时，从中线到外边线的范围内占用基本农田。积极与区国土分局和修编编制单位沟通，将土地利用规划中的建设预留地扩至园区范围南边线和扩规后东边线，并用相应地块的建设用地指标相核减，使园区后期开发建设无后顾之忧。

（马慧翔）

【修志编纂工作】 2011年年内，为做好平谷区第二轮志书编纂工作，按照中共北京市平谷区委办公室、中共北京市平谷区人民政府办公室《关于开展〈平谷区志〉编纂工作的通知》精神和统一部署，参照《北京市〈平谷区志〉编纂工作方案》，结合实际，由专门人员组成编纂小组，坚持质量第一原则，对入志材料深入调查，详加考证，认真筛选，保质保量保时的完成了修志工作。

（马慧翔）

【富乐公司挂牌暨签署合作协议书】 2011年年内，北京市富乐科技开发有限公司位于马坊工业园区内，是经国家食品药品监督管理局批准注册的研发、生产、销售骨科医疗器械的高新技术企业。该公司于6月2日在公司工厂办公楼广场举行“国家卫生应急队伍医疗器械科研基地”挂牌暨《战略合作协议书》签署活动，魏玉瑞副区长出席了仪式。

（马慧翔）

【成立交通安全委员会组织】 2011 年年内，为加强马坊园区的交通安全工作，更好地保证园区人民人身安全，8 月园区成立了交通安全委员会，即交通安全领导小组，各企业、单位有专职车管干部，做到交通安全工作层层有人抓，层层落实。

（马慧翔）

【开展生产经营单位安全用电“亮剑”行动】 2011 年年内，为认真贯彻落实《国务院安委会办公室关于认真贯彻落实中央领导同志重要指示和国务院安委会全体会议精神有效防范和坚决遏制重大事故的通知》文件和区委区政府领导关于加强我区安全生产工作的指示精神，全力消除用电安全事故隐患，园区安全检查小组对园区企业进行了拉网式安全用电大检查。主要检查生产经营单位的配电室、用电线路、配电箱是否规范；漏电保护、接地保护、接零保护、用电设备安全防护措施是否有效；电工是否持证上岗，是否穿戴绝缘手套、绝缘鞋；用电设备操作人员是否按安全操作规程操作、是否穿戴劳动防护用品等。对于存在安全隐患的企业严格要求整改，整改效果显著。在区生产经营单位安全用电“亮剑”行动领导小组在园区检查时，并未发现用电危险。

（马慧翔）

【成立马坊工业园区总工会】 2011 年年内，经平谷区总工会批准，北京马坊工业园区总工会于 9 月 29 日成立，名称为：北京市平谷区北京马坊工业园区总工会。已计划发展 2 个企业入会，会员约 300—500 人，在短的时间内取得了一定成绩。在该年度中接待园区内职工上访 30 余次，解决劳资纠纷 10 余起，为企业与职工搭建沟通平台，使矛盾得到很好的解决，工会工作得到了企业及职工的信任与肯定。

（马慧翔）

【E15 地块土地转让】 2011 年年内，E15 地块（A、B 区）土地于 11 月开始办理转让手续，转让面积为 77 268.841 平方米（115.9 亩）。北京马坊工业基础设施开发建设有限公司分别与北京天下普乐医疗投资有限公司（A 区）和北京中杰天工医疗科技有限公司（B 区）在区国土局签订了转让合同。

（马慧翔）

【企业联谊会】 2011 年 12 月 28 日，在平谷天昊源度假酒店举办了马坊工业园区企业联谊会。邀请园区 30 家企业的领导共计 54 人，大家举杯同庆在 2011 年取得的工作成绩，并寄期望于 2012 年的大踏步前进。此次联谊会旨在加强与各企业的沟通与交流，并感谢各企业对平谷和马坊工业园区的贡献，期望在未来各企业能更好的服务于马坊，创造更多的价值。

（马慧翔）

【腾飞园小区建设】 2011 年年内，腾飞园小区住宅楼为马坊工业园区配套设施，被列为平谷区重点工程之一，该项目旨在解决工业园区入区企业职工住宿难问题，由北京龙腾投资开发有限责任公司开发建设。园区投资 24 170 万元建设腾飞园小区住宅楼工程，分三期实施建设，现正在建设一期工程，一期建筑为 1#、2# 楼及小区配套，总面积约为 25 478 平方米，小区配套总建筑面积：1560 平方米，该工程主体结构已全部竣工，正在安装水电。

（马慧翔）

【北京华康天怡生物科技有限公司】 2011 年年内，北京华康天怡生物科技有限公司位于北京马坊工业园区 E06-32 地块，于 2011 年 2 月摘牌成功。企业已办理完成钉桩成果报告、规划条件、国有建设用地使用权出让合同，土地出让金和契税已缴纳完成，现开发建设补偿费协议已签订，土地证手续已办理完成，下一步将办理建设手续。

（马慧翔）

【马坊二条街经济合作社标准化厂房建设项目】 2011年年内，北京马坊工业园区E24-01地块项目，是马坊工业园区与马坊镇二条街村共同合作开发项目，是平谷区首个探索综合利用村镇产业用地新项目，也是贯彻落实关于村镇合作产业项目推广的重要举措。项目总投资8000万元，占地面积72.9亩，厂房建设规模达40 006平方米。

（马慧翔）

【地震台测线迁移】 2011年年内，因原地震台地电观测线路影响园区企业开工建厂，经与北京市地震局多次沟通，市局同意将原地电观测线路进行迁移。地震台地电观测线路新建与旧线路的拆迁工作全部完工，解决了地震测线影响北京嘉厚房地产开发建设有限公司、北京华康天怡生物科技有限公司等企业开工建设问题。新建地震台已于9月26日取得北京市规划委员会的建设用地规划许可证，正在办理规划意见复函审批手续。

（马慧翔）

【开展定期安全检查】 2011年年内，园区安全检查员深入到企业开展了12次定期安全联合检查。重点开展了锅炉、压力容器、危险化学品、易燃易爆物品、建安企业、用电安全等安全专项整治。发现各类安全隐患126项，各企业能积极做出整改，整改率在98%以上。其中在10月24日至27日，园区主任、副主任等领导亲自带头到园区企业排查安全隐患，共查处一般隐患15项，下发整改通知单，要求各企业立即整改，切实消除事故隐患。共召开安全生产会议6次，并于12月被北京市平谷区安全委员会授予“安全生产先进单位”荣誉称号。

（马慧翔）

【北京市五区县药监局及企业一行来富乐公司观摩考察】 2011年年内，北京市五区县药监局及企业一行至富乐公司观摩考察GMP生产车间，观看从骨科医疗器械产品的每一个加工生产过程。为让北京市各区县药监局、各企业能顺利通过规范审查，富乐公司作为北京市首家通过规范审查的企业，展示了在企业管理团队、硬、软件设施、员工培训等方面所做的准备工作。

（马慧翔）

区县信息化

东城区

【概况】 2011年年内，东城区信息化工作办公室（简称区信息办）既是区信息化工作领导小组的办事机构，又是负责本区信息化工作的政府工作部门。内设综合管理科、应用推广科、电子政务科；下设两个科级事业单位：东城区信息中心和东城区信息资源管理服务中心。其主要职责是统筹规划、综合协调、监督管理全区的信息化工作，全面推进电子政务、电子商务、电子社区的建设和信息资源的开发利用，组织有关信息化工作的行业管理、宣传、培训、技术服务和国内外交流合作。

2011年是东城区实施《东城区总体发展战略规划（2011—2030年）》和信息化“十二五”发展规划的开局之年。在北京市经济和信息化委员会的指导下，在东城区区委、区政府的正确领导下，东城区信息化工作立足“首都文化中心区、世界城市窗口区”的总体定位，以建设“数字东城”应用框架为目标，以标准化为手段，以创建网格化社会服务管理模式为先导，按照科学发展观的要求，各项工作顺利开展，为促进全区经济、社会和各项事业健康协调发展起到了良好的支撑作用。

（崔燕楠）

【北京市经济和信息化委员会领导到东城区信息办调研】 2011年2月21日下午，北京市经济和信息化委员会副主任俞慈声、副巡视员姜毅群带领北京市经济和信息化委员会各处主要领导到东城区信息办调研网格化社会服务管理信息化工作进展情况。俞慈声对东城区的网格化社会服务管理创新工作给予了充分肯定，表示要将网格化社会服务管理信息系统建设工作列入北京市信息化重点工程，并给予相应支持。东城区副区长朴学东陪同调研。

（崔燕楠）

【网格化社会服务管理信息系统启动仪式】 2011年2月23日上午9:00，东城区隆重举行“东城区网格化社会服务管理信息系统启动仪式”。东城区区委书记杨柳荫，区委副书记、区长牛青山出席仪式。东城区区委副书记、区委政法委书记刘云斋代表区委、区政府作了重要讲话，副区长宋甘澍主持。首都综治办副主任、市流管办常务副主任苗林，市社会办副主任王丽竹、北京市经济和信息化委员会副主任俞慈声、市民政局副局长谢延智等领导出席仪式，祝贺系统胜利启动。东城区区委常委、区公安分局局长谢世龙，区委常委、区委办公室主任夏树军，副区长朴学东、副区长毛炯参加了启动仪式。

（崔燕楠）

【网格化社会服务管理项目试点街道数据采集更新培训】 2011年东城区信息办2月15日至2月24日组织东直门、东花市、建国门、崇外、北新桥5个试点街道，48个社区的房屋和常住人口基础数据采集更新培训工作。采取事先沟通、上门服务的工作方式开展培训，使基层工作人员深入理解网格化社会服务管理新模式。为网格化社会服务管理信息化工作提供精细化、实效化的基础数据支撑。

（崔燕楠）

【数字东城网站旅游频道——北京皇城旅游网上线运行】 2011 年 3 月 18 日，由东城区信息办联合东城区旅游局共同承建的北京皇城旅游网（http://tour.bjdch.gov.cn）正式上线开通。网站共分成印象东城、乐享东城、会展东城、京味东城、活力东城以及活动东城六大板块，从食、游、宿、购、娱等多个层面，采用多种表现形式，全方位地展现新东城丰富的旅游资源与城市风貌，彰显东城浓厚的皇城文化和老北京特有的风土人情。为公众提供全方位、有价值的旅游信息服务。

（崔燕楠）

【东城区网格化社会服务管理信息系统 V1.0 版上线运行动员会】 2011 年 4 月 27 日，东城区召开网格化社会服务管理信息系统 V1.0 版上线运行动员会。东城区副区长宋甘澍主持。东城区信息办介绍了信息系统建设情况。崇外街道代表和北新桥街道社区代表做了表态发言。区领导和东城区社会服务管理创新工作各牵头单位向全区 17 个街道颁发东城区网格化社会服务管理信息系统数字证书。东城区区委副书记、区委政法委书记刘云斋出席并讲话。

（崔燕楠）

【东城区信息化服务流动人口管理见实效】 2011 年 4 月 28 日，东城区内 122 家用于出租居住的地下空间安装了地下空间管理系统系统，累计录入流动人员信息近 1 万条；比对出在逃人员信息 3 条；抓获在逃人员 2 名；通过前端的预警提示，查处持假身份证的人员 50 名；系统内登记在住人员 6672 余名，为流动人口管理提供了极大帮助。地下空间管理系统已顺利通过专家验收。

（崔燕楠）

【东城区召开协同办公系统使用推广工作会】 2011 年 5 月 10 日，东城区副区长朴学东同志主持召开东城区协同办公系统使用推广工作会，东城区区委办公室、区政府办公室对各单位提出使用协同办公系统的推广要求。东城区区信息办部署了协同办公系统使用推广工作方案，并组织完成系统培训工作。东城区区委常委、常务副区长徐熙同志出席会议并讲话。

（崔燕楠）

【工信部到东城区调研信息安全保障工作】 2011 年 5 月 19 日，工信部信息安全协调司副司长杨春艳一行六人到东城区调研信息安全保障工作，东城区信息办汇报了信息化建设和信息安全保障工作情况。杨春艳认为东城区以信息安全保障业务应用发展，以“网格化”管理为主线，用信息技术推进政府管理创新，在社会管理、社区卫生和城市管理等领域取得了重大信息化应用效果，特别是在实名制身份认证、互联网安全接入和信息系统等级保护方面的工作卓有成效，在全国具有推广意义。

（崔燕楠）

【数字东城网站在网上办事服务建设方面取得阶段性成果】 2011 年年内，“数字东城”网站通过对网上办事资源的归纳整合，在网上办事服务建设方面取得阶段性成果。东城区政府门户网站实现了与区级办事业务系统的对接；实现了网上办事结果的多维度查询；实现了办理状态实时公示，为开展网上办事服务统一入口、统一办理、统一反馈、统一管理、统一监督的五统一建设工作奠定基础。

（崔燕楠）

【北京市经济和信息化委员会领导调研东城区网格化城市管理运行及拓展应用情况】 2011 年 5 月 20 日上午，北京市经济和信息化委员会副主任姜贵平一行到东城区信息办调研网格化城市管理运行及拓展应用情况。对东城区网格化城市管理运行及拓展应用情况给予了充分肯定，认为网格化城市管理新模式较好地做到了城市管理底数清、数据实、精管理、反应快，并且在教育、卫生、经济、公共安全等多个领域的拓展应用取得了显著成果。

（崔燕楠）

【东城区领导调度网格化社会服务管理信息化工作】 2011年6月3日下午，东城区副区长宋甘澍到东城区信息办调度网格化社会服务管理信息化工作。东城区信息办对网格化社会服务管理信息系统 V1.0 版本运行情况进行了汇报，宋甘澍副区长表示信息系统 V1.0 版本运行一个月以来，起到了非常积极的成效，带动了基层网格队伍开展工作，各街道通过系统及时将基层情况反馈到区级平台，系统运行工作达到了预期目标。区综治办陪同参加调度。

（崔燕楠）

【东城区领导调研指导网格化社会服务管理创新信息化工作】 2011年6月22日，东城区副区长宋甘澍到东城区信息办调研指导网格化社会服务管理创新信息化工作。东城区信息办汇报了网格化社会服务管理信息平台的建设进展和工作进度。宋甘澍对信息化建设进展表示满意，要求尽快完成社会管理业务流程梳理工作，在信息系统中实现应用，并进一步做好信息系统的完善和提升工作。

（崔燕楠）

【东城区召开网格化社会服务管理终端系统试点培训会】 2011年6月24日，东城区信息办组织召开网格化社会服务管理终端系统试点培训会。介绍了网格化社会服务管理移动终端系统的建设情况，并进行了终端设备发放仪式。北京市经济和信息化委员会、东城区创新办、信息办和中国移动北京分公司的领导出席了会议。

（崔燕楠）

【东城区区领导调度网格化社会服务管理创新信息化工作】 2011年7月5日，东城区副区长宋甘澍到东城区信息办调度网格化社会服务管理创新信息化工作。东城区信息办汇报了信息化工作进展情况，并对东城区网格化社会服务管理信息系统的业务流程运转情况进行演示。东城区创新办、流管办陪同调研。

（崔燕楠）

【东城区信息办召开信息化标准化专家验收评审会】 2011年7月18日，东城区信息办组织召开了由姚世全、庄梓新、陈玉龙、杨瑛、宋国建五位国家与北京市标准化方面的专家对东城区信息办的信息化标准化建设进行预验收评审，与会专家对东城区参加城市公共服务标准化示范区信息化标准化建设工作按照相应的验收程序进行评审，并就标准化工作给予了肯定和提出了改进意见。

（崔燕楠）

【东城区网格化社会服务管理规范通过专家评审】 2011年7月18日下午，东城区信息办主持召开网格化社会服务管理规范专家评审会。邀请的专家有北京市信标委委员、国家质检总局高工姚世全、北京市政府专家顾问团专家庄梓新、国家信息中心研究员、国家行政学院电子政务研究中心专家委员会专家委员陈玉龙、工信部电子四所信息中心高工杨瑛、北京市质监局标准化处处长宋国建。专家们认为：“规范”的编写对于东城区提升网格化社会服务管理水平具有重要意义；结合了业务需求，形成了人口服务管理业务规范、房屋编码与数据结构规范、基础信息采集更新规范、网格更新流程规范，具有较强的实用性；同时也结合了实际服务管理的需求，将人、事、情、物和房屋与网格紧密结合，提出了人口服务管理的业务的六步法，具有创新性和可操作性，专家组也提出了部分具体的改进意见，并一致同意通过评审。东城区副区长宋甘澍参加会议并就东城区网格化社会服务管理工作与专家进行了深度交流。

（崔燕楠）

【北京市委组织部参观东城区社会服务管理云数据中心】 2011 年 7 月 23 日，北京市委组织部史绍洁一行到东城区调研网格化社会服务管理创新工作。东城区委副书记刘云斋、区委组织部长吴松元、副区长宋甘澍同志接待。邀请史绍洁同志参观了东城区社会服务管理云数据中心。史绍洁对东城区社会服务管理创新工作及社会服务管理云数据中心的建设表示高度肯定和赞扬。

（崔燕楠）

【东城区网格化社会服务管理信息系统 V2.0 版上线动员会】 2011 年 7 月 28 日，东城区组织召开网格化社会服务管理信息系统 V2.0 版上线动员会。东城区综治办、信息办对 V2.0 版系统流管工作操作流程和系统上线工作安排进行说明，并组织东城区各委办局、街道相关工作人员进行网格化社会服务管理信息系统 V2.0 版使用培训。东城区领导刘云斋、宋甘澍参加了此次动员会。

（崔燕楠）

【区信息办与北京移动研讨“数字东城”建设】 2011 年 7 月 29 日上午，东城区信息办与北京移动通信有限责任公司研讨“数字东城”建设。北京移动公司副总经理刘殿峰从无线网络、智能社区和数据分析等方面介绍了利用移动通信技术支撑信息化建设的思路。东城区副区长朴学东参加此次会议。

（崔燕楠）

【社区信息化创新应用工作调研】 2011 年 8 月 3 日，北京市经济和信息化委员会、市民政局、市社会办就社区信息化创新应用到东城区进行实地调研。考察组分别到东城区东花市街道、建国门街道和东直门街道听取工作汇报，并参观街道网格化社会服务管理综合指挥分中心，北京市经济和信息化委员会副巡视员姜毅群对东城区构建的网格化社会服务管理模式给予了充分肯定，指出：东城区将人、地、物、事、组织、舆情等纳入社区网格，根据不同需求进行社会服务和管理，建立人性化、精细化、规范化、信息化、动态化的服务管理机制，体现了理念创新，增强了以信息化手段为社区和居民提供服务的能力。

（崔燕楠）

【前门大街官方网站开通】 2011 年 8 月 7 日，第二届前门历史文化节在前门大街隆重开幕，“数字东城”网站与“首都之窗”网站联合在前门大街官方网站（qianmenstreet.cn）上对历史文化节开幕式盛况进行现场图文直播。直播期间共有 186 位网民通过网络观看了开幕式，感受到了开幕式现场的热烈氛围。同时前门大街官方网站设立了百姓留言栏目，使网站在充分展现前门大街风采与传统文化的同时，实现了与网民的互动，进一步提升了前门历史文化节的影响力。

（崔燕楠）

【“数字东城”网站率先开通无障碍门户】 2011 年 8 月 11 日，“数字东城”网站无障碍门户正式上线运行。网站从残疾人的实际需求出发，有针对性地提供东城区内相关服务内容，设置东城动态，图片新闻、通知公告、残联动态、康复服务、政策法规六大栏目，使残疾人群与广大公众平等共享网站信息。为了使特殊人群更加方便地获取信息，网站还专门设立了温馨提示，切实为特殊人群访问网站提供保障。

（崔燕楠）

【网格化社会服务管理信息系统 V2.0 版本运行座谈会】 2011 年 8 月 18 日下午，东城区召开网格化社会服务管理信息系统 V2.0 版本运行座谈会。东城区信息办、区创新办以及街道代表、社区代表就新系统上线以来的运行情况共同进行了交流讨论。东城区副区长宋甘澍出席会议并讲话。

（崔燕楠）

【东城区信息办“网格化社会服务云平台研发与示范应用课题”通过专家论证】 2011 年 8 月 23 日，北京市科委组织专家对东城区信息办承担的“东城区网格化社会服务云平台研发与示范应用”课题进行论证。中国航天工程咨询中心研究员曲成义、北京市经济和信息化委员会总工吕元元、北京建筑工程学院教授王佳、北京邮电大学网络安全监控研究中心主任胡燕祝和北京市科委原委员王丽水组成专家组听取汇报并审阅相关资料。专家组在讨论后一致同意该项目通过课题论证，认为东城区信息办在网格化社会服务管理方面具备良好的基础，课题组提出的东城区网格化社会服务云平台研究和建设内容，符合“智慧北京”建设中应用云技术的趋势，对探索提升社会服务管理能力具有创新性和示范性，成果预期有较好的社会效益和推广价值。

（崔燕楠）

【东城区召开 2011 年“数字东城”行动计划项目启动培训会】 2011 年 8 月 23 日，东城区召开 2011 年“数字东城”行动计划项目启动培训会。东城区财政局、区审计局、区监察局和 15 家项目单位参加会议。东城区信息办部署项目实施工作方案，并对相关单位就《“数字东城”行动计划专项资金及项目管理暂行办法》等相关项目管理制度和具体操作流程进行了系统的培训。东城区副区长朴学东出席会议并讲话。

（崔燕楠）

【东城区召开推进政府机关软件正版化工作会】 2011 年 9 月 6 日，东城区组织召开推进政府机关软件正版化工作会，东城区政府机关软件正版化工作领导小组成员、区属各政府部门主管领导及工作人员参加会议。会上介绍了《东城区政府机关软件正版化迎检整改工作方案》，对迎检整改工作进行了部署。东城区副区长朴学东参加会议并讲话。

（崔燕楠）

【东城区开展社会服务管理信息系统 V2.4 版应用培训】 2011 年 9 月 9 日，东城区信息办、区创新办、区司法局共同组织各街道和社区、职能局及其下属单位以及移动终端试点用户开展系统培训工作。通过集中培训和派遣系统推广讲师到各街道现场授课的方式，帮助各职能局系统操作员、各街道、各社区系统操作员和网格助理员熟悉掌握 V2.4 版系统新增的矛盾调解、矫正帮教和治安防控三大业务板块的操作方法以及相关业务流程规范。培训覆盖了 18 个职能单位及下设机构、17 个街道 205 个社区 589 个网格，共有 1500 余名相关人员接受了有关课程辅导。

（崔燕楠）

【东城区召开政府机关软件正版化工作培训会】 2011 年 9 月 28 日，东城区组织召开政府机关软件正版化工作培训会。东城区政府机关软件正版化工作领导小组成员、区属各政府部门主管领导及工作人员参加会议。会议对政府机关软件正版化检查验收要求进行了培训，对东城区软件正版化整改和抽查情况进行了总结分析，对迎检工作提出了进一步要求。北京市新闻出版（版权）局副处长满向伟充分肯定了东城区的软件正版化工作并对迎检整改工作提出了指导性建议。

（崔燕楠）

【东城区政府机关软件正版化工作顺利通过北京市检查验收】 2011 年 10 月 12 日，北京市使用正版软件工作领导小组检查组对东城区政府机关软件正版化工作进行检查验收。检查组听取东城区政府机关软件正版化工作完成情况汇报后，检查了东城区部分政府机关的软硬件资产台账、授权证明、合同和票据等材料，并进行了现场检查。检查组认为：东城区政府主要领导高度重视正版化工作，召开专题会议做出专项部署，自查整改认真。东城区信息办统一组织正版软件采购，确保完成正版化工作目标；东城区政府制定下发专门的软件资产管理制度，日常管理和服务较为出色，在抽查中正版率达到 100%。东城区副区长朴学东参加了检查。

（崔燕楠）

【东城区信息办参加京港“智慧城市”建设交流会】 2011 年 10 月 23 日，京港“智慧城市”建设交流会日前在京召开，北京市经济和信息化委员会副主任童腾飞、香港特别行政区政府资讯科技总监办公室副总监林锦平和来自京港两地的政府、科研机构、企业代表参加会议。东城区信息办作为北京市区县代表在会上全面介绍了东城区网格化模式在公共服务、城市管理、经济运行、公共安全等方面的拓展应用，对东城区在社会管理创新综合试点工作中探索实践“网格化社会服务管理模式”取得的成绩进行了汇报，并对信息化二十年发展规划和《“数字东城”行动计划（2011—2015 年）》的发展方向和重点工程进行介绍，得到与会来宾的广泛好评和高度关注。

（崔燕楠）

【广西柳州柳南区代表团到东城区信息办考察】 2011 年 10 月 28 日，广西省柳州市柳南区考察代表团到东城区考察东城区网格化社会服务管理创新工作，听取了东城区信息办关于网格化社会服务管理信息化建设工作的介绍，详细了解了系统运行模式和运转情况。双方就创新社会管理、加强社会服务和社工队伍人才建设等具体工作进行了座谈交流。

（崔燕楠）

【东城区网格化社会服务管理创新项目获得“2011 中国城市信息化管理创新奖“】 2011 年 11 月 3 日，在“2011 中国城市信息化发展大会暨成果评选”中，东城区网格化社会服务管理创新项目由于在打造“精细化管理、人性化服务、规范化运行、信息化支撑”的城市管理新模式上做出了有益的尝试，获得了可喜的成绩，为全国城市管理工作提供了可参考的示范，获得了活动评选专家的一致认可，取得了“2011 中国城市信息化管理创新奖”。全国 655 个城市以及推进城市信息化发展的信息技术厂商参加了此次评选。

（崔燕楠）

【北京市联合检查组到东城区检查电子政务信息安全保障工作】 2011 年 11 月 9 日，北京市委纪要局、北京市经济和信息化委员会、市公安局、市安全局联合检查组到东城区检查电子政务信息安全保障工作，东城区信息办汇报了信息安全保障建设和自查工作情况。检查组对东城区信息安全保障工作给予充分肯定，认为东城区以等级保护工作为抓手，日常管理文档齐全，技术保障措施完备，特别是在实名制身份认证、互联网安全接入和信息系统等级保护方面的工作卓有成效，在北京市具有推广意义。

（崔燕楠）

【东城区荣获北京市软件正版化工作先进集体】 2011年11月23日，北京市使用正版软件工作领导小组组织召开2011年北京市政府机关软件正版化工作总结表彰会。东城区因工作突出被评为软件正版化工作先进集体，东城区信息办作为先进集体代表在大会上发言。

（崔燕楠）

【东城区座谈会准备情况汇报】 2011年11月28日，中央政法委副秘书长王其江，中共北京市委副书记、市政协主席、市委政法委书记王安顺听取了东城区“全国加强和创新社会管理工作座谈会”准备情况汇报。王其江对东城区创新网格化社会管理模式加强社会管理表示肯定和赞扬，王安顺对东城区网格化社会管理创新工作表示高度认可。东城区领导牛青山、常卫等参加了汇报。

（崔燕楠）

【全国加强和创新社会管理工作座谈会现场考察在东城区举行】 2011年12月1日，中共中央政治局常委、中央政法委书记、中央综治委主任周永康，中共中央政治局委员、中共北京市委书记刘淇，国务委员兼国务院秘书长、国家行政学院院长、国务院西部地区开发领导小组办公室主任马凯，以及其他相关领导莅临东城区召开全国加强和创新社会管理工作座谈会。会上，东城区区委书记杨柳荫就东城区的社会服务管理工作开展情况做了汇报，东城区信息办对网格化社会服务管理信息监督平台进行了演示汇报。通过汇报和交流，东城区所开展的网格化社会服务管理创新工作得到了各位领导的认可和关注。

（崔燕楠）

【东城区门户网站荣获中国区县政府网站绩效第一名】 2011年12月2日，在人民大会堂召开2011年中国政府网站绩效评估总报告会，东城区门户网站在2011年中国政府网站绩效评估中再创佳绩，在全国451个区县门户网站中脱颖而出，荣获第一名的好成绩。

（崔燕楠）

【东城门户网站荣获“用户满意奖”】 2011年12月7日，第三届中国政府网站绩效评估暨第六届特色政府网站评选发布会在京召开。东城区政务门户网站民生服务建设成果突出，立足于公众不同需求，深入挖掘、整合民生领域各类信息资源，打造更丰富、全面、实用的服务体系，力求让公众足不出户就能了解、体验身边的服务资源和分布情况，为广大用户出行提供了极大便利，得到了用户的一致好评。从全国75家参评单位中脱颖而出，荣获由中国科学院信息化研究中心颁发的“用户满意奖”。

（崔燕楠）

【北京市经济和信息化委员会到东城区调研信息安全保障工作】 2011年12月29日，北京市经济和信息化委员会副主任王学军到东城区调研信息安全保障工作。听取东城区信息办对信息安全保障工作的情况介绍后，王学军对东城区信息安全保障工作给予充分肯定，认为东城区以信息安全保障业务应用发展，以“网格化”管理为主线，用信息技术推进政府管理创新，特别是在社会管理、社区卫生和城市管理等领域取得了重大信息化应用效果，实名制身份认证、互联网安全接入和信息系统等级保护方面的工作卓有成效，在全国具有推广意义。东城区副区长陈之常陪同调研。

（崔燕楠）

西城区

【概述】　2011 年年内，北京市西城区人民政府信息化工作办公室(简称西城区政府信息办)既是西城区信息化工作领导小组的办事机构，又是负责本区信息化管理工作的西城区政府工作部门。2011 年，西城区信息化水平稳步提高，信息强政、信息惠民、信息兴业效果更加显著，信息化整体发展水平再上新台阶。西城区荣获中国信息协会组织评选的“2011 中国城市信息化管理创新奖”，被授予“北京市中小企业信用体系建设试验区”，西城区电子政务云应用支持平台成为北京市经济和信息化委员会试点示范项目。西城区政务网站“综合行政服务中心”栏目获得“2011 年中国政府网站网上办事类精品栏目”奖。西城区人民政府与中国联通北京公司共同签订了“智慧西城”信息化建设战略合作协议。

【西城区社区服务平台正式上线】　2011 年 1 月 8 日，西城区社区服务平台正式上线，整合了区域内各种社会服务组织 1000 余家，提供家政、家电维修、心理慰籍等 140 项便民服务。平台搭载北京市 96156 社区服务平台，服务资源和功能共享，并与全区 255 个社区服务站对接，实现了两级平台、三级管理；制定了全区性的服务管理规范，实现了服务标准的统一；倡导加盟的社会服务组织，积极开展公益服务，全面加强了社区服务支撑体系的建设。国内多家单位以及澳大利亚、日本等国的客人对平台进行考察访问。同时实现了新西城区的居家养老服务一卡通系统服务结算全区覆盖和西城区不同养老服务卡种的通刷，截至 12 月底，全区居家养老服务使用一卡通的刷卡总量超过 90 万人次，结算总金额超过 3000 万元。

（洪文渊　陈秋怡）

【西城区无线电管理工作获奖】　2011 年 2 月 28 日，北京市无线电管理局组织召开了 2011 年北京市区县无线电管理工作总结会，通报表彰了无线电管理先进集体，西城区被授予 2011 年无线电管理工作优秀奖。

（洪文渊　陈秋怡）

【动物园地区产业升级情况调研】　2011 年 2 月 16 日，西城区政府信息办到展览路街道调研以信息化推进动物园地区产业升级情况，调研中探讨了关于建立动物园服装批发市场电子商城的设想，对下一步工作提出建议：在工作中发扬创新精神，开展具有展览路地区特色的信息化项目；探讨建立电子商城的可行性，进一步做好调查研究工作。

（洪文渊　陈秋怡）

【开展信息安全知识讲座】　2011 年 2 月 23 日，西城区政府信息办邀请北京市经济和信息化委员会网络安全处处长贾力讲授最新信息安全知识，贾力对国家和北京市信息安全开展情况和下一步工作要点做了详细讲解，为下一阶段西城区各单位开展信息安全工作、建立健全信息安全体系和管理机制具有积极的指导意义。有 40 个单位 53 人参加了此次培训。

（洪文渊　陈秋怡）

【举行信息化互助行动培训点揭牌仪式】 2011年3月1日，在西城区工人文化宫信息办与相关单位举行信息化互助行动培训点揭牌仪式。志愿者教师代表马庭章、学员代表刘阿惠在会议上发言。区总工会和西城区政府信息办领导分别就下一步信息化互助行动工作提出了具体要求，并共同为培训点揭牌。

（洪文渊　陈秋怡）

【"北京市电子政务十二五总体思路"专题讲座】2011年3月3日，西城区政府信息办举办了"北京市电子政务'十二五'总体思路"专题讲座，特邀请北京市经济和信息化委员会电子政务与信息资源处处长童腾飞主讲。童腾飞对"十一五"时期北京市电子政务发展做了一个回顾，并对"十二五"时期电子政务面临的新挑战、发展思路和主要内容等几方面做了全面的讲解，童腾飞讲解深刻，对各单位开展电子政务工作具有积极的指导意义。全区共有50个单位参加，68人听取讲座。

（洪文渊　陈秋怡）

【北京市经济和信息化委员会赴西城调研】2011年3月15日，北京市经济和信息化委员会信用处处长彭学海、副处长白耀宏赴西城调研什刹海商业街。听取了什刹海地区企业发展情况介绍，并研究讨论了"西城区什刹海商业街信用体系建设实施方案"，计划结合"什刹海商会优秀会员"评选活动，在企业中开展信用征信和咨询等服务；研究建立什刹海商业街电子商务网站；开展企业信用知识培训活动，提高企业内部信用管理水平；开展什刹海企业信用体系建设宣传工作，营造良好信用环境；拓展西城区融资平台建设与应用，与北京银行、北京首创担保公司探讨信用产品的利用方式，帮助中小企业解决贷款难等问题。

（洪文渊　陈秋怡）

【赴北京云基地考察】 2011年3月25日，副区长王粤带领西城区政府信息办和科委领导班子及有关人员一行12人参观考察了北京云基地的移动数据中心，云计算演示中心，与云基地的公司就云计算的应用推广、方案设计和云计算产业的发展进行了深入交流。副区长王粤指出：云计算是一场IT革命，西城区作为核心功能区应该走在前面；云计算列入了西城"十二五"规划，要落到实处，坚持云计算建设思路；要做好全区的培训，培训更多专业的使用者。

（洪文渊　陈秋怡）

【西城区入围信息北京十大应用成果评选】2011年年内，西城区"西单商业区人群聚集风险预警系统"和"综合救助信息管理系统"两个应用成果在第一阶段的评选中脱颖而出，获得入围奖。北京十大应用成果在四年来为推动北京市信息化的建设与发展发挥了重要作用。

（洪文渊　陈秋怡）

【两会期间全区网络和系统安全工作】 2011年年内，两会期间西城区网络和系统安全保障工作如下：加强安全职守，实施行政领导带班、业务骨干值班的双人24小时安全值守制度；加强对政务网站、政务门户等重要应用系统的检查力度，同时制定了全区无线电、区政务网站突发事件时的应急处置流程，做到有备无患；加强视频会议保障，配合区民防局积极做好市电视电话会议系统保障和区IP视频会议系统的保障工作；加强舆情监控工作，充分利用西城区网络舆情监控系统在互联网舆情监测中的作用，通过有效控制负面信息的扩散传播，在两会保障期间创造了良好的舆论氛围，西城区在整个春节庙会和两会保障期间系统和网络平稳运行，未发生网络安全事件。

（洪文渊　陈秋怡）

【宽带小区验收工作】 2011 年 3 月 18 日，西城区政府信息办组织实施了 2010 年度西城区宽带小区试点项目的验收工作，市通信管理局设计施工管理处、北京市经济和信息化委员会网络安全管理处等相关领导及专家参加了验收。30 个参加验收的宽带小区试点均达到了预期目标，全部验收合格。验收工作准备充分、组织严密，得到了北京市经济和信息化委员会领导的充分肯定和赞扬。

（洪文渊　陈秋怡）

【“云计算原理和应用案例”专题讲座】 2011 年 4 月 8 日，西城区政府信息办举办了“云计算原理和应用案例”专题讲座，特别邀请北京天云融创科技有限公司的技术专家主讲。专家通过云计算系统及网络架构、桌面虚拟化、超云服务器等几个方面全面介绍了云计算发展现状，通过典型案例的介绍生动地展现了云计算的应用模式和场景，并简要介绍了下一阶段云计算产业发展趋势。本次讲座对西城区今后推动“政务云”建设具有积极的指导意义。全区有约 30 人参加了此次讲座。

（洪文渊　陈秋怡）

【第三代综合行政服务中心信息化项目正式运行】 2011 年 4 月 18 日，西城区第三代综合行政服务中心信息化项目正式运行，北京市常务副市长吉林、西城区委书记王宁，西城区区长张建东参加了开业典礼。第三代综合行政服务中心信息化项目采用智能化的物联网、互联网等信息技术，依托实体大厅、网上大厅、社区、自助机等多种渠道，为市民提供便捷服务，办理的事项涵盖行政审批、社会管理、公共服务、效能监察等 300 余种，市民依托综合行政服务大厅，实现“一站式”办理社保、就业、卫生等民生事项。综合行政服务中心设立了目前国内唯一的 24 小时自助行政服务机，集触摸屏、打印、扫描、射频于一体，办事人员刷一下第二代身份证，就可实现办件指南了解、办事进展查询、办事预约及自助填报等功能。第三代综合行政服务中心信息化建设总体规划方案通过了中国行政管理学会的专家评审，获得了国家信息协会 2011 中国城市信息化成果应用奖。自开业运行以来，十余家电视与报纸媒体进行了报道，接待了 120 批 1721 人次前来参观访问，得到了全国各兄弟单位的认可。

（洪文渊　陈秋怡）

【西城区政府常务会听取关于西城区信息化工作的汇报】 2011 年 4 月 21 日，西城区政府常务会专门听取了西城区政府信息办关于西城区信息化工作的汇报，汇报包括 2010 年信息化工作进展情况和 2011 年信息化工作要点。会议决定：以西城区政府名义召开全区信息化工作大会，总结 2010 年信息化工作、表彰先进、交流经验、布置 2011 年信息化重点工作，进一步推进西城区信息化工作迈上新的台阶。

（洪文渊　陈秋怡）

【“电子政务绩效评估”专题讲座】 2011 年 4 月 22 日，西城区政府信息办组织了“电子政务绩效评估”专题讲座，特别邀请国家信息中心信息化研究部首席工程师单志广主讲。单志广通过电子政务绩效评估的基本概念、中国现有评估方法、国内外发展水平等几个方面全面介绍了电子政务绩效评估体系和设计依据。本次讲座普及了电子政务绩效评估知识，对推进西城区此项工作具有积极的指导意义。全区有 47 个单位 51 人参加了该讲座。

（洪文渊　陈秋怡）

【西城区召开信息化工作大会】 2011 年 5 月 5 日，会议由副区长王粤主持，北京市经济和信息化委员会副主任童腾飞，区委常委、常务副区长杜灵欣，区委常委、区委办公室主任程军等领导出席了会议。在会上，区委常委、区委办公室主任程军通报表彰了 2010 年度信息化工作先进单位，区行政服务中心、广安门内街道办事处做典型发言，西城区政府信息办党组书记李连防同志通报了区信息化工作领导小组调整情况，西城区政府信息办主任付贵森同志报告了西城区 2010 年信息化工作进展情况，并部署了 2011 年信息化重点工作。区委常委、常务副区长杜灵欣结合全区中心工作讲了三点意见：西城区信息化建设取得显著成效。西城区信息化工作在 2010 年度再次取得了较大成绩，在北京市区县电子政务绩效考核中继续保持全市领先地位，荣获“中国电子商务最具创新活力示范区”称号并入选首批“北京市电子商务示范区”。全面完成“十一五”发展规划确定的目标任务，基本建成以信息化环境为基础，以信息资源为核心，覆盖政务服务、产业促进、城市管理、公共服务等领域的“数字西城”总体框架。要突出重点全力推动西城信息化工作再上新台阶。各单位、各部门要按照“十二五”时期信息化工作的总体目标和要求，突出重点，突破难点，以信息化建设不断推动区域科学发展。要加强信息基础设施建设，夯实区域信息化发展的基础；要全面提升电子政务水平，促进政府服务管理创新；要加强信息资源开发与利用，提升信息化服务经济社会发展的能力；以及加强信息安全管理，保障信息化建设健康发展。要统筹推进为信息化健康发展提供有力保障。各单位、各部门要深刻认识信息化工作的重要性，切实加强组织领导，加强项目、资金管理，加强信息化人才队伍建设，采取多种有力措施，将西城区的信息化建设不断引向深入。北京市经济和信息化委员会副主任童腾飞做了重要讲话，充分肯定了西城区信息化工作取得的成绩，并指出智慧西城建设要走科学发展之路，要关注经济社会发展，创新模式，争取更多的企业和社会资金参与信息化建设，在新的一年里西城区信息化工作取得更多的成就。全区有 95 个单位的主要领导、信息化主管领导和信息化管理干部，以及街道、社区居委会代表等 200 多人参加了会议。

（洪文渊　陈秋怡）

【广内街道“智慧社区”集成对外服务资源】 2011 年年内，广内街道智慧社区网站整合了现有的十四个子系统以及政务外网、社区外网和所有对外服务资源，采用网站集群模式，网站拥有智慧社区专属域名，于 5 月 20 日正式上线运行，市民登录互联网，就可以全面了解街道的整体情况和智慧社区的服务、展示项目。这种网站集群管理模式面向公众提供服务，上线四个多月来，得到了上级有关部门和媒体的好评，并受到了社区居民的欢迎。11 月 23 日，北京市副市长苟仲文、工信部信息化推进司副司长秦海等领导，在北京市社区信息化工作推进大会上，为广内街道等 10 个街道授予“北京市社区信息化综合示范街道”牌匾，该荣誉由北京市经济和信息化委员会、北京市民政局和北京市社会建设工作办公室联合评选认定。

（洪文渊　陈秋怡）

【市委书记赴西城调研创新社会管理】 2011 年 5 月 24 日，市委书记刘淇一行赴西城调研创新社会管理，陪同调研的还有市领导王安顺、李士祥、梁伟，区领导王宁、王少峰、郭怀刚、王旭、范宝。刘淇一行参观了西城区综合行政服务中心、德胜街道社会服务管理指挥中心，并与工作人员亲切交谈，详细了解各业务窗口的工作情况。在听取西城区和德胜街道负责人汇报后，王安顺指出：西城区创新社会管理注重顶层设计，起点高，在网格化、信息化、标准化、精细化方面取得了新进展，很有特色。

市级相关部门要加强对全市的统筹协调，各区县要继续创新，进一步加强和改进社会管理工作。刘淇指出："全响应"社会服务管理系统内容全面、功能完备，网格化管理和社会服务的精细化水平不断提高。全市的社会建设和社会管理工作，在机构设置、政策体系建设、网格化管理等方面也取得了突出成果和重要进展。刘淇强调，实行网格化管理的目的，是要真正把社会建设、社会管理、社会服务更好地与城市运行结合起来，把社会管理各项工作落实到基层，让群众生活更幸福，让社会更和谐，让城市运行更有序。

（洪文渊　陈秋怡）

【安徽省合肥新站一行到西城区调研】 2011 年 6 月 22 日，安徽省合肥新站一行到西城区调研，信息办的同志介绍了西城区政府电子政务整体情况，对政务门户系统、办公自动化系统和数字证书认证系统的功能和应用情况进行了详细的介绍。双方就如何更好地开展电子政务建设和完善信息化整体规划进行了讨论交流。安徽省合肥新站区管委会的同志认为，西城区信息化建设成果显著，建设、规划理念先进，为合肥新站区管委会信息化建设提供了宝贵的经验。

（洪文渊　陈秋怡）

【开展"智慧城市及其实践路径"专题讲座】 2011 年 6 月 17 日，西城区政府信息办举办"智慧城市及其实践路径"专题讲座，北京大学智能科学系副教授、物联网应用研究中心副主任马修军详细介绍了建设智慧城市不可或缺的几大要素；物品充分感知、网络互联互通、资源深度整合和云计算技术等。并结合西城区区情讲解了西城区智慧城市的建设思路及下一阶段工作方向。此次培训全区共有 30 多个单位的人员参加。

（洪文渊　陈秋怡）

【西城区政务门户开通"创建文明城区专栏"】 2011 年 6 月，"创建文明城区专栏"在西城区政务门户（http://www.xicheng.gov.cn）正式开通。专栏进一步推进西城区全国文明城区建设，全面反映西城区精神文明建设和文明城区建设成果，有效支撑了西城区文明城区建设工作的开展，使领导能及时全面掌握文明城区建设最新工作动态，实现各种相关信息方便快捷发布。

（洪文渊　陈秋怡）

【区领导到信息办调研】 2011 年 7 月 5 日，副区长郭怀刚到信息办调研，信息办主任、书记全面汇报了信息办的工作、西城"十二五"信息化发展规划、2011 年主要任务及进展情况，并就近期软件正版化、信息化专项资金、全区性重点信息化项目、信息办三定方案等重点工作向郭怀刚副区长做了请示。郭怀刚指出，信息办领导班子非常团结，西城区信息化建设走在北京市的前列，在抓班子、带队伍、谋发展方面做出了很大的努力，在下一步工作中，要继续做好信息化建设工作，做好统筹；要做好重点工作的推进；要做好服务；要做好安全保障。

（洪文渊　陈秋怡）

【权力公开透明运行系统培训】 2011 年 8 月 5 日，在区委权力公开透明运行工作领导小组办公室的统一部署下，西城区政府信息办协助开展西城区委权力公开透明运行信息管理系统及区委权力公开透明运行网站系统培训，有 14 个区委部门以及 74 个基层单位的主管领导和负责人员参加了培训。区委权力公开透明运行信息管理系统主要面对机关用户，包括内容信息维护、交流论坛、内容信息统计等功能模块，区委权力公开透明网站系统主要面对社会公众，包括工作动态、制度建设、理论知识、意见建议等频道栏目。自从 5 月权力公开透明运行系统设计工作启动以来，西城区政府信息办按照职责分工，在时间紧、任务重、缺乏成功经验借鉴的情况下，精心组织，科学规划，在设计方案通过评审后，迅速开展原型设计、基础架构搭建、程序代码编写等工作，于7月底完成系统建设，并通过整体联调测试及安全测试。9月8日，王力军陪同中央纪委领导调研西城区区委权力公开透明工作。调研组对西城区的经验做法和取得的成效给予充分肯定，强调要运用科技手段。建立完善权力网上公开运行和电子监察系统，构建权力运行综合监控网络平台。

（洪文渊　陈秋怡）

【西城区政府常务会听取信息办关于无线西城工作的汇报】 2011年8月24日，西城区政府常务会听取了信息办关于无线西城工作的汇报。西城区政府信息办汇报了无线西城行动计划（2011—2013）及移动、联通关于无线西城的实施方案。会议决定：由西城区政府信息办牵头开展无线西城的建设工作，加强与运营商的合作，制定每年的具体任务，提高无线西城的建设要求，体现“无线核心区”功能。

（洪文渊　陈秋怡）

【大栅栏商业街企业信用证书颁发大会召开】 2011年8月29日，信息办与大栅栏街道在大栅栏张一元茶庄联合召开了大栅栏商业街企业信用证书颁发大会。北京市经济和信息化委员会社会信息化处副处长彭雪海、区商务委、区工商分局等区企业信用体系建设成员单位及11家获得企业信用证书的企业参加了本次活动。在会上，西城区政府信息办总结了大栅栏商业街企业信用体系建设情况，信用体系建设工作提高了企业诚信经营和大众信用意识，为促进西城区经济社会健康发展营造了良好信用氛围，对在信用评估中信用良好的企业进行了表彰，并向这些企业颁发信用证书。

（洪文渊　陈秋怡）

【移动政务接入平台项目建设】 2011年9月1日，信息办组织召开了移动政务接入平台项目建设协调会，区委办公室、区人大常委会办公室、西城区政府办公室、区政协办公室等14个部门的领导和工作人员参加了此次会议。会议介绍了西城区移动政务平台的整体建设思路，与会单位就移动办公、移动执法建设的具体问题进行交流沟通，为政府办公、执法的信息化建设提供新思路。

（洪文渊　陈秋怡）

【西城被授予“全国数字城市示范区”】 2011年9月20日，由国家测绘地理信息局、北京市规划委员会和西城区人民政府三方共同建设的数字西城地理空间框架建设项目通过专家组验收。国家测绘地理信息局副局长李维森、司长白贵霞、西城区区长王少峰、副区长李岩、北京市规划委员会委员叶大华出席验收会并共同开通数字西城地理空间框架建设平台。副局长李维森代表国家测绘地理信息局向西城区授予“全国数字城市示范区”牌匾。西城区成为北京市中第一个通过国家验收的数字城市建设试点区。市规划委有关分局、西城区各部门、街道办事处负责人等共计150多人参加了平台开通仪式。

（洪文渊　陈秋怡）

【荣获“2011中国城市信息化管理创新奖”】 2011年9月24日，中国信息协会举办的“2011中国城市信息化发展大会暨成果评选颁奖”活动，西城区凭借金宏工程、云计算数据中心、信息化互助行动、行政服务网上办事平台、纪检监察工作平台、“四位一体”城市运行管理系统、城管指挥调度管理体系、园林植物条码化管理系统、西单地区人员密集场所预警系统及示范工程和智慧社区等一系列信息化城市管理创新项目，荣获“2011 中国城市信息化管理创新奖”。此外，西城区第三代行政服务中心建设项目荣获“2011 中国城市信息化成果应用奖”。

（洪文渊　陈秋怡）

【马连道茶叶街企业信用等级证书颁发】 2011 年 10 月 10 日，西城区对在信用评估中信用良好的 30 家企业进行表彰，并向这些企业颁发信用等级证书。这是继大栅栏商业街企业信用证书颁发后，第二次举办企业信用证书颁发活动。通过开展企业信用体系建设工作，有效提高了该地区企业内部信用管理水平，有助于倡导企业诚信经营，营造良好信用氛围，有助于促进西城区经济社会的健康发展。

（洪文渊　陈秋怡）

【西城区政府理论学习中心组学习扩大会议召开云计算专题会议】 2011 年 10 月 14 日，西城区信息办邀请宽带资本董事长田溯宁在区委西城区政府理论学习中心组学习扩大会议作题为“云计算在政务领域的应用”专题报告，对云计算革命的背景、云计算革命的实例、云计算在中国的发展及作用等内容作深入解读。会议要求，西城区信息化建设应从全区战略层面予以重视：要加强战略研究制定，合理规划布局；开展应用试点示范，以应用带动产业发展；加强行业监管和环境建设，规范市场行为等。区委西城区政府中心组成员参加学习，全区正处职领导干部等 300 余人参加会议。

（洪文渊　陈秋怡）

【首届北京西城电子商务节】 2011 年 10 月 21 日—10 月 31 日，西城区召开首届北京西城电子商务节，商务部、工信部有关领导及市商务委、北京市经济和信息化委员会领导，区领导杨有成、郭怀刚、孙硕、袁双梅出席开幕式。本届电子商务节为期十一天，举办包括开幕式、西城电子商务节主旨报告会、西城电子商务洽谈会、“电子商务服务平台”征集、“电子商务体验基地”授牌、专题促销等一系列活动。王少峰、杨有成、郭怀刚、袁双梅出席首届北京西城电子商务节闭幕式。“智慧西城”、“琉璃厂古玩艺术品交易网”、“马连道茶叶网”、“电视购物电子商务平台”等 8 个平台重点项目进行签约，公布进入“西城区电子商务服务体系”的企业名单并颁发证书；授予“金工宏洋大厦”为“西城区电子商务创业孵化基地”，“红旗业余大学”为“西城区电子商务培训基地”，“更香茗茶茗优茶品网上商城及马连道实体店”和“柯岚艺术馆”为“西城区电子商务体验中心”。首届商务节活动中 30 余家企业销售达 15 亿元，同比上升 25.6%；其中电子商务交易额近 5000 万元。本届电子商务节围绕“E 时代 I 西城”主题，邀请各级政府、国内知名企业以及众多金融机构参与，对促进应用、提升业态、便民惠民、优化环境等方面都起到了积极的推进作用。

（洪文渊　陈秋怡）

【开展信用体系建设宣传活动】 2011 年 10 月 28 日，西城区政府信息办联合大栅栏街道办事处开展信用体系建设宣传活动暨“网络知识产权保护培训及个人信用报告查询”活动。活动中专家向企业讲解互联网知识产权保护的相关知识，中国人民银行北京市征信分中心的同志以“信用北京行”为主题为到会者提供了个人信用报告查询服务。使企业、特别是老字号企业从互联网域名申请、网络文化、知识产权保护等方面，了解如何保护企业利益，推进了诚信宣传教育的开展。有数十家企业到会，这次培训对保护网络知识产权、加强信用建设均有促进作用。

（洪文渊　陈秋怡）

【西城区政府携手中国联通北京公司共创智慧西城】 2011年10月31日，西城区人民政府与中国联通北京公司共同签订了“智慧西城”信息化建设战略合作协议。西城区政府副区长郭怀刚和中国联通北京公司副总经理王传宝代表双方进行了签约。西城区区委副书记、代区长王少峰、北京市商务委员会副主任李薇薇、北京市经济和信息化委员会副巡视员姜毅群、工信部信息化推进司杨志刚、西城区人大副主任杨有成等相关领导出席了签约仪式。本次合作将有助于提高西城区政府办公效率，改善公共服务，加强城市管理。根据合作协议，双方将在基础网络资源建设提升、无线网络全面覆盖、重点信息化项目及物联网应用等方面进行合作。使信息化广泛应用于社区群众、企业、政务等各领域，为广大市民和政府各部门提供安全可靠和便捷服务。

（洪文渊　陈秋怡）

【政务部门如何做好互联网服务专题讲座】 2011年11月4日，西城区政府信息办举办了“政务部门如何做好互联网服务”的专题讲座，邀请首都之窗运行管理中心副主任刘晓平主讲。刘晓平针对政府网站建设工作的现状、问题和思路进行了深度剖析，为不断拓展政府网站服务内容、全面提升网站的服务能力和服务水平、提供更加方便快捷的公共服务起到了积极的指导作用。全区共有44个政府部门的有关人员参加了此次培训。

（洪文渊　陈秋怡）

【西城区被授予中小企业信用体系建设试验区】 2011年11月23日，在数字北京大厦举行了“北京市中小企业信用体系建设试验区”授牌仪式。北京市副市长苟仲文和中国人民银行征信管理局副局长苟文均出席了会议，并为西城区和海淀区授牌，西城区和海淀区成为首批“北京市中小企业信用体系建设试验区”。西城区将按照北京市的要求，继续推进中小企业信用体系建设工作。

（洪文渊　陈秋怡）

【西城区政府系统公文处理培训】 2011年11月，西城区政府办和西城区政府信息办分批组织了“西城区政府系统公文处理工作培训会”，全区有82个单位的133名干部参加了此次培训，西城区政府办副主任彭海燕到会并讲话。主要针对公文处理工作、OA系统公文流转功能开展演示培训。在西城区政府办和西城区政府信息办的精心组织下，学习内容和培训安排得到了参训人员的广泛好评。此次培训为全区实行网上公文申报和收发打下了良好的基础。

（洪文渊　陈秋怡）

【“北京市物联网推进思路”专题培训】 2011年12月2日，区委组织部、西城区政府信息办联合举办了以“北京市物联网推进思路”为主题的处级干部专题培训，邀请北京市经济和信息化委员会副主任童腾飞作物联网相关知识的专题辅导报告。童腾飞系统地介绍了物联网产生的背景、“智慧北京”的总体情况和政务物联网应用推进思路，阐述了新兴技术在政务领域的广阔应用前景，为全区深入推进精细化管理、开展智慧城市建设提出了具有指导性的意见和建议。全区各单位、各部门处级领导干部、计算机管理员近200人参加了培训。

（洪文渊　陈秋怡）

【商业街区信用体系建设试点项目】 2011年12月8日，北京市经济和信息化委员会在西城区组织召开了《商业街区信用体系建设试点项目》验收会，北京市经济和信息化委员会副巡视员姜毅群出席了会议。西城区在北京市经济和信息化委员会的指导下，开展了大栅栏、马连道功能街区社会信用体系建设研究、区域信用体系建设内容和模式研究，完成了大栅栏、马连道商业街区中小企业信用评级与征信工作。会上对信用良好的41家企业颁发了信用证书，建设了“信用大栅栏”网站，有效地推动了西城区信用体系建设工作。

（洪文渊　陈秋怡）

【在视频点播系统开展反腐宣传】 2011年年内，信息办与区纪委合作，在视频点播系统开展反腐宣传，共在视频点播系统上传宣传教育片6部，经统计反馈受教育人数达9000人次，在全区范围内收获良好效果，此方式加强了教育阵地建设，提高了宣教光盘的利用效率，提高了反腐倡廉宣传教育工作效率。“北京西城视频点播系统”响应速度快，性能稳定，在全区范围内达到了百分之百的覆盖面，能够准确反映各部教育片的点击率等数据，为购买宣传教育资料、制订宣教工作计划等提供参考。

（洪文渊　陈秋怡）

【区监察局远程视频监控系统进入实施阶段】 2011年年内，该项目利用已建的数字监控平台、政务网络、行政服务大厅视频监控等系统资源，对数字监控平台进行扩展建设，节约了视频资源的采购投入，实现了区视频资源充分整合，拓展了视频监控覆盖范围，扩大了视频资源的利用率。系统建成后能对区行政服务大厅的工作情况进行网络视频监控，督促工作人员改善服务态度、提高服务质量，对违规事件进行视频取证，通过信息化技术确保群众获得优质服务。

（洪文渊　陈秋怡）

【西城区确定与微软签订战略合作协议实现软件正版化】 2011年年内，经区长办公会研究决定，由西城区政府信息办代表西城区政府与微软公司签订战略合作备忘录，与微软产品供应商签订采购合同，完成西城区政府机关（包括区委、区人大、西城区政府、区政协和各街道办事处）的办公软件正版率100%的目标。

（洪文渊　陈秋怡）

【政务网站获中国政府网站网上办事类精品奖】 2011年年内，政府网站集约化建设与精品栏目管理经验交流大会上，区政务网站“综合行政服务中心”栏目获“2011年中国政府网站网上办事类精品”栏目奖。该栏目开通了预约办理、办事指南、表格下载、办理查询、个性化定制等在线服务，提升了网站全程“一站式”服务水平。

（洪文渊　陈秋怡）

【信息化互助助力残疾人跨越数字鸿沟】 2011年年内，自2007年在区残疾人活动中心设立信息化互助培训点开始，西城区已累计开设针对残疾人信息化培训班30余期，无偿培训残疾人达到4000多人次。根据信息化互助培训主旨，区残联与培训机构通过前期对残疾人计算机水平的摸底调查，设定了初级、中级、高级培训班来满足不同层次学员的需求。针对残疾人特点开设了图片处理、影像制作、博客等课程。采用了聋人手语授课、盲人阳光软件授课等方式。还将精神和智力残疾人纳入到培训范畴。残疾人计算机及网络普及率逐年提高，利用网络获取社会公共信息能力大大加强，就业能力显著提升，西城区有计算机学习愿望残疾人的需求基本得到满足。

（洪文渊　陈秋怡）

【“十二五”时期信息化规划编制工作】 2011年年内，为了进一步编制好“十二五”时期信息化发展规划，西城区政府信息办组织召开由规划征求意见会，区发改委、区教委、区科委等单位参会。通过会议充分吸收各单位的意见和建议；同时组织召开专家论证会，邀请国家和北京市信息化专家组成员高新民、曲成义等专家进行研讨，专家肯定了以智慧城区作为西城区信息化长远发展的战略目标。西城区政府信息办认真研究各单位及专家的意见建议，逐条评估落实，修订规划。

（洪文渊　陈秋怡）

【西城区街道获市社区信息化示范街道称号】 2011 年年内，北京市公布了 10 个“社区信息化综合示范街道”和 7 个“特色应用街道”，西城区德胜、月坛和广安门内三个街道获“社区信息化综合示范街道”称号。三个街道充分发挥示范带动作用，推动全区社区信息化工作深入开展。

（洪文渊　陈秋怡）

【北京移动调研】 2011 年 12 月 27 日，北京市西城区副区长范宝到北京移动调研 3G 业务发展情况并出席 3G 城管签约仪式。参观两人北京移动 3G 体验馆，观摩移动 3G 应用情况，参加 3G 城管签约仪式，就做好下阶段工作提出：要继续落实“无线城市 3G 城管”框架协议精神，进一步拓展合作领域，为西城区“三区”战略提供强有力的技术支撑；要以 3G 城管应用为抓手，关注民生领域、强化社会服务功能，拓展 3G 技术在民政、社会化管理和街道的应用空间。

（洪文渊　陈秋怡）

【城市运行管理系统二级分平台建设启动】 2011 年年内，试点建设德胜、金融街街道层面的城市运行二级管理平台，西城区的城市管理系统建设项目通过住建部专家组验收，并荣获住房和城乡建设部科技计划项目示范工程荣誉称号。该系统成功应用于城市运行的常态管理、应急指挥、预警监测和辅助决策支持，实现了城市常态管理、应急指挥调度、政务值班、非紧急救助等政府层面的资源整合与共享，建立了“四位一体”的城市运行管理体系，全面提升了西城区的城市管理水平。成果达到国内领先水平，具有良好的示范作用。

（洪文渊　陈秋怡）

【西城区微博直播开斋节活动】 2011 年年内，西城区开斋节活动吸引了来自新华社、中央电视台、中央人民广播电台、中国国际广播电台、北京日报、北京电视台等 18 家媒体的 30 余名记者现场进行采访报道。区委宣传部实时对活动现场的节日场面进行了播发，共发微博 12 条，吸引了广大网民热议。同时，发动网民群众参与互动发微博的活动，增强了广大网民群众对开斋节与民族宗教习惯的认识和对政府工作的理解和支持。

（洪文渊　陈秋怡）

【西城区实现土地登记网上统一办理】 2011 年年内，地籍管理系统以原西城、宣武区地籍数据为基础，西城区实现全部土地登记业务在北京地籍信息系统内办理，实现收件标准、审批流程、规范管理“三统一”，土地登记信息统计、综合分析、数据排序、审批表单等各方面工作实现标准化管理，提高土地登记效率。

（洪文渊　陈秋怡）

【西城区为百姓搭建网络购物平台】 2011 年年内，西城区拥有“槐柏商圈社区便民服务网”、马连道茶叶网、琉璃厂古玩艺术品电子商务平台、“社区商圈”电子商务平台等公共平台。中华技艺网、京味旅游网等平台正在建设过程中，什刹海酒吧网、牛街清真网、金融街黄页、天桥演艺园等正在沟通筹备中。西城区政府进一步整合社区商业服务资源，广泛开展社区电子商务应用，为百姓搭建网络购物平台。

（洪文渊　陈秋怡）

【项目审查工作】 2011 年年内，围绕西城区中心工作和信息化工作要点，年初集中审查安排 145 个项目，年中追加项目 36 个；实现了网站、OA 办公系统、政务专网安全、视频会议系统、网络接入、服务器、存储、移动支撑平台、应用支撑平台等 9 类具有共性需求、普遍服务和基础性项目的统筹建设。

（洪文渊　陈秋怡）

【电子政务绩效考评】 2011 年年内，完成北京市对西城区年度电子政务绩效工作的检查考核，考核名次为优秀。同时根据《北京市信息化促进条例》相关规定，参照北京市电子政务绩效考核要求，采用量化指标为主、定性指标为辅，建立绩效考核指标体系，从电子政务服务支撑、服务应用、服务绩效三个方面对西城区各单位 2011 年度电子政务绩效进行评价，在参加考核的 59 家单位中，有 14 家单位被评为综合绩效优秀，17 家单位被评为单项绩效优秀。

（洪文渊　陈秋怡）

【全响应社会服务管理指挥中心建设】 2011 年年内，西城区德胜街道全响应指挥中心依托于社会服务平台和社会管理平台的高效运转和有效衔接。社会服务平台为辖区社会公众和企事业单位提供自助式、个性化、智能化的各类服务，实现对居民、单位、社会组织等服务全覆盖；社会管理平台由街道指挥中心一级平台、各科室二级职能平台、各社区分中心平台构成的相互联系的智能平台体系。通过“一张图”的 GIS 系统，按照“街道—社区—网格化责任区”的层次，层层递进的对各类资源、事件、力量进行配置、监控和分析，实现事件的上报、接收、分流、处置等一系列业务高效流转。全响应指挥中心实现民生服务、城市管理、应急处置、绩效考核、分析研判、统筹推进等职能，实现跨科室、跨社区的指挥协调，快速反应、统一应急、联合行动，真正实现社会服务管理的联动，有效应对各类事件。西城在充分总结了德胜街道“3+6+N”全响应社会服务管理新模式的基础上，兼顾其他相关街道已建成的信息化系统进行梳理、汇总和分析，整理出以社会服务、行政服务、城市管理和社会管理等功能为基础的街道“全响应”社会服务管理信息化平台。在德胜、广内、广外、月坛等街道开展了“全响应”社会服务管理模式试点。

（洪文渊　陈秋怡）

朝阳区

【概述】 2011 年年内，朝阳区信息化工作办公室信息化工作进展顺利（简称区信息办），编制全区信息化“十二五”专项规划，推进落实信息化基础设施“双进入”工作任务，开展东湖街道物联网基础设施试点，推进 CBD 区域 WLAN 无线基础设施提升建设。加大政务资源共享力度，利用区政府门户网站有效开展公共服务，推进以电子商务为代表的信息服务业发展。

（刘润军）

【无线电管理】 2011 年 6 月，解决高考期间通信干扰问题，保障高考的正常秩序，净化全区无线电磁环境。8 月，加强无线电管理宣传，圆满完成无线电管理宣传月活动，通过开展现场宣传、社区宣传、媒体宣传、网络宣传等形式多样的宣传活动，全面普及无线电科普知识和法规知识，提高社会公众依法设置无线电台站和使用无线电频率的意识，增强全社会对无线电频谱资源重要性的认识，全面推动无线电管理事业的持续健康发展。

（刘润军）

【信息化项目和资金管理规范】 2011年年内，加强与区财政局、审计局、监察局沟通协调，规范项目管理程序，完善信息化项目管理平台，加强对项目过程和资金使用情况的监督检查，共同探索更加科学的预算编制方法，修订信息化专项资金管理办法和资金使用流程，进一步提高资金的使用效率。

（刘润军）

【编制全区信息化“十二五”专项规划】 2011年年内，总结“十一五”时期信息化成果，编制“十二五”时期信息化发展规划，广泛征求专家、政府部门、企业等各方意见，按照“新四区”建设要求超前谋划，明确了未来五年全区信息化建设和信息服务业发展战略目标和重点方向。

（刘润军）

【推进落实信息化基础设施“双进入”工作任务】 2011年年内，落实《北京市信息化基础设施提升计划》，进一步落实政府、企业“双进入”工作机制，完成市协调办下发的难点任务，积极协调和推进小区、企业光线入户试点工作，协调各大电信运营商制定朝阳区43个街乡20兆入户、100兆到企业及对六大功能区10千兆到高端企业的实施方案，完成20兆宽带小区510个，100兆互联网接入企业1150余家，1000兆互联网接入高端企业101家。申报北京市2011年信息化基础设施提升计划支持项目，获得市级支持资金，推进联通无线网络在30个宽带试点小区、1个信息化试点村的应用。加强“双进入”工作宣传力度，定期到社区开展现场办公、沟通宣传，同时利用网站、有线电视、报纸等媒体宣传“双进入”深入推广工作，消除社区居民的问题、疑虑和误解，使广大居民了解基础设施工作的惠民、利民作用，维护社会稳定，使朝阳区“双进入”工作得到更广泛的支持。

（刘润军）

【开展东湖街道物联网基础设施试点】 2011年6月，完成在东湖街道办事处和电子城西区的大约8平方千米的范围内进行物联网基础网络建设和应用试点工作，打造以“一套基础网络、三个试点区域和三大领域应用”为核心的“1+3+3”试点工作模式。“一套基础网络”是指包括基站、政府专网、无线城域网络在内的政务物联网专网，4个无线宽带基站、数十个无线中继以及上百个微型传感器所形成的网络覆盖8平方千米全部区域。“三大试点区域”包括北小河公园的图像监控与人流计数分析、内湖四水联调和太阳能楼顶节能的休闲区域物联网应用；东湖街道办及周边的相关应用，包括办事处红外电子边界、办公楼节电宝节能减排、白家庄小学智能报警柱等社区物联网应用；在电子城西区望京科技园区实现无线上网、室内温、湿度、光照监测等园区物联网应用。“三大领域应用”指在服务民生、城市管理和应对突发事件等三个领域的应用。在望京区属道路开展智能交通物联网推广建设，安装了6个点12个路感器，实时采集道路车辆数据信息，北京市副市长苟仲文、北京市经济和信息化委员会副主任白新考察物联网望京示范网，对物联网道路感知系统给予了肯定。

（刘润军）

【推进CBD区域WLAN无线基础设施提升建设】 2011年年内，落实《北京市“十二五”

时期城市信息化及重大信息基础设施建设规划》,提升 CBD 区域基础信息化设施情况,2011 年 WLAN 建设以 CBD 商圈、高校等数据热点区域为突破口,西起东大桥路、东至西大望路,南起通惠河、北至朝阳路之间 3.99 平方千米的区域,进行 WLAN 网络建设规划,实施 WLAN 规模化建设,为 CBD 提供一个优质的电子商务网络环境和通信环境。

（刘润军）

【制定智能交通系统技术方案】 2011 年 10 月,配合区交通委试点采用物联网技术在缓解交通拥堵,完成东三环交通拥堵问题的量化测试、科学分析,编制双井桥–劲松桥、十里河桥的交通流线优化方案,规划包含高清监控、传感探测、全景拼接、智能分析、联动控制、公共广播等全面信息化手段的东三环交通智能信息化管理系统方案,为朝阳区在交通缓堵、交通智能管理方面的研究做出积极探索。

（刘润军）

【信息网络安全稳定】 2011 年年内,建立政府网站、网络安全管理防护策略,从物理、网络、应用多个层面的做好安全管理;加强核心数据安全管理,对核心网络和服务器部署多套安全管理措施,对重要数据进行定期备份;制定信息安全管理应急预案,开展全区信息安全检查和应急演练,切实保障全区网站群和信息系统的正常运行。

（刘润军）

【软件正版化工作机制健全】 2011 年年内,按照《国务院办公厅关于进一步做好政府机关使用正版软件工作的通知》、《北京市政府机关软件正版化专项检查和整改工作方案》的部署,会同财政局、商务委、知识产权局圆满完成了全区软件正版化检查和整改工作,进一步建全了软件正版化检查工作的长效机制,设立专职部门专人负责定期检查,加强组织保障、落实工作措施、加大宣传力度等方面工作常抓不懈,获得了北京市政府机关软件正版化工作先进单位的称号。

（刘润军）

【升级完善全程代办系统】 2011 年年内,区信息办、区监察局共同对全程代办系统进行了升级,梳理规范的业务流程,完成全部街乡的培训和读卡器安装工作,纳入区监察局考核。年底实现全程代办系统 114 项办理事项及办事指南的外网展现,方便公众办事查询。

（刘润军）

【加大政务资源共享力度】 2011 年年内,加大政务信息资源共享程度,基本完成朝阳区政务信息资源共享交换平台建设,完成电子政务信息资源共享交换平台数据的平稳迁移,包括实有人口、GIS、政民互动等 17 类数据源。编制全区基础政务资源数据标准与规范,统一全区各信息管理系统中涉及人口、单位法人、房屋、空间、经济等方面数据的信息格式与编码规则。加大对全区人口、监察等重点政务信息资源进行了业务梳理和目录编制工作,实现民政局、监察局、流管办、发改委和财政局等区委办局部门应用系统中数据的整合,为区计生委、区监察局、区政法委、区文化委、区绿指办等单位和第六次人口普查提供专题应用服务,起到了政务信息资源共享应用的示范效果。

（刘润军）

【利用区政府门户网站有效开展公共服务】 2011 年年内,在已经梳理区内 40 个部门的 1400 余项行政办事和公共服务项目的基础上,建立朝阳区政府网站资源服务目录体系,方便公众了解办理流程、实现网上申报,提高政府政务服务的效率。不断完善区政府门户网站设立朝阳生活服务专栏,按照百姓关注的民生重点领域划分建设栏目结构，结合街乡办事服务，让群众在教育、社保、就业、医疗、住房、交通等领域快速便利地查看信息，并能够根据居住街乡找到街乡周边的服务单位，使之成为百姓日常生活的重要信息门户。增加政民互动系统“短信平台”功能，拓展政民互动系统空间的范围限制，使信息反馈更有针对性和可追溯性。

（刘润军）

【完成文明城区创建任务】 截至9月底，圆满完成了文明城区创建工作的3项主责任务和8项配合任务。利用政府网站开展有效公共服务，实现政务信息资源共享，为企业和社会公众提供“一站式”服务；积极协调网络运营商，超额完成互联网用户数>12（户/百人）的任务要求，全区互联网用户已达近30户/百人；协调组织召开专题会部署相关工作，在短期内迅速组织对区级统建摄像头安装标志标牌1700多块。同时，组织街乡对重点区域自建摄像头按要求安装图像标志。积极协调区创建办、公安分局、教委、卫生局等单位对相关重点公共区域的社会单位摄像头进行整顿。积极配合区政府办、监察局、文创办等主责单位，完成接受社会监督、加快政府诚信体系建设、文明城区创建工作网络宣传、深入开展文明办网和文明上网活动、落实互联网安全管理责任、推广绿色上网软件、普及文明礼仪知识等配合任务。

（刘润军）

【深化全模式社会服务管理平台应用】 2011年年内，提升数字化、精细化、高效化和系统化的社会服务管理体系应用效果，整合全区各业务部门的资源，深化平台在应急管理、城市管理、综治维稳、安全生产、社会事业、社会保障、社会服务、经济动态、法律司法、党建工作等10个社会服务管理领域的应用，使基础数据信息、业务办理平台、统计分析系统、考核评价及信用监测体系等有机融合，为各部门、各系统的社会服务管理工作提供服务与支持。朝阳区全模式社会服务管理平台荣获2011中国城市信息化管理创新奖。

（刘润军）

【高清交互式数字电视政务平台】 2011年年内，督促和配合歌华有限公司推进高清交互部署工作，截至2011年年底，全区已累计发放高清机顶盒达60余万户，完成市政府折子工程60万户的要求，提升朝阳区百姓生活品质。

（刘润军）

【建设有毒有害气体防控系统】 2011年年内，加快推进政府为民办实事项目，2010年10月至2011年3月采暖季期间，在流动人口较密集的九个乡38 000间出租房屋安装部署一氧化碳等有毒有害气体预警防控系统，利用物联网技术提升城市安全运行管理水平，确保了整个采暖期内安装此系统的出租房屋无中毒死亡事件发生。在一氧化碳中毒防控系统项目试点的基础上，总结好的经验与方法，在东湖、潘家园和团结湖街道选取2000户城市居民楼房作为试点进行有毒有害预警防控，利用中国自主知识产权的无线传感网技术，提供技术支撑，提高工作效率。8月20日起，在望京西苑二区开展“安全家居”预警防控系统实现项目宣传及推广活动。截至年底完成2000户任务。

（刘润军）

【开展架空线入地统计】 2011年年内，按照《首都环境建设规划纲要》的要求，2015年前朝阳区所有干路和次干路将按北京市架空线入地整治规划进行实施，涉及朝阳区大量图像监控、教委校园网、各级政府单位自建政务网络的架空光缆、电缆，直接影响社会安全、公共服务、城市管理等大量应用。3月起，安排专人统计分析汇总全区信息化相关的架空线情况，组织

30多个街乡以及相关单位汇总数据、绘图、现场核实、整理等，为防止因架空线整治导致政务资源的损失、业务瘫痪提供辅助支持。

（刘润军）

【完善图像信息管理系统】 2011年年内，继续推进区级图像信息管理系统平台图像资源整合工作，街乡整合数达到36个，配合完成区维稳办、区环卫等指挥中心的图像调用功能，保障区应急指挥中心、各专项指挥中心、街乡城市综合管理指挥中心和派出所等指挥部门的日常图像应用。积极研究探索图像信息管理系统的新应用模式，将已整合图像传输到手机上，为区领导远程监控现场情况、决策指挥提供服务，还可通过查看交通道路信号比较直观地了解道路拥堵情况，为智能交通疏堵提供服务。另外，还将人流密度分析与摄像头相结合，为奥林匹克公园、朝阳公园、长安街沿线等重点活动和人流密集场所提供量化数据，分析实时人流情况和趋势情况。

（刘润军）

【加强应急指挥管理】 2011年年内，不断完善应对各类突发公共事件和各种重大活动的应急通信保障机制，编制应急指挥预案并开展演练，完成区级应急移动视频系统的升级和整合工作，实现区应急办、区信息办、区民防局、区公安局等单位车载、单兵移动视频的共享应用。在4.11和平街燃气管道爆炸事件中，区信息办迅速响应，妥善处置，出动应急车辆，派专人24小时现场值守，将现场图像信号实时接入领导手机和区级指挥中心，为领导远程指挥决策提供技术支持。圆满完成5.12全区应急演练任务，及时准确的传送现场图像信号到指挥中心。圆满完成蟹岛国际啤酒节历时一个月的应急值守保障任务，将蟹岛园区内图像传输到5层总值班室和领导移动终端，并采用3G单兵设备作为室内或近距离图像传输的应急备份，应急指挥车作为外围保障，各项值守保障工作到位。

（刘润军）

【推进以电子商务为代表的信息服务业发展】 2011年年内，按照朝阳区关于大力推动电子商务发展，为打造国际商务中心服务的要求，以申报国家新型工业化（电子商务）产业示范基地为抓手，通过走访区内电子商务知名企业、组织专家论证、考察上海浦东等方式，聚集了一批电子商务项目，起草制定了《朝阳区“十二五”时期电子商务发展专项规划》，协调区有关部门落实了支持电子商务发展的专项资金。组织了一系列电子商务产业活动，包括2011北京CBD商务节电子商务专题研讨会、首届中国315电子商务诚信研讨会、第14届北京科博会智慧北京馆电子商务主题展等。中国电子商务协会授予“中国电子商务国际化创新发展示范区”称号，区内15家国内外电子商务企业代表发起签署了《全球电子商务与CBD发展北京倡议书》，强化了朝阳区作为首都电子商务核心区域的品牌形象。年初以区政府名义印发了《促进朝阳区信息服务业发展的指导意见》（朝政发〔2011〕2号），对今后五年全区信息服务业发展起到指导性作用。推动信息服务业纳入全区“十二五”规划纲要。与全区各部门、各管委会的“十二五”专项规划中涉及信息服务业的内容进行了全面对接，聚合各部门资源共同促进产业发展，落实产业发展空间。推动将公共安全、城市交通、社区服务等领域的物联网规模化应用与相关产业聚集相结合，在中关村垡头基地筹划打造以物联网、云计算等产业为主的“智慧谷”新一代信息技术产业园。大力支持国内外移动互联网企业向中关村电子城西区、北扩区聚集，打造“移动谷”新一代移动通信产业园。组织本区信息服务业企业申报北京市信息化基础设施提升计划专项资金支持项目、区文化创意产业专项资金支持项目等。

（刘润军）

【加强对外交流合作】 2011 年年内，组织区内重要部门信息化主管领导赴上海、苏州等地学习考察信息化先进技术和管理理念，接待江西省赣州市、IBM 公司负责人来访，加强与社会各界的交流合作。

（刘润军）

海淀区

【概述】 2011 年年内，海淀区根据电子政务"十二五"规划要求，以重大项目为抓手，以部门间业务关联为主线开展基础数据库建设工作，海淀区在上地办公中心资源服务平台搭建了基础数据库，启动了海淀区人口库（一期）、宏观经济数据库、空间基础信息库的建设工作；同时开展标准化修订工作，对《海淀区电子政务公共数据元目录和代码集》等 7 个标准规范的补充、修订，并在全区电子政务项目招标、开发、验收、上线各个环节对标准化执行情况加以落实，要求各部门系统开发中要注意业务数据梳理，并将数据注册到海淀区目录中心。

【人口库建设】 2011 年年内，海淀区人口库已有民政局社区管理、婚姻登记和社会救助信息数据、人口计生委孕龄妇女信息数据以及残联残疾人信息数据，2011 年人口库共享数据约 190 万条。

（傅燕丽）

【法人库建设】 2011 年年内，海淀区法人库数据主要通过北京市信息资源管理中心的市法人库交换获取数据，海淀区在法人库的基础上建立税源管理系统，实现区税源管理办公室、国地税分局与街道三层次的法人库数据共享体系，街道对税源信息进行核实并实时反馈给国地税分局及税源管理办公室实现对法人库信息的更新核对。2011 年法人库共享数据约 17 万条。

（傅燕丽）

【宏观经济库建设】 2011 年年内，海淀区宏观经济库建设对发改委、统计局、国土分局、国税分局、地税分局等十六委办局的数据进行数据模型清洗、数据模型转换加载，所形成的指标项按照业务模型进行了分类管理，形成的基础库 CUBE 模型共计 105 个。可第一时间获取更新质监局的法人库数据、统计局的统计年鉴以及区情手册数据等。

（傅燕丽）

【空间基础信息库建设】 2011 年年内，海淀区空间基础信息库建设包括城市监督管理指挥中心、房管局、安监局等单位在内的近 600 个数据层的业务数据，同时与法人库实现对接、实现与城管案件库的对接，并接入视频信息、GPS 信息等，建设了一套统一业务数据库。2011 年空间基础信息库共享数据约 140 万条。2011 年，海淀区信息共享交换的数据量达 2600 万条，通过市区（县）两级政务信息资源共享交换平台交换的数据量 500 万条，本区（县）政府部门通过区（县）政务信息资源共享交换平台的数据量1750万条，共有36个部门，通过区（县）政务信息资源共享交换平台交换数据。

（傅燕丽）

【开展云计算平台建设】 2011年年内，海淀区开展云计算平台建设。基础设施层采用虚拟化技术对原有设备进行改造，提高设备使用率，降低能源消耗，低碳环保。平台层将具有通用性质的功能模块，如表单模板、通信模块、工作流模块等，进行资源化封装，形成可被各个政务系统直接调用的多个基础平台服务，简化政务系统开发工作，提高系统稳定性；应用层将已有的139个政务系统，本着政务服务"一站式"贯穿原则，重新梳理、整合并融合为4大类政务服务。海淀区信息办基于资源服务平台升级改造，完成海淀区电子政务云规划设计，基础设施层方面已经构建了由多台服务器组成的资源池，能够提供CPU、内存、存储和带宽的即时申请和利用。2011年，海淀区全年共受理新设备托管36台，受理新业务系统部署12个，累计部署在平台的业务系统已达150个。基础设施整体可用性和部署的应用系统平均可用性均保持在99%以上。启动了海淀区信息系统测试平台项目，为系统的上线和变更提供与实际生产环境一致的测试环境，提高了测试结果有效性，有效保障了平台整体运行环境的安全稳定。

（傅燕丽）

【开展物联网应用支撑平台建设】 2011年年内，海淀区开展物联网应用支撑平台建设，建立设备职能桥接平台，使已建的和未建的不同种类的传感设备信息都能够接入平台，传递的信息在所有的系统中都能够被方便地解译；建立信息采集示范系统，能够自动采集GPS车辆轨迹信息；建设一套信息交换服务平台，将多种实时探测信息共同接入平台，同时进行整合、清洗、入库，并实现多系统间的共享；建立一套综合监控系统，与区级空间数据共享平台相结合将监测信息实时的在系统中进行展示；提供一个应急综合调度平台，在发生应急事件和需要跨部门联合处理同一事件时，领导能够及时发现处置力量，并进行方便的调度。海淀区已初步建成以GPS为示范，集传感信息采集、统一接入、信息分发与信息利用的物联网信息共享平台。

（傅燕丽）

【开展海淀区政务网络和信息系统综合监控预警管理平台建设】 2011年7月预警平台上线，2011年8月15日第51期《计算机世界》杂志刊文《海淀信息办：践行物联网》，对海淀区政务网络和信息系统综合监控预警管理平台的建设成果进行了报道。截至2011年年底，海淀区采用物联网技术在第一办公区、第二办公区、招商大厦和上地资源服务平台4所核心政务机房内安装机房监控采集器，实时监测4套消防系统、6套UPS系统、11套恒温恒湿系统、4套防水系统、网络、4套视频监控系统、85套重要应用系统、12台防火墙、80台交换机、5台路由器、33台服务器等，减少机房运维人员每日例行巡检工作1次，大大提高了工作效率，减少不必要的人力成本，通过对机房中各种设备如防火、漏水、UPS、精密空调等收集信息，建立起对网络环境的监控；解决了四大机房的物与物（物及资产）、物与人、人与人的相关信息及运行状态的割裂、鼓励、分散问题。

（傅燕丽）

【推进信息基础设施建设和应用】 2011年年内，根据区政府重点任务分解中的第115号"完善信息网络基础设施，实施20兆宽带光纤入户工程，提高城市信息化管理服务水平"折子任务，已完成全年20万户的改造。

（傅燕丽）

【宽带小区试点的验收和拨款工作】 2011年年内，落实《北京市信息化村和宽带小区试点项目管理办法（试行）》及京财政一指〔2010〕1930号精神，继续落实海淀区宽带小区试点的验收和拨款工作，已完成与市级合同的签订。

（傅燕丽）

【推荐信息化基础设施提升计划“双进入”工作先进】 2011年年内，向北京市通信管理局、北京市经济和信息化委员会员（北京市管道基站和宽带建设协调办公室）推荐上报海淀区北京信息化基础设施提升计划“双进入”工作先进单位2家、先进个人4人。

（傅燕丽）

【组织申报2011年信息化基础设施提升计划支持项目】 2011年年内，组织在海淀区内实施项目的企业申报北京市2011年信息化基础设施提升计划支持项目，对北京视博数字电视科技有限公司等单位报送的项目进行了合规性及合理性审查，共有8家9个项目通过初审，推荐上报北京市经济和信息化委员会。

（傅燕丽）

【提高人口精细化管理服务能力】 2011年年内，启动海淀区人口库（一期）项目建设，梳理并整合海淀区相关委办局的人口信息资源，以现有的社区人口数据为基准，用婚姻登记、社会救助、计划生育、医疗卫生、残疾人等专题数据做补充，并整合已有的流动人口数据，通过数据清理、比对、分析，将差异数据及时反馈来源单位，以此带动人口数据的核准和更新，最终形成更加全面、准确的人口数据基础库和若干数据专题库，以支持更深层次的挖掘应用。2011年已会聚并整理出近190万条综合数据，155.8万条社区人口专题数据，64.7万孕龄妇女专题数据，22.2万条计划生育儿童专题数据，11.5万婚姻登记专题数据，2.5万条社会救助专题数据以及2.2万残疾人专题数据，并与北京市新社区卫生服务综合管理信息系统进行数据扩充与比对。

（傅燕丽）

【启动电子病历建设】 2011年年内，完成全区50家社区卫生服务中心和178家社区卫生服务站联网工作，为50家社区卫生服务中心配备了相应的软硬件基础支撑环境，推广34家社区卫生服务中心部署社区预防、保健、医疗、康复、健康教育及计划生育技术指导六位于一体的社区医疗卫生管理信息系统，组建了海淀区区域卫生信息资源共享平台，整合部分区属医疗机构资源，制定1套电子健康档案数据标准，建立了1 354 803条居民电子健康档案和528 115条家庭电子健康档案，实现海淀区居民健康档案的查询、统计和分析，搭建海淀区医务人员即时沟通平台，建立文献检索与浏览系统，初步实现了区级层面的卫生信息共享与工作人员的业务系统。

（傅燕丽）

【加快物联网在城市安全运行和应急管理领域的应用示范】 2011年年内，启动物联网基础平台建设，建立一个全区的物联网信息接入平台，全面感知城市的各类信息，为领导提供辅助决策支持开展；开展海淀区园林绿化局、城管监督指挥中心、上地街道、学院路街道的物联网试点应用工作，建设了包括GPS车辆监控系统、视频监控系统、RFID市政设施管理系统；开展面向社区卫生公共服务的物联网应用工作，建立了居家养老看病系统在内的各类物联网应用系统；建立面向应急管理领域的物联网应用，对区电子政务机房进行物联网改造，实现对机房智能化管理；开展移动视频监控建设，通过移动网络建设一套基于智能手机的移动视频监控系统，同时海淀区对区内环路桥下易积水地区进行雨量监测预警。

（傅燕丽）

【深化网格化在城市、社会、经济管理服务中的综合应用】 2011 年年内，海淀区高度重视网格化的深化应用，分别在城市管理，社会管理及经济运行中进行深入挖掘。城市管理方面海淀区深化网格化管理数据应用，建成海淀区城市管理基础数据应用系统，建设决策支持城市管理模块，整合住建委、房管局、发改委、国土分局、规划分局的审批数据并进行挖掘分析为领导决策提供依据；社会服务方面彻底整合群众事务及企业事务呼叫中心，实现“一个服务热线+一套硬件平台+一个业务软件系统”的目标；经济管理服务方面海淀区建成税源管理系统，通过 GIS 平台对全区企业进行划分，街道会同属地工商所、税务所对辖区企业进行有针对性的服务。

（傅燕丽）

【优化行政审批服务】 2011 年年内，开展“一科制”行政审批业务梳理，进行企业设立登记审批服务、固定资产投资项目审批服务、高新技术企业认定服务和人力资源服务 4 个行政审批服务链条中审批事项全面梳理。建设“一科制”行政审批系统，包括网上办事服务中心建设，网上申报系统建设，大厅受理系统建设，“一科制”行政审批系统建设及电子监察模块建设。

（傅燕丽）

【开展微博互动平台创新社会服务管理】 2011 年年内，海淀区率先开通微博与区域居民实现互动，聚集海淀区各政府部门、学院、产业、科研、企业、媒体、民生等领域的微博，为百姓提供更好的网上沟通渠道，截至 2011 年 10 月 30 日海淀区有粉丝 62 489 个，发布微博 890 条，转发 1 999 条，评论 1 068 条，海淀区已有 19 家政府部门，30 余家企业，90 余个社区，4 个科研院所开通微博与海淀区微博进行互动。

（傅燕丽）

【开展电子监察政务平台信息化系统建设】 2011 年年内，新一轮的平台建设过程中，先后组织了 12 家单位和部门召开了 30 多次电子监察平台建设推进会，确定了 40 余项风险预警点。为了实现对各单位核心业务事项的全过程自动化网上电子监察，实时获取业务工作数据，先后与海淀区政府办、环保局等 5 个委办局的 12 个业务系统进行了数据交换，制定并签署了相关数据的保密协议，以保证数据交换的安全性、保密性。规范效能监察项目管理流程，制定了《海淀区基层立项行政效能监察项目考核办法（试行）》，推动基层效能监察工作开展。

（傅燕丽）

【深化信用体系信息网建设】 2011 年年内，建成海淀区企业信用信息服务网，包含用户交互、信息提取、信息发布、政策法规、网上政务等功能模块，提供企业征信、信用评级、信用管理、融资服务、指数发布、信用公示等支持服务。建成海淀区企业信用信息库，梳理整合企业基础信用信息、企业政务信用信息、企业经营信用信息、企业金融信用信息、企业信用评级信息。建成海淀区企业信用信息共享交换系统，实现与海淀区政府政务信息资源共享与数据交换平台的信息对接，实现与金融机构的信息共享，实现评级机构、企业用户的数据接入。

（傅燕丽）

【加快推进企业信用体系建设】 2011 年年内，完成《海淀区企业信用体系建设工作方案》及《海淀区企业信用体系建设支持办法》编制工作，2011 年 7 月 13 日正式印发了关于印发〈海淀区企业信用体系建设支持办法〉的通知》(海行规发〔2011〕3 号)及《关于印发〈海淀区企业信用体系建设工作方案(2011—2013 年)〉的通知》(海政发〔2011〕37 号),要求全区各单位认真贯彻执行。作为国家自主创新示范示核心区,建设具有全球影响力的科技创新中心的目标和加快建设中关村科技金融创新中心,有必要率先在北京市和全国建设完善的企业信用体系,率先建立健全企业信用信息归集和交换共享机制,逐步形成全区统一规范的企业信用信息数据库,统筹设计和推广应用信用产品,引导培育企业建立现代信用制度。以科技型中小企业为切入点,以信用产品应用推广为抓手,建设“一个平台、两套机制”。一个平台是指海淀区企业信用信息服务平台,是企业信用体系的信息化支撑与数据载体。具体包括“一网一库一系统”:企业信用信息服务网(海淀信用网)、企业信用信息库、海淀区企业信用信息共享交换系统,两套机制包括企业信用体系运行机制与信用产品应用推广机制。其中,企业信用体系运行机制包含:信用信息规征用机制、企业信用评价机制、“守信受益、失信惩戒、复信宽容”的信用约束机制、企业信用体系运作模式四部分内容;信用产品应用推广机制包含公共财政诚信引导机制、金融服务诚信引导机制、中小企业信用担保机制、信用服务行业发展促进机制四部分内容。在建设中应充分考虑工作难度,突出重点、循序渐进、不断完善。以区科技型中小企业为着手点,逐步完善企业信用体系后,将覆盖范围扩大至所有企业。采取统筹领导、部门合作、协会参与等措施,保障企业信用体系建设工作的顺利开展。树立“信用海淀”品牌,率先在北京市开展企业信用体系建设试点,率先在全国建设中小企业信用体系试验区。已经完成以区政府名义向北京市经济和信息化委员会、中国人民银行营业管理部、北京市工商行政管理局、北京市金融工作局四家单位发函(海政函〔2011〕273 号),申请北京市中小企业信用体系建设试验区并提交了《海淀区中小企业信用体系试验区建设工作方案》。11 月 23 日,北京市经济和信息化委员会在数字北京大厦举办了“信用北京”网开通暨北京市中小企业信用体系建设试验区授牌仪式。开通了“信用北京网”,并为海淀区授予“北京市中小企业信用体系建设试验区”。

(傅燕丽)

【工程建设领域项目信息公开和诚信体系建设】 2011 年年内,贯彻落实中纪委、中央工程治理领导小组《关于转发〈工程建设领域项目信息公开和诚信体系建设工作实施意见〉的通知》及北京市治理工程建设领域突出问题工作领导小组、北京市经济和信息化委员会印发的《北京市工程建设领域项目信息公开和诚信体系建设工作实施方案》的文件精神,区经信办与区发展改革委、区监察局、区信息办共同研究了落实《海淀区工程建设领域项目信息公开和诚信体系建设工作实施方案》的细化方案,研究《项目信息公开目录》的编制及征集,依托政府网站共享专栏的建设等相关工作。已完成并上报北京市经济和信息化委员会《海淀区工程建设领域项目信息公开指导目录(试行)》、《海淀区工程建设领域信用信息共享指导目录(试行)》。

(傅燕丽)

【部署启动申报“信息化示范村”工作】 2011 年年内,为落实北京市经济和信息化委员会、市农委《关于“2011 年度‘信息化示范村’”考核认定工作的通知》(〔2011〕105 号)的精神,会同区农委、区信息办组织我区 7 家乡镇召开了工作部署会。区经信办传达了北京市经济和信息化委员会〔2011〕105 号文件精神，并对下一步申报工作做出部署，区农委对填报考核认定表进行了解答，信息办就进一步提高我区农村信息化水平、总结和推广农村信息化应用经验及模式提出了工作要求。已在 84 个行政村中遴选 8 家行政村上报。

（傅燕丽）

【开展无线电宣传月活动】 2011 年年内，按照北京市无线电管理局《关于开展 2011 年区县无线电管理宣传月活动的通知》（京无管函〔2011〕29 号号）要求，拟定并组织实施了《2011 年海淀区无线电宣传月活动方案》，共向各街道乡镇发放了 2000 多份宣传材料。在海淀区政府网站开设了无线电宣传专栏。海淀区获北京市无线电管理局评出的“2011 年度无线电宣传月活动组织奖”。

（傅燕丽）

丰台区

【概述】 2011 年年内，丰台区围绕北京市建设中国特色世界城市的目标，立足城市功能拓展区的定位，以夯实信息化基础设施为抓手，以人为本，着力解决信息化建设中的突出问题，切实贯彻区委、区政府信息化基础设施提升计划的战略部署，以建设世界一流的信息化基础设施支撑丰台区“一轴两带四区”建设，为丰台实现强势崛起和跨越发展奠定坚实的信息化基础。

（周帆　田鹤鸣）

【完成丰台区“十二五”时期信息化发展规划编制工作】 2011 年年内，丰台区信息化领导小组根据信息化所涉及的不同领域，组织召开规划编制座谈会 10 多次，调研区属各委办局、街道乡镇、重点功能区和重点企业共 80 多家，共计发放调查问卷 140 多份。在充分调研的基础上，形成了《丰台区“十二五”时期信息化发展规划》（征求意见稿），经过三轮征求意见和反馈修正最终完成并印发了《丰台区“十二五”时期信息化发展规划》（以下简称《规划》）。《规划》明确了丰台区“十二五”时期信息化发展的指导思想、基本原则和发展目标。通过构建城乡一体、功能完善的信息基础设施体系；方便快捷、优质满意的公共信息服务体系；纵横覆盖、协同推进的电子政务体系；创新引领、转型发展的现代产业体系，促进丰台区信息化水平的提升。

（周帆　田鹤鸣）

【大力推进信息化基础设施建设】 2011 年年内，丰台区立足区域发展现状，加大力度推动市政、规划、街乡镇等信息化建设主体单位不断加快信息化基础设施工程建设。全年共计完成架空线入地 25.881 沟千米；实现光纤接入小区 289 个；基本完成有线电视双向网改造，高清交互数字电视用户比上年新增 20 万户。

（周帆　田鹤鸣）

【创新举措，将“双进入”工作落到实处】 2011 年年内，丰台区开展了全区信息化基础设施情况摸底调研，形成《丰台区信息化基础设施建设情况报告》上报区政府。报告在摸清辖区信息化基础设施建设现状的基础上，重点分析了丰台区在信息化基础设施建设过程中存在的问题，并确定了信息化基础设施薄弱的区域作为今后开展工作的重点。7 月，为使各信息化基础设施建设企业更加详细地了解丰台区“十二五”时期规划情况，区经济信息化委牵头组织信息化基础设施建设企业与丰台区重点功能区和重大项目建设单位共同召开了“丰台区‘一轴两带四区’信息化建设座谈会”。区发展改革委对《丰台区“十二五”规划纲要》进行了深入解读，详细介绍了丰台区“十二五”时期的战略思路、重点项目和任务。区丽泽办、区科技园区管委、区商务委、区园博办和世界种子大会筹备办等单位分别介绍了各自的分工职能和信息化需求。北京电信、北京联通、北京移动、歌华有线、北信基础等公司结合各自企业的业务发展情况，提出了支撑丰台区未来信息化实现跨越式发展的思路和具体措施。2011 年底，区经济信息化委、区市政市容委两家单位获得北京市“双进入”工作先进单位，区经济信息化委、区规划分局、区市政市容委的 4 名同志被评为北京市“双进入”先进个人。

（周帆　田鹤鸣）

【与北京移动签署协议，开展“无线城市”建设试点】 2011 年 10 月 18 日，丰台区人民政府与中国移动北京分公司在北京汽车博物馆报告厅签署“无线城市”建设合作协议。丰台区人民政府代区长冀岩、副区长孔令斌，中国移动北京分公司总经理何宁、副总经理刘殿锋等相关领导出席了此次签约仪式。根据合作内容，中国移动北京分公司将配合政府和相关企业，全力保障“一轴两带四区”建设的通信需求；申建 4G（TD-LTE）试点区域，力争将中关村科技园区丰台园、北京丽泽金融商务区等重点功能区和第九届中国国际园林博览会展区、2014 年世界种子大会主会区以及条件成熟的街道、乡镇、社区建设成为首都 TD-LTE 示范区；提升国际园林博览会和世界种子大会信息化服务水平；进一步推动“无线城市”重大应用落地。

（周帆　田鹤鸣）

【积极推进“市民主页”建设】 2011 年年内，丰台区加快“市民主页”丰台专区建设。作为北京市“市民主页”二期建设的试点区县，丰台区 2011 年完成了需求调研和栏目梳理工作，共梳理出 3 大栏目，20 个服务项目在“市民主页”丰台专区上线。为了确保信息及时联动更新，丰台区对“北京丰台”官方网站进行了升级改造，采用标准化接口以数据推送和内容抓取相结合的方式实现门户网站与“市民主页”同步更新，给市民带来更好的移动无线信息服务体验。

（周帆　田鹤鸣）

【做好重点功能区未来的信息化发展规划】 2011 年年内，丰台区积极推动“一轴两带四区”内重点功能区的信息化基础设施规划，以“立足当前，适度超前”为总体思路设计功能区未来的信息化蓝图，为今后更好地支撑区域经济发展打好基础。年内，丰台区信息化领导小组牵头，组织区丽泽办、丽泽控股公司、区金融办、市政、规划、公安等多部门共同研究丽泽商务区信息化总体规划和信息化基础设施、信息化应用及金融信息服务业等分规划的编制，完成了《丽泽信息化规划方案初步设计》；区经济信息化委积极与丰台科技园区管委沟通，主动为园区提供智力和技术支持，联合第三方咨询机构完成了《丰台科技园区信息化基础设施提升计划（代拟稿）》，并开展了丰台科技园区“魅力智城”规划研究工作；丰台区还积极组织信息化基础设施建设企业与重点功能区和国际园林博览会、世界种子大会等项目建设单位进行需求和项目对接，切实加速区域重大项目进展。

（周帆　田鹤鸣）

【电力光纤试点取得阶段性成果】 2011年年内，丰台区电力光纤入户试点工作稳步推进。为了更好地解决电力需求与节能减排的矛盾，促进电力网络和信息网络融合，丰台区大力支持北京国电通网络技术有限公司（注册纳税均在丰台区，系国家电网信息通信有限公司的全资子公司）在区域范围能试点电力光纤入户改造。2011年完成了莲香园小区（约1000户）、银地家园（1134户）、建邦枫景小区（约2600户）电力线改造工程并开始试运营。电力线改造工程采用具有自主知识产权的“光纤复合低压电缆”技术完成光纤入户，居民可以通过电力光纤实现光纤告诉上网、安全防控、智能家居、社区服务等试点应用，取得了良好的应用效果。

（周帆　田鹤鸣）

【按照北京市工作部署开展物联专网建设调研工作】 2011年年内，丰台区按照北京市物联网建设工作部署，大力开展物联网应用及网络需求调研工作。按照北京市经济和信息化委员会《关于开展物联网应用及网络需求调研的函》（京经信委函〔2011〕41号）的要求，区经济信息化委在辖区范围内广泛开展物联网应用及网络需求调研，共整理丰台区5家单位共计7个物联网方面的应用，摸清了现状，梳理了需求，为下一步推动物联网应用建设奠定了基础。

（周帆　田鹤鸣）

【开展北京南站地区应急指挥系统建设】 2011年年内，丰台区启动了北京南站地区应急指挥系统的建设。丰台区信息化领导小组牵头组织各相关单位积极参与项目的前期需求调研和技术评审，并协调区公安分局、区城市管理指挥中心等单位整合各自资源，对南站管委会提供最大限度的支持。截至2011年底，北京南站地区应急指挥系统项目已经完成财政资金评审、招投标等工作，开始进行建设，项目总投资约人民币980万元。

（周帆　田鹤鸣）

【丰台区安全生产监管信息平台投入试运行】 2011年年内，由丰台区安监局牵头建设的企业隐患自查自报系统完工并投入试运行。该项目总投资约人民币160万元，在整合丰台区安全监管现有资源的基础上，协调区人力社保局、区城市管理指挥中心、区政府办信息中心等部门在企业数据、信息资源交换和机房建设等方面给予配合，搭建起了区级的安全生产监管信息平台。截至2011年年底，系统试运行状态良好。

（周帆　田鹤鸣）

【积极开展区域医疗卫生医疗系统建设】 2011年年内，丰台区卫生局在2010年的基础上积极开展区域卫生医疗系统建设。为了做好2010年初步建成的区域医疗卫生系统的推广，提高社区医疗卫生系统的使用，区卫生局制定了《丰台区卫生网络系统升级改造技术方案》，并依照技术方案完成了丰台区卫生局、区属23个社区卫生中心及1个社管中心网络互联互通，并实现了与北京市卫生局进行实时数据交换与共享。

（周帆　田鹤鸣）

【科技创安工作取得进一步成效】 2011年年内，丰台区根据辖区维稳特点提早谋划，进一步加强科技创安工作。由区公安分局牵头，区经济信息化委提供技术和智力支撑，完成了丰台区图像监控系统的升级改造，同时启动综治维稳三级联动视频共享系统建设。截至2011年年底，丰台区已建监控点位1298个，整合

10家社会单位844路图像，使得丰台区图像监控系统成为整合全区视频监控信息的综合维稳信息化平台。

（周帆　田鹤鸣）

【妥善化解信息化基础设施建设引起的人民内部矛盾】 2011年年内，丰台区妥善化解一起由信息化基础设施建设引起的人民内部矛盾。8月底，丰台区实验幼儿园领导和学生家长集体到区政府上访，反映附近绿地有某电信运营商基站辐射影响孩子健康。丰台区在安排该电信运营商出具检测报告无法获得家长认可后，将问题升级上报至北京市经济和信息化委员会，结合市信访办的批示，联合电信运营商先后两次到幼儿园现场与家长代表和园方召开协调会，最终将基站择址另建，安抚了家长情绪，恢复了幼儿园正常教学，确保了区域社会稳定。

（周帆　田鹤鸣）

【扎实完成年度无线电审批、宣传相关工作】 2011年年内，丰台区根据北京市无线电管理局的业务流程，重新修订了《丰台区无线电对讲机审批办理指南》，将指南和附件表格及时公布在“丰台区中小企业网”和丰台区政府门户网站的“网上审批服务平台”供设台单位浏览并下载。2011全年共办理无线电对讲机审批25次，审批无线电对讲设备184台。年内，丰台区按照北京市无线电管理局的工作安排，积极开展无线电宣传活动，面向全区21个街道、乡镇共计发放《无线电管理宣传手册》2460册，标语环保购物袋1410个，标语圆珠笔1400支，宣传海报880张。

（周帆　田鹤鸣）

石景山区

【概述】 2011年年内，软件信息服务产业快速增长。全区软件信息服务业实现收入预计超过126亿元，利润突破28亿元。规模以上企业69家。畅游时代、梦龙软件、暴风网际、智远天下、蓝港在线、完美时空、千橡网景、东土科技、天地正阳、金石威视、中娱在线等几十家企业通过双软认证。东土科技、华谊嘉信、东宝亿通、久其软件、完美时空、东方信联一批企业在国内外上市。信息化基础设施水平不断提升，引导社会资金投入6亿元，争取市财政补贴672万元，提升全区信息化基础设施承载能力。扩展无线物联数据专网覆盖范围，优化网络信号，提高覆盖能力。银河商务区实现无线宽带专网；万达广场、瑞达大厦、台湾街、西山汇、鼎城等重点地区建设无线局域网（WLAN），政府负责购买基本服务，实现企业、商户及公众免费无线宽带互联网接入服务。推进“智慧八大处”、“水资源物联网应用”、“智能交通”等信息化基础设施建设项目。

（巨冉冉）

【6家企业入围全市30强】 2011年10月31日，“2011北京信息网络产业新业态创新企业30强榜单”发布。驻区企业北京通融通信息技术有限公司、中国瑞达系统装备公司、北京网元圣唐娱乐科技有限公司、趣游（北京）科技有限公司、北京麦格天宝科技发展集团有限公

司、呈天游（北京）信息技术有限公司 6 家企业入选 30 强榜单。

（巨冉冉）

【推进“智慧石景山”建设】 2011 年年内，通过“四个紧抓”，着力推进“智慧石景山”建设。紧抓顶层设计——落实《智慧北京发展纲要》要求，出台关于加强智慧石景山建设的意见，组织开展关于加强智慧石景山建设发展战略研究调研。紧抓沟通协调——与国家、市及区属单位沟通协调，组建 4 个工作组共同推进。争取市发改委固定资产投资 3000 万元。紧抓重大项目——组织编制北京市城市安全和应急管理领域区县物联网综合示范应用建设方案及北京市城市安全和应急管理领域区县物联网综合示范应用项目建议书。推进市“城市安全运行及应急管理领域物联网综合应用”示范工程，开展供暖、供水、高层建筑防火、森林防火、节能降耗、有线电视防插播、空气质量、噪声、永定河水质、校园安全、重大危险源、辐射源、污染源、生活及餐厨垃圾、公共卫生等领域物联网应用。紧抓重点应用——先期开展“智能交通示范区”规划研究，开展“城市生命线—水资源物联网综合应用”、“城市环境卫生物联网综合应用”、“八大处地区综合安全保障”、“八宝山地区清明节期间及重大警卫任务综合保障”等重点物联网应用的建设。目前，水资源和环境卫生物联网应用已投入使用。

（巨冉冉）

【完成高清机顶盒推广】 2011 年 11 月 10 日，作为北京地区试点，完成全区高清交互机数字电视顶盒推广。为全区 30 143 户（包括上年超额完成任务转入当年的 6685 户）配送高清交互机顶盒，并进行线路改造升级，累计完成高清交互数字电视推广 104 293 户。区财政补助资金 583.2 万元全部到位。

（巨冉冉）

门头沟区

【概述】 2011 年年内，北京市门头沟区重点开展区委办政务信息资源共享交换平台（二期建设）”项目、“高清交互数字电视政务信息发布系统”等 8 个项目，加强网络及信息安全保障工作，推进信息化基础设施提升，开展政务信息资源共享交换平台（二期）建设，稳步推进门头沟区政府机关软件正版化工作。

【区信息化重点项目】 2011 年年内，区经济信息委“区委办公室办公系统升级项目”，区农委“农村经济决策系统（二期）”项目，区街道办“智慧社区管理系统”项目，区人社局“人事岗位工资管理系统”项目，区城管大队“城管大队指挥中心监控系统”项目，区旅游局“区旅游综合管理应用系统”项目等 8 个项目列为区信息化重点项目，并于年底前全部完成。在征求相关部门意见基础上拟定了门头沟区 2012 年信息化重点任务，并上报区政府通过。

（王亮）

【网络安全与信息安全工作】 2011 年年内，加强对政务网站域名服务管理，做好安全检查及保障工作。对区内网络和信息安全实行常态检查与专项检查相结合的工作方式，在春节、两会、“五一”、“七一”、“十一”等敏感日期间要求各单位做好节日期间安全值守工作和应急响应工作，全力确保网络信息系统、网站的安全；与此同时在6月3日召开了“2011年网络与信息系统安全检查工作会”，围绕网络与信息系统安全进行专项检查，区委常委、常务副区长罗斌对专项检查进行了部署，下发了《关于开展2011年门头沟区电子政务网络与信息系统安全检查的通知》（门信安协办〔2011〕1号），要求57家责任单位做好各自分管的网络与信息系统安全检查工作，经查全部57家单位全部达标。区经济信息委对检查结果进行了详细总结，并将检查结果上报至北京市经济和信息化委员会。

（王亮）

【推进信息化基础设施提升工作】 2011年年内，根据北京信息化基础设施提升计划要求，推进信息化村、宽带小区建设。5月16日，区经济信息委组织召开信息化村和宽带小区项目建设推进会，与项目建设单位区联通公司和项目管理单位（15个村委会、12个社区居委会及物业单位）签订合同，6月14日，会同区财政局、专家组对信息化村和宽带小区建设项目进行验收，在联通公司以会议形式对验收资料进行认真审核，随后随机抽取20%的信息化村和20%的宽带小区，共计6个单位，依据验收标准，进行现场查验，验收结果为合格。截至上半年，15个信息化村，12个宽带小区已全部建设完成。与此同时完成了2011年信息化基础设施提升项目的申报工作，区联通公司的无线政务网项目通过审核，被北京市经济和信息化委员会列入信息化基础设施提升项目。

（王亮）

【政务信息资源共享交换平台（二期）建设】 2011年年内，是年年初启动政务信息资源共享交换平台（二期）建设，经过项目立项、技术方案审核、项目评标等环节后，完成全区68家委办局、镇、街的接入工作，使平台覆盖全区单位达到81家。12月2日召开“区政务信息资源共享交换体系项目需求确认会”，对各单位提供和需求的资料进行了逐一梳理。

（王亮）

【高清交互数字电视政务信息发布系统】 2011年年内，门头沟区高清交互数字电视政务信息发布系统“湖光山色门头沟”是年度门头沟区重点信息化任务，作为北京市远郊区县第一个基于高清交互数字电视技术实现的立体化服务平台，实现了各类政务信息、便民服务信息、宣传信息的一站式发布，超过260万户的北京高清交互数字电视用户可坐在家中就可以通过电视获取门头沟区的政务、惠民、招商、旅游信息，饱览门头沟人文风情和自然美景。该系统于11月8日正式上线运行。

（王亮）

【2011年百万家庭数字生活技能大赛活动】 2011年年内，会同与区科协、区妇联共同在滨河西区举行了“2011年百万家庭数字生活技能大赛科技周”开幕仪式活动。邀请三家电信运营商参与此次活动，向市民普及信息化基础知识。组织开展“百万家庭数字生活技能大赛”培训活动，向市民讲解网上银行、第三方支付、家庭数字终端等与生活息息相关的信息化知识。

（王亮）

【稳步推进门头沟区政府机关软件正版化工作】 2011年年内，根据《国务院办公厅关于进一步做好政府机关使用正版软件工作的通知》（国办发〔2010〕47号）文件精神和《北京市政府机关软件正版化专项检查和整改工作方案》的要求，为全面推进门头沟区政府机关使用正版软件工作，保护知识产权，区经济信息化委对全区 32 个委办局，4 个街道和 9 个镇进行了全面检查，共检查各类计算机 2751 台，其中行政人员办公用计算机 1131 台，行政办公用笔记本 33 台。并采用公召形式集中采购，8 月完成了正版软件的采购和下发工作。9 月 14 日，北京市使用正版软件工作检查组对门头沟区正版软件工作进行了检查，检查组抽查了两家单位，被查电脑均安装了正版软件，圆满完成了北京市使用正版软件工作的相关要求，并获得了北京市正版软件先进单位。

（王亮）

【贯彻落实北京市经济和信息化委员会北京市工程建设领域诚信体系建设排查工作】 2011 年 4 月，区经济信息委收到区政府对北京市经济和信息化委员会《关于开展第三阶段工程建设领域项目信息公开属性审查工作的通知》（京经信委发〔2011〕31 号）的批示后，立即开展工作，对涉及 44 项工程建设领域项目进行梳理，通过电话方式与项目单位进行沟通，了解项目进展情况，对各项目进行汇总整理，其中开工项目 10 个，未开工项目 33 个，形成情况汇总表，上报北京市经济和信息化委员会。

（王亮）

房山区

【概况】 2011 年年内，加快信息化建设，是全面提高房山区综合竞争力，再创竞争新优势的有效途径。2011 年，是“十二五”时期的开局之年，也是“智慧北京”的布局之年。全区信息化工作者着眼中国特色世界城市和“三化两区”建设，大力弘扬“三敢”精神，紧紧围绕全面建设“首都高端制造业新区和现代生态休闲新城”的功能定位，在建设“智慧房山、信息强区”的思想指导下，立足全区经济社会发展大局，全面规划“十二五”时期房山区信息化发展布局，积极推进“两化融合”，大力发展电子政务，信息化建设对经济发展方式转变、社会发展转型和创新型城市建设起到积极的促进作用；全面落实北京信息化基础设施提升计划，高标准建设信息化基础设施，网络综合服务能力显著增强；深化信息资源开发、整合与利用，加快推进地理空间、人口、法人、经济与社会运行等基础信息数据库应用，信息资源共享长效机制初步建立，支撑一体化社会管理服务能力大幅提升；推动重点区域信息化应用，积极开展信息化村、宽带小区试点建设和“信息化示范村”推荐认定工作，城乡数字差距明显缩小；有序推进物联网和无线城市建设，应用示范取得明显实效；加强网站建设与运维，政务网站便民利民功能得到进一步提升。

【高标准建设信息化基础设施，提高网络服务能力】 2011 年年内，建设覆盖城乡的光纤宽带信息网络，全年新增光纤到户 18.4 万户，覆盖率超过 90%；进一步完善移动通信网络信号覆盖，新建基站 220 个，完成交互式数字电视网络改造 10.1 万户，累计达到 18.5 万户；新增高清电视用户 5.56 户，累计达到 10.56 万用户；建设信息管道 37.69 沟千米，提高信息管道服务能力，满足信息化基础设施建设和架空线入地需求。在政务信息化基础设施建设方面，截至2011年底，政务网络带宽达到470M，为了进一步优化网络运行环境和政务网络布局，完善信息化基础设施，区信息中心聘请专家对区政务网络结构与机房设施进行了摸底测评，制定了机房与政务网络升级改造方案，完成了建设资金申请等工作。

（王秋丹）

【全面启动“房山经济信息港”建设】 2011年年内，“房山经济信息港”是房山区经济信息化委基于“无线物联房山　云聚感知龙乡”的构想，在充分利用现有信息资源的基础上，按照“基础设施、支撑平台、业务应用”三个层次搭建的一个开放式的集内部办公、对外展示、服务企业、经济运行分析和经济指标评价为一体的公共服务展示平台。充公利用信息化手段推进、监测和分析工业经济运行质量与态势，为招商引资、经济发展、产业规划和领导决策提供服务，是政府服务企业的有效网络，经济信息发布的权威平台。2011年完成了“房山经济信息港”前期方案设计、调整和一期300万建设资金的申请拨付工作，更新了委机关部分办公设备，搭建了房山经济信息港平台整体构架，完成了云计算服务核心平台软硬件系统部署与调试，9月22日，房山区经信委举行了“房山经济信息港”启动仪式。

（王秋丹）

【启动全国最好、世界领先的无线城市建设】 2011年5月30日，房山区经济信息化委和房山移动分公司联合举办了无线城市签约仪式，签署“无线城市框架合作协议”，就网络建设、应用服务达成合作意向。面向各委办局、乡镇政府，推进WIFI热点、市民主页、政府信息化解决方案。2011年房山移动规划建设108个WIFI热点，1997个AP。已完成37个热点建设工作，完成AP数673个。房山联通开展3G+WLAN（无线局域网）模式的无线城市建设，2011年新建WLAN无线访问接入点48个。

（王秋丹）

【开展信息化村和宽带小区试点建设，提升农村信息化水平】 2011年年内，按照《北京市信息化基础设施提升计划》要求，2011年区经济信息化委组织专家组对19个信息化村和12个宽带小区试点项目建设进行了验收及补助资金拨付工作；完成了122个社区站点的网络连接工作；为进一步提高农村信息化水平，总结和推广农村信息化应用经验及模式，根据北京市经济和信息化委员会、市农村工作委员会要求，在全区范围内经过认真摸底、筛查推荐了31个行政村作为北京市考核、表彰的“信息化示范村”上报北京市经济和信息化委员会。

（王秋丹）

【积极推进物联网建设，应用示范取得实效】 2011年年内，完成了“波龙堡葡萄酒质量追溯体系”建设方案的编制、监控机房建设方案的建设、设备安装、监控系统、产品虚拟展示与电子交易平台的开发、布署及波龙堡葡萄酒厂办公网络的建设、开通运行等工作；搭建了并开通运行了波龙堡千亩葡萄种植园气象/墒情远程监测站，目前已经积累了30 000多条葡萄园气象环境与土壤环境数据；基于葡萄园物联网基础设施和数据源，开发了葡萄园精细化生产管理系统，实现对14个墒情和气象指标的历史数据和现势性数据管理分析，种植农事历管理、病虫害远程诊断和滴灌管理决策等。项目正在构建葡萄酒供应链质量监控智能网络，对压榨、发酵、灌装、储酒过程实现智能监测及工艺自动化控制，利用电子标签技术实现生产质量信息的记录，保证产品质量的可追溯。

（王秋丹）

【编制完成了《房山区“十二五”时期政务信息化发展规划》】 2011 年年内，为加快全区电子政务发展战略研究，更好地推动电子政务建设，房山区信息中心启动“十二五”电子政务规划编制工作。推行电子政务，是深化行政管理体制改革的重要措施，是结合房山实际，推进“三化两区”建设，围绕“一区一城”功能定位和实现“智慧房山”建设目标的现实需要，通过“十二五”电子政务发展规划的编制，前瞻性地厘清“十二五”期间电子政务的发展思路，使电子政务成为转变经济发展方式、建设和谐社会的重要支撑。

（王秋丹）

【房山区三维地理空间信息系统】 2011 年年内，房山区信息中心与规划分局配合完成了“数字房山”——房山区三维地理空间信息系统建设项目的规划申报工作，该项目已获国家测绘地理信息局正式批复。已开始搭建“数字房山地理空间框架”，为房山区三维地理信息服务与应用提供政务信息资源支撑。

（王秋丹）

【加强网络基础设施建设，系统应用功能进一步提升】 2011 年年内，房山区信息中心进一步优化网络结构，加强信息和网络安全，实现对政务网络的精细化管理。配合市级相关单位完成北京市政务网络可信网的建设，为今后房山区政务网络的边界划分提供了新的依据，并同时提供了安全性、稳定性高于政务外网的传输线路。完成了主机房后备电源电池的更新与扩容工作，消除了电池超期使用的安全隐患，使现有后备电池在增大了用电负荷条件下具备了近 3 小时的安全运营时间。完成了政府三办区、社工委、新农村办、新闻中心、人口迁移办、老龄办、小额担保中心、拆违办、红十字、北沟办、地址公园办、新城办、CSD 管委会、林果中心、政府车队等 15 家单位和场所的政务网络接入工作。其中，在三办区搭建了无线网络环境，满足了政府办公人员和前来大厅办事人员的网络访问需求。

（王秋丹）

【加强网站建设与运维管理】 2011 年年内，为保障区政府门户网站的安全，促进信息公开、在线服务、政民互动和网站管理功能不断完善，进一步提高网上信息公开质量、办事质量、咨询投诉质量。2011 年，区信息中心完成了对主站管理平台的升级和全区 130 多家单位网站的监管任务，责成专人负责对政府网站诊断与监测平台、访问量分析平台、纠错系统、防篡改程序进行监管，确保发现问题及时处理，实现了无信息安全事件发生。作为区委区政府联系群众、服务群众的网络窗口，《房山信息网》在房山区“三化两区”建设过程中发挥着越来越重要的作用。

（王秋丹）

【强化网站宣传与信息公开】 2011 年年内，房山区信息中心以房山信息网为平台，以纪念中国共产党成立 90 周年系列活动、拆违拆迁、北京石化新材料科技产业基地项目建设、北京国际长走大会暨第十七届房山旅游文化节系列活动为宣传重点，加大了宣传报道力度。截至目前，主站发布政务信息、房山经济、今日房山、公众参与、在线服务等各类信息 4300 余条，供求信息 4200 余条，为各单位发布各类通知通告信息 180 余条，向首都之窗“区县热点”栏目报送信息共计 774 条。通过《房山信息网》政府信息公开专栏主动公开政府信息 3262 条。转录房山电视台《房山新闻》304 期，房山报 84 期。同时，完成了房山区六届人大六次会议和区七届人大一次会议、房山区六届政协六次会议和七届政协一次会议、房山区深入开展创先争优活动、严肃换届纪律—营造风清气正换届环境等专题栏目的设计制作、全程信息更新和运行维护。

（王秋丹）

【政务网站便民利民功能得到进一步提升】 2011年年内，房山区信息中心进一步提升政府网站便民利民功能，政风行风热线作为《房山信息网》上政民互动重点栏目，是政府及时了解社情民意，快速响应公众诉求的有效平台。截至目前，区政风行风热线共收到信件 7329 封，其中咨询类 2235 封，意见建议类 676 封，解决问题类 3245 封，政风行风类 646 封，每封信件基本上能在规定答复的时限内向百姓进行认真答复，信件的按时办结率为 99%以上，期间接受群众评议 3819 次。由于该栏目为群众解决了大量实际问题，得到了社会的广泛关注与好评，有力的促进了我区政风行风建设。行政许可电子监察系统运行稳定，实现了网上申报和查看办理结果。在对全区 43 家有行政办事事项的单位进行业务梳理的基础上，完善了网上所有行政办事事项的办事指南、办事流程、政策依据及表格下载等内容，同时还设立了文化、婚育收养、企业开办、医疗保险四个场景式服务，以模拟真实服务场景的方式，引导用户更直观、便捷的获取服务资源。截至目前累计全部事项的办事指南访问总量 20 627 人次，表格下载访问总量 10 285 人次，网上结果反馈总量为 19 584 件。

（王秋丹）

【完成了“市民主页”房山板块建设】 2011 年年内，“市民主页”是由北京市政府主办，北京移动承办，基于手机面向市民提供的个性化移动公共服务，是供市民了解政务信息和办理相关业务的“信息服务聚合平台”。房山区信息中心已确定“市民主页”设计方案，主要以房山特色宣传、本地公共服务为重点，面向特点需求用户提供个性化便捷服务。下设“动态信息、通知通告、教育培训、医疗卫生、社会保障、交通出行、供求信息、停电通知、良乡影讯、房山概况、功能园区介绍、旅游休闲”等 12 个子栏目。设计方案经“首都之窗”进行审批后，将逐步开展页面设计制作、信息录入和上线部署等工作，年底上线。

（王秋丹）

【加强信息资源共享服务体系建设】 2011 年年内，区属各部门对政务资源支撑业务应用的需求进一步加强，应用程度进一步加深，区信息中心按照服务全区经济社会发展、城市管理运行、政府业务协同、面向公众服务的思路，进一步加强信息资源共享服务体系的推广与应用工作。随着北京市在政务和公共服务领域开展物联网建设与应用发展目标的确定，区信息中心在全区各重点领域积极探索政务物联网应用支撑体系的建设思路，充分利用现有各类资源和共享交换平台等基础设施，按照“信息共享、业务协同、统筹规划、注重实效”的原则，为提升政府服务效率、节约政府管理成本打好基础。全年信息共享交换的数据量 1 745 289 条，通过市区两级政务信息资源共享交换平台交换的数据量 1 240 742 条，全区共 9 个部门通过区级政务信息资源共享交换平台交换数据，共计 824 615 条。

（王秋丹）

【人口库应用】 2011 年年内，根据国家人口计生委信息化建设的指导意见和北京市关于全员人口信息化建设的要求，通过区人口基础数据的支撑，组织全区各乡镇（街道）统计员进行了全员人口数据分布采集和系统补录工作，利用现有的全员人口数据库和《育龄妇女管理与服务信息系统》形成全员人口的全覆盖。在现有人口数据的基础上，核实、补录全员人口数据。保证了人口数据的及时性、准确性。该系统已经完成了全员人口 77 万数据的整合，同时已经将 22 万的育龄妇女数据和全员人口数据进行对接。

（王秋丹）

【法人库应用】 2011 年年内，房山区行政审批及电子监察系统通过直接调用法人库基础法人数据，大大提升了行政服务大厅在线业务办理的效率。截至目前，房山区行政审批及电子监察系统共调用区法人库的信息办理事项共近 1000 件次。行政审批及电子监察系统对外提供的事项共 1682 项，其中，区直部门 767 项，乡镇、街道办事处 915 项；在以上事项中，日常服务类 1330 项，行政许可类 352 项。并提供表格下载 133 份。涉及到的单位包括，委办局 38 家，乡镇、街道 23 家。截至到上半年，共办理事项 19 114 余件。

（王秋丹）

【数据交换】 2011 年年内，通过区级共享交换平台的支撑，使行政审批系统和电子监察平台与各委办局业务系统之间建立了一套标准的交换流程，各部门数据通过共享交换平台完成各类数据的推送与交换。区级交换平台将人口和法人等基础数据提供给政府部门开展业务。房山区行政审批及电子监察系统通过与市、区两级共享交换平台对接，将区内各单位业务系统的审批事项数据传入房山区行政审批及电子监察系统和市级部门业务系统中，支撑监察人员监督事项的办理情况，如区环保局、区交通局等单位通过数据交换模式开展工作。

（王秋丹）

【升级房山区地理空间信息服务系统】 2011 年年内，上半年完成了与北京市信息资源管理中心三期空间服务接口对接，将原有地理空间服务系统升级至“北京市三期”服务，扩展了空间地理信息服务功能，提升了空间资源数据的准确度，完善了市区两级空间地理信息资源数据位置与地址匹配纠正机制。

（王秋丹）

【房山区数字图像服务系统】 2011 年年内，在平台原有视频数据整合的基础上，将空间地理服务系统图像视频展示图层进行独立扩展，搭建了新的数字空间图像系统，新增区安全生产监控视频点位 30 个，实现了全区危险化学品企业的视频整合，为以后各单位数字图像数据在空间系统上的整合与展示提供了基础平台。

（王秋丹）

【房山区财政空间可视化系统】 2011 年年内，通过将区级资源共享服务体系中地理空间服务系统与区财政局“房山财税资源共享平台”对接，建立起“房山区财政项目申报辅助审批系统”，实现全区范围内财政指标、预算、项目投资管理等信息的空间可视化监管，并提供基于空间管理的财政指标分析，优化全区财政指标和项目管理的展示与分析功能，为进一步实现全区财政业务空间可视化全流程审批打好基础。

（王秋丹）

【领导决策桌面系统】 截至 2011 年 11 月底，共上传领导决策信息共计 358 条，涉及 8 家重点单位领导决策信息共计 56 类，涵盖全区经济统计分析、财政预算收支情况、劳动社会保障信息、区重点工程、绿色通道投资资金使用、市场主体管理、工商案件查处、安全生产工作监督和统计分析、房山新城良乡组团、房山新城燕房组团控制性详细规划以及新农村建设规划等信息。

（王秋丹）

通州区

【概述】 2011 年年内，通州区电子政务工作取得较大进展。电子政务工作在提高政府部门办公效率和服务水平上取得了较大成效；政务专网支持的市、区多种综合业务稳定运行；政务门户网站政务公开、在线服务和政民互动等公共服务不断深化；政务信息资源开发利用取得进展；财政管理、城市管理、农村经济管理、社会保障、卫生医疗管理、流动人口管理、房屋交易、婚姻登记等信息化水平逐步提高。

【政策法规】 2011 年年内，通州区经济信息化委牵头制定了《通州区通信保障和信息安全应急指挥部组建方案》,区应急委和区编办已批复。修订了《北京市通州区应急通信保障预案（专网）》和《北京市通州区网络与信息安全事件应急预案》。

（石强）

【信息化基础设施】 2011 年年内，完成了政务数据中心机房的建设工作；新建机房面积 330 平方米，核心网络设备区 230 平方米，机房辅助配套区 100 平米。截至今年 6 月底，机房建设工程已全部完工，并通过验收。完成了市、区政务专网的迁移工作；在委领导的统一指挥下，经过上半年的精心准备，区政务专网核心平台及应用系统服务器已于 6 月 19 日平稳、安全迁移至政务数据中心机房；北京市政务外网、市政务内网于 7 月 23 日平稳、安全迁移至政务数据中心机房；两次迁移过程中设备无一损坏，网络及应用系统均提前恢复访问，圆满完成搬迁任务。按时完成了政务专网调整、迁移、接入工作，完成情况：1）按照市经管站的业务需求，完成了区经管站及乡镇经管站政务专网的调整工作；2）起草了通州区社区接入政务专网建设管理意见，第三季度专网迁移 3 家单位：区环保局，永顺邓家窑村，潞城胡各庄村；新接入政务专网 5 家单位，开发区西区，永顺五社区，梨园 21 社区，区民防局玉桥指挥所，旅游文化建设办。根据全市统一要求，为提升我区信息化基础设施建设水平，区经济信息化委开展了 88 个“信息化村”和 17 个“宽带小区”试点建设工作。建设单位为联通通州分公司，各乡镇政府、街道办事处为协助单位。按照市级标准统一建设实施，6 月底已经完成全部试点建设任务，经信息化试点验收小组验收，均符合北京市经济和信息化委员会“信息化村”和“宽带小区”的验收标准，全部合格。

（石强）

【信息安全】 2011 年年内，通州区专网信息安全保障水平有了较大提高，部署了防火墙、入侵检测、安全审计、流量控制等网络安全设备；部署了网管系统、漏洞扫描系统、网络版防病毒系统、终端安全管理系统等信息安全监管系统，确保了电子政务专网及重要应用系统的安全。门户网站增加了网页防篡改功能。升级了网络安全设备，加强了电力保障，配备了大功率下送风空调，烟雾探测报警系统，动力环境监控系统，气体钢瓶灭火设施，防静电地板，防电磁干扰设施等。建立了信息安全容灾备份和应急体系，网站备份分为数据备份、Web

备份和内容管理系统备份，前期采用为本机备份和区域不同设备备份的方法，后期陆续沿用至区统一管理使用的备份系统，使得信息安全保障水平有了较大提高，提升了数据恢复的便捷性和可靠性。

（石强）

【城市运行管理】　2011 年年内，为实现城市空间实体可视化管理，通州区继续推进科技创安图像信息管理系统建设。通州区科技创安图像信息管理系统建设一期工程，包括扩建公安分局二级图像平台，新建 23 个派出所和 13 个应急分指挥部三级图像平台，新建前端图像采集点位 678 个（包括建设 100 个图像联动报警按钮），在出入通州区的 8 条主要道路上建设“113 工程”点位 48 个，修复公安分局建设旧点位 75 个，整合社会视频监控点位 650 个，全部接入二级平台直接控制，通州区科技创安图像信息管理项目一期工程顺利建设完成。初步形成了覆盖全区的视频“天网”。按照“建设应用并重、保障服务实战”的原则，在全市率先采用委托第三方服务外包运行模式，组建了 202 人的专业视频巡控队伍，规范视频巡控工作。严格落实三级巡控责任，92 个一级监控点位 24 小时“远程守候”，195 个二级监控点位实行重点时段视频巡控，391 个一般视频巡控区域，进行不定时巡检监控，形成了全时空、立体化防控的新型警务模式。强化图像信息的综合应用，及时向有关职能部门通报动态性、预警性、行动性信息，协调指挥相关部门现场处置，有机联动，实现巡控、指挥、行动一体化。按照视频巡控工作流程，值机员实时进行视频巡控，实现由事后处置向事前防范的转变。每天形成 8136G 存储数据，形成打击犯罪的情报信息和固定证据，为依法处理违法犯罪提供证据支持。首创推出“点对点”视频报警，在全区公交车站、中小学幼儿园、重点企事业单位、重点整治地区等重点部位安装报警前端 100 个。随着视频巡控系统一期工程的建成并试运行，共处置应急事件 9 次；配合清理整治 120 次，成功参与处置群体性事件 55 次，提供案件线索 103 件，协助抓获违法犯罪人员 87 名；为群众提供服务 69 次，建设城市空间实体可视化管理体系，切实提高了社会治安掌控能力、突发事件处置能力和社会综合管理服务能力。

（石强）

顺义区

【概况】　2011 年年内，顺义区的政务信息化建设以《智能北京发展纲要（2011—2015 年）》为指导，紧紧围绕区委区政府的中心工作，按照“统筹规划，需求主导，集约建设，资源共享”的原则，以“信息资源整合”为重点，扎实推进网络基础设施、门户网站和应用系统建设，形成“一张网络、两个门户、三大平台、四大系统”的发展框架，为全面实现顺义经济社会又好又快发展提供了有力的支撑和保障。

（信息中心）

【信息网络基础建设】　2011 年年内，信息化基础设施投入 3.92 亿元；新建基站个数 207 个，累计基站个数 1567 个；管道建设 197.38 千米；敷设光缆 2626 千米；新增移动用户 18.5 万，累计移动用户 142.9 万；固话 27.2 万户，宽带 14.2 万户;新建 WIFI（WLAN）覆盖热点 236 个区电子政务外网接入单位达 805 家，其中光纤宽带接入处级行政、企事业单位 176 家，中小学、幼儿园 120 家，社区卫生服务中心 39 家，派出所 31 个，劳动社保所 25 个，主要街道监控点 22 个，行政村 392 个。依据网络升级改造成功经验，对张镇网络进行升级改造，至此，全区共 17 个镇千兆接入电子政务外网。为进一步提高网络传输速度，信息中心对区电子政务外网进行了扩容，主干线路由原来的 450M 带宽增加至 530M 带宽，能够满足电子政务外网业务多、流量大、带宽高的办公需求。高清交互数字电视小区建设和改造情况：完成投资 1800 万元，完成改造小区 26 个，正在改造小区 84 个，涉及用户 10.5 万户，新建二级机房 1 个，三级机房 7 个，新发展有线电视户 8000 户，累计发展有线电视用户 16.2 万户；新发放高清机顶盒 7 万个，累计发放 7.6 万台。

（顺义区经信委、信息中心）

【光纤入户建设情况】 2011 年年内，完成 30 个小区，145 个村的 20M 升速覆盖工作，涉及居民 10.1 万户，累计完成 58 个小区，198 个村，涉及居民 16.5 万户；完成光纤业务迁移 2.1 万户，敷设电缆 2129.59 对千米，管道 115 孔千米；安装分光器 3000 余台。

（顺义区经信委）

【“双进入”工作圆满完成】 2011 年年内，按照“双进入”任务分工，协调小组积极协调落实“双进入”工作，在借鉴 10 年工作经验的基础上，多次组织相关单位、运营商、相关部门、建设属地单位参加协调会、联席会，协调属地内基站、宽带和管道建设的重点、难点问题。在各相关单位和各运营商的的大力配合下“双进入”协调任务已全部完成并在 2011 年北京市提升计划“双进入”协调工作中别评为“推进管道基站和宽带建设先进集体”。

（顺义区经信委）

【完成信息化村和宽带小区试点项目验收】 2011 年年内，共对 28 个小区和 53 个村进行光覆盖改造，涉及居民 63 575 户。敷设管道 46.44 沟千米；敷设光缆 1186 条千米；新装 OLT（光线路终端）设备 56 架共 92 端，FTTH（光纤入户）接入能力达 20 万线。验收组通过讨论，有 42 个村和 19 个宽带小区试点项目验收为合格。

（顺义区经信委）

【组织推荐“信息化示范村”申报工作】 2011 年年内，经过各镇推荐申报，共上报 23 个“信息化示范村”。12 月 12 日，北京市经济和信息化委员会领导及信息化专家组成信息化示范村检查小组对顺义区申报的信息化示范村进行抽查。市检查小组主要对李遂镇葛代子村、赵全营镇北郎中村、马坡镇石家营村的村务信息化、信息化软、硬件环境及信息化应用情况做了重点检查，经过实地走访市检查小组对顺义区的“信息化示范村”建设给予了充分肯定，并鼓励继续加强农村信息化的建设工作。

（顺义区经信委）

【组织企业信息化拓展交流会】 2011 年 7 月 12 日，邀请移动顺义公司，在南彩镇召开涉及曲美家具、长久物流、双河果园、京顺食品等骨干企业 50 余家，70 余人的参加的信息化应用拓展交流会。移动公司详细介绍了数字传输、集团套餐、彩铃等业务，根据企业的不同需求，开展实用性较强的信息化应用和管理的指导培训。

（顺义区经信委）

【完成与移动公司无线城市建设协议的签定】 2011 年 7 月 19 日，顺义区政府与中国移动顺义分公司签署了建设无线城市框架协议。编写了《北京市顺义区与中国移动通信集团北京有限公司合作共建无线城市建设实施方案》。12 月底向全区各委办局、乡镇、街道、公司下发，无线城市建设真正稳步推进。

（顺义区经信委）

【召开物流企业移动信息化建设促进会】 2011 年 9 月 15 日，顺义区经济信息化委与北京移动顺义分公司共同召开物流企业移动信息化建设促进会。各镇、开发区及优质物流企业负责人参加会议。此次会议是进一步落实无线城市建设合作框架协议的重要举措，将加快无线城市的建设步伐，深入推广移动信息化在物流行业的应用。

（区经信委）

【顺义网城被评为优秀政府网站】 2011 年 1 月 8 日，在北京市纠正行业不正之风办公室、北京市信息化工作办公室召开的“2010 年度北京市政府网站绩效成绩发布会”上，顺义网城获“优秀政务网站”称号，顺义网城已连续七年被评为优秀网站。同时，顺义网城还获得“优秀服务”奖。

（信息中心）

【制作“建党 90 周年”宣传专题】 2011 年 6 月，为了迎接党的 90 岁生日，顺义区信息中心设计制作了“顺义区热力庆祝中国共产党成立 90 周年”的宣传专题，并于 2011 年 7 月 1 日前正式上线，本专题前后共发布文字信息近 700 条，图片 600 多张，视频 20 段，7、8、9 三个月的访问量突破 16 万人次，全面地宣传了顺义区在区委区政府领导下，经济社会发展取得的伟大成就和全区建党 90 周年的各项庆祝活动。

（信息中心）

【完善电子政务办公服务平台】 2011 年年内，区信息中心不断完善电子政务办公服务平台功能。优化完善平台内容，每天检查平台各栏目内容链接情况，确保无错链接、死链接。及时更新区内交通信息、区内电话、人事任免公告、下载专区等栏目信息，方便各部门用户及时查询相关信息。规范电子公文在线显示样式，采用新技术手段，将电子政务办公服务平台中上传的公文显示样式与实际公文保持一致。更方便了用户浏览习惯。强化区内共享区栏目应用，积极协调各单位将本单位信息、文件、领导简介、单位职能等在共享区发布，方便了各部门及时了解区内各单位的工作情况。

（信息中心）

【建设移动办公平台】 2011 年年内，建设移动办公平台。方便区领导和工作人员通过手机、笔记本等移动终端登录移动政务办公平台进行政务办公。一期共建设 6 个模块，包括上级通知、区内会议、来文办理、顺义区情、值班管理、动态信息。根据工作需求，可逐步扩充办公内容。

（信息中心）

【加强领导决策信息系统应用】 2011 年年内，顺义区领导决策系统主要内容有领导日程安排、关注热点、各部门的决策信息等。通过领导决策系统掌握信息，全面、及时、经济。系统收集整理了 47 家委办局的决策信息，包括统计、财政、劳动、环保、城管、国土等单位的信息 2593 余条，领导会议安排 1400 余条。还整合了 3 个单位的业务系统，包括人口计生委的人口信息系统，水务局的雨量监测系统，气象局的气象信息系统。

（信息中心）

【完成 CA 数字认证建设】 2011 年年内，为确保数据安全，防止信息泄露，顺义区建设完成了 CA 数字信息认证和电子签章系统，集成区级办公平台、邮件系统、资源共享交换平台，有效地保证政府各部门之间及上下级政府之间信息传递的安全性。在完成全区 326 个数字证书发放的基础上，新增花卉展览交易中心、金融办、创意办等 10 家单位数字证书，完成机要科公文传输的 93 家单位电子印章采样表的收集完毕工作，建立数字签章。

（信息中心）

【加快镇级管理信息系统建设】 2011 年年内，区信息中心加快推进镇级管理信息系统建设，目前，全区各镇建起了镇级管理信息系统，实现公文、数据网上传输。旺泉街道完成网上办公系统建设，实现科室、居委会之间的信息交流。

（信息中心）

【建设网格化社区管理平台】 2011 年年内，建设网格化智能社区管理信息平台。该平台包括：社区管理，网格管理，街道管理，这 3 大核心业务管理模块，以及基础信息模块，系统管理模块，统计报表模块，帮助支持模块，整合后的门户网站。一定程度上满足了街道和社区的日常管理工作。搭建街道—网格—社区三级上下联动、条块结合、信息通畅、资源共享、运转高效的智能社区管理平台，同时建立并完善网格化管理、监督、激励体制。

（信息中心）

【政务视频会议系统广泛使用】 2011 年年内，根据北京市总体要求，将区视频会议主会场更换为 POLYCOM 高清设备，并对主会场的调音台、灯光、背景墙等进行标准化改造。区信息中心利用视频会议系统成功转播北京市电视电话会议、安全生产工作会、防汛工作会等 26 次，参会人数达 2100 余人。

（信息中心）

【深入开展舆情监测工作】 2011 年年内，网络舆情监测工作紧紧围绕拆迁、廉政文化建设、医疗卫生、教育等百姓重点关注的热点问题，不断强化区两会、重大经济活动、文化庆典期间的网络舆情监测，进一步消除了网络空间的虚假或不完整信息。全年收集网页、论坛、贴吧、微博中关于顺义的虚假或不完整信息 5000 余条，累计监测、报送网络舆情事件 100 多个，通知各单位加强网络预警 80 余次，制作并报送《领导参考信息》43 期，为领导决策和开展网络引导工作提供了参考和依据。

（信息中心）

【加大顺义网城信息发布力度】 2011 年年内，结合建党 90 周年和全区中心任务，2011 年顺义网城共发布动态信息 2300 多条，图片 1200 张；转发北京日报、北京青年报等市级媒体关于顺义的热点报道 100 余条。在顺义网城英文版发布关于区内经济动态的英文信息 100 余条。依托与首都之窗、城乡经济信息中心网站共建的资源优势，积极向市级新闻网站报送动态信息，全年报送 2000 余条，累计被首都之窗、北京经济信息网等网站采用信息 1800 余条。

（信息中心）

【建设“市民主页——顺义区”】 2011 年年内，顺义区被首都之窗和北京市移动公司选为建设“市民主页——区县专区”的试点单位，在经过近 2 个月的协作共建下，2011 年 10 月 30 日，“市民主页——顺义区”正式上线运行，成为北京市区县内第二个市民主页正式上线的区县。目前，市民主页——顺义区设立了 3 个一级栏目，27 个二级子栏目，涉及顺义区的政务、经济、民生、旅游等 6 个方面的内容。“市民主页——顺义区”的建立，极大地加强了顺义网城在手机移动服务方面的能力，尤其是移动便民服务方面。广大市民群众可以通过手机上网浏览“市民主页”，随时随地查询自己想要了解的顺义区各项基本情况和衣食住行等方面的服务，增加针对顺义区的宣传渠道。

（信息中心）

【顺义网城开设多个专题】 2011 年年内，顺义网城为充分发挥网络宣传作用，积极与各单位合作共建宣传专题，先后开设了《顺义区“十一五”发展成果展》、《2011 顺义区两会专题报道》、《公众建言“十二五”共话顺义新蓝图》、《浪漫郁金香之旅，尽在北京国际鲜花港》、换届纪律“5 个严禁、17 个不准和 5 个一律”》、《第二届北京国际鲜花港菊花文化节》等 17 个不同类型的专题栏目，共添加各类文字信息 1500 余条，图片 1600 余张，音频 30 多段，视频 50 多段。在宣传专题栏目的同时，顺义网城的浏览量和关注度得到很大提高。

（信息中心）

【完成顺义网城第十一次全面改版工作】 2011 年 7 至 10 月间，顺义区信息中心对顺义网城进行了第十一次改版，改版后顺义网城的特点有：内容更加丰富，分类更加清晰，满足大众的不同需求；信息公开、在线服务、政民互动三大核心功能得到进一步深化；进一步丰富和完善民生类公共服务信息；语种多样，拓宽对外宣传交流途径。

（信息中心）

大兴区

【概述】 2011 年年内，是大兴区信息化攻坚克难的一年。编制完成大兴区十二五信息化发展规划，推广高清电视数字机顶盒 9.2 万户，启动无线城市建设工作，大力推进信息化村、宽带小区的建设，开展无线电宣传，加强信息化安全管理等工作成效显著。

【大兴区“十二五”信息化发展规划编制完成】 2011 年年内，多次召开研讨会并积极征求各单位意见，结合大兴区“一体化、高端化、国际化”的发展要求，进一步优化了“十二五”信息化发展规划，并正式向社会发布。

（刘莉）

【“信息化村、宽带小区”初见成效】 2011 年年内，为确保大兴区信息化建设工作，大兴区向北京市经济和信息化委员会争取 120.6 万元配套资金用于建设 26 个信息化村和 21 个宽带小区，保证信息化村和宽带小区具备光纤 20M 入户的能力，具有固定电话、有线电视的接入能力，同时，“信息化村”还建有村级网站、安防监控系统和至少能容纳 20 人的电化培训教室。截至 2011 年年底，联通大兴分公司已经完成 18 万户的 20M 升速改造工程。根据北京市经济和信息化委员会、市农委的要求，会同农委组织大兴区各镇开展“信息化示范村”考核认定工作。其中青云店镇东店村、长子营镇留民营村被授予“2011 年度‘信息化示范村’”称号。

（刘莉）

【无线城市建设启动】 2011 年 7 月，大兴区与北京移动公司共同签署了无线城市建设合作框架协议，大兴区无线城市建设工作正式启动，在全市领先。据统计，北京移动公司全年在大兴投入资金 8.3 亿元用于移动网络建设及改造工作。

（刘莉）

【高清交互数字电视工程成绩显著】 2011 年年内，高清交互数字电视工程建设被列入 2011 年大兴区政府实事工程，市、区、企业共投资 1 亿元。在建设过程中积极协调相关部门解决项目立项、资金申请、资金划拨、机房选址、供电等相关问题。全年共发放高清交互数字电视机顶盒 9.2 万户，受到了市里领导的好评和百姓的欢迎。

（刘莉）

【加强无线电宣传及执法力度】 2011 年年内，大兴区经济信息化委配合市无线电管理局进行了两次无线电执法，清除非法电台 16 部，肃清了无线电使用频段。同时，为提高公众对无线电的认知度，制定了《大兴区无线电管理法规宣传工作方案》。通过报纸、广播、网络、张贴宣传海报等方式，宣传无线电知识，增加社会公众对无线电的了解，倡导全社会自觉维护空中电波秩序。

（刘莉）

【加强制度建设】 2011 年年内，依据《北京市信息化工作领导小组关于加强信息安全保障工作的实施意见》、《北京市信息化促进条例》等若干规定，先后制定了《大兴区国家机关网站管理办法》、《大兴区公共服务网络与信息系统安全管理规定》等相关管理办法，要求政府各部门认真做好网站保密管理工作，按照“谁公开，谁负责”的原则，实行信息发布审查制度，保证保密信息不上网。同时，要求各单位建立信息化台账，安装正版化软件，定期进行网络杀毒。

（刘莉）

【加大安全检查力度】 2011 年年内，按照大兴区应急委的要求，通信保障和信息安全应急指挥部一季度一次对区信息中心、网络运营商等重点单位进行信息安全检查，对其他单位采取抽查。重点检查组织制度、机房网络、网站审查、信息台账等相关工作。同时，区信息中心利用技术手段对各单位网络进行远程监控，避免因计算机使用不当及网络病毒，造成全网瘫痪或堵塞。每年度，根据对网站、网络检查情况，进行检查考核，并将此项工作纳入年终绩效考核。

（刘莉）

【提升应急处置能力】 2011 年年内，大兴区制定了区级突发公共事件应急通信预案、网络与信息安全事件应急预案。同时，公安局、区信息中心、移动大兴分公司、联通大兴分公司、歌华大兴分公司等相关单位都制定了专项预案，建立健全了行之有效的长效应急机制。同时，为组织协调有关单位做好应急管理工作，要求各单位进行应急演练，并根据实际情况参与演练工作。

（刘莉）

【加强信息安全培训】 2011 年年内，对全区 60 余家机关单位就信息安全、网站安全管理、网络安全等内容进行培训，提高各单位信息安全意识，加强信息安全管理。

（刘莉）

【加强联合执法检查】 2011 年年内，先后两次对移动、联通、歌华等通信运营商进行安全检查，查找事故隐患，提高全区通信网络安全应急处理能力。

（刘莉）

【政府门户网站】 2011 年年内，大兴区在全国区县政府网站考核评比中连续两年取得第一名的好成绩。2011 年大兴区作为政务网站建设典型代表在国务院办公厅组织的网站交流会上发言，得到了国家和市级主管部门的肯定。北京市大兴区政府门户网站——“北京大兴信息网”作为区政府门户网站，与区属机关、企事业单位及群团组织等 95 家单位网站建立分站点，没有出现安全泄密现象。现每月访问量达 800 万次以上。

（刘莉）

【信息化应用系统取得成效】 2011 年年内，积极引进前沿信息技术，推进信息化服务应用系统建设应用，配合相关部门推进网格化社会服务管理系统、视频监控“天网”工程的建设，系统的应用将在城市管理、社会服务、节能减排等领域发挥重要作用。

（刘莉）

【两化融合工作不断深化】 2011 年年内，区经济信息化委建设了工业信息化平台，展示区内企业资源，促进企业间资源共享，得到了北京市经济和信息化委员会相关领导的认可。同时，组织区内近百家企业进行了信息化专题培训，推进企业信息化应用。

（刘莉）

【软件正版化工作顺利完成】 2011 年年内，先后组织召开培训会、开展正版化软件使用摸底调查、建立信息化资源台账等工作。在市里检查中，软件正版化率达 100%，获得了市级领导的好评。

（刘莉）

【加强信息化管理及考核工作】 2011 年年内，按照市电子政务绩效考核工作部署，梳理业务流程及信息化支撑工作。同时，联合区法制办等单位进行联合检查，对各单位的网站建设及相关信息化工作进行综合考评，推动各单位信息化工作的开展。

（刘莉）

昌平区

【概述】 2011 年年内，昌平区加强信息网络基础设施建设，深化全区信息化应用，完成昌平区“十二五”时期信息化发展规划，开展《未来科技城信息化发展规划》项目；推进全区电子政务规范化建设，深入区政府门户网站建设，建设区政务信息资源平台建设五期六期工程，大力开展电子政务研讨、培训和宣传普及；加强政务网络安全管理，部署“两会”期间加强政务信息资源共享交换体系运维保障工作，不断提高区域信息化整体水平。

【信息网络基础设施】 2011 年年内，充分利用“双进入”协调机制，积极协调相关部门解决各运营商在实际工作中出现的问题，完成基站建设 250 个，管道建设 55 沟千米，有限电视新建网 1.2 万户，有线电视双向网络改造 30 万户，高清推广 17 万户，已超额完成年度工作任务；完成无线热点覆盖 3973 个，其中联通昌平分公司覆盖 WLAN 热点 120 个，移动昌平分公司覆盖热点 3853 个。

（魏梓）

【《未来科技城信息化发展规划》项目】 2011 年年内，已通过北京市经济和信息化委员会组织的专家评审，将根据市统一安排进行项目验收。专家认为：规划以入驻央企为服务对象，规划了园区的信息化建设蓝图，力争为入驻央企的信息化建设提供创新型基础支撑服务，并借助先进的 IT 技术为入驻央企提供智能、绿色、安全的园区管理与服务；以广泛的需求调研和对国内外相关资料收集、分析为基础，对未来科技城信息化建设的可行性进行了深入研究，注重针对性、前瞻性和可操作性，拟定了信息化建设的总体目标、建设阶段、建设内容，并对第一阶段的信息化建设进行了详细的任务规划和投资估算，其成果可作为未来科技城信息化建设的依据。规划应用了智慧城市理念、方法和技术，总体思路清晰，内容全面，方法科学，结果可信。

（魏梓）

【完成“信息化村”及“宽带小区”资金发放工作】 2011 年年内，完成全区 39 个“信息化村”和 44 个“宽带小区”建设项目验收，并向各建设单位及管理单位拨付补助资金共计 249.2 万元。

（魏梓）

【完成《昌平区草莓种苗基地精确农业集成与示范》项目验收工作】 2011 年年内，昌平区草莓种苗基地精确农业集成与示范由北京华耐农业发展有限公司建设，项目建设地点位于南邵镇姜屯村南华耐种苗研究所院内，获得市级补助资金 80 万元，已通过北京市经济和信息化委员会验收。

（魏梓）

【成立昌平区高清交互数字电视应用工程领导小组】 2011 年年内，经政府办、区委办审定成立了昌平区高清交互数字电视应用工程领导小组，并下发了《昌平区高清交互数字电视应用工程领导小组组建方案》（京昌办发〔2011〕13 号），并召开领导小组工作会以有效推动此项工作顺利进行。

（魏梓）

【部署“两会”期间网络及信息安全保障工作】 2011 年年内，全国“两会”召开之际，根据市网络与信息安全协调小组办公室及市通信保障和信息安全应急指挥部办公室工作要求，及时与区综合行政服务中心进行文件沟通，按照要求加强信息报送。期间，制定了详细的网络及信息安全保障工作措施，确保“两会”胜利召开：对网络和各应用系统进行梳理排查，有针对性地加以完善和解决。制订了“两会”期间 24 小时机房值班计划，下发各技术人员严格执行，确保各应用系统在节日期间的正常运行。召开有关技术人员会议，同时给网络及各应用系统运营商发送正式通知，确保措施到位、责任到位、落实到位。

（魏梓）

【部署“两会”期间加强政务信息资源共享交换体系运维保障工作】 2011 年年内，根据北京市经济和信息化委员会相关要求，严格落实平台运维保障责任制，强化技术防范措施，做到领导到位、机构到位、人员到位、职责到位、措施到位。区信息中心值班人员每天对政务信息资源共享平台的软硬件系统进行巡查，相关技术工程师做到“两会”期间全天 24 小时待命，随时对平台遇到的问题进行电话技术支持或者现场支持。政务信息资源共享平台在“两会”期间没有出现任何异常。

（魏梓）

【完成昌平区“十二五”时期信息化发展规划】 2011 年年内，昌平区完成“十二五”时期信息化发展规划，并开展两次意见征求工作，将根据区政府统一安排，报请区政府审批。

（魏梓）

【无线电管理宣传工作】 2011 年年内，根据北京市无线电管理局宣传月活动的统一部署，借助区政府网对无线电管理工作进行网络宣传，充分利用无线电管理宣传月集中宣传契机，全面普及无线电频谱知识和法律法规知识，提高社会公众对无线电频谱资源的意识和依法用频意识。并于昌平区永安公园开展了无线电户外宣传活动，得到了市无线电管理局的高度重视与大力支持，市无管局副局长彭亚宁一行莅临了活动现场，对发放工作做出了积极指导。活动期间共悬挂标语横幅 30 条、张贴海报 400 张、发放各类宣传手册 4600 本、发放宣传彩页 5000 张、发放宣传品（购物袋和笔）5000 余个，并通过区内 LED 户外宣传屏加强口号宣传，得到了广大市民的高度关注与认可，有效普及了无线电知识。

（魏梓）

【完成市版权局关于软件正版化工作检查】 2011 年年内，按市新闻出版局通知要求，开展辖区内各政府部门软件正版化自查整改工作。主要针对办公用电脑的操作系统、办公软件和杀毒软件这三个方面使用正版软件情况进行自查整改。将各部门上报数据进行统计、整理后填写《昌平区政府机关软件正版化自查整改工作统计表》上报市新闻出版局。

（魏梓）

【收到与北京市经济和信息化委员会开展法人库试点项目工作】 2011 年年内，昌平区与北京市经济和信息化委员会开展法人库试点项目工作。获取了市法人库昌平区数据，建立本地法人数据库。设立区级法人基础信息共享服务接口和市区两级平台对接。开展市法人基础信息在中小企业诚信服务评价、重大项目推进管理、安全生产监管三个领域的试点应用系统技术设计工作。昌平区企业诚信服务评价管理系统依托昌平区公众服务呼叫中心、区基础地理信息共享服务和法人基础信息共享服务建立，向市民推荐合法经营、优质诚信的商家。“绿通”项目推进管理服务系统以项目建设单位为服务对象，以提供翔实、有效、高效的审批业务服务为主要内容，基于区法人基础信息共享服务平台，完善建设单位数据库和“绿通”项目数据库，为重大项目量身定制办事流程，指导项目开展手续办理，并对手续办理的具体进程进行动态跟踪与监控。区安监局依托法人基础信息共享服务对全区生产经营单位调查摸底和信息比对，并建立生产经营单位分类分级管理系统，实现对不同规模、不同行业、不同所有制生产经营单位的分类监管、分级评定，初步形成覆盖全面、信息准确、动态更新的全区生产经营单位安全生产基础管理台账，为安全生产监管提供可靠的基础数据支撑，提升安全生产监管的标准化、精细化水平。

（魏梓）

【建设区政务信息资源平台建设五期六期工程】 2011 年年内，昌平区在 2010 年工作的基础上，继续拓展市、区两级平台共享内容，不断丰富完善基础数据信息，深化基础数据信息试点应用。进一步建立健全管理机制，完善平台间的信息交换和共享机制。完成资源平台五期六期工程，农委、农业局、人口计生委、交通局和人力社保分平台正式上线。地图数据更新到 2010 年最新影像，并将原有地图服务器从公用服务器中独立出来并入库提供给分平台调用，满足当前系统使用需用，为昌平各委办局工作和昌平经济建设提供有力支撑。引入项目监理对六期工程实施全程监理。

（魏梓）

【政风行风热线网络进回龙观社区网】 2011 年 5 月正式开通“政风行风热线进社区”栏目。

昌平区先后制定、修订了《关于推行“政风行风网络热线”工作意见》和《昌平区优化发展环境实施政风行风网络热线群众来信办理情况督查考核办法》，加强对信件办理质量的督查、考核。更广泛地了解社情民意，将问题解决在基层，将矛盾化解在基层，促进社会和谐稳定，2011 年，昌平区政风行风热线共受理群众来信 2216 件，办结 2075 件，按时办结率 100%，解决群众反映强烈的热点难点问题 200 多个。

（魏梓）

【建设区级“市民主页”工作】 2011 年年内，昌平区和中国移动公司就建设北京市“无线城市”及市民主页工作开展合作。面向市民提供个性化的移动公共服务，供市民了解政务信息和办理相关业务。昌平专区特别设置，昌平动态、昌平服务、昌平特色三个二级栏目；包括生活提示、农产品价格、养老机构、学校查询、医疗机构、公招公告、区内公交、药店信息、住房公示、社会保障等与市民生活息息相关的内容；以及昌平概况、行政区划、历史文化、资源禀赋、战略目标、城乡发展、重点功能区、经济建设等昌平特色板块。2012 年 1 月昌平专区顺利上线。

（魏梓）

【深入区政府门户网站建设】 2011 年年内，在 2010 年优化升级昌平区政府门户网站的基础上，昌平继续以整合涉及群众“民生”办事服务内容为突破口，进一步丰富完善区政府门户网站内容和功能。完善社情民意互动平台，畅通群众与政府沟通渠道。对“走进昌平”“昌平动态”“便民服务”“旅游休闲”四个栏目的内容和版面进行调整，并在网站首页增加了视频新闻、昌平周刊电子报、十二五规划和昌平央企等栏目，在测试后正式上线。依据区十二五规划纲要全面调整走进昌平栏目，并进一步调整完善政策解读、执法监督、主题旅游、拆迁征用等栏目。

（魏梓）

【推进全区电子政务规范化建设】 2011 年年内，昌平区收集和统计分析各委办局电子政务系统建设资料，紧密跟踪建设中和规划中的信息系统，全面掌握区电子政务项目建设情况，并对相关系统情况进行备案。结合当前昌平区电子政务现状和电子政务工作主要任务，制定完善电子政务各项管理制度及项目规范运作流程，汇编成册，制度汇编稿包含政府网站、资源平台、网络办公、机房管理、办公设备、应急制度六大部分，共计 23 篇规章制度，用以规范和指导我区电子政务发展。

（魏梓）

【加强政务网络安全管理】 2011 年年内，根据昌平区政务网络基本情况，制定了《昌平区政务外网管理办法》，并加装利用流量控制器等技术手段加管理手段规范网络使用行为。分析全区政务网流量使用情况和特点，制定区政务外网流量控制策略，处理各类网络故障，取得了很好的使用经验。

（魏梓）

【开展电子政务研讨、培训和宣传普及】 2011 年年内，综合行政服务中心组织开展两次全区网管培训会，全区各委办局相关网管技术人员参加，市网络安全测评中心和相关技术公司讲授相关信息化课题，培训内容涉及网络安全、协同工作平台、门户网站等内容。

（魏梓）

平谷区

【概述】 2011 年年内，平谷区信息化工作在区委、区政府和北京市经济和信息化委员会的正确领导下，在全区各单位大力支持下，以科学发展观为指导，按照建设“生态绿谷、京津商谷、绿能新谷、中国乐谷”的要求，顺应信息化趋势，适应信息化要求，把信息社会建设作为平谷城市化、工业化和农业现代化发展的战略任务，全面推进经济和社会的信息化发展，不断深化信息技术在各领域的应用，促进平谷经济和社会的全面和谐发展。

（田伟杰）

【平谷区加强业务协同工作开展】 2011 年年内，平谷区按照国家和北京市电子政务建设总体要求，结合本区实际，不断深化电子政务建设，推进资源共享和业务协同。以基础数据库建设为基础，以跨部门协同应用为驱动力，以信息化业务线为抓手，推动政务信息资源在部门之间共享，逐步实现政务信息资源管理的采集集约化、登记规范化、更新制度化、共享普遍化，促进政府行政能力和服务水平的提升。通过开展税收协同管理系统的应用，促进了平谷区地方税收收入的增加，全年累计开展数据共享交换各类数据信息 219 140 条。地税局与国税局和建委建立数据共享、比对机制，及时发现有税不报或隐瞒少报的现象，通过确认，补税 26 户，补缴税款及滞纳金共计 336 636.64 元。

（田伟杰）

【完成 2011 年北京市区（县）电子政务绩效考核】 2011 年年内，按照 2011 年北京市电子政务绩效考核指标体系的总体框架，完成了平谷区电子政务绩效考核自查工作。截至 2011 年底，平谷区已完成核心业务梳理的部门有 46 个，占全区部门的比例为 92%，将各委办局及乡镇涉及到的相关数据内容上报北京市经济和信息化委员会。

（田伟杰）

【电子政务网络与信息系统安全检查工作】 2011 年年内，北京市网络与信息安全协调小组办公室开展了电子政务网络信息系统安全检查的工作，本着“谁主管谁负责、谁运行谁负责、谁使用谁负责”的原则，严格按照通知的相关要求，认真开展自查工作，及时发现解决存在问题、隐患和漏洞，按照要求认真完成自查报告和相关表格。

（田伟杰）

【北京市“2011 年度‘信息化示范村’”考核认定】 2011 年年内，严格按照市委市政府关于在北京率先形成城乡经济社会发展一体化新格局的要求，为充分发挥信息化对城乡一体化建设的促进作用，总结和推广农村信息化应用经验及模式，考核认定了 32 个“2011 年度‘信息化示范村’”，并做好上报工作。

（田伟杰）

【政务网站栏目改版】 2011 年年内，京东绿谷信息网完成了新的改版，主要对“走进桃乡、信息公开、政民互动、绿谷经济、办事平台和百姓生活”等频道进行了全新改版，在内容和图片上进行了填充，点击量增加。改版后各栏目运行良好。

（田伟杰）

【深化政务公开继续】 截至2011年12月，京东绿谷信息网公开信息25 024条，涉及政务、三农、教育等；办事平台累计办结事项37 561件，提供下载表格260个；一次性告知指南类信息538条；在公众参与方面，领导信箱回复网民提问265件，网上咨询回复2157件，回复率均达到95%以上；政风行风系统受理投诉、咨询、建议类信件共320件，政协、人大议案、提案共计220件。

（田伟杰）

【通过专题网建设积极宣传平谷】 2011年年内，京东绿谷信息网完成的专题网站包括印象平谷、文化平谷、投资绿谷、建言献策“十二五”共谋和谐新平谷、平谷马坊物流基地、水务普查、2011两会、建党90、京津商谷、桃花音乐节和2011北京·平谷鲜桃采摘季等22个。专题网站建设为广大市民招商投资、旅游等提供了便捷的窗口。

（田伟杰）

【完善网上办事服务】 2011年年内，依托京东绿谷信息办事系统，逐步健全社区和村级网上办事服务，将行政服务中心办理的事项延伸到了社区和村级办理，节约了办事时间，提高了办事效率。

（田伟杰）

【完善信息化政策体系建设】 2011年年内，按照平谷区“一区、三化、五谷”的发展要求，网站加大了信息化政策法规、标准体系、信息公开、信息化安全、信息化管理制度、信息化项目管理制度和信息资源管理制度等相关政策法规的宣传。

（田伟杰）

【创新网站服务模式】 2011年年内，京东绿谷信息网完成了平谷区所有政务网站的考评工作，根据各单位的职责、任务和功能，对考评指标进行扩展、细化，对网站信息公开、在线服务、政民互动内容进行考评；对网站公开质量、网上办事质量、咨询投诉质量进行考评；对网站应用的实际效果进行考评，此项考评工作促进了政务网站的良性发展。与首都之窗、中国移动合作，加快“市民主页”移动公共服务平台建设；在信息公开方面，与区政府办公室、督察室、信息公开办、信息科进行沟通，确保信息流畅，网上无涉密信息，努力做到对外公开信息及时、全面、合法、真实。

（田伟杰）

【做好平谷区无线电宣传和管理】 2011年年内，开展“无线电宣传月”活动，发放宣传册、简报9000份；日常监管无线电基站、对讲机等；取缔了一批非法的无线电管理电台；充分采纳各网络运行单位的建议，制定了《平谷区无线电管理应急预案》。

（田伟杰）

【确保区内各委办局网络设备安全运行】 2011年8月，检查了各委办局的网络设备、政务内外网络、应用系统、2G、3G、网络光缆等，进一步完善了平谷区网络安全应急预案，提高了各单位对网络安全的认识。

（田伟杰）

【配合各网络运行单位做好网络安全、资源整合工作】 2011年年内，区信息中心配合区公安局采集了区内所有的视频资源；与区经信委组织了网络信息安全培训；协助北京市普天信息公司完成了平谷区物联政务专网基础设施调研，完成第四代网络的前期测试，并完成了平谷马坊基站，广电基站，电视塔基站，民防基站的基础设施建设；协助平谷联通和平谷移动完成了行政服务大厅 Wifi 全覆盖。

（田伟杰）

【继续开展电子政务平台推广】 2011 年年内，在做好平台冗余文件的备份、删除、管理和电子政务平台培训等工作的基础上，按照电子政务安全规范和技术要求，重点对电子政务平台的督查功能进行了改造和升级，对折子工程、实事工程、重点项目等模块进行了完善，初步实现了重点工作全方位督查。通过电子政务办公平台上报、整理各类政务信息 17 637 条，形成电子刊物 600 余期；传输各类文本和文件 13 517 件，接收邮件 10 257 件；答复群众咨询、建议 2015 件。全年电子政务平台运转较好。北京市平谷区经济和信息化委员会依托电子政务，打造服务型政府，获得了中国信息协会颁发的“2011 年中国城市信息化服务创新奖”。

（田伟杰）

【云计算企业应用稳步提升】 2011 年年内，为解决管理系统在中小企业难以推广应用的问题，基于云应用服务的理念，平谷区与北京恩维协同科技有限公司合作，在平谷区开展了中小企业在线 ERP 云应用示范项目。通过引入国家和北京市重点支持的“云计算”提升平谷区中小企业信息化能力，提高企业管理、竞争能力。

（田伟杰）

【实施“农村电子商务年”活动，推动农村电子商务发展】 2011 年年内，随着农村电脑普及率的不断提升，农民和农村合作组织对电子商务有了初步的认识。2011 年，组织开展了“农村电子商务年”活动，加强宣传，通过 221 平台、信息大篷车等形式对电子商务开展宣传；开展配需工作，通过信息大篷车深入农村，对农村合作社负责人开展培训，内容包括如何网上开店、发布信息、组织团购等。联系合作社，在平谷易畅网开展农副产品团购活动。通过各项措施，现已有 26 家合作社在淘宝网上开店，2011 年发布大桃、大枣、苹果等各类信息 977 条，组织草莓、大枣等团购活动 10 余次。

（田伟杰）

【举办电子商务培训】 2011 年 6 月，区经信委和信息中心共同组织的大篷车电子商务培训活动，在山东庄镇和熊儿寨乡分别举行。50 余家农村合作组织及参加培训。此项电子商务培训活动日后将在其他乡镇陆续展开。

（田伟杰）

【继续积极推进物联网应用】 2011 年年内，区经信委在镇罗营镇大庙峪村德米特有机示范园基地建立物联网应用试点，帮助大庙峪村果农实现有机大桃的科学种植和精细化管理，提高有机大桃的颜色、口感和甜度，为大庙峪村德米特有机果品转换工作提供技术支持和保障。镇罗营镇大庙峪村物联网应用试点的启动是北京市推动“信息惠民”的重要举措之一。

（田伟杰）

【加强企业信息化服务】 2011 年年内，找准切入点，加强企业信息化服务。在巩固上年企业信息化服务的基础上，大力开展电子商务在企业中的应用。为了实现电子商务在企业的应用，先后将 50 台电脑赠送给信息化基础设施薄弱的企业。

（田伟杰）

【加大平谷团购网宣传力度】 2011 年年内，易畅平谷团购网组织团购活动 55 次，团购物品包括：饭店优惠卡、日常用品、农副产品等种类繁多，为平谷网民提供一个网上购物超值优惠的平台，不仅拓宽了平谷农、商户的销售渠道，而且带动了平谷区的经济发展。

（田伟杰）

【提倡时尚网络消费】 2011 年年内，易畅网创办了平谷区的消费打折卡，经过大力推广现已经签约联盟商家200户，持卡会员5000余人。会员在平谷指定联盟商家消费时享受会员折扣，此举措将平谷所有商家联合起来，通过打折拉动了消费，为网民提供了便利。

（田伟杰）

【加强信息基础设施建设】 2011 年年内，在北京市设施的信息化基础设施提升项目中，平谷区 6 家企业共申报项目 7 个，其中北京波畅达网络技术服务中心、北京鑫通顺陆路通客运服务有限公司、北京京津港国际物流有限公司、中国联合网络通信有限公司北京市分公司和首都信息发展股份有限公司五家企业申报的项目通过初审。通过率比去年增加一倍多。在北京市 2011 年基础设施提升计划项目中平谷区共上报北京平谷国际陆港物流动态监管技术应用示范、平谷区宽带用户光纤到户工程、北京金鹰电子商务平台建设、物联网技术在智能休闲农业生产营销中的应用与示范、平谷社区基层信息服务平台、北京市平谷区公交客运站安防系统六个项目。2011 年共建设乐园东、乐园西、太和园小区、金乡居民小区、平翔园小区、白各庄新区、井峪新村、杨家台新村、王官屯村和南张岱村为我区的宽带小区，共投入资金 24 万元。

（田伟杰）

【健全农村信息化考核体系】 2011 年年内，为进一步推动农村信息化建设，促进信息化成果在农村的应用，2011 年区信息中心与区经信委共同召开了平谷区农村信息化工作会，会上部署 2011 年农村信息化工作主要是利用信息化服务“三农”。同时，为加强对农村信息化管理人员的管理和考核，制定了平谷区农村信息化 2011 年考核表，目前，平谷区实现了信息化主管领导—信息员—农村信息化合作组织的信息化体系，并且将信息化纳入到了各乡镇的考核中。

（田伟杰）

【夯实基础，稳步推进农村信息化建设】 2011 年年内，为进一步推动农村信息化建设，促进信息化成果在农村的应用，2011 年区信息中心与区经信委共同召开了平谷区农村信息化工作会，会上部署 2011 年农村信息化工作主要是利用信息化服务“三农”。同时，为加强对农村信息化管理人员的管理和考核，制定了平谷区农村信息化 2011 年考核表，目前，平谷区实现了信息化主管领导—信息员—农村信息化合作组织的信息化体系，并且将信息化纳入到了各乡镇的考核中。随着农村电脑普及率的不断提升，农民和农村合作组织对电子商务有了初步的认识。2011 年，我们组织开展了“农村电子商务年”活动，加强宣传，通过 221 平台、信息大篷车等形式对电子商务开展宣传；开展配需工作，通过信息大篷车深入农村，对农村合作社负责人开展培训，内容包括如何网上开店、发布信息、组织团购等。联系合作社，在平谷易畅网开展农副产品团购活动。通过各项措施，现已有 26 家合作社在淘宝网上开店，2011 年发布大桃、大枣、苹果等各类信息 977 条，组织草莓、大枣等团购活动 10 余次。2011 年，区信息中心与北京移动平谷分公司开展了平谷区农村无线网提升工作，通过应用先进的技术和工作，解决了带宽低、稳定性不足等问题。目前，已在雕窝村、东四岭村开展了试点工作，提升后的无线网络速度比原来的提高了一倍。

（田伟杰）

【市政协科技委到平谷区考察农村信息化工作】 2011 年 7 月 13 日，市政协科技委副主任陈昕、田小平，市科学技术研究院党委书记卢晓明及有关专家 20 余人来平谷区考察农村信息化建设情况，实地考察了镇罗营五里庙农村信息化示范村。听取了平谷区农村信息化建设的落实情况，统筹规划、整体部署、加强组织保障工作；开展电脑下乡工作，提高农村电脑普及率；加强农村基础设施建设，实现光纤入户；拓宽应用领域，变大篷陪训车为大篷服务车；加强农村合作社信息化建设，带动农民增收致富；开展农业物联网应用试点工作；统筹城乡人才资源，构建农村信息化支撑体系。委员们对我区农村信息化建设、物联网应用、推广情况给予了充分的肯定。此次考察由区政协副主席景国忠陪同。

（田伟杰）

【开展以“信息通信技术让农村生活更美好”为主题的宣传活动】 2011 年 5 月 14 日—5 月 17 日，为庆祝第 43 个世界电信日，平谷区开展以“信息通信技术让农村生活更美好”为主题的宣传活动。活动中，联通平谷分公司、移动平谷分公司、电信平谷分公司、绿谷畅达科技有限公司通过设立咨询台、发放宣传资料等形式，宣传介绍各项业务、服务承诺和 5.17 活动中的优惠政策及最先进的通信技术设备和信息理念，开展让百姓生活更美好的信息通信技术现场咨询培训服务。活动旨在推动平谷信息化建设，进一步普及农村信息化、宽带上网、3G 应用知识、倡导数字生活，构建“人人参与人人享受”的信息化建设氛围，为“建设和谐平谷”做出贡献。副区长李宝峰参加了此次活动。

（田伟杰）

【提升农村无线网应用能力】 2011 年年内，区信息中心与北京移动平谷分公司开展了平谷区农村无线网提升工作，通过应用先进的技术和工作，解决了带宽低、稳定性不足等问题。目前，已在雕窝村、东四岭村开展了试点工作，提升后的无线网络速度比原来的提高了一倍。

（田伟杰）

怀柔区

【概述】 2011 年是“十二五”规划的起步之年，在建设“智慧北京”的新形势下，按照北京市信息化建设总体要求以及怀柔区信息化“十二五”规划。怀柔区在提升公共服务能力、提高城市精细化管理水平、提升经济服务能力、推广新技术的应用、加强信息资源建设、维护网络信息安全方面做了大量的工作，城乡信息化基础设施建设快速提升；“双进入”工作取得明显进展；“智慧怀柔”工程建设初步启动，电子政务建设再上新台阶；高带宽、低成本信息化全能套餐的不断推广助推了农村信息化、城市信息化、社会领域信息化的快速发展；区内各单位在信息化应用方面展现出不少亮点，信息化管理与发展环境不断优化，这些大大促进了全区整体信息化水平迈上新台阶，为“智慧怀柔”的发展奠定了坚实基础。在这一年里，怀柔区荣获北京市信息化工作领导小组颁发的“2011 年度北京市电子政务考核公共服务奖”；荣获北京市无线电管理局颁发的“无线电宣传月活动优秀奖”；怀柔区经信委和宝山镇政府被北京市通信管理局、北京市经济和信息化委员会评为“双进入”工作先进集体。怀柔区双得利公司的“基于物联网水电气表运营支撑平台”项目先后荣获“信息北京十大应用成果入围奖”和“2011 中国城市信息化成果奖”；怀柔区泉河街道荣获“北京市社区信息化特色应用街道”；怀柔区渤海镇北沟村和桥梓镇口头村分别获得由北京市经济和信息化委员会和市农委联合颁发的 2011 年度北京市“信息化优秀示范村”和“信息化示范村”的称号。

（郑立勇）

【信息基础设施建设取得明显进展】 2011 年年内，按照市委市政府关于《北京信息化基础设施提升计划》要求，怀柔区全力推进管道、基站和宽带网络建设工作，铺设光缆总长已达 3296 皮长千米，互联网出口总带宽达到 32G。信息化服务领域全方位拓展，惠及的公众大幅度增加，全区宽带用户 6.85 万户，284 个行政村全部实现了光纤到村，农村有线电视覆盖率达到 100%，雁栖经济开发区、中影基地等重点区域实现了无线覆盖，移动电话普及率 98 部/百人，电视普及率 120 台/百户。全区电话总数到达 18.92 万户，（固话 12.15 万户，宽带 6.85 万户，2G 4.19 万户，3G 2.58 万户）。

（郑立勇）

【“双进入”工作取得显著成效】 2011 年年内，为落实北京市政府“双进入”折子任务要求，怀柔区经信委充分发挥信息化主管部门的统筹作用，协调各相关单位配合驻区通信运营企业有计划、有步骤地开展管道基站和宽带接入工作，全年累计协调完成室外基站建设 130 个，室内微基站建设 16 个，光纤入户改造 2 万余户，年度信息化基础设施投资高达 5000 余万元。“双进入”工作的开展，一方面，加快了怀柔区信息化基础设施建设步伐，大大提升了移动通信和宽带上网的品质，另一方面，也密切了与各驻区通信运营企业的关系。在该年度内，北京移动怀柔分公司共计规划新建基站 20 个，涉及 9 个镇乡，目前已全部完成。原有的基站纠纷在协调小组的努力下顺利解决。北京联通怀柔分公司是全区“双进入”工作的主力军，在推进工作中：加快了无线网络覆盖速度。2011 年，联通怀柔分公司在区内已建设 272 个 2G 基站，262 个 3G 基站，室内微基站 29 个，累计投资超过 1 亿元。全面推进了宽带升速及光纤入户工作。共开通 ADSL 局点 145 个，开通室外有源交接箱 6 套，ADSL 设备能力为 9.7 万端口，设备容量为 7.6 万端口。其中 2 万户已经具备 2M 接入能力。全年完成光纤入户改造 1.8 万户。在全区 284 个行政村（1.5km 之内有光缆成端）光纤接入工作中，截至年底已经通达 263 个行政村，占行政村覆盖率 92.6%。对 4 个分局的 28 个区域改造已经全部实施完成。建成后，北京联通怀柔业务区范围内 98% 以上地区实现宽带 2M 接入能力，70%以上地区达到 4M 接入能力，50%以上的地区达到 8M 接入能力，城区内新建楼盘实现光覆盖，为 20M 升速计划奠定基础。全面推进怀柔区老旧小区光缆覆盖改造工作。2011 年完成城区 1471 个楼，221 个行政村的光纤覆盖，共计 10 万端口，覆盖 8.9 万户，目前已完成 20 个小区 6 个自然村的光纤入户改造，已经实现了光纤到家。对于怀柔安丽嘉园、东方名苑小区及以后的新建楼宇及新农村（双文铺、四道穴等）全部采用光纤到户。2011 年随路建设及新建小区的管道共计新建完成 5.99 沟千米，22.7 孔千米。

（郑立勇）

【全面深入推进“智慧怀柔”建设】 2011 年年内，在分析国内外信息化发展形势和“智慧北京”基础上，怀柔区按高起点、高标准的要求制定了“智慧怀柔”发展规划；优选桥梓镇和宝山镇作为智慧镇乡建设试点，组织开展了

"智慧桥梓"和"智慧宝山"行动计划编制与建设工作。2011 年 8 月，经区经信委、联通怀柔分公司、桥梓镇、宝山镇共同协商，决定在这两个镇试点实施"智慧镇乡"建设计划。拟通过开展乡镇党务政务工作无纸化办公、光纤入户等一系列工程，把先进的信息技术与理念融入乡镇机关和广大村民的生产、生活和工作中，提升农村社会信息化水平。截至年底，前期规划设计方案已经完成，网络及光纤等信息化基础设施建设也在同步进行中。

（郑立勇）

【电子政务建设再上新台阶】 2011 年年内，怀柔区在大力推进信息化基础设施建设，快速改造提升城乡信息化建设水平同时，突出业务统筹与指导，强化电子政务考核，有效引领了全区各单位信息化管理能力的提升，涌现出一大批信息化亮点工作，全区电子政务建设再上新台阶。在区信息化领导小组的领导下，采取聘请第三方的形式，重点在提升公共服务能力、提高城市精细化管理能力、提升经济服务能力、推广新技术应用、加强信息资源建设、维护网络信息安全等方面，对全区 70 家镇乡、街道和区政府相关委办局开展了专项考核，推动全区电子政务水平再上新台阶。在北京市经济和信息化委员会组织的年度区县电子政务考核工作中，怀柔区排名与"十一五"相比有了质的飞跃，排名第六，在十个远郊区县中排名第二，并荣获 2011 年度北京市电子政务考核"公共服务奖"。

（郑立勇）

【拓宽村民上网途径】 2011 年年内，实施了怀柔区农村低成本无线接入互联网工程项目。根据村民上网的主要内容制作了导航服务网站，方便了村民快速上网；针对不同地理地貌环境的行政村，采取不同的架设方法和网络架构，选用不同的无线设备，大大提高了架设效率，有效降低了架设成本；在行政村建立包括村干部、电工和信息员在内的项目协调小组，对指导协调小组成员开展基本网络维护培训，顺利建立起二级售后服务体系，并为行政村培养了信息化人才。截至目前，已在全区 35 个行政村建设了无线宽带网络，涉及村民 8000 多户，累计为 1200 多户村民家庭安装了无线网卡，其中 30%的村民在建网之后购买了计算机。

（郑立勇）

【全员人口信息精细化管理】 2011 年年内，建设了"怀柔区全员人口管理信息系统"，以人口计生系统原有的育龄妇女信息为基础、公安户籍信息为补充、采集现居住地人口信息作为修正的初步采集方式，收集和整合人口计生、公安、劳动与社会保障、民政、统计、卫生、流管办等部门的相关人口信息，实现人口信息的及时更新，形成标准统一、管理规范、覆盖全部人口的个案信息数据库。为政府制定科学的人口发展战略、政策与规划，加强人口综合协调、宏观调控与综合治理，不断提高公共管理和社会服务水平，提供强有力的信息支持和科学依据。

（郑立勇）

【创新搭建怀柔城管执法责任制管理平台】 2011 年年内，搭建了"怀柔城管执法责任制管理平台"，提高了人员依法履职意识，为城管执法提供了基础性依据，通过相关部门的数据提供，使执法管理更有针对性，提高了执法效率。怀柔城管执法责任制管理平台以政务专网为传输平台，以指挥调度业务为核心，以监督考核体系为保障，集合了指挥调度管理、违法建设和门前三包单位台账管理、行政执法责任制落实、政务 GIS 图层展现，构建与市级城管平台"技术统一、标准统一、格式统一、数据互动"

的体系架构，形成一套“权责明确化、工作标准化”具有怀柔城管特色的执法责任制业务管理系统。

（郑立勇）

【安全生产、自然灾害等领域实现动态管理】2011年年内，建设了“怀柔区安全生产智慧监察平台”，建立危非煤矿山、险化学品、烟花爆竹、职业卫生、重大危险源等重点行业企业和部位的地理信息系统，将GIS应用于日常的安全生产的监管监察工作中。通过系统的应用，建立起了各部门“协同作战、齐抓共管”的联动工作机制。摸清了全区生产经营单位底数，并进行了行业分类，让各部门切实掌握本行业、本系统监管对象基本情况；通过系统随时掌握企业的安全生产状况，实现监管信息动态化、隐患排查动态化、数据分析动态化。督促和帮助企业落实安全生产主体责任，使企业主要负责人和安全管理人员以及一线职工明确在安全生产中“做什么，怎么做”、“查什么、怎么查”、“改什么、怎么改”，提高企业的安全生产责任意识，逐步实现由“要我安全”向“我要安全”的转变。

（郑立勇）

【“怀柔区智能防灾减灾治安应急指挥系统”】2011年年内，开展“怀柔区智能防灾减灾治安应急指挥系统”建设，包括森林火灾预警及处置、森林资源管理、社会治安防控和灾后评估等内容。具有烟火自动识别、对起火点蔓延趋势进行分析、应急预案制作、通过手持终端对防火员和扑火人员进行动态跟踪管理和信息发布等功能，同时还具有最佳路径分析功能，为应急指挥提供决策服务。

（郑立勇）

【怀柔区山洪灾害防治监测预警系统建设】2011年年内，开展怀柔区山洪灾害防治监测预警系统建设，提高预警预测能力。该系统是一个具有实时雨水情监测、气象服务、小流域洪水预报、预警信息发布、应急会商标绘、文件上传、短信、传真群发等功能于一体的综合业务系统。系统通过表格、过程线、柱状图、水位模拟概化图等对雨水情信息进行展示，并与Gis矢量地图、遥感地图相结合，使各种水务信息展示更直观、形象。该系统能够对山洪灾害危险区内的31个雨量站的数据信息进行查询统计；根据雨量信息对103个小流域断面进行水雨情预报；对各个山洪沟道进行山洪预警发布及响应。通过有效的监测预警手段来防止、减轻山洪泥石流等灾害，做到了有计划、有准备地防御山洪灾害，最大限度地减轻灾害造成的人民生命和财产损失。

（郑立勇）

【移动医疗服务进农家】2011年年内，为解决农村地区人员居住分散，交通相对不便，医务人员很难及时收集、整理、保存、调用、分析居民健康信息等问题，建立了桥梓社区卫生服务中心电子健康档案管理系统。充分应用无线通信技术及笔记本电脑、3G手机、无线上网卡等通信技术和工具，实现居民健康信息的完整收集和及时记录，方便医务人员开展健康管理，并且可以与市卫生局进行数据共享。此外，居民可以随时随地登录健康档案系统，将自己所测的血压、血糖结果记录在档案中，提供给责任医生或辖区以外的医生作为诊断治疗依据，实现人本健康管理理念。

（郑立勇）

【怀柔QQ便民在线】2011年年内，区社管中心开通了“怀柔QQ便民在线”平台，进一步密切了市民与政府间的联系。拓宽区内网民，特别是经常使用网络联系的年轻群体与社管中心的沟通渠道，最大限度地提高社会管理服务范围，多渠道解决民生问题。

（郑立勇）

【旅游信息化】 2011 年年内，怀柔旅游局开通了“在线咨询”和“旅游微博”服务，专职人员每天 8 小时在线，及时收集、解答来怀旅游民众的诉求，官方微博累计发布信息 1189 条，极大地宣传了怀柔区的旅游资源，并与来怀游客形成了良好的互动效果。

（郑立勇）

【就业信息化】 2011 年年内，“怀柔人力资源网”第一季度到第三季度累计有 109 家招聘单位实时在线招聘，发布招聘岗位 1980 个（次）。免费注册个人会员 2502 人。

（郑立勇）

【全区土地资源一体化管理】 2011 年年内，开展城镇地籍与土地利用一体化管理信息系统与市国土局综合监管平台整合工作，为土地权属、规划、划拨、出让、征占地、违法用地、矿产资源等国土资源管理工作提供了详实可靠的基础数据，为实施建设用地“批、供、用、补、查”全面监管提供基础信息平台，形成“天上看、地上查、网上管”的国土资源管理运行体系，实现对全区土地资源动态管理、监测和利用。

（郑立勇）

【广告管理实现精细化】 2011 年年内，基于广告分类分级监管，建立了广告精细化管理系统。通过户外广告认领、广告发布信息录入建立分局、工商所、网格三级户外广告台账，实现了对户外广告发布情况清、底数明；通过建立广告发布信息库，实现全面掌握辖区广告经营单位、广告主发布户外广告情况；通过周期巡查、巡查到期提示，促进户外广告监管程序化、规范化；通过统计分析对管理数据综合分析，推进管理效能综合评估，确保考核评价公平公开透明。推行广告精细化监管后，通过网格责任人认领，全面掌握了辖区户外广告发布情况。完善了户外广告发布台账，目前系统归集户外广告 2384 件，其中经营性广告 53 件，自设性 2331 件，发现各类问题 60 件。三级动态台账全部建立，所有户外广告根据监管权限形成分局、工商所、网格三级台账，保证了人员调整底数清楚，考核评估目标明确。建立了辖区内主体户外广告发布台账、户外广告经营单位台账和与广告主登记注册档案链接，多方位完善管理广告相关数据，并可用于违法广告的调查取证。

（郑立勇）

【物联网助推动茸鹿养殖业的发展】 2011 年年内，开发 RFID 茸鹿养殖管理系，为每一头茸鹿植入一枚唯一性的电子标签，通过手持机对其扫描，可方便快捷地查询茸鹿的母系、父系、年龄、品种等相关信息，解决了信息丢失、管理难的问题。通过网络视频监测的手段，解决了产子蹲守及散户培训难的问题。系统自动分析，优化出茸鹿最佳配种方案，解决了配种耗时、易出错的问题，提高了效率，确保了种群的质量，提高了鹿茸的产量及品质。

（郑立勇）

【网络融资常态化助力中小企业发展】 2011 年年内，为了突破区域金融产业格局限制，降低各方交易成本，拓宽企业融资渠道，怀柔区组建了以网络融资平台为核心技术支撑的金融服务大厅。金融服务大厅分为实体和网络两部分，实体部分包括企业融资培训厅、洽谈融资商务中心、金融产品发布会场、金融机构会议厅、金融及中介机构孵化器等大厅；网络部分为中小企业融资信用信息服务平台，它是全国首个服务于政府部门、金融机构、中小企业集金融产品、金融服务、政策信息、行业分析以及专业咨询为一体的大型互联网电子商务平台。目前，金融服务大厅网络平台部分二期建设已经上线运营。怀柔区内外20家金融机构的107种金融产品已上线运行，区内外超过615家企业已注册为企业会员，享受更有针对性的、实时互动的网上金融服务。通过该平台，已帮助会员企业解决融资8150万元。

（郑立勇）

【完成信息化村和宽带小区试点建设工作】 2011年年内，北京联通怀柔分公司作为2010怀柔区信息化村和宽带小区试点项目承建单位，在各信息化村村委会、宽带小区居委会的大力支持下，圆满完成了16个信息化村和18个宽带小区试点项目建设任务，于2011年10月15日顺利通过了市区两级信息化村和宽带小区试点项目验收考核。

（郑立勇）

【农村信息化加速了农村面貌的改变】 2011年年内，怀柔区推出低成本“全能信息化”建设方案，通过采取政府搭台、企业参与、市场化运作的方式，调动了企业和农民共同参与的积极性，实现了农村信息化的可持续发展。截至目前，全区284个行政村中已有158个村签署了该建设协议，每个农户每年只需一次性交纳1080元，便可以享受到上网、固话及手机通话等全能套餐服务，该价格为北京市最低资费。联通怀柔分公司为签约信息化村及怀柔雁栖湖、青龙峡等景点免费建立720度全景展示网站；为怀柔区大枣、红肖梨、板栗等特色农产品制作了专题宣传；还制作非物质文化遗产宣传片，介绍怀柔农村，宣传区域特色。信息化不仅带动了农村旅游及农产品的销售，助力了村内经济和村民收入的提升；也助推了村容面貌得改变，丰富了村民的精神生活；还极大改变了传统的生产生活方式和理念，缩小了城乡差别；大大提升怀柔区农村知名度，有力促进了农村信息化的发展。

（郑立勇）

【城区信息化快步发展】 2011年年内，宽带网络升速工程进展迅速。目前已完成大部分小区的光纤入户改造工作，自2010年11月各小区20M升速建设完成，怀柔城区范围内的各小区均可享用高带宽、低资费的宽带政策。联通怀柔分公司又推出了沃家庭2M套餐，沃家庭8M套餐，很多居民已开始使用8M高速率上网。

（郑立勇）

【推进社区信息化建设工作】 2011年年内，积极组织通信运营商与相关街道、社区开展社区信息化需求调研，推出“空巢老人”、“宜居通”、“惠民电子屏平台”、“小帮手”电子服务器等数字社区服务，社区信息化工作有声有色。

（郑立勇）

【农村信息化建设取得成效】 2011年年内，积极组织申报北京农村2011年度“信息化示范村”申报工作。面向全区征得“信息化示范村”8个，涉及4个镇乡，已向北京市经济和信息化委员会申报；其中北沟村和口头村荣获由北京市经济和信息化委员会和市农委联合颁发的北京市2011年“信息化优秀示范村”和“信息化示范村”称号。

（郑立勇）

【无线电管理扎实深入】 2011年年内，怀柔区机构改革后，无线电管理工作化入区经信委管理，但并未新增编制与人员，而是由信息产业科兼任此项工作。一年来，主要完成了四方面的工作：圆满完成居民举报无线电非法设台干扰事件，实现了科学执法和文明执法。依托怀柔电视台、怀柔报、网站、橱窗、板报等各种载体，深入开展了内容丰富、形式多样的无线电宣传月活动。成功举办了市区两级 2011 年度怀柔区无线电管理宣传日活动，积极维护“空中交通”秩序。落实市无线电管理工作要求，建立和完善怀柔区无线电应急预案。加强无线电管理工作，全年共开展无线电执法 4 次，新增入网审批 2 个，报废业务审批 2 个。

（郑立勇）

【物联网项目获奖】 2011 年 2 月，在怀柔区双得利公司的“基于物联网水电气表运营支撑平台”项目荣获 2010 年北京市信息化设施提升计划支持资金 70 万元，并先后荣获“信息北京十大应用成果入围奖”和“2011 中国城市信息化成果应用奖”。此外，怀柔区嘉德源泰暖通公司的“物联网城市供暖系统”在国内也具有较大影响力，目前产品已拓展到山西、内蒙古等多个北房省市，市场前景看好。

（郑立勇）

【畜牧业 RFID 信息管理系统】 2011 年年内，怀柔区申报的 2011 年北京市信息化基础设施提升计划支持项目中，隆鑫泰业基于物联网技术的畜牧业 RFID 信息管理系统顺利通过评审，获得了市级支持的 80 万元资金。该系统实现鹿养殖业的全流程信息化监控，实现对鹿场产仔记录、产茸记录、鉴定记录和配种繁殖记录等信息的全面管理和维护；在育种方面还可以进行近交评估、亲缘关系、遗传力、重复力、育种值及选择指数等计算，能为鹿场制定育种方案提供服务。该系统实现了 RFID 技术在养殖业的多项应用创新，利用物联网技术，实现了可靠的溯源管理和生产过程控制，可提高茸鹿育种数据资料管理的科学化和提高种鹿选种和选配的准确度，为鹿场和育种专家提供科学快捷的育种信息，实现了现代遗传育种理论与信息技术的有机融合，填补了国内空白，为怀柔区物联网产业发展奠定了坚实的基础。

（郑立勇）

【实施各项信息化基础设施建设】 2011 年年内，在云计算方面，怀柔区大力实施各项信息化基础设施建设，积极推进物联网、3G 无线网络、云计算等新技术的推广应用，并取得较好的成绩。2011 年 11 月 1 日，由北京市和中科院合作共建的重大项目——北京超级云计算中心在怀柔启动建设。根据院市双方共建北京超级云计算中心协议方案，中科院计算机网络信息中心计划投资 1.2 亿元，占地 21.66 亩，于中国科学院怀柔科教产业园区，建设北京超级云计算中心的配套基础设施环境，一期建设规模为 17 000 平米，其中超级云计算机房 8500 平米。中心将先期建设 1000 万亿次的超级计算系统，并根据需求由院市双方共同投入购置新增计算资源，逐步建设万万亿次的超级计算能力，并申请成为国家超级云计算中心。

（郑立勇）

【信息化管理与发展环境不断优化】 2011 年年内，成立了怀柔区信息化工作领导小组，由区长亲任信息化工作领导小组组长，建立了区到委办局、镇乡/街道到村的三级信息化组织架构，建立了信息化联席会议制度，协调解决重大问题。

（郑立勇）

【信息安全保障能力不断巩固】 2011 年年内，加强信息安全保障制度建设，提高安全防范意识，制定了网络管理制度和突发事件处理流程，开展应急演练；完成系统定级备案；推广 CA 证书应用；加强网络日常管理，对网络进行实时扫描、监测、病毒防护；定期进行数据异地备份。

（郑立勇）

密云县

【概述】 2011 年年内，密云县围绕“规范工作程序、加强基础管理、创新工作方式、突出重点工作”的基本思路，开展了强化基础性工作、加快无线城市建设、全面开展无线电管理宣传、落实信息化基础设施提升计划等重点工作。

（齐城）

【政府机关软件正版化整改工作顺利完成】 2011 年年内，密云县开展了政府机关软件正版化专项检查和整改工作，先后制发了《密云县人民政府办公室关于印发密云县政府机关软件正版化检查和整改工作意见的通知》（密政办字〔2011〕26 号）和《密云县经济和信息化委员会关于密云县政府机关软件正版化检查工作的通知》，组织全县 54 个单位开展在职公务员办公用计算机的软件正版化检查和整改工作。通过规范正版软件采购渠道、全面检查、督促整改等一系列措施，于 8 月底全面完成了 54 个单位的软件正版化检查和整改工作，并顺利通过北京市使用正版软件工作领导小组的检查验收。全县 54 个整改单位共投入资金 90.73 万元，采购各类软件 1310 套。

（齐城）

【信息化村和宽带小区试点项目全面验收】 2011 年年初，密云县经济和信息化委员会联合密云县财政局组成项目验收小组，对上年向北京市经济和信息化委员会申报的穆家峪后栗园，西田各庄镇韩各庄、沿村、大辛庄和西智，新城子镇遥桥峪，巨各庄镇后焦家坞 7 个信息化村；北源里、果园西里甲、大唐庄、康居北、康居南、檀州家园、果园北、宾阳里、康馨雅苑南、上营东和石桥 11 个宽带小区进行了检查验收。通过检查，7 个村和 11 个小区的光纤改造项目全部实现了 20M 宽带入户的接入能力，达到了改造的标准要求。

（齐城）

【加强镇村企业信息化培训】 2011 年年内，密云县邀请北京市信息化提升指导小组、通信信息协会对县域内 17 个镇 100 家企业和农民专业合作组织的负责人、高管就工业化和信息化融合、提升镇村信息化水平和电子商务等进行培训。

（齐城）

【第三阶段工程建设领域项目信息公开属性审查工作按时完成】 2011 年年内，密云县第三阶段工程建设领域新增项目 37 个，涉及古北口镇政府等项目单位 13 个，县发展和改革委员会、北京市规划局密云分局等审批单位 4 个。密云县经济和信息化委员会与治理工程建设领域突出问题工作领导小组办公室联合组织召开了项目单位和审批单位负责人会议，对每个项目的基本信息、发改委批复信息、规划及用地批复情况、建设进度情况、招投标信息等进行了公开属性审查。

（齐城）

【启动密云县政务地理空间信息资源共享服务平台数据更新工作】 2011 年年内，密云县与建设综合勘查研究院有限公司签订了密云县地理信息数据采集与更新合同书，完成了县域内政府机关、工商税务、教育、医疗卫生、旅游、交通、商业、农业等 8 个专题图层，共计 1000 个数据点的采集。

（齐城）

【推进密云无线城市建设】 2011 年 8 月 25 日，密云县政府与中国移动北京有限公司签订“无线城市 智慧密云”合作协议，双方按照“发挥优势、相互促进、长期合作、互利共赢”的原则，通过信息网络基础建设和业务应用，发展信息产业、现代移动媒体产业，进而在科技兴政、科技兴农、科技兴教等领域全面合作。

（齐城）

【全面开展无线电管理宣传】 2011 年 9 月 14 日，密云县在密云大剧院广场开展了无线电管理宣传活动。通过网站宣传、电视台专题报道、设立宣传点、发放宣传材料等多种渠道，把无线电管理法规、无线电科普知识和面向公众的业务办理流程，对全县各行政事业单位和社会公众进行了广泛宣传。整个活动共发放宣传纪念品、法律法规宣传册、无线电管理知识宣传册 1200 余份，接受社会公众现场咨询 1000 余人次。

（齐城）

【继续做好信息化基础设施提升】 2011 年年内，密云县协调中国联通密云分公司和相关镇街，对北京市管道基站和宽带建设协调办公室对下达的 4 个基站协调任务进行协调，并按时向北京市经济和信息化委员会和通信管理局报送工作进展情况。

（齐城）

延庆县

【概述】 2011 年年内，在北京市经济和信息化委员会指导和县委县政府的领导下，延庆县信息化工作按照“整合资源，利益共享；统一规划，分步实施；政府调控，市场运作；资源共享，互联互通”的原则，立足于延庆实际，以基础设施的建设为先导，以信息技术的普及和信息资源的开发利用为中心，以加强农村信息网络基础设施、应用服务和推广体系建设为重点开展信息化工作，在信息化基础设施建设和信息化应用方面都取得了显著的成效。延庆县与北京市信息化发展总体水平间的差距正在逐步缩小，信息化在提升政府工作效率和质量，创新业务模式和提高企业竞争力等方面的作用逐渐显现。

（张文武）

【延庆县图像资源智能共享交换平台】 2011 年年内，延庆县响应北京市“智慧北京”总体框架，结合延庆信息化发展实际状况，在前期开展大量调研的基础上，本着“顶层设计、统一规划、分步实施、重点先行”的原则，完成了“智慧延庆”顶层方案设计工作。作为“智慧延庆”建设工作的一部分，2011 年完成了“延庆县图像资源智能共享交换平台”一期的建设工作，该平台通过对现有图像资源，尤其是像公安、教委等已有视频监控平台单位的图像资源建立标准的图像编码方式、传输格式、地址编码、交换接口等，对共性需求的图像资源进行充分共享、合理调配，通过后期少量增补个性需求的图像监控点，实现政府少量投资条件下满足延庆政府各单位对于相应图像资源获取的需求。同时调用的图像资源数量只受网络带宽限制、不受系统限制，实现了真正意义上的图像资源间的共享交换。“延庆县图像资源智能共享交换平台”一期的建设工作的完成，实现了公安、教委及下属机构的图像资源的整合和智能共享交换，形成通用图像资源库，实现了图像资源的标准编码和控制协议转换，为公安110、内保、11 个派出所提供图像资源的按需调用，实现了不低于 500 路图像资源的整合接入和智能共享交换。“延庆县图像资源智能共享交换平台”在设计和建设中实现了“智能视频分析”和“可视化分析”的功能，引入了“云计算”理念和“物联网”等新技术，使平台的建设在满足现有需求的同时具有更大的功能拓展空间，为将来的功能拓展和升级提供了保障。“智能视频分析系统”不需要人眼对于图像资源的实时监控，通过特定的控制策略，对于某路图像资源进行预警规则设置，当视频监控画面中图像信息变化时触发预警规则，从而产生报警信息。智能视频分析系统的部署可最大化降低人对于图像资源的实时监控，并能对特殊事件进行预警和触发性视频存储。这样一方面解放人力、提高监控和事后查询效率，另一方面可依托平台共享交换的特性，利用设备轮巡机制，使有限的视频分析授权被平台放大化使用，显著节省投资。平台能同时提供 50 路图像并有智能视频分析功能。

（张文武）

【政务网络运维及重要信息系统安全保障】 2011 年年内，圆满完成政务网络运维工作。保障 120 多个委办局、15 个乡镇、3 个街道、376 个行政村政务网络畅通。确保北京延庆门户网站、延庆内网办公系统、应急值守系统、应急视频会议系统、婚姻登记、住房公积金等重要应用系统 7×24 小时正常运行。

（张文武）

【稳步推进信息化基础设施提升计划】 2011 年年内，联通延庆分公司公司开通 3G 基站 41 个，20M 光纤入户工作完成 6.4 万户，超额完成年度任务，目前已覆盖县城所有小区和 273 个行政村。移动延庆分公司开通基站 32 个，电信延庆分公司公司完成基站建设 6 个，在建 2 个。

（张文武）

【启动电子病历建设】 2011 年年内，为提升延庆县医疗卫生信息化水平，增强医院诊疗能力，实现医疗机构、患者、卫生管理部门之间的信息共享。延庆县依托北京市新社区卫生服务综合管理信息系统，从 2011 年 3 月开始在全县 15 家社区卫生服务中心开展电子健康档案建设，到 2011 年 10 月系统全面建成，截至目前共建立电子健康档案 162 796 份，建档率达到 51.36%。

（张文武）

【无线电管理工作】 2011 年年内，起草编制完成《延庆县无线电管理应急预案》，同时开展本县无线电管理宣传活动，对重点内容、宣传形式、任务要求等作了具体安排。依照宣传月的活动主题，向公众发放宣传册 1000 余册，宣传品 1000 余份，展出宣传展板 18 块。宣传日活动结束后，充分利用宣传展板、横幅进行了深入乡镇的无线电管理巡展活动。宣传活动的不断普及使广大市民对无线电管理工作的认知度大大提高。

（张文武）

【配合相关部门完成维稳工作】 2011 年年内，

按照延庆县综治办维稳工作要求，县信息中心采取有效措施，加强网上发布信息的审核和过滤，对网上有害信息进行监控，确保政务网信息内容安全，保障政府门户网站安全运行。

（张文武）

【应急预案编写工作】 2011 年年内，完成了《延庆县应急通信保障预案》和《延庆县网络与信息安全应急预案》的起草工作，目前已经通过征求各成员单位意见、专家评审，等待由政府签发。

（张文武）

北京信息化年鉴

北京市信息化工作领导体系

北京市信息化工作领导小组

北京市通信保障和信息安全应急指挥部领导和成员

（京办字〔2008〕9 号）

总指挥：

李士祥　市委常委、市委秘书长

第一副总指挥：

苟仲文　副市长

副总指挥：

崔述强　市委副秘书长、市委办公厅常务副主任

鲁　勇　市政府副秘书长

朱　炎　北京市经济和信息化委员会主任

李春良　市广播电影电视局局长

陈卫军　市通信管理局局长

杨晓毅　市公安局副局长

成　员：

严力强　市委宣传部副部长

陈　静　市国家保密局局长

许博春　市委机要局局长、市密码管理局局长

王英建　市能源与经济运行协调领导小组办公室专职副主任

付志峰　市教委副主任

王建新　市科委委员

白　新　北京市经济和信息化委员会副主任

杨晓毅　市公安局副局长

张　峰　市国家安全局副局长

孟　钧　市民政局副局长

王　婴　市财政局副局长

张大发　市人力资源和社会保障局副巡视员

王荣武　市住房城乡建设委委员

柴文忠　市市政市容委副主任

薛江东　市交通委委员

李海平　市农委副主任

陈　铁　市水务局总工程师

许　康　市商务委副主任

王　鹏　市文化局副局长

邓小虹　市卫生局副局长

郝硕博　市地税局副局长

刘　健　市工商局副局长

何桂芝　市广播电影电视局总工程师

栗志纲　市金融工作局副局长

程拴牢　市民防局副局长

隋亚刚　市公安局公安交通管理局副局长

齐霖霖　市无线电管理局局长

张晋红　市通信管理局副巡视员

李宝林　武警北京市总队副参谋长

杜新安　经济技术开发区管委会巡视员

朴学东　东城区副区长
王　粤　西城区副区长
阎　军　朝阳区副区长
杨志强　海淀区区委常委、常务副区长
冀　岩　丰台区区委常委、常务副区长
王春杰　石景山区区委常委、常务副区长
罗　斌　门头沟区区委常委、常务副区长
高言杰　房山区区委常委、常务副区长
崔志成　通州区副区长
林向阳　顺义区副区长
绳立成　大兴区副区长
洪　波　昌平区副区长
李宝峰　平谷区副区长
吴群刚　怀柔区副区长
钱福生　密云县副县长
刘　兵　延庆县副县长

2011 年北京市无线电管理委员会委员名单

主　任： 苟仲文　北京市政府
副主任： 李建设　北京卫戍区
朱　炎　北京市经济和信息化委员会
委　员： 张燕友　市发展和改革委员会
郑　萼　市教育委员会
单志刚　市公安局
李心纲　市国家安全局
吴素芳　市财政局
张祖德　市人力资源和社会保障局
孙　卫　市规划委员会
冀　岩　市住房和城乡建设委员会
武利亚　市市政市容管理委员会
薛江东　市交通委员会
崔建立　市工商行政管理局
姚　娉　市质量技术监督局
姚　辉　市环境保护局
何桂芝　市广播电影电视局
王金山　市政府法制办公室
王连峰　市城管执法局
王黎明　市委 610 办公室
王　拥　市保密局
宋京雁　北京海关
夏朝征　民航华北地区管理局无线电管理委员会
韩　玮　市通信管理局
潘云生　总参三部三局
刘传忠　北京卫戍区司令部通信处
齐霖霖　市无线电管理局

第二届北京市信息化专家咨询委员会名单

京信发〔2011〕3号

主　任：

杨学山　工业和信息化部党组成员、副部长

副主任：

周宏仁　国家信息化专家咨询委员会常务副主任

俞慈声　北京市经济和信息化委员会原副主任、宏观规划与电子政务专委会主任

侯云春　国务院发展研究中心副主任、两化融合与信息化推进专委会主任

王安耕　中信集团公司原总工程师、信息技术与新兴产业专委会主任

邬贺铨　中国工程院副院长，中国工程院院士、网络与信息安全专委会主任

方滨兴　北京邮电大学校长，中国工程院院士

委　员：（按姓氏笔画排序）

王效杰　国家广播电影电视总局科技司司长

田　静　中国科学院高技术研究与发展局局长

石跃军　国家工商行政管理总局信息中心总工

刘纪平　中国测绘科学研究院副院长

刘铁民　中国安全生产科学研究院院长

吕卫锋　北京航空航天大学软件学院副院长

孙家广　清华大学信息科学技术学院院长兼软件学院院长，中国工程院院士

曲成义　中国航天工程咨询中心科技委员会原常务副主任

毕马宁　公安部信息安全等级保护评估中心副主任

吴世忠　中国信息安全测评中心主任

吴铸成　国家应用软件产品质量监督检验中心副主任

张　骥　东方正通科技有限公司董事长

李京春　国家信息技术安全研究中心高工

李俊峰　国家发改委能源研究所副所长

李德毅　总参谋部第六十一研究所研究员，中国工程院院士

杜跃进　国家网络信息安全技术研究所所长

汪玉凯　国家行政学院教授

陈　静　中国人民银行科技司原司长

陈全生　国务院参事室参事

单志广　国家信息中心信息化研究部首席工程师

周汉华　中国社科院法学所研究员
周成虎　中国科学院地理科学与资源研究所副所长
郑新立　中共中央政策研究室原副主任
侯欣逸　中国电子科技集团第十五研究所咨询审议委员会副主任
姜奇平　中国社会科学院信息化研究中心秘书长
贺志强　联想集团高级副总裁
赵国俊　中国人民大学信息资源管理学院院长
饶克勤　中华医学会党委书记
郭世泽　总参第五十四研究所副总工程师
高新民　中国互联网协会常务副会长
曹淑敏　工信部电信研究院院长
梁春晓　阿里巴巴集团副总裁
梅　松　市委宣传部副部长
程　旭　北京大学校长助理
董　扬　中国汽车工业协会常务副会长兼秘书长
詹榜华　北京市数字认证中心总经理
谭铁牛　中国科学院副秘书长
薛万国　解放军总医院医学信息情报所副所长

区县信息化工作领导体系

2011 年东城区信息化工作领导体系

东办发〔2008〕5 号

组　长： 王学勤　区委书记

杨艺文　区委副书记、区长

常务副组长：

冯　熙　区委副书记、政法委书记

副组长： 岳　鹏　区委常委、区政府常务副区长

边振英　区委常委、区委办公室主任

成　员： 郅海杰　区委办公室常务副主任、区保密局局长

张增耀　区委政法委常务副书记、区维稳办主任

杨五一　区委政法委副书记、区综治办主任

毛　炯　区政府办公室主任

于蓟生　区发改委党组书记

赵北亭　区发改委主任

彭　湘　区科委主任、区知识产权局局长、雍和园管委会主任

蔡福全　区教委主任

程永涛　区文委主任

乔世怀　区建设委员会主任

赵鹏锦　区城管委主任

田建军　区街道办主任

陈　虹　区财政局局长

王志亮　区人事局局长

许　汇　区劳动保障局局长

赵凌云　区民政局局长

曲　力　区体育局局长

王　健　区商务局局长

侯振刚　区旅游局局长

赵　刚　区统计局局长

陈　红　区审计局局长

马增欣　区安全生产监督局局长

李照宏　区行政服务中心主任

冯继宽　区档案局局长

武建军　王府井建管办副主任

李　强　东二环建管办主任

王小英　区房管局局长

高　琦　区城管监督中心主任

陈朝晖　规划分局局长
张　明　区卫生局副局长(主持工作)
杨发航　区委宣传部副部长、新闻中心副主任
单志强　公安分局副局长
连秉坤　区国家保密局副局长
倪　东　区信息办副主任
李　桦　东方文化资产经营公司董事长

领导小组下设办公室，办公室设在区发改委（信息办）：

主　　任：岳　鹏（兼）
常务副主任：于蓟生（兼）
副 主 任：倪　东（兼）

2011 年西城区信息化工作领导体系

（西信发〔2011〕1 号）

2011 年西城区信息化工作领导小组

组　长：张建东　区委副书记、区　长

副组长：杜灵欣　区委常委、常务副区长

程　军　区委常委、区委办公室主任

郭怀刚　副区长

成　员：

黄　丹　区委办公室副主任

田　静　区委组织部副部长

滕修展　区委宣传部副部长

李红兵　区社工委（社会办）书记

陆惠民　区人大办公室主任

俞　强　区政府办公室主任

吴向阳　区发改委主任

田京生　区教委主任

张炳田　区科委主任

张俊义　区监察局副局长（正处）

徐　斌　区民政局局长

周慧来　区财政局局长

郁　治　区人力社保局长党组书记、副局长

姜立光　区市政管委主任

郭　新　区商务局主任

李征帆　区文化委主任

安学军　区卫生局局长

彭秀颖　区人口计生委主任

牛明奇　区国资委主任

颜　华　区统计局局长

安朝晖　区旅游局局长

王福俊　区功能街区产业发展促进局局长

果玉成　区法制办主任

付贵森　区信息办主任

吴铁男　区住建委主任

章　卫　区环保局局长

陈国红　区安监局局长

李　薇　区综合行政服务中心主任

刘成东　区城市管理监督中心主任

郭柏顺　公安局西城分局副局长

李玉庆　西城地税局局长

郑怀远　西城国税分局局长

方葆青　工商局西城分局局长

钱希杰　区质监局局长

刘　速　规划局西城分局局长

孙广俊　区政协办公室主任

王春风　区检察院副检察长

祖　鹏　区法院副院长

常卫国　区国家保密局局长

李茂福　区档案局局

2011 年朝阳区信息化工作领导体系

（朝政办发〔2011〕15 号）

2011 年朝阳区信息化工作领导小组

组　长：程连元　区长

副组长：吴桂英　常务副区长

阎　军　副区长

张春秀　副区长

成　员：刘军胜　区政府办主任

丰春秋　区委宣传部副部长

张　勇　区发展改革委主任

孙其军　区教委主任

朱　晟　区商务委主任

王先勇　区科委主任

史素珍　区人口和计生委主任

张永新　区社会办主任

张树安　区农委主任、区监察局局长

常树奇　区金融办主任

王　臻　区信息办主任

邹立嵩　区财政局局长

吕明杰　区人力社保局局长

刘　野　区审计局局长

王春平　区统计局局长

师　伟　区卫生局局长

金宏图　区保密局局长

马英晖　区投资促进局局长

王雪梅　市规划委朝阳分局局长

王世成　工商朝阳分局局长

明建华　区国税局局长

陈合庄　区地税局局长

李国红　商务中心区管委会常务副主任

王文军　电子城科技园管委会常务副主任

田巨清　奥林匹克公园管委会副主任

桑小为　定福庄传媒文化产业区管委会办公室主任

王　健　金盏金融服务园区管委会主任

刘大庆　垡头文化休闲产业区管委会办公室副主任

张维刚　望京综开公司总经理

朝阳区信息化工作办公室

主　任：王　臻

副主任：刘　卓

朝阳区信息网络中心

主　任：黄晓辉

副主任：李　京

2011 年海淀区信息化工作领导体系

2011 年海淀区信息化工作领导小组

组　长： 隋振江　区长

副组长： 刘　鸿　区委常委、区委办主任

孟景伟　副区长

信息化工作领导小组成员为以下单位的主管领导：

区委办	组织部	宣传部	政法委	
社工委	区政府办	财政局	人事局	
监察局	保密局	公共委	发展改革委	
农林委	教委	科委	建委	文化委
市政管委	海淀园管委会秘书处	文明办		
法制办	公安海淀分局	劳动保障局		
民政局	民防局	国税局	地税局	
商务局	旅游局	卫生局	统计局	
环保局	安监局	质监局	档案局	
国土资源海淀分局	工商海淀分局			
规划海淀分局	海淀交通支队	新闻中心		
信息办				

海淀区信息化工作办公室

主　任： 梁爱民

副主任： 付海涛

海淀区信息中心

主　任： 李忠志

副主任： 王　伟

2011 年丰台区信息化工作领导体系

（丰政办发〔2010〕54 号）

2011 年丰台区信息化工作领导小组

组　长： 崔　鹏　区长

副组长： 冀　岩　区委常委、常务副区长

刘　宇　区委常委、区委办公室主任

孔令斌　副区长

成　员： 高　峰　区政府办公室主任

何燕卿　区发展改革委主任

冯晓光　区教委主任

解明珠　区科委副主任

吴神赋　区经济信息化委主任

胡春溪　区监察局局长

李秀瑛　区民政局局长

李　华　区司法局局长

李　屹　区财政局局长

李　岚　区人力社保局长

李向林　区环保局局长

刘文洪　区住房城乡建设委主任

李春滨　区市政市容委主任

肖文燕　区农委主任

刘权来　区水务局局长

周新春　区商务委主任

王艳秋　区文化委主任

张　杨　区卫生局局长

张　玲　区人口计生委主任

周衔临　区审计局局长

王珮琦　区社会办主任

李东明　区国资委主任

沈瑞平　区安全监管局局长

李靖生　区体育局局长

牛春凤　区统计局局长

申燕民　区园林绿化局书记

于临溏　区旅游局局长

崔爱国　区民防局局长

邱　明　区金融办主任

李小月　区民宗侨办主任

梁彦梅　区政府外办主任

张　悦　区政府法制办主任

孙　萍　区信访办主任

傅学江　丰台园管委副主任

史卫民　区丽泽开发办主任

姜东升　区城管监察大队大队长

何岳飞　区城管监督指挥中心常务副主任

耿　飞　区公安分局政委

金志雄　区地税局局长

王忠新　区国税局局长

李　异　区工商分局局长

叶大华　区规划分局局长

孙连喜　区国土分局局长

杨希迁　区质监局局长

许　民　区编办主任

王京荣　区保密局局长

董化斌　区档案局局长

谷　卫　区广电中心主任

丰台区经济和信息化工作办公室

主　任：吴神赋
副主任：白雪筠

丰台区人民政府信息中心

副主任：郑荣康

2011 年石景山区信息化工作领导体系

2011 石景山区信息化工作领导小组

组　长： 夏林茂　区长
副组长： 李　艳　副区长
成　员： 种　磊　区政府办公室主任
　　　　　李元涛　区经济信息化委主任
　　　　　高　明　区发展改革委主任
　　　　　王亚迅　区科委主任
　　　　　叶向红　区教委主任
　　　　　许景山　区监察局局长
　　　　　陈　伟　区财政局局长
　　　　　王雪颖　区保密局局长
　　　　　魏志安　区广电中心主任

石景山区经济和信息化委

主　任： 李元涛
副主任： 吕志刚　彭春辉　王　惠

2011 年门头沟区信息化工作领导体系

2011 门头沟区信息化工作领导小组

组　长：罗　斌　区委常委、常务副区长
副组长：张　永　区委常委、区委办主任
成　员：李国庆　区经信委主任
张子玲　区委办副主任、区保密局局长
刘振林　区政府办副主任、区应急办主任
张慧军　区委宣传部常务副部长
刘晓雄　区委政法委副书记
董立学　区委 610 办公室副主任
侯敬志　区发展改革委副主任
杨玉柱　区教委副主任
严锡贵　区科委副主任
谷长水　区国资委党委副书记
李庆起　区公安分局副局长
任全森　区保密局副局长
刘伯卿　区财政局副局长
汪光友　区交通局副局长
炼立锋　区质量技术监督局副局长
王芃军　歌华有线门头沟分公司副经理
梁兴生　联通门头沟分公司副经理

2011年房山区信息化工作领导体系

房政办发〔2011〕80号

2011房山区信息化工作领导小组

组　长： 祁　红　区委副书记、区政府区长

副组长： 赵　军　区委常委、区委办主任

马继业　（常务）区政府副区长

刘胜国　区政府办主任

赵永祥　区经信委主任

成　员： 区发改委、区农委、区住建委、区市政市容委、区教委、区国资委、区科委、区文委、区人口计生委、区商务委、区法制办、区财政局、区档案局、区人力社保局、区民政局、区水务局、区园林绿化局、区安监局、区卫生局、区统计局、区旅游局、区环保局、区交通局、区投资促进局、区国税局、区地税局、房山工商分局、房山规划分局、房山国土分局、房山公安分局、区保密局、区质监局、区信息中心、区广电中心、联通房山分公司、移动房山分公司、歌华房山分公司的行政正职或主管副职。

领导小组下设办公室，设在区经信委。

办公室主　任： 刘荣秀　区经信委调研员

办公室副主任： 邱　刚　区经信委副主任

2011 年通州区信息化工作领导体系

2011 通州区信息化工作领导小组

组　长：岳　鹏　区长

副组长：李玉君　区委副书记

张　勇　区委常委、常务副区长

于世疆　区委常委、副区长

张　华　副区长

崔志成　副区长

尚祖国　区委办公室主任

王岩石　区政府办公室主任

成　员：陈国庆　区经济信息化委主任

王立生　区委宣传部常务副部长

崔松光　区发展改革委主任

王　健　市公安局通州分局政委

董维毅　区住房城乡建设委主任

季志会　区科委主任

李柏松　区农委主任

宋京璋　区教委主任

杜德久　区文化委主任

刘汝林　区财政局局长

张希芳　区监察局局长

杨　唯　市规划委通州分局局长

徐景发　区政府法制办主任

王增哲　区文明办主任

田晓江　区保密办主任

王士杰　区商务委主任

白玉光　区卫生局局长

王振良　区人力社保局局长

苏亚文　区民政局局长

张春良　区统计局局长

杨希迁　区质监局局长

王志刚　区广电中心主任

高德澍　区档案局局长

李　健　中国联通通州分公司总经理

纪　涌　移动通州分公司总经理

刘存明　歌华有线通州分公司总经理

李　铁　中国电信通州分公司总经理

2011 年顺义区信息化工作领导体系

2011 顺义区信息化工作领导小组

组　长：王　刚　区长

副组长：林向阳　区委常委、区政府常务副区长

　　　　肖承继　区委常委、宣传部长

　　　　燕　瑛　区政府副区长

　　　　盛德利　区政府副区长

成　员：秦拥军　区政府办公室主任、区政务信息化办公室主任

　　　　董建华　区发展改革委主任

　　　　李国新　区市政市容委主任

　　　　王　奎　区住房城乡建设委主任

　　　　郭振江　区经济信息化委主任

　　　　刘振河　区农委主任

　　　　冯义国　区教委主任

　　　　王福印　区商务委主任

　　　　赵殿江　区财政局局长

　　　　张尚强　区人力社保局局长

　　　　梁　军　区档案局局长

　　　　杨卫东　市规划委顺义分局局长

　　　　王永宝　区政府办公室副主任、区政务信息化办公室副主任、区信息中心主任

　　　　王志亚　歌华有线顺义分公司总经理

　　　　张兴华　北京联通顺义分公司总经理

　　　　金　川　北京移动顺义分公司总经理

　　　　娄金凤　北京电信顺义分公司总经理

主　任：郭振江

2011 年大兴区信息化工作领导体系

2011 大兴区信息化工作领导小组

组　长： 李长友　区委副书记、区长、开发区工委副书记

副组长： 邵　恒　区委常委、常务副区长

喻华峰　副区长

金卫东　副区长、区政府办主任

成　员：

刘士忠　区经信委主任

吴山良　区委组织部副部长

张　凌　区委宣传部副部长

贺安钢　区委常委、区公安分局局长

陈　澈　区委办副主任、区保密局局长

张　岭　区人大副主席、发改委主任

汪宝国　区农委主任、区政协副主席

郭金江　区财政局局长

石国钧　区人力社保局局长

李尚贤　区监察局局长

李金龙　区规划分局局长

赵建华　区国土分局局长

许玉增　区市政市容委主任

曹　辉　区国资委主任

李　达　区教委主任

刘振宝　区住建委主任

李文影　区环保局局长

张丽英　区商务委主任

王自学　区科委主任

赵兴利　区路政分局局长

李德强　区统计局局长

刘　华　区卫生局局长

刘冬青　区技监局局长

张　建　区国税局副局长

冯守利　区地税局局长

侯春哲　区工商分局局长

李岭涛　区广电中心主任

徐继春　歌华大兴分公司总经理

高　松　移动大兴分公司总经理

常雪松　联通大兴分公司总经理

肖翠玲　区经信委信息化管理科科长

张保华　区经信委信息中心主任

2011年昌平区信息化工作领导体系

2011昌平区信息化工作领导小组

组　长：金树东　区长

副组长：朱光彤　区委常委、区政府常务副区长

孙　启　区委常委、区委办公室主任

洪　波　区政府副区长

成　员：赵亚群　区政府办主任

靳增立　区委组织部常务副部长

杨春山　区委宣传部常务副部长

徐忠富　区编办主任

黄先锋　区社会办主任

裴卫东　区监察局局长

苏贵光　区发展改革委主任

李成旺　区教委主任

董锦华　区农委主任

奚增森　区住房城乡建设委主任

任鹏举　区市政市容委主任

王志刚　区经济信息化委主任

陈隽磊　区国资委主任

李万佰　区科委主任

云富勇　区商务委主任

陈玉起　区文化委主任

赵海英　区人力社保局局长

吴小利　区财政局局长

李春菊　区人口计生委主任

郑全智　国土昌平分局局长

段　刚　规划昌平分局局长

刘全新　区统计局局长

郭自成　区审计局局长

张　岩　区国税局局长

姚敬国　区地税局局长

余巨川　工商昌平分局局长

王建军　区质量技术监督局局长

田国瑞　区环保局局长

沈树祥　区园林绿化局局长

洪起国　区水务局局长

杨洪达　区民政局局长

叶国清　公安昌平分局局长

金东彪　区安全监管局局长

杜高潮　区卫生局局长

袁丽民　区旅游局局长

崔　明　区投促局局长

赵丽君　区档案局局长

刘晓梅　区广播电视中心主任

刘　毅　区人民法院院长

韩索华　区人民检察院检察长

李自明　路政昌平分局局长

汪跃明　昌平交通支队队长

徐德清　区经管站站长

张　华　区综合行政服务中心主任

于　泓　中关村科技园区昌平园管委会主任

2011 年平谷区信息化工作领导体系

2011 年平谷区信息化工作领导小组

组　长：江　帆　常务副区长

副组长：李宝峰　区委常委

　　　　底志欣　副区长

成　员：崔东辉　区经济信息化委主任

　　　　吴玉林　区信息中心主任

　　　　张双全　区政府办主任

　　　　尉　欣　区财政局局长及其他委办局主要领导

平谷区经济和信息化委员会

主　任：崔东辉

副主任：付　强

平谷区信息中心

主　任：吴玉林

副主任：李　云李　强

2011年怀柔区信息化工作领导体系

（怀政办发〔2010〕12号）

2011怀柔区信息化工作领导小组

组　长： 池维生　区长

副组长： 王仕龙　区委常委、常务副区长

田文杰　区委常委、区委办公室主任

吴群刚　副区长

成　员： 钟百利　区政府办公室主任

赵学恭　区农委主任

周怀明　区经济信息化委主任

王玉山　区文委主任

魏海涛　区科委主任

张宏宇　区财政局局长

马紫鸿　规划分局局长

谢冬生　公安分局局长

刘晓红　区广电中心主任

2011 年密云县信息化工作领导体系

（草　案）

特别说明：此工作领导小组名单是 2011 年草稿，并未通过政府发文。2012 年才正式发文。

2011 年密云县信息化工作领导小组

组　长： 王海臣　县长

副组长： 郭　鹏　副县长

成　员：

郑晓君　县政府办主任
郝加瑞　县委宣传部常务副部长
王建民　县发展改革委主任
杨华利　县教委主任
郭进茂　县委农工委书记
雷亚军　县市政市容委主任
赵　宏　县科委主任、知识产权局局长
王建中　县住房城乡建设委主任
彭兴宝　县商务委主任
崔春花　县旅游委主任
张亚东　县财政局局长
王　宇　县人力社保局局长
齐立库　县国税局局长
赵增科　县地税局局长
孙全春　县国土分局局长
郭文军　县规划分局局长
赵志强　县质量技术监督局局长
许宝生　县民政局局长
曹玉冰　县工商分局局长
任向宏　县卫生局局长
柴树来　县交通局党组书记
王国良　县政府机关事务办主任
申　袖　县委办副主任、县保密局局长
丁　勇　县公安局副局长
马士强　县广电中心副主任
祁树国　县信息中心主任
雷雁翔　电信北京分公司密云电信局局长
郑德琪　联通密云分公司经理
未立明　移动密云分公司经理
白宝林　歌华密云分公司经理

领导小组下设办公室，办公地点设在县经济信息化委，办公室主任由姜博同志兼任，副主任由李静松同志担任。

2011 年延庆县信息化工作领导体系

2011 延庆县信息化工作领导小组

组　长： 李先忠　县长

副组长： 甘靖中　常务副县长

张素枝　县委常委、县委宣传部部长、副县长

魏　怡　副县长

刘　兵　副县长

谢文征　副县长

武　岗　副县长

成　员： 张留全　县政府办主任

石　森　县委宣传部常务副部长

郭永华　县发展改革委主任

马铁铃　县教委主任

史绍全　县科委主任

孙自广　县经济信息化委主任

赵海江　县财政局局长

袁绪忠　县旅游局局长

纪文选　世葡办主任

张勇军　县公安局副局长

王丽敏　县卫生局局长

鲁世宽　县市政市容委主任

李东升　县商务委主任

韩贵海　县社会办主任

程大庆　县农委主任

赵粤来　县人力社保局党委书记

张景军　县审计局局长

王卫东　县统计局局长

王连友　县保密局副局长

刘小光　县投资促进局局长

刘荣华　延庆规划分局局长

田素芬　延庆工商分局局长

郑东霞　延庆国税局局长

于欣杰　延庆地税局局长

姬书玉　县档案局局长

王文岳　延庆经济开发区管委会主任

刘宗贤　八达岭经济开发区管委会主任

王　江　东部山区农副产品加工基地管委会主任

各乡镇乡镇长、各街道办事处主任

附录

北京市经济和信息化委员会（北京市国防科学技术工业办公室）主要职责

《北京市人民政府关于机构设置的通知》（京政发〔2009〕2 号），《北京市人民政府机构改革方案》经中共中央、国务院批准，其中北京市经济和信息化委员会（挂北京市国防科学技术工业办公室牌子）为市政府组成部门。组建经济和信息化委员会，将发展改革委员会的工业管理有关职责、科学技术委员会的软件业行业管理职责、工业促进局（国防科学技术工业办公室）的职责、信息化工作办公室的职责、乡镇企业局的职责、整合划入经济和信息化委员会，不再保留工业促进局、信息化工作办公室、乡镇企业局。

一、职责调整

（一）划入的职责

1．将原北京市工业促进局（北京市国防科学技术工业办公室）、北京市信息化工作办公室、北京市乡镇企业局的职责，整合划入北京市经济和信息化委员会。

2．北京市发展和改革委员会（简称市发展改革委）的工业行业管理和信息化有关职责。具体包括：研究提出本市工业发展战略；根据国家工业行业规划和产业政策，研究拟订本市工业行业规划及配套措施的实施意见；指导工业行业地方标准的拟订；按照规定权限，核准、备案和上报本市规划内和年度计划规模内工业和信息化领域固定资产投资项目；车辆生产准入管理；工业生产许可工作中的产业政策确认；高技术产业中涉及生物医药、新材料等的规划、政策和标准的拟订及组织实施；组织编制重大技术装备规划，协调相关政策；工业的节能、资源综合利用、清洁生产促进和落后产能退出工作；对中小企业的指导和扶持，会同有关部门对北京市中小企业创业投资引导基金使用的决策、监督和管理；企业减负工作。

3．北京市科学技术委员会的本市软件业行业管理职责。

（二）取消的职责

已由市政府公布取消的行政审批事项。

（三）转变的职责

1. 加快推进信息化和工业化融合、高新技术与传统工业改造结合，促进现代制造业等高端产业发展，加快推进本市信息化建设。

2. 强化对中央在京企业的服务职责。

3. 加强指导本市工业、软件和信息服务业安全生产工作的职责，组织拟订有关行业安全生产方面的规范和标准，加强对民用爆破器材生产和流通企业安全工作的监督管理。

二、主要职责

（一）贯彻执行国家关于工业、软件和信息服务业、信息化方面的法律、法规、规章和政策，起草本市相关地方性法规草案、政府规章草案，并组织实施。

（二）研究拟订并组织实施本市工业、软件和信息服务业、信息化发展规划和产业政策，推进产业布局调整和产业结构优化升级。

（三）监测分析本市工业、软件和信息服务业、信息化的运行态势，统计并发布相关信息；协调解决产业运行和发展中的重大问题，并提出政策建议。

（四）按照规定权限，核准、备案和上报本市规划内和年度计划内工业和信息化领域固定资产投资项目；会同有关部门研究提出工业、软件和信息服务业、信息化方面利用外资和境外投资的重点领域和促进政策。

（五）指导本市工业、软件和信息服务业、信息化技术创新和技术进步，推进企业技术改造；组织实施国家及本市工业、软件和信息服务业、信息化科技重大专项，推进相关科研成果产业化；指导相关行业质量管理工作。

（六）拟订本市高技术制造业、软件和信息服务业、信息化和新兴产业中重点领域的发展规划、实施方案、配套政策及行业标准，并组织实施；指导工业、软件和信息服务业、信息化领域文化创意产业的发展。

（七）承担振兴本市装备制造业组织协调的责任，组织拟订重大技术装备发展和自主创新规划、政策；依托国家及本市重点工程建设推进重大技术装备国产化，指导引进重大技术装备的消化创新。

（八）拟订并组织实施本市工业、软件和信息服务业、信息化领域的能源节约和资源综合利用、清洁生产促进政策；参与拟订能源节约和资源综合利用、清洁生产促进规划；组织协调相关重大示范工程和新产品、新技术、新设备、新材料的推广应用。

（九）指导和促进本市中小企业发展；会同有关部门拟订促进中小企业发展和非国有经济发展的相关政策和措施，协调解决有关重大问题；建立和完善中小企业服务体系。

（十）指导和协调本市工业开发区的建设与发展，促进工业产业基地建设；负责镇村产业生产集中地（农民就业产业基地）建设；指导镇村产业发展。

（十一）统筹推进本市信息化工作；组织制定相关政策并协调信息化建设中的重大问题；统筹协调电子政务、电子商务、公共服务信息化和经济领域信息化的发展；推动跨行业、跨部门的互联互通和重要信息资源的开发利用、共享；统筹协调社会信用体系建设。

（十二）统筹协调本市信息化基础设施的规划和管理；促进电信网络、广播电视网络和计算机网络融合；参与统筹规划公用通信网、互联网、广播电视网和部门专用通信网；负责与国家通信主干网、军工部门及其他部门专用通信网方面的协调工作。

（十三）承担本市网络与信息安全管理责任；负责协调维护信息安全和信息安全保障体系建设；指导监督政府部门、重点行业的重要信息系统与基础信息系统的安全保障工作；协调处理网络与信息安全的重大事件；承担北京市通信保障和信息安全应急指挥部的具体工作。

（十四）负责本市无线电管理工作；负责对无线电频率资源和无线电台（网）进行统一规划和管理；负责研制、生产、进口无线电发射设备的审核工作；协调处理电磁干扰事宜，维护空中电波秩序。

（十五）组织协调北京地区武器装备科研生产的重大事项，保障军工核心能力建设，推进军民结合；协调推进本市航空航天产业发展。

（十六）开展本市工业、软件和信息服务业、信息化领域对外合作与交流。

（十七）负责本市工业、软件和信息服务业、信息化领域人力资源的合理配置，会同有关部门拟订人才队伍建设规划和有关政策措施，组织相关人才培训。

（十八）承办市政府交办的其他事项。

北京市经济和信息化委员会（市国防科工办）机构设置

根据北京市经济和信息化委员会的主要职责，北京市经济和信息化委员会（市国防科工办）设 24 个内设机构。

（一）办公室（财务处）

负责机关政务工作；负责文电、会务、机要、档案等机关日常运转工作；承担信息、信访、议案、政府信息公开、新闻宣传、安全保卫、保密、财务和后勤保障等工作；承担重要事项的组织和督查工作。

（二）研究室（政策法规处）

承担本市工业、软件和信息服务业、信息化方面重大问题的调查研究，并提出相关政策建议；承担综合性重要文稿的起草工作；负责机关推进依法行政综合工作；起草工业、软件和信息服务业、信息化方面的地方性法规草案、政府规章草案；负责行政执法工作的监督、指导和协调；承担行政复议、应诉的有关工作；承担机关行政规范性文件的合法性审核和备案工作。

（三）规划处

组织拟订本市工业、软件和信息服务业、信息化发展规划和产业政策，并组织实施；提出工业和信息化固定资产投资规模和方向的建议；按照规定权限，核准、备案和上报规划内和年度计划规模内工业和信息化固定资产投资项目；审核电子政务和公共服务领域信息化升级改造及运行维护项目；组织重大信息化项目的技术论证、评估验收等工作。

（四）科技标准处

负责推进本市工业、软件和信息服务业、信息化创新体系建设，研究拟订推进企业技术创新、产业技术进步的政策措施；组织实施行业技术标准和规范；指导行业质量管理工作；组织协调工业科技重大专项的实施，推动技术创新和产学研相结合；参与推进相关领域文化创意产业发展工作。

（五）布局处

研究拟订本市工业、软件和信息服务业、信息化布局规划，并组织实施；指导和协调工业开发区的建设与发展，参与拟订促进开发区发展的相关政策；指导工业开发区发展规划和产业定位，推进园区基础设施配套和服务体系建设；推进工业开发区的资源节约和生态建设；组织实施污染扰民工业企业搬迁工作，指导工业资源的开发利用。

（六）经济运行处（央企服务处）

监测分析本市工业、软件和信息服务业、信息化运行态势，统计并发布相关信息，进行预测预警和信息引导；协调解决运行发展中的有关问题并提出政策建议；参与研究拟订物流业促进政策和措施；研究拟订和推进落实服务中央在京企业的有关政策；协调有关部门做好服务中央在京企业、推进重大项目建设等工作；开展相关产业国内经济协作和对外交流合作。

（七）中小企业处

指导和促进本市中小企业发展；会同有关部门拟订促进中小企业发展和非国有经济发展的相关政策和措施，指导城镇集体企业改革，协调解决有关重大问题；推动建立完善中小企业服务体系；推进中小企业信息化建设；会同有关部门负责北京市中小企业创业投资引导基金使用的决策、监督和管理；指导中小企业开展国内外合作与交流；负责组织减轻企业负担工作。

（八）节能与环保产业处

拟订并组织实施本市工业、软件和信息服务业、信息化领域能源节约和资源综合利用、清洁生产促进政策；参与拟订能源节约和资源综合利用、清洁生产促进规划和污染控制政策；组织拟定工业节能节水标准；组织协调相关重大示范工程和新产品、新技术、新设备、新材料的推广应用；推进环保领域相关制造业的发展。

（九）基础与新材料产业处（北京市履行《禁止化学武器公约》事务办公室）

研究拟订本市基础与新材料产业中长期发展规划和重点产业调整、发展方案及政策措施；监测、分析产业经济运行态势；组织推进专业化招商引资工作，引导和组织相关企业开拓国内外市场，开展国际化经营和国内外交流合作；组织协调和推进行业重大项目的实施；负责农药生产企业核准、农药产品生产审批和农药生产监督管理工作；承担履行《禁止化学武器公约》的组织协调工作。

（十）装备产业处

研究拟订本市装备产业中长期发展规划和重点产业调整、发展方案及政策措施；监测、分析产业经济运行态势；组织推进专业化招商引资工作，引导和组织相关企业开拓国内外市场，开展国际化经营和国内外交流合作；组织协调和推进行业重大项目的实施；推进重大技术装备国产化，指导引进重大技术装备的消化创新。

（十一）汽车与交通设备产业处

研究拟订本市汽车与交通运输设备制造业的行业中长期发展规划和重点产业调整、发展方案及政策措施；监测、分析产业经济运行态势；组织推进专业化招商引资工作，引导和组织相关企业开拓国内外市场，开展国际化经营和国内外交流合作；组织协调和推进行业重大项目的实施，推进重大技术装备国产化，指导引进重大技术装备的消化创新；组织产业的地区配套和产业链构建，推进汽车及零部件物流等相关生产性服务业的发展。

（十二）都市产业处（食品产业处）

研究拟订本市都市产业、食品产业中长期发展规划和重点产业调整、发展方案及政策措施；监测、分析产业经济运行态势；组织推进专业化招商引资工作，引导和组织相关企业开拓国内外市场，开展国际化经营和国内外交流合作；组织协调和推进行业重大项目的实施；指导食品产业布局及结构调整，统筹协调食品加工基地建设；指导协调食品产业的技术开发、装备更新、标准化建设等工作。

（十三）生物与医药产业处

研究拟订本市生物与医药产业中长期发展规划和重点产业调整、发展方案及政策措施；监测、分析产业经济运行态势；参与推动医药物流发展；组织推进专业化招商引资工作，引导和组织相关企业开拓国内外市场，开展国际化经营和国内外交流合作；组织协调和推进行业重大项目的实施；会同有关部门拟订中药产业促进政策。

（十四）军工综合处

负责北京地区国防科技工业的综合协调；负责武器装备研制、生产和军工特殊产品的市场准入和监督管理；指导军品科研生产单位的国防科技基础工作；负责民用爆炸物品生产、流通的监督管理；负责国防科技工业相关信息统计工作。

（十五）军工运行处（核应急处）

负责北京地区武器装备科研生产运行的协调、保障；负责军工固定资产投资管理；负责北京地区地方单位军工科研项目和国防科技成果管理；负责军工安全生产监督管理；负责核应急管理。

（十六）航空航天产业处（军民结合推进处）

研究拟订本市航空航天及配套产业中长期发展规划，参与制定相关的促进政策；协调推进航空航天产业基地和重大项目建设；负责航空航天产业分析汇总工作；参与航空航天产业、企业的调整和重组；负责指导军民两用技术开发与产业化工作。

（十七）电子信息产业处

研究拟订本市电子信息产业中长期发展规划和重点产业调整、发展方案及政策措施；监测、分析产业经济运行态势；组织推进专业化招商引资工作，引导和组织相关企业开拓国内外市场，开展国际化经营和国内外交流合作；组织协调和推进行业重大项目的实施，推进重大技术装备国产化，指导引进重大技术装备的消化创新；组织产业的地区配套和产业链构建，推进相关生产性服务业的发展。

（十八）软件与信息服务业处

指导本市软件和信息服务业发展；研究拟订并组织实施软件和信息服务业中长期发展规划；组织实施软件和信息服务业的技术规范和标准；组织推进软件和信息服务业基地、园区建设；负责软件企业认定和软件产品登记；推进软件服务外包。

（十九）电子政务与信息资源处

统筹推进本市电子政务和信息资源开发利用，推动跨部门、跨行业、跨领域的互联互通和共享；组织拟订电子政务和信息资源开发利用的发展规划、年度计划和相关政策，协调推进有关试点示范工作；负责信息资源基础设施建设；负责国家机关在互联网上注册域名的审核；负责国家机关网站管理和电子政务绩效考核工作。

（二十）社会信息化处（信用管理处）

统筹协调本市社会信息化和信息化公共服务工作，推动城乡一体化中的信息化建设；组织拟订信息化公共服务和社区、农村信息化的发展规划、年度计划和相关政策，协调推进有关试点示范工作；统筹协调社会信用体系建设工作。

（二十一）经济信息化处

统筹协调本市电子商务、企业信息化等经济领域信息化推进和智能卡推广应用工作；组织拟订电子商务、企业信息化和智能卡应用的发展规划、年度计划和相关政策，协调推进有关试点示范工作；组织拟订工业化和信息化融合的政策并组织相关试点示范工作。

（二十二）网络安全处（信息化基础设施处）

负责本市网络和信息安全建设与管理工作；参与统筹规划公用通信网、互联网、广播电视网和部门专用通信网；负责与国家通信主干网、军工部门及其他部门专用通信网方面的协调工作；促进电信网络、广播电视网络和计算机网络融合；协调本市信息安全和信息安全保障体系建设；指导监督政府部门、重点行业的重要信息系统与基础信息系统的安全保障工作；协调处理网络与信息安全的重大事件；指导协调信息安全技术开发；承担北京市通信保障和信息安全应急指挥部办公室工作。

（二十三）镇村企业运行指导处

负责本市镇村产业的监测、统计和经济运行综合分析，协调解决运行中的有关问题；指导镇村企业发展，总结推广先进经验；指导镇村企业的技术进步和技术改造，促进产业结构调整和优化升级；负责镇村产业生产集中地（农民就业产业基地）发展和“一村一品”建设；组织开展镇村企业人才培训。

（二十四）人事教育处

负责机关及所属单位的人事、机构编制、队伍建设和外事工作；负责相关领域人力资源的合理配置，会同有关部门拟订人才队伍建设规划和有关政策措施，组织相关人才培训。

离退休干部处：负责机关及所属单位离退休人员的管理与服务工作。

机关党委（工会）：负责机关及所属单位的党群工作。

纪检、监察机构按有关规定派驻。

2011 年北京软件和信息服务业发展统计数据

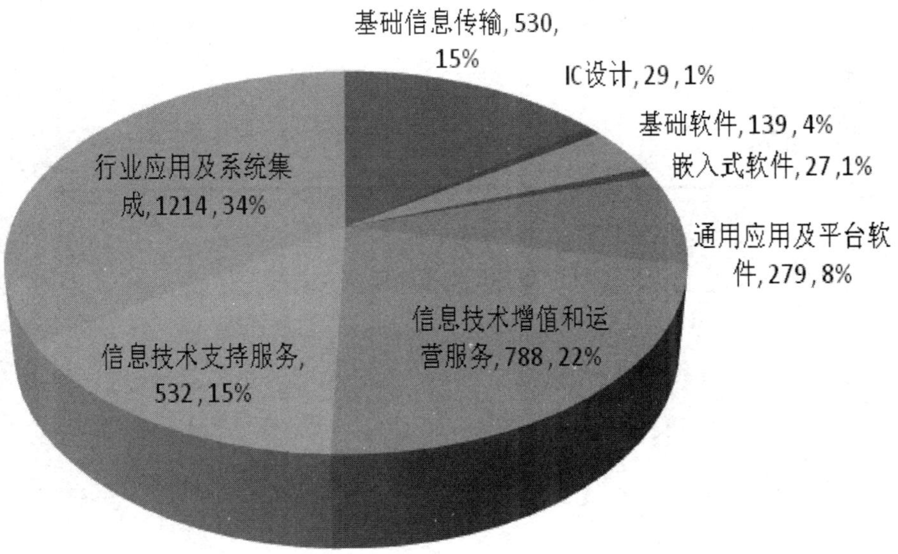

2011 年北京软件和信息服务业收入构成（单位：亿元，%）

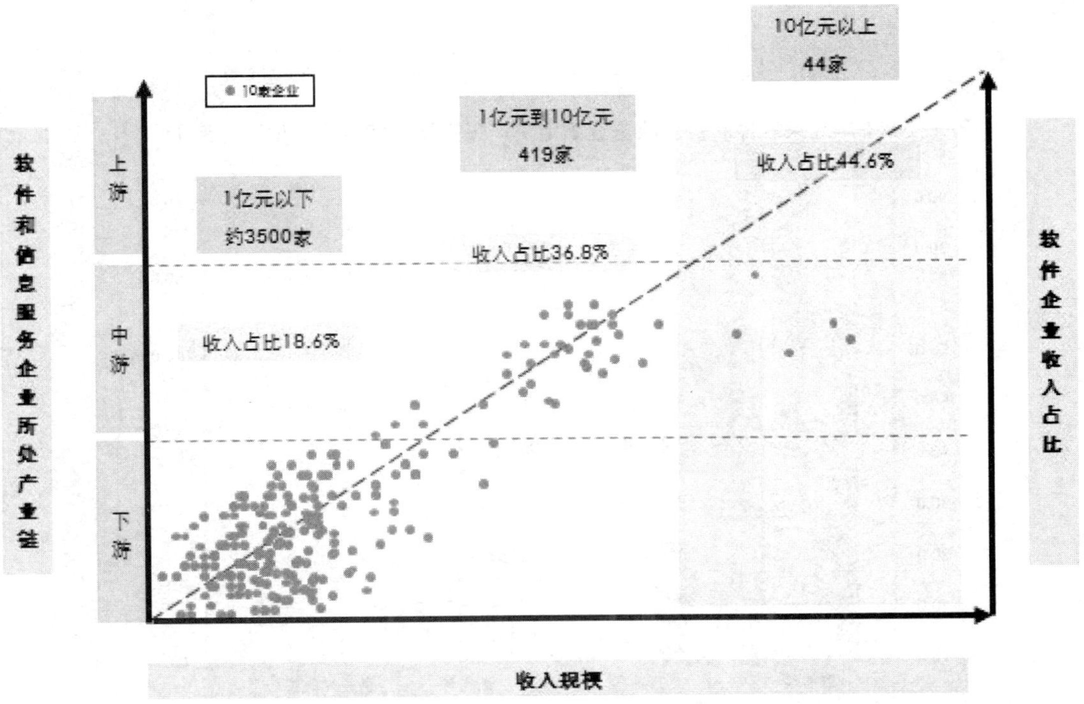

2011 北京市软件和信息服务企业收入分组

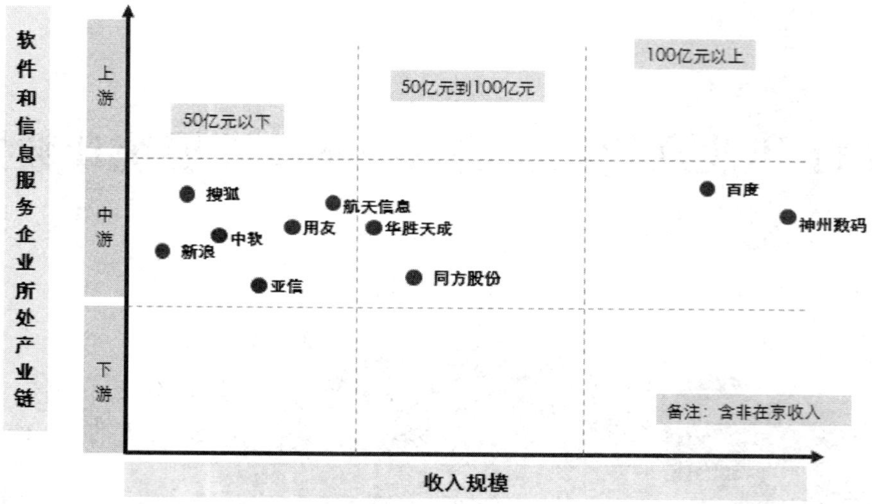

2011 年重点集团型企业收入分布

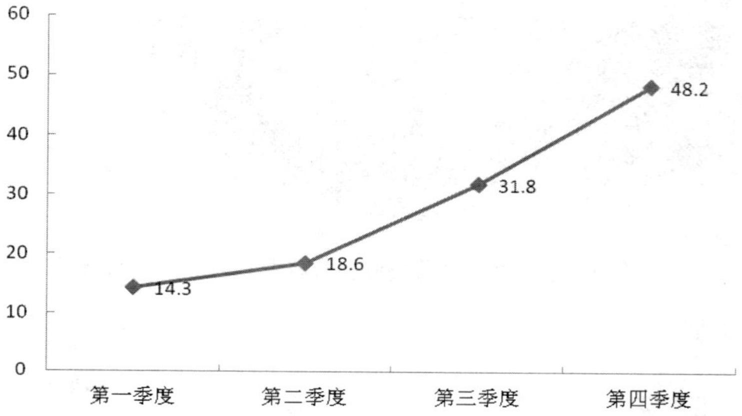

2011 年北京软件和信息服务业固定资产投资增长情况（单位：亿元）

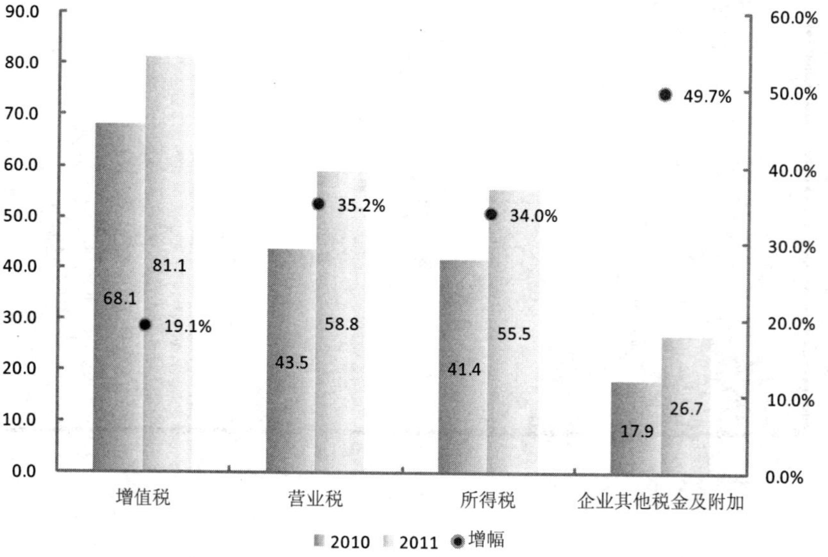

2011 年北京软件和信息服务业实缴税费情况（单位：亿元）

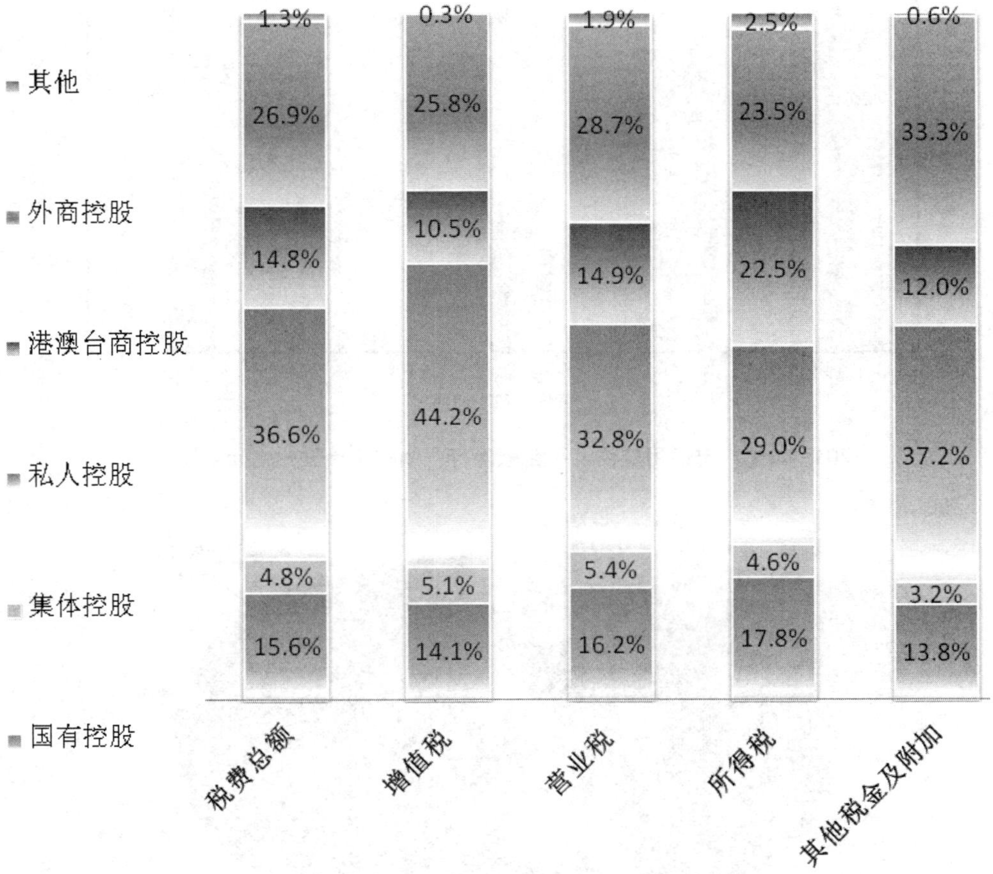

2011 年北京软件和信息服务业各经济成分企业税费情况对比

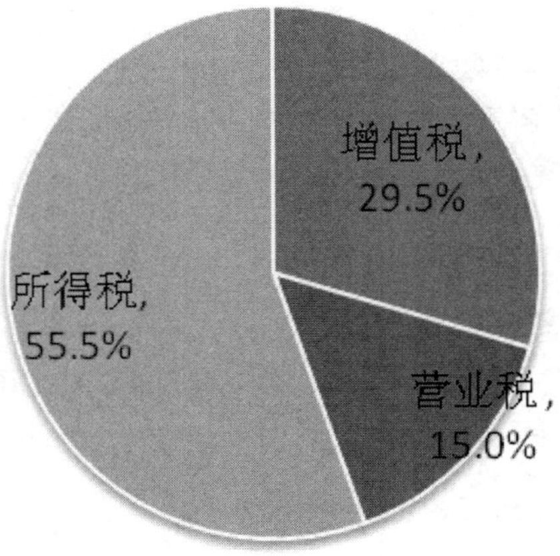

2011 年北京软件和信息服务业所享受的减免税情况

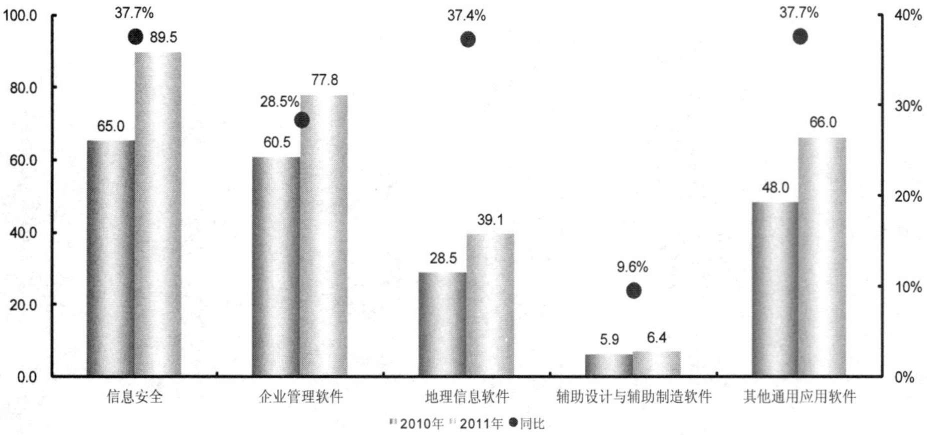

2011年北京市通用应用及平台软件行业规模（单位：亿元，%）

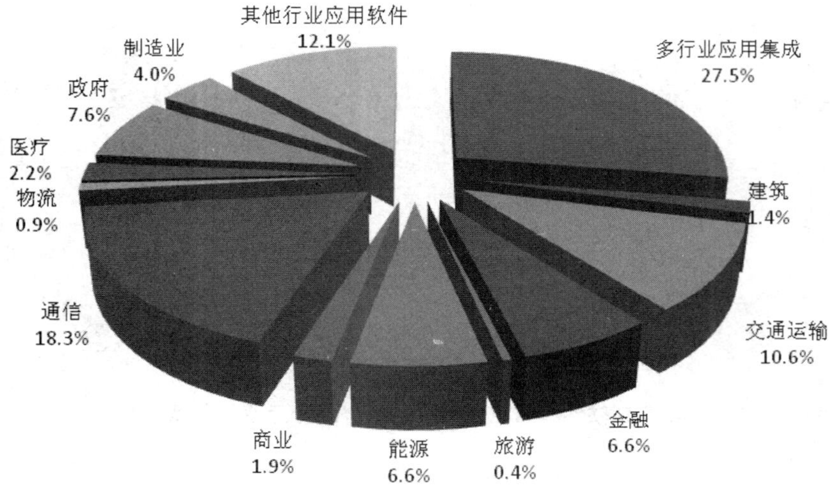

2011年北京市行业应用及系统集成行业构成

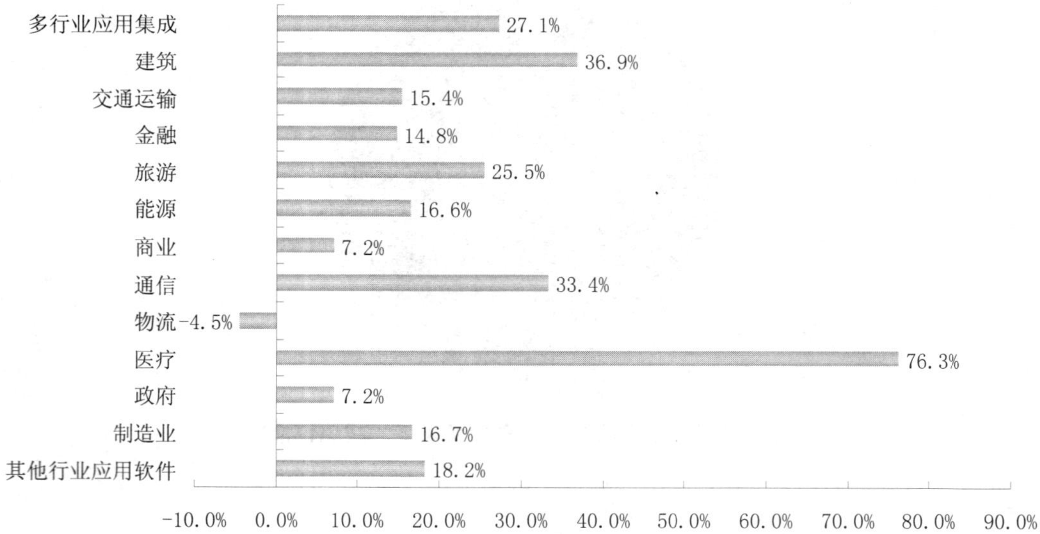

2011年北京市行业应用及系统集成行业各细分领域发展增速

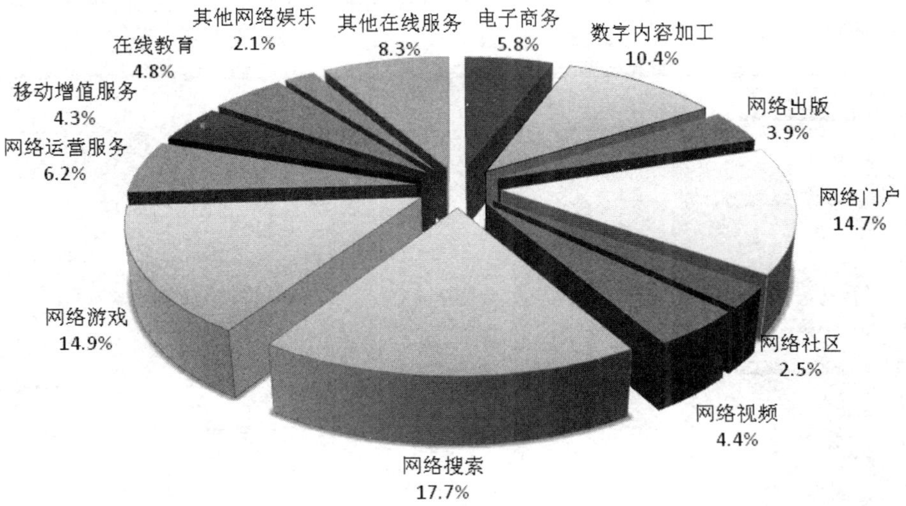

2011 年北京市信息技术增值和运营服务行业构成

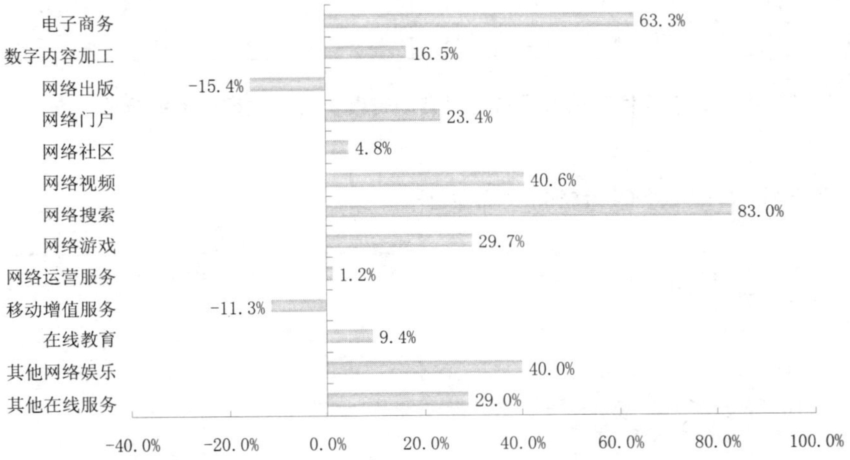

2011 年北京市行业应用及系统集成行业各细分领域发展增速

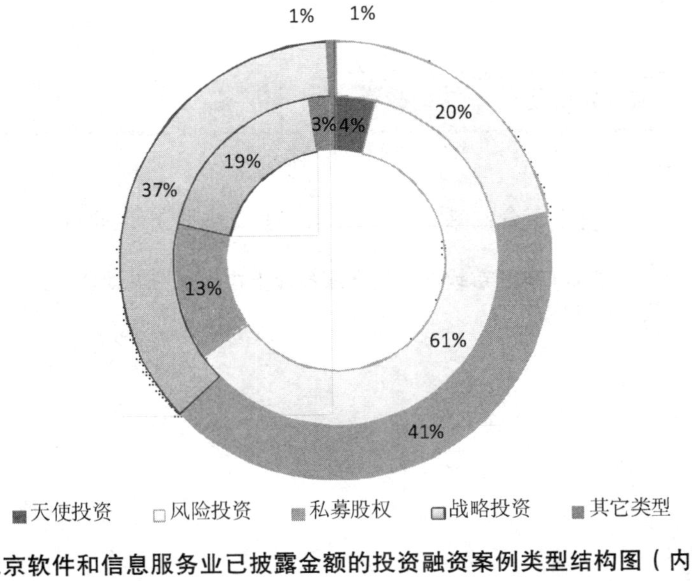

2011 年北京软件和信息服务业已披露金额的投资融资案例类型结构图（内环为融）

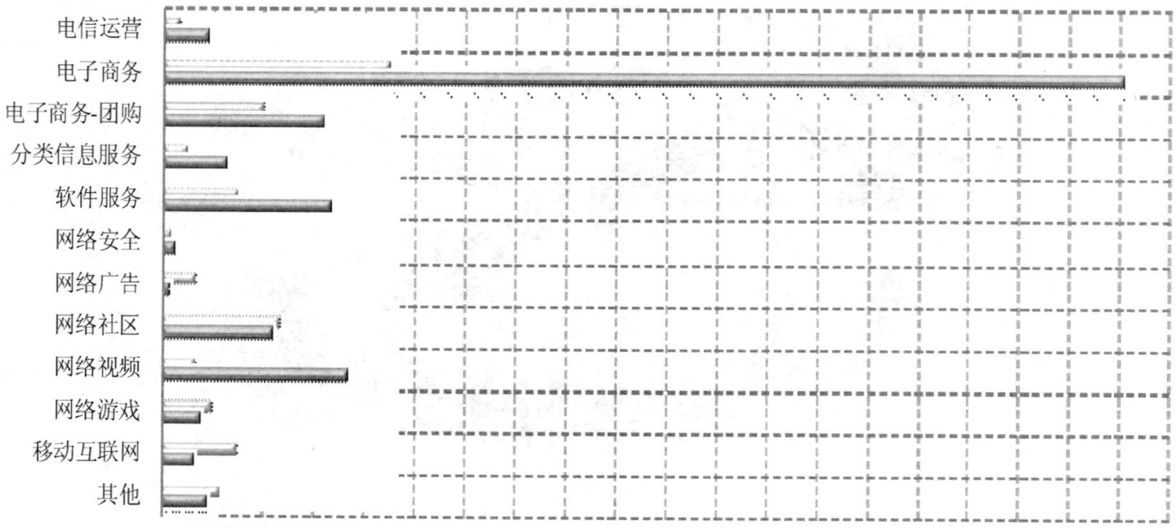

	其他	移动互联网	网络游戏	网络视频	网络社区	网络广告	网络安全	软件服务	分类信息服务	电子商务-团购	电子商务	电信运营
融资案例数（起）	7	9	6	4	14	4	1	9	3	12	27	2
融资金额（亿元）	5	4	5	22	13	1	1	20	8	19	114	5

2011 年北京软件和信息服务业投资融资案例数和融资金额的行业分布

（资案例数占比，外环为融资金额占比）

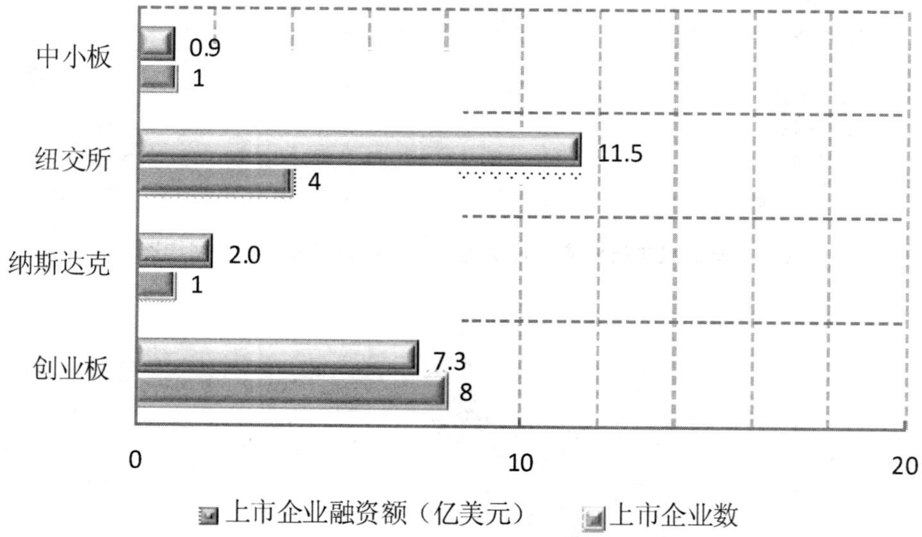

2011 年北京软件和信息服务业上市地点分布对比

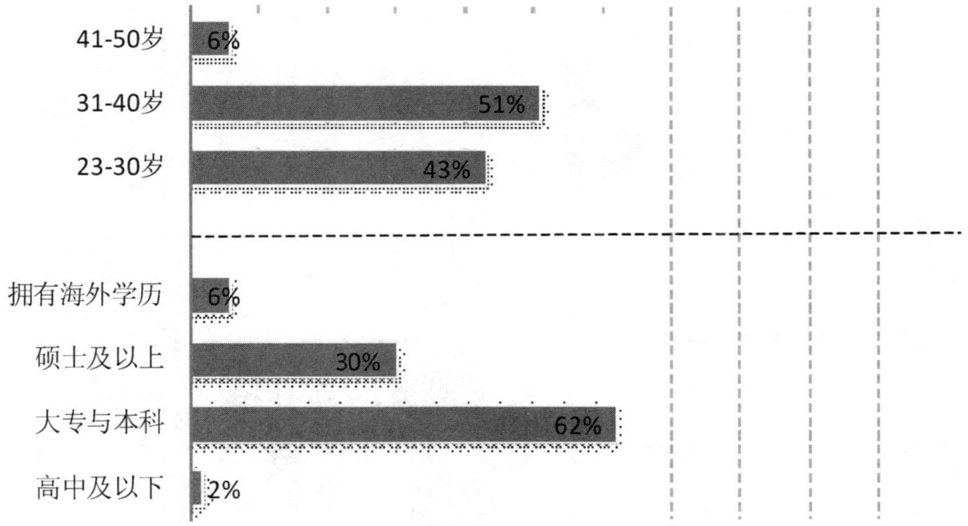

2011 年北京市软件创业者学历与年龄分布

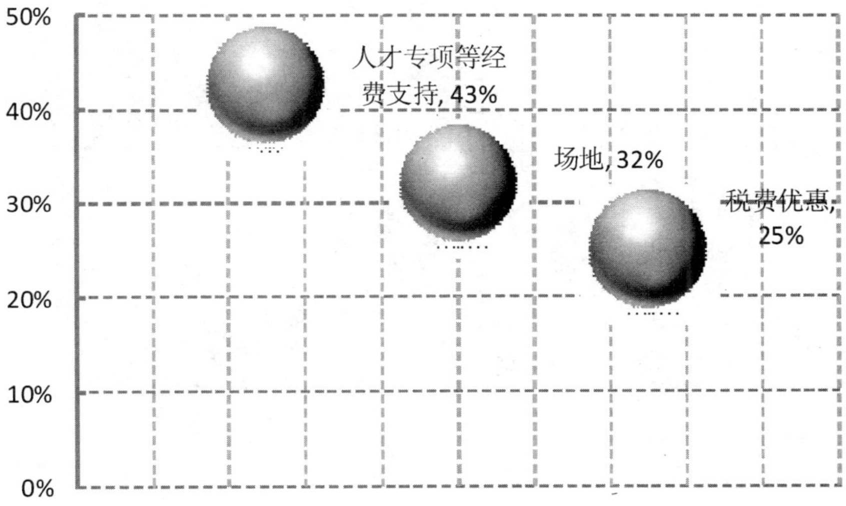

2011 年北京市软件创业者最希望得到的政策支持

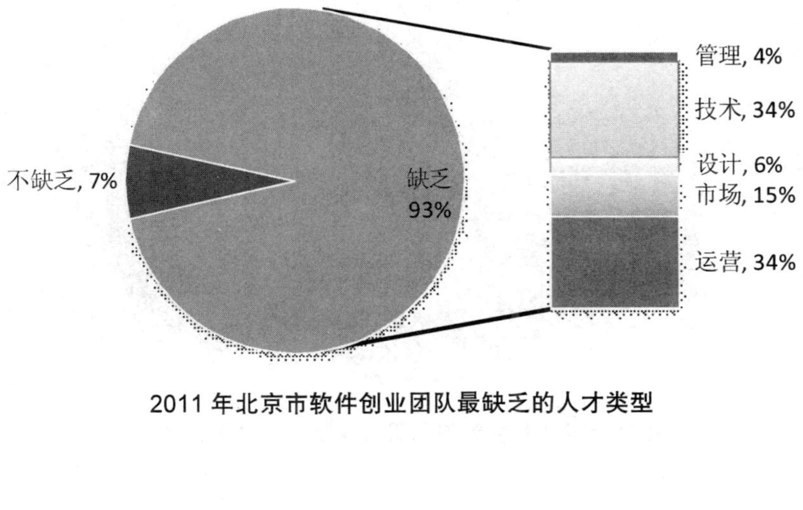

2011 年北京市软件创业团队最缺乏的人才类型

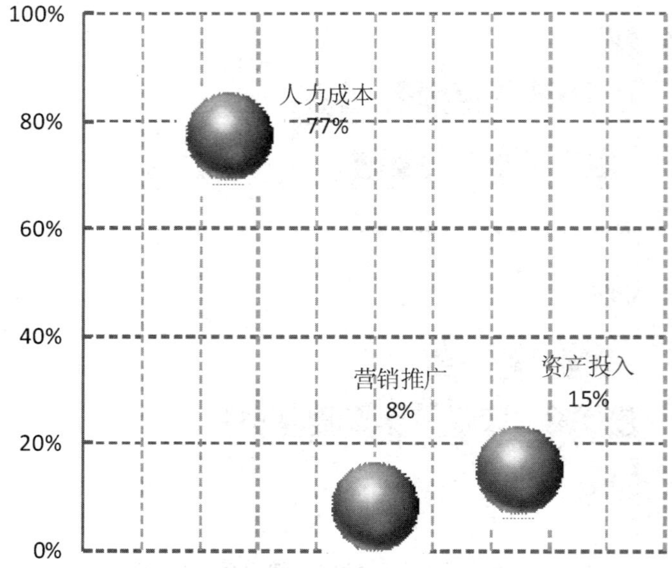

2011 年北京市软件创业团队投入最大的领域分析

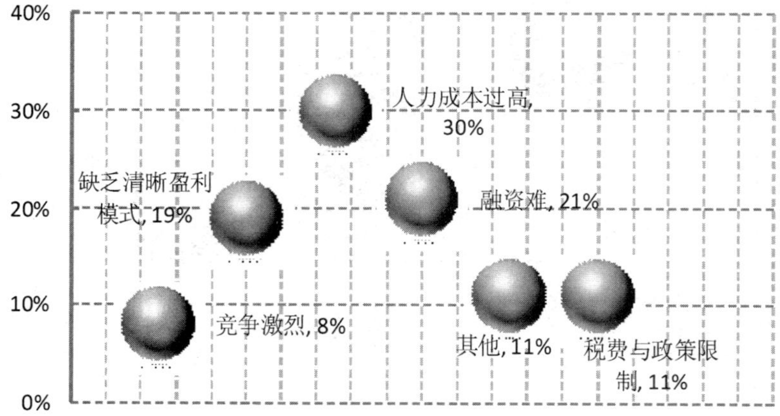

2011 年北京市软件创业团队面临的主要问题

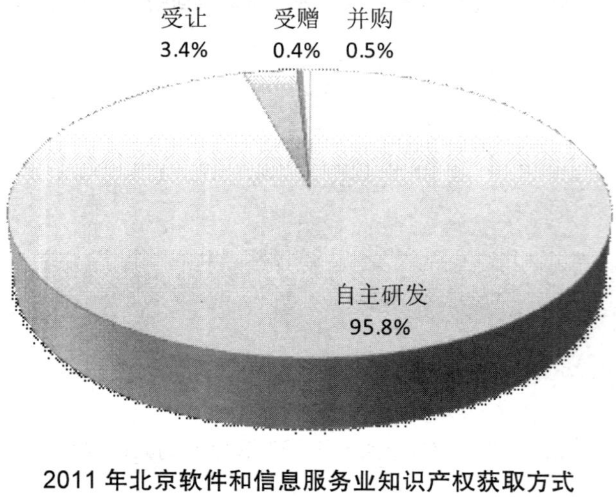

2011 年北京软件和信息服务业知识产权获取方式

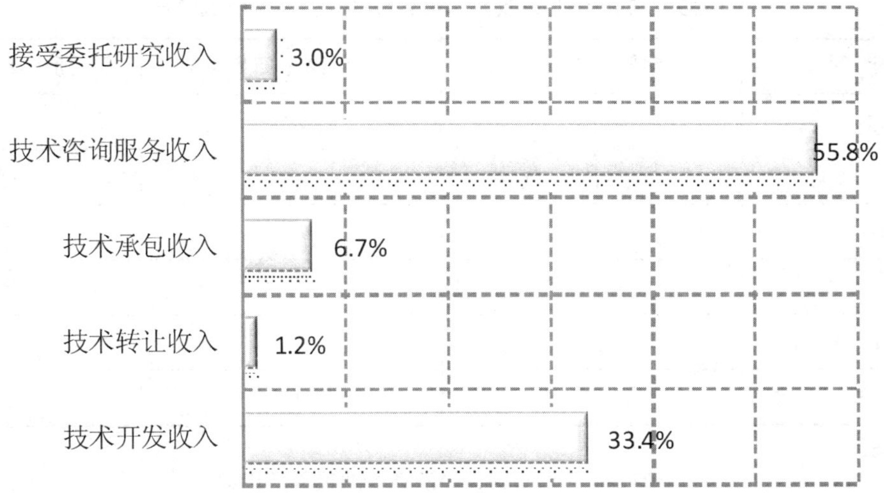

2011 年北京软件和信息服务业技术收入构成

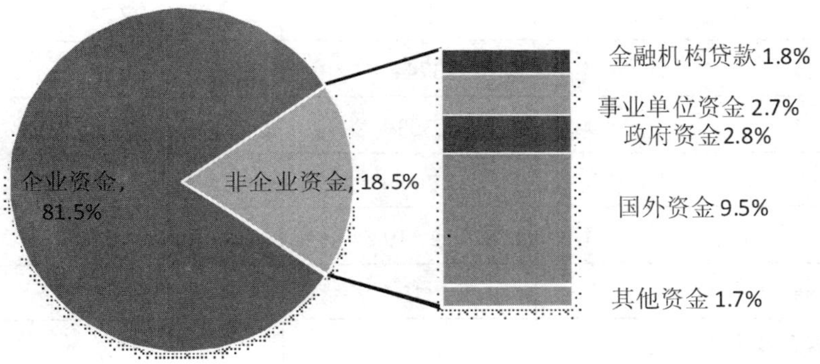

2011 年北京软件和信息服务业科技经费筹集构成

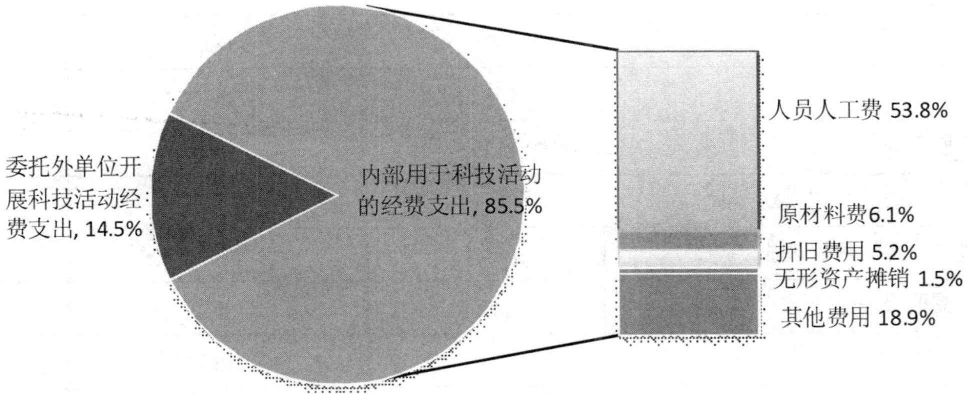

2011 年北京软件和信息服务业科技活动经费支出构成

2006—2011 年北京软件和信息服务企业兼并收购情况

年度	案例数（起）	涉及金额（亿美元）	所占比例（%）
2006	24	0.75	14.89
2007	17	3.57	20.1
2008	22	4.76	33.1
2009	33	12.75	44.9
2010	25	4.53	9.4
2011	51	19.17	24.0

2011 年北京市国民经济各行业投入产出比

行　业	增加值（亿元）	固定资产投资（亿元）	投入产出比
地区生产总值	16 000.4	5910.6	2.7
第一产业	136.2	47.2	2.9
第二产业	3744.4	762.2	4.9
工业	3039	751.9	4.0
建筑业	705.4	10.3	68.5
第三产业	12 119.8	5101.3	2.4
交通运输、仓储和邮政业	845.3	699.7	1.2
信息传输、软件和信息技术服务业	1492.6	112.9	13.2
批发和零售业	2122.8	28.7	74.0
住宿和餐饮业	348.3	38.1	9.1
金融业	2055	86.7	23.7
房地产业	1080.6	3284.7	0.3
租赁与商务服务业	1135.2	46.2	24.6
科学研究、技术服务与地质勘查业	1130	92	12.3
水利、环境和公共设施管理业	86.3	415.8	0.2
居民服务和其他服务业	112.3	11.5	9.8
教育	581.1	133	4.4
卫生、社会保障和社会福利业	298.5	48.1	6.2
文化、体育与娱乐业	332.4	55	6.0
公共管理与社会组织	499.4	48.8	10.2

国家各类专项支持项目

类　型	数量（个）	投资额（亿元）	中央财政支持（亿元）	地方财政支持（亿元）	主要项目
中小企业发展专项资金	21	4.2	/	0.3	华傲达数据的三网融合时代“量”“质”融合的海量数据处理基础技术项目等
信息化基础设施提升计划	8	0.8	/	0.1	中企开源的“中小企业云服务应用项目”等
国家技改项目	23	9	0.5	/	中金数据的“云计算数据托管服务平台项目”等
物联网发展专项资金	9	2.8	0.2	/	易程科技的“物联网应用中间件研发及产业化”等
电子发展基金	16	6	0.7	/	亿阳安全的“移动支付安全中间件研发及产业化”等
中关村现代服务业	27	36.4	2.76	/	百度的“百度新一代互联网搜索服务及产业化”等
国家软件公共服务平台	1	0.05	0.015	/	中关村软件园的“中关村软件园云服务平台”等
国家科技 01 重大专项（10 年立项）	13	15.6	4.6	0.04	联想控股有限公司的“新型网络计算操作系统”等
国家科技 03 重大专项（10 年立项）	38	22.5	5.4	0.05	创毅视讯的“TD-LTE 面向商用 TD-LTE/TD-SCDMA 双模终端基带芯片研发”等
2011 年度云计算示范工程	5	39.9	2.2	/	百度“云服务开放平台示范”等

2011 年北京软件和信息服务业获计算机信息系统集成资质企业情况

资质级别	北京市总数	获证单位数量百分比
一级	81	35%
二级	146	26%
三级	377	19%
四级	42	6%
总计	646	18%

2011 北京移动互联网产业年会获奖名单

序号	企业名称	产品名
最具投资潜力公司		
1	迈奔灵动科技（北京）有限公司	
2	北京当乐信息技术有限公司	
3	北京一九付科技有限公司	
4	小米科技	
5	北京族米科技有限公司	
最具投资价值项目		
6	浩联时代（北京）科技有限公司	爱滔客最佳语聊软件
7	北京艾德思奇科技有限公司	MobiSage（智能广告平台）
8	虾米网	虾米手机音乐电台
9	街旁网	街旁 LBS 签到
10	精准沟通（北京）商务服务有限公司	无线生活服务平台（摩卡中国）
最具创新潜力公司		
11	人人网	
12	搜狐公司	
13	联想集团	
14	大唐电信科技股份有限公司	
15	播思通信技术（北京）有限公司	
16	正益无线（北京）科技有限公司	
17	百度公司	
18	CSDN（中国软件开发联盟）	
最具创新价值项目		
19	北京图盟科技有限公司	地图开发平台
20	华为终端有限公司	华为云手机远见
21	优视科技有限公司	UC 浏览器新一代 U3 内核
22	北京亿赛通科技发展有限责任公司	内容数据泄露防护（DLP）解决方案
23	北京易卡互动信息技术有限公司	BITCAR DSA 奔驰中国项目应用
24	中文在线	移动阅读终端业务
25	北京德信互动网络技术有限公司	17Vee 体感游戏控制
26	支付宝（中国）网络技术有限公司	手机支付

三网融合部分重点企业分类排名——运营商（截至 2011 年 11 月 25 日收盘价）

排名	企业	市值（亿元）
1	广电信息（百视通）	187.00
2	电广传媒	123.46
3	华谊兄弟	85.58
4	歌华有线	84.41
5	天威视讯	51.52
6	广电网络	52.06
7	中视传媒	46.90

三网融合部分重点企业分类排名——设备商（截至 2011 年 11 月 25 日收盘价）

排名	企业	市值（亿元）
1	数码视讯	59.70
2	亨通光电	43.67
3	亿阳信通	39.16
4	捷成股份	36.12
5	同洲电子	35.14
6	四川九洲	29.03
7	中电广通	20.41
8	金亚科技	17.86
9	亿通科技	8.35
10	永新视博	2.46

2011 年北京市电子政务绩效考核优秀单位

一、2011 年度优秀政务网站名单（按政府序列排序）

市发展改革委、市公安局、市规划委、市住房城乡建设委、市市政市容委、市商务委、市文化局、市政府外办、市地税局、市工商局、市园林绿化局。

东城区、西城区、朝阳区、石景山区、顺义区、大兴区。

二、2011 年度优秀网上服务项目名单（按政府序列排序）

市教委家长学校服务、市科委科技北京服务、市公安局立案公开查询服务、市民政局社区服务、市财政局会计人员服务、市人力社保局社会保险网上办理服务、市国土局土地交易服务、市环保局老旧机动车淘汰更新服务、市规划委勘察设计与测绘公共服务、市住房城乡建设委保障性住房服务、市交通委小客车指标申请服务、市旅游委旅游信息服务、市卫生局预约挂号服务、市广电局电影预告片赏析服务、市体育局全民健身服务、市统计局统计信息服务、市园林绿化局公园风景区游览服务、市知识产权局专利信息查询服务。

东城区无障碍服务、朝阳区一刻钟社区服务、海淀区非紧急救助服务、丰台区网上办事服务、平谷区绿谷经济服务、延庆县生态旅游服务。

首都文明办文明出行服务、中关村管委会科技项目申报服务、市劳教局远程视频会见服务、市药监局药品安全服务、市城管执法局城管地图服务、市公安局交通管理局移动交管服务、市公园管理中心历史名园图片征集服务、市投资促进局外商投资企业服务、住房公积金管理中心移动公积金查询服务、团市委青年创新创业博览服务、市残联残疾人就业保障金网上申报服务。

三、2011 年度最受公众关注的政务网站名单（按访问量排序）

1. 月均有效页面浏览量超过 1000 万的政务网站：

市公安局公安交通管理局、市人力社保局、市工商局、市住房城乡建设委

2. 年度有效页面浏览量增幅超过 50%以上的政务网站：

市市政市容委、市人力社保局

2011年北京市政务信息化产品推荐名录（第一批）

北京市政务信息化产品推荐名录和案例（第一批）								
序号	软件分类		品牌名称	产品名称	厂商全称	联系人	联系方式	成功案例名称
1	系统软件	操作系统	共创开元	共创开元Linux服务器系统软件	北京共创开源软件有限公司	王刚	13901202082	北京市平谷区政府
2	系统软件	操作系统	共创开元	共创开元桌面Linux系统软件	北京共创开源软件有限公司	王刚	13901202082	北京市平谷区政府
3	系统软件	操作系统	红旗Linux	红旗Linux操作系统	北京中科红旗软件技术有限公司	李祥凯	13701142172	中国邮政《电子商务信息平台系统》
4	系统软件	数据库软件	人大金仓	金仓数据库	北京人大金仓信息技术股份有限公司	刘秋明	13911044335	中央组织部中国共产党基本信息系统2005 北京市社区卫生服务综合管理信息系统
5	系统软件	中间件	东方通系列中间件	东方通消息中间件软件TongLINK/Q	北京东方通科技发展有限责任公司	柳颖	13810729505 82652228	中国人民银行中国现代化支付系统的小额支付系统应用 国家电网数据交换平台 金农工程一期数据交换平台
6	系统软件	中间件	东方通系列中间件	东方通交易中间件软件TongEASY	北京东方通科技发展有限责任公司	柳颖	13810729505 82652228	福建移动BOSS系统 华夏银行综合业务系统
7	系统软件	中间件	东方通系列中间件	东方通应用服务器软件TongWeb	北京东方通科技发展有限责任公司	柳颖	13810729505 82652228	中国移动银企互联系统 华北空管信息综合服务平台
8	系统软件	中间件	东方通系列中间件	东方通集成中间件软件TongIntegrator	北京东方通科技发展有限责任公司	柳颖	13810729505 82652228	海事应急辅助指挥系统 上海金质工程 中间件平台软件构建成都市企业信用信息系统
9	系统软件	中间件	东方通系列中间件	东方通通用文件传输平台GTP	北京东方通科技发展有限责任公司	柳颖	13810729505 82652228	中国工商银行通用文件传输平台 华夏银行文件传输系统 福建电力数据交换系统

续表

北京市政务信息化产品推荐名录和案例（第一批）								
序号	软件分类		品牌名称	产品名称	厂商全称	联系人	联系方式	成功案例名称
10			东方通系列中间件	东方通安全中间件 TongSEC	北京东方通科技发展有限责任公司	柳颖	13810729505 82652228	成都住房公积金项目
11			TRS	TRS 全文数据库系统（TRS Database Server）	北京拓尔思信息技术股份有限公司	贺兆辉	64848899-125	1. 中央政府门户搜索引擎；2. 国家知识产权局专利检索；3. 环境保护部搜索系统;4. 首都之窗 SaaS 模式搜索服务；5. 人民网搜索
12			TRS	TRS 内容协作平台（TRS WCM）	北京拓尔思信息技术股份有限公司	贺兆辉	64848899-125	1. 外交部全球网站群；2. 农业部网站群；3. 国家知识产权局；4. 国家电网公司；5. 中国银行；6. 中国移动
13			TRS	TRS 文本挖掘软件（TRS CKM）	北京拓尔思信息技术股份有限公司	贺兆辉	64848899-125	1. 新华社多媒体数据库；2. 中央政府门户；3. 外交部；4. 索尼公司；5. 中国五矿集团
14			TRS	TRS 网络信息雷达系统(TRS InfoRadar)	北京拓尔思信息技术股份有限公司	贺兆辉	64848899-125	1. 外交部；2. 国家工商总局；3. 新华网；4. 中国网通；5. 海南航空；6. 中国银行
15			ezONE	ezESB 企业服务总线	北京同方软件股份有限公司	黄利志	82393659	上海虹桥交通枢纽信息化建设项目
16			ezONE	ezBI 商业智能系统	北京同方软件股份有限公司	黄利志	82393659	1、吉林省无线电监测历史数据分析系统 2、山东省德州商业银行决策分析系统
17			ezONE	ezPortal 企业门户系统	北京同方软件股份有限公司	黄利志	82393659	湖北仙桃市电子政务建设工程
18			ezONE	ezRFID 无线射频识别中间件	北京同方软件股份有限公司	黄利志	82393659	2008 北京奥运会 RFID 电子门票系统
19			ezONE	ezGate M2M 网关	北京同方软件股份有限公司	黄利志	82393659	1、沈阳热电厂实时信息监控系统 2、哈尔滨市水情自动测报系统
20			ezONE	ezStudio 开发工具软件	北京同方软件股份有限公司	黄利志	82393659	北京同方软件股份有限公司所有的软件产品全部基于 ezStudio 开发工具开发

续表

北京市政务信息化产品推荐名录和案例（第一批）								
序号	软件分类		品牌名称	产品名称	厂商全称	联系人	联系方式	成功案例名称
21			ezONE	ezFramework 企业框架	北京同方软件股份有限公司	黄利志	82393659	北京同方软件股份有限公司所有的软件产品全部基于 ezFramework 企业框架开发。
22			ezONE	ezHMI 数据采集与组态监控软件	北京同方软件股份有限公司	黄利志	82393659	中央电视台新台址建设项目 伊朗德黑兰地铁项目 也门萨那机场项目
23	支撑软件	网管软件	神州泰岳	Ultra-NMS	北京神州泰岳软件股份有限公司	赵映霞	13910673291	中国联通增值业务综合网管项目
24	支撑软件	存储备份软件	火星 Mars	Mars Backup Advanced 企业级存储备份软件 V3.0；Mars Storage Platform/ 海量数据存储管理系统	北京亚细亚智业科技有限公司	石秀娟	13910294557	国家统计局第二次全国农业普查存储软件项目；中联部政党外交系统存储与备份系统；中国资源卫星应用中心陆地资源卫星 DIMS 分系统
25	支撑软件	地理信息系统软件	SuperMap	SuperMap iServer Java	北京超图软件股份有限公司	薛瑜	15801649711	重庆市地理信息共享平台
26	支撑软件	地理信息系统软件	SuperMap	SuperMap IS．NET	北京超图软件股份有限公司	薛瑜	15801649711	杭州市房屋管理地理信息系统
27	支撑软件	地理信息系统软件	SuperMap	SuperMap Objects	北京超图软件股份有限公司	薛瑜	15801649711	中国气象局多轨道业务探测资料实时交换监视与统计平台
28	支撑软件	地理信息系统软件	SuperMap	eSuperMap	北京超图软件股份有限公司	薛瑜	15801649711	崇文区城市网格化管理信息系统平台
29	应用软件	OA 系统	TRS	TRS 个性化门户系统（TRS Portal）	北京拓尔思信息技术股份有限公司	贺兆辉	64848899-125	1．人民日报信息管理系统；2．国家知识产权局学术委员会；3．广州国税；4．北咨集团；5．安徽移动
30	应用软件	OA 系统	TRS	TRS 企业竞争情报系统（TRS CIS）	北京拓尔思信息技术股份有限公司	贺兆辉	64848899-125	1．网通集团研究院；2．上海宝钢；3．商务部；4．千里眼经济情报预警系统；5．中国石化广州分公司

续表

北京市政务信息化产品推荐名录和案例（第一批）								
序号	软件分类		品牌名称	产品名称	厂商全称	联系人	联系方式	成功案例名称
31			TRS	TRS 政府信息公开服务系统（TRS Govinfo）	北京拓尔思信息技术股份有限公司	贺兆辉	64848899-125	1. 农业部；2. 证监会；3. 湖南省；4. 江西省；5. 赣州
32			TRS	TRS 互联网络舆情管理系统（TRS OM）	北京拓尔思信息技术股份有限公司	贺兆辉	64848899-125	1. 政府某部智能新闻舆情管理系统；2. 某政法职业学院；3. 某市论坛监控系统
33			开普互联	网站群内容管理平台	北京开普互联科技有限公司	严妍	13811605552	国家卫生部、国家行政学院、澳门特区政府、广东省药监局
34			ezONE	ezDVR 数字录像系统	北京同方软件股份有限公司	黄利志	82393659	中国建设银行黑龙江省分行安全监控系统
35			ezONE	ezCMS 内容管理系统	北京同方软件股份有限公司	黄利志	82393659	1. 新加坡 technovator 网站 2. 河北省农业厅全省网站系统 3. 吉林省地税局全省网站系统
36			ezONE	ezWorkflow 工作流系统	北京同方软件股份有限公司	黄利志	82393659	1. 同方锐安科技有限公司 OA 办公系统 2. 易程科技 OA 办公系统 3. 河北省工商局政务办公信息系统
37			ezONE	ezSSO 单点登录	北京同方软件股份有限公司	黄利志	82393659	1. 同方锐安科技有限公司 OA 办公系统 2. 易程科技 OA 办公系统 3. 河北省工商局政务办公信息系统
38			ezONE	ezHRMS 人力资源管理套件	北京同方软件股份有限公司	黄利志	82393659	同方股份有限公司人力资源管理系统项目
39			ezONE	ezCRM 客户关系管理系统	北京同方软件股份有限公司	黄利志	82393659	北京同方软件股份有限公司客户关系管理系统应用
40			ezONE	ezFMS 设备管理套件	北京同方软件股份有限公司	黄利志	82393659	中影集团农村数字院线项目
41			ezONE	ezRIMS 实时信息监控系统	北京同方软件股份有限公司	黄利志	82393659	1. 沈阳热电厂实时信息监控系统 2. 哈尔滨市水情自动测报系统

续表

北京市政务信息化产品推荐名录和案例（第一批）								
序号	软件分类		品牌名称	产品名称	厂商全称	联系人	联系方式	成功案例名称
42			ezONE	ezIM 即时通通信工具	北京同方软件股份有限公司	黄利志	82393659	北京同方软件股份有限公司网站系统
43			ezONE	ezOA GOV 协同办公套件（政务应用）	北京同方软件股份有限公司	黄利志	82393659	河北省工商局政务办公信息系统
44			ezONE	ezOA 协同办公套件	北京同方软件股份有限公司	黄利志	82393659	1. 同方锐安科技有限公司 OA 办公系统 2. 易程科技 OA 办公系统 3. 北京同方软件股份有限公司 OA 办公系统
45			方正	方正博思内容管理平台软件	北京方正电子政务信息科技有限公司	高鹏	82532507	外交部 深圳市委等
46			方正	方正博通数字档案管理平台软件	北京方正电子政务信息科技有限公司	王凌	82522501	国家档案馆 安徽省档案馆 山西省档案馆等
47			方正	方正政通办公门户平台软件	北京方正电子政务信息科技有限公司	高鹏	82522507	港澳办 深圳标准院等
48			方正	方正政通基础数据库应用软件	北京方正电子政务信息科技有限公司	高鹏	82522507	郑州税源等
49			方正	方正政通并联审批应用软	北京方正电子政务信息科技有限公司	高鹏	82522507	河南安监 新密市政府等
50			方正	方正博通电子文件中心软件	北京方正电子政务信息科技有限公司	王凌	82532501	安徽档案局等
51			方正	方正锐思文字识别工具软件	北京方正电子政务信息科技有限公司	王凌	82532501	安徽档案局 空军等

续表

北京市政务信息化产品推荐名录和案例（第一批）								
序号	软件分类		品牌名称	产品名称	厂商全称	联系人	联系方式	成功案例名称
52			方正	方正安全文档库系统	北京方正电子政务信息科技有限公司	张萍	82532503	发改委 国家外汇管理局 外交部等
53			方正	方正电子公章管理系统	北京方正电子政务信息科技有限公司	张萍	82532503	吉林、江苏、宁夏等省委
54			方正	方正电子公文交换系统	北京方正电子政务信息科技有限公司	张萍	82532503	国家电网 江苏省政府省委 吉林省政府省委等
55			方正	方正电子公文编辑器软件	北京方正电子政务信息科技有限公司	张萍	82532503	成都军区 中办等
56			方正	方正领导工作日程管理系统软件	北京方正电子政务信息科技有限公司	张萍	82532503	国办
57			方正	方正手写批示系统软件	北京方正电子政务信息科技有限公司	张萍	82532503	青岛市政府
58			方正	方正阿帕比格式转换软件	北京方正电子政务信息科技有限公司	张萍	82532503	吉林、江苏、宁夏等省委
59			美髯公协同办公系统平台	协同办公系统	北京美髯公科技发展有限公司	吴永祥	13301197764	国家体育总局办公系统、北京市科委、纪委、人口计生委、知识产权局、残联、丰台区政府等办公系统
60			神舟OS	神舟 OS 嵌入式操作系统	北京神舟航天软件技术有限公司	王小飞	13811982762	某火箭控制软件系统

续表

北京市政务信息化产品推荐名录和案例（第一批）								
序号	软件分类		品牌名称	产品名称	厂商全称	联系人	联系方式	成功案例名称
61		基础办公软件	红旗 2000	RedOffice 中文贰仟办公软件 V3.0	北京红旗贰仟软件技术有限公司	杨少梁	13501069059	北京市科学技术委员会 北京市纪律检查委员会北京市监察局
62			红旗 2000	RedOffice 办公软件（专业版）V4.0	北京红旗贰仟软件技术有限公司	杨少梁	13501069059	北京市丰台区政府
63			红旗 2000	RedOffice 办公软件（标准版）V4.0	北京红旗贰仟软件技术有限公司	杨少梁	13501069059	中企动力科技集团股份有限公司
64			红旗 2000	RedOffice 办公软件（标准版）V4.5	北京红旗贰仟软件技术有限公司	杨少梁	13501069059	北京新网数码信息技术有限公司
65			红旗 2000	RedOffice 办公软件（专业版）V4.5	北京红旗贰仟软件技术有限公司	杨少梁	13501069059	大地文化传播集团
66			红旗 2000	RedOffice 办公软件（机构版）V4.5	北京红旗贰仟软件技术有限公司	杨少梁	13501069059	
67			金山软件	WPS Office	北京金山软件有限公司	张雪峰	13910667239	国资委、国家电网公司、民生银行等
68		运维管理软件	天元网络	IT 服务管理平台 METARITSM	北京市天元网络技术有限公司	陈兴渝	13501010793	全国无线电管理信息系统网络管理系统 国家组织机构代码中心监控管理系统 辽宁医保监控管理系统 辽宁农信 IT 资源监控管理系统 中电集团 IP 网络管理系统，联通增值业务网管系统
69			中科软件	SEC IT 运维管理中心	北京中科院软件中心有限公司	付可	13601030335	北京出入境检验检疫局运维管理系统，北京科学学研究中心运维管理系统，北京大学光华管理学院运维管理系统，北京工业大学软件学院运维管理系统
70			优立普华	优立普华 IT 服务管理系统	北京优立普华计算机系统有限公司	曾治国	13910182740	国信证券 IT 服务管理系统、佛山移动管理平台、福州商行 IT 服务管理、深圳边检 IT 管理

续表

北京市政务信息化产品推荐名录和案例（第一批）								
序号	软件分类		品牌名称	产品名称	厂商全称	联系人	联系方式	成功案例名称
71			广通信达	IT 运维管理平台 BROADVIEW	北京广通信达科技有限公司	唐永刚	13910597300	北京石景山政府综合网络管理系统
72			太极	太极 SysMC 网络及系统管理软件 V4.2	太极计算机股份有限公司	范凯	13701057747	国家审计署系统管理、中财办系统管理、中国新闻网系统管理、新闻出版署系统管理、中国版权保护中心系统管理、核工业总公司系统管理、北京市公安局出入境管理处系统管理、深圳市审计局系统管理、广东省人民医院系统管理、邯峰电厂系统管理、中船舶系统管理、北京市公安局内保局系统管理 丰台区政府系统管理
73			东华合创	东华合创 IT 运维服务支撑系统 V2.0	北京东华合创数码科技股份有限公司	曹荣海	13141217306	水利部 IT 服务管理系统 中国石油公司 IT 服务管理系统 中国国际航空公司 IT 运行维护平台 北京信城通 ITSM 系统 中国航信公司 IT 服务管理系统 重庆电力公司调度系统 IT 服务管理平台 宁夏电力公司 IT 综合运维管理平台 上海电力有限公司 IT 帮助台项目 山西联通综合网络管理系统 山西网通综合监控系统 山西移动 IDC 网管系统 北京网通 IT 综合网管系统 北方电信九省综合监控管理系统 湖北电信计费网管 重庆电信计算机中心应用监控系统 吉林省中行综合监控系统 华中电力调度中心安全监视及综合管理平台

续表

北京市政务信息化产品推荐名录和案例（第一批）								
序号	软件分类		品牌名称	产品名称	厂商全称	联系人	联系方式	成功案例名称
74	主机设备	服务器	曙光	I650（r）-H	曙光信息产业公司	王涛	13811307350	金财-国库集中支付系统、金保工程、新疆维吾尔自治区地税系统、江苏省省级机关住房资金管理中心网络系统、江苏省 GPS 公交系统等
75				I650（r）-F	曙光信息产业公司	王涛	13811307350	
76				A440-FY	曙光信息产业公司	王涛	13811307350	
77				I620r-H	曙光信息产业公司	王涛	13811307350	
78				I620r-F	曙光信息产业公司	王涛	13811307350	
79				I640r-F	曙光信息产业公司	王涛	13811307350	
80				A620r-FX	曙光信息产业公司	王涛	13811307350	
81				A650（r）-FX	曙光信息产业公司	王涛	13811307350	
82				A840r-H	曙光信息产业公司	王涛	13811307350	
83				A950r-F	曙光信息产业公司	王涛	13811307350	
84				I840 r-H	曙光信息产业公司	王涛	13811307350	
85				EP450-GFX	曙光信息产业公司	王涛	13811307350	
86				EP850-GF2	曙光信息产业公司	王涛	13811307350	
87				CB60-F	曙光信息产业公司	王涛	13811307350	
88				CB65-F	曙光信息产业公司	王涛	13811307350	
89				CB85-F	曙光信息产业公司	王涛	13811307350	
90				I620r-G	曙光信息产业公司	王涛	13811307350	
91				A620r-H	曙光信息产业公司	王涛	13811307350	

续表

北京市政务信息化产品推荐名录和案例（第一批）								
序号	软件分类		品牌名称	产品名称	厂商全称	联系人	联系方式	成功案例名称
92			联想	万全 T168	联想集团	张岫峰	13910788510	天津人口信息系统、贵州公安刑侦应用、宁夏地税管理信息广域网系统、武汉国税数据容错系统、山西国税信息化管理系统等
93				万全 R150	联想集团	张岫峰	13910788510	
94				万全 T100	联想集团	张岫峰	13910788510	
95				万全 T400	联想集团	张岫峰	13910788510	
96				万全 T468	联想集团	张岫峰	13910788510	
97				万全 T280	联想集团	张岫峰	13910788510	
98				万全 T262	联想集团	张岫峰	13910788510	
99				万全 T260	联想集团	张岫峰	13910788510	
100				万全 T350	联想集团	张岫峰	13910788510	
101				万全 R350	联想集团	张岫峰	13910788510	
102				万全 R630	联想集团	张岫峰	13910788510	
103				万全 B300	联想集团	张岫峰	13910788510	

2011年计算机信息系统集成资质认证企业名单

北京华胜天成科技股份有限公司	一级	Z1110020040024	2011/4/26	2004/6/7	北京市
北京华夏电通科技股份有限公司	一级	Z1110020080212	2011/6/16	2008/6/16	北京市
北京北大千方科技有限公司	一级	Z1110020080218	2011/6/16	2008/6/16	北京市
北京飞利信电子技术有限公司	一级	Z1110020080214	2011/6/16	2008/6/16	北京市
北京冠华宏鑫科技有限公司	一级	Z1110020080217	2011/6/16	2008/6/16	北京市
北京网鼎系统集成有限责任公司	一级	Z1110020080215	2011/6/16	2008/6/16	北京市
中国电力科学研究院	一级	Z1110020080213	2011/6/16	2008/6/16	北京市
北京中软国际信息技术有限公司	一级	Z1110020000001	2011/9/12	2000/9/12	北京市
神州数码系统集成服务有限公司	一级	Z1110020000002	2011/9/12	2000/9/12	北京市
长城计算机软件与系统有限公司	一级	Z1110020000003	2011/9/12	2000/9/12	北京市
太极计算机股份有限公司	一级	Z1110020000006	2011/9/12	2000/9/12	北京市
北京真视通科技股份有限公司	一级	Z1110020080553	2011/11/18	2008/11/18	北京市
北京东方正通科技有限公司	一级	Z1110020080554	2011/11/18	2008/11/18	北京市
北京中电同业科技发展有限公司	一级	Z1110020080555	2011/11/18	2008/11/18	北京市
北京瑞华赢科技发展有限公司	一级	Z1110020080556	2011/11/18	2008/11/18	北京市
北京英孚泰克信息技术有限公司	一级	Z1110020080557	2011/11/18	2008/11/18	北京市
北京中科金财科技股份有限公司	一级	Z1110020080558	2011/11/18	2008/11/18	北京市
北京神州数码思特奇信息技术股份有限公司	一级	Z1110020080559	2011/11/18	2008/11/18	北京市
同方威视技术股份有限公司	一级	Z1110020080560	2011/11/18	2008/11/18	北京市
中铁信弘远（北京）软件科技有限责任公司	一级	Z1110020040211	2011/11/18	2004/12/6	北京市
赛尔网络有限公司	一级	Z1110020040212	2011/11/18	2004/12/6	北京市
北京神州新桥科技有限公司	一级	Z1110020080552	2011/11/18	2008/11/18	北京市
北京慧点科技开发有限公司	二级	Z2110020040030	2011/4/26	2004/6/7	北京市
北京金商祺科技股份有限公司	二级	Z2110020040032	2011/4/26	2004/6/7	北京市
北京用友政务软件有限公司	二级	Z2110020040031	2011/4/26	2004/6/7	北京市
二十一世纪空间技术应用股份有限公司	二级	Z2110020040029	2011/4/26	2004/6/7	北京市
北京恒泰实达科技发展有限公司	二级	Z2110020080261	2011/6/16	2008/6/16	北京市

续表 1

北京中电广通科技有限公司	二级	Z2110020080270	2011/6/16	2008/6/16	北京市
北京公科飞达交通工程发展有限公司	二级	Z2110020080266	2011/6/16	2008/6/16	北京市
北京电信通电信工程有限公司	二级	Z2110020080260	2011/6/16	2008/6/16	北京市
北京赛文世纪信息系统有限公司	二级	Z2110020080262	2011/6/16	2008/6/16	北京市
北京国都时代科技有限公司	二级	Z2110020080265	2011/6/16	2008/6/16	北京市
北京富力通能源软件技术有限公司	二级	Z2110020080276	2011/6/16	2008/6/16	北京市
中建电子工程有限公司	二级	Z2110020080274	2011/6/16	2008/6/16	北京市
中远网络物流信息科技有限公司	二级	Z2110020080272	2011/6/16	2008/6/16	北京市
北京易华录信息技术股份有限公司	二级	Z2110020080273	2011/6/16	2008/6/16	北京市
北京江河瑞通技术发展有限公司	二级	Z2110020080264	2011/6/16	2008/6/16	北京市
北京华软路迈信息科技有限公司	二级	Z2110020080263	2011/6/16	2008/6/16	北京市
华洋海事中心	二级	Z2110020080277	2011/6/16	2008/6/16	北京市
国富通信息技术发展有限公司	二级	Z2110020110225	2011/6/16	2011/6/16	北京市
北京万云易博达信息技术有限公司	二级	Z2110020080615	2011/11/18	2008/11/18	北京市
中国金融电子化公司	二级	Z2110020080617	2011/11/18	2008/11/18	北京市
北京中兴通科技股份有限公司	二级	Z2110020080618	2011/11/18	2008/11/18	北京市
北京乐金系统集成有限公司	二级	Z2110020080619	2011/11/18	2008/11/18	北京市
北京中交通信科技有限公司	二级	Z2110020080621	2011/11/18	2008/11/18	北京市
日电信息系统（中国）有限公司	二级	Z2110020080623	2011/11/18	2008/11/18	北京市
北京凯英信业科技股份有限公司	二级	Z2110020080624	2011/11/18	2008/11/18	北京市
中煤电气有限公司	二级	Z2110020080627	2011/11/18	2008/11/18	北京市
北京同方软件股份有限公司	二级	Z2110020080628	2011/11/18	2008/11/18	北京市
北京启明星辰信息安全技术有限公司	二级	Z2110020040222	2011/11/18	2004/12/6	北京市
大唐软件技术股份有限公司	二级	Z2110020110280	2011/9/12	2011/9/12	北京市
北京华为朗新科技有限责任公司	二级	Z2110020120129	2012/4/11	2012/4/11	北京市
北京国通创安报警网络技术有限公司	三级	Z3110020110110	2011/2/21	2011/2/21	北京市
北京天华星航科技有限公司	三级	Z3110020110111	2011/2/21	2011/2/21	北京市
乐视网信息技术（北京）股份有限公司	三级	Z3110020110112	2011/2/21	2011/2/21	北京市
北京利天网通科贸有限责任公司	三级	Z3110020110113	2011/2/21	2011/2/21	北京市
北京创和世纪通通信技术有限公司	三级	Z3110020110114	2011/2/21	2011/2/21	北京市
北京龙鼎源科技有限公司	三级	Z3110020110115	2011/2/21	2011/2/21	北京市
北京水晶石数字科技股份有限公司	三级	Z3110020110116	2011/2/21	2011/2/21	北京市
北京威泰信息技术有限公司	三级	Z3110020110117	2011/2/21	2011/2/21	北京市
北京恒信彩虹科技有限公司	三级	Z3110020110118	2011/2/21	2011/2/21	北京市

续表 2

北京中视广信科技有限公司	三级	Z3110020110119	2011/2/21	2011/2/21	北京市
北京智控美信信息技术有限公司	三级	Z3110020110120	2011/2/21	2011/2/21	北京市
北京天路纵横交通科技有限公司	三级	Z3110020110121	2011/2/21	2011/2/21	北京市
北京网新中广科技发展有限责任公司	三级	Z3110020110122	2011/2/21	2011/2/21	北京市
东软集团（北京）有限公司	三级	Z3110020110123	2011/2/21	2011/2/21	北京市
北京京诚鼎宇管理系统有限公司	三级	Z3110020110124	2011/2/21	2011/2/21	北京市
北京京师励耘教育科技有限公司	三级	Z3110020110125	2011/2/21	2011/2/21	北京市
北京殷图数码科技有限公司	三级	Z3110020110126	2011/2/21	2011/2/21	北京市
上电科（北京）系统工程技术有限公司	三级	Z3110020110127	2011/2/21	2011/2/21	北京市
北京海诺世纪科技有限公司	三级	Z3110020110128	2011/2/21	2011/2/21	北京市
北京东晨利能科技发展有限公司	三级	Z3110020110129	2011/2/21	2011/2/21	北京市
中交宇科（北京）空间信息技术有限公司	三级	Z3110020110130	2011/2/21	2011/2/21	北京市
北京广厦网络技术有限公司	三级	Z3110020110131	2011/2/21	2011/2/21	北京市
北京思路创新科技有限公司	三级	Z3110020110132	2011/2/21	2011/2/21	北京市
北京兆维自助服务设备技术有限公司	三级	Z3110020110133	2011/2/21	2011/2/21	北京市
博隆建亚科技（北京）有限公司	三级	Z3110020110134	2011/2/21	2011/2/21	北京市
北京东海岸技术开发有限责任公司	三级	Z3110020110135	2011/2/21	2011/2/21	北京市
中国移动通信集团设计院有限公司	三级	Z3110020110136	2011/2/21	2011/2/21	北京市
华云信息技术工程有限公司	三级	Z3110020110137	2011/2/21	2011/2/21	北京市
北京英龙天下数码科技有限公司	三级	Z3110020110138	2011/2/21	2011/2/21	北京市
北京亿通阳光科技有限公司	三级	Z3110020110139	2011/2/21	2011/2/21	北京市
北京雅普兰科技发展有限公司	三级	Z3110020110140	2011/2/21	2011/2/21	北京市
北京中旭阳光能源科技股份有限公司	三级	Z3110020110141	2011/2/21	2011/2/21	北京市
北京华科机房装饰工程有限公司	三级	Z3110020110142	2011/2/21	2011/2/21	北京市
北京同力合创科技有限公司	三级	Z3110020110143	2011/2/21	2011/2/21	北京市
北京得实达康系统集成有限公司	三级	Z3110020110144	2011/2/21	2011/2/21	北京市
北京华商电力科技中心	三级	Z3110020110145	2011/2/21	2011/2/21	北京市
北京太极华保高新技术有限公司	三级	Z3110020110146	2011/2/21	2011/2/21	北京市
北京瑞驰博通科技有限公司	三级	Z3110020110147	2011/2/21	2011/2/21	北京市
北京迪科远望科技股份有限公司	三级	Z3110020080062	2011/3/14	2008/3/14	北京市
北京瑞恒都科技有限责任公司	三级	Z3110020080065	2011/3/14	2008/3/14	北京市
北京鑫台华科技有限公司	三级	Z3110020080055	2011/3/14	2008/3/14	北京市
北京万集科技股份有限公司	三级	Z3110020080006	2011/3/14	2008/3/14	北京市

续表 3

北京欣卓越技术开发有限责任公司	三级	Z3110020080061	2011/3/14	2008/3/14	北京市
北京清源并行计算机有限公司	三级	Z3110020080068	2011/3/14	2008/3/14	北京市
北京乾坤建业科技发展有限公司	三级	Z3110020080008	2011/3/14	2008/3/14	北京市
北京塞特雷特科技有限责任公司	三级	Z3110020040057	2011/5/13	2004/5/25	北京市
北京华力创通科技股份有限公司	三级	Z3110020080079	2011/5/13	2008/5/14	北京市
北京东方红海科技发展有限公司	三级	Z3110020080093	2011/5/13	2008/5/14	北京市
北京创原天地科技有限公司	三级	Z3110020080081	2011/5/13	2008/5/14	北京市
北京神州鼎天数码信息技术公司	三级	Z3110020080082	2011/5/13	2008/5/14	北京市
北京星网通信息技术有限公司	三级	Z3110020080085	2011/5/13	2008/5/14	北京市
工业和信息化部信息中心	三级	Z3110020080080	2011/5/13	2008/5/14	北京市
北京北科时代科技有限公司公司	三级	Z3110020080088	2011/5/13	2008/5/14	北京市
北京海石花实业开发公司	三级	Z3110020080089	2011/5/13	2008/5/14	北京市
北京移动欣智通通信技术有限公司	三级	Z3110020080092	2011/5/13	2008/5/14	北京市
北京英思杰科技有限公司	三级	Z3110020110213	2011/6/16	2011/6/16	北京市
北京威视数据系统有限公司	三级	Z3110020110214	2011/6/16	2011/6/16	北京市
金金科计算机技术（北京）有限公司	三级	Z3110020080441	2011/8/15	2008/8/15	北京市
北京北纬系统集成有限公司	三级	Z3110020080444	2011/8/15	2008/8/15	北京市
北京瑞拓电子技术发展有限公司	三级	Z3110020080473	2011/8/15	2008/8/15	北京市
北京迎福时代数码科技有限公司	三级	Z3110020080447	2011/8/15	2008/8/15	北京市
金石利新（北京）科技有限公司	三级	Z3110020080448	2011/8/15	2008/8/15	北京市
建研科技股份有限公司	三级	Z3110020080449	2011/8/15	2008/8/15	北京市
北京长得瑞华电子技术有限公司	三级	Z3110020080450	2011/8/15	2008/8/15	北京市
北京东方旭天科技有限责任公司	三级	Z3110020080451	2011/8/15	2008/8/15	北京市
北京华仪未来科技发展有限公司	三级	Z3110020080456	2011/8/15	2008/8/15	北京市
北京隆鑫泰业科技有限公司	三级	Z3110020080457	2011/8/15	2008/8/15	北京市
中科宇图天下科技有限公司	三级	Z3110020080461	2011/8/15	2008/8/15	北京市
北京远航通信息技术有限公司	三级	Z3110020080462	2011/8/15	2008/8/15	北京市
北京正辰科技发展有限责任公司	三级	Z3110020080463	2011/8/15	2008/8/15	北京市
北京朗誉飞虹科技有限公司	三级	Z3110020080464	2011/8/15	2008/8/15	北京市
北京世纪盈联电子技术有限公司	三级	Z3110020080466	2011/8/15	2008/8/15	北京市
北京中企时代科技有限公司	三级	Z3110020080467	2011/8/15	2008/8/15	北京市
北京金网安泰信息技术有限公司	三级	Z3110020080468	2011/8/15	2008/8/15	北京市
北京正群欣世信息技术有限公司	三级	Z3110020080469	2011/8/15	2008/8/15	北京市
北京爱德威通亮技术有限公司	三级	Z3110020080474	2011/8/15	2008/8/15	北京市

续表 4

北京达因军惠网络技术有限公司	三级	Z3110020080475	2011/8/15	2008/8/15	北京市
北京高阳捷迅信息技术有限公司	三级	Z3110020080477	2011/8/15	2008/8/15	北京市
北京北控伟仕软件工程技术有限公司	三级	Z3110020080479	2011/8/15	2008/8/15	北京市
北京翔科佳信系统技术有限公司	三级	Z3110020080481	2011/8/15	2008/8/15	北京市
时力永联科技有限公司	三级	Z3110020110283	2011/11/18	2011/11/18	北京市
北京美承互联数码科技发展有限公司	三级	Z3110020110284	2011/11/18	2011/11/18	北京市
北京阳光金网科技发展有限公司	三级	Z3110020110285	2011/11/18	2011/11/18	北京市
北京威发新世纪信息技术有限公司	三级	Z3110020110300	2011/11/18	2011/11/18	北京市
北京北斗兴业信息技术有限公司	三级	Z3110020080633	2011/11/18	2008/11/18	北京市
北京信城通数码科技有限公司	三级	Z3110020080634	2011/11/18	2008/11/18	北京市
北京云星宇交通工程有限公司	三级	Z3110020080636	2011/11/18	2008/11/18	北京市
北京创纳明日科技有限公司	三级	Z3110020080637	2011/11/18	2008/11/18	北京市
北京博天诚业科技有限公司	三级	Z3110020080640	2011/11/18	2008/11/18	北京市
北京雷安泰克科技有限公司	三级	Z3110020080642	2011/11/18	2008/11/18	北京市
北京至成恒业科技发展有限公司	三级	Z3110020080645	2011/11/18	2008/11/18	北京市
北京智诚天泽网络技术有限责任公司	三级	Z3110020080646	2011/11/18	2008/11/18	北京市
北京金成联科贸有限责任公司	三级	Z3110020080648	2011/11/18	2008/11/18	北京市
北京佳易恒瑞科技有限公司	三级	Z3110020080649	2011/11/18	2008/11/18	北京市
北京信诺时代科技发展有限公司	三级	Z3110020080651	2011/11/18	2008/11/18	北京市
北京北航天华时代科技有限公司	三级	Z3110020080652	2011/11/18	2008/11/18	北京市
北京泽诺奇科技有限公司	三级	Z3110020080653	2011/11/18	2008/11/18	北京市
北京天和恒力科技发展有限公司	三级	Z3110020080654	2011/11/18	2008/11/18	北京市
北京奥特维科技开发总公司	三级	Z3110020080657	2011/11/18	2008/11/18	北京市
北京玄卓科技有限公司	三级	Z3110020080658	2011/11/18	2008/11/18	北京市
北京地拓科技发展有限公司	三级	Z3110020080659	2011/11/18	2008/11/18	北京市
北京数字东方信息技术有限公司	三级	Z3110020080660	2011/11/18	2008/11/18	北京市
北京华大智宝电子系统有限公司	三级	Z3110020080661	2011/11/18	2008/11/18	北京市
北京兴财信息技术开发公司	三级	Z3110020080662	2011/11/18	2008/11/18	北京市
民航电信开发有限责任公司	三级	Z3110020080663	2011/11/18	2008/11/18	北京市
网神信息技术（北京）股份有限公司	三级	Z3110020080664	2011/11/18	2008/11/18	北京市
北京中广瑞波科技有限公司	三级	Z3110020080665	2011/11/18	2008/11/18	北京市
北京捷成世纪科技股份有限公司	三级	Z3110020080666	2011/11/18	2008/11/18	北京市
北京炎黄新星网络科技有限公司	三级	Z3110020080667	2011/11/18	2008/11/18	北京市
北京诚达交通科技有限公司	三级	Z3110020080669	2011/11/18	2008/11/18	北京市

续表 5

北京博瑞创新电子技术开发有限公司	三级	Z3110020080671	2011/11/18	2008/11/18	北京市
北京浩宇中天系统集成技术有限公司	三级	Z3110020080672	2011/11/18	2008/11/18	北京市
北京华环电子股份有限公司	三级	Z3110020080673	2011/11/18	2008/11/18	北京市
北京中科软件有限公司	三级	Z3110020040153	2011/11/18	2004/11/22	北京市
龙浩通信公司	三级	Z3110020040247	2011/11/18	2004/12/10	北京市
北京尚水信息技术股份有限公司	四级	Z4110020110148	2011/2/21	2011/2/21	北京市
北京中科汇联信息技术有限公司	四级	Z4110020110149	2011/2/21	2011/2/21	北京市
北京精英智通交通系统科技有限公司	四级	Z4110020110150	2011/2/21	2011/2/21	北京市
北京清流技术发展有限公司	四级	Z4110020110151	2011/2/21	2011/2/21	北京市
北京思诺博信息技术有限公司	四级	Z4110020110152	2011/2/21	2011/2/21	北京市
北京大河茂源科技有限公司	四级	Z4110020110184	2011/5/13	2011/5/13	北京市
北京绿色苹果技术有限公司	四级	Z4110020110185	2011/5/13	2011/5/13	北京市
北京奥飞达通力电子技术有限公司	四级	Z4110020110186	2011/5/13	2011/5/13	北京市
北京优兆科技有限公司	四级	Z4110020110187	2011/5/13	2011/5/13	北京市
北京新晨阳光科技有限公司	四级	Z4110020110277	2011/8/15	2011/8/15	北京市
北京海丰系统工程技术开发公司	四级	Z4110020080482	2011/8/15	2008/8/15	北京市
北京东方金时代网络技术有限公司	四级	Z4110020080484	2011/8/15	2008/8/15	北京市
北京北岳伟业数码科技有限公司	四级	Z4110020110231	2011/8/15	2011/8/15	北京市
北京诺恩开创科技有限公司	四级	Z4110020110232	2011/8/15	2011/8/15	北京市
北京易视腾科技有限公司	四级	Z4110020110233	2011/8/15	2011/8/15	北京市
北京护航科技有限公司	四级	Z4110020110234	2011/8/15	2011/8/15	北京市
北京先韬科技发展有限公司	四级	Z4110020110235	2011/8/15	2011/8/15	北京市
北京利达科信环境安全技术有限公司	四级	Z4110020080674	2011/11/18	2008/11/18	北京市
北京比尔比特科技有限公司	四级	Z4110020080679	2011/11/18	2008/11/18	北京市
北京荣瑞达智能交通技术有限责任公司	四级	Z4110020110306	2011/11/18	2011/11/18	北京市
北京锦鸿希电信息技术股份有限公司	四级	Z4110020110307	2011/11/18	2011/11/18	北京市
中交网科技有限公司	四级	Z4110020110308	2011/11/18	2011/11/18	北京市
中节能六合天融环保科技有限公司	四级	Z4110020110309	2011/11/18	2011/11/18	北京市
北京海顿新科技术股份有限公司	四级	Z4110020110310	2011/11/18	2011/11/18	北京市
北京惠悦通科技发展有限公司	四级	Z4110020110311	2011/11/18	2011/11/18	北京市

2011年度“四个一批”工程企业名单

序号	类型	企业名称
1	做大一批大集团	北京华胜天成科技股份有限公司
2	做大一批大集团	用友软件股份有限公司
3	做大一批大集团	北京搜狐新媒体信息技术有限公司
4	做大一批大集团	神州数码（中国）有限公司
5	做大一批大集团	百度在线网络技术（北京）有限公司
6	做大一批大集团	航天信息股份有限公司
7	做大一批大集团	中国软件与技术服务股份有限公司
8	做大一批大集团	亚信联创集团股份有限公司
9	做大一批大集团	同方股份有限公司
10	做大一批大集团	北京新浪互联信息服务有限公司
11	聚集一批大总部	腾通信科技（北京）有限公司
12	聚集一批大总部	北京东软（北京）软件技术有限公司
13	聚集一批大总部	北京金蝶管理软件有限公司
14	聚集一批大总部	摩托罗拉（中国）技术有限公司
15	聚集一批大总部	北京三星通信技术研究有限公司
16	聚集一批大总部	浪潮（北京）电子信息产业有限公司
17	聚集一批大总部	北京星网锐捷网络技术有限公司
18	做强一批高端企业	文思创新软件技术有限公司
19	做强一批高端企业	北京信威通信技术股份有限公司
20	做强一批高端企业	东华软件股份公司
21	做强一批高端企业	北京四方继保自动化股份有限公司
22	做强一批高端企业	博雅软件股份有限公司
23	做强一批高端企业	北京完美时空软件有限公司
24	做强一批高端企业	北京首钢自动化信息技术有限公司
25	做强一批高端企业	瑞斯康达科技发展股份有限公司
26	做强一批高端企业	北京握奇数据系统有限公司
27	做强一批高端企业	中科软科技股份有限公司

续表

序号	类型	企业名称
28	做强一批高端企业	石化盈科信息技术有限责任公司
29	做强一批高端企业	软通动力信息技术（集团）有限公司
30	做强一批高端企业	太极计算机股份有限公司
31	做强一批高端企业	北京神州泰岳软件股份有限公司
32	做强一批高端企业	北京亚邦伟业技术有限公司
33	做强一批高端企业	航天恒星科技有限公司
34	做强一批高端企业	大唐移动通信设备有限公司
35	做强一批高端企业	北京安博在线软件有限公司
36	做强一批高端企业	汉王科技股份有限公司
37	做强一批高端企业	中国网通集团系统集成有限公司
38	做强一批高端企业	北京佰能电气技术有限公司
39	做强一批高端企业	北京天融信科技有限公司
40	做强一批高端企业	北京中科大洋科技发展股份有限公司
41	做强一批高端企业	北京奥鹏远程教育中心有限公司
42	做强一批高端企业	北京和利时系统工程有限公司
43	做强一批高端企业	北京交大微联科技有限公司
44	做强一批高端企业	首都信息发展股份有限公司
45	做强一批高端企业	北京瑞星信息技术有限公司
46	做强一批高端企业	北京荣之联科技股份有限公司
47	做强一批高端企业	北京中电兴发科技有限公司
48	做强一批高端企业	北京先进数通信息技术有限公司
49	做强一批高端企业	北京水晶石数字科技有限公司
50	做强一批高端企业	北京国网富达科技发展有限责任公司
51	做强一批高端企业	中通信计算机系统（北京）有限公司
52	做强一批高端企业	北京紫光华宇软件股份有限公司
53	做强一批高端企业	北京华为朗新科技有限责任公司
54	做强一批高端企业	紫光捷通科技股份有限公司
55	做强一批高端企业	北京中电飞华通信股份有限公司
56	做强一批高端企业	北京智控美信信息技术有限公司
57	做强一批高端企业	京北方科技股份有限公司
58	做强一批高端企业	二六三网络通信股份有限公司
59	做强一批高端企业	北京高阳圣思园信息技术有限公司
60	做强一批高端企业	北京科东电力控制系统有限责任公司
61	做强一批高端企业	北京高伟达软件技术有限公司

续表

序号	类型	企业名称
62	做强一批高端企业	广联达软件股份有限公司
63	做强一批高端企业	长城计算机软件与系统有限公司
64	做强一批高端企业	北京华大智宝电子系统有限公司
65	做强一批高端企业	北京数码视通信科技股份有限公司
66	做强一批高端企业	北京直真视通科技有限公司
67	做强一批高端企业	中国航空结算有限责任公司
68	做强一批高端企业	北京海辉高科软件有限公司
69	做强一批高端企业	易程科技股份有限公司
70	做强一批高端企业	北京中软国际信息技术有限公司
71	做强一批高端企业	中联绿盟信息技术（北京）有限公司
72	做强一批高端企业	高德软件有限公司
73	做强一批高端企业	新晨科技股份有限公司
74	做强一批高端企业	北京北斗星通导航技术股份有限公司
75	做强一批高端企业	博彦科技（北京）有限公司
76	做强一批高端企业	北京神舟航天软件技术有限公司
77	做强一批高端企业	北京瑞友科技股份有限公司
78	做强一批高端企业	北京东方道迩信息技术有限责任公司
79	做强一批高端企业	北京千方科技集团有限公司
80	做强一批高端企业	北京中科金财科技股份有限公司
81	做强一批高端企业	北京天天宽广网络科技有限公司
82	做强一批高端企业	北京全路通信信号研究设计院有限公司
83	做强一批高端企业	北京世纪互联宽带数据中心有限公司
84	做强一批高端企业	北京启明星辰信息安全技术有限公司
85	做强一批高端企业	北京视博数字电视科技有限公司
86	做强一批高端企业	北京中创信测科技股份有限公司
87	做强一批高端企业	北京合众思壮科技股份有限公司
88	做强一批高端企业	中信国安信息科技有限公司
89	做强一批高端企业	同方威视技术股份有限公司
90	做强一批高端企业	华丰达有线网络控股有限公司
91	做强一批高端企业	北京东方信联科技有限公司
92	做强一批高端企业	鼎桥通信技术有限公司
93	做强一批高端企业	方正国际软件（北京）有限公司
94	做强一批高端企业	联动优势科技有限公司
95	做强一批高端企业	北京光宇华夏科技有限责任公司

续表

序号	类型	企业名称
96	做强一批高端企业	网之易信息技术（北京）有限公司
97	做强一批高端企业	联通系统集成有限公司
98	做强一批高端企业	北京汉铭通信有限公司
99	做强一批高端企业	恒泰艾普石油天然气技术服务股份有限公司
100	做强一批高端企业	北京超图软件股份有限公司
101	做强一批高端企业	北京奇虎科技有限公司
102	做强一批高端企业	北京易华录信息技术股份有限公司
103	做强一批高端企业	北京拓尔思信息技术股份有限公司
104	做强一批高端企业	北京久其软件股份有限公司
105	做强一批高端企业	北京银信长远科技股份有限公司
106	做强一批高端企业	乐视网信息技术（北京）股份有限公司
107	做强一批高端企业	中盈优创资通信科技有限公司
108	做强一批高端企业	北京四维图新科技股份有限公司
109	做强一批高端企业	北京网秦天下科技有限公司
110	做强一批高端企业	北京华力创通科技股份有限公司
111	培育一批高成长企业	北京金山顶尖科技股份有限公司
112	培育一批高成长企业	北京精雕科技有限公司
113	培育一批高成长企业	北京神州新桥科技有限公司
114	培育一批高成长企业	大唐软件技术股份有限公司
115	培育一批高成长企业	北京尚洋信德信息技术股份有限公司
116	培育一批高成长企业	北京网梯科技发展有限公司
117	培育一批高成长企业	北京康邦科技有限公司
118	培育一批高成长企业	北京中科希望软件股份有限公司
119	培育一批高成长企业	北京中交通信科技有限公司
120	培育一批高成长企业	北京神州金信科技股份有限公司
121	培育一批高成长企业	北京赛迪时代信息产业股份有限公司
122	培育一批高成长企业	北京宝利信通科技有限公司
123	培育一批高成长企业	建研科技股份有限公司
124	培育一批高成长企业	兴唐通信科技有限公司
125	培育一批高成长企业	北京东方广视科技股份有限公司
126	培育一批高成长企业	北京锐安科技有限公司
127	培育一批高成长企业	北京中长石基信息技术股份有限公司
128	培育一批高成长企业	北京恩梯梯数据系统集成有限公司
129	培育一批高成长企业	北京恒泰实达科技发展有限公司

续表

序号	类型	企业名称
130	培育一批高成长企业	青牛（北京）技术有限公司
131	培育一批高成长企业	北京飞天诚信科技有限公司
132	培育一批高成长企业	北京市天元网络技术股份有限公司
133	培育一批高成长企业	北京富基融通科技有限公司
134	培育一批高成长企业	飞图科技（北京）有限公司
135	培育一批高成长企业	财富智赢（北京）科技有限公司
136	培育一批高成长企业	北京无限立通通通信技术有限责任公司
137	培育一批高成长企业	北京通融通信息技术有限公司
138	培育一批高成长企业	东方口岸科技有限公司
139	培育一批高成长企业	北京时代凌宇科技有限公司
140	培育一批高成长企业	北京达内科技有限公司
141	培育一批高成长企业	网御神州科技（北京）有限公司
142	培育一批高成长企业	北京数码大方科技有限公司
143	培育一批高成长企业	北京经纬信息技术公司
144	培育一批高成长企业	北京九五在线网络系统有限公司
145	培育一批高成长企业	北京金科润天信息技术有限公司
146	培育一批高成长企业	北京慧点科技开发有限公司
147	培育一批高成长企业	二十一世纪空间技术应用股份有限公司
148	培育一批高成长企业	北京互信互通信息技术股份有限公司
149	培育一批高成长企业	华道数据处理（北京）有限公司
150	培育一批高成长企业	北京掌上网科技有限公司
151	培育一批高成长企业	北京直真科技股份有限公司
152	培育一批高成长企业	北京九恒星科技股份有限公司
153	培育一批高成长企业	北京中兴通科技股份有限公司
154	培育一批高成长企业	北京鼎普科技股份有限公司
155	培育一批高成长企业	北京慧聪国际资通信有限公司
156	培育一批高成长企业	北京东方通科技发展有限责任公司
157	培育一批高成长企业	北京五岳鑫信息技术股份有限公司
158	培育一批高成长企业	北京利达智通信息技术有限公司
159	培育一批高成长企业	北京合力金桥软件技术有限责任公司
160	培育一批高成长企业	北京金和软件股份有限公司
161	培育一批高成长企业	目标软件（北京）有限公司
162	培育一批高成长企业	北京邦诺存储科技有限公司
163	培育一批高成长企业	北京暴风网际科技有限公司

续表

序号	类型	企业名称
164	培育一批高成长企业	北京春腾网络科技股份有限公司
165	培育一批高成长企业	北京天地融科技有限公司
166	培育一批高成长企业	泛太领时科技（北京）有限公司
167	培育一批高成长企业	蓝港在线（北京）科技有限公司
168	培育一批高成长企业	北京海泰方圆科技有限公司
169	培育一批高成长企业	北京山海经纬信息技术有限公司
170	培育一批高成长企业	北京国信创新科技有限公司
171	培育一批高成长企业	普巴软件有限公司
172	培育一批高成长企业	北京汇金科技股份有限公司
173	培育一批高成长企业	北京人大金仓信息技术股份有限公司
174	培育一批高成长企业	北京中科红旗软件技术有限公司
175	培育一批高成长企业	北京中娱在线网络科技有限公司
176	培育一批高成长企业	北京开普互联科技有限公司
177	培育一批高成长企业	北京华深慧正系统工程技术有限公司
178	培育一批高成长企业	中华通信系统有限责任公司
179	培育一批高成长企业	北京英思沃工业科技有限公司
180	培育一批高成长企业	北京当当网信息技术有限公司
181	培育一批高成长企业	北京中文在线文化发展有限公司
182	培育一批高成长企业	北京中油瑞飞信息技术有限责任公司
183	培育一批高成长企业	纬创软件（北京）有限公司
184	培育一批高成长企业	北京大唐高鸿数据网络技术有限公司
185	培育一批高成长企业	北京蓝拓扑电子技术有限公司
186	培育一批高成长企业	北京亚控科技发展有限公司
187	培育一批高成长企业	北京电旗益通信技术开发有限公司
188	培育一批高成长企业	北京东方飞扬软件股份有限公司
189	培育一批高成长企业	北京大唐融合通信技术有限公司
190	培育一批高成长企业	传神联合（北京）信息技术有限公司
191	培育一批高成长企业	北京国遥新天地信息技术有限公司
192	培育一批高成长企业	北京凌云光视数字图像技术有限公司
193	培育一批高成长企业	北京东土科技股份有限公司
194	培育一批高成长企业	北京天一众合科技发展有限责任公司
195	培育一批高成长企业	北京信维科技股份有限公司
196	培育一批高成长企业	北京网康科技有限公司
197	培育一批高成长企业	中金数据系统有限公司

续表

序号	类型	企业名称
198	培育一批高成长企业	北京九华互联科技有限公司
199	培育一批高成长企业	北京国智恒电力管理科技有限公司
200	培育一批高成长企业	北京市科瑞通信科技发展股份有限公司
201	培育一批高成长企业	北京诺恩开创科技有限公司
202	培育一批高成长企业	北京梅泰诺通信技术股份有限公司
203	培育一批高成长企业	北京梦天门科技股份有限公司
204	培育一批高成长企业	北京冠林盈科智能系统集成有限公司
205	培育一批高成长企业	北京爱创科技股份有限公司
206	培育一批高成长企业	弘浩明传科技（北京）有限公司
207	培育一批高成长企业	北京麒麟网信息科技有限公司
208	培育一批高成长企业	北京万集科技有限责任公司
209	培育一批高成长企业	北京益泰电子集团有限责任公司
210	培育一批高成长企业	北京联创信安科技有限公司
211	培育一批高成长企业	北京辰安伟业科技有限公司
212	培育一批高成长企业	同辉佳视（北京）信息技术股份有限公司
213	培育一批高成长企业	中科方德软件有限公司
214	培育一批高成长企业	同方鼎欣信息技术有限公司
215	培育一批高成长企业	北京捷通华声语音技术有限公司
216	培育一批高成长企业	中融信息服务有限公司
217	培育一批高成长企业	北京中搜网络技术有限公司
218	培育一批高成长企业	北京神州天鸿科技有限公司
219	培育一批高成长企业	北京彩通信科技股份有限公司
220	培育一批高成长企业	北京飞利信科技股份有限公司
221	培育一批高成长企业	北京航星网通信技术股份有限公司
222	培育一批高成长企业	北京双得利科工贸有限责任公司
223	培育一批高成长企业	航天科工惯性技术有限公司
224	培育一批高成长企业	北京天大天科科技发展有限公司
225	培育一批高成长企业	北京海顿新科技术股份有限公司
226	培育一批高成长企业	北京艾克斯特科技有限公司
227	培育一批高成长企业	北京西塔网络科技股份有限公司
228	培育一批高成长企业	北京博雅立方科技有限公司
229	培育一批高成长企业	畅捷通软件有限公司
230	培育一批高成长企业	北京恒华伟业科技股份有限公司
231	培育一批高成长企业	北京奇快娱动网络科技有限公司

续表

序号	类型	企业名称
232	培育一批高成长企业	北京世纪高通科技有限公司
233	培育一批高成长企业	北京创毅视通信科技有限公司
234	培育一批高成长企业	北京康拓红外技术有限公司
235	培育一批高成长企业	北京网御星云信息技术有限公司
236	培育一批高成长企业	北京北科光大信息技术股份有限公司
237	培育一批高成长企业	北京海鑫科金高科技股份有限公司

数据来源：京经信委发〔2011〕116号。